Manfred Frank

Das individuelle Allgemeine

Textstrukturierung und -interpretation nach Schleiermacher

Suhrkamp

Für Michi (20. 12. 1974),*
den Gedankenfreund bei der Arbeit

Inhaltsübersicht

Vorwort

Die romantische Definition der Auslegung als »Kunst, die (gesprochene oder geschriebene) Rede eines andern richtig zu verstehen,« stellt zwei Behauptungen zusammen. Die eine: der Sinn einer Äußerung erschließt sich nicht von selbst, er ist nicht in den Wörterkombinationen als solchen enthalten, er appelliert an eine reflektierte Anstrengung, deren methodologisches Statut als ›kunstmäßig‹ zu charakterisieren ist. Die andere: es gibt ein materielles Ausdruckssubstrat, eine verbale Kette vom Typ einer Rede. Wir verstehen: die Rede (ganz unabhängig von den Grenzen, innerhalb deren man ihre Ausdehnung abstecken will) ist ein Gewebe aus signifikanten Einheiten, deren Anordnung nicht allein im Dienste des Sinns erfolgt, sondern die Weisungen eines Formationsgesetzes beachtet, deren Instituent nicht abermals der Sinn ist.

Die nachromantische Hermeneutik hat den ersten Aspekt stark privilegisiert. Wenn das Zeichen als die äußerliche und vehikuläre Verdoppelung der unsichtbaren und individuellen Bedeutung bestimmt ist, kommt alles darauf an, dem Ausdruck die innere Erfahrung, das ›Lebensmoment‹, den reinen Gedanken, den in Traditionen gewachsenen Sinn abzugewinnen. Im Gegenzug hat die von der Saussureschen Linguistik und vom russischen Formalismus angeregte strukturalistische Literaturwissenschaft die semiologische Komponente jeder Sinnschöpfung wieder in Erinnerung gebracht; ja sie hat in dem Maße, wie sich der transzendentalhermeneutische Imperativ des Sinnverstehens über seine grammatische Basis hinwegsetzte, nicht bloß als Ergänzung, sondern als methodologische Alternative auftreten können.

Während also der am semantischen Modell reiner Sinntradition orientierten Interpretation mehr und mehr die Einsicht entglitt, daß das Signifikat wesenhaft an den Ausdruck geheftet ist, aus dem es als strukturierte Synthese differentieller Markierungen auftaucht, verlor die semiologische Textanalyse die Synthetizität, die Produktivität, die (im Wortsinne) Kon-struktivität der Operation, die im Prozeß der Strukturierung wirkt, aus dem Blick.

Husserl (der eher der ersten These zuneigt) hat noch mit einer gewissen Beunruhigung auf die rätselhafte ›Verwobenheit‹ der

»sinnlichen, sozusagen leiblichen Seite des Ausdrucks und seiner unsinnlichen, ›geistigen‹ Seite« aufmerksam gemacht (*Ideen* I, § 124): sollte die Metapher ›Verwebung‹ darauf hindeuten, daß es nicht nur eine Ausdrucks-»Struktur« in Opposition zur diskursiven Ordnung des »Sinns« gibt, ja daß die wahre Arbeit der Struktur (struere: ›einer Ordnung gemäß zusammenfügen‹) in der ›Verflechtung‹ der ausdrücklichen und der vor-ausdrücklichen »Schicht« besteht – Verflechtung, die eine bestimmte Intention nach einer formierenden Regel und möglicherweise nicht ohne Rückwirkung auf die Semantik der Intention zu einer Rede textualisiert (›verwebt‹)?

Beunruhigend wäre diese Perspektive übrigens nicht nur für die Anhänger einer präsemiotischen Hermeneutik. Auch die strukturalistische Theorie muß Anfechtungen aus der Etymologie der Text-Metapher gewärtigen. Wenn erst die Verwebung der Struktur aus den für sich sinnlosen Positivitäten des Schalls und des Strichs Signifikanten und Schriftzüge werden läßt (wenn, mit anderen Worten, die eigentliche Arbeit der Verflechtung im Hinblick auf eine je bestimmte Synthesis von Ausdruck und Sinn erfolgt), dann könnte sich die Struktur als das Gegenteil einer selbstgenügsamen Alternative zum semantischen Feld erweisen. Sie ist skandiert, ja in einem gewissen Sinne durchlöchert von den Sektionen des Sinns, die die Masse des signifikanten Materials formieren, bestimmen (d. h. negieren), gliedern, zerstreuen, entdichten, kurz: einer pragma-semantischen Ordnung des Diskurses synchronisieren.

Zwar existiert auch umgekehrt der Sinn nie anders denn eingeschrieben in den Intervallen einer Ordnung des Ausdrucks (grammatischer Aspekt). Er ist so lange ein Individuum – ein Nichtmitteilbares –, wie er sich nicht strukturiert, d. h. als Signifikat das Prägemal des Signifikanten empfängt. Aber er ist auf die Struktur insofern nicht reduzierbar, als ein Nichts-an-Signifiant kein Zug der Signifikantentextur sein könnte: es sei denn, es wäre das unsichtbare und instabile Gesetz, auf dessen Geheiß der Faden der Struktur sich webt.

Man ahnt eine geheime Interaktion zwischen der Individualität des Sinns (der außerhalb der Struktur zur imaginären Beschwörung eines Signifikats verkäme) und der Universalität der signifikanten Ordnung (die, ohne vom Sinn skandiert, negiert, artikuliert zu sein, gar keine Ordnung konstituierte). Auf diese

Interaktion des Individuellen und des Allgemeinen deutet der Titel unserer Arbeit.
Schleiermacher hat sie, wohl als erster, nicht nur erkannt, sondern in einer durchorganisierten Theorie systematisch erklärt. Ihr Horizont ist weit genug, um noch das Feld der konkreten Auslegungspraxis zu umgreifen. Die Rückwendung zu seiner Theorie der Textstrukturierung und -interpretation (aber auch zu der dialektischen, subjekttheoretischen, semiologischen und poetologischen Grundlegung, durch die er sie abstützt) ist darum nicht Ausdruck eines archivarischen Interesses. Schleiermachers Ansatz hat – auf eine durch seine Wirkungsgeschichte verstellte Weise – die Aufhebung jenes ›Konflikts der Interpretationen‹ (Ricœur) mit Argumenten vorgebildet, deren Aneignung der zeitgenössischen, zwischen zwei divergierenden methodologischen Optionen zerspaltenen Literaturwissenschaft zur Rückgewinnung der Einheit ihrer theoretischen Praxis verhelfen könnte. (Das »nach« im Untertitel unserer Arbeit – zugleich im Sinne von ›selon‹ und von ›après‹ – will diese Doppelung von restitutiver und prospektiver Hinsicht zum Ausdruck bringen.)
Aber ist der strukturalistisch-hermeneutische Konflikt nicht längst überschritten? Die aufblühende Konjunktur analytischer Methodenangebote scheint dafür zu sprechen. Wahrscheinlich ist sie Symptom eines zwiefachen Unbehagens: Zum einen hätte die Überwindung strittiger Positionen auf deren eigenem Terrain anzusetzen. Man bringt es nur dadurch hinter sich, daß man eine positive Formulierung der Lösung genau der Aporien findet, die den Konflikt perpetuieren. Das aber ist nicht die Absicht der analytischen Theorie, die vielmehr von dem Konflikt als solchem Abschied nehmen möchte. Zum anderen hätte sie der immanente Ansatz beim schwebenden Verfahren des strukturalistisch-hermeneutischen Methodenkonflikts zwischen beide Fronten versetzt. Von der einen Seite sähe sie sich angeklagt, die Rechenschaftsgabe über die transzendentale Genesis von Sinn und Verständnis zugunsten der Versammlung von Kriterien zur Geltungsprüfung bereits gefällter interpretatorischer Urteile zu fliehen (kurz: eine beträchtliche Terrainverkleinerung vorzunehmen). Von der anderen Seite droht ihr der Vorwurf, nicht nur keinen epistemologischen Paradigmenwechsel zu initiieren, sondern residuale semantische Sektoren eines vom ordre du discours geräumten Arbeitsfeldes zu bestellen, dessen strukturale ›De-konstruktion‹ längst

geleistet ist. Wir halten es unter diesen Umständen für sinnvoll, vor einer Diskussion der analytischen Vorschläge (die wir nur insoweit beachten werden, als sie unmittelbar auf Schleiermacher referieren) jene Auseinandersetzung zwischen Literaturtheorien zu eröffnen, die sich an der Methodik der Textstrukturierung, und solchen, die sich an Grundsätzen der existenzialen Hermeneutik orientieren. Schleiermachers Hermeneutik wird in diesem Zusammenhang vorerst nicht mehr sein als der Titel für das noch immer aussichtsreichste Vermittlungsmodell, das m. E. zur Beilegung des Konflikts formuliert worden ist.

Die Konfrontation der beiden Ansätze wird den I. Teil unserer Arbeit in Anspruch nehmen. Wie sich der dabei hervortretende Streit um die Bestimmung des Subjektbegriffs überwinden läßt, ohne daß wichtige Einsichten der Semiologie mißachtet werden, wollen wir durch die Interpretation ausgewählter Texte aus Schleiermachers *Glaubenslehre* und *Dialektik* vorführen (II. Teil). Die sprachtheoretischen und poetologischen Konsequenzen dieser Grundlegung wird der III. Teil, die praktisch-interpretatorischen und methodologischen Konsequenzen der IV. Teil ausbreiten. Immer wird Schleiermachers Theorie den einheitlichen Gesichtspunkt stiften, von dem her die Beziehungen zwischen unterschiedlichen Positionen erörtert werden.

Neuß, im August 1976 M. F.

Die existenziale Hermeneutik angesichts der strukturalistischen Herausforderung

Unser Ausgangspunkt ist die Frage nach einer integralen Methodologie der Literaturwissenschaft. Sie weiß sich motiviert durch die Erfahrung eines unversöhnten Konflikts zwischen Positionen existenzialontologischer und semiologisch-strukturalistischer Abkunft. Ohne daß wir schon absehen könnten, welche Folgen die Berufung auf die eine oder die andere Richtung in den konkreten Verfahren der Textinterpretation hat, kennen wir doch den Streit zwischen den in ihrem Namen geführten Legitimationsstrategien. Er wird vermutlich nicht einseitig entschieden werden. Die Polarisierung der Ansätze entspricht dem Stadium der Polemik: die Option für die eigene Sache ist schon vollzogen, wenn man sich mit der konkurrierenden ›auseinandersetzt‹.

Da es so etwas wie eine direkte Auseinandersetzung zwischen Vertretern beider Richtungen noch nicht in der Weise eines offenen Dialogs gegeben hat, muß man ihn auf der Basis ihrer theoretischen Grundüberzeugungen zu konstruieren versuchen. Das setzt eine Inventur voraus: wir müssen uns mit den strittigen Positionen (die ihrerseits damit beschäftigt sind, Mißhelligkeiten zwischen verschieden orientierten Artikulationen derselben auszuräumen) zuvor bekannt gemacht haben.

Grundsätzlich erwarten wir hier keine Schwierigkeit. Das Problem beginnt jenseits der Bestandsaufnahme: unter welcher Perspektive soll man die Kontrahenten ins Gespräch bringen, da sie selbst keinen Vorschlag dazu machen? Und insbesondere: Woher gewinnen wir das Mittel, ihren Konflikt dialektisch zu überschreiten (jede Überwindung setzt eine positive Alternative voraus)?

Wir befinden uns bereits in einem hermeneutischen Zirkel: ohne eine dialektische Lösung vorauszusehen, könnten wir uns dem Streit der Methodologien nicht mit der Absicht seiner Aufhebung zuwenden.

Ohnehin ist die Schlichtung der Kontroverse nicht um jeden Preis wünschbar. Sie empfiehlt sich erst dann, wenn ein Prinzip sichtbar ist, das den Antagonismus der Grundsätze der sinnverstehenden und der strukturalistischen Textauslegung übersteigt, indem es einheitlich erklärt, was jeder von diesen nur unter Ausschluß oder Leugnung der Evidenzen des anderen verständlich machen konnte.

Einen solchen einheitlichen Erklärungsgrund hat keine der zeitgenössischen Hermeneutiken auffinden können. Hier nun wird das Motiv einer Rückbesinnung auf Schleiermacher sichtbar. Sie verfolgt (wir sagten es) nicht den Zweck der archäologischen Restitution eines von der Geistesgeschichte überholten methodologischen Diskurses. (Man verkennt den historischen Fortschritt, wenn man glaubt, die Rückwendung zu seinen Archiven könne nicht als sehr prospektiv sich erweisen.) Die erneute Lektüre von Schleiermachers Hermeneutik[1] hofft ein integratorisches Potential zu entbinden, in dessen Licht eine sowohl einheitliche wie im Detail reichere Lösung der Probleme gegeben werden kann, die im existenzialistisch-strukturalistischen Methodenstreit je nur von der einen Seite in den Blick gebracht werden. Ihre (im Blochschen Sinne) Über-gleichzeitigkeit macht Schleiermachers dialektische Hermeneutik zur eigentlichen Zeitgenossin der genannten Positionen. Wir werden sie darum stets in den Kontext dieser Kontroverse einzubringen versuchen und uns nicht mit einer historischen Wiederherstellung begnügen. Unser Interesse gilt der Eröffnung eines Dialogs zwischen der existenzialhermeneutischen und der strukturalen Interpretationstheorie.

Beginnen wir damit, deren philosophische Grundzüge zu skizzieren.

Die ontologische Begründung der Interpretation

Heideggers Entwurf einer ›Hermeneutik der Faktizität‹ hat nicht nur unabsehbare Wirkung auf das Selbstverständnis der im traditionellen Sinne interpretierenden Disziplinen ausgeübt (auf ihn

1 Wir belegen Zitate aus den hermeneutischen Texten Schleiermachers nach folgenden Ausgaben: Fr. D. E. Schleiermacher, *Hermeneutik*, nach den Handschriften neu herausgegeben und eingeleitet von Heinz Kimmerle, Heidelberg 1959 (1968 erschien ein Nachbericht zu dieser Ausgabe, dessen Text- und Datierungsberichtigungen wir ohne Kommentar berücksichtigen) (im laufenden Text zit.: *HK*) und Fr. D. E. Schleiermacher, *Hermeneutik und Kritik*, hg. von Friedrich Lücke (= *Sämmtliche Werke*, I. Abteilung Bd. 7, Berlin 1838) (im laufenden Text zit.: *HL*). (Zitate aus anderen Bänden der *Sämmtlichen Werke* belegen wir unter der Sigle *SW* mit nachgestellter römischer (= Abteilung) und arabischer Ziffer (= Bandzahl).

geht die gesamte hermeneutische Diskussion der Moderne zurück); er hat eine durchaus affirmative Beachtung auch bei einigen Vertretern des französischen Strukturalismus (wie Derrida und Lacan) gefunden. Denkbar wäre eine Rekonstruktion der fortschreitenden Entfremdung beider Ansätze aus der Art, wie sie den Anstoß von *Sein und Zeit* aufgenommen haben. Allerdings ließe sie sich nur idealtypisch geben, da es eine unmittelbare Tradition Heideggers nur im Bereich der existenzialen Hermeneutik gegeben hat und Lacans und Derridas Heideggerlektüre bereits dem Interesse einer De-konstruktion der Metaphysik entspringt, auf welchem Wege ihr Diskurs sich unvermeidlich mit dem fundamentalontologischen treffen mußte.

Die Bedeutung der Heideggerschen Ontologie für eine Methodologie der sinnverstehenden Wissenschaften besteht darin, daß sie die zugleich »*prinzipiellste und konkreteste Frage*«,[2] die Frage nach dem Sein des Seienden, zumal als die Seinsweise desjenigen Seienden enthüllt hat, das sie stellt. »Der Mensch (...) ist ein Seiendes, dessen Seinsmerkmal dies ist, daß es ihm in seinem Sein um sein Sein geht, d. h. daß es in seinem Sein die Frage nach seinem Sein stellt.«[3] Fundamentalontologie (als die Wissenschaft vom Sein des Seienden) und Existenzialanalytik (als die Hermeneutik des Daseins) sind mithin nur die Drehpunkte einer einzigen zirkulären Bewegung (die keine solche des Beweises ist, sondern als ein Wesenszug von daseinsmäßig Verfaßtem freigelegt wird), innerhalb welcher der Mensch in einem und demselben Akt dem Sein durch den interpretierenden Entwurf des Sinns, in dem er es erschließt, zu erscheinen gestattet und von ihm her sich ankündigen läßt, was er ist. Die »Interpretation des Sinnes von Sein« – die ontologische Frage des Daseins – ist mithin »nichts anderes als die Radikalisierung einer zum Dasein selbst gehörigen wesenhaften Seinstendenz, des vorontologischen Seinsverständnisses«: »Dasein *ist* in der Weise, seiend so etwas wie Sein zu verstehen« (*SuZ* 14 und 15).

Das ist die berühmte ontologische Begründung des hermeneutischen Zirkels, die das Selbstverständnis der Geisteswissenschaften so tief beeinflußt hat: Die Frage nach dem jede Wesensbestim-

2 Martin Heidegger, *Sein und Zeit*, Tübingen 1967, 9 (hinfort im laufenden Text zitiert unter der Sigle *SuZ*).

3 Jean-Paul Sartre, *Conscience de soi et connaissance de soi*, in: *Bulletin de la Société Française de Philosophie*, tome 42, Paris 1948, 66.

mung – sei's Gott, Logos oder Subjektivität – überbietenden Sein des Seienden kann nur stellen, wer in einem bestimmten Seinsverständnis sich schon aufhält (d. h. wem das opake Sein im *Phänomen* des Seins sich gelichtet hat); ebensosehr aber ist der Sinn, in dem das Sein des Fragenden sich erschließt, ein Reflex der Frageintention, die es *als* etwas – als ein ›être signifiant‹ – reklamiert.[4] Das bedeutet einerseits, daß das Dasein – Heidegger zufolge – nicht unmittelbar wissend über sich verfügt, sondern seine Bedeutung nur auf dem Umweg über eine Befragung des Seins erfährt (Ansatzpunkt einer semiologischen Kritik); daß es andererseits der Grund zwar nicht seines oder des Seins überhaupt (*SuZ* 284), wohl aber der Tatsache ist, daß das Sein einen Sinn hat (Anknüpfungspunkt vor allem der existenzialistischen Hermeneutik). Denn das Sein – eine für die Diskurstheorie, wie wir sehen werden, attraktive These – ist von sich her irreduzibel auf irgendein Wesen, auf irgendeine Bedeutung (d. h. auf ein Merkmal, durch dessen Aufweis man die Fragen: »Was ist es?« und »Als was ist es aufzufassen?« beantwortet); und das Dasein als ontologisch – nach seinem Sein fragend – Existierendes kann aus Gründen seiner Struktur nie weiter als bis zur Erscheinung und zum Sinn von Sein vordringen.

Insofern kann man sowohl sagen, daß »Sein« nur als Ausdruck für das vom Dasein Er-fragte (als semantisches Relat seiner Selbstverständigungsbemühung) besteht, wie auch daß es als Sein den Sinn überragt, als der es dem Verständnis vermittelt ist. Denn des Daseins ontologisches Sichüberschreiten auf den Sinn seines Seins vermag sich selbst noch als eine vom Sein ihm vorgegebene Existenzmöglichkeit zu verstehen, die zu seiner ontischen Ausstattung gehört. Darum ist es sich gleichzeitig bewußt, mit dem Sinn nicht schon über das Sein-selbst zu verfügen, in dessen partieller und geschichtlich vorläufiger Erschlossenheit es existiert. Die Freiheit des In-Möglichkeiten-Existierens ist letztinstanz-

4 Der Zirkel besteht also darin: Scheinbar wird nach dem Sein-an-sich (in seiner radikalen Differenz vom Seienden) gefragt. Da aber Sein nur als Seins-Sinn für ein Dasein zugänglich ist und ohne eine wie immer diffuse Vormeinung über das, was ›Sein‹ bedeutet, gar nicht erfragt werden könnte, wird in der Frage ihr Ergebnis schon vorausgesetzt.
Diese Überstürzung der Antwort ist nun allerdings nicht methodisch auszuschließen, denn es besteht in diesem Sich-vorweg-Sein-beim-Sein-als-Sinn gerade die Seinsart des Daseins, d. h. desjenigen Seienden, »das sich in seinem Sein verstehend zu diesem Sein verhält« (*SuZ* 52/3).

lich dem Sein vereignet, und die Geschichte der Subjektivität ist eine Geschichte des Seins im Reflexionskontinuum seiner Deutungen.

In diesem Ansatz, der das Verstehen in den Rang eines ›Existenzials‹ erhebt, ist der für die humanwissenschaftliche Methodendiskussion der letzten Jahrzehnte so folgenreiche Fundamentalitäts- und Universalitätsanspruch der Hermeneutik beschlossen (*SuZ* 37/8): Alle Regionalontologien und Einzelwissenschaften, die den Seinssinn und die Ordnung eines beschränkten Sektors von Seiendem auf der Basis der ihn kategorial erschließenden Grundbegriffe freilegen und methodisch inventarisieren wollen, ruhen auf der im Wortsinne radikaleren Sinnfrage nach dem ›Sein des Seienden‹ auf, insofern sie mit einzelnen Seienden zu tun haben und etwas den Charakter eines Seienden nur dadurch erwirbt, daß es jenseits seiner dem Wissen zugänglichen Seins*weise* (Phänomenalität) *ist*. Daraus folgt unmittelbar die *Vorgängigkeit des Verstehens* – als der Zirkelbewegung, durch welche das Dasein dem Sein sein Etwas-Sein und -Bedeuten widerfahren läßt (›Verweltlichung‹ bzw. ›Versprachlichung‹ des Seins [*SuZ* 63 ff. und 153 ff./160 ff.]) – vor den begrifflich-analytischen Operationen der methodischen Disziplinen (zu denen auch die Philologie und Literaturwissenschaft gehören), die ihre Arbeit erst beginnen können, wenn ein leitendes Verständnis vom Sinn des Seins die Region, auf die sich ihr Augenmerk richtet, als einen sinnhaften – oder wie Saussure sagt: parasemischen – Zusammenhang von Seiendem (als eine ›Welt‹) semantisch vorerschlossen hat. »Erkennen und Kenntnis« (*SuZ* 123/4) sind gegenüber dem Verstehen derivate kognitive Modi, die den transzendental-pragmasemantischen Rahmen einer sinnhaften Bewandtnisganzheit voraussetzen, innerhalb deren Akte thetischen Bewußtseins stattfinden können (nur innerhalb einer grundsätzlich verständlichen Welt kann ich Erkenntnisse erwerben und in methodisch disziplinierter Veranstaltung fixieren).

Im Grunde radikalisiert die existenzialontologische Begründung der Hermeneutik nur jenen klassischen philologischen Grundsatz, der besagt, daß jedes Einzelne seinen Sinn erst aus einem Ganzen zugespielt bekommt. Einen Text (als ein strukturiertes Gesamt von Bedeutungen) verstehen hieß schon für Friedrich Ast, alle semantischen Elemente als gerichtete Momente eines Sinnkontinuums aufzunehmen, in dessen Organisation das Subjekt (oder

der ›Zeitgeist‹) die synthetische Einheit seiner Erfahrungen (seiner ›Welt‹) einbringt. Sofern Dasein nur überhaupt ein Verständnis seiner selbst und damit ein »Seinsverständnis« besitzt (*SuZ* 147), hat es eine Sinnmöglichkeit seiner Existenz ergriffen, von der her es sein In-der-Welt-Sein als einen Bewandtnis- oder Zeichenzusammenhang sich »durchsichtig« macht (*SuZ* 146).[5] Daß dies der Fall ist, folgt analytisch aus der Strukturbestimmung des Daseins als Existenz, d. h. als Sich-zu-seinem-Sein-Verhalten. Heidegger bemerkt dazu: »Was früher [= § 4, S. 11 ff.] dogmatisch angesetzt wurde, erhält jetzt seine Aufweisung aus der Konstitution des Seins, in dem das Dasein als Verstehen sein Da [seine Lichtung, seine Erschlossenheit] ist« (*SuZ* 147; vgl. schon 133). Denn was, wie der § 4 formuliert hatte, sein Sein darin hat, daß es sich zu sich verhält, das *ist* offenbar nicht schon dieses oder jenes (essentia), *bevor* es eine Möglichkeit seiner selbst ergriffen, d. h. seinen Sinn gewählt hat. Anders gesagt: Das, *was* das Dasein ist und *als* was es sich versteht, ist selbst Reflex des Entwurfs, den es von seinem und dem Sein der Welt angefertigt hat (dies ist die methodische Grenze des Realismus/Positivismus). Einzig dies, *daß* es ist, ist nicht Resultat seines Entwurfs, insofern das Dasein ein »ihm selbst überantwortetes Möglichsein, durch und durch *geworfene Möglichkeit*« ist (*SuZ* 144).

Eine genauere Analyse des Verstehens zeigt, daß es sich um eine dreigliedrige Struktur handelt. Das ›als‹, welches in der Formel des ›Etwas-als-etwas-Verstehens‹ das eine von dem anderen ›etwas‹ abspaltet und insofern als der selbst nicht-bedeutungshafte Grund jedes Bedeutens fungiert, bezeichnet die Rücksicht, den Gesichtspunkt, unter denen es betrachtet werden soll. Nichts ist von ihm selbst her signifikant: dem baren Vorhandensein des Seienden – das als solches gar nicht Thema eines Urteils sein könnte – wird durch das Verständnis gleichsam ein Surplus an Sinn hinzugefügt, über den sich Rechenschaft ablegen muß, wer die Rücksicht eigens bestimmen will, unter der das Urteil über den betreffenden Sachverhalt gefällt wurde. Ohne diese Rücksicht könnte gar nicht geurteilt werden. Entschieden ausgedrückt heißt das: Ohne daß das Dasein eine bestimmte semantische Möglichkeit realisiert, also ein Vor-urteil fällt, läßt sich über-

5 Andernfalls *wäre* das Dasein zwar in der Welt, hätte aber kein Bewußtsein davon – eine sich selbst widersprechende Formulierung, da Welt nur ist, sofern Dasein das Sein gelichtet hat.

haupt nicht über Sachverhalte urteilen.[6] Die Möglichkeit, sich im Konstituieren von Welt der eigenen Subjektivität zu enthalten, bietet sich also nicht – die Alternative hieße vielmehr: keine Welt haben, sinn-los und un-verständig sein (*SuZ* 149).

Entfaltet man die komplexe Struktur, deren quasi noetischer Aspekt der Entwurf ist und deren noematische Seite in dem »als« repräsentiert ist, in ihre Momente, so lassen sich folgende Glieder aussondern.[7]

1. Jedes Verstehen gründet, insofern es neues Verständnis zu einem semantisch schon instituierten Bedeutungsganzen hinzuträgt, in einer »*Vor-habe*«. Den Bewandtniszusammenhang, dem ich eine neue Einsicht »zueigne«, *habe* ich schon *vor* der Zueignung.[8] Andernfalls könnte mein Verständnis an nichts anknüpfen, es wäre ein zwar spontaner, aber auch unmotivierter und gedächtnisloser Ur-akt, wie man ihn einem zeitlich verfaßten Wesen mit Sinn nicht zusprechen könnte.

2. Jedes Verstehen bedient sich ferner einer gewissen Hinsichtnahme (»*Vor-sicht*«), unter der es das zu Verstehende anpacken möchte. Es wählt und entwirft den Interpretanten, auf den hin es das Etwas auslegen möchte: erst jetzt erhält dieses seine Qualifikation und Bedeutung.

3. Das Verstehen wählt schließlich eine bestimmte Begrifflichkeit, unter der es das Verstandene in einem Urteil fixiert und zur intersubjektiv kommunikablen Mitteilung/Aussage bringt: es »gründet in einem *Vor-griff*« (in der Wahl einer Zeichenkette, die freilich selbst auf die vorgängige Grammatik – Vorhabe – zurückverweist).

Diese Zirkularität des Verstehens gegen das positivistische »Erkenntnisideal« ausspielen hieße verkennen, daß dieses »selbst nur eine Abart von Verstehen ist« (*SuZ* 153), insofern jedes Erkennen eine nicht abermals diskursiv kontrollierbare Projektion von Sinn voraussetzt. Insofern ist die Existenzialhermeneutik ihrer Absicht nach keineswegs nur die Fundierung der interpretierenden, sondern aller Wissenschaft überhaupt (l. c. und 37/8).

6 »Auslegung ist nie ein voraussetzungsloses Erfassen eines Vorgegebenen« (*SuZ* 150). Wer dies bestreitet, müßte alternativ verlangen, daß *vor* dem Akt des Urteilens bereits Kriterien über die Wahrheit oder Unwahrheit desselben vorliegen (was eine Sache sei, müßte bereits vor ihrer Prädikation bekannt gewesen sein).

7 Vgl. zum folgenden *SuZ* 150-153.

8 Richard E. Palmer (*Hermeneutics*. Evanston/USA 1969, 51) übersetzt den im Deutschen zweideutigen Audruck sinnvoll durch »prior having«.

Dennoch hat sich ihre Wirkungsgeschichte vorwiegend auf dem Felde der historischen Geistes- und Sozialwissenschaften entfaltet. Sie übernahmen aus *Sein und Zeit* die These von der Gebundenheit jedes Sinns an den soziokulturellen Bewandtnis- und Zeichenzusammenhang, in dem er auftaucht, sowie von dem nicht selbst methodisch steuerbaren projektiven Charakter jedes Verständnisses. (Sie übernahmen von Heidegger zugleich die Reflexionstheorie des Selbstbewußtseins, wonach das Subjekt, was es ist, dem Reflex abzulernen hat, der von der Sache zurückstrahlt.) Einen Text verstehen heißt danach: den Entwurf (auch den des Interpreten) an die Vorhabe zurückbinden, aus der er sich aufschwingt. Es heißt aber zugleich: in allem Entwerfen von Sinn über des Subjekts relative Abhängigkeit von seiner Welt hinaus seine absolute Abhängigkeit vom Sein als dem »*transcendens schlechthin*« (*SuZ* 38) zu bedenken: die uneinholbare Verspätung des Sinns hinter dem Signifikanten.

Die spekulative Struktur des wirkungsgeschichtlichen Bewußtseins

Wer unter dem Eindruck von Heideggers hermeneutischem Diskurs den Übergang zu jener Version einer ›Hermeneutik der Endlichkeit‹ vollzieht, deren Entwurf und detaillierte Ausgestaltung die bedeutende Leistung Hans-Georg Gadamers darstellt, wird eine charakteristische Abschwächung des Gedankens einer unvermittelbaren (da ontologischen) Differenz von Sein und Selbst beobachten.

Es ist die Absicht von *Wahrheit und Methode*,[9] im Rückgang auf die transzendentale Universalität des Sein erschließenden Verstehens als der »*ursprüngliche(n) Vollzugsform des Daseins*, das In-der-Weltsein ist« (*WuM* 245), die Aporien des Historismus zu lösen. Gadamer weist sie in den scheiternden Versuchen seiner Vertreter auf, das verstehende Subjekt einerseits in einer bestimmten Zeit zu verankern, andererseits – durch seine Teilhabe an der geschichtslosen Idee einer »vollen Selbstdurchsichtigkeit des Seins« (*WuM* 199), eines ›unendlichen Bewußtseins‹ –

9 Hans-Georg Gadamer, *Wahrheit und Methode. Grundzüge einer philosophischen Hermeneutik*, Tübingen ²1965 (hinfort zit.: *WuM*, in diesem Kapitel im laufenden Text)

mit dem Vermögen auszustatten, seine historische Verankerung zu überspringen. Das Programm einer zugleich methodisch verfahrenden und rekonstruktiv-kongenialen »vollkommenen Adäquation« des Interpreten an das vom Interpretanden Gemeinte[10] erweise sich nicht nur als orientiert am Methodenideal der exakten Naturwissenschaften, sondern führe auch zu einer unangemessenen Psychologisierung der Auslegung (in dieser Wendung des Verstehensbegriffs liege zumal das »Eigenste« der Schleiermacherschen Hermeneutik, gleichsam der Begründerin der historistischen Schule [*WuM* 174]) und dränge das hermeneutische Interesse an der *Sache* von Diskursen und die Rücksicht auf ihren Wahrheitsanspruch in die Richtung auf eine rein »künstlerische«, letztlich unverbindliche Appreciation derselben »als reiner Ausdrucksphänomene« ab (*WuM* 184).

Demgegenüber habe die Existenzialhermeneutik die Fundamentalität des Verständnisbegriffs geltend zu machen, der sich weder eigne, das Spezifische einer geisteswissenschaftlichen in Abgrenzung gegen die naturwissenschaftliche Methodik zu legitimieren, noch dazu, als ein wenn auch ausgezeichnetes partikulares Vermögen des menschlichen Geistes mit und neben anderen inventarisiert zu werden: Verstehen als das wesenhafte Sich-Entwerfen des Daseins auf den Sinn des ihm Begegnenden ist der »ursprüngliche Seinscharakter des menschlichen Lebens selber« (*WuM* 245); in seiner Transzendenz gründet die Tatsache, daß es für das Subjekt überhaupt so etwas wie eine Welt (einen Bewandtniszusammenhang zeichenvermittelter Erschlossenheit des Seienden als solchen und im allgemeinen) gibt, nämlich eine Entborgenheit von Phänomenen noch vor jeder Möglichkeit ihrer Zueignung durch spezialisierte Verfahren und alternative Methoden. Das Verstehen ist des Daseins ureigenste Möglichkeit, das Seiende in Richtung auf seinen Sinn zu überschreiten, um von ihm her reluzent sich ankündigen zu lassen, was es selbst ist.[11]

10 Vgl. *WuM* 158, 177, 227, 276/7, passim.

11 Hier schon zeigen sich erste Spuren eines Reflexionszirkels, der hegelisch konzipiert ist als *Sich*-erkennen-im-Anderen. Auf die geheime Verschwisterung der existenzialen Zeittheorie und des hermeneutischen Zirkels bei Heidegger mit der Kreisbewegung, als welche Hegel das Zusichkommen der zunächst ansichseienden Vernunft denkt, hat bereits Jacques Derrida – im Zusammenhang einer systematischen ›Dekonstruktion‹ der abendländisch-metaphysischen Zeichentheorie – aufmerksam gemacht (vgl. *Ousia et grammè, note sur une note de Sein und Zeit*, in: *Marges de la philosophie* (zit.: *Marges* ...), Paris 1972, 70.

Das setzt zwar einerseits voraus, daß das Dasein kein unabhängig von seinem Entwurf sich einstellendes Bewußtsein seiner selbst zu gewinnen vermöchte (daß es nie anders denn als eine Funktion der von ihm erschlossenen Welt, als das Selbstverständnis einer historischen Situation existieren könnte), definiert Dasein jedoch auf der anderen Seite als ein Reflexionsverhältnis (»richtig bleibt doch, daß *alles solche Verstehen am Ende ein Sichverstehen ist*« [*WuM* 246]). Die Zirkularität von Vor-habe (des Je-schon-sich-Aufhaltens in der Erschlossenheit in Traditionen gewachsenen Sinns) und Vor-sicht (dessen progressiver Überschreitung im Hinblick auf die zukünftige Selbstheit des baren Gewordenseins) verhält freilich den ›geworfenen Entwurf‹, als welchen Gadamer das Dasein mit Heidegger begreift, zu einer spekulären Beziehung, durch welche selbstlos Seiendes ständig in Formen von Selbst- oder Sich-gegenwärtig-Sein transformiert wird. Auf diese Weise begegnet Gadamers Hermeneutik bereits im Ansatz der Hegelschen Dialektik, deren reflexiv-integrative Potenz sie bei Gelegenheit ihres Schleiermacherreferats nicht von ungefähr vor dem Konzept einer ohnmächtigen Rekonstruktion des authentisch Gewesenen ausgezeichnet hatte (*WuM* 158[ff.]).
Sie erbt freilich von der Dialektik eine Reihe von Schwierigkeiten. Die erste besteht in der Widersprüchlichkeit einer Vermittlung des Gedankens der Irreduzibilität des Seins auf die Selbstbeziehung der Vernunft mit der gleichwohl am Leitfaden des Subjektbegriffs der Reflexionslogik entworfenen Reziprozität und Homogenität von Traditionsgeschehen und Selbstheit. Um die These einer radikalen Endlichkeit und Heteronomie des Daseins zu retten und den Schein einer autarken Aufhebung von Sein in Selbstsein abzuwehren (»Die Idee einer absoluten Vernunft (ist) überhaupt keine Möglichkeit des geschichtlichen Menschentums. Vernunft ist (...) nicht ihrer selbst Herr«[12] [*WuM* 260, vgl. 264]), ist Gadamer gezwungen, das Moment der ›Geworfenheit‹ des Subjekts, seine ihm nicht verfügbare »Zugehörigkeit zu Traditionen« (*WuM* 248 ff.) – durch eine kaum merkliche Akzentverlagerung – sehr viel stärker zu betonen als der Heidegger von *Sein und Zeit*, der des Daseins »Geneigtheit, an seine Welt, in der es ist, zu verfallen und reluzent aus ihr her sich

12 Eine Formulierung, die – vermutlich bewußt – auf Freuds berühmtes Wort anspielt, »daß *das Ich nicht Herr sei in seinem eigenen Haus*« (*Gesammelte Werke*, XII, 11).

auszulegen« (*SuZ* 21), noch als eine riskante Möglichkeit reflektiert, welcher die gleichwesentliche Zukünftigkeit des Daseins – seine praktische Orientierung nach vorn – das Gegengewicht hält. Daraus wird nun bei Gadamer ein *Vorrang der Tradition* oder der Vergangenheit solcherart, daß deren ›Unüberholbarkeit‹ die Funktion dessen zu übernehmen hat, was Heidegger ›Sein‹ nannte:[13] Es ist nicht mehr so sehr das Sein, dem die Reflexivität des geworfenen Entwurfs unangemessen bleibt, es ist vielmehr die gebietende *Autorität der Tradition* (vgl. *WuM* 261 ff.), die dem Dasein, »unüberholbar«, vorausliegt und »all sein Entwerfen ermöglicht und begrenzt« (*WuM* 250).

In diesem Augenblick taucht der im Gegenwartspol und auf seiten des Interpreten destruierte Subjektbegriff idealistischer Dialektik allerdings auf der anderen Seite wieder auf: am Pol der autonom gedachten Geschichte selbst. Die in der Wendung von der Ohnmacht der Vernunft angesichts ihres Gewordenseins besiegelte Abdankung des souverän seine Geschichte entwerfenden Subjekts (»In Wahrheit gehört die Geschichte nicht uns, sondern wir gehören ihr« [*WuM* 261]) wird gleichsam widerrufen zugunsten der Ermächtigung des Traditionsgeschehens zum alleinigen Subjekt der Geschichte. Nicht das sich in praktischer Vorsicht auf eine traditionsverändernde Zukunft transzendierende Menschensubjekt vollbringt die Verständnisleistung. Sie wird ihm vielmehr zugespielt von der Dialektik der Wirkungsgeschichte, innerhalb deren jede verstehende Aktualisierung anonym konstituierten Sinns sich als eine historisch selbstreflexive »Möglichkeit des Verstandenen« zu wissen vermag (*WuM* 355): »*Das Verstehen ist selbst nicht so sehr als eine Handlung der Subjektivität zu denken, sondern als Einrücken in ein Überlieferungsgeschehen,* in dem sich Vergangenheit und Gegenwart vermitteln« (*WuM* 274/5). Preisgegeben wird der Begriff des sinnkonstituierenden praktischen Einzelsubjekts, in welchem der Gang der ›Sache selbst‹ punktuell intelligibel wird, ohne daß gleichzeitig mit ihm dem Konzept eines historischen Über-Subjekts (im Sinne Hegels) abgeschworen würde.

Tatsächlich fällt damit dem Subjekt-als-Wirkungsgeschichte zu, was dem Subjekt-als-tätig-sich-entwerfendem-Individuum aberkannt wurde: die (durch Tradition motivierte, aber nicht un-

13 Vgl. die charakteristische Gleichsetzung von *Wirkungsgeschichte* und *Sein* am Ende des 2. Absatzes von S. VII *WuM*.

freie) Konstitution von Sinn als aktive Verinnerung und Überschreitung des geschichtlich vorgegebenen Diskurses.

Zwar handelt sich's hier – im Gegensatz zu dem, was Gadamer einer »Unendlichkeitsmetaphysik im Stile Hegels« vorwirft (*WuM* 329) – nicht mehr um den Versuch, die Geschichte in der vollendeten Reflexion des sie durchherrschenden Begriffs gleichsam zu überwinden (»*Geschichtlichsein heißt* [vielmehr] *nie im Sichwissen aufgehen*« [*WuM* 285]). Die Reflexivität des wirkungsgeschichtlichen Bewußtseins vereinigt die fortlebende Tradition und das aktuell zu ihr sich stellende endliche cogito zu einer die Momente nicht absolut aufhebenden, sondern sie immanent vermittelnden »Wirkungseinheit« (*WuM* 267). Das bedeutet, daß das sinnverstehende Bewußtsein sich nie vollständig »aus geschichtlicher Vorgegebenheit, die wir mit Hegel Substanz nennen,« lösen (*WuM* 286) und über sein Sein aufklären kann, daß es von ihm ständig übertroffen wird, weil jede seiner Selbstdeutungen je schon im Lichte eines vor-urteilend vor-laufenden Blicks erfolgt, als dessen Urheber es nie sich selbst erfährt, und zwar darum nicht, weil es zu diesem Zweck gleichzeitig die im Lichte seiner Vor-sicht erschlossene Sache *und* den sie erschließenden – von der Wirkungsgeschichte ihm eingesetzten – Blick müßte gewahren können (die noetische Reflexion ist zwar apodiktisch, erfaßt den Horizont des nicht-thematisch Kopräsenten aber nie adäquat).[14] Anders gesagt: *Das wirkungsgeschichtliche Bewußtsein* hat zwar den Status einer Erfahrung, die unmittelbar von sich Kenntnis hat, *ist* aber *gezwungen, das Thema seines Sichverstehens dem Sinn abzugewinnen, den die gedeutete Sache als Reflex aufs Bewußtsein zurückwirft.* Statt im Verstehen von etwas zumal objektiv sich vor sich stellen zu können, kommt ihm sein Selbstverständnis ganz und gar von dem ihm Anderen her, ohne daß es die Möglichkeit hätte, dessen Botschaft methodisch unter Kontrolle zu bringen bzw. prognostisch von sich her zu antizipieren.

Diese Ekstatik des Bewußtseins wiederholt sich auf höherer Ebene in dem, was Gadamer die »eigentümliche *Sachlichkeit*« der Sprache nennt (*WuM* 421). Damit ist nicht die Leistung einer Vergegenständlichung gemeint. Sprachlich verfaßt zu sein ist vielmehr die vorreflektive Seinsweise der Sache, von der her die Subjekte einer sprachvermittelten Traditionsgemeinschaft – weit

14 Vgl. E. Husserl, *Cartesianische Meditationen*, § 9.

entfernt, sich selbst als autonome Stifter ihrer Erschlossenheit zu gewahren – sich ankündigen lassen, *was* sie sind (ihr *Wesen*). Die im Gespräch thematisierte ›Sache‹ ist in das Licht eines Verständnisses getaucht, das seinen Ursprung im Geschehen des Sprachlich-sich-Verständigens hat (also kein Zug der Welt ist, wie sie an sich, nämlich ohne den Menschen, wäre), ohne daß jedoch die Möglichkeit bestünde, des Apriori der Sinnkonstitution im Akt der Kommunikation anders denn als eines Reflexes, der von den Sachverhalten zurückstrahlt, sich zu versichern (jede Reflexion auf die Sprachlichkeit einer Weltansicht geschieht selbst schon im Horizont einer bestimmten traditionsgeprägten symbolischen Interaktion [*WuM* 429]).

Gadamer spricht von einer ›*spekulativen Struktur*‹ (*WuM* 432 ff.), die Sprache und Welt ineinanderverspiegelt, indem der Sinn, unter welchem jene sie erschließt, nur im Bewandtnisganzen dieser sichtbar wird. Jede methodische Vergegenständlichung müßte an der Parteiischkeit eines der Relate in bezug auf sein Korrelat scheitern.

Diese bewußtseinsphänomenologische Voraussetzung (die ihren generischen theoretischen Ort im Begriff der Sprache erreicht) macht die These vom Vorrang der Tradition als den Versuch einer Selbstdeutung des historisch situierten Subjekts ebenso verständlich wie Gadamers Privilegisierung der Sache des Verständnisses vor dem Versuch einer Einfühlung in das innere ›vouloir-dire‹ ihres Urhebers. Die dialektische Formel des ›im Anderssein sich selbst Erkennens‹, die Gadamer zur Charakterisierung der eigentümlichen Reflexivität der hermeneutischen Erfahrung heranzieht,[15] trägt bei ihm – gerade umgekehrt wie bei Hegel – den Akzent auf der Substanzialität als dem bestimmenden Moment in aller Subjektivität (*WuM* 286). Doch zwingt diese Umkehrung (um der unabdingbaren Möglichkeit von Selbstreflexion willen) dazu, die Bewegung der Substanz mit der Fähigkeit ausgestattet zu denken, eine – analog zum absoluten Geist des spekulativen Idealismus – durchgängig sinnhafte »Kon-

15 Zur Dialektik der wirkungsgeschichtlichen »Erfahrung« vgl. bes. *WuM* 335 ff. »Wir nennen«, sagt Gadamer, »diese Art der Erfahrung [in der durch den Dauererwerb von Einsicht das *Ganze* der bisherigen Einsicht altert ert und erweitert wird] *dialektisch*« (l. c. 366). Zum Verhältnis zu Hegel: »Hegel hat die geschichtliche Dimension, in der das Problem der Hermeneutik seine Wurzeln hat, durchreflektiert. Wir werden daher *die Struktur des wirkungsgeschichtlichen Bewußtseins* im Blick auf Hegel und in Abhebung von Hegel zu bestimmen haben« (l. c. 328).

tinuität (...) der Tradition« zu stiften (*WuM* 281), d. h. *die Alterität des dem Sichverstehen der Wirkungsgeschichte Anderen permanent in der Spekularität dialektischer Selbstbeziehungen aufzulösen,* die gleichwohl nicht die des verstehenden Subjekts sein sollen. Dennoch bleibt auch nach der Hypostasierung des Subjekts zur ›Sache selbst‹ jedes Verstehen ein exklusives Sich-selbst-Verstehen – unter Preisgabe jener nicht assimilierbaren Transzendenz des Anderen,[16] auf welche Heideggers Seinsfrage den Blick lenkte.

Die Umkehrung des Weges der Hegelschen Phänomenologie bleibt wie jede Umkehrung dem verhaftet, was sie umkehrt. Man macht nicht folgenlos Anleihen beim Diskurs der idealistischen Dialektik. Das Schema der Reflexionslogik (die permanente Auflösung des Scheins eines vom Sinn nicht artikulierten Seins-an-sich in der Innerlichkeit der setzenden Reflexion; die Identifikation dessen, was ist, mit dem, als was es im wirkungsgeschichtlichen »Sinnkontinuum« [*WuM* 351] verstanden wird) prägt fast ungebrochen die Zirkelstruktur des Verstehens, die Gadamer in vorzüglichen Analysen bald als ein »Ineinanderspiel der Bewegung der Überlieferung und der Bewegung des Interpreten« (*WuM* 277), bald als den wahren hermeneutischen Ort des »*Zwischen*« (der ›Vermittlung‹ des Inneseins in Traditionen und ihrer reflexiven Aktualisierung [*WuM* 279]), bald als »Verschmelzung« kommunizierender Horizonte charakterisiert (*WuM* 286 ff.). Zwar will gerade dieser letzte Begriff dem Schein entgegentreten, als heiße verstehen: sich unter Preisgabe des eigenen Horizonts ekstatisch in den Gesichtskreis dessen zu versetzen, den man zu verstehen sucht (wie das Schleiermacher gefordert habe). Es heiße vielmehr: im Aus-sich-Herausgehen sich mitbringen, der Rede des anderen einen Widerhall bieten, der nicht ihr eigenes Echo ist, mithin des anderen Sinn im eigenen, den eigenen im fremden Sinn zu reflektieren. Aber es heißt zugleich: ihn der spekulären Reflexivität der Wirkungsgeschichte auszuliefern.

16 Die absolute Unverfügbarkeit des ›Seinsgeschicks‹ ist gleichsam verwunden im Begriff einer relativen Heteronomie des ›Überlieferungsgeschehens‹ – nur relativen, da sich Interpret und Interpretand nie von diesseits und jenseits des Abgrunds der ontologischen Differenz, sondern im homogenen Medium spekulärer Selbstaffektion der Geschichte begegnen. (Der Zeitenabstand, sagt Gadamer, – auf ihn verkürzt sich der Abstand von Sein und Sicherscheinen – ist »nicht ein gähnender Abgrund, sondern ist angefüllt von der Kontinuität des Herkommens und der Tradition, in deren Licht uns alle Überlieferung sich zeigt« [*WuM* 281]).

Keine Reflexion, die nicht im Vollzug ihrer selbst als ein Identisches sich bestätigte. Gadamer sagt es geradezu: »In Wahrheit ist es also ein einziger Horizont« (*WuM* 288) – ein solcher nämlich, der die Partikularitäten für sich seiender Horizonte in einer höheren Einheit verschmilzt und zugleich ihrer Alterität gegeneinander beraubt. In der Einheit des Sinnkontinuums – kann man Kontinuität denken, ohne Identität vorauszusetzen? – gewahrt das Reflektierende im Reflektierten sich selbst. Sein Aus-sich-Herausgehen erwies sich nicht minder als Schein wie sein In-sich-Bleiben. Beide Bewußtseinsstellungen werden überbordet von der Spekularität eines in allen Ekstasen in und bei sich bleibenden Überlieferungsgeschehens, das zwar immer wieder von der Fülle unversehener und als solche negativer Erfahrungen überwältigt wird, ihnen gegenüber aber doch stets in der Lage des Bewußtseins der Hegelschen *Phänomenologie* sich befindet: ist das Verständnis des Fremden einmal gelungen, so legt das Fremde seine Maske ab und enthüllt sich als Moment des Bewußtseins selbst. Verstandene Alterität scheint aufgehört zu haben, als ein Dialog selbständiger Sinnzentren zu bestehen. Die hellsichtig an Hegels Dialektik beschworene Gefahr des spekulativen Monologs bedroht am Ende auch Gadamers Hermeneutik der Endlichkeit.
Die sprachtheoretische Begründung, die er seiner Hermeneutik gibt, zeigt das auf andere Weise. Sprache ist wesenhaft Gespräch. In ihren Begriff bereits geht ein, daß sie nicht als Vehikel zur Bezeichnung weltabbildender Theorie zu denken ist, sondern als durch und durch lebenspraktisch motivierte und in der teils gleichgerichteten, teils antagonistischen Praxis gesellschaftlichen Miteinanderseins sich bewährende oder mißlingende Verständigung untereinander und eben dadurch auch in der Sache. Als symbolisch vermittelte Interaktion konstituiert sie ein Gesamt eingelebter Regeln eines gegebenen Kommunikationszusammenhangs. Mit einer von fern an Wittgensteins Gleichung von Sprachspiel und Lebensform gemahnenden Wendung nennt Gadamer sie einen »Lebensvollzug« (*WuM* 362): »Alle Formen menschlicher Lebensgemeinschaft sind Formen von Sprachgemeinschaft« (*WuM* 422).[17] Die Sprachlichkeit kommunikativer Interaktion

17 Auf die Nähe zu Wittgensteins Konzeption des Sprachspiels als subjektloser ›Abrichtung‹ ist wiederholt hingewiesen worden, so von K.-O. Apel, *Wittgenstein und das Problem des hermeneutischen Verstehens*, in: K.-O. A., *Transformation der Philosophie*, Bd. 1, Ffm. 1973, 368 im Kontext, und Jürgen Habermas, *Zur Logik der Sozialwissenschaften*, Ffm. 1970, 220 ff. (pas-

verhält die Totalität der Sachen allererst zur Einheit einer ›Welt‹ für alle, die im gleichen Diskurs und im Zug der gleichen Praxis zur Wahrheit finden, indem sie ihre das Sein erschließenden Praktiken/Erfahrungen auf gleiche Weise schematisieren. Die gleiche Sprache sprechen heißt dann: in der prinzipiell unbegrenzbaren Variabilität der Aussagemöglichkeiten auf gleiche Weise zur Totalität des Seienden sich zu verhalten.

Das Entsprechende gilt für das Gespräch, das zwischen der Überlieferung und dem Interpreten viel eher ›geschieht‹ als ›geführt‹ wird (*WuM* 361). Indem das Selbstverständnis des Interpreten sich immer nur als Widerschein des Sinns einstellt, der von der ›Sache‹ der Tradition zurückstrahlt, über deren Konstitution die Horizonte der Gesprächspartner zusammengefunden haben, scheint von der »Mitte der Sprache« (*WuM* 437) ein eigentümlicher Zwang auszugehen. Es scheint »buchstäblich richtiger zu sagen, daß die Sprache uns spricht, als daß wir sie sprechen« (*WuM* 439). Der Ausfall eines aus freiem Entwurf seinen Sinn wählenden Subjekts muß freilich das andere Moment der dialektischen Beziehung: die Sache der Tradition, absolut ermächtigen: »Hier ist es also erst recht wahr, daß dieses Geschehen nicht unser Tun an der Sache, sondern das Tun der Sache selbst ist« (l. c.). Das Zur-Sprache-Kommen der Wahrheit eines Diskurses erweist sich als »ein Tun der Sache selbst (...), das das Denken ›erleidet‹. Dieses Tun der Sache selbst (...) ist die eigentliche spekulative Bewegung, die den Sprechenden ergreift« (*WuM* 450). Eine Dialektik, innerhalb deren das eine Moment (keineswegs transitorisch) sich zum Herrn über das andere aufschwingt und es statt zur paritätischen Gegenwirkung zum baren Leiden (Magistrum pati) verhält, ist allerdings merkwürdig depraviert. Das Knecht gewordene ›Subjekt‹ jener univoken ›Spekulation‹ der ›Sache selbst‹ ist nur mehr die Abstraktion eines selbständigen Anderen; es schrumpft zusammen bis auf einen »subjektiven Reflex« (l. c.), der sich seinem Korrelat – kann man noch von Korrelation sprechen? – als ein selbst wesenloser Spiegel für

sim). – Gadamer sagt selbst, daß ihm »Ludwig Wittgensteins Begriff der ›Sprachspiele‹ (...), als ich ihn kennenlernte, ganz natürlich vorgekommen sei« (*WuM* XXII). Vgl. zum Verhältnis von Sprache und Spiel l. c. 439, 459, 98: »Das Spiel hat ein eigenes Wesen, unabhängig vom Bewußtsein derer, die spielen. Spiel ist auch dort, ja eigentlich dort, wo kein Fürsichsein der Subjektivität den thematischen Horizont begrenzt und wo es keine Subjekte gibt, die sich spielend verhalten. Das Subjekt des Spieles sind nicht die Spieler, sondern das Spiel kommt in ihnen lediglich zur Darstellung.«

dessen unerschöpfliche Fülle darbietet. Die Reflexion der Sache der Tradition im auslegenden Subjekt verkommt zur abstrakten Selbstbespiegelung jener: »Es ist eine Verdoppelung, die doch nur die Existenz von einem ist« (*WuM* 441). Das Subjekt der Interpretation ist »ungreifbar seinem eigenen Sein nach und doch das Bild zurückwerfend, das sich ihm bietet« (*WuM* 449). Statt von einem durch die ›Mitte der Sprache‹ zu gleichen Teilen mediatisierten Ineinander von Vergangenheit und Gegenwart, Substanz und Subjekt, Interpretand und Interpret wäre angemessener von einer Verflüchtigung des Subjekts zugunsten der Sache die Rede, die usurpatorisch auf den Platz ihres Korrelats übergreift.

Die Sprache wird so gleichsam zum Factotum der Geschichte. Selbst ihre Aufhebung, ihre im Sprachwechsel manifesten parasemischen Transformationen, die Arbeit an der Begriffsbildung, die Organisation von Sprachspielen und Interaktionsformen, die prinzipiell unabschließbare Erweiterung ihres Sinnhorizonts – all das erweist sich als ihr Werk.[18] Das »eigentliche Subjectum der Spielbewegung« (*WuM* 464, vgl. 97 ff.) – da ohne eine Spur von Subjektivität nun einmal weder Spontaneität noch Reflexion zu denken ist – degradiert die an ihm Beteiligten zu bloßen Ausführungsorganen, die, bestrebt, die Sache zu durchdringen, am Ende die von ihr Durchdrungenen sind und, selbst machtlos, in ein sie überwältigendes Geschehen sich eingebunden finden, »durch das sich [autonom] Sinnvolles geltend macht« (*WuM* 465). Die Sprache entläßt – wie der absolute Geist Hegels – eine schlechthin lückenlose Kontinuität von Sinn aus sich (darin gründet der Universalitätsanspruch der Hermeneutik) und löst – wie die Hegelsche Logik Sein in Reflexion – Widersinn permanent in Sinn auf, ohne daß es des geringsten Synergismus von seiten der Individuen dazu bedürfte. Im Gegenteil scheint ›Verständnis‹ – These, die uns noch beschäftigen soll – nur unter Voraussetzung einer Interpret und Interpretand überpersönlich vermittelnden Traditions- oder Spiel-*Regel* möglich zu sein, die ihre Elemente autonom organisiert. Und so etwas wie eine »Freiheit des Selbstbesitzes, die dazu gehört, sich (dem selbständigen Spiel

18 Wir werden sehen, daß der heftigste Einspruch gegen die Verselbständigung der semantischen Innovation als ›Sprachgeschehen‹ von Schleiermacher formuliert wurde. Sartre hat diesen Einwand (vermutlich ohne Kenntnis Schleiermachers) wiederholt.

der Sprache) vorenthalten zu können, ist hier gar nicht gegeben, und das sollte durch die Anwendung des Spielbegriffs auf das Verstehen gesagt werden« (l. c.). Dennoch handelt sich's weniger um eine neue Spielart des absoluten Geistes als um ein neues Ding an sich – ein Umstand, durch den sich der Chosismus der Gadamerschen Hermeneutik trotz einer gewissen Affinität von Hegel unterscheidet, der immer daran festhielt, daß die Vernunft kein Knochen sei.[19]

Hier nun zeigt sich der latent dogmatische Zug in Gadamers Entwurf einer Universalhermeneutik. Zwar ist es nur konsequent, wenn er die These durchhält, daß die Zirkularität des Verstehens jedes Bewußtsein von etwas dazu verhält, seine Welt im Lichte eines Vorurteils zu konstituieren, für das nicht abermals das Bewußtsein verantwortlich zeichnet und das ihm mithin als von seiner freien Selbstverfügung unabhängig erscheinen muß. Die Evidenz dieser These erhöht sich bei den kommunikativen Handlungen, deren Mitteilbarkeit gerade darin gründet, daß über ihren Sinn nicht im Diskurs des Sprechers, sondern in der intersubjektiven Ordnung einer Tradition entschieden wird. Sie konstituiert vorgängig die Ausdrückmöglichkeiten des Individuums, indem sie ihm gleichsam (mit Fichte zu sprechen) das Auge einsetzt, mit dem es sich und seine Welt erschließt. Unmöglich, diese Verspätung gegenüber der Tradition reflektierend einzuholen: »Wir sind als Verstehende in ein Wahrheitsgeschehen einbezogen und kommen gleichsam zu spät, wenn wir wissen wollen, was wir glauben sollen« (*WuM* 465); wenn wir nämlich, was die von unserer Rede unabhängige (›objektive‹) Bedeutung dieser unserer Sprechhandlung sei, durch eine selbst sprachliche Reflexion vor uns bringen wollen, deren Sinn sich aus dem gleichen Register speist. Als Metapher für diese ontologisch ausgewiesene Hysterese des Verstehens in bezug auf den parasemischen Zusammenhang seiner Sprache wäre die Rede von einem »Tun der Sache selbst (...), das im Gegensatz zu der Methodik

19 *Phänomenologie des Geistes*, ed. Joh. Hoffmeister, Hamburg 1952, 252 (f.).
E. D. Hirschs Kritik, daß Gadamer Sinn und Sache so identifiziere, »als sei der Sinn eine autonome, vom Bewußtsein völlig unabhängige Größe, womit er nicht nur den Psychologismus, sondern das Bewußtsein selbst ablehnt«, scheint mir nicht unzutreffend (Eric Donald Hirsch, *Prinzipien der Interpretation*, deutsch von Adelaide Anne Späth, München 1972 [hinfort zit.: *PI*], 304).

der modernen Wissenschaft ein Erleiden, (...) ein Geschehen ist« (*WuM* 440), durchaus akzeptabel.
Fragwürdig wird sie jedoch, wenn sie sich nicht als jenen transzendentalen Schein durchschaut, der zwar in der Struktur des sprachlich verfaßten Bewußtseins seinen Erklärungsgrund hat, ihm aber nur als eine Konstruktion dient, durch die es sein Sichvorausgesetztsein sich verständlich macht. Hier besteht die Gefahr eines Zirkels in der Argumentation. Unmöglich könnte ja, was nicht jeder Reflexion zuvor von sich Kenntnis hatte, im Widerschein seines Anderen *sich als* sich (wieder)erkennen. Mit dem Gedanken der autonomen Spekulation hat Gadamer zugleich die Figur der Hegelschen Reflexionstheorie des Selbstbewußtseins übernommen. Aporetisches Modell: es erklärt nicht (oder nur zirkelhaft), wie im Anblick seiner Welt, in der Auslegung seiner Tradition, in der Kommunikation mit fremdem Sinn das interpretierende Subjekt – wohlbemerkt: das wirkungsgeschichtliche Bewußtsein – die Züge *seines* Gesichts, das Echo *seiner* Stimme, das Spiegelbild *seines* Entwurfs sollte gewahren können, hätte es das Andere nicht je schon an sich gemessen. Muß man nicht unterstellen, daß die zur Aktion der Substanz hypostasierte spekuläre Bewegung in Wahrheit eine Erfahrung des präreflexiven Selbstbewußtseins artikuliert, die – ihrer Nichtobjektivität halber – auf die Sache der Tradition sich projiziert?[20]
Diese Vermutung hälfe jedenfalls zu erklären, wie das Geschehen der Wirkungsgeschichte es von sich her zu jenen Innovationen des tradierten Sprachrepertoires, zu jenen Akten der Bedeutungstransformation, zu jenen Revolutionen der sprachlichen Weltansichten bringen kann, in denen Gadamer – mit einer auffällig romantischen Formulierung – »die Genialität des sprachlichen Bewußtseins« sich manifestieren sieht (*WuM* 406, vgl. 381). Er-

20 Damit wäre immerhin verständlich gemacht, was Gadamer veranlaßt, Sache und Sinn zu gleichen. In gewisser Weise wiederholt sich in seiner Hermeneutik die radikal ekstatische (Bewußtsein und Noema gleichsetzende) Bewußtseinstheorie Heideggers, die den Term ›Bewußtsein‹ durch ›Dasein‹ ersetzt hatte und alle seine Funktionen aus der Sorgestruktur ableiten wollte, ohne aus ihr – außer um den Preis seiner Selbstpräsupposition – zu jenem zurückzufinden. Darauf hat schon Sartre aufmerksam gemacht (*EN*, 128) »On ne peut pas supprimer *d'abord* la dimension »conscience«, fût-ce pour la rétablir ensuite. La compréhension n'a de sens que si elle est conscience de compréhension.«

klären würde sie auch jene Überkodierungen und Prästrukturierungen des zu verstehenden Diskurses durch Struktur und Code des interpretierenden Diskurses (der außer am Sprachgebiet seiner Nation und Epoche auch bei den Sprachspielen seiner Klasse, Gruppe, Familie, seines Berufs und endlich beim Stil seiner Individualität Anleihen macht), eben all jene Integrationen fremden Sinns im Sinn des Verstehenden, die nicht denkbar wären, wenn das Subjekt des Auslegers dazu verurteilt wäre, dem langage-en-soi des autonomen Überlieferungsgeschehens als ein selbst wesenloser Spiegel zu dienen, der der ›Sache selbst‹ tatsächlich nichts hinzuzufügen vermöchte und von derselben absorbiert würde.

Daß solche Bedeutungserweiterung geschieht, ja daß die Sprache nur als eine Kette von parasemischen Transformationen existiert, anerkennt Gadamer ausdrücklich durch den Ausdruck des ›Seinszuwachses‹, den jeder Akt angewandten Verstehens so gut wie jede Darstellung eines Kunstwerkes leiste (*WuM* 133, 140/1). Und ohne jene relative Selbständigkeit des interpretierenden Subjekts gegenüber dem Gang der Sache selbst bliebe Gadamers Satz unverständlich, die Auslegung beanspruche für sich weder die Rekonstruktion der authentischen Meinung des Autors noch ein »Besserverstehen« des Textes (im Sinne Schleiermachers). Die hermeneutische Maxime, die Auslegung habe einen Autor besser zu verstehen, als er sich selbst verstand, stelle die »Umsetzung eines Grundsatzes der Sachkritik aus dem Zeitalter der Aufklärung auf die Basis der Genieästhetik« dar. Es genüge dagegen »zu sagen, daß man *anders* versteht, *wenn man überhaupt versteht*« (*WuM* 280).

Aber kann Gadamer diesen Satz, dessen Spitze gegen die Einfühlungshermeneutik gekehrt ist, auf der Basis seiner am Ideal spekulärer Selbstvermittlung der Wirkungsgeschichte orientierten Bewußtseinstheorie rechtfertigen? Über die Alterität des Anderen wird in ihr erst entschieden, wenn er im Horizont des Interpreten integriert oder wenn dessen Horizont in den des Interpretanden ›eingerückt‹ oder allenfalls: wenn die fusionierenden Horizonte über eine höherstufige Dyade Reflektierender–Reflex spekulär identifiziert sind[21] – dann freilich ist's zu spät

21 Vgl. auch E. D. Hirsch, *PI* 310: »Wie kann ein Interpret zwei Perspektiven – seine eigene und die des Textes – verschmelzen, solange er sich nicht die ursprüngliche Perspektive irgendwie angeeignet (...) hat?« L. c. 311: »Dieser innere Widerspruch ist der Brennpunkt meines Angriffs auf Gadamers Theorie.«

für ein Urteil über die Differenz beider. Der Sinn-Eigenständigkeit des zu interpretierenden Textes geht es mithin kaum anders als den um ihre wechselseitige Anerkennung ringenden Selbstbewußtseinen bei Hegel: Der Augenblick, der auf beiden Seiten die Einsicht in die Selbstheit des Anderen stiftet, hebt ihre Individualität gerade auf und verwandelt sie in jenes »*wesentliche Selbst*«, das über den Schein einer Alternative von Ich und Du, von Eigenem und Anderem je schon hinaus ist.[22]

Der Satz, es geschehe in jeder Horizontverschmelzung ein Mehr, als in beiden Bezugsgliedern für sich und zusammengenommen enthalten sei, läßt sich dann allenfalls künstlich noch so legitimieren, daß das spekulative Subjekt – da es ja nie die volle Präsenz der Hegelschen Idee erreicht – von der Fülle seines eigenen Reichtums überwältigt wird und daß im einzelnen Aufblitzen des Sinns eine virtuelle Unendlichkeit des Deutbaren zur Sprache drängt. Dennoch: »Zur-Sprache-kommen heißt nicht, ein zweites Dasein bekommen. Als was sich etwas darstellt, gehört vielmehr zu seinem eigenen Sein« (*WuM* 450).

Das Sein des Anderen qua Anderen bleibt auf der Strecke. Es ist als Sicherscheinen des Selbigen vereinnahmt im subjektlosen Subjektivismus der Wirkungsgeschichte. Die Tradition ist die Vermittlung ihrer und des von ihr Vermittelten doch nur in ihr und für sie selbst. Von einer realen Vermittlung erwartet man aber, daß sie die Brücke schlage zwischen dem »in sich eingeschlossenen Denken« und seinem »Anderen«.[23] Die Existenzialhermeneutik will – um eine Wendung Feuerbachs abzuwandeln – die Sache selbst ergreifen, aber in der traditionellen Zurüstung der Sache, sie will außer dem Vorurteil sein, um dem Anderen zu begegnen, aber in dem traditionell vorgegebenen Vorurteil selbst.[24] Sie negiert die Allmacht des einen Relats der Horizontverschmelzung nicht wirklich zugunsten der konkreten Einheit seiner und des Anderen, sondern selbst nur innerhalb ihrer eigenen

Gäbe es nicht die Möglichkeit, Noema und Noesis, Sache und Sinn, Sinn und Bewußtsein voneinander abzuheben, so wäre es unmöglich, eine Veränderung der Sache (als eines substanzhaft Identischen) zu prädizieren. Da diese Möglichkeit offenbar besteht (und sei's als uneingestandene Voraussetzung), muß man das Reflexionsmodell des Bewußtseins aus der Hermeneutik heraushalten.

22 Vgl. Manfred Frank, *Der unendliche Mangel an Sein. Schellings Hegelkritik und die Anfänge der Marxschen Dialektik*, Ffm. 1975, 99.

23 Ludwig Feuerbach, *Gesammelte Werke*, hg. von Werner Schuffenhauer, Bd. 9, Berlin 1970, 29.

24 L. c. 313/4.

Sphäre. Diese Sphäre saugt alle Eigenschaften des von ihr überschrittenen Subjekts auf (Spontaneität, Selbstreferentialität, Substantialität), und sie ist selbst nach dem Reflexionsmodell konzipiert, dem zufolge die Noesis ihr Wesen vom Noema zu lernen hat: auf diese Weise entsteht der Schein einer vollendeten Selbstlosigkeit des an sein Anderes verwiesenen Selbst. Tatsächlich jedoch gibt es sich als Selbstreflexion der Wirkungsgeschichte nicht preis, es simuliert den *»Dialog zwischen Ich und Du«*.[25] Feuerbach warf es der Hegelschen Dialektik vor: »Sie tut nur so, aber es ist nicht ihr Ernst; *sie spielt.*«[26]

Hermeneutik als Kritik – die Grenzen der Reflexion

Unter diesen Umständen muß die literarische Hermeneutik an einer Stärkung der Funktion des Einzelsubjekts interessiert sein, sowohl der Individualität des Interpretanden wie der des Interpreten. Einerseits um sicherzustellen, daß wirklich *zwei* Horizonte miteinander kommunizieren und daß gegenüber demjenigen des Auslegers der des Interpretanden in seiner relativen Selbständigkeit sich behaupten kann;[27] sodann um die Abstraktion zu bannen, wonach die Geschichte – verdinglicht – als ein universeller Entfremdungsprozeß die an ihm beteiligten Subjekte permanent ihrer Mitwirkung enteignet und die Bewegung der Sinnkonstitution aus eigenen Stücken und hinter ihrem Rücken vollzieht. Kontinuierte sich das Spiel, das die Sprache ist, in der Tat als ein Zwangszusammenhang permanenter ›Abrichtungen‹,[28] so wäre das ›frei einwilligende‹ Sichfügen vor der »Autorität«

25 L. c. 339. Vgl. *WuM* 341/2, wo Gadamer die Möglichkeit, den »Gegenanspruch« des Du reflektierend zu überspielen, hellsichtig erörtert, freilich für eine Gefahr nur der methodischen Maxime des Besserverstehenwollens hält.

26 Feuerbach, l. c. 40.

27 In diesem Punkte ist dem ›Objektivismus‹ Emilio Bettis rückhaltlos zuzustimmen. »Das *Zwiegespräch*«, wendet er gegen Bultmanns und Gadamers existenzialhermeneutische Reduktion ein, »das zwischen dem Historiker und dem in den Quellen objektivierten Geist zustande kommen sollte, würde vollständig versagen und zum reinen *Monolog* umschlagen; denn es fehlt völlig der Gesprächspartner, der in den Texten, als ein unverrückbar anderer Geist, dastehen sollte, ohne den ein Auslegungsverfahren überhaupt unvorstellbar wäre« (E. B., *Die Hermeneutik als allgemeine Methodik der Geisteswissenschaften*, Tübingen 1962 [hinfort zit.: *HaMG*], 30).

28 Vgl. Ludwig Wittgenstein, *Philosophische Untersuchungen*, Ffm. 1971, § 6 (S. 15) [hinfort zit. *PhU*]. Das Spracherlernen ist ein Akt der Abdankung des Subjekts zugunsten ›blinder Regelbefolgung‹ (§ 219, S. 110).

der Tradition nicht nur unvermeidbar: es erwiese sich als eine von ihr her schicksalhaft vorentschiedene Notwendigkeit.[29]

Gegenüber Gadamers Begriff der Sprache als Horizontverschmelzung ist an Wilhelm von Humboldts hermeneutische Maxime zu erinnern, zu erstreben sei »ungeschwächt gleichzeitiges Bewußtsein der eigenen und fremden Sprachform«.[30] Sie fordert dazu auf, Lücken im geschlossenen Stromkreis des existenzialhermeneutischen ›Sinnkontinuums‹ (dieses Nachfolgeterms der ›machthabenden Begriffe‹ Hegels, die, indem sie auf das Seiende insgesamt ›übergreifen‹, im Grunde ›alles‹ zu sein und nichts außer sich zurückzulassen beanspruchen)[31] einzubekennen und in die totale Assimilierbarkeit fremden Sinns im eigenen und umgekehrt in Zweifel zu ziehen. »Alles Verstehen«, sagt Humboldt, »ist (...) immer zugleich ein Nicht-Verstehen (...); alle Übereinstimmung in Gedanken und Gefühlen ist zugleich ein *Auseinandergehen.*«[32] Und Schleiermacher, dessen ›Einfühlungshermeneutik‹ Gadamer so eindrucksvoll kritisiert, betont, daß »das Nichtverstehen sich niemals gänzlich auflösen will« (*HK* 141).

Karl-Otto Apels und Jürgen Habermas' Einwände gegen den Universalitätsanspruch der existenzialontologischen Hermeneutik[33] haben Zweifel dieses Typs unter Hinweis auf die nie auszuschließende Möglichkeit radikalisiert, daß Tradition gewordenes Einverständnis vergesellschafteter Subjekte aufgrund systematisch verzerrter Kommunikation zustande gekommen sein kann.[34] Um nicht gezwungen zu sein, die Vernünftigkeit des Wirklichen schon aufgrund seiner bloßen Faktizität anzuerkennen, ist es notwendig, die traditionsbrechende »Kraft der Reflexion, die sich im

29 Vgl. *WuM* 264/5

30 *Gesammelte Schriften*, hg. von der Kgl. Preuß. Akademie der Wissenschaften, hg. von A. Leitzmann et al., 17 Bde., Berlin 1903-1935 (Neudruck 1968), Bd. VII, 56 (hinfort zit.: *WW*)

31 *Friedrich Wilhelm Joseph von Schellings sämtliche Werke*, hg. von K. F. A. Schelling, Stuttgart 1856-1861, I. Abteilung, Bd. 10, 126/7 (hinfort zit.: *WW*, Abteilung durch römische, Seitenzahl durch arabische Ziffer bezeichnet).

32 Humboldt, *WW* VI, 183; vgl. VII, 166 ff.

33 Vgl. K.-O. Apel, *Szientistik, Hermeneutik, Ideologiekritik. Entwurf einer Wissenschaftslehre in erkenntnisanthropologischer Sicht* und J. Habermas, *Der Universalitätsanspruch der Hermeneutik* (beide in: *Hermeneutik und Ideologiekritik* [Theorie-Diskussion], Ffm. 1971, 7-44 und 120-159).

34 Habermas (l. c. 121) behandelt die Unvollständigkeit des Verstehens übrigens nicht etwa nur als einen behebbaren Defekt (das ist sie stets nur in bestimmten Grenzen), sondern als eine grundsätzliche conditio jeder Kommunikation.

Verstehen entfaltet«,[35] stärker ins Spiel zu bringen, als Gadamer es tut.

Beide Einwände betreffen im Kern auch die Theorie literarischer Interpretation. Sie motivieren zugleich zu einem Rekurs auf Einsichten der romantischen Hermeneutik, die nach Gadamers Kritik – vielleicht zu widerstandslos – vom Fach Literaturwissenschaft preisgegeben worden sind. Ihr jedenfalls brachen Tradition und Reflexion noch nicht als Alternative auseinander.

Was den ersten Einwand betrifft, so wird man zugeben, daß »die spezifische Unverständlichkeit«[36] von Lebensäußerungen eine beständige Erfahrung des Gesprächs ist, daß sie die natürlich erworbene Redekompetenz an ihre Grenze bringt und zur Anerkennung einer ihr nicht unmittelbar assimilierbaren Fremdheit zwingt. Wir lassen dahingestellt, ob sie eine Auszeichnung nur der Begegnung mit systematisch verzerrter (desymbolisierter) Sprachverwendung oder allgemein ein Grundcharakter jeder Kommunikation ist, insofern der Rede und Gegenrede vermittelnde Schematismus der Sprache nie die Individualität der sprechenden Subjekte mit zur Darstellung bringt. Davon unabhängig kann man zugeben, daß die in bewußtloser Tradition eingelebten Vorverständnisse – wollen die Sprecher deren bare Wirklichkeit nicht ipso facto schon als Wahrheit anerkennen – nur durch eine die fraglose Geltung umgangsprachlicher Einverständnisse methodisch suspendierende Reflexion außer Kraft gesetzt werden könnten – Reflexion, die Habermas ›metahermeneutisch‹ und Schleiermacher ›kunstmäßig‹ nennt. (Schleiermacher hält sie – im Gegensatz zu Gadamer – gerade für die hermeneutische Operation par excellence: Jedes ausdrückliche Verstehen muß »von einem kritischen Verfahren begleitet sein«. Ihm ist »die Sprachüberlieferung [nicht schon] die Gewißheit selbst«, sondern ein Faktum, dessen Aufklärung eines »kunstmäßigen« Verhaltens ihm gegenüber bedarf.[37])

Die reflexive Unterbrechung faktisch eingespielter Sprachüberlieferung appelliert an ein gleichsam ›kontrafaktisch‹ beschwore-

35 J. Habermas, *Zur Logik der Sozialwissenschaften*, 283. (Um Äquivokationen zu vermeiden, muß man sehen, daß dieser Reflexionsbegriff nicht als spekuläre Selbstaffektion der Wirkungsgeschichte konzipiert ist, sondern als Aufbrechen derselben.)

36 J. Habermas, *Der Universalitätsanspruch der Hermeneutik*, l. c. 147

37 Schleiermacher, *Dialektik*, ed. Jonas (= *SW*, III. Abt., Bd. 4/2, 550). Wir werden auf Schleiermachers Unterscheidung einer kunstlosen und einer kunstmäßigen hermeneutischen Praxis noch zu sprechen kommen.

nes Ideal gewaltfreier Kommunikation, die jene kontrolliert und gegebenenfalls als ein »Ergebnis von Pseudokommunikation«[38] beurteilt: »Erst die formale Vorwegnahme des idealisierten Gesprächs als einer in Zukunft zu realisierenden Lebensform garantiert das letzte tragende kontrafaktische Einverständnis, das uns vorgängig verbindet und an dem jedes faktische Einverständnis, wenn es ein falsches ist, als falsches Bewußtsein kritisiert werden kann.«[39]

Nun könnte ein Ideal nicht als realer Wirkfaktor der Wirkungsgeschichte auftreten. Sein Entwurf bleibt dem faktischen Traditionszusammenhang verpflichtet, der einen ganz bestimmten und unhintergehbaren Verständnishorizont vorgibt. Es wird sich bei allen Antizipationen rechten Lebens und gewaltloser Interaktionsformen um Projektionen handeln, durch die eine historisch verankerte Gesellschaft ihre praktisch-hermeneutische Synthesis vollzieht. Durch den Entwurf eines gesellschaftlichen Ideals definiert eine Gesellschaft oder Gruppe ihr Selbstverständnis. Folglich legt es von den Vor-urteilen und von den Vor-griffen (nämlich von den epistemologischen Kollektivinstrumenten, mit denen die theoretische Praxis dieser Gesellschaft operiert) Zeugnis ab. (Es gibt, mit anderen Worten, so etwas wie eine Dialektik zwischen reflexiver Selbstkontrolle – unter Einsatz szientifischer Verfahren – und historischer Praxis einer Gesellschaft.)

Ist diese Dialektik integral (d. h. unterwirft sie nicht eines der Relate seinem Korrelat), dann eignet sie sich als Modell einer hermeneutischen Theorie, die, ohne die Wirkungsgeschichte zu überspringen, daran festhält, daß sie einer methodischen Kontrolle durch Reflexion unterworfen werden kann. Verhindert wird so die apriorische Gleichung von faktischem Einverständnis und Wahrheit einerseits, die vorschnelle Opposition von Wahrheit und Methode andererseits: Methodisches Verfahren – die Einbeziehung analytischer Verfahrensweisen und Hilfsdisziplinen – kann auch und gerade in den Geisteswissenschaften nicht einfach unter Hinweis auf die Unüberwindlichkeit der Überlieferung dispensiert werden (wenn anders man der Gefahr entgehen will, durch voreilige Integrationen fremden Sinns jeden Vorbehalt gegen den Zuspruch der Überlieferung zu liquidieren). Es ist nur bis zur Selbstreflexion weiterzutreiben, die die Methode dialek-

38 Habermas, *Der Universalitätsanspruch* ..., 152
39 L. c. 155

tisch als Instrument eines in Tradition gewachsenen Sinnentwurfs und den Sinn als Telos methodischer Veranstaltungen begreift. Ist doch, wie Sartre sagt, »die Dialektik nicht das Gegenteil, sondern die Kontrolle der Analyse im Namen einer Totalität«.[40]
Wird freilich – und damit berühren wir den zweiten Einwand, den Apel und besonders Habermas gegen Gadamer vorgebracht haben – die hermeneutische Relativität jener formalen Antizipation gewaltloser Verständigung auf den je herrschenden Traditionszusammenhang unterbelichtet, so läuft die Kritik Gefahr, einem neuen dogmatischen Rationalismus anheimzufallen, dem gegenüber Gadamers Position recht behielte. Habermas' Forschungsbericht *Zur Logik der Sozialwissenschaften* überschreitet gelegentlich die Grenze zu einem neuen Idealismus, der Geschichte im Lichte ihrer Idee als *Universalgeschichte*[41] zu konstruieren auffordert. Die Hoffnung auf eine durch *Anstrengung der Reflexion* zu erreichende Erschütterung der »Dogmatik der Lebenspraxis«[42] überspannt die kritische Potenz von Reflexivität in dem Augenblick, da sie ihr nicht nur abverlangt, »den normativen Rahmen, in dem (sich Erkenntnis) bewegt, selbst transparent (zu machen)« und so »ins Bewußtsein« zu heben, »was in den Akten des Verstehens durch eingebildete Tradition immer schon geschichtlich vorstrukturiert ist«, sondern die Behauptung anfügt, die transparent gemachte Vorurteilsstruktur könne »nicht mehr in der Art eines Vorurteils fungieren«.[43]
Diese Formulierungen bleiben erkenntnistheoretisch recht vage. Zunächst kann die Herstellung von Bewußtsein nicht als Leistung der Reflexion gedacht werden. Die Reflexion könnte nur schon Bewußtes reaktivierend vor sich bringen und setzt ein nicht-

40 Jean-Paul Sartre, *L'écrivain et sa langue*, in: *Situations IX*, Paris 1972, 76 (deutsch in: *Der Intellektuelle und die Revolution*, Neuwied und Berlin 1971, 117).
Wir geben hinfort bei fremdsprachigen Zitaten (sofern nicht das Original angeführt ist) stets eigene Übersetzungen, auch dort, wo in der Anmerkung auf Seitenzahlen deutscher Übertragungen verwiesen wird.
41 J. Habermas, *Zur Logik der Sozialwissenschaften*, 290
42 L. c. 283
43 L. c. 284. – Aus dem gleichen Grunde – nämlich erkennntnistheoretisch – fragwürdig ist E. D. Hirschs statement: »Objektivität hängt in der [literarischen] Kritik (...) weniger von der Methode oder den Kriterien, die ein Kritiker benutzt, ab als davon, inwieweit er sich seiner Prämissen und Vorurteile, die sein Urteil beeinflussen, bewußt ist« (*PI* 201). Hier soll die Nichtmethodisierbarkeit traditionell vorgegebener Vorurteile durch eine Art methodischer epoché des Interpreten kompensiert werden.

positionales Selbstbewußtsein der geschichtlichen Verankerung je schon voraus. Sodann ist zwar unbestritten, daß Reflexion explizit zu machen vermag, was in der Praktik eingelebter Tradition unthematisch verinnert blieb: doch ist nur diejenige Reflexion rein (pure),[44] die das ihr vorgängige Bewußtsein nicht bereichert, insofern sie mit ihm auf der gleichen Ebene steht: das ist der Preis ihrer Apodiktizität und Adäquatheit. Habermas tut indessen so, als geschehe schon damit, daß die ›Metahermeneutik‹ in der intentio obliqua der Reflexion zum geradehin sich einstellenden Verstehen alltäglicher Kommunikationsprozesse sich hält, deren Aufstufung auf eine kategorial höhere Ebene.

Tatsächlich überspringt das methodische Aufgebot der Reflexion nicht die Ebene objektsprachlicher Verständigung, und die »reflektierte Aneignung der Tradition«[45] vermöchte dieselbe nicht unter dem Schein der Ewigkeit, sondern stets nur als »ein kontingentes Absolutes«[46] zu gewahren. Die hermeneutische Kritik macht allenfalls bewußt, *daß* Tradition nie ganz einholbar und *daß* alles Verstehen in Situation geschieht, erlöst aber nicht aus dieser Lage und gibt – als strikt methodisch geübtes Verfahren – von sich her auch keine Empfehlungen für die Lebenspraxis.

Die Rehabilitation des klassischen Reflexionsbegriffs erscheint mithin nicht als geeignetes Mittel, auf dem Wege der Theorie die Entfremdung hinter sich zu lassen, als welche Gadamer die Wirkungsgeschichte denkt. Dazu genügt es darauf hinzuweisen, daß Subjektivität sich stets zu dem verhält, was die in der sprachlichen Ordnung manifestierte Geschichte (in der – wie Habermas mit Recht gegen Gadamers Sprachidealismus geltend macht – auch und vor allem reale Faktoren der Interaktion wie Herrschaft und gesellschaftliche Arbeit aufgehoben sind)[47] aus ihr gemacht hat. Es ist weder sinnvoll noch notwendig, den Reduktionismus, der aus einigen Äußerungen Friedrich Engels' über das Verhältnis von Geschichte und Subjektivität spricht, zuungunsten des Subjekts noch überbieten zu wollen: »Die Menschen«, sagt er, »machen die Geschichte selbst, aber in einem gegebenen, sie bedingenden Milieu, auf Grundlage tatsächlicher

44 Wir verweisen auf Sartres Unterscheidung einer ›réflexion pure‹ und einer ›réflexion complice‹ (vgl. *Die Transzendenz des Ego*, Reinbek 1964, 22 f. und *EN*, 196 ff.).

45 Habermas, *Zur Logik der Sozialwissenschaften*, 282

46 L. c. 286

47 L. c. 287 f.

Verhältnisse, unter denen die ökonomischen (...) in letzter Instanz die entscheidenden sind.«[48]

Die in ihre Geschichte verstrickten Handelnden sind nicht sehender, aber auch nicht blinder als die Chronisten und Interpreten ihrer Taten. Die hermeneutische Formel Schleiermachers und Diltheys vom ›Besserverstehen, als der Autor sich selbst verstanden hat,‹ der K.-O. Apel unter der Bedingung zuzustimmen bereit wäre, daß sie das ›reflexive Überholen‹ immediat verinnerter Traditionsgebundenheit verlangt,[49] kann nicht schon aus der Struktur reiner Reflexion gerechtfertigt werden. Besser zu verstehen ist ein quasi-ethischer Imperativ, über den Reflexion nicht zu Gericht sitzt. *Was Apel und Habermas traditionsverändernde Reflexion nennen, ist in Wahrheit nur eine zweite Interpretation, die eine erste ersetzt.*

Im Gegensatz zur Bewußtseinsstellung der ›réflexion pure‹ ist Verstehen nicht die adäquate oder identische Reduplikation eines autonomen Sprachspielmechanismus, sondern das abständige (nämlich durch eine auf Vergangenes irreduzible Vision der Zukunft vermittelte) Sichanfügen des Verstehenden an die zugleich als Basis des Entwurfs anerkannte und kraft eigener Initiative veränderte Grammatik einer diskursiven Formation. Traditionen transformierend modifiziert eine Gesellschaft das Projekt, in dessen Licht ihr das Sein bislang erschlossen und sprachlich schematisiert war, zugunsten eines anderen – nicht schon durch seine Andersheit wahren – Projekts, das zwar – wie jeder Entwurf – letztlich auf die Idee einer Universalgeschichte und auf das Ideal herrschaftsfreier Interaktion vorblicken mag, von ihnen jedoch keine metaphysischen Garantien bezieht und im Hinblick auf sie keine historische Kausalität zu unterstellen berechtigt ist. Insofern überspringt keine Reflexion oder Transformation/Revolution die Tradition. Sollte Gadamers Blick auf das, »was über unser Wollen und Tun hinaus mit uns geschieht,«[50] diesen Sachverhalt im Sinn gehabt haben, so behält er recht gegenüber dem Rückfall der Kritischen Theorie in einen Idealismus der Refle-

48 Engels an Starkenburg, 25. 1. 1891, in: Marx-Engels, *Briefe über ›Das Kapital‹*, Stuttgart 1953, 366. – Vgl. die berühmte Formulierung von Marx zu Beginn des zweiten Abschnitts des *Achtzehnten Brumaire* ...: »Die Menschen machen ihre eigene Geschichte, aber sie machen sie nicht aus freien Stücken, nicht unter selbstgewählten, sondern unter unmittelbar vorgefundenen, gegebenen und überlieferten Umständen.«

49 K.-O. Apel, *Szientistik, Hermeneutik, Ideologiekritik*, l. c. 38

50 *WuM*, XIV

xion. Sollte er – wie es eher der Fall zu sein scheint – jeden Synergismus von Subjektivität im Geschichts- wie im Interpretationsgeschehen mit dem Argument leugnen wollen, daß das Sein, welches jedes Sichverstehen überragt, es ipso facto zum Befehlsempfänger und -vollstrecker seines Anspruchs verhält, bedarf seine Hermeneutik einer erkenntniskritischen Korrektur.

Grundzüge eines dialektischen Ansatzes

Vielleicht handelt sich's bei der strikten Opposition von Wirkungsgeschichte und Reflexion um eine falsche Alternative. Dafür scheint zu sprechen, daß jeder Standpunkt eine gewisse Plausibilität für sich beanspruchen darf, ohne einen Universalitätsanspruch rechtfertigen zu können. Man kann darum fragen, ob denn eine Analyse der Struktur von Subjektivität überhaupt eine Entscheidung im Sinne eines Entweder-Oder vorschreibt (›entweder liegt die uneingeschränkte Initiative der sprachlichen Welterschließung beim Sein oder beim Subjekt‹). Wer den Gedanken, das Sein selbst sei Urheber seiner Erschlossenheit, als eine »Entfremdung« ablehnt[51] – hat der eben dadurch schon das Subjekt verabsolutiert?

Sartre verneint diese Frage. Statt dessen sucht er die Dialektik und Reziprozität von Sein und Selbstheit bereits im erkenntnistheoretischen Ansatz seiner phänomenologischen Ontologie wiederherzustellen, indem er Konsequenzen aus der Beobachtung zieht, daß sich das Problem des Verhältnisses von Sein und Seinsweise »in parallelen Termen«[52] stellt zu demjenigen des Verhältnisses von Bewußtsein und Erkenntnis. Sowie nämlich die Frage nach dem Sein des Seienden ihre Suche nach dem von ihr Erfragten prinzipiell über die Phänomenalität des Befragten (des Wesens als der synthetischen Einheit einer Abschattungsmannigfaltigkeit von Merkmalen) zu vermitteln hat, ohne es (das Sein) je als solches – unabhängig von seiner Seinsweise – zu entdecken,[53] – ebenso muß die Frage nach dem unmittelbaren Sein des Bewußtseins die Falle der Reflexion zu vermeiden suchen, die sein esse mittelbar aufs percipi – sein Sein auf sein

51 Jean-Paul Sartre, *L'écrivain et sa langue*, l. c. 52 (dt. 94/5)
52 *Conscience de soi et connaissance de soi*, 61
53 L. c. 58/9

Sicherscheinen – reduzieren möchte und so in einen Regreß sich verstrickt, der des Bewußtseins Sein stets aufs neue in Abhängigkeit vom Zeugnis eines percipiens definiert und so letztlich in der Schwebe lassen muß.[54] »Wir haben also mit zwei Problemen zu tun, die irgendwie ineinander greifen (...). Aber die Lösung des einen bringt zugleich die des anderen mit sich.«[55]

Das Sein des Phänomens und das Sein des Bewußtseins haben nämlich gemein, daß es sie nur ›gibt‹ im Zeugnis eines Perzipienten (die Erkenntnis reicht nur so weit, wie Sein *erscheint*), daß – mit anderen Worten – das Sein eines beliebigen Phänomens zwar nur in diesem Phänomen ›da ist‹, aber in ihm sich nicht erschöpft, und daß ebenso nur eine reflexive Thematisierung das Sein von Bewußtsein zur Kenntnis bringen könnte, aber sein transreflexives Sein ipso actu verfehlen müßte. Auf der einen Seite läßt sich das *Phänomen* des Seins als Phänomen des *Seins* nur unter der Voraussetzung erkennen, daß man es gewahrt als Einforderung jenes fundierenden Seins, welches das Phänomen als *Seins*phänomen wesen läßt. Insofern ist es ontologisch: es wird als Phänomen erkannt nur unter Voraussetzung des transphänomenalen Seins. Das entsprechende gilt für die Erkenntnis; auch sie ist ontologisch. Um die Wahrheit des cogito-sum zu entbinden, muß die Reflexion das Sein des percipiens als jenseits seines Sicherscheinens fundiert denken (andernfalls geriete sie in den beschriebenen Zirkel, der das Sein des Bewußtseins in der Position des Nichtseins, nämlich des Sicherscheinens, bezeugen wollte und dort nicht anträfe). Und *dafür kann sie nur unter der Bedingung einstehen, daß es ein unmittelbares Bewußtsein vom Selbst gibt, in welchem das Sein und das es Reflektierende nicht auseinandertreten,* in welchem das être transphénoménal du sujet[56] und das Sicherscheinen als Phänomen unmittelbar zusammenfallen: und nur weil es dieses nichtkonditionale und präreflexive Selbstbewußtsein *gibt,* kann sich die Reflexion zirkelfrei *als sich* erkennen und thematisieren.

54 L. c. 59 ff.
55 L. c. 62
56 *EN* 17 (Wir geben Zitate aus diesem Werk grundsätzlich nach dem französischen Original oder nach eigener Übersetzung. Die 1962 bei Rowohlt hergestellte, aus Teilübertragungen verschiedener Übersetzer kompilierte deutsche Fassung enthält – auch in der Neuauflage nicht beseitigte – gravierende Fehler, Unebenheiten, Mängel in der terminologischen Absprache zwischen den Bearbeitern, Entstellungen in so hohem Grade, daß ihre Zitation – nach einhelligem Urteil der Forschung – nicht geraten ist.)

Sartre spricht von einem *ontologischen Beweis des Bewußtseins*,[57] der besagt, daß die Seinsweise des irreflexiven Selbstbewußtseins als eine Einforderung ihres eigenen Seins existiert (daß hier die Seinsweise, insofern sie erkannt ist, ihr eigenes Sein zur Voraussetzung hat), insofern jedes Sicherscheinen – um ein *seiendes* Sicherscheinen zu sein und nicht in einen puren Schein (οὐκ ὄν) sich aufzulösen – von einem Sein muß getragen werden, das nicht es selbst ist. Das ist der Sinn jenes »être été«, von dem Sartre in diesem Kontext spricht: »le néant qui surgit au cœur de la conscience *n'est pas*. Il *est été*;«[58] es wird in seinem Nichtsein (μὴ εἶναι) gewesen, d. h. vom Sein unterhalten. Hält man die unabweisliche Evidenz des Seins von Erkenntnis (cogito-sum) an die präreflexive Einsicht in seine lautere Durchsichtigkeit/Phänomenalität (kein *Sich*-Erscheinen des Seins, das nicht sich *erschiene*, dessen Einheit also in die Dyade reflet–reflétant,[59] d. h. in jenen sich selbst spiegelnden Spiegel sich auflöste, als welchen Fichte das Selbstbewußtsein beschrieb[60]), so zwingt sich der *Schluß* auf, *daß das Sein des erkennenden Subjekts prinzipiell nicht dessen eigenes Sein sein könne oder daß endliche Subjektivität eine sich selbst negierende und überschreitende Gegenwart-beim-Sein sei.*[61]

Zusammenfassend ließe sich Sartres ontologisches Argument aus folgenden Denkschritten aufbauen: 1. Das Sein alles Seienden löst sich für uns in Erscheinungen auf, in denen es bezeugt wird (auch das Sein des Bewußtseins). 2. Erscheinen aber heißt: nicht *an sich* sein (non-être [*EN* 28]), sondern sein *für* die Erkennt-

57 *EN* 27, 28; vgl. 16 o.

58 L. c. 120

59 L. c. 118, 121, 128, passim. Auf das reflexionslogische Vorbild dieses Ausdrucks hat im Zusammenhang Rüdiger Bubner aufmerksam gemacht: *Phänomenologie, Reflexion und Cartesianische Existenz. Zu Jean-Paul Sartres Begriff des Bewußtseins*, Diss. Heidelberg 1964.

60 J. G. Fichte, *Nachgelassene Schriften*, hg. von Hans Jacob, Bd. 2, Berlin 1937, 377 (= Wissenschaftslehre 1798)

61 Daß sich's hier um eine Denkfigur handelt, mit der die philosophische Theorie der Romantik (Hölderlin, Sinclair, Fr. Schlegel, Novalis, Schelling, Schleiermacher, Solger) sich vom ›Idealismus‹ absetzte, habe ich in meinen Arbeiten über *Das Problem ›Zeit‹ in der deutschen Romantik. Zeitbewußtsein und Bewußtsein von Zeitlichkeit in der frühromantischen Philosophie und in Tiecks Dichtung*, München 1972 und über Schellings Hegelkritik (*Der unendliche Mangel an Sein*, bes. 109 ff.) eingehend darzustellen versucht und werde hier nicht darauf zurückkommen. Wir werden dem Problem ohnehin im Zusammenhang einer Grundlegung der Schleiermacherschen Hermeneutik wiederbegegnen.

nis (esse est percipi). 3. Was aber ist das Sein der Erkenntnis (des percipiens) selbst, in die sich alles auflöst? (Sie muß selbst *sein.* Eine Erkenntnis, die nicht *wäre,* wäre *nicht.*)[62] 4. Das Sein des percipiens als das Sein dessen, *für* welches Seiendes erschlossen ist, kann nicht dem gleichen Seinstyp angehören wie das von ihm Erschlossene. Es muß in Opposition zu dessen unartikulierter Dichte (›opacité‹) ein »vide absolu« sein[63] und von seinem être néant ein unmittelbares, d. h. nicht abermals auf ein Erkennen relatives Bewußtsein haben. 5. Ein solches sich durchsichtiges[64] néant ist das cogito préréflexif, das in der Bewegung der Apperception immediat und mit apodiktischer Gewißheit sein Sein affirmiert. 6. Also kann, da sein Seinstyp das néant ist, das Sein der vollen Struktur von Subjektivität nicht ihr eigenes Sein sein.[65]

Die Dialektik dieser Lösung besteht darin, daß Sartre die Klippen des Idealismus (der das Sein als noematisches Konstrukt einer Noesis begreifen) und des Realismus (der das Bewußtsein zu einer Substanz versteinern möchte) zugleich umsteuert, indem er Subjektivität als eine vom Sein gestützte (étant été), ihm gegenüber absolut unselbständige Größe denkt (»n'étant pas son propre fondement«,[66] »l'être, en effet, est le fondement du néant«[67]), die gleichwohl, indem sie Grund nicht ihres Seins, sondern ihres Nichtseins[68] (»fondement de son propre néant [...] en tant que néantisation de son propre être«[69]) ist, dem Sein die Fülle aller Negationen widerfahren läßt, durch die es als ein bestimmter Bewandtniszusammenhang (als Welt) in Er-

62 Vgl. *EN* 16 ff.

63 Vgl. *Die Transzendenz des Ego,* 37: »Es ist in gewissem Sinne ein *Nichts* (*rien*), weil alle Objekte (...) außerhalb seiner liegen.«

64 Vgl. *EN* 120, 683, passim (»translucidité«). Vgl. die ausgezeichnete Einführung in »die dialektische Entfaltung der Subjektstruktur«, die Gerhard Seel in seiner wichtigen Arbeit über *Sartres Dialektik. Zur Methode und Begründung seiner Philosophie unter besonderer Berücksichtigung der Subjekts-, Zeit- und Werttheorie,* Bonn 1971, 77 ff. gibt.

65 *EN* 122

66 L. c.

67 *EN* 123

68 »Le néant étant néant d'être ne peut venir à l'être que par l'être lui-même« (*EN* 121). Es ist nicht causa sui qua eines Seienden (*EN* 122 ff.). Die Seinsweise des Bewußtseins (néant) hat den Status einer »existence d'emprunt (...) corrélative d'un acte néantisant de l'être. Cet acte perpétuel par quoi l'en-soi se dégrade en présence à soi [Selbstbewußtsein], nous l'appelerons acte ontologique« (*EN* 121).

69 *EN* 123

scheinung tritt. Das Sein wäre *opak* ohne den Blick, der von seiten des Subjekts auf es fällt und es lichtet. Das Bewußtsein aber *wäre nicht*, stünde es nicht auf der Basis eines être transphénoménal (*EN* 17), eines ihm transzendenten Seins, das es beständig verinnert (reflet-reflétant) und an das es sich durch einen freien (was nicht heißt: durch einen unmotivierten) Entwurf rückentäußert. Es existiert (d. h. partizipiert an einem allgemeinen Seinszusammenhang) lediglich insoweit, als es seine Kontingenz – sein n'être pas cause de soi en tant qu'étant – auf sich nimmt, und es löst seine soziohistorische ›insertion‹ in Fürsichsein nur in dem Maße auf, wie es sie ipso actu überschreitet: nicht absolut, sondern im Vorblick auf einen ganz bestimmten Sinn, in welchem es seine Geworfenheit erschließend verändert.

Auf diese Weise ist das Subjekt zugleich von seinem transzendenten Grunde, konkret: von dem Traditionszusammenhang, in welchem es auftaucht und dessen Kausalität seine Positivität bis ins letzte determiniert, abhängig und doch – als pouvoir néantisant (*EN* 120) – auf ihn nicht reduzierbar. Denn die ›Art, wie‹ das Sein zur Erscheinung gelangt, ist keine gleichsam angeborene Eigenschaft des Seins an sich – wie sollte es das unbestimmte Sein (*EN* 48), das rein Daß von Seiendem, von sich aus zu Eigenschaften bringen? –, sondern das Resultat einer ihm äußerlichen nichtenden Initiative des qualifizierenden Subjekts, dessen radikale Unvereinbarkeit mit dem Sein (als Nichtsein ist es sein kontradiktorischer Gegensatz) es daran hindert, im être été zumal als être déterminé zu existieren.[70]

Das bedeutet nicht, daß es in der Macht von Subjektivität stünde, ihre traditionale Verankerung durch reflexive Anstrengung vollkommen durchsichtig zu machen: das unmittelbare Selbstbewußtsein einer Situation hat nicht den Status einer objektiven Erkenntnis oder eines Verfügungswissens. Es ist lediglich die Be-

70 Das Sein – auch das Sein des Bewußtseins, insofern es nicht dessen eigenes Sein ist – empfängt alle seine Bestimmtheit aus der Totalität der von den Subjekten ihm eingeschriebenen Negationen: Die erste und fundamentale ist die, die es vom Subjekt unterscheidet; es folgen (natürlich nur in der Logik der Darstellung) die Negation seiner Einheit (›hier ist nicht dort‹, ›dieses ist nicht jenes‹: die Äußerlichkeit des Raums), die Negationen seiner Qualifizierung (›dies da ist hart und nicht weich‹, ›jenes ist rot und nicht blau‹) usw. Die Summe aller Verneinungen konstituiert das En-soi als Bewandtnisganzheit oder Welt. Vgl. das III. Kapitel von *EN*, *La Transcendance*, 219 ff., bes. 228 ff. (*De la détermination comme négation*) und 235 ff. (*Qualité et quantité, potentialité, ustensilité*).

dingung der Möglichkeit, daß der praktische Seinszusammenhang, der das historisch situierte Subjekt mit hervorgebracht hat, von ihm verinnert werden kann. (Die Alternative: eine als bare Substanz gedachte Wirkungsgeschichte könnte, genau genommen, von sich her weder ein Selbstverständnis geschichtlicher Individuen hervorbringen noch als Thema einer Interpretation fungieren: um diesen Mangel zu beheben, muß Gadamer, wie wir sahen, ›das Gespräch, das wir sind‹, als quasi-autonomes Super-Subjekt hypostasieren, analog dem Hegelschen Geist.) Gibt man zu, daß das Selbstverständnis historisch vergesellschafteter Subjekte das Sicherscheinen des objektiven Geistes ist (und daß hinsichtlich der Zugehörigkeit oder Nichtzugehörigkeit zum Ganzen dieser Tradition keine Freiheit der Wahl oder der Verweigerung besteht), so hat man nicht automatisch auch zugegeben, daß diese Abhängigkeit eine zwingende inhaltliche Vorgabe für den Entwurf einschließt, durch welchen die Subjektivität dem Sein zu erscheinen gestattet. Das gilt auch für das Sein der Vergangenheit – meiner eigenen so gut wie der der gesamten Geschichte: »La signification du passé est étroitement dépendante de mon projet présent«.[71] Der Sinn-Entwurf bleibt genau in dem Maße irreduzibel auf das Faktum der Tradition, wie das néant der Subjektivität »die dem Sein eigene und seine einzige Möglichkeit« (*EN* 121) ist, sich durch das von ihm ›gewesene‹ Nichts in Frage stellen zu lassen. Sein Sicherscheinen im Bewußtsein oder Fürsich (l. c.) – als Welt oder parasemischer Sinnzusammenhang – ist bereits seine erste und gründlichste Subversion, die ihm seine Initiative aus den Händen gleiten und als ein Vermögen des Subjekts wiederauferstehen läßt: »La possibilité propre de l'être – celle qui se révèle dans l'acte néantisant – c'est d'être fondement de soi comme conscience par l'acte sacrificiel qui le néantit; le pour-soi c'est l'en-soi se perdant comme en-soi pour se fonder comme conscience« (*EN* 124).

Diejenige Einheit, die die Relation von Sein und Nichts zur dialektischen Strukturganzheit Subjektivität verhält, nennt Sartre den Wert.[72] Er hat den zwiespältigen Charakter, einerseits *unbe-*

71 *EN* 579 (vgl. den ganzen Passus *Mon passé,* 577 ff.)

72 Vgl. *Conscience de soi et connaissance de soi,* 71: »Toute conscience, en tant qu'elle est ce qu'elle n'est pas et n'est pas ce qu'elle est, ne peut se présenter comme telle à elle-même que sur le fondement d'un être en sa totalité (...) la valeur n'étant pas autre chose que cette totalité qui est le fondement même de chaque conscience en tant qu'elle est présence à soi.«

dingt und andererseits *nicht* zu sein, d. h. als eine unabdingbare Forderung zu existieren, die sich aus der Seinsweise von Bewußtsein erhebt. Er ist der Grund, der in jedes Bewußtsein hineinstrahlt. Auf seiner Folie entdeckt es sich als Mangel (als ›bloßes Bewußtsein‹, dem das Sein abgeht), insofern es immer die Projektion einer An-sich-für-sich-Totalität in sich schließt, in welcher es bei vollkommenem Sein vollkommen bei sich wäre.[73]

Diese regulative Idee übersetzt in Sartres Hermeneutik die Funktion jener Antizipation rechten Lebens als gewaltloser Wechselseitigkeit von Kommunikanten, die Habermas gegen Gadamers Gleichung von Wahrheit und Traditionsgeschehen als kritische Instanz ins Spiel bringt. Im Gegensatz zu ihr, die in einer Überspannung des Anspruchs der Reflexion gründet, versteht sie sich als Extrapolation aus der Struktur von Selbstsein. Vom Wert her kann und muß jeder Entwurf von Subjekten *verstanden* werden: Das »En-soi-pour-soi [Gott, der Wert], but suprême de la transcendance, représente la limite permanente à partir de laquelle l'homme se fait annoncer ce qu'il est« (*EN* 653). Jedes Sichverhalten zu Seiendem läßt sich demnach zugleich als ›transcendance‹ auf ein bestimmtes Ziel *und* als ›Symbol des Seins‹ (*EN* 670) oder genauer: als »*symbole* de l'idéal du pour-soi ou valeur«[74] verstehen, insofern der signifikante Bezug auf die Sache stets überlagert ist von einem konnotierten Bezug, den jener repräsentiert: dem Bezug auf den Wert.

Im Grunde ist immer das Sein-selbst Ziel des Wunsches des pour-soi. Aber (wir sahen es): »Le désir d'être se réalise toujours comme désir de manière d'être. (...) Le désir empirique n'(...) est qu'une symbolisation (du désir de) la concrétion absolue et (de) la complétude, (de) l'existence comme totalité« (*EN* 654).[75]

Die Praktiken der réalité humaine sind darum grundsätzlich zwiefacher Entschlüsselung fähig: von dem her, was sie manifest intendieren (ihrer Bedeutung), und von der Einheit her, deren Repräsentant diese Intention ist (ihrem Sinn). Sie sind zugleich referentiell-designatorisch *und* symbolisch; ihr horizontaler Bezug aufs Seiende wird gleichsam gekreuzt von einem vertikalen Bezug aufs Sein; sie verlangen, mit einem Wort, nach einer

73 L. c. 71/2 und *EN* 127 ff. (= *Le pour-soi et l'être de la valeur*)

74 *EN* 682 (ff.)

75 Vgl. *EN* 686: »C'est, en effet, à titre de représentant concret de l'être en-soi que nous désirons nous l'approprier [sc.: l'objet].« »Je cherche derrière le phénomène à posséder l'être du phénomène« (*EN* 687).

Tiefenhermeneutik[76]. Doch berechtigt die These des doppelten Bezugs jedes Zeichens (auf die Bedeutung und auf den Sinn) nicht schon zu der dogmatischen Konsequenz, der Wert bestimme als ein aus der Ferne der Idee wirkender konstitutiver oder auch nur teleologischer Faktor den Geschichtsprozeß, indem er – selbst transhistorisch – die Geschichte von außerhalb ihrer zum objektiven Zusammenhang einer ›Universalgeschichte in praktischer Absicht‹[77] verhielte.

Der ›Wert‹ einer geschichtlichen Überlieferung oder Praxis ist nie etwas anderes als die je eigentümliche Projektion jenes Wunsches nach Wiederaneignung des Seins durch das Bewußtsein, durch welchen eine geschichtliche Gemeinschaft von Subjekten ihre symbolische Synthesis (als Sprache) vollzieht. Das Ideal existiert nie anders denn als ein sprachlich schematisierter Entwurf des Sinns von Sein, der relativ ist auf das gleichermaßen traditionsgeprägte wie traditionsüberschreitende praktische Selbstverständnis der Entwerfenden. Jenseits der Zeichenfunktion die symbolische Überdeterminiertheit jeder Rede als Repräsentantin der integralen Einheit des Seins und des Nichts (vgl. *EN* 715 f.) zu entdecken, ist Sache der Interpretation: »Le travail essentiel est une herméneutique, c'est-à-dire un déchiffrage« (*EN* 656). Und insofern diese tiefenhermeneutische Entschlüsselungsarbeit den Umfang des Verstehbaren erschöpft, scheint der – durch Einbeziehung des Moments der praktischen Negativität korrigierte – Universalitätsanspruch der Hermeneutik doch zu Recht zu bestehen.

Die strukturalistische Herausforderung des hermeneutischen Subjekts

Die Schwächung des Seinsgedankens, die als ein charakteristischer (obwohl widersprüchlicher) Zug der Gadamerschen Her-

76 Man tut der Ricœurschen Hermeneutik, die bei der Struktur des Doppelsinns ansetzt, gewiß nicht Unrecht, wenn man darauf hinweist, daß sie der existenziellen Psychoanalyse Sartres (wohl auch Merleau-Pontys: *Phénoménologie de la perception*, Paris 1945, 184 ff., passim) in dieser Beziehung allenfalls ein paar Akzente und eine gewisse Ausweitung und Verlagerung des Anwendungsfeldes hinzugefügt hat. Sie äußert sich zu dieser Parallele sowenig wie zu ihrer Abhängigkeit von Lacan.

77 J. Habermas, *Zur Logik der Sozialwissenschaften*, 290. Vgl. auch W. Pannenberg, *Hermeneutik und Universalgeschichte*, in: *ZThK* 60 (1963), 90 ff.

meneutik auffiel, scheint in der existenzialistischen Hermeneutik mehr oder weniger besiegelt: das Gespräch, das wir sind und über dessen Tradition wir nicht verfügen, existiert doch nur als Institut sedimentierter Kommunikation sinnentwerfender Subjekte. Zwar haben sowohl Gadamer wie Sartre – als Heideggerschüler – mit dem frommen Wunsch der Reflexion nach selbsteigener Urheberschaft ihres geschichtlichen Seins gebrochen und auf diese Weise den Ansatz einer Destruktion der episteme der vollen Präsenz mitvollzogen (im tiefsten Grunde ihrer selbst fühlt sich die Subjektivität ihrer Suisuffizienz beraubt; sie ist nicht Grund ihrer selbst, sie ist dem Anderen ihrer selbst – dem irreflexiven Sein – vereignet und ausgeliefert).

Dennoch bestehen sie darauf, *Geschichte nach dem Modell der Selbstbeziehung zu denken*: Gadamer, indem er das Geschehen der Wahrheit als Sinnkontinuum beschreibt, innerhalb dessen ein Vergangenes *sich selbst* in bereichertem Bestand als Gegenwart berührt (Konzeption, die nur mit Anstrengung universalgeschichtlich-teleologische Konsequenzen abwehren kann); Sartre, indem er das Sein-en-soi des Seienden (dessen Subjektunabhängigkeit er zugesteht) seinen *Sinn* nur in der Relation auf und für ein praktisches Pour-soi gewinnen läßt.[78] Das wirkungsgeschichtliche Bewußtsein ist beiden zwar nicht Herr seines Seins (auch nicht seiner je bestimmten historischen ›insertion‹), wohl aber Herr der Bedeutung (der Seinsweise), die es dem Sein widerfahren läßt.[79] Wie Merleau-Ponty es formuliert: »Dire qu'il y a une vérité, c'est dire que, lorsque ma reprise rencontre le projet ancien ou étranger et que l'expression réussie délivre ce qui

78 Ebenso Habermas/Apel, die das Faktum des Verständnisses auf die Idee einer kommunikativen Selbstberührung des Geistes bezogen denken.
Natürlich wäre auch Paul Ricœur zu nennen, in dessen Hermeneutik zwischen einer »Archäologie« des Subjektes, die die verschütteten Wurzeln vergangenen Sichgegenwärtigseins in einer demystifizierenden Analytik freilegt, und einer »Teleologie« der zu restituierenden Urbedeutung eine strenge Wechselwirkung waltet, die das zu entziffernde *Zeichen* (oder den auszulegenden Text) in einer symbolischen (Repräsentations-)Beziehung zu seinem Ursprung fundiert (»qui constitue le texte en *expression*, en *illustration*, et annule le déplacement ouvert et productif de la chaîne textuelle« (J. Derrida, *Positions*, Paris 1972, 62). Zur Kritik an Ricœur vgl. ferner M. Frank, *Eine fundamentalsemiologische Herausforderung der abendländischen Wissenschaft (J. Derrida)*, in: *Philosophische Rundschau* 23 (1976), Heft 1/2, 1-16, bes. 3-5.

79 Mit dem allerdings wichtigen Unterschied, daß Gadamer den Anteil des Individuums für nichtig oder gering, Sartre für ausschlaggebend hält.

était captif dans l'être depuis toujours, dans l'épaisseur du temps personnel et interpersonnel s'établit une communication intérieure par laquelle notre présent devient la *vérité* de tous les autres événements connaissants. (...) A ce moment quelque chose a été fondée en signification, une expérience a été transformée en sens, est devenue vérité. La vérité est (...) la présence de tous les presents [passés] dans le nôtre.«[80]

In all diesen Spielarten existenzialontologischer Hermeneutik scheint der Bruch mit dem Narzißmus der Selbstbeziehung nur halbherzig vollzogen. Selbst Heideggers auf den Begriff des Grundes (sub-jectum) nicht reduzibles »Seyn« versäumt gleichsam – wie Derrida hat zeigen können[81] –, die Verheißung seiner epistemologischen Mission wahr zu machen: Sein Aufklaffen in der Lichtung der Sprache gibt stets, indem es sich selbst entzieht, der Präsenz eines Logos als der Wahrheit (ἀ-λήθεια) eines geschlossenen Bewandtniszusammenhanges Raum, und in dessen selbstpräsenter Offenbarkeit muß sich unausweichlich der jeweilige historische Sinn von Sein manifestieren. So erfährt das Spiegelspiel der dualen Reflexion, der spekuläre Zug der ihre Vergangenheit permanent als ihre eigene Retention zueignenden ›lebendigen Gegenwart‹, letztlich keinen Einspruch von seiten des Anderen des Selbst. Oder richtiger: der Widerspruch gegen die Selbstverhaftetheit des auf seine Bedeutung sich entwerfenden Daseins macht sich nicht als die Wahrheit des Selbst geltend, sondern situiert sich jenseits seiner Wahrheit.

Ihn ins Innere der repraesentatio sui hineinzutragen, als welche der abendländische Logozentrismus das Wesen des Seins denkt, darin bestand, was Paul Ricœur die »semiologische Herausforderung« des Subjektivismus genannt hat.[82] Die Semiologie vermochte zu zeigen, daß die *Semantik des Sinns* (und die ihr verpflichtete Linguistik der sinntragenden Einheiten: auf sie be-

80 Maurice Merleau-Ponty, *Sur la phénoménologie du langage*, in: *Signes*, Paris 1960, 120

81 Jacques Derrida, *Grammatologie* (dt. von H.-J. Rheinberger und Hanns Zischler), Ffm. 1974, 37 ff.; ders.: *Positions* 18-20, 73 ff.; ders.: *Ousia et grammè*, l. c. sowie *Les fins de l'homme*, in: *Marges* ..., bes. 147 ff.

82 Paul Ricœur, *La question du sujet: le défi de la sémiologie*, in: P. R.: *Le conflit des interprétations. Essais d'herméneutique*, Paris 1969, 233 ff. (hinfort zit.: *CI*). Deutsche Übersetzung von Johannes Rütsche in zwei Bänden: *Hermeneutik und Strukturalismus. Der Konflikt der Interpretationen I*, München 1973 (137 ff.); *Hermeneutik und Psychoanalyse. Der Konflikt der Interpretationen II*, München 1974 (hinfort zit.: *KI I* und *KI II*).

schränken sich die phänomenologischen Hermeneutiken[83] ebenso wie die gesamte sprachanalytische Philosophie) auf einem *System von Zeichen* basiert, dessen Struktur sich einer formalen Semantik um so viel hartnäckiger verweigert, als sie vom Konstitutionsniveau des Satzes entfernt ist (Phonematik, Morphematik) und sich nach vollkommen anderen Kriterien als denen der semantischen Kombinatorik von Wortgruppen und Sätzen formiert.[84]
Während auf der Ebene der Kombination der sogenannten ›großen Einheiten‹ der Sprache zu Texten der Sinnentwurf fast ungehindert sich entfalten kann, nähert sich seine Freiheit, je weiter man auf der semiologischen Ebene und zu den ›kleinen Einheiten‹ zurück schreitet, der Nullgrenze (die sie bei der Verknüpfung distinkter Merkmale zu Phonemen erreicht).[85]
Die Intelligibilität existenzialhermeneutischer und sprachanalytischer Verfahren der Sinnerschließung gründet mithin in ihrer Abstraktheit: sie überschreiten nirgends die Schwelle des semantischen Modells,[86] um dem semiologischen Modell zu begegnen, das unter der Schicht des Sinns (und seines semiotischen Vehikels: des Satzes) eine streng äußerliche Algebra am Werk sieht, die über ein Netz oppositiver und kontrastiver Beziehungen zwischen einer endlichen Menge elementarer (nämlich im Verhältnis zur Aussage niedererstufiger) Einheiten eine Kombinatorik derselben, eine sogenannte *Taxonomie*, konstituiert.[87]
Die semiotische Struktur einer Sprache (langue) ist nach Überzeugung der Strukturalisten nicht nur unabhängig vom semantischen Kriterium der Beziehung der Zeichen auf Sachverhalte und von ihrer Interpretation unter pragmatischen und wirkungsgeschichtlichen Gesichtspunkten (hier könnte sich eine potentielle Abschattungs-Unendlichkeit von Referenzen und Verwendungs-

83 Derrida spricht einmal von »sémantisme« als von einer Abart des Logozentrismus/Idealismus (*Positions*, 68).
84 »Il s'agit (...) de déterminer la possibilité du *sens* à partir d' une organisation »formelle« qui en elle-même n'a pas de sens« (J. Derrida, *Les fins de l'homme*, 161).
85 Vgl. Elmar Holenstein, *Der Prager Strukturalismus – ein Zweig der phänomenologischen Bewegung*, in: E. H., *Linguistik, Semiotik, Hermeneutik. Plädoyers für eine strukturale Phänomenologie*, Ffm. 1976, 63.
86 Das zeigen besonders deutlich die *Vorlesungen zur Einführung in die sprachanalytische Philosophie* von Ernst Tugendhat, Ffm. 1976, und ihr Versuch, die klassische Ontologie durch eine »formale Semantik« paradigmatisch zu ersetzen.
87 Vgl. Paul Ricœur, *La structure, le mot, l'événement*, *CI* 80 (*KI I* 101).

möglichkeiten nach Maßgabe des zugrundeliegenden Weltverständnisses einschleichen): sie *kann*, nach einer berühmten Definition L. Hjelmslevs, *als eine ihrem Wesen nach in sich geschlossene (endliche) und »autonome Entität innerer Abhängigkeitsverhältnisse« beschrieben werden.*[88]

Die strukturalistische Sprachwissenschaft hat es mit der Inventarisierung prä-signitiver Einheiten zu tun, deren materielle Eigenständigkeit (›Substanz‹) gerade nur insoweit von Belang ist, wie es notwendig ist, das System von streng distinkten Werten (signifiés) einer langue, wie es sich über diakritische Wechselprofilierungen einspielt, einem System ebenso distinkter Substrate (signifiants) zu synchronisieren, über welche jene materiell vermittelt sind. Da die Struktur die notwendige[89] Voraussetzung für die auf Sachverhalte unter Gesichtspunkten ihrer Bedeutung verweisende Sprachverwendung (parole) ist, kann man sagen, daß der ›Zirkel der Selbstheit‹[90] unterhöhlt wird von einem System nicht auf Einheit zurückführbarer[91] Differenzen, die die présence-à-soi eines Sinns oder die Positivität eines bedeutenden Terms durchkreuzen und von sich selbst abspalten. »Sous le régime de la clôture de l'univers des signes, le signe est soit une différence entre signes, soit une différence interne à chaque signe entre expression et contenu; cette réalité à double face tombe entièrement à l'intérieur de la clôture linguistique.«[92]

Wenn das der Fall ist, scheint eine Möglichkeit eröffnet, das quasi-transzendentale Kategoriensystem einer Sprache ohne jeden Rekurs auf die Sinnfrage zu beschreiben. Das wäre eine Konsequenz, die, ließe sich ihre Verbindlichkeit erweisen, den Universalitätsanspruch der Hermeneutik außer Kraft setzen würde.

88 *Essais linguistiques*, Kopenhagen 1959, 21

89 wenn auch offenbar noch nicht die zureichende

90 Vgl. *EN* 147 ff. (= *Le moi et le circuit de l'ipséité*)

91 Bekanntlich hält die Phänomenologie die *Synthesis*, die Versammlung Diskreter unter der Einheit eines Gesichtspunkts, für die generische Funktion der Subjektivität (wenn auch in einem anderen Sinne als Kant).

92 P. Ricœur, *CI* 83 (*KI I* 105/6). Es ist allerdings typisch für Ricœur und enthüllt das Strategische seines Sicheinlassens auf die Semiologie, daß er sich am taxinomischen Modell orientiert. Derrida wird ihm nachweisen, daß es leicht ist, ein ›in sich geschlossenes Universum von Zeichen‹ – ein System – auf so etwas wie eine Entelechie hin freizulegen, und daß die Radikalität der semiologischen Herausforderung erst dort beginnt, wo die »clôture« von Zeichen zugunsten eines offenen Systems (›Texte générale‹) überschritten ist, derart, daß jedes ein System orientierende Telos lediglich als instabiles Supplement eines manquierenden ›signifié transcendental‹ fungiert. – Wir werden darauf zurückkommen.

Denn die Quasi-Transzendentalität der Struktur unterscheidet sich von dem Transzendentalen idealistischer oder phänomenologischer Wissenschaft darin, daß das gesprochene Wort sie nicht nur nicht zur Erscheinung bringt, sondern in der Repräsentation gerade verstellt: die Durchsichtigkeit des Sichverstehens im gelungenen Konsens mit einer Tradition wäre alsdann nicht nur eine von ›Sein‹ überbordete und zur Vorläufigkeit verhaltene Erkenntnisinstanz. *Das kommunikative Selbstbewußtsein wäre geradezu eine Funktion der Verkennung.*

Hier verbündet sich die Semiologie mit der Psychoanalyse und dem Marxismus. Julia Kristeva drückt das so aus: »Tout le problème de la sémiologie actuelle nous semble être là: (...) ouvrir à l'intérieur de la problématique de la communication (qu'est inévitablement toute problématique sociale) cette autre scène qu'est la production de sens antérieure au sens.«[93] Die Semiologie hinterfragt die Oberflächensemantik etablierter Diskurse (jene von den ›exakten‹ so gut wie von den philologischen Wissenschaften untersuchten Repräsentate eines Sinns, der hinter der Positivität seiner Austauschbarkeit seine Genesis verbirgt) auf jene ›Alterität‹[94] hin, die einen Umsturz (bouleversement) der wissenschaftlichen Terminologie insgesamt verursacht. Sie überschreitet – mit anderen Worten – die Objektivität des betreffenden Diskurses und den Tauschwert, den eine symbolisch interagierende Kommunikationsgemeinschaft für ihn bezahlt, auf jenen anderen Schauplatz der wertproduzierenden *Arbeit der Struktur.*[94] Dieser Umsturz macht es der interpretatorischen Exegese, die sich der Mittel des Sinnverstehens bedient (und dabei auf eine oberflächenstruktural eingespielte Kommunikation rekurriert) effektiv unmöglich, zu *verstehen* (comprendre), wovon eine solche Semiologie spricht, »lorsqu'elle pose le problème d'une production qui n'équivaut pas à la communication tout en se faisant à travers elle, si l'on n'accepte pas cette *coupure* qui sépare nettement la problématique de l'échange à celle du travail«.[95]

93 Julia Kristeva, *La sémiologie: science critique et/ou critique de la science*, in: *Théorie d'ensemble* (= Collection Tel Quel), Paris 1968, 90.

94 L. c. 91

95 L. c. Wir lassen vorderhand dahingestellt, ob die Metapher ›Arbeit der Struktur‹ geeignet ist, die Semiologie als Instrument der Ideologiekritik zu begründen oder ob sie nicht eher zu Zugeständnissen an den Praktizismus der marxistischen Existenzialontologie motiviert, dem gerade J. Kristeva nicht fernsteht.

Man muß hier einer möglichen Äquivokation vorbeugen. Während Paul Ricœur – mit und nach Emile Benveniste – eine zur Gliederungsebene »langue« gehörige »sémiotique des entités lexicales« von einer zur Ebene »discours« gehörigen »semiotique de la phrase« unterscheidet und von der »Arbeitshypothese ausgeht«, »daß die Semantik des Diskurses irreduzibel sei auf die Semiotik der lexikalischen Einheiten«,[96] dehnen Kristeva und Derrida (um nur sie zu nennen) den Anspruch der Semiologie auch auf den semantischen Bereich aus:[97] Nicht nur die langue, auch der discours ist eine semiologisch analysierbare Einheit, insofern das universelle Gesetz der Bestimmung durch Gegensatz (idealistisches Erbe schon bei Saussure) auch oberhalb der Ordnung des Satzes Gültigkeit beanspruchen darf und mithin semantische Komplexe schon dadurch, daß sie als Sinntotalitäten und organische Ordnungen der in ihnen befaßten semischen Elemente vorgestellt werden, als Systeme gedacht sind (Voraussetzung, ohne welche das Verfahren einer mit der Hermeneutik konkurrierenden strukturalen Textanalyse von vornherein gegenstandslos wäre). Indem Ricœur das semiologische Modell ganz auf den Bereich der im System der langue differentiell einander profilierenden Zeichen (Phoneme, Moneme, Lexeme) eingrenzt – »ainsi circonscrit, l'ordre du signe laisse hors de lui l'ordre du discours«[98] –, unterschlägt er, daß auch die semantische Einheit des Satzes sich nur im Rahmen einer relativ geschlossenen Ord-

Den generativen, praktischen, produktiven und nicht-taxonomischen Charakter der Struktur betont übrigens auch J. Derrida (*Positions* 124/5, passim), indem er allerdings verlangt, die metaphysische Herkunft aller dieser Terme (einschließlich desjenigen der Struktur) reflektierend zu de-konstruieren.

96 P. Ricœur, *La métaphore vive*, Paris 1975, 88 (ff.) sowie Emile Benveniste, *Problèmes de linguistique générale*, Paris 1966, 122 ff.

97 Ricœur dagegen meint: »Dire avec Saussure que la langue est un système de signes ne caractérise le langage que dans un seul de ses aspects et non dans sa réalité totale« (l. c. 91).
Zur terminologischen Differenzierung Semiotik-Semantik vgl. E. Benveniste, *La forme et le sens dans le langage*, in: *Langage. Actes du XIIIe congrès des sociétés de philosophie de la langue française*, Genève-Neuchâtel 1967, 24-40.

98 »Si le signifié [im semiotischen Modell, wo allein der Algorithmus signifiant/signifié nach Ricœur seinen Ort hat] n'appelle pas de définition intrinsèque, il est défini extrinsèquement par les autres signes qui le délimitent à l'intérieur de la langue: ›Chaque signe a en propre ce qui le distingue d'autres signes. Etre distinctif, être significatif, c'est la même chose‹ ([Benveniste:] *La Forme et le Sens dans le langage*, 35). Ainsi circonscrit, l'ordre du signe laisse hors de lui l'ordre du discours« (*La métaphore vive*, 91/2).

nung (Grammatik des Diskurses) hinreichend deutlich distinguieren und Funktion einer Sinntotalität sein kann. Die Äußerlichkeit des Bestimmtseins durch Gegensatz widerspricht der Innerlichkeit des Bedeutens innerhalb eines diskursiven so wenig wie innerhalb eines linguistischen Systems (ohne Inskription in eine Grammatik keine Signifikanz, keine Kommunikabilität), und die hermeneutische Alternative des Sinnentwurfs ist jenseits der Ebene des Satzes grundsätzlich nur graduell weniger gebunden als die »liberté des combinaisons«,[99] die nach Saussure der parole im Rahmen der Satzkonstitution gewährt ist. Insofern scheint es keinen unmittelbar zwingenden Anlaß zu geben, den »débat entre sémantique et sémiotique«[100] durch den Vorschlag einer Arbeitsteilung zwischen beiden beizulegen. Auch der ›Semantismus‹ der Hermeneutik scheint dem Gesetz des ›différentiel du signe‹ nicht zu entgehen (was nicht schon positiv heißt, daß der Sinn *durch* dasselbe besteht: hier wird in der Folge zu unterscheiden sein). Selbst dann, wenn man – etwa von Peirce – sich überzeugen ließe, daß die Struktur als solche noch keine Vorgabe für die Pragmasemantik des situativen Sprechens enthält[101] (wie einige ultraradikale Strukturalisten wollen), muß man zugestehen, daß die Dimension, innerhalb deren hermeneutische Fragestellungen überhaupt auftauchen können, weder grundlegend ist noch das Feld des im Saussureschen Algorithmus $\frac{\text{Signifiant}}{\text{signifié}}$ Begriffenen umspannt.

Den vom Sinn nicht artikulierten Grund jedes Bedeutens hat Jacques Derrida – ohne Rücksicht auf die Gliederungsebene langue oder discours – als *différance* bezeichnet. Man muß in dem quasi-medialen Term, der das Schweben der Zeichenkonstitution zwischen der Tätigkeit der »action en cours de différer« und dem Passivum ihres Resultats, der ›produits ou effets constitués‹[102], auffällig machen soll, (gemäß der Doppelsinnigkeit des

99 Saussure, *Cours de linguistique générale*, Paris ^{6}1966, 172.

100 *Ricœur, La métaphore vive*, 88 (ff.)

101 Ricœur unterscheidet, wieder mit Benveniste, das signifié der Semiotik vom intenté (vouloir-dire) der Semantik – obwohl er gezwungen ist, auch ihm das kodifizierbare Merkmal identischer Wiederholbarkeit (= Distinktheit) zuzusprechen (*La métaphore vive*, 92). – Zur Kritik der Vorstellung einer vom Zeichen/Ausdruck ablösbaren Intention vgl. J. Derrida, *La voix et le phénomène. Introduction au problème du signe dans la phénoménologie de Husserl*, Paris ^{2}1972 und ders.: *La forme et le vouloir-dire. Note sur la phénoménologie du langage*, in: *Marges* . . ., 185-207.

102 Jacques Derrida, *La différance*, in: *Marges* . . ., 9

französischen ›différer‹) neben der Bedeutung der ›Unterscheidung‹ immer auch die des ›Aufschubs‹ (der Präsenz)[103] mithören: die radikale Differenz des irreflexiven Anderen von der reflexiven Bewegung des hermeneutischen Zirkels. Eine Besinnung auf Saussures Entdeckung, derzufolge die Sprache (langue) allein aus Differenzen bestehe,[104] bringt nämlich nicht nur zutage, daß das ›Intervall‹ zwischen den Zeichen Konstituent jeder signitiven Positivität ist, sondern auch dies, daß kein Element derselben zu funktionieren vermöchte, »ohne auf ein anderes Element zu verweisen, *das selbst nicht einfach präsent ist*«.[105]

Was auf den ersten Blick wie eine Paraphrase Saussures erscheinen könnte, geht in einem entscheidenden Punkt über ihn hinaus: die différance, die als ›generative Bewegung‹ den starren Rahmen eines ein für alle Zeit geschlossenen taxonomischen Systems sprengt,[106] destruiert zugleich mit dem Idealismus der Synchronie – und zwar grundsätzlich – den Begriff der *Präsenz*, diesen auch von Saussure nicht aus der Hand gelegten Schlüsselbegriff des abendländischen ›sémantisme‹, der das Wesen der Bedeutung in einem vorgängigen Selbstbezug (das Äußere des Zeichens ist repraesentatio eines Inneren)[107] fundiert und im *Cours de linguistique générale* als der Traum einer Selbstberührung des Logos der parole im ›matériel du signe‹ wiederaufersteht.[108] Dabei hat gerade Saussures Heraushebung des arbiträren und differentiellen Charakters der Zeichen das Instrument an die Hand gegeben, das den Repräsentationismus der logozentrischen Semantik zu ›de-konstruieren‹ erlaubt: trägt doch jedes Element der Sprache, noch bevor es sich als das, was es ist (oder was es bedeutet), zu fassen bekommt, die *Spur* aller anderen Elemente der Signifikantenkette in sich, d. h. gewinnt seine Iden-

103 Derrida, *La voix et le phénomène*, 98
104 Saussure, *Cours . . .*, 166
105 Derrida, *Sémiologie et grammatologie*, in: *Positions*, 38
106 L. c.
107 Derrida hat diesen semiologischen Repräsentationismus in seiner vorzüglichen Studie über Husserls Zeichentheorie eingehend dargestellt und kritisiert (*La voix et le phénomène*). – Vgl. auch François Wahls Kritik am Foucaultschen und Husserlschen Repräsentationismus, *La philosophie entre l'avant et l'après du structuralisme*, in: *Qu'est-ce que le structuralisme*, Paris 1968, 300 ff. (deutsch von Eva Moldenhauer – oft sehr schludrig übersetzt – unter dem Titel *Einführung in den Strukturalismus*, Ffm. 1973, 323 ff., bes. 338 ff., 356 ff., 363 ff.).
108 Dies hat Derrida eingehend in der *Grammatologie* gezeigt. Vgl. meine Rezension in der *Phil. Rundschau*, l. c.

tität-als-Sinn gerade nicht zunächst aus der Beziehung auf sich, sondern aus seiner rückhaltlosen Veräußerung an das ihm Andere: »Ein Intervall muß es von dem abspalten, was es nicht ist, damit es es selbst sein könne.«[109] *Die Bedeutung gründet*, mit anderen Worten, *in einem selbst nicht Bedeutenden*: in der konstitutiven ›Lücke‹, die als eine niemals in Einheit (hegelisch) aufhebbare Negation das Positive von sich selbst abspaltet und es dadurch bestimmt.[110] Die unmittelbare Durchsichtigkeit des Sinnhaften ist in ihrem Ursprung getrübt; und wenn man sie als das Sagbare definieren möchte, so ist ihr Ursprung das Schweigen.

Dies allein ist der Grund, warum es in der Sprache ursprünglich keine vollen oder positiven, d. h. solche Terme gibt, die, bereits mit der kompletten Mitgift ihrer Bedeutung ausgestattet, vom Himmel der Ideen gefallen und sodann in den Signifikanten (wie die platonische Seele in den Kerker des Leibes) eingesperrt wären. Da das Phonem/Lexem oder das Graphem in ihre Bedeutungsfunktion erst dadurch eingesetzt werden, daß ihr Wert vom Gesamt eines – geschichtlichen und offenen – Systems von Oppositionen und Kontrasten ihnen zugespielt wird, muß man sagen, *daß kein Signifikant jemals sich selbst unmittelbar präsent ist* in dem Sinne, daß er nur oder – wie Hegels Sein – wenigstens vorgängig auf sich selbst verwiese.[111] Er gewinnt sich als das, was er ist: Substanz oder Subjekt, kurz als terme plein ou positif, allein im Ausgang von dem es umspannenden Netz einander fordernder und noch in der geglückten Identifikation die Spur ihrer irreduziblen Zerstreuung (dissémination) aufbewahrenden Signifikanten, in das er mit einverwoben ist. Mit einem Wort: *erst der Bezug-auf-Anderes konstituiert den Selbstbezug der Bedeutung.* Und diese Alteritätsstruktur (die man nicht verwechseln darf mit der für die Fundamentalontologie charakteristischen Zirkeltheorie des Daseins als geworfenen Ent-

109 Derrida, La *différance*, in: *Marges* . . ., 13

110 »Cet espacement n'est pas la simple négativité d'une lacune, mais le surgissement de la marque. Il ne reste pourtant pas, comme travail du négatif au service du sens, du concept vivant, du *télos*, *relevable* et réductible dans *l'Aufhebung* d'une dialectique« (Derrida, *Signature événement contexte*, in: *Marges* . . ., 378).

111 Das wäre selbst im taxonomischen Modell auf eine indirekte Weise noch garantiert, insofern das geschlossene System alle Zeichen im Magnetfeld eines selbst transstrukturalen und »transzendentalen Signifikats« sich anordnen läßt (vgl. J. Derrida, *Die Struktur, das Zeichen und das Spiel im Diskurs der Wissenschaften vom Menschen*, in: J. D., *Die Schrift und die Differenz*, Ffm. 1972 [hinfort zit.: *SuD*], 422 ff.).

wurfs) ist darum unhintergehbar, weil auch nicht eines der Relate sein Wesen schon vor der Operation besäße, die in einem die Präsenz der Signifikate in ihrer Unterschiedenheit gegeneinander erzeugt *und* den Unterschied in den Kern eines jeden von ihnen verlegt: *différance* als Unterscheidung und Unterschiedenheit sowie als Aufschub der Präsenz und als Gespaltensein derselben von sich selbst.

Charakteristisch für Derridas Dekonstruktion der abendländischen Semiologie ist die vollständige *Preisgabe der Subjektkategorie.*[112] Wenn für ausgemacht gelten darf, daß das klassische Subjekt nie ohne Bezugnahme auf den Sinn von Sein als Anwesen des Anwesenden (als ὑποκείμενον, οὐσία, présence-à-soi, translucidité pour soi-même) gedacht wurde, dann kann es in der Tat kein Subjekt der différance geben, und jede in Termen der ontotheologischen Semiotik (›das Zeichen repräsentiert mir das Seiende in seinem Sein‹) unternommene Charakterisierung seiner Funktion: als Produktions- oder Konstitutionsgrund, als transzendentale[113] Ermöglichungsbedingung von Präsenz, als transformationelle Struktur, als Vergeschichtlichung oder Zeitigung (temporisation), ja als ontisch-ontologische Differenz muß mit dem Index der kreuzweisen Durchstreichung (rature) die Schuld zu tilgen suchen, die sie bei der überkommenen Grammatik aufgenommen hat.[114] Hält man sich an Saussures Wort, die langue sei als ein System von Differenzen »keine Funktion des sprechenden Subjekts«, so kann man das ›Wesen der différance‹ eben nicht als ein être-présent und ebensowenig als einen – wie Ricœurs Hermeneutik es tut – verschütteten Ursprung der Präsenz denken, den es gegen den Augenschein verdinglichter Reflexions- und Objektbeziehungen (Phänomenen der Oberflächensemantik) durch eine »archäologische« Anstrengung[115] als selbstlos lauteren Ungrund oder als urständliche Aseität wiederzugewinnen gälte. Wenn die »méthode herméneutique ou exégetique« darin bestehen sollte, ein »signifié accompli sous une surface

112 Begriff, der in einem weiteren Sinne zu nehmen ist als bei Ricœur. Einige, allerdings vage Zugeständnisse macht Derrida in *Positions* 106 ff., 122/3; vgl. auch 89/90 (»sens«, »signifié«).

113 In der *Grammatologie* spricht Derrida einmal von der ›Ultratranszendentalität‹ der Urspur (107).

114 *La différance, Marges* ... 15-17

115 Ein Begriff, den Ricœur samt der Funktion, die ihm zugedacht ist, dem *Préface* Merleau-Pontys zu A. Hesnard, *L'œuvre de Freud et son importance pour le monde moderne*, Paris 1960, 9, entlehnt hat.

textuelle«[116] zu suchen, dann verfehlt sie das Wesen von Sprache, deren Seinsweise es ist, nicht im Magnetfeld eines transzendentalen Signifikats, das es zu entdecken gälte, sich zu organisieren, sondern die nur dadurch funktioniert, daß sie den Mangel an selbsteigener Präsenz durch einen prinzipiell instabilen und austauschbaren Signifikanten ›supplementiert‹.[117]
Die empfindlichste Kränkung des klassischen Repräsentationismus (der das Zeichen als das unwesentliche Äußere eines Inneren betrachtet) besteht jedoch wahrscheinlich in der Behauptung, nichts am Zeichen verrate, daß es ›bloßes Zeichen‹ sei, wofür es noch die Phänomenologie nehme; schon darum könne ein prä-semiotisches Selbstbewußtsein – eine ›vor-ausdrückliche Intention‹[118] (Husserl) – oder »une présence à soi du sujet dans une conscience silencieuse et intuitive«[119] (Derrida) – nicht als Instituent des ordre symbolique angesehen werden. Husserl selbst gestand, daß die rätselhafte ›Verwobenheit‹ der sinnlichen und geistigen Seite des Ausdrucks »ein nicht unwichtiges phänomenologisches Problem« bezeichne; und Derrida hat die verborgene Implikation der Metapher *Verweben (texere)* freizulegen versucht: Die leibliche Schicht kann sich mit dem prä-expressiven Akt (Sinn) der beseelenden Intention (der »unsinnlichen, ›geistigen‹ Seite« des Zeichens) nur »selon le système réglé d'une sorte de *texte*«[120] vermischen. Husserl kann sich dieser Konsequenz[121] nur mit Mühe entziehen, wenn er eine ›vollkommene Wesenseinigkeit‹ oder ›Deckung‹ zwischen der »ausdrückenden« und der »Ausdruck erfahrenden« Schicht feststellt. Um sie zu erklären, weitet er die Bedeutung ›des Wortes *Sinn*‹ auf die Totalität der noematischen Seite aller Erlebnisse aus (unabhängig davon, ob sie ausgedrückt oder nur intendiert sind) und erklärt das aus-

116 *Positions* 86
117 Vgl. *Die Struktur, das Zeichen und das Spiel* . . ., in: *SuD* 422 ff.
118 Dieses und die folgenden Husserlzitate sind ohne Ausnahme dem § 124 der *Ideen* (. . .) entnommen (*Husserliana* Bd. III, Haag 1950, 303-307).
119 Derrida, *La différance*, in: *Marges* . . . 17
120 Derrida, *La forme et le vouloir-dire*, in: *Marges* . . . 191. Vgl. 197: »il faut bien, *en fait*, que l'ordre systématique du vouloir-dire impose de quelque manière son sens au sens, lui dicte sa forme, l'oblige à s'imprimer selon telle ou telle règle, syntaxique ou autre.«
121 Die wir später, im Zusammenhang der Sprachtheorie Schleiermachers, detailliert entfalten werden: Es bedarf eines Schemas, das zwischen Signifiant und signifié vermittelt und schon darum nicht als sinnliche Reduplikation des unsinnlichen Signifikats gedacht werden kann (Vorstellung, die auf einen infiniten Regreß führen müßte).

drückliche »Bedeuten« für eine aktuelle *Re*produktion des vor-ausdrücklichen »Sinns«.[122] (»Die Schicht des Ausdrucks ist [mithin] – das macht ihre Eigentümlichkeit aus – abgesehen davon, daß sie allen anderen Intentionalien eben Ausdruck verleiht, nicht produktiv.«) Tatsächlich verlagert die Einseitigkeit dieser Erklärung das semiologische Problem lediglich von der Seite des ›leiblichen‹ Ausdrucks auf die des ›unsinnlichen‹ Sinns, ohne der semiologischen Konsequenz zu entgehen, daß auch der Sinn, wird er als distinkte Größe gedacht, einem differentiellen Gewebe vom Typ eines Textes sich einschreiben muß. In diesem Augenblick bricht aber der Unterschied von Innen und Außen zusammen: der Sinn ist das naturâ suâ Aussprechliche, »und in der Deckung finden wir nicht zwei scheidende Thesen, sondern *nur eine Thesis*«.[123]

Darüber hinaus kommt Husserl der Semiologie noch dadurch entgegen, daß er den ›Sinn‹ am Reflexionsmodell des Bewußtseins festmacht: sowie die Noesis, was sie ist, immer erst aus der nachträglichen Reflexion auf sich oder aus der Beschaffenheit ihres Noemas erfährt, ebenso bedarf die vor-ausdrückliche Intention eines (wie immer prä-expressiven) noematischen Korrelats (einer »Schicht ausdrückenden Bedeutens«), um sich auch nur als Sinn zu gewahren (der Sinn ist gleichsam ein Zeichen, dem nicht erlaubt ist, sich auf der Ebene der Zeichen anzusiedeln). In beiden Fällen repräsentiert sich ein rein Inneres in einem Äußeren, das der expressiven Äußerlichkeit des Ausdrucks zwar zuvorkommt, grundsätzlich aber selbst als Ausdruck gedacht ist. Das Repräsentationsbewußtsein kann sich mithin – sowohl bei Husserl wie bei Kristeva und Derrida – nicht zumal als Grund seiner Repräsentationsleistung setzen (um das zu tun, müßte es sich eines neuen Noemas/Zeichens bedienen, dessen Unhintergehbarkeit es auf diese Weise wider Willen bestätigte: Denkfigur, die Derridas Zugeständnis verständlich macht, es gebe »(des) rapports d'affinité très profonde que la différance ainsi écrite

122 »Le sens serait donc déjà une sorte d'écriture blanche et muette se redoublant dans le vouloir-dire« (Derrida, *La forme et le vouloir-dire*, l. c. 197).

123 Wir abstrahieren hier von dem Problem des ›unvollständigen Ausdrucks‹ (§ 126, l. c. 309/10), in welchem die »Oberschicht nicht über die ganze Unterschicht ausdrückend (reicht)«, sowie von dem der wesenhaften Inadäquanz des individuellen Sinns und der Allgemeinheit seiner in Umlauf gebrachten Bedeutung – Probleme, denen wir im Zusammenhang unserer Schleiermacher-Interpretation wiederbegegnen werden.

entretient avec le discours hégélien«).[124] Als Reflexion oder Repräsentation gedacht, ist die Innerlichkeit des stummen Sinns schon gespalten, noch bevor sie sich als mit sich einig erfährt, d. h. sie ist einem ihr vorgängigen Zeichensystem eingeschrieben, das ihre Selbstvermittlung erst ermöglicht. Der »ordre de la spontanéité enseignante«, meinte Merleau-Ponty bereits 1951 selbstkritisch, »(...) – il ne peut être ensuite replacé sous la juridiction d'une conscience acosmique et pancosmique sous peine de redevenir non-sens, il doit m'apprendre à connaître ce qu'aucune conscience constituante ne peut savoir: mon appartenance à une monde ›pré-constitué‹.«[125]
Nichts scheint also zu verhindern, daß das Zeichen (sinnlich oder unsinnlich, Ausdruck oder vor-ausdrücklicher Sinn) in Gestalt einer ›völlig undurchsichtigen Klinge‹ in die Innerlichkeit der Selbstvergegenwärtigung hineingleitet und Sartres Befürchtung wahr macht, diese différance werde »das Bewußtsein von sich selbst losreißen, es zerteilen« und trüben.[126] Nicht notwendig in dem Sinne, wie er es annahm: daß das Selbstbewußtsein dadurch in eine Dualität auseinanderstrebender und einander nicht kennender Momente aufgesprengt würde (was einfach hieße, seine Struktur zu verkennen, wie Husserl, Gadamer und Hegel es tun); wohl aber insofern, als die Ordnung der Zeichen das dem Selbstbewußtsein unmittelbar Präsente ›subvertiert‹. Der Selbstbesitz des signifié erwiese sich als ein Ort der Verkennung, dessen wahre Bedeutung erst erschlösse, wer ihn als Metapher für einen *anderswo* als in der selbstbewußten Rede gesprochenen Diskurs läse. Es genügt nicht, die Abhängigkeit des Bewußtseins vom Sein oder immerhin vom Sprachgeschehen zuzugestehen: man muß auch zeigen, in welcher Weise diese Abhängigkeit die Innerlichkeit des Sichverstehens infiziert.

Eine Hermeneutik des ›Mangels an signifiant‹

Hier nun setzt Jacques Lacans psychoanalytische Hermeneutik[127] an, die, obwohl nicht im Hinblick auf die Lösung methodologi-

124 *La différance*, in: *Marges* ... 15
125 *Sur la phénoménologie du langage*, l. c. 118
126 *Die Transzendenz des Ego*, l. c. 11
127 Ein Ausdruck, den Lacan selbst nicht verwenden würde: Die Interpretation als Leistung eines sich im Anderen reflektierenden Subjekts ist ihm vie-

scher Probleme des Fachs Literaturwissenschaft entworfen,[128] reich ist an Bezügen auf literarische und linguistische Phänomene und die, was schwerer wiegt, die bislang konstruktivste im Lager des französischen Poststrukturalismus in Erscheinung getretene Kritik an den existenzialhermeneutischen Theorien über das Verhältnis von Sinnentwurf (qua Übertragung des Horizonts des Interpreten auf den des Interpretanden) und Sprachsystem erarbeitet hat.

Lacans Kritik geht von der analytischen Erfahrung aus, daß es keinen kontinuierlichen Übergang gibt zwischen dem Etre-pour-soi eines Sinns und seiner sprachlichen Artikulation. Den stummen ›besoin‹ aus der Beziehung nur auf sich zu befreien (ihn zu einer für andere daseienden Bedeutung zu verallgemeinern), dazu bedarf es seiner Entäußerung an den ›ordre symbolique‹. Nur die Sprache (langage) – als ein Schematismus distinkter Einheiten – kann die imaginäre Selbstaffektion des Bedürfnisses (besoin) in der ›demande‹ als *Symbol* transfiguriert neu erstehen lassen; und seine vitalen Bedürfnisse symbolisch – über andere Menschen (und zunächst über die Mutter) – zu vermitteln, dazu zwingt das »sujet *infans*« (*E* 497, *S II* 22) seine ontogenetisch verfrühte Geburt (prématurité), die es wesenhaft in Beziehung auf den Anderen existieren läßt. Aber gerade im Schnittpunkt der Koordinaten der noch präsignifikanten Intentionalität des

mehr verdächtig, eine Funktion der Verkennung zu maskieren. Übrigens war es nicht zuletzt P. Ricœurs Art und Weise, Hermeneutik und Strukturalismus dialektisch-teleologisch zu vermitteln, die (wie man besonders gut bei Derrida sieht) Reserven gegen den Term Hermeneutik mobilisiert hat, die in dieser Form gegen Heidegger und Gadamer nicht zu halten wären. Deren These einer teleologisch irreduziblen Polysemie würden Lacan und Derrida (deren Dialog durch eine sachlich ebenso schwer zu begründende Animosität gestört scheint [vgl. Derrida, *Positions*, 112 ff.]) zustimmen können.

128 »Wir hatten«, schreibt Norbert Haas im Nachwort zum 2. Band der *Schriften* Lacans, »die künftige Leserschaft im Blick, von der man sich wünschte, sie bestände in ihrem Kern aus professionell mit Psychoanalyse Befaßten« (Jacques Lacan, *Schriften*, ausgewählt und hg. von Norbert Haas, Olten und Freiburg im Breisgau, 2 Bde., 1973 und 1975, Bd. 2, 259). Schon auf der Basis der bisherigen (oft noch wenig informierten) Stellungnahmen zu Lacan darf man prophezeien, daß die linguistisch-literaturwissenschaftliche Rezeption die psychoanalytische überflügeln wird.
Wir geben Zitate aus Lacans *Ecrits*, Paris 1966, künftig stets entweder im französischen Original oder nach eigener Übersetzung (da wir von der im großen ganzen gewissenhaften deutschen Übertragung des Walter-Verlags in wichtigen Einzelheiten abweichen), und zwar im laufenden Text unter der Sigle *E*. Die entsprechenden Seitenzahlen der deutschen Teilübersetzung sind – soweit vorhanden – unter den Siglen *S I* (= *Schriften*, I. Band) und *S II* (= *Schriften*, 2. Band) jeweils angefügt.

sprachlosen Bedürfnisses und des symbolisch vermittelten Anspruchs ereignet sich eine unversehene Umwendung der ursprünglichen Absicht des besoin.

Dem Akt, dessen sich das sprachlose Subjekt lediglich als eines transparenten Werkzeugs zur Artikulation seines Wunsches an und für andere (mithin als Mittels zum Zweck seiner immediat nicht zu erwirkenden Befriedigung) zu bedienen hoffte, strahlt nicht mehr die vertrauten Züge seines imaginären Selbst aus dem Signifikanten (dem es sich überantwortete) zurück, sondern das entfremdete (aliéné) Antlitz einer mehr als nur für sich seienden, einer streng *anderen* Ordnung oder, wie Lacan sagt, einer Ordnung des Anderen (mit großen *A*): Die bloße Tatsache des Sprechenmüssens – der Hingabe an die ›forme signifiante comme telle‹ (*E* 690, *S II* 126) – entstellt die stumme Intention des bedürftigen Subjekts im Medium der demande und macht, daß seine selbstgesprochene message ihm in der fremden Gestalt einer ihm von Ort des Anderen aus zugesprochenen Botschaft zurückkommt (»inversée«).[129] Diese Inversionsbewegung läßt mithin den Menschen, der spricht, zu dem Ort werden, durch welchen »Es spricht«, seine Aktion in Passion umwendend (*E* 688, *S II* 124). Der vermeintlich vorgängige Selbstbesitz des Sinns muß seine Autorität (im Wortsinne) der Tätigkeit des Signifikanten abtreten, der die Wirkungen vorgibt, »über die das Bedeutbare seine Markierung erleidet und durch dieses Erleiden zum Bedeuteten (signifié) wird« (l. c.).

Die Sprache selbst gibt durch die Passivform ›signifié‹[130] einen Wink auf den Umstand, daß der symbolisch vermittelte Sinn grundsätzlich als Wirkung, und zwar genauer: als nachträgliche Wirkung (effet après coup, rétroaction; vgl. *E* 838/9, *S II* 217) der Signifikantenkette (chaîne signifiante) begriffen werden muß und daß seine Stabilität stets nur in den Grenzen besteht, innerhalb deren das »beständige Gleiten« jener gerade

129 »Das Unbewußte ist dieser Diskurs des Anderen, wo das Subjekt in der umgekehrten Form, die dem Versprechen eignet, seine eigene vergessene Nachricht (message) empfängt« (*E* 439, vgl. 419/20, passim).

130 Vgl. *E* 688 (*S II* 124): »(. . .) à savoir que le signifiant a fonction active dans la détermination des effets où le signifiable apparaît comme subissant sa marque et devenant par cette passion le signifié. Cette passion du signifiant dès lors devient une dimension nouvelle de la condition humaine en tant que ce n'est seulement l'homme qui parle, mais que dans l'homme et par l'homme ça parle, que sa nature devient tissée des effets où se retrouvent la structure du langage, dont il devient la matière (. . .).«

arretiert ist, daß sie mithin durch eine neue ›Abheftung‹ des Sinns auf der Kette widerrufen werden kann (*E* 502, *S II* 27).

Zunächst muß man sich davor hüten, die im Übergang von der Ebene des Imaginären (des nur für sich bestehenden Sinns) zu der des Symbolischen[131] geschehene Unterwerfung des Sinns unter den Signifikanten so zu beschreiben, als würde durch Einfügung ins linguistische Universum die Unschuld eines animalischen Triebes gleichsam pervertiert oder die ihn interpretierende Intention suspendiert. Weder läßt sich die Rede von einer Unschuld des sprachlosen Wunsches als sinnvoll erweisen noch kann man sagen, daß die ursprüngliche Intention von der demande schlicht getilgt werde. Gerade weil es ihr nicht gelingt, sich selbst jenseits der »*Urverdrängung*« (*E* 690, *S II* 126 [dt. i. O.]) ihres partikularen Wunsches in der Allgemeinheit der demande zum Ausdruck zu bringen, nomiert sie als einen solchen Nachfolger ihrer selbst (rejeton), der den veränderten Anforderungen invertierter Beziehungen genügt, ohne ihre ursprüngliche Partikularität zu überwinden, das ›Begehren‹ (désir; oft auch dt. i. O.). Der désir vertritt mithin im Bereich der symbolischen Ordnung die (im Doppelsinn aufgehobene) Intention des besoin, indem er freilich die in der signifikanten Alienation erfahrene »*Spaltung*« (*E* 689, *S II* 125) des Subjektes, die eine Schranke zwischen seiner intelligiblen und seiner empirischen Seite aufzieht, zugleich vertieft.

In dem Maße nämlich, in dem die demande »die ganze Dichte« des kreatürlichen Seins zersetzt und den Sektionen und Gliederungen der Signifikantenkette überantwortet, läßt das Begehren jenseits der demande die so verlorene Partikularität wiederauferstehen (*E* 691, *S II* 127). Diesmal jedoch inmitten des Anderen selbst, das von dem an die Mutter gerichteten Liebesverlangen als der Ort erschlossen wird, von dem her allein das Bedürfnis gestillt werden kann, der aber eben darum auch mit dem »Privileg« ausgestattet erscheinen muß, diese Gabe zu verweigern: Ort einer Gegenwart oder einer Abwesenheit. Kurz: die Unbedingtheit des Anspruchs bricht sich an einer »absoluten« Bedingung, die den Adressaten der demande selbst als ein begehrendes Subjekt, d. h. als ein Wesen entdeckt, dem ebenso wie ihm selbst das Sein abgeht (puisque à lui aussi l'être manque [*E* 627, *S I* 219]). Man ahnt die Bedeutung von Lacans Wort, die Begierde

131 Eine für Lacans Werk konstitutive Abgrenzung

sei eigentlich Begierde des Anderen, und dies in dem doppelten Sinne, den der Genetiv in dieser Redewendung als objektiver und subjektiver realisieren könne:[132] Sie sei ein aus dem ›manque à être‹ sich aufschwingender Appell an den Anderen, diesen Verlust zu ergänzen, aber wider Willen zugleich Appell an einen Mangel im Anderen, der in inverser Bewegung auf den Emittenten des Appells zurücktrifft und ihn als Komplement eines inmitten seiner selbst aufklaffenden Fehls in Anspruch nimmt (*E* 627; *S I* 218/9).

Die in der Begierde aneinander verwiesenen Subjekte ersehnen in ihrem Anderen also stets das, was ihnen selbst abgeht;[133] aber sie sind, allein aufgrund der zwischen ihnen vermittelnden Beziehung (ihrer, im Wortsinn, Relativität), zur Sehnsucht nach einem Unerreichbaren verurteilt, da die Dialektik des Begehrens sie zwingt, den Anspruch aneinander durch den ordre symbolique zu vermitteln, den eine absolute Bewegung der Differentiierung konstituiert: Bewegung des ›Aushöhlens‹, des ›Mangelns‹, der ›Auslieferung an die Heteronomie‹ (*E* 524, *S II* 50), des ›Rekurses aufs Heterogene‹ (*E* 416).

Der hinter der Transformation des frühkindlich-vitalen Begehrens in Verlangen auftauchende Anspruch appelliert nicht mehr schlicht an die Befriedigung; er vermittelt sich zum Appell an die *Liebe* der Mutter als ein dem Anspruch aus freien Stücken entgegenkommendes, eben darum aber schlechthin nicht verfügbares Verlangen: er ist zum »Begehren nach ihrem Begehren« geworden (*E* 554, *S II* 87) – einem Begehren, welches das Abenteuer der Nichtbefriedigung selbst und gerade dann durchzustehen hat, wenn es versucht, sich mit dem »imaginären Objekt« dieses Begehrens und Nichthabens, welches die Mutter im Phallus (transitiv und intransitiv) zugleich vorstellt und der prinzipiellen Armut des Symbols ausliefert, zu identifizieren.

Die Dialektik der »Intrusion des Signifikanten in den Psychismus« (*E* 555, *S II* 88) ist es also ganz allein, die den Phallus zum Symbol eines Kommunikation stiftenden Mangels[134] – nach La-

132 Diese Ambiguität des »de« hat Lacan an der Formel ›discours de l'Autre‹ herausgestellt (*E* 814, *S II* 190).

133 Vgl. *E* 842/3 (*S II* 222): »(...) eine Teilhabe des Mangels am Mangel (une part prise du manque au manque), durch die das Subjekt im désir de l'Autre sein Äquivalent zu dem wiederfinden soll, was es als Subjekt des Unbewußten ist.«

134 »Révélant du phallus lui-même qu'il n'est rien d'autre que ce point de manque qu'il indique dans le sujet.« »(...) sur ce manque du pénis de la

cans Auffassung: zum Signifikanten des Signifikanten schlechthin – werden läßt. Die volle Präsenz des ermangelten Anderen aufschiebend, dient er als Term einer metaphorischen (und, wie man sieht, ontogenetisch nicht unmotivierten) Substitution, die den *Namen-des-Vaters* an die Stelle jener unerträglichen Leere setzt, die im ›Fehl‹ des mütterlichen Begehrens auftaucht und vom Versuch der imaginären Identifikation, wie sich zeigen soll, nur um den Preis der mauvaise foi ausgefüllt werden kann.

Aber diese metaphorische Symbolisierung ist in der auf solche Weise konstituierten *Sprache* mit dem Verlust eines ganzen Signifikanten erkauft,[135] der als ursprünglicher Indikator des Mangels im trésor du signifiant nun ein in diesem trésor selbst mangelnder Signifikant geworden ist (S ($\not{A}$) → $\not{S}$, »l'élision de S ici représentée par sa rature« [*E* 557, *S II* 90]).

Koextensiv mit dem Feld des Sprachlichen ist nämlich das, was Lacan mit Freud als *Verwerfung*, als *Urverdrängung*, über Freud hinaus als *forclusion* du signifiant, als Rechts-Ausschluß des Signifikanten (des Subjekts, des Vaters, der absoluten causa) bezeichnet, um den Einbruch von Negation in den von Freud als lautere Bejahung charakterisierten Primärvorgang auffällig zu machen.[136] »Von dem Ort her, an den (...) der Appell an den Namen-des-Vaters ergeht, kann also im Anderen schlicht und einfach ein Loch antworten. Durch die aufgrund der Auswirkung der Metapher geschlagene Leerstelle (carence) entsteht ein Loch, welches dem Platz der phallischen Bedeutung entspricht« (*E* 558, *S II* 91).[137] So erklärt sich, daß das Begehren weder ›appetit de la satisfaction‹ noch ›demande d'amour‹, also weder Streben nach

mère où se révèle la nature du phallus. Le sujet se divise ici (...)« (*E* 877, *S II* 257).

135 Lacan spricht darum gelegentlich, in »propädeutischer Absicht«, von der Sprache als einem »texte décomplété« (J. L., *Les quatre concepts fondamentaux de la psychanalyse* [= *Le Séminaire*, Livre XI], Paris 1973, 78 [hinfort zit. *Séminaire XI*]).

136 Zum Zusammenhang von Verneinung und Ausschluß eines Signifikanten vgl. Hermann Lang, *Die Sprache und das Unbewußte. Jacques Lacans Grundlegung der Psychoanalyse*, Ffm. 1973, 253 ff. sowie zur Rolle des Subjekts als des Urverdrängten J. Lacan, *Maurice Merleau-Ponty*, in: *Les Temps Modernes*, 17e année, no 183, Juillet 1961, 251: »(...) concevoir le sujet comme rejeté de la chaîne signifiante, qui du même coup se constitue comme refoulé primordial.«

137 Vgl. *E* 563/4 (*S II* 96/7): »(...) le trou contournant le trou creusé dans le champ du signifiant par la forclusion du Nom-du-Père (...); la béance qui y [sc.: dans le champ de l'imaginaire] répondait au défaut de la métaphore symbolique.«

Bedürfnisbefriedigung noch reines Liebesverlangen, »sondern die Differenz (ist), die aus der Substraktion des ersten von dem zweiten resultiert, ja das Phänomen selbst ihrer *Spaltung*« (*E* 691, *S II* 127): eine Sehnsucht ohne Hoffnung auf Einlösung, detotalisierte Totalität (wie Sartre sagen würde), die, zwischen der Partikularität des natürlichen Bedürfnisses und der Universalität des symbolisch vermittelten Liebesanspruchs in beständiger Spannung verharrend, das Ganze mit den unzureichenden Mitteln des Fragments einzufordern und vergeblich die Singularität ihres Wunsches über die Allgemeinheit der Sprachordnung, von der sie durch die ›barre‹ gespalten ist, zu vermitteln sucht.

Wie aber hat man sich den Wunsch des Subjekts vor der signifikanten Brandmarkung zu denken? Sicher nicht als jene immediat sich selbst zugängliche présence-à-soi eines transzendentalen Signifikats – Formel, durch welche die semantistische Hermeneutik den Engpaß des Signifikanten zu umgehen versucht. Es gibt kein gleichsam authentisches Beisichsein des vorsprachlichen Sinns (denn ein nicht symbolisch distinguierter Sinn vermöchte nichts zu bedeuten, wäre Non-sens); und seine Entäußerung zieht seine ›Entfremdung‹, seine ›Subversion‹ nach sich (Herder sprach von einer »Metastasis« der Vorstellung in den Sprach-›Typus‹[138]): Der Sinn, der aufbrach, sich als sein Stifter dem Signifikanten aufzuprägen, um seine eigene Virtualität zu *realisieren*, erfährt in der Umkehrung dieser Bewegung seine Unterwerfung (soumission) unter die fremde Ursache, als die ihm der Signifikant entgegentritt.[139] »Die Wirkung der Sprache ist die ins Subjekt eingebrachte Ursache (cause). Durch diese Wirkung ist es nicht Ursache seiner selbst, es trägt in sich den Wurm der Ursache, der es spaltet (refend).[140] Denn seine Ursache, das ist der Signifikant, ohne den es kein Subjekt im Realen gäbe« (*E* 835, *S II* 21[?]). Im selben Augenblick, da es als Autor seiner Äußerung (de son

138 Herder, *Sprachphilosophie* (ed. E. Heintel), Hamburg 1960 (= *Phil. Bibl.* 248), 205

139 »Soumission du sujet au signifiant« (*E* 806). Lacan beutet in solchem Zusammenhang gern den Doppelsinn des französischen ›sujet‹ (Subjekt und Unterworfenes) aus, z. B. *E* 814, wo er von der sujétion des Subjekts durch das Andere spricht.

140 Diese Spaltung – auch *Ichspaltung* oder Subjektspaltung – ist die »zweite Operation« des Unbewußten (*E* 842, *S II* 221), wenn man die Entfremdung als die erste zählt (*E* 840, *S II* 218 f.).
Die Spaltungsmetaphorik, einschließlich des Bildes vom Wurm in der Frucht, ist deutlich Sartre entlehnt (vgl. *Conscience de soi et connaissance de soi*, l. c. 69; vgl. auch *EN*, passim).

énoncé) intentional werden möchte, ist es schon als manque-à-être in den Maschen einer Signifikantenkette situiert und negiert, d. h. *als* Subjekt des Aussagevorgangs (de son énonciation) verschwunden. (Insofern behält das Sprichwort recht: der Buchstabe tötet. Aber der Geist, welcher lebendig macht, vermag nur entweder gar nicht oder aus dem Arrangement der Buchstaben zu sprechen: »Die Wunde schließt der Speer nur, der sie schlug.«) Der Signifikant ist jene ›barre‹ (Barriere zugleich und Querstrich), die »das Subjekt durch dessen erste Intention durchstreicht« (*E* 848, *S II* 228), es spaltend (séparant) und ihm die abständige Seinsart der *»ex-sistence«*[141] (*E* 11, *S I* 9, passim) aufzwingend. Als vom und in bezug auf den Signifikanten gespalten, vermag das ek-sistente Subjekt sein Sein nicht anders als dadurch zu bezeichnen, daß es alles, was es bedeutet, durchstreicht (qu'à barrer tout ce qu'il signifie [*E* 693]).

Aber als ex-sistence ist es dennoch nicht schlechterdings gar nichts (οὐκ ὄν). Wenn es erst in der entfremdeten Übereignung an den Diskurs des Anderen sich selbst zu fassen bekommt – allerdings nicht als sich, sondern als jenes Es, das in einer zu seiner Intention inversen Bewegung von dort her zu ihm spricht –, so darum, weil es zwar »zunächst, nämlich vor dem alleinigen Faktum, daß Es (ça) sich an es wandte, absolut nichts (rien) war. Aber dieses Nichts (rien)«, fügt Lacan hinzu, »hat nunmehr Bestand aufgrund dieser Einsetzung in seine Funktion, die in diesem Augenblick durch den im Anderen an den zweiten Signifikanten ergangenen Appell gestiftet wurde« (*E* 835, *S II* 213/4).

Diese änigmatische Formulierung, die Lacan an ein paar Kernstellen der *Ecrits* mehr wiederholt als erläutert, bedarf einer eingehenden Analyse, da sie den Nerv des Arguments berührt, durch welches Lacan seine Gleichung der Sprache und des Unbewußten abzusichern und damit zugleich die Funktion der Subjektivität und des Verstehens aufzuklären versucht.

Verficht man nämlich die These, das Subjekt sei in seinem Ursprung ›de-zentriert‹ (*E* 621, *S I* 212) und erfahre – ihm selbst unverfüglich – als signifié die Markierung des signifiant als absoluter Ursache (*E* 688), dann übernimmt man die Verpflich-

141 Vgl. auch *E* 629 (*S I* 220): »cette ex-sistence (*Entstellung*)« u. passim. Lacan spricht auch von der »excentricité radicale de soi à lui-même à quoi l'homme est affronté« (*E* 524, *S II* 50). Vgl. ferner *Le Séminaire*, Livre XX (= *Encore*, Paris 1975), 71. Auch bei der Wahl dieser Metapher stand der Existentialismus sichtlich Pate.

tung, die Konstitution jener potentiellen Unendlichkeit des Sinns (welche die Transzendentalhermeneutik als Leistung des Subjekts denkt) im subjektlosen Mechanismus der Signifikation als solcher aufzuweisen. Die Theorie, welche der Bewußtseinsphilosophie den Vorrang streitig macht, muß eine wenigstens ebensogute Erklärung für die Genesis von Sinn aufbieten können wie jene: Sie darf dem Phänomen selbst nichts schuldig bleiben.

Lacan unternimmt zu diesem Zweck eine eigenwillig akzentuierte Relektüre der Saussureschen Sprachtheorie,[142] derzufolge das Sprachsystem in einer synchron sich regelnden Kombinatorik distinkter Elementarwerte besteht, deren jeder durch eindeutige Unterscheidung von allen anderen bestimmt ist (*E* 414). Die Sprache kann insofern als ein System von Differenzen beschrieben werden, wobei die Pointe dieser Definition (die wir bereits als Saussures eigene kennen) darin besteht, daß es nicht die Ausdruckssubstanz der batterie signifiante als solche ist, die die Sprache als Zeichensystem funktionieren macht, auch nicht die gleichsam angeborene Eigenschaft der Zeichen, unmittelbare Indikatoren des Realen zu sein (l. c.), sondern die reine Form ihres differentiellen Sich-gegeneinander-und-durcheinander-Profilierens auf verschiedenen Integrationsniveaus. Die langue ist eine »Ordnung« vom Typ einer Relationalstruktur von Symbolen (ordre symbolique, ordre du signifiant), deren jedes bestimmt ist in bezug auf das, was es nicht ist.

Das Geschäft der Bedeutungsbestimmung (synchrone Ebene) und das der Realisation von konkretem Sinn (diachronische Ebene)[143] spielt sich mithin gerade in den Zwischenräumen, in den Einschnitten, in den unsichtbaren Strukturlinien, in den Skansionen und Differenzen zwischen den Signifikanten ab, und diese Leerstellen oder Intervalle sind es, aus denen der Sinn und mithin so etwas wie Subjektivität aufsteigen. Der Satz, daß das Subjekt inmitten des vollen Tresors der Signifikanten einer Sprache ganz allein dadurch sich konstituiere, »daß es sich von ihm in Abzug bringe und ihn wesensmäßig dekomplettiere, um in ihm zugleich dazuzuzählen und doch nur als Mangel zu fungieren« (*E* 806/7, *S II* 181),[144] – dieser Satz belehnt nicht etwa einsei-

142 Lektüre »qui fait que je l' [sc.: de Saussure] ai, comme il disent, détournée« (Lacan, *Séminaire XX*, 62).

143 So jedenfalls geht Lacan mit der Opposition Synchronie-Diachronie um.

144 Natürlich bereitet es große Schwierigkeiten, die Seinsweise einer dem Bereich des signifiant zugleich manquierenden und inhärierenden Größe in einer

tig das Andere mit der »Position des Herrn« (l. c.); er führt ebensowohl vor, daß diese Ermächtigung der Sprache im »Moment eines *fading* oder einer Eklipsis des Subjekts« (*E* 816) auf die Folie jenes leeren (Hinter-)Grundes angewiesen ist, welcher die Operation der Sinndistinktion, der Differenzierung und letzten Endes der Subjektivierung in Gang bringt: ist doch das Subjekt nur ein Name für jenes Néant, für jenes schrägdurchstrichene S ($), d. h. für jenen »Signifikanten eines Mangels im Anderen, der seiner Funktion selbst, trésor du signifiant zu sein, inhärent ist« (*E* 818, *S II* 194).

Erst jetzt läßt sich die Tragweite der oben gegebenen Formulierung Lacans abschätzen, wonach das Nichts des Subjekts sich dadurch realisiere, daß es als ein »im Anderen an den zweiten Signifikanten ergangener Appell« bestehe. Und erst jetzt läßt sich die Funktionshomologie, die das Symbol des fehlenden Phallus mit dem Signifikanten schlechthin des Signifikanten ($) verbindet, auf eine gemeinsame Definition abbilden. »Unsere Definition dieses Signifikanten«, sagt Lacan, »(es gibt keine andere) lautet: ein Signifikant ist das, was das Subjekt[145] für einen anderen

Terminologie zu benennen, die dem linguistischen Diskurs keine zu großen Härten zumutet. An diesen Schwierigkeiten scheint die psychoanalytische Lacan-rezeption (eine fachlinguistische gibt es noch nicht) in der BRD bereits gescheitert zu sein, sofern man dies Urteil am Niveau der Auseinandersetzung orientiert, die sich zwischen Alfred Lorenzer und seinen Kritikern über die Frage nach dem Verhältnis zu Lacan abspielt. Sie beruht weitgehend auf Spiegelfechtereien und undurchschauten Äquivokationen im Begriff »Sprache«. Während Sebastian und Herma C. Goeppert (*Sprache und Psychoanalyse*, Reinbek 1973) Lacans Neuerung in der Identifikation von »Sprache« mit der »Bedingung des Unbewußten« sehen (»Angelpunkt der Psychoanalyse (...) ist für Lacan die konkrete Rede des Patienten«, l. c. 101) und Hermann Lang hinzufügt, dieser Ansatz bewahre Lacan davor, seinen Objektbereich in einem transhistorischen Jenseits über oder vor der symbolischen Interaktion zu situieren (*Die Sprache und das Unbewußte*, 42, 44, passim), legt Alfred Lorenzer Wert darauf, daß in seiner eigenen Theorie das Unbewußte nicht sprachimmanent sei (vgl. seine Einführung zur Taschenbuchausgabe von *Sprachzerstörung und Rekonstruktion. Vorarbeiten zu einer Metatheorie der Psychoanalyse*, Ffm. 1973, 28 ff.). – Da weder Goeppert und Goeppert noch Lorenzer die Funktion des manque à signifiant in Lacans Sprachtheorie durchschauen, setzen sie sich mit einer fiktiven Position auseinander. Tatsächlich ist die Sprachtheorie Lacans komplizierter: das Unbewußte ist weder sprachlich noch außersprachlich, weder geschichtlich noch übergeschichtlich: es ist genau die einer bestimmten (historischen) Signifikantentextur auf eine selbst nicht signifikante (und veränderbare) Weise inhärente Negation, kraft deren sie zu bedeuten vermag. Von ihr unter den Titeln ›Sprache‹ oder ›Seiendes jenseits der Sprache‹ zu handeln, ist schon aus begriffsanalytischen Gründen unzulässig.

145 Die deutschen Übersetzer machen auf den möglichen kontextualen Dop-

Signifikanten repräsentiert. Dieser Signifikant wird also der Signifikant sein, für den alle anderen Signifikanten das Subjekt repräsentieren: d. h. daß, wäre dieser Signifikant nicht, alle anderen nichts repräsentieren würden. Denn nichts wird repräsentiert als für [jemanden oder etwas]« (*E* 819, *S II* 195).

Das reflexive ›Für‹ der Repräsentation verweist hier nicht – das ist wohl das auffälligste Ärgernis, das dem klassisch-metaphysischen Diskurs durch Lacans aparte Definition zugemutet wird – auf ein transzendentales Subjekt; sondern das Subjekt selbst enthüllt sich als die reflexive Lücke, als das Intervall eines geregelten Verweisungspieles zwischen (wenigstens) zwei Signifikanten, die sich positiv in ihrer Präsenz und Bestimmtheit vor dem leeren Hintergrund konturieren, in dessen unbestimmbarer Tiefe das (im Verweisspiel zwischen ihnen repräsentierte) Subjekt sich verflüchtigt. Als Konstituent von Signifikanz ist das Subjekt selbst nicht nur kein voller Term im Gesamt der batterie signifiante (noch überhaupt ein Sachverhalt, über den sich wie über ein Designat reden ließe): es ist geradezu die Barriere zwischen Signifiant und signifié, die jeder Bedeutung widersteht (*E* 497, *S II* 21).

Anders formuliert: Um von der Masse der Signifikanten nicht erdrückt zu werden, macht das Subjekt dadurch sich geltend, daß es die Kette, die sich exakt auf eine Binarität zurückführen läßt, in ihrem schwächsten, nämlich in ihrem Intervall-Punkt angreift[146] (d. h. dadurch, daß es der Kette lediglich als ein der Materialität der Signifikanten weichender Beziehungs- und Unterscheidungsgrund derselben inhäriert). Der Grund der Beziehung und Unterscheidung zwischen den Zeichen ist folglich ein

pelsinn des französischen ›sujet‹ – als ›Subjekt‹ und als ›Stoff, Vorwurf, Gegenstand‹ – aufmerksam. Der begriffliche Zusammenhang scheint mir allerdings zu fordern, sich der unbequemeren der beiden Möglichkeiten zu stellen: wonach es in der Tat das konstitutive Subjekt ist, welches im Intervallpunkt zwischen wenigstens zwei Signifikanten seinen Ort als Repräsentat hat (die alternative Interpretation macht, soviel ich sehen kann, keinen Sinn).

146 So läßt sich ein schwieriger und für Lacan schon darum typischer Satz paraphrasieren, der aus der Vieldeutigkeit des »se parer/séparer« Kapital schlägt (*E* 843, *S II* 222 u.). – Die deutsche Übersetzung von Norbert Haas scheint mir den Sinn des Satzes zu verstellen: Während ich glaube, daß der Kontext des »se parer du signifiant sous lequel il succombe« die Wiedergabe durch »sich des Signifikanten erwehren, von dem es erdrückt wird«, vorschreibt, gibt Haas folgende Version: »Um sich mit dem Signifikanten zu schmücken (se *parer*), dem es unterliegt, kommt das Subjekt auf die Kette [im Original: le sujet attaque la chaîne], die wir, was ihren Intervallpunkt angeht, sehr genau auf eine Zweiheit reduziert haben.«

selbst als solcher in der Zeichenkette nicht Bezeichnetes (ein inarticulable, ein imprononçable [*E* 819, *S II* 195]), von dem aber insofern mit Sinn gesagt werden kann, es werde im Spiel der Bestimmungsoperationen zwischen den Signifikanten repräsentiert, als deren Realität als Lettern sie niemals von sich aus in die Funktion von Repräsentanten einsetzen könnte. Da »in der symbolischen Ordnung die Leerstellen (les vides) ebenso signifikant sind wie die vollen Terme (les pleins)« (*E* 392),[147] läßt sich sagen, daß der Aufschub, das Aussetzen, das konstitutive Verstummen der Signifikanz gerade das Subjekt vorstellen (repräsentieren),[148] insofern das Subjekt nichts anderes ist als das »Etre au delà de toute communication (...), le Néant«.[149] Es wäre Grund in einem möglichen Doppelsinn des Wortes: als die Leere, in welche Bestimmungen positiv sich einschreiben[150] (Hinter-grund oder Vermögen einer distinktiven oder profilatorischen Negation), und als Urheber von Sinn, insofern ein alleinstehender, d. h. ein nicht metonymisch durch seinen Kontext bestimmter Signifikant ja entweder keinen oder jeden beliebigen Wert hätte (also Grund qua Erkenntnisgrund von Signifikanz und damit – ontogenetisch – Idealgrund des désir, insofern »das Begehren die Metonymie des manque à être« ist [*E* 623, *S I* 214]). Natürlich könnte irgendein Zeichen diesen an sich »insignifikanten«[151] Grund selbst zu bezeichnen intendieren. Da es

147 Das Zitat fährt fort: »il semble bien, à entendre Freud aujourd'hui, que ce soit la béance d'un vide qui constitue le premier pas de tout son mouvement dialectique« ([...] *sur la »Verneinung« de Freud*). Das Subjekt ist genau das Nichts, das die Ordnung des Anderen konstituiert, d. h. zur Ordnung verhält (*Le Séminaire XI*, 171: »Le sujet (rien)«).

148 Vgl. *Séminaire XI*, 78: »il s'agit de recentrer le sujet comme parlant dans les lacunes mêmes de ce dans quoi, au premier abord, il se présente comme parlant.«

149 Sartre, *L'Idiot de la famille*, Bd. 3, Paris 1972, 377

150 Wie Sartre sagt: »C'est ce qui n'est pas qui détermine ce qui est« (*EN* 130). – Vgl. zu diesem Problem H. Langs sehr klare Interpretation in *Die Sprache und das Unbewußte*, 257 (ff.) und 287 f.

151 Vgl. *E* 627 (*S I* 221). Signifikanz entsteht in dem Augenblick, da die ›lebendige Aktion‹ des Signifikanten – dieses ›Nichts, das den Stromkreis der die Menschen agitierenden Bedeutungen durchläuft‹ – in der Masse der Zeichen erstarrt, ihr als ein selbst ›Insignifikantes‹ sich entzieht und doch als ein ihr widerfahrener Verlust an Dichte fühlbar bleibt. Lacan wählt eine drastischere Metapher: »In diesem Augenblick des Einschnitts erscheint die Spukgestalt eines blutigen Fetzens: das Pfund Fleisch, das das Leben zahlt, um daraus den Signifikanten des Signifikanten zu machen, und das als solches unmöglich dem imaginären Leib wiedererstattet werden kann; es ist der verlorene Phallus des einbalsamierten Osiris« (*E* 629/30; *S I* 221).

dies jedoch wieder nur in Abhebung gegen ein anderes Zeichen tun könnte, würde der Grund zurückfliehen und eine neue Differenzierung an seiner Oberfläche sich abzeichnen lassen, die in dem Maße, wie sie die Präsenz von Distinkten sehen läßt, die konstituierende Differenzierungsoperation aus dem Blick verliert.[152]
Während Derrida den klassischen Subjektbegriff im Abgrund der différance verschwinden läßt und jede semantische Assoziation an Begriffe des Transzendentalismus durch die rature zu bannen sucht (was seinen Diskurs freilich zu »Monstruositäten« führt,[153] denn die Grammatologie kennt vorderhand keinen Ersatz für die gestrichenen Ausdrücke), bekennt sich Lacan konsequent zu der Formulierung, der am Ort des Anderen mangelnde »signifiant clé S (A̸)« (*E* 819, *S II* 195) sei »Konstitutionsgrund« jeder Signifikanz.[154] Er anerkennt also eine semiologisch irreduzible Funktion des Subjekts, wenn mit diesem Namen auch nicht mehr die reflexive Selbstgewißheit des cartesianischen Cogito gemeint sein mag.
Darin scheint uns ein hermeneutisch auswertbarer Vorzug der Lacanschen Theorie zu bestehen. Sie vermag sich nämlich mit gleichem Erfolg nach zwei Seiten hin abzugrenzen: einerseits gegen alle sogenannten strukturalistischen Überwindungen des Subjektbegriffs, die an der Schwäche leiden, daß sie das Motiv für seine Dezentrierung nicht explizit in der Struktur des Dezentrierten selbst aufweisen (Lacan macht, wie wir zeigen werden, einen Versuch in dieser Richtung); andererseits gegen alle jene

152 »Ich kann«, sagt Lacan, »zum Sein nur kommen, indem ich in meinem Sagen verschwinde« (de disparaître de mon dit) (*E* 801). Und das nicht deshalb, weil das Sein prinzipiell unaussprechlich wäre, sondern weil der Signifikant des Subjekts sich zugunsten aller anderen irrealisiert oder weil – anders gesagt – dem Singulare tantum dieses einen In-Signifikanten nur das ihn in der Verdoppelung spaltende Echo, das ein anderer und fremder Signifikant ihm zurückwürfe, die Bedeutung seines Seins als Subjekt kenntlich machen könnte. In welchem Augenblick es seine Identität schon an die Differenz verloren hätte, die es spaltet und zwingt, seine konstitutive Souveränität der cause signifiante des grand Autre abzutreten (Grund der Unmöglichkeit eines être cause de soi für das Subjekt [*E* 841, *S II* 219], Grund zugleich für die Unmöglichkeit einer ›Metasprache‹: es gibt »nicht das Andere des Anderen« [*E* 813, *S II* 188], sondern *nur* die im Echo sich verstellende Alteration, die, genau genommen, nicht etwa eine schon latent existierende Bedeutung reduplizierte/re-präsentierte, sondern die irreduzible Urpräsenz von Signifikanz selbst darstellt).
153 Derrida, *Grammatologie* 15
154 Es gibt mehrere Stellen, an denen Lacan wirklich im Sinne der Phänomenologen von einer »relation *constituante* [du sujet] au signifiant« spricht, z. B. im *Séminaire XI*, 44; vgl. 46 und passim.

quasi-dialektischen Ansätze (und dazu gehört auch die Hermeneutik reziproker Sinnübermittlung zwischen Interpret und Interpretand), die den Prozeß der Selbstverständigung heuristisch an dem wie immer gedemütigten Reflexionsmodell orientieren und so grundsätzlich der Gefahr ausgesetzt sind, den Diskurs des Anderen als spekulären Widerhall des dialektischen Selbstgesprächs zu verkennen.[155]

Bekanntlich gibt Lacan jenem berühmten Satz Freuds aus der 31. der *Neuen Vorlesungen* »Wo Es war, soll Ich werden« eine Deutung, die denkbar stark von derjenigen abweicht, die ihn als späten Nachhall der in Hegels *Phänomenologie des Geistes* vorgeführten Selbstreflexion von Subjektivität verstehen möchte: als Befreiungstat einer Intelligenz, die die vordem undurchschauten Inhalte und auf ihre lastenden Obsessionen ihrer Geschichte aufarbeitet und zuletzt als das, was sie in Wahrheit sind, vor den Blick ihres alles erhellenden Bewußtseins bringt und im Wortsinne aneignet. Indem er jeden Inhalt, der als Relat einer im traditionellen Sinn verstandenen Selbstvergegenwärtigung repräsentiert werden kann, dem Bannkreis des imaginären *moi* zuweist, ergreift Lacan die von der französischen Sprache bereitgestellte Möglichkeit, das Pronomen *Je* für diejenige Funktion zu reservieren, die das in keiner Reflexion adäquat repräsentable (da in einem bestimmten Sinne in-existente) Subjekt-des-Anderen, das ›sujet véritable‹, ausfüllt. In diesem Kontext ist das Unbewußte kein lediglich verborgenes oder virtuelles Selbstbewußtsein, das nur der archäologischen Operation harrte, die es zum Vorschein brächte, sondern ein Bezirk, von welchem aus alle Brücken zur Reflexion abgebrochen sind. Nimmt man an, es sei ein solcherart ausgezeichnetes Ich, zu welchem Es werden soll (also gerade nicht das ›ich‹[156] der Selbstreflexion), dann ahnt man, wie befremdlich die Paraphrase des Freudschen Satzes durch Lacan dem erscheinen wird, der die Psychoanalyse als demystifikatorisches Instrument einer teleologisch und semantistisch konzipierten Hermeneutik zu gebrauchen gelernt hat.[157]

155 Vgl. l. c. 74: »C'est dire que le plan de la réciprocité du regard et du regardé est, plus que tout autre propice, pour le sujet, à l'alibi.«

156 Wir schreiben, analog zu Lacan, im folgenden ›ich‹ klein, wenn es das Reflexions-Ich (moi), groß (›Ich‹), wenn es das ›wahrhaftige Subjekt‹ (Je) meint.

157 Lacans Paraphrase lautet (wir klammern Lacans Zusätze ein, um die Lektüre zu erleichtern): »*Wo Es* (mit keinem *das* oder anderem vergegen-

Weit entfernt nämlich, Es in der Reflexion, die es vergegenständlichen und hinter sich bringen möchte, zu situieren, soll das verstellte und in den Netzen der narzißtischen Egoität verfangene Selbstbewußtsein wieder in den gründenden Bezirk jenes auf die Begriffe der Präsenz, der Positivität und des Selbstverhältnisses nicht zurückführbaren Anderen reintegriert werden, dessen Seinsweise »absoluter Subjektivität« Lacan durch die fast mystische Wortneuschöpfung des »s'être« (*E* 417) andeutet, wobei er sich (nach seiner Art) von der Homophonie des deutschen »es« mit dem Anfangsphonem sowohl von Subjekt, Signifikant wie des Reflexivpronomens »se« (vor Vokal: s') inspirieren läßt.[158]
Lacan unterscheidet also zwei Ebenen oder Potenzen von Subjektivität, und hier genau trennt er sich nicht nur vom Strukturalismus im allgemeinen, sondern selbst von einem so reflektierten Ansatz zu seiner Überwindung, wie ihn Derridas Grammatologie darstellt. Auch ihr ist nämlich vorzuwerfen, daß sie die Kritik an der Falle der Repräsentation, die sie scharfsichtig an allen Orten der klassischen Metaphysik und besonders der Hermeneutik aufgestellt findet, nicht immanent aus der Struktur

ständlichenden Artikel versehenes Objekt) *war* (es ist ein Ort des Seins, um den es sich handelt, und an diesem Ort:) *soll* (das ist ein Sollen im moralischen Sinne [vgl. *Séminaire XI*, 34; XX 9, passim], welches sich da ankündigt, wie der einzige Satz (phrase unique), der jenem folgt, um das Kapitel abzuschließen [nämlich der: »es ist Kulturarbeit, etwa wie die Trockenlegung der Zuydersee«] bestätigt) *Ich* (je, das soll Ich, wie wenn man verkündete: ce suis-je, bevor man sagt: c'est moi) *werden* (d. h. nicht vorkommen, survenir, noch selbst ankommen, advenir, sondern an den Tag des Ortes selbst kommen, venir au jour de ce lieu lui-même, insofern er der Ort des Seins ist)« (*E* 417).
Konfrontiert mit der Radikalität dieser Lektüre, erscheint die Rede von der Resymbolisierung einer systematisch verzerrten oder desymbolisierten Kommunikation als ein aufklärerischer Euphemismus. Diese Konfrontation ist freilich in der Struktur der Auseinandersetzung Ideologiekritik-Hermeneutik nicht angemessen zu verzeichnen. Denn natürlich verfällt auch Gadamers ähnlich akzentuierte Kritik an Habermas/Apel/Lorenzer dem Vorwurf des Kontinuitionismus/Teleologismus (Universalisierung des Sinns, die den Non-sens und das Pathologische eines eingespielten Kommunikationsverhältnisses kurzerhand unter die ›verstehbaren‹ – da tradierten und tradierbaren – Spracherscheinungen zählt).
158 Wenn Lacan in seinem Exposé zum Vortrag vor der *Société Française de Philosophie* sagt: »Im Unbewußten, das weniger abgründig als der bewußten Ergründung unzugänglich ist, *spricht Es:* ein Subjekt im Subjekt, dem Subjekt transzendent (...)« (*E* 437), so ist der Abstand jenes Je vom moi in der Höherpotenzierung der Subjektivität über die Grenzen ihrer eigenen Immanenz hinaus ebenso deutlich angezeigt wie die Verführung, der metaphysischen Äquivokabilität des Begriffs ›Subjekt‹ zu erliegen.

der Subjektivität heraus führt: durch den Nachweis nämlich, daß diese Struktur mit dem klassischen Instrumentarium nicht angemessen gedacht werden kann. Lacan will dies Versäumnis nachholen.[159]

So nämlich, daß er just inmitten dessen, was er die ›relation duelle du moi au moi‹ (*E* 428, 454, 607 f.)[160] nennt – wobei das Schweben der Bedeutung zwischen »Duell« und »dual« ebenso beabsichtigt ist[161] wie die Assoziation an den Binarismus des Zeichens –, – daß er also inmitten der Zweierbeziehung der Selbstheit die *Wirkung eines Mangels* aufweist, der die volle Präsenz des ich in der image spéculaire, im Spiegelbild, von innen her zersetzt, dekomplettiert, aus dem vor-sprachlich-mythischen Bereich imaginärer Übertragungen und wunschgeleiteter Identifikationen heraustreibt und an den ordre symbolique ausliefert. Eine unvoreingenommene Reflexion auf die scheinbare Selbstgenügsamkeit, in der sich der Säugling in der imaginären Identifikation mit dem als Spiegelbild interpretierten Primärobjekt, dem anderen (Lacan schreibt ihn mit kleinem *a*),[162] zu halten scheint – Identifikation, die ihm eine von den Skansionen der Signifikantenkette noch nicht zerstückelte und differentiierte integrale Personalität vorgaukelt, – eine unvoreingenommene Reflexion auf die ›capture imaginaire‹ reicht aus, die grundlegende Negativität an den Tag zu bringen, vor deren Folie die Lust integralen Selbstgefühls erst zu ihrem Verständnis findet. Anders gesagt: der zuerst in dem nicht auszumerzenden Fehl des primären Identifikationsobjekts (der Mutter) fühlbare und in der Metapher Nom-du-Père notdürftig supplementierte Mangel durchquert[163] als der durch keinen dialektischen Winkelzug in Selbstheit auflösbare ›Diskurs des Anderen‹ die Festung der spekulären Faszination, sie zum Eingeständnis einer fundamen-

159 Wir behaupten nicht, daß es ihm gelingt. Aber kein anderer Strukturalist wagt sich in diesem Punkt so weit vor wie Lacan.

160 Auch ›relation à deux‹, ›relation polaire‹, ›les manœuvres de complicité duelle‹ (*E* 438, 552, 433, passim).

161 Daß sich die scheinbare »kinetische Harmonie« der Zweierbeziehung immer als ein latentes Herrschaftsverhältnis herausstellt – als die permanente Alternative des »toi ou moi« –, zeigt Lacan sehr schön in *E* 428/9. Vgl. auch Derrida, *Gewalt und Metaphysik, SuD* 121-235.

162 und kann vom sujet véritable konsequent als von »diesem Anderen jenseits des anderen« sprechen (*E* 439)

163 Lacan spricht von einer »Quer-hindurch-Stellung« (position en travers) des Feldes des Unbewußten in bezug auf das Feld des Bewußten (*E* 433).

talen »Abhängigkeit« (*E* 437; *E* 812) von einem sie übergreifenden Dritten zwingend.[164]

Das bedeutet, daß der Versuch einer mythischen, die Sektionen und ›Disseminationen‹ des ordre symbolique unterlaufenden Selbstbegründung des ich gerade daran scheitert, *daß den Wunsch, sich vor dem Eingriff des Anderen in der Abzirkelung der passion imaginaire zu bewahren, selbst schon das Andere erzeugt hat.*[165] Die Vision einer causa sui (vgl. *E* 835, 840, 841), von der die Reflexion träumt, ist bereits eine phantasmagorische Veranstaltung des seiner »radikalen Heteronomie« (*E* 524, *S II* 204) innegewordenen Wunsches: ein, wie Lacan nur scheinbar paradox sagen kann, Konstrukt des »äußersten Narzißmus der verlorenen Ursache«[166] (*E* 826, *S II* 204). Das ich des Selbstbewußtseins existiert wesenhaft als ein vom Anderen in An-spruch Genommenes, noch bevor es zu der dialektischen List greifen konnte, die Spur dieses Anderen zugunsten jener »Alterität zweiten Grades« zu verwerfen, durch welche A sich im Spiegelspiel der Reflexion dem Blick des Bewußtseins zugleich darbietet und entzieht.

Es bietet sich ihm dar, indem es in der »Vermittlungsposition« des petit autre vom Anderen Kunde gibt; es entzieht sich ihm zugleich, indem es innerhalb der spekulären Verdoppelung, in welcher das ich den anderen immer nur als seinesgleichen (sui simile: son semblable) anerkennt, nicht adäquat repräsentiert wird. Die

164 »La reconnaissance [= das spekuläre Wiedererkennen der Re-präsentation] exige de se fonder sur une altérité plus ferme« (*E* 441).

165 Vgl. *E* 427: »C'est en effet dans la désagrégation de l'unité imaginaire que constitue le moi, que le sujet trouve le matériel signifiant de ses symptômes.«

166 Es gibt ein ähnliches Paradox in der Wendung, daß, wollte man den Anderen (A) von seinem Platz entfernen, »der Mensch sich alsdann auch nicht einmal mehr in der Position des Narziß zu behaupten vermöchte« (*E* 551, *S II* 84). D. h.: schon die Lüge des Narzißmus wird mit den Mitteln des Anderen ersonnen und bestritten (diese Erkenntnis raubt der Funktion des klassischen Bewußtseins den letzten Rückhalt an Souveränität und Selbständigkeit, ragt doch in seine eigene Innerlichkeit der wie immer verleugnete oder metaphorisierte Signifikant des Anderen hinein, ohne den es, um jede Signifikanz gebracht, buchstäblich sinnlos bliebe). Lacan kann darum – in scheinbarem Widerspruch gegen die behauptete Dualität – von einem »ternaire imaginaire« (*E* 552, *S II* 85) sprechen: in die imaginäre Zweierbeziehung fällt der Schatten des symbolischen Dreiecks und ergänzt die dort eingeschriebene Gerade zum Dreieck, zugleich in und außer dem Imaginären. Es gibt also tatsächlich eine Doppeltrias (double ternaire [l. c.]): das symbolische Dreieck und sein imaginäres Echo. (Wir können das Problem hier nur andeuten.)

aus dieser Unangemessenheit resultierende Überdeterminierung des ich durch das Andere macht sich ihm als Mangel fühlbar, der noch die Lüge seiner binären Selbstfaszination zwingt, »das Andere zum Bürgen der Wahrheit anzurufen, in der es besteht« (*E* 524, *S II* 50/1).

Denn über der image spéculaire wölbt sich bereits die Spitze jener Pyramide (/\), die in einer dem Wunsch nicht sichtbaren Tinte die abgemessene Gerade des Dialogs, den das ich mit dem anderen (autre) seiner selbst führt (—), zum »symbolischen Dreieck« fortzeichnet, der Zweierrelation den »dritten Term« hinzufügend, ohne den sie in Wahrheit gar nicht bestünde. Natürlich ist dieser den Binarismus des Cogito zum »ternaire« ergänzende Linienzug[167] »nichts anderes als das phallische Bild« (l. c.), d. h. ganz allgemein der Signifikant eines konstitutiven Mangels inmitten des Anderen und seines Diskurses ($S(\not{A}) \rightarrow \not{S}$) – *eines Mangels,* der das Andere »inkonsistent« macht (*E* 819/20, *S II* 196) und *der das Selbstbewußtsein zum Eingeständnis seiner wesenhaften Abhängigkeit*[168] *von einem »Dritten« treibt,* den keine Dialektik als Moment des Geschehens der Selbstvermittlung als solcher zu überführen vermöchte.

Lacans barsches Verdikt gegen das Bewußtsein als Waffe, deren sich die unaufrichtige Strategie reflexiver Selbstbegründung bediene, wird nun verständlich. Die »einzig homogene Funktion«, die er dem Bewußtsein zuerkennt, besteht in der »capture imagi-

167 Zur Komplementierung der »Zweierbeziehung« durch den »Dritten«, dessen Hinzutreten den Längsstrich der relation duelle (moi —— autre) zu den »drei Strichen einer Pyramide« (Autre / moi —— autre) fortzuzeichnen gestatte, vgl. neben ähnlichen Passagen bes. *E* 607 ff. (*S I* 197 ff.). (Wahrscheinlich stand bei der Taufe des »ternaire« Freuds triadische Topik Pate. Der Blick auf sie stellt freilich die Kühnheit [manche zögen vor zu sagen: den Aberwitz] der Lacanschen Umdeutung erst ins rechte Licht. Man vgl. bes. die Topikdiskussion des römischen Vortrags.)

168 Vgl. *E* 811/2, *S II* 187. Lacan betont dort ausdrücklich, daß die Unselbstgenügsamkeit des Menschenwesens, die es in seinem Sein dem Anderen ausliefert, keineswegs nur als transitorisches Stadium seiner Ontogenese – nach Art einer »Psychologie der Abhängigkeit« – betrachtet werden könne: etwa hegelisch als bloß defizientes Moment einer auf der höchsten Entwicklungsstufe zu erringenden Selbständigkeit. Es handelt sich vielmehr um eine »Abhängigkeit«, die sich beim Eintritt in den Symbolismus der Sprache vertieft, um von der »nutzlosen Leidenschaft« des Begehrens (auch hier zitiert Lacan Sartre beifällig) vollends besiegelt zu werden.

naire du moi par son reflet spéculaire und der ihr inhärenten Funktion der Verkennung« (*E* 832, *S II* 209).[169] *Sich*-Erkennen und Sich-*Verkennen* sind ganz unabhängig von dem Wortspiel, welches die französische Isophonie des *me connaître* und des *méconnaître* hier bereitstellt (*E* 808, *S II* 183), Namen eines Begriffs. Um ihn hervortreten zu lassen, muß man die für Äquivokationen prädisponierte Doppelbödigkeit des Subjektbegriffs dekonstruieren. So wie es ein »Anderes jenseits des anderen« (*E* 439), so gibt es ein »Subjekt im Subjekt, dem Subjekt transzendent« (*E* 437), ein sujet véritable (Je) im und zugleich jenseits des sujet narcissique (moi). Ihr Verhältnis gehorcht nicht dem Gesetz der Repräsentation (denn es gibt keine originale Präsenz des Ich, die im ich wieder zu vergegenwärtigen – zu re-präsentieren – wäre), sondern ist durch eine Ordnung radikaler Inversion bestimmt: Das Sein des einen reflektiert sich im anderen als Nichtsein und umgekehrt (»je pense où je ne suis pas, donc je suis où je ne pense pas.« »Ich denke, wo ich nicht bin, also bin ich, wo ich nicht denke« [*E* 517, *S II* 43]).[170] Damit soll gerade

169 Lacan behauptet, das Cogito werde mit den vom Eindringen des unbewußten Wunsches ausgelösten und von ihm nicht zu leugnenden Unterbrechungen seiner vollen Präsenz so fertig, daß es die »unbewußte Selbst-Verkennung« kurzerhand im Modus der Verneinung (dénegation) auf sich nehme und so gegen das Begehren abschirme: es schreibt sich selbst das Bewußtsein und die Freiheit zu, das *nicht* zu wollen, was es in Wahrheit will (*E* 815, *S II* 191). Diese Erklärung wäre ingeniös zu nennen, hätte Lacan seinen Erfolg nicht mit dem Import des unhaltbaren Reflexionsmodells des Selbstbewußtseins erkauft (Schwierigkeit, von der wir aus heuristischen Gründen bisher absahen. Im *Séminaire XI*, 76, spricht er z. B. vom Subjekt der Phänomenologen, und er selbst kennt kein anderes ich, als »de cette relation réflexive bipolaire«, Bestimmung, die Sartres ›conscience (de) soi‹ nicht erreicht). – *La chose Freudienne* zeigt besonders klar, daß er dem Cogito eine schwere Schlappe einzubringen glaubt, wenn er das alte Regreßargument aus der Rumpelkammer der Geschichte der Erkenntnistheorie hervorholt: auf der Basis einer zierlich aufgebauten Experimentalapparatur (einem zwischen zwei parallelen Spiegelgläsern plazierten Blick) wird dem Cogito die Unmöglichkeit ad oculos demonstriert, sein eigenes Sich-Sehen zumal zu sehen (de se voir se voir; vgl. *Séminaire XI*, 71, 76 ff.). Wäre das wirklich der Fall, so könnte Lacan auch nicht zirkelfrei das Faktum des Spiegelstadiums, folglich nicht einmal das erklären, was er dem Cogito als seine »einzig homogene Funktion« übrigläßt, die Verkennung.
Dies ist der Mangel, den seine Theorie mit allen mir bekannten semiologischen Ansätzen teilt, die im Zirkel der Repräsentation sich verfangen (obwohl sie ihn zuvor entdecken). Er bezeichnet zugleich die Grenze des heuristischen Werts seiner Subjekttheorie für eine semiologisch reflektierte Hermeneutik und ihre Unterlegenheit – in diesem Punkt – gegenüber der Schleiermacherschen.

170 Vgl. *Séminaire XI*, 78: »L'analyse considère la conscience comme bornée irrémédiablement, et l'institue comme principe, non seulement d'idéa-

nicht einer Gleichmöglichkeit zweier (nur in bezug aufeinander inverser) Standpunkte das Wort geredet sein: vielmehr verlangt die Erfahrung der Selbstnegation des Denkens (cogito) die Verortung des Seins von Subjektivität jenseits der reflexiven Dyade »an einem dritten Ort« (*E* 525, *S II* 51), dem des Anderen, »dem ich (je) mehr verbunden bin als mir (qu'à moi), da im tiefsten Grunde meiner Identität mit mir selbst dies(er) es ist, das/der durch mich hindurch wirkt« (*E* 524, *S II* 50).

Diese Phrasis bezeichnet recht deutlich den Scheideweg, an welchem sich eine spekulative von einer ›Dialektik des Begehrens‹ trennen muß, obwohl diese nicht selten mit Begriffen, die jener entlehnt sind, kokettiert. Gewiß versteht auch Hegel den Grund, an dem der Widerspruch zerschellt, als ein gegenüber den einander in der Ausschließung zugleich fordernden Reflexionsmomenten Drittes. Aber das Programm seiner Reflexionslogik verspricht, dies Dritte aus der eigenen Organisation der Reflexion, also ganz immanent, herzuleiten. Darum hält Lacan ihm vor, mit der gelungenen Kritik an der Borniertheit des Selbstbewußtseins, welches das Allgemeine unmittelbar im Gesetz des eigenen Herzens zu besitzen wähnt, nur einen Scheinsieg über den Narzißmus errungen zu haben. Sowie das »Toben des verrückten Eigendünkels«[171] darauf aus ist, die eigene Verkehrtheit der außer ihm befindlichen Allgemeinheit des Anderen anzulasten, so entkommt auch das Hegelsche System der Tautologie, die es

lisation, mais de méconnaissance« (es ist eine »Anamorphose«), sowie *E* 815 (*S II* 191): »Bemerken wir, daß ein Hinweis in der klaren Entfremdung gefunden werden kann, die dem Subjekt den Vorzug gewährt, auf die Frage nach seinem Wesen zu stoßen, insofern es [nun] nicht verkennen kann, daß, was es begehrt, sich ihm als das, was es nicht will, darbietet – eine von der Verneinung auf sich genommene Form, in die sich auf eigenartige Weise die unbewußte Selbst-Verkennung einlagert, wodurch (das Subjekt) die Permanenz seiner Begierde auf ein gleichwohl evidentermaßen intermittierendes ich überträgt und umgekehrt sich vor seinem Begehren dadurch schützt, daß es ihm diese Unterbrechungen (intermittences) selbst zuschreibt.«

Lacan hätte sich bei der Beschreibung dieser Verstellung des Seins in bezug auf das Subjekt auf Schelling berufen können, der von der »göttlichen Verstellungskunst oder Ironie« spricht, durch die der absolute Geist im Akt der Selbstentäußerung an die »Anderheit« »das Widerspiel von dem darlegt, was er eigentlich will« (*WW* II,3, 304/5). Schelling war es auch, der als einer der ersten das Für-sich-Sein des cartesianischen Cogito als ein ›Bloß-für-sich-Sein‹, d. h. als eine abstrakte und exklusive Selbstverhaftung unter Ausschluß des Seins kritisierte (*WW* I, 10, 5 ff.: II,1, 269/70 ff.). Vgl. *WW* II,1, 301: »Das philosophische Bewußtsein ist an Empfindlichkeit der des Auges zu vergleichen, das nichts Fremdes in sich duldet.«

171 Hegel, *Phänomenologie des Geistes*, 271/2

denunziert, nur um den Preis, daß es die »Tauto-ontik der schönen Seele« in der vollendeten Vermittlung der ursprünglichen Verkehrtheit mit der Ordnung des Selbst desto fester begründet (*E* 415).[172]

Ein ähnlicher Vorbehalt ist aber auch einer philosophischen Hermeneutik gegenüber am Platz, die zwar das Ideal absoluter Selbstvermittlung des geschichtlichen Subjekts preisgibt, ohne zugleich darauf zu verzichten, sich am methodischen Leitbild einer Dialektik der Selbstverständigung im Anderssein – d. h. an einer Teleologie des Sinns – zu orientieren. Gadamers Umkehrung des Wegs der Hegelschen Dialektik bleibt, wie wir sahen, dem dialektischen Diskurs verpflichtet.

Diesen Einwand gilt es darum wohl zu erwägen, weil gerade Gadamer und Lacan (Hermann Langs Arbeit hebt stark darauf ab[173]) zusammenzustehen scheinen, wenn es darum geht, dem wahren Anspruch der Rede des Anderen wider die selbsternannte Vollmacht individueller Einfühlung einerseits und ihre Reduktion auf verdinglichte Standards der Entschlüsselung andererseits Gehör zu verschaffen. Beide sehen hinter der intuitionistischen wie hinter der szientistischen Gebärde Abwehr- und/oder Übertragungsmechanismen im Dienste der Reflexion hervorblicken, die den ›Anderen Diskurs‹ im Schwefelsäurebad imaginärer Selbst- oder Objektidentifikationen aufzulösen trachten. Indem Gadamers Dialektik den reinen *Bezug* des Interpreten und des Interpretanden über die Beziehungsglieder stellt und so in der Tat als Korrektiv eines überspannten Subjektivismus fungiert, stößt sie doch nur von innen her an die Grenzen dialektischer Spekulation. Um mit Grund als ein der Lebenserfahrung analoger Prozeß beschrieben werden zu können, muß die Beziehung der kom-

172 »Quelque dialectique qu'elle soit, cette remarque ne saurait ébranler le délire de la présomption auquel Hegel l'appliquait, restant prise dans le piège offert par le mirage de la conscience au *je* infatué de son sentiment, qu'il érige en loi du cœur« (*E* 415). – Zum radikalen Unterschied des Begriffs Entfremdung, wie Lacan ihn gebraucht, vom Hegelschen sowie zu seiner Abgrenzung gegen Hegel im allgemeinen vgl. die Entgegnung auf eine Frage J.-A. Millers im *Séminaire XI*, 195.
Lacan leugnet auch keineswegs die Konvergenz seiner Hegelkritik mit der des »historischen Materialismus« (»la fonction que j'accorde au langage dans la théorie (...) me semble compatible avec un matérialisme historique qui laisse là un vide. Peut-être la théorie de l'objet *a* y trouvera-t-elle sa place aussi bien« [*E* 875/6]). – Sehr ähnlich hat Derrida in *SuD* seinen Ansatz mit dem Schellingschen in Verbindung gebracht (l. c. 231/2).

173 *Die Sprache und das Unbewußte*, bes. 79 ff.

munizierenden Horizonte vom interpretierenden Subjekt verinnert werden können. Ein Verinnerungszentrum einführen heißt aber, wie immer unbeabsichtigt die Struktur der Selbstbeziehung ins Spiel zu bringen. Und in diesem Augenblick verkümmert die als Intention nicht bestreitbare Demut der Hingabe ans Traditionsgeschehen zur bloßen Absicht: Jedes Verstehen bleibt letztlich – und zwar in einem wider Willen restriktiven Sinne – spekuläres Sichverstehen (nicht notwendig des Individuums, aber doch des als Subjekt gedachten Sprachgeschehens). So triumphiert auch bei Gadamer (wir sahen es) unter den Titeln der Sprache als spekulativer Mitte und der Horizontverschmelzung die List des dialektischen Selbstbewußtseins über seine Demütigung als Eigendünkel.

Man überzeugt sich auf diesem Wege, daß die Homologie zwischen der ›Horizontverschmelzung‹ und dem, was Lacan ›parole pleine‹ nennt (*E* 247 ff., *S I* 84 ff.), nur intentionell besteht.[174] Jedem, der Subjektivität als ichheit (moiité) denkt – und weder Hegel noch Gadamer entgehen dieser Konsequenz – wird gerade das Faktum der vollzogenen Koaleszenz zweier ich-Horizonte zur Falle, die der Narzißmus aufstellt, – einer Falle, die die Anderheit des grand Autre durch den autre spéculaire der Reflexion zu verdrängen einlädt (nicht zufällig stößt Gadamer bei einer Analyse seines Verfahrens auf die »spekulative Struktur der Sprache«: Sie ist Selbstreflexion im anderen, »eine Verdoppelung, die doch nur die Existenz von einem ist«).[175] Doch jenseits der *Gewißheit*, die es von sich selbst hat, enthüllt sich das Gespräch, das den Konsensus trägt, in seiner *Wahrheit* als Metapher (und somit als Maskierung) eines weder spekularisierbaren noch durch Vorverständnis antizipierbaren Diskurses, der

174 Womit zugestanden ist, *daß* hier eine Homologie besteht. Lacans Kritik an allen Formen des in Wahrheit monologischen Scheingesprächs (Beispiele, die er nennt, sind: die intuitive Erleuchtung, die retorsive Aggressivität des verbalen Echos, die abgedroschene Leier des pädagogischen Einpaukens, kurz: die Spielarten des automatisierten ›gemeinen Gesprächs‹) haben fast durchweg Parallelen bei Gadamer. – Man muß aber sehen, daß Lacan dem, was Gadamer das wahre Gespräch nennen würde, keinen prinzipiellen Vorzug zugesteht: jede diskursive Übereinkunft ist im Grunde eine latente »Verführung« (*E* 430/1) zur Verdrängung des Nicht-Sinns, der vom Ort des Anderen her als ihr Drittes in die Fuge der Zweierrelation hineinragt. Und erst auf dem Boden des anderen Schauplatzes hört die vorgängige und präargumentative ›Konstitution eines Paktes zwischen den beiden Subjekten‹ (l. c.) auf, eine narzißtische Veranstaltung des spekulären ich zu sein.

175 *WuM* 441

auf einem anderen Schauplatz als dem der Kommunikation gesprochen wird und der durch die nicht wettzumachende Absenz eines vollen auktorialen Subjekts davor geschützt ist, in irgendeiner Weise zum Repräsentat zu gerinnen.

Um die Doppelbödigkeit der »*ad hominem*« gesprochenen Rede (auf sie beschränken sich die Hermeneutik und die Linguistik der Kommunikation) zu realisieren, um hinter der Inszenierung des manifesten Diskurses die Aktion zu gewahren, die auf dem »*anderen Schauplatz*« aufgeführt wird, dazu müssen wir – sagt Lacan – allem voran »durchdrungen sein von der radikalen Differenz des Anderen, an welchen (unsere) Rede sich richten soll, und dieses zweiten anderen: dessen nämlich, den (wir) vor (uns) sehen und von dem und durch den der erste in dem Diskurs, den er da vor (uns) führt, zu (uns) spricht. Denn nur so werden (wir diejenigen) sein können, an (die) der Diskurs sich richtet« (*E* 430).[176] Gerade die Sichtbarkeit des anderen und die Vernehmbarkeit seiner Rede (aber auch die aus ihr als ihre Formations-*Regel* abstrahierte diskursive Logik, der sie gehorcht [*E* 430/1]), kurz: die Präsenz des anderen und die Übereinstimmung seiner Rede mit der diskursiven Ordnung der Kommunikation als solcher und im allgemeinen lassen den Dialog zum Einfallstor der *Verkennung*, d. h. der verkehrten Ordnung der Reflexion,[177] werden, von deren metaphysischer Erbschaft auch der hermeneutische Diskurs zehrt.

Tatsächlich bringt eine einfache Sprachanalyse zutage, daß die Rede vom Traditionsgeschehen als einem Sich-ins-Werk-Setzen der Wahrheit die Textualisierung des Seins als Re-präsentation denkt (der Gebrauch des Reflexivpronomens ist in solchen Kontexten nicht arglos). Würde der grand Autre radikal als jenes Néant gedacht, das durch seinen Entzug zwischen den ›termes pleins‹ der Signifikantenbatterie die leere Spur eines instabilen parasemischen Zusammenhanges durchblicken läßt (»c'est ce qui n'est pas qui détermine ce qui est« [*EN* 130]), so wäre es nicht möglich, diese Spur wie den materiellen Reflex eines Signifikats zu behandeln. Die Logik der Zeichenanordnung reflektiert kein

176 Die eingeklammerten Pronomina stehen im Original in der Einzahl: Subjekt des Satzes ist der Analytiker, dessen Intervention freilich nicht eben den Regelfall eines Dialogs beschreibt.

177 »das *Umgekehrte*, daher Reflexion!« schreibt Schelling (*WW* I, 10, 47/8). Vgl. zur Inversions-/Reflexionsmetaphorik bei Schelling M. Frank, *Der unendliche Mangel an Sein*, 123 ff., passim.

Repräsentat: sie supplementiert und manifestiert sein Fehlen. Es gibt gar keinen anderen Pol der Reflexionsdyade (es dei denn, man spräche – auf eine sprachanalytisch unhaltbare Weise – von einem Nichtseienden als Repräsentat eines Seienden).
Das Subjekt des Anderen besitzt überhaupt »kein Spiegelbild, anders gesagt keine Alterität« (*E* 818, *S II* 194). Darum könnte der Diskurs des Anderen seine eigne Wahrheit niemals bezeugen (dire le vrai sur le vrai [*E* 687, *S II* 246]): er müßte ja alsdann nicht nur bestehen, sondern das Richtmaß seiner Wahrheit zugleich vor sich sehen, mithin zugleich in der Wahrheit und außer ihr sein können. Aber die Wahrheit des Unbewußten (wenn man diesen metaphysischen Titel überhaupt anwenden mag) hat kein spekuläres Doppel, und ihre Rede läßt sich von keiner im archimedischen Punkt situierten Metasprache über die Schulter blicken: »On ne se voit pas comme on est« (*E* 687, *S II* 246).[178]
Diese Nichtsichtbarkeit des ›wahren Selbst‹ hängt zusammen mit seiner radikalen Singularität: das Einzelne ist das seiner Natur nach Irreproduzible und Inkommunikable (und »nur« mit ihm hat die Analyse zu tun [*S II* 12]). Dennoch ist das wahre Subjekt kein Jenseits der Kommunikation: sein Sichentziehen im Sprachgeschehen begabt die materiellen Signifikanten erst mit dem Sinn, der (aus)getauscht wird. Das gilt entsprechend für die Formationsregel von Diskursen, die Grammatik von Texten, die Struktur symbolischer Zusammenhänge: für alle intersubjektiven und kodifizierten Ordnungen. Nur ein radikal Einzelnes (Einzigartiges und nicht Reduplizierbares) könnte mit Erfolg der Paraphrase widerstehen, die verschiedene Äußerungen auf eine ihnen gemeinsame Tiefensemantik verpflichten und das Gesetz identischer Wiederholbarkeit (ohne welches Wahrheit unmöglich, nämlich nicht teil-bar, nicht verallgemeinbar wäre) zu ihrem Seinsgesetz deklarieren möchte. Tatsächlich gibt es eine nicht umkehrbare Abhängigkeit der universellen Struktur vom »Besonderen« (l. c.) und Eigentümlichen: »Was die Struktur der Signifikantenkette ans Licht bringt, ist die Möglichkeit, daß ich mich ihrer gerade in dem Maße, wie ihre Sprache mir und anderen Subjekten

178 »Prêter ma voix à supporter ces mots intolérables ›Moi, la vérité, je parle . . .‹ (. . .) cela veut dire tout simplement tout ce qu'il y a à dire de la vérité, de la seule, à savoir qu'il n'y a pas de métalangage (affirmation faite pour situer tout le logico-positivisme), que nul langage ne saurait dire le vrai sur le vrai, puis-que la vérité se fonde de ce qu'elle parle, et qu'elle n'a pas d'autre moyen pour ce faire« (*E* 867/8, *S II* 246).

gemein ist, d. h. wie diese Sprache existiert, bedienen kann, um *alles andere* als das damit zu bezeichnen, was sie sagt« (*E* 50;, *S II* 29). Anders formuliert: die intersubjektiv kodierte Allgemeinheit der Struktur enthält keine definitive Vorgabe für die semantischen Effekte der konkreten Rede. »Was derselben Struktur zugehört, (hat) nicht unbedingt denselben Sinn« (*S II* 12). Der seinem Wesen nach singuläre Sinn entgeht dem Universalismus signifikanter Strukturen und verlangt nach einer mit dem Modell des Sinnverstehens (ob durch Selbstübertragung, ob durch Einfügung ins Traditionsgeschehen) wie dem der Dekodierung gleichermaßen unverträglichen kognitiven Einstellung. Ihr ist die Struktur zwar conditio sine qua non für mögliches Verständnis, darum aber noch nicht positiv dessen causa per quam, insofern die Struktur in einem nicht umkehrbaren Abhängigkeitsverhältnis zu jenem sie von innen her dekomplettierenden Mangel an signifiant steht, der ihre Positivität bestimmt. Möglicherweise kommt dem hierdurch Geforderten, was die Frühromantiker Divination (nicht: Einfühlung) nannten, näher als alle Konzeptionen von Verständnis, die das Verstandene als Dedukt einer Regel oder als Resultat einer im sprachlichen Konsens bewährten reziproken Übersetzungsoperation denken. Das zu verstehende Einzelne ist das seiner Definition gemäß Unübertragbare, Nichtantizipierbare, Nichtspekularisierbare. Es ist das, welches kein anderes hat und nur darum von keiner Metasprache überflügelt werden könnte. Es ist es selbst, seine Seinsart das »s'être«.

Für eine literaturwissenschaftliche Interpretationstheorie läßt sich unter diesen Prämissen absehen, daß jeder Versuch, das einzelne Subjekt der einen Text konstituierenden Zeichenanordnung als solches zu erkennen und zu benennen, es gerade verkennen muß. Die Reflexion auf den Stand der textuellen Wahrheit ist der eigentliche Ort der hermeneutischen Urverdrängung (um ein Zitat Lacans abzuwandeln), die alle weiteren nach sich zieht (*E* 868, *S II* 247). Es handelt sich um eine Reflexion (im Sinne einer Rück-wendung, einer »nachträglichen Anschauung« [rétrovisée]), durch die das in den Intervallen der Signifikantentextur verschwindende (fading) Subjekt sich im Vorgriff auf das Ideal, das es von sich entwirft, dem Bilde gleich behauptet, »das es von sich in seinem Spiegel erhascht hat« (*E* 808, *S II* 183). Getrieben von der Unersättlichkeit des Mangels, der es mittendurchspaltet und ihm wie im Hoffmannschen Märchen das Spiegelbild stiehlt, sucht es seiner »paranoischen« Existenz durch die »überstürzte Identifikation« mit dem Phantasma des anderen (petit autre) ein Ende zu machen, – Phantasma, welches ihm vom »Gesetz der imaginären Verdoppelung« gleichsam als Einladung zur Regression ins Spiegelstadium vorgehalten wird: trügerisches Angebot einer Rückkehr zur Identität des Sinns mit dem Signifikanten, die es nirgends gibt.

Doch selbst der scheiternde (da nie zur Zufriedenheit seines Stifters ausfallende) Versuch, die Wahrheit des primären Sprachprozesses in der Spekularität der Repräsentation zu begründen, gibt wider Willen der Wahrheit die Ehre: der Sinn entsteht als Extrapolation aus der im Rückblick gewahrten Anordnung der Signifikanten; und selbst dort, wo er seine Totalität antizipieren möchte, muß er die magere Vision mit dem ›Unterfutter‹[179] des signifikanten Spiegelbildes aufpolstern (*E* 818, *S II* 194). Der Sinn bleibt – mit einem Wort – eine Funktion, ja eine »nachträgliche Wirkung« des Signifikanten (*E* 839, *S II* 217). Er muß, wie Derrida sagt, »warten, bis er benannt oder geschrieben ist«.[180] Die daraus folgende Geschichtlichkeit und Polysemie jeder zeichenvermittelten Nachricht – und besonders der poetischen – ist darum »nicht nur die *Vergangenheit* des Werks, seine Nachtarbeit oder sein Schlaf, durch die es in der Absicht sich selbst vorwegnimmt, sondern seine Unmöglichkeit, jemals präsent, in einer absoluten Gleichzeitigkeit oder Augenblicklichkeit zusammengefaßt zu sein.«[181]

Mit dieser Struktur sind Konsequenzen (auch Schwierigkeiten) vorgezeichnet, die eine vor der Falle des Narzißmus gewarnte Interpretationstheorie zu beachten haben wird.

179 Im Original »doublure«: das Mithören der Bedeutung »double« ist natürlich beabsichtigt, wie besonders eine Passage aus dem *Séminaire XI*, 98, zeigt (... »à l'aide de cette doublure de l'autre, ou de soi-même« ...)

180 Derrida, *Kraft und Bedeutung*, in: *SuD* 22.

181 L. c. 27. Vgl. *Positions* 61/2

Die subjekttheoretische und dialektische Fundierung der Interpretation durch Schleiermacher

Wenn wir es für sinnvoll, ja für notwendig hielten, einer auf Phänomene der Semantik und Pragmatik sich zurückziehenden Auslegungstheorie die Einwände des Strukturalismus vor Augen zu führen, so nicht deshalb, weil wir eine Alternativentscheidung geboten glauben. Lacans Versuch, das Phänomen des sinnverstehenden Subjekts nicht einfach durch die Maschen einer konsequenten Semiotik fallen zu lassen, sondern ihm selbst eine streng semiotische Deutung zukommen zu lassen, argumentiert gerade aus der Einsicht in die Irrealität eines Entweder-Oder von Sinnverstehen und strukturaler Analysis. Gleichwohl gibt es eine Reihe von Bedenken, die sich aus dem theoretischen Potential einer Hermeneutik der Subjektivität rekrutieren und die uns von dem ›défi de la sémiologie‹ nicht nur nicht ausgeräumt erscheinen, sondern den ›Ultra-Strukturalismus‹[1] zu korrigieren imstande sind. Wir werden sie kurz skizzieren.

1. Obwohl es gewiß überzogen ist, Lacan (wie Sartre getan hat[2]) Geschichtsfeindlichkeit vorzuwerfen, so bleibt richtig, daß man nicht sieht, wie sein Begriff des discours de l'Autre als einseitigen Instituenten des Selbstbewußtseins der unter seinem Anspruch sich Verstehenden die Spuren geschichtlich gewordenen Sinns tragen sollte, welche sich in den konkreten Sprechakten historisch situierter und zu ihrer Situation sich verhaltender Subjekte gebildet haben. Mit einem Wort: Die Einseitigkeit der Beziehung Signifiant-signifié vereitelt die Möglichkeit, Sprache als Institution kommunikativer *Interpretation* von Sein zu verstehen; womit sie als wirkungsgeschichtlicher Faktor unzureichend bestimmt ist.

2. Lacans Subjekttheorie trifft – erst recht gilt dies für Derridas Dekonstruktion des Subjekts – auf Schwierigkeiten, denen ana-

1 Ein Ausdruck Derridas in *SuD*, 29

2 *Jean-Paul Sartre répond*, in: *L'Arc* Nr. 30 (*Sartre aujourd'hui*) 1966, 91: »La disparition, ou comme dit Lacan, le ›décentrement‹ du sujet, est liée au discredit de l'histoire. S'il n'y a plus de praxis, il ne peut plus y avoir non plus de sujet.« Vgl. Lacans Entgegnung vom 29. 12. 1966 in *Figaro littéraire* zit. bei H. Lang, *Die Sprache und das Unbewußte*, 157, der die Frage nach der Geschichte bei Lacan im Zusammenhang verfolgt, allerdings, wie ich meine, zu stark in apologetischer Absicht und zu stark im Lichte Heideggers.

log, mit denen der ›Neutrale Monismus‹[3] sich auseinanderzusetzen hat: Aus der Abhängigkeit und Nachträglichkeit des Signifikats gegenüber dem Signifikanten (primauté du signifiant dans l'effet de signifier) folgt noch nicht, daß es möglich ist, Phänomene wie Sinn und Bewußtsein allein aus der baren Relation zwischen Signifikanten verständlich zu machen: die durch ein Intervall vermittelte Beziehung oppositiver Moneme erzeugt nicht schon von sich her ein Verinnerungszentrum, für welches der gleichsam virtuelle Sinn eines reinen Äußerlichkeitsverhältnisses in aktuellen Sinn sich verwandelte. Anders gesagt: das sinnkonstituierende néant zwischen den Signifikanten wird den Sinn nur unter der zirkelhaften Voraussetzung realisieren können, daß es als unmittelbar selbstbezüglich gedacht wird.

3. Zirkelhaft ist auch die semiologische These, wonach nur ein *Zeichen* (ein signifiant) dem Selbst repräsentieren könne, was es sei (»sans signifiant personne (...) ne saura jamais rien« [*E* 556]) – selbst wenn es das Selbst eben dadurch subvertieren sollte. Denn um auch nur die Funktion des Sich-im-Zeichen-Verkennens zu erklären, muß ich ableiten können, wie das Subjekt grundsätzlich dazu kommen kann, sein Anderes *als* sich zu identifizieren (weder der ›Autre‹ noch das als exklusiv-selbstverhaftet gedachte ›moi‹ gibt dazu die geringste Handhabe, um so mehr, als die Ichheit ja nur als Institut eines Signifikanten soll erstehen können). Mit einem Wort: Der Hinweis auf die Tatsache, daß auch die repraesentatio sui die Priorität des Zeichens voraussetze und damit die Grundthesis der Semiologie bestätige, läßt die Möglichkeit unerklärt, das Zeichen als Sinn/Selbst zu verinnern.[4]

4. Damit hängt zusammen, daß man nicht sieht, mit welchem

3 Die Positionen, die Bewußtsein als äußerliche Relation einer Menge von Gegebenheiten auffassen, wie William James (*Does ›consciousness‹ exist?*, in: *Essays in Radical Empiricism*, 1912, 1-38) und Bertrand Russell in *The Analysis of Mind*, 1929, 9 ff. – um nur sie zu nennen – sie vertraten. Zur Kritik vgl. Dieter Henrich, *Selbstbewußtsein. Kritische Einleitung in eine Theorie*, in: *Hermeneutik und Dialektik*, FS für H.-G. Gadamer, Bd. 1, Tübingen 1970, 257 f., 262 f. sowie Richard J. Bernstein, *Praxis und Handeln*, Frankfurt/Main 1975, der die Ausarbeitung einer »kohärenten Theorie des Selbst« für das ›Frageversäumnis der gesamten pragmatischen Bewegung‹ hält (70).

4 Dieser Einwand gilt besonders gegen F. Wahls Kritik am repräsentationistischen Zeichenbegriff Foucaults (*Einführung in den Strukturalismus*, 363 ff.), aber auch gegen Foucaults Versuch einer Destruktion der Möglichkeit eines ›se voir se voir‹ selbst.

Recht Lacans ›Je‹ (sujet véritable) – seiner Abstraktion vom konkreten Subjekt des Bewußtseins (moi) halber – den Titel eines Subjekts tragen darf, da es über den Minimalbestand von Merkmalen der Subjektivität nicht zu verfügen scheint. Ebensowenig wird deutlich, wie – zirkelfrei – das moi irgendein privilegierter Ort des Rapports zum Je sein kann (da es dessen Präreflexivität ja nicht etwa reflexiv aktualisiert, sondern eine Reflexion auf sich ausführt, die sich in keinem Fall als explizite ›Wiederholung‹ einer gleichsam impliziten oder virtuellen Reflexion im Je verstehen könnte).

5. Endlich wird man als Mangel empfinden, daß Lacan ›moi‹ und ›Je‹ – trotz des Nachweises, wie dieses in jenes hineinragt – doch weitgehend parallel nebeneinander herlaufen läßt: eines ist, was das andere nicht ist, und umgekehrt; daß er – mit anderen Worten – unter dem Zwang der Konsequenz aus seiner Interpretation des Freudschen Satzes »Wo Es war, soll Ich werden« das Motiv zur Subversion nicht entschieden genug in der Selbstreflexion des ich (moi) aufweist, was nicht zu tun er doch zugleich als Makel der Phänomenologie Merleau-Ponty ankreidet.[5] Die ›Intrusion‹ des Anderen in die Selbstverhaftung des cogito muß in der Sprache des cogito selbst beschrieben werden, will sie als Alternative zum Narzißmus einer spekulären Hermeneutik ihre Praktikabilität unter Beweis stellen.

Es gibt, wie wir andernorts ausführlich gezeigt haben,[6] Subjekt-Theorien, die eine Reihe dieser Mängel beheben, ohne die semiologische Herausforderung scheuen zu müssen. Novalis, Hölderlin und Schelling einerseits, Feuerbach und Marx andererseits haben die ›Inversion des Subjekts‹ aus der Reflexionsstruktur als solcher abgeleitet: Jede Reflexion (Ebene des moi) verkehrt die Verhältnisse der im Akt des Sich-Erkennens vermittelten Glieder: als das erste (explizites Selbstbewußtsein) muß ihr erscheinen, was ›im Grunde‹ das zweite, als Resultat ihrer Konstitution muß ihr vorkommen, was in Wahrheit ihr Ursprung ist (Reflexion ist im Wortsinne eine Umkehrung). Sie korrigiert sich durch eine

5 Jacques Lacan, *Maurice Merleau-Ponty,* in: *Les Temps Modernes,* 17e année, no 183, Juillet 1961, 245-254.

6 M. Frank, *Die Philosophie des sogenannten »magischen Idealismus«,* in: *Euphorion* 63 (1969), 90 ff.; ders.: *Das Problem ›Zeit‹ in der deutschen Romantik,* München 1972, 141-157, 163 ff.; ders.: *Der unendliche Mangel an Sein,* 121 ff., 190 ff., 212 f., passim; ders. (zus. mit Gerhard Kurz), *›Ordo inversus‹. Zu einer Reflexionsfigur bei Novalis, Hölderlin, Kleist und Kafka.* In: *Geist und Zeichen,* FS für Arthur Henkel, Heidelberg 1977, 75-92.

abermalige Reflexion, die das invertierte Verhältnis ins Wahre zurückspiegelt und das Andere als den unverfüglichen Urheber des Selbstseins freigibt, ohne ihm die irreduzible Fähigkeit der Verinnerung zum Opfer zu bringen. Novalis geht so weit, die Charaktere des der Reflexion Anderen im Geschehen der autonom gedachten ›Sprache‹ aufzusuchen und einer Grundüberzeugung des klassischen Repräsentationismus zu widersprechen, wenn er es verwunderlich nennt, »daß die Leute meinen – sie sprächen um der Dinge willen. Gerade das Eigenthümliche der Sprache, daß sie sich bloß um sich selbst bekümmert, weiß keiner. Darum ist sie ein so wunderbares und fruchtbares Geheimniß, – daß, wenn einer blos spricht, um zu sprechen, er gerade die herrlichsten, originellsten Wahrheiten ausspricht. Will er aber etwas Bestimmtes sprechen, so läßt ihn die launige Sprache das lächerlichste und verkehrteste Zeug sagen.«[7]

Die reflexiv gesteuerte Ingebrauchnahme der Zeichen korrumpiert mithin gerade die Wahrheit des Anderen Diskurses in der Gestalt selbst, in der er sich zuspricht; und doch folgt daraus nicht die Unwesentlichkeit des reflexiven Moments, das die Rede des Anderen in seiner eigenen zwar ›ordine inverso‹ (wie Novalis sagt) verinnert und darum auf die im ›Selbstgefühl‹ vorgearbeitete Innerlichkeit des discours de l'Autre angewiesen bleibt, dennoch allein im Besitz des *Sinns* der Zeichen ist, deren Verkehrtheit ins Wahre zu wenden sie von ihrer eigenen Struktur sich getrieben fühlt. Die Reflexion selbst ist es, die diese Kritik leistet: das Andere erweist sich als Name für die durchaus immanente Erfahrung, die das Selbst mit seinem Unvermögen macht, sich als eine Realität zu begründen.

Wir werden im Zusammenhang dieser Arbeit nicht auf Novalis rekurrieren, sondern zu zeigen versuchen, daß dies Theorem in wenig versetztem Kontext auch in *Schleiermachers Begründung der Hermeneutik* auftaucht und dort eine wichtige Rolle spielt. Ein Rekurs auf die Argumentation seiner *Glaubenslehre* und seiner *Dialektik* scheint uns ins Zentrum der Diskussion zu führen, die zwischen dem Strukturalismus und der Existenzialher-

7 Novalis, *Schriften*, Bd. 2 (hg. von Richard Samuel in Zusammenarbeit mit Hans-Joachim Mähl und Gerhard Schulz), Stuttgart 1965, 672. Vgl. zum Thema Ingrid Strohschneider-Kohrs, *Die romantische Ironie in Theorie und Gestaltung*, Tübingen 1960, 250-273; Silvio Vietta, *Sprache und Sprachreflexion in der modernen Lyrik*, Bad Homburg v. d. H.-Berlin-Zürich 1970, 16-56; Hannelore Link, *Abstraktion und Poesie im Werk des Novalis*, Stuttgart 1972, 82-96.

meneutik in dieser Form erst zu eröffnen wäre und auf die wir in der Hoffnung uns einlassen, sie werde die Abstraktion einer subjektlosen Sprache ebenso wirksam hinter sich bringen wie die einer semiologisch naiven Privilegierung des Sinns: Es gibt eine ›primauté‹ des Signifikanten vor dem Signifikat, über die das ›moi‹ sich täuscht, aber sie wird in der Selbsterfahrung des auf seinen Sinn hin sich entwerfenden Subjekts entdeckt. Wir müssen, um diese Dialektik zu fundieren, zunächst der Schleiermacherschen Subjekttheorie uns zuwenden, die noch in keinem Referat seiner Hermeneutik angemessen berücksichtigt wurde.

Das Selbstbewußtsein und sein Anderes – die unverfügbare Bestimmtheit des Subjekt-Signifikats

Es geht darum, das semiologische Motiv zur ›Dezentrierung‹ des Subjekts der hermeneutischen Disziplinen in der Struktur von Subjektivität selbst aufzusuchen. Wir meinen, daß Schleiermachers Hermeneutik auf Grundsatzüberlegungen dieses Typs errichtet ist und seine Subjekttheorie wichtige (nachmals in Vergessenheit geratene) Einsichten formuliert, die, bediente man sich ihrer in den veränderten Kontexten der eben skizzierten Debatte, durchaus das Mittel an die Hand geben könnten, den ›Konflikt der Interpretationen‹, den Ricœur zwischen dem Strukturalismus und der Existenzialhermeneutik über die Frage nach dem Ort des Subjektes ausgebrochen sieht, beizulegen.
Schleiermacher behandelt das Subjekt nicht wie der frühe Idealismus als einen philosophischen Ausgangspunkt. Es wird selbst Thema im Zuge einer frei sich überlassenen Erfahrung, die das Bewußtsein mit den Differenzen zugleich und Verflechtungen zwischen seinen inneren und äußeren Funktionen macht – und zwar in dem Augenblick, da es nach dem Grund zurückfragt, der für die jeweiligen Beziehungen und Unterscheidungen verantwortlich ist. Beruhigen könnte sich diese Erfahrung erst bei einem solchen Grunde, der sich nicht mehr nur als Funktion höherer Ordnung in bezug auf von ihm fundierte niedererstufige Funktionen bestimmte, um hernach einer tiefer ansetzenden Reflexion selbst als Relat einer bislang unsichtbar gebliebenen Beziehung sich zu enthüllen, sondern der das Faktum von Unterscheidung und Vereinigung selbst letztgültig begründete. Mit

Rücksicht auf ihn nun stellt Schleiermacher fest, daß seine Wahrscheinlichkeit sich mit der Erfahrung, die das Bewußtsein von der dissonant-einheitlichen Organisation seiner Funktionen macht, zwar sukzessiv mehrt, ja daß es sich jede der unterwegs erreichten relativen Synthesen nur unter der absoluten Voraussetzung einer in ihnen sich manifestierenden und zugleich entziehenden Einheit verständlich machen kann, ohne daß sich jedoch (aufgrund der Binarität von Bewußtsein) absehen ließe, daß diese Einheit in irgendeinem Punkte der beschrittenen Bahn als deren Endpunkt eingeholt werde. Darum hat es Sinn, sie in bezug auf die Ebene der Relationen, in die das Bewußtsein eingespannt ist, »transzendent« zu nennen. Die dem Bewußtsein durch Wesensgesetz eingeschriebene Ausrichtung auf den transzendenten Grund, in dem die Differenz von Streit und Widerstreit schlechthin ausgeglichen wäre, scheint also des Bewußtseins eigener Struktur zu widersprechen, insofern die stabilste Erfahrung, deren es fähig ist, über die Gewißheit nicht hinausführt, daß keine in der Analyse isolierte Funktion in dieser methodischen Abstraktion sich halten läßt, ohne sich auf ihr anderes hin zu überschreiten, derart, daß alle Gegensätze, die in seinem Selbstverständigungsprozeß auftreten, nur als jeweiliges *Vorherrschen* oder *Zurücktreten* der einen in Beziehung auf die andere beschrieben werden können.[8] Die um ihrer selbst willen gesuchte Einheit leuchtet immer nur im Intervallpunkt des ›Übergangs‹ der Differenten auf, ohne die Dimension der Beziehung und Leere irgend hinter sich zu bringen.
So ist die *organische Funktion*, selbst bereits Oberbegriff divergierender und konvergierender Momente, mit der *intellektuellen Funktion*, für die gleiches gilt, vereinigt im Begriff des *Denkens*; und der Begriff des Denkens fungiert seinerseits wieder als Teilglied in einer Relation, die ihn in Wechselwirkung mit den sich ergänzenden Synthesen des gegenüber seinem Widerstande zurücktretenden und des ihn beherrschenden *Wollens* treten läßt – eine Wechselwirkung, die die mannigfachen Verflechtungen zwischen dem Denken (das ohne das volitive Moment jeder Selbsttätigkeit beraubt) und dem Wollen (das ohne Unterstützung von seiten des Gedankens ohne Zweck und also blind wäre) fundiert.
Der in dieser Formulierung übersprungene Beweis, daß der letzt-

8 Dies ist ein Grundtheorem des Schleiermacherschen Denkens, das sich allerorten angewandt findet.

fundierende Grund jedes Sichverstehens weder in der Synthesis des Denkens noch in der des Wollens für sich gefunden wird und nur als ihr gemeinsamer Ursprung gesucht werden könnte, wird so geführt, daß in beiden der doppelte Mangel aufgezeigt wird, der eine jede in ihrer eigenen Sphäre als Beziehung konserviert (Denkendes-Gedachtes oder Freiheit und Notwendigkeit bzw. Wollendes-Gewolltes oder Zweck und Widerständigkeit der Dinge) und sie zudem als einander komplettierende Momente durcheinander und gegeneinander – also abermals in einer dem Gesetz des Gegensatzes nicht entgehenden *Beziehung* (aufeinander) – definiert:[9] Den Übergang zwischen Gedanken vermittelt die »freie Produktivität« (selbst die Rezeptivität bedürfte ihrer, um *als* Empfänglichkeit bezeugt zu werden), so wie die volitiven Akte, um sich auf Zwecke hin entwerfen zu können, der Intervention von kognitiven Akten bedürfen. »Mißlungen« sind die Synthesen des Denkens und des Wollens also nicht darum, weil sie keine »Andeutungen« einer transrelativen Einheit zuwegebrächten, sondern insofern, als sie dieser Einheit nicht in ihrer eigenen Sphäre den Grund zu legen vermöchten.[10]

Diejenige Funktion nun, in der die Duplizität des Wollens und Denkens auf die in ihrer Verflechtung manifestierte Einheit hin überschritten wird, nennt Schleiermacher das »unmittelbare Selbstbewußtsein« oder »Gefühl«[11] (*Dial* O 286 ff., *Gl* 14 ff.[12]). Das Attribut ›unmittelbar‹ soll andeuten, daß es sich um ein solches Bewußtsein handelt, in dem die Relate dessen, worauf reflektiert wird, und dessen, welches die Reflexion ausübt, nicht mehr

9 Vgl. Fr. Schleiermachers *Dialektik*, hg. von Rudolf Odebrecht, Leipzig 1942, 265-267 (XLVI) und 283/4 (L). – Wir belegen Zitate aus dieser auf Vorlesungsnachschriften des Dialektikkollegs von 1822 basierenden Edition hinfort im laufenden Text unter der Sigle *Dial* O, Zitate aus der von Jonas aus Schleiermachers handschriftlichem Nachlaß besorgten Edition aller Dialektikkollegs (= *SW* III/4,2, Berlin 1839) in gleicher Weise unter der Sigle *Dial J*.

10 *Dial* O 284 (= L): »Was das Maß des Mißlingens betrifft, so ist uns nicht mißlungen, des transzendenten Grundes inne zu werden, dies haben wir vielmehr von beiden Funktionen aus erreicht, sondern nur, ihn zu einer Einheit des wirklichen Bewußtseins zu bringen. Wir haben ihn aber, indem wir die Unzulänglichkeit der einseitigen und geteilten Formen erkennen.«

11 Beide Terme meinen nicht ganz dasselbe, obwohl Schleiermacher die Nuance ihrer Differenz nicht immer heraushebt. Wir werden darauf zurückkommen.

12 Unter der Sigle *Gl* – im allgemeinen mit nachgesetzten Ziffern des § und des Absatzes – belegen wir im folgenden Zitate aus Friedrich Schleiermacher, *Der christliche Glaube*, aufgrund der zweiten Auflage und kritischer Prüfung des Textes neu hg. von Martin Redeker, B. 1, Berlin 1960.

– wie in allen bisher aufgetretenen Synthesen – auseinanderfallen: Beide Funktionen sollen hier vereinigt gedacht werden als sich ›negierende‹ (*Dial* O 286) Momente einer einzigen und einigen Realität: der Handlung, die im Vollzug sich selbst erhellt; des Seins, das zumal sein eigenes Erscheinen mit sich führt – oder wie immer man das Zusammenbestehen der Tat und ihres Reflexes ausdrücken will. Notwendig ist allein, daß man bei der Wahl der Begrifflichkeit der Tatsache Rechnung trägt, daß »der Gegensatz Subjekt–Objekt (...) hier gänzlich ausgeschlossen (bleibt) als ein nicht anwendbarer« (*Dial* O 287).

Wir begegnen hier einer Subjekttheorie, die stark mit derjenigen konvergiert, die wir im Zusammenhang der Sartreschen Begründung einer Hermeneutik vorgeführt haben und deren historische Quelle bei Fichte zu suchen ist. Bekanntlich war es die Entdekkung der Unmöglichkeit, Selbstbewußtsein nach dem Reflexionsmodell zu erklären (um sich als dem Reflektierten gleich beurteilen zu können, muß das Reflektierende schon zuvor Kenntnis von sich gehabt haben), mit der Fichtes Philosophie der Durchbruch gelang. Wenige Zeitgenossen verraten eine vergleichbar souveräne Durchdringung dieses Theorems wie Schleiermacher. Tatsächlich lesen sich die betreffenden Passagen aus seiner *Glaubenslehre* und *Dialektik*, als dürfe man aus ihrer Diktion auf eine Bekanntschaft mit Standardformulierungen der neuesten Fichteliteratur schließen,[13] die sich übrigens so gut wie gar nicht an Schleiermacher inspiriert hat.[14]

Es handelt sich beim »unmittelbaren Selbstbewußtsein« um einen

13 Wir denken vor allem an Dieter Henrich, *Fichtes ursprüngliche Einsicht*, Frankfurt/Main 1967. Fast alle wichtigen Beiträge zur Selbstbewußtseinsproblematik bei Fichte sind mehr oder weniger manifest dieser kleinen Schrift verpflichtet.

14 Die Arbeiten zu Schleiermachers Theorie des »unmitttelbaren Selbstbewußtseins« stammen weitgehend von Theologen und gehen sein Denken unter einem zuweilen stark fachbezogenen (z. B. dogmatischen) Erkenntnisinteresse an, das mit unserer Fragestellung nicht oft konvergiert. Paradigmatisch zeigen dies Titel von Aufsätzen Wilhelm Thimmes, *Gottesgedanke und schlechthinniges Abhängigkeitsgefühl in Schleiermachers Glaubenslehre* (in *ZThK* 8 (1927), 365-375) und W. Schultz', *Schleiermachers Theorie des Gefühls und ihre theologische Bedeutung* (in: *ZThK* 53 (1956), 75-103) oder der einer beachtenswerten Monographie von Marlin E. Miller, *Der Übergang. Schleiermachers Theologie des Reiches Gottes im Zusammenhang seines Gesamtdenkens*, Gütersloh 1970, die im ersten Teil (S. 25-53) auch Schleiermachers Bewßtseinstheorie exponiert. Eine kluge und instruktive Auseinandersetzung mit der Fülle stark divergierender Ansätze in der Interpretation der Einleitung von Schleiermachers *Glaubenslehre* bietet die Arbeit von

Sachverhalt, dessen Seinsart sich nicht in Sätzen derselben Grammatik beschreiben läßt, mittels deren man Aussagen über die Welt der Gegenstände formt. Er ist dem »gegenständlichen Bewußtsein« oder »Wissen um Etwas« (*Gl* § 3,2 mit handschr. Zusatz) so radikal entgegengesetzt, daß jeder Versuch, ihn in der Vermittlung über eine Vorstellung zum Zweck der ›Betrachtung‹ *vor sich zu bringen*, seine Seinsweise verfehlt.[15] Dazu gehört auch der Versuch, ihn als »Vorstellung von sich selbst«, als Reflexion[16] oder, wie Hegel will, als Sich-Wissen-im-Anderen zu fassen, und ebenso vergeblich müßte die Veranstaltung verlaufen,

Doris Offermann, *Schleiermachers Einleitung in die Glaubenslehre. Eine Untersuchung der Lehnsätze*, Berlin 1969, der es oft gelingt, den Anspruch des Schleiermacherschen Textes gegen wirkungsgeschichtlich folgenreiche Kurzschlüsse seiner Interpreten (etwa die Konfundierung von unmittelbarem Selbstbewußtsein und schlechthinnigem Abhängigkeitsgefühl, die Verkennung des nicht selbst dogmatischen Charakters der *Einleitung* in die Dogmatik usw.) Geltung zu verschaffen. Allerdings beschränkt sich diese Auseinandersetzung auf die theologische Rezeption, während die Monographie von Falk Wagner, *Schleiermachers Dialektik. Eine kritische Interpretation*, Gütersloh 1974, die unter der spärlichen Literatur zu diesem Thema (übrigens auch zu dem der Einleitung in die *Glaubenslehre*) bislang ohne ernstzunehmende Konkurrenz geblieben ist, eine gründliche Auseinandersetzung auch mit den philosophischen Implikationen der Bewußtseinstheorie unternimmt – freilich aus einer stark an Argumenten vom Typ der Hegelschen Reflexionslogik orientierten Perspektive, die ein paar Vorbehalte gegen Schleiermachers Unmittelbarkeitsthese bedingt, mit denen wir uns auseinanderzusetzen haben werden.

15 Das bedeutet weniger, wie Doris Offermann annimmt (*Schleiermachers Einleitung in die Glaubenslehre*, 40), daß das Gefühl »nicht aus einer analysierenden Betrachtung« erwächst – mit der Akzentuierung der Nichtanalysierbarkeit bestätigt sie unfreiwillig den bekannten Argwohn gegen die Konnotation des Diffusen im Begriff *Gefühl* (Emil Brunner etwa, *Die Mystik und das Wort*, Tübingen 1924, 66, meint, er schaffe für Schleiermachers »ungeheuerliche Gedankenoperation (...), das hiezu erforderliche Dunkel«) –, als vielmehr dies, daß es *nicht Reflexion* ist. Soviel ich sehe, hebt auf die erkenntnistheoretische Brisanz dieser Bestimmung nur Falk Wagner, wenn auch in kritischer Absicht, mit einiger Präzision ab (*Schleiermachers Dialektik*, 141 ff. und passim).

16 Schleiermacher unterscheidet das »unvermittelte Selbstbewußtsein« expressis verbis von dem »*reflektierten Selbstbewußtsein*, wo man sich zum Gegenstande geworden ist« (*Dial* O 288); vom »reflektierenden Selbstbewußtsein« ist in dem handschriftlichen Zusatz zum § 3,2 der *Gl* die Rede. Interessanterweise nennt Schleiermacher (obwohl er hinzufügt, daß »eins ohne das andere nicht zu denken« sei) nur diese thetische Selbstrepräsentation »Ich« (*Dial* O 287/8 [= LI] und 290/1), was bedeutet, daß er das unmittelbare Selbstbewußtsein nicht mit dem Charakter der Ichheit auszeichnet (»Wir haben keine Vorstellung vom Ich ohne Reflexion«, »Selbstbewußtsein und Ich verhalten sich wie Unmittelbares zu Mittelbarem«) – in deutlicher Opposition zu Fichte und in größerer Nähe zur phänomenologisch ausweisbaren Seinsweise von Bewußtsein, deren Ichlosigkeit neuerdings vor allem Sartre (*Die Transzendenz des Ego*) herausgehoben hat.

den Hermetismus seiner Grundsprache in der freien Distanz einer Metasprache aufzubrechen: der metasprachlichen Vermittlung könnte nur auf der Basis ungebrochener Fortgeltung der Grundsprache[17] Wahrheit zugesprochen werden; es gibt eben kein Anderes innerhalb der absoluten Innerlichkeit des unmittelbaren Selbstbewußtseins (*Gl* § 3,3), auf das sich als auf seine unabhängige Wahrheit zeigen ließe.

Soll das heißen, daß Schleiermacher die in der Unterwerfung an die Reflexion erfahrene Subversion des reinen Subjekts (›Gefühls‹) für hintergehbar hält? In diesem Falle müßte er glauben, den letztfundierenden Grund aller Reflexionssynthesen in einer gereinigten Version von Fichtes ›intellektueller Anschauung‹ bereits freigelegt zu haben, und wir hätten wenig Hoffnung, eine semiologisch reflektierte Interpretationslehre auf ihn stützen zu können.

Aber diese Befürchtung ist nicht angebracht; denn wenn er zunächst mit einer reinen Deskription des Phänomens Selbstbewußtsein nachweisen zu müssen glaubte, daß eine Reflexionstheorie das unbestreitbare Faktum des »*Sich-selbst-habens*« (*Dial* O 288) nicht erklärt, so zeigt er in einem zweiten – anagogisch aufgebauten – Argumentationsgang, daß das lautere Gefühl dem Diskurs der von ihr dementierten Reflexion (und wir fügen hinzu: der Semiotik) nicht entgeht. Die Verwicklungen und Aporien, in die Fichtes Versuch führte, Selbstbewußtsein als ein – trotz der Pronominalphrasen, durch die es sich sprachlich artikuliert – nichtreflexives Selbstverhältnis zu denken, können vorderhand als Beleg für die Zweckmäßigkeit dieser Überlegung einstehen.

Fichte hatte mit dem Namen Ich jenes besondere Seiende auszeichnen wollen, das – vermutlich als einziges – unmittelbar von sich weiß. Von sich: d. h. davon, ein Ich (oder wie Fichte sagt: eine »in sich zurückgehende Tätigkeit«[18]) zu sein. Das Sichwissen wird in dieser Formulierung zur notwendigen, ja sogar zur erschöpfenden Eigenschaft seines Seins: das Ich *ist* das Wissen von ihm selbst, und es selbst ist nichts als diese Rückmeldung ihres Resultats an die Tätigkeit, die es hervorbringt. Darum ist es unmöglich, das Wissen (des Ich) von sei-

17 Wir bedienen uns des Idioms, mit dem der Psychotiker D. P. Schreber in seinen von der Psychiatrie vor und nach Freud viel beachteten *Denkwürdigkeiten eines Nervenkranken*, Leipzig 1903 (Neudruck, hg. von S. M. Weber, Berlin/Wien 1973) die vorreflektiven Code-Erscheinungen der Sprache bezeichnet (vgl. Lacan, *E* 536/7 ff., *S II* 68/9 ff.)

18 Fichte, *Wissenschaftslehre nova methodo*, in: *Nachgelassene Schriften*, Bd. 2, hg. von Hans Jacob, Berlin 1937, 360 und passim.

nem Sein gleichsam für die Dauer einer Reflexion auf dasselbe zu suspendieren; sogleich müßte ja die bekannte Aporie der Reflexionstheorie auftauchen: wäre das Sein des Ich nicht selbst schon Wissen, so fände es seine Wahrheit erst in der nachfolgenden Reflexion, die sich abermals in einer gleichen Situation befindet und in einer ihr nachhinkenden Reflexion zu bewahrheiten hätte und so immer fort, ein Regreß, mit dem man das unabweisbare Faktum »dieses unseres Bewußtseins nicht erklärt«.[19] Fichte muß mithin Wert darauf legen, den Akt und sein Sichwissen nicht in zwei verschiedene Augenblicke des Prozesses zu verlegen. Vielmehr muß der Akt, der den Begriff seiner selbst hervorbringt, selbst schon in sich reflektiert gewesen sein, wenn anders dieser Begriff das von ihm Begriffene als sich selbst soll erkennen können. Und ebenso muß der Begriff die authentische Anschauung des Aktes mit sich führen, der ihn begründet, soll das reflektierende Moment nicht in einer immerhin virtuellen Verspätung hinter die produzierende Anschauung zurückfallen.[20] Diese notwendige Simultaneität pflegt Fichte durch die Wendung »mit einem Schlag« hervorzuheben. Das Gesamtphänomen des unmittelbaren Selbstbewußtseins kann ihr zufolge – wie es die *Wissenschaftslehre nova methodo* (sowie der in die Zeit ihrer Ausarbeitung fallende *Versuch einer neuen Darstellung der Wissenschaftslehre*[21]) tut – als eine Anschauung charakterisiert werden, die »zugleich«[22] ihren eigenen Begriff mit sich führt: in der Anschauung versichert sich das Ich seines Seins, hat also – denn es *ist* absolutes Sich*setzen* – Kenntnis von seinem Setzen (es ›setzt sich als setzend‹[23]); im Begriff eignet es sich dieses Sichsetzen als sein eigenes *Sich*setzen zu, d. h. bezeugt sein produktives Sein, indem es dasselbe in Fürsichsein aufhebt[24] (es ›setzt sich *als* sich setzend‹[25]).

19 L. c. 356 und *WW* I, 526/7.
20 Diese Überlegung ist der Grund für die Verdopplung der beiden Synthesen: sowohl die Anschauung wie der Begriff müssen je in sich – unter wechselnder Prädominanz des einen über das andere Moment – Synthesen von Anschauung und Begriff sein, zu denen als 5. Synthesis das »reine Für« oder der absolut im Mittelpunkt situierte und die Relate identifizierende Begriff hinzukommt (vgl. *WL* 1801, *WW* II, 35/6).
21 Fichte, *WL nova methodo*, 355 ff. und *WW* I, 521 ff.
22 *WL nova methodo*, 357 (auch: »ohne alle Vermittlung«)
23 L. c. 357; *WW* I, 528.
24 Wir dürfen an dieser Stelle unerörtert lassen, daß diese Beschreibung, die, wie Ulrich Pothast (*Über einige Fragen der Selbstbeziehung*, Frankfurt/Main 1971) gezeigt hat, bei der Erklärung des Phänomens Ichheit auf besondere Härten führt, mit größerer Plausibilität auf das Phänomen Bewußtsein sich anwenden ließe. Nur soviel sei angemerkt, daß Schleiermachers »unmittelbares Selbstbewußtsein« kein Ich-Bewußtsein meint. Wie nach ihm Sartre hält er das Ich für ein Phänomen, das im Hintergrund einer Reflexion auf das nichtthetische Selbstbewußtsein auftaucht und nicht für eine angeborene Eigenschaft des ursprünglichen Bewußtseins (von) sich gelten kann.
25 Fichte, *WL nova methodo*, 359.

Wir haben also folgende Konstruktion: der Begriff sieht (oder bestimmt) eine sich setzende Tätigkeit. Er sieht sich, jedoch, wie die Formulierung nahelegt, nur unter der Bedingung, daß der Akt, der den Blick begründet, bereits stattgefunden hat oder, wie Fichte sagt, nur unter der Voraussetzung, daß zuvor gehandelt und durch diese Handlung ein »*Produkt*« erzeugt wurde.[26] Vertrackterweise gilt jedoch das Umgekehrte mit gleicher Evidenz; denn nach Fichtes Anweisung ist »keine Anschauung (...) möglich ohne einen Begriff«, ja der Begriff liegt insofern aller Anschauung (die ansonsten über die blinde Konstatierung ihres Bestandes nicht hinausreichte) »zum Grunde«.[27] Zwar bemüht sich Fichte, die von ihm in entscheidenden Augenblicken verwendete Artikulation der intellektuellen Anschauung durch ein »zuerst-sodann«[28] für eine uneigentliche Ausdrucksweise auszugeben. Tatsächlich würde man, wenn entweder die anschauende Tätigkeit (»Tathandlung«) dem fixen Begriff (»*Tatsache*«)[29] vorausginge oder das Umgekehrte stattfände, nie erklärlich machen, wie denn das Ich über das hinaus, daß es von einem Sichsetzen unmittelbare Kenntnis hat, auch wissen könne, daß diese sich selbst setzende Tätigkeit *es selbst* ist. Der Grund dafür liegt darin, daß die Erklärung von Selbstbewußtsein, will sie gelingen, *Identität* in Anspruch nehmen muß. Fichte tut das expressis verbis.[30] Aber diese Bestimmung bringt neue Schwierigkeiten mit sich. – Einerseits ist Identität *opak* – es wäre widersinnig, ihr auch nur eine Spur von »Sehe«[31] oder »Durchsichtigkeit«[32] zuzusprechen – andererseits braucht Fichte eine *Differenzierung* von Tathandlung (bzw. Anschauung) und Tatsache (bzw. Begriff) im Ich, um in deren latenter »Entgegensetzung« den Grund für die wechselseitige Profilierung (»Bestimmung«) des Seins und des Bewußtseins aufzuweisen. (Gelänge dies nicht, so hätte die Wissenschaftslehre – und ganz allgemein: jede Subjekttheorie, die dem ›défilé du signifiant‹ zu entgehen trachtet – ihre einzige Chance aus der Hand gegeben, »das Reflexionsgesetz aller unserer Erkenntnis – nämlich: Nichts wird *erkannt*, *was* es sei, ohne uns das mit zu denken, was es *nicht* sei«,[33] aus der Struktur des ursprünglichen Selbstbewußtseins verständlich

26 L. c. 358: es »komme der Begriff des Ich nur durch (in sich zurückgehende) Tätigkeit zu stande«. L. c. 359: »*Ich setze mich als mich setzend*; setzt ein Gesetztes voraus, das bloß geschlossen und gedacht wird. Jenes aber ist unmittelbares Bewußtsein«, (...).

27 L. c. 364

28 Z. B. l. c. 358.

29 L. c. 359

30 L. c. 357: »Es war eine *Identität* von Setzendem und Gesetztem. Diese Identität ist absolut, die alles Vorstellen erst möglich macht. Das Ich setzt sich *schlechthin*, d. h. ohne alle Vermittlung. Es ist zugleich Subjekt und Objekt.«

31 Fichte *WW* XI, 18

32 *WW* X, 43

33 *WL nova methodo*, 368

zu machen.) Einerseits also läßt der Begriff von Selbstbewußtsein nicht zu, daß in ihm zwei Momente unterschieden werden (das führt in der Theoriesprache der *Wissenschaftslehre* zu den charakteristischen Wechselpräsuppositionen von Termen), andererseits darf der Unterschied – ohne den Fichte explizites Bewußtsein für nicht gegeben annimmt – nicht derart in jenem »einen und eben demselben«[34] verglühen, daß Fichte – als Kantianer – die Handhabe darüber verliert, Anschauung und Begriff als *bestimmte* (und d. h. als distinkte) Größen in Anschlag zu bringen, was »ohne Entgegensetzung dieser beiden Sphären«[35] nun einmal nicht möglich ist. Damit ist freilich indirekt der semiologische Einwurf (›auch die repraesentatio sui bedarf des vermittelnden Zeichens und bietet sich damit nicht als Alternative zur Zeichentheorie‹) bestätigt.

Man könnte versucht sein einzuwenden, es sei vielleicht falsch, diejenige Identität, zu deren Voraussetzung die Struktur des Ich uns dränge, als opak[36] zu unterstellen, da hier ein einzigartiger Sachverhalt vor den Blick trete, der der Deskription mit Ausdrücken der traditionellen Grammatik der Erkenntnistheorie sich verweigere. Das mag richtig sein (vieles spricht dafür), ändert aber nichts daran, daß Fichte selbst sie als mit der Reflexion unverträglich beurteilt hat.

Dafür gibt es eine Reihe von Belegen. Einer ist die eigentümliche Abhebung der »ins Unendliche hinausgehende Thätigkeit« der ersten *WL* (1794) als des eigentlichen Wesens der Ichheit oder des in ihr wahrhaft Absoluten von der Brechung, die ihr im Auftreffen des ›Anstoßes‹ widerfährt und sie auf sich selbst zurücktreibt.[37] Diese Privilegierung der reinen Produktivität, die als Identität denken zu sollen bereits eine gewisse Härte bedeutet,[38] ist auch der eigentliche Grund für Fichtes fortdauernde Orientierung an dem von ihm bekämpften Reflexionsmodell: Die Urhandlung soll nicht nur im Lichte des ›reinen Für‹ erschlossen sein, sie soll zusätzlich auch ihr eigenes Sichsehen noch setzen, also zugleich Real- und Idealgrund ihrer selbst sein.

Ein weiterer Beleg aus der frühen *WL*, an dem übrigens (wie wir sehen werden) Ricœurs hermeneutische Kritik an der Reflexionsphilosophie sich inspiriert, ist die Tatsache, daß Fichte dem absoluten Ich die Urteilsform der reinen Thesis – und das will sagen: »eines Setzens

34 L. c. 357, vgl. *WW* I, 528

35 L. c. 361. »Wir können also«, heißt es l. c. 579, »nimmer das Bestimmte und Bestimmende als eins sehen, sie werden für uns immer zwei diskrete auseinander liegende bleiben.«

36 oder, was hier gleich gilt, als transzendent.

37 *WW* I, 227 ff.

38 Fichte hat das später in gewissen Grenzen zugegeben, vgl. seinen Brief an Schelling vom 15. Januar 1802 (*Briefwechsel Fichte-Schelling*, ed. W. Schulz, Frankfurt/Main 1968, 153) und seine Bemerkung in der *WL* 1801 (*WW* II, 12/3): Das Absolute sei das Absolute, und jede weitere Bestimmung sei ihm inadäquat.

schlechthin, durch welches ein A (das Ich) keinem anderen gleich und keinem anderen entgegengesetzt, sondern bloss schlechthin gesetzt wird«[39] – zuordnet. Das Auszeichnende des »thetischen Urtheils«[40] ist seine absolute Kompaktheit, die fugenlose Koinzidenz dessen, was in der Differenzierung des Unterscheidungs- und des Beziehungsgrundes auseinandertritt, und die aus dieser Konstruktion folgende Transzendenz der »absoluten Thesis«.[41] In ihr wird ausschließlich das bare Sein der Ichheit (das »Ich bin«) affimiert,[42] und diese vollkommene Absenz (oder, was hier gleichgilt, unendliche Fülle) von Prädikaten, anders gesagt: die inartikulable *Identität* aller möglichen Prädikationen mit dem Sein der Ichheit,[43] kann für ein empirisches Wesen allenfalls im Modus der absoluten Forderung verständlich werden, »sich der an sich unerreichbaren Freiheit ins Unendliche immer mehr zu nähern«,[44] nämlich die unendlicher Bestimmung vorbehaltene Leere dieser dem Bewußtsein vorschwebenden »Idee« sukzessiv zu erfüllen. Es wird damit also etwas grundsätzlich ›Widersprüchliches‹ gefordert: das synthetische, dem Nichtich teils gleich-, teils entgegengesetzte Ich soll sein Bewußtsein – seine nur in der Sphäre der Differenz realisierbare Durchsichtigkeit – dem absolut bewußtlosen Sein – wenn »Seyn ist – *sich nicht durchdringendes* Sehen«[45] – restlos gleich machen, da doch, wie Fichte zusätzlich bemerkt, »gar kein *Heraufsteigen*« von der Synthesis zur Thesis, sondern allenfalls der umgekehrte Akt stattfinden kann.[46]
Sehr ähnlich äußert sich das *System der Sittenlehre*[47] über den Primat des *ganzen Ich* vor den von ihm vereinigten Separaten Subjekt und Objekt sowie vor der gesamten Sphäre ihrer je bloß relativen Vereinigung und Entgegensetzung. Hier spricht Fichte offen aus, daß dieser Begriff eine vollkommen kompakte und nicht bewußte ›Identität‹ (ein ›undenkbares Eins‹) meine, an dem die Grammatik der Reflexion, die stets eine Wechselpräsupposition und eine rekursive Abfolge der Relate behaupte, zuschanden werde.[48] Gleichwohl hält er daran fest, daß Ich-

39 Fichte, *WW* I, 115
40 L. c. 116 (ff.)
41 L. c. 115
42 L. c. 116
43 In dem thetischen Urteil, das dem Menschen das Freisein prädiziert, erklärt Fichte, gibt es (positiv) keinen Beziehungsgrund zur Klasse der freien Wesen, ebensowenig (negativ) den Unterscheidungsgrund zur Klasse der determinierten Wesen. Da zu ihr kein »gemeinsames Merkmal« sich aufzeigen läßt, kann auch keine spezifische Differenz von ihr angegeben werden (l. c. 116/7).
44 L. c. 117
45 Vgl. Fichtes Brief an Schelling vom 31. 5. 1801 (ed. W. Schulz, 127).
46 Fichte, *WW* I, 119
47 *WW* IV, 40 ff.
48 L. c. 42 »Kann nun irgend jemand diese Identität, als sich selbst denken? Schlechterdings nicht; (...)« usw. Ich halte diesen Passus für den stärksten Beleg meiner These.

heit qua Selbstbewußtsein nur im Widerspiel von Anschauung und Denken sich realisiere, »denn nur, in wie fern die Trennung dessen, was den ersten Akt ausmacht, erfolgt, kommt etwas ins Bewußtsein«.[49]
Auf eine beschließende Formel gebracht, läßt sich die hier auftretende Aporie (der jede das Zeichen unterlaufen wollende Reflexionstheorie begegnen muß) als die Unverträglichkeit der Forderung nach zeichenvermittelter Bestimmtheit des Gedankens ›Ich‹ mit der in der Urthesis gedachten ursprünglichen Unbestimmtheit und Selbsturheberschaft charakterisieren. Die Aufforderung, sich *als sich* zu denken, hat nur Sinn, indem durch sie zu einem eindeutig »bestimmten Gedanken« aufgefordert wird: zum Gedanken Ich und insofern zu allem anderen, das man sonst wohl denken und schon gedacht haben mag, nicht.[50] Nun sahen wir, daß etwas Bestimmtes nach Fichtes Ansicht – auch hier begegnet er unfreiwillig der Semiologie – nur durch Gegensatz (›différance‹) sich auskernen läßt, und Gegensatz ist mit der im thetischen Urteil behaupteten opaken Identität (in der eines zugleich Unbestimmtes und Fülle des Bestimmbaren ist) unverträglich. Das Ich ist konzipiert als transzendentales signifié, das zugleich sein eigner signifiant ist. Da ein einzelner Signifikant indes nichts zu bestimmen vermöchte (auch nicht sich selbst), ohne an einem zweiten Signifikanten sich zu profilieren, und eine Verdoppelung sich nur dann gefahrlos mit der Einheit zusammendenken läßt, wenn sie als sich selbst im Signifikanten spiegelndes Signifikat gedacht wird, ist Fichte gezwungen, dem Gegensatz mit der einen Hand Raum zu geben, um ihn mit der anderen sofort in der Spekularität der Selbstbeziehung wieder aufzuheben. Das Ich, sagt er, ist nicht nur die Einheit des Spiegelbilds und des in ihm sich Spiegelnden – in dieser Formel würde der Signifikant des Spiegels mit einer gewissen semiotischen Unabhängigkeit begabt, die ihn vom signifié abspaltete –; es ist vielmehr »ein sich selbst abspiegelnder Spiegel (. . .), ein Bild von sich; *durch sein eigenes sehen wird das Auge* (die Intelligenz) *sich selbst zum Bilde*«.[51]
Zwar vermeidet diese Formel die plumpe Zirkularität, in welche Lacan das Unterfangen des »se voir se voir« verwickeln möchte, folgt indessen nicht minder selbstverständlich der Phantasmagorie des Spiegelstadiums, welches die irreduzible Äußerlichkeit des Signifikanten als Selbstreflexion eines transzendentalen Signifikats zu verleugnen trachtet und so weder die wahre Seinsweise von Subjektivität noch die Wirklichkeit ihres Bestimmtseins rechtfertigt.

49 *WL nova methodo*, 579
50 Fichte, *WW* I, 521
51 *WL nova methodo*, 377. Wie Jacob Böhme sagt: »Der Ungrund ist gleich einem Auge, denn er ist sein eigener Spiegel«, »Sein Sehen ist in sich selber« (J. B., *Sämtliche Schriften*, Facsimile-Neudruck der Ausgabe von 1730. Hg. von Will-Erich Peuckert, Stuttgart 1942 ff., Bd. 4 (1957), 120/1 und 4/5).

Genau hier setzt Schleiermachers Gegenführung ein. Die *passive*[52] Prägung des être-signifié, des Bestimmt*seins*, kann mit einer solchen Handlung, die dem Signifikat zwar zum Sein verhilft, selbst jedoch nur im Licht des Von-ihr-Erschlossenseins anheben kann, nur dann zusammen bestehen, wenn man die Formel, die dieses unverträgliche Zusammentreffen behauptet, dergestalt abwandelt, daß in ihrer revidierten Fassung der Seins- und der Erkenntnisgrund auf zwei wohl unterschiedene Funktionen verteilt sind.[53] Die Prätention auf Einerleiheit von Identität und Gegensatz ist damit freilich aufgegeben. Gewonnen ist dagegen eine Erklärung des Phänomens, die weder dem Zirkel der Reflexion verfällt (sie faßt Selbstbewußtsein auf als ein präreflexives und nicht zunächst pronominal artikuliertes Innesein) noch in der Selbstpräsupposition des Handelns sich verstrickt: das *Gefühl*[54] weiß sich unmittelbar als das, was es ist (sich selbst durchsichtige Tathandlung), aber in dieser Bestimmtheit des Sichwissens als ein Wesen, das nicht abermals Urheber dieser seiner Seinsweise ist. Insofern ist der semiologische Einwurf, daß das signifié ›Selbstsein‹ einen Signifikanten voraussetze, anerkannt. Schleiermacher macht die Differenzierung kenntlich, indem er sagt, die absolute Innerlichkeit des Gefühls komme zwar »nur *in* dem Subjekt zustande«, werde aber »nicht *von* dem Subjekt bewirkt« (*Gl* § 3,3 – von mir hervorgehoben [M. F.]). Der tran-

52 Vgl. Schleiermacher, *SW* III/2, 489. Absolutes Abhängigkeitsgefühl fahrlässig mit dem verwechselnd, was Schleiermacher Empfindung nennt, haben viele Theologen daraus den Vorwurf abgeleitet, Schleiermacher wolle die Religion im untätigen Schmachten des Deum pati ansiedeln, so in besonders grober Verzeichnung Emil Brunner (*Die Mystik und das Wort*, 75). Vgl. dagegen F. Wagner (*Schl.s Dialektik*, 282, passim) und Hans-Joachim Birkner, *Schleiermachers Christliche Sittenlehre im Zusammenhang seines philosophisch-theologischen Systems*, Berlin 1964 (27, 71-73), der mit Recht darauf aufmerksam macht, daß man der *Dogmatik* die *Christliche Sitte* an die Seite stellen muß, der in der theologischen Gesamtkonzeption der mehr tätige Aspekt der Frömmigkeit aufbehalten ist.

53 Fichte begründet seinen »kritischen Idealismus« dagegen auf den Satz: »*Ideal- und Real-Grund sind im Begriffe der Wirksamkeit* (mithin überall, denn nur im Begriffe der Wirksamkeit kommt ein Real-Grund vor) *Eins und Ebendasselbe*« (*WW* I, 175. Vgl. den Kontext!).

54 Das Gefühl, nicht das unmittelbare Selbstbewußtsein. Schleiermacher unterscheidet – obwohl nur gelegentlich, und auch dann nicht immer streng – beide Begriffe insofern, als der erste mehr das Nicht-aus-sich-selbst-Sein des Selbstbewußtseins, der andere mehr die in ihm approximativ repräsentierte Einheit bezeichnen soll (vgl. D. Offermann, *Schleiermachers Einleitung* ..., 76/7 ff.). Wir glauben, im Sprachgebrauch nicht strenger sein zu sollen als Schleiermacher: schließlich handelt sich's um komplementäre Aspekte einer Sache.

szendente Grund wird damit zum Jenseits auch der höchsten Stufe, zu der menschliche Subjektivität als unentwirrbare »Verflechtung«[55] volitiver und kognitiver Vermögen sich aufschwingen kann.[56]

Damit erweist sich der Bescheid, den Schleiermachers Theorie des Gefühls auf die Frage nach dem Ermöglichungsgrund für den Übergang zwischen Wollen und Denken gegeben hatte, als vorläufig. Oder richtiger, die Rede von einer »im Nullpunkt« (oder im »Übergang«) zwischen dem aufhörenden Denken und dem anfangenden Wollen sowie zwischen dem aufhörenden Wollen und dem anhebenden Denken vermittelnden »Identität«, welche die des Gefühls wäre (*Dial* O 286 und 288/9), bedarf der Präzisierung. Offenbar erbt Schleiermachers ›Identität‹ nicht die Aporien der Fichteschen Theorie.[57] In seinem Wortgebrauch schließt der Term wohl die aktuelle »Differenz der Momente« (*Dial* O 288, = LI), wie sie etwa in der Beziehung der Reflexion vorliegt, keineswegs aber jenen im Ereignis des ›Übergangs‹ wirkenden Grund der Differenzierung aus, den man vorteilhaft mit Derrida als différance bezeichnet,[58] um in dem quasi media-

55 *Gl* § 3,5 (S. 23).

56 Schleiermacher nennt sie den »Vollendungspunkt des Selbstbewußtseins« (*GL* § 5,3).

57 Die »Identität« des Gefühls, die Schleiermacher gelegentlich »unser Sein als setzend, in der Indifferenz beider Formen« (*Dial* O 288, = LI) nennt, ist, worauf Marlin E. Miller (*Der Übergang*, 36) hingewiesen hat, zwar dem analog, was eine spätere Version der *Dialektik* unter dem Titel des »leeren Urtheils« (*Dial J* 505) thematisiert (»das Sezen selbst, oder anfangende Begriffsbildung selbst in der Form des Urtheils«), kann aber nicht, wie F. Wagner vorschlägt (*Schleiermachers Dialektik*, 143), ohne weiteres mit Fichtes ›thetischem Urtheil‹ gleichgesetzt werden, selbst wenn durch diesen Vorbehalt eine begriffliche Nachlässigkeit Schleiermachers zugestanden wird. Zwar trifft zu, daß das leere Urteil Schleiermachers wie das thetische Urteil Fichtes »allein auf dem Setzen selbst« basieren soll, *doch denkt Schleiermacher die Identität des Gefühls als virtuelle Relation* (›Indifferenz‹). Während das Setzen, von dem er bei Gelegenheit des unmittelbaren Selbstbewußtseins handelt, ein sich setzendes Setzen (und gerade darum von dem ihm transzendenten Grunde noch geschieden) ist, ist der Gegenstand des thetischen Urteils opak: das ›sich setzende Setzen‹ ist nur das in bezug auf jenen ›nichtige *Bild*‹ desselben, wie Fichtes späte Wissenschaftslehre den Sachverhalt faßt (Fichte, *WW* IX, 39 und 101). Gerade die für Schleiermachers Version des unmittelbaren Selbstbewußtseins unerläßliche Eigenschaft, daß »das Sehen sich *sieht*« (l. c.), ist mithin für Fichte das Motiv, es von dem in der absoluten Thesis (nämlich der Koinzidenz des für sich Durchsichtigen und des für sich Undurchsichtigen) streng zu unterscheiden.

58 Recht glücklich scheint uns die von Rudolf Odebrecht (*Das Gefüge des religiösen Bewußtseins bei Fr. Schleiermacher.* In: *Blätter für deutsche Philosophie*, Bd. VIII, 284-301. Berlin 1934/5, 288) verwendete Metapher des

len Schweben des Ausdrucks zwischen dem Aktiv und dem Passiv[59] jene im Begriff einer Potenz mitgedachte Unentschiedenheit zwischen »Insichbleiben und Aussichherausstreben« (*Gl* § 3,3) festzuhalten: Identität als die noch an sich haltende Gleichmöglichkeit oder »Indifferenz beider Formen« (*Dial* O 288, = LI).

Daß diese Worterklärung Schleiermachers Gedanken nicht überinterpretiert, beweist seine definitorische Abgrenzung der Identität des Gefühls, in welcher die Momente des Denkens und des Wollens nur noch nicht (oder bloß potentiell) als different gesetzt, von derjenigen der Empfindung, in welcher sie als nicht einmal der Potenz nach different, weil gar nicht gesetzt seien. (Im einen Fall wird die Differenz als inoperant, im anderen als inexistent gewahrt.)[60]

Wir haben also beim Gefühl mit einer Funktion zu tun, die gegenüber der Ergänzungsbedürftigkeit der von ihr befaßten Relate als das Komplement fehlender Einheit auftritt (*Dial* O 290, 295/6) – jedoch als ein im Spiel des Wechsels selbst mitgesetztes, also durch und durch immanentes Drittes,[61] das nicht wie der grand Autre der Lacanschen Psychoanalyse die Beziehung überbordet, sondern als die ihr eigene spekulative Mitte oder als dasjenige Moment fungiert, in dem die Transformation der Be-

»Differentials« zu sein: Die Zeitlosigkeit des reinen Übergangs fungiert als das Néant einer verschwindenden Größe, die nurmehr als bare Markierung einer virtuellen Nicht-Identität zwischen Beziehungsgliedern existiert.

59 Vgl. Derrida, *La différance*, in *Marges* ..., 2: »Et nous verrons pourquoi ce qui se laisse désigner par ›différance‹ n'est ni simplement actif ni simplement passif, annonçant ou rappelant plutôt quelque chose comme la voix moyenne, disant une opération qui n'est pas une opération, qui ne se laisse penser ni comme passion ni comme action d'un sujet sur un objet, ni à partir d'un agent ni à partir d'un patient, ni à partir ni en vue d'aucun de ces *termes*.«

60 *Dial* O 289, = LI. Es gibt hier eine Differenz zwischen dem Nicht-das-Seiende-*Sein* (μὴ εἶναι) der nur potentiell und dem schlechthinnigen *Nicht*-Sein (οὐκ εἶναι) der absolut verneinten Existenz (eine Differenz, die Schellings Spätphilosophie zu größter Klarheit gebracht hat, vgl. *WW* II,1, 288/9). Die Nähe Schleiermachers zur Spätphilosophie Schellings bedürfte einer eigenen Untersuchung. Die Arbeiten von H. Süskind, *Der Einfluß Schellings auf die Entwicklung von Schleiermachers System*, Tübingen 1909, und G. Mann, *Das Verhältnis der Schleiermacherschen Dialektik zur Schellingschen Philosophie*, Stuttgart 1914, gehen nur dem Einfluß der sog. Identitätsphilosophie auf Schleiermacher nach. Die Selbstkritik der negativen Philosophie tritt, soviel ich sehe, nirgends ins Blickfeld der Schleiermacher-Literatur, auch der neuesten nicht.

61 Vgl. *Gl* § 5,3. Eine Marginalglosse zum § 5,1 spricht vom Gefühl als einer »die Leerheit des Selbstbewußtseins in diesem Gegensatz – bestimmenden Mitsetzung eines im Gebiete der Wechselwirkung Liegenden«.

zugsglieder sich ereignet (*Gl* § 3,3 und § 3,4). Behauptet ist nicht des Gefühls absolute Selbständigkeit und Unbedürftigkeit (Suisuffizienz), sondern lediglich dies, daß es nicht einseitig ableitbar ist aus den bezogenen Momenten und daß es dennoch nie anders denn als »begleitend« und überbrückend die Zustände des wirklichen Bewußtseins (*Gl* § 3,2 und *Dial* O 289, = LI), also im »Zusammensein mit anderem« (*Gl* § 4,1),[62] gewahr werde. In jedem wirklichen Bewußtsein (etwa einem Denkakt) ist stets das komplementäre Moment (hier also das Handeln) und, da der Übergang zwischen beiden durchs Gefühl vermittelt wird, auch das Gefühl selbst »mitgesetzt« (*Gl* § 4,2). Auf eine kompakte Formel gebracht, ließe sich sagen, *die volle Struktur von Bewußtsein* sei ein sich selbst durchsichtiges, ichloses und indifferentes Bewußtsein *von* etwas, für das diese Bestimmungen *nicht* zutreffen. Analysiert man sie, so entdeckt man eine »Duplizität des Selbstbewußtseins« – nämlich die des »Selbst an und für sich« (oder Gefühls) und seiner »Erscheinung«:[63] des von ihm begleiteten wirklichen oder zeitlichen Bewußtseins von etwas –, die der Differenzierung des wirklichen Bewußtseins in die Momente vorwiegender Selbsttätigkeit (Freiheit) und vorwiegender Empfänglichkeit (Abhängigkeit) noch zuvorbesteht (*Gl* § 4,1). Nur im Durchkreuzungspunkt der transversalen (Gefühl – wirkliches Bewußtsein) und der horizontalen (Selbsttätigkeit – Empfänglichkeit) Gegensatzdimensionen entsteht, was wir die volle Struktur von Bewußtsein nannten. Innerhalb dieses Syndroms von komplementären Funktionen gäbe es ebensowenig ein durch Rezeptivität empfangenes Sein ohne die aktive Bestätigung durch die Selbsttätigkeit (ohne Bestimmendes keine Bezeugung des Seins) wie ein freies Handeln ohne von ihm unterschiedenes Material (ohne Sein kein Bestimmbares). Es könnte also, beiläufig bemerkt, kein »absolutes Freiheitsgefühl« geben, da »in diesem auch der obige Gegensatz aufgehoben wäre« (*Gl* § 5,2) und das Gefühl von Freiheit nur als Relat des Abhängigkeitsgefühls zu bestehen vermöchte. Und es gäbe diesen gesamten relativen Gegensatz – wir nannten ihn den horizontal gerich-

62 Vgl. *Gl* § 5,3: »Die Forderung einer Beharrlichkeit des höchsten Selbstbewußtseins kann nur aufgestellt werden unter der Voraussetzung, daß zugleich mit demselben auch das sinnliche Selbstbewußtsein gesetzt sei.« Eine handschriftliche Randbemerkung ergänzt: »Das Zugleichsein muß aber sein ein Aufeinanderbezogensein.«

63 Mit dem Ausdruck ›Erscheinung‹ operiert der § 5,4 der *Gl*.

teten des ›wirklichen Bewußtseins‹ – nicht ohne die Inzidenz des transversalen Gegensatzes, durch welchen der vorige seinerseits vom reinen Selbst des Gefühls, ohne dessen Intervention er nicht bestünde, sich abhebt.

Was uns diese Struktur lehrt, ist vor allem dies, daß das reine Gefühl selbst nur eine wenn auch privilegierte »Funktion« innerhalb der Synthesis des Gesamtphänomens Bewußtsein ist. Ihr Mitgesetztsein ist zwar »der wesentliche Grund der Einheit unseres Seins« (*Dial J* 525), indem sie dessen Mängel ständig ›komplementiert‹ (*Dial* O 290, 295); doch ist das Gefühl – obwohl irreduzibel auf die Gegensätze als solche – selbst nur ein Moment und »nie für sich da, sondern seiner Realität nach bedingt durch die beiden anderen Funktionen«, die darum in ihm »wieder nur relativ aufgehoben« sind (*Dial* O 295). Man kann es darum *nur relativ auf den Gegensatz als Identität* bezeichnen.[64] Es ist nicht die volle Präsenz einer mit ihrem Gegensatz fusionierenden Einheit. Der Möglichkeit nach wohnt ihm die Tendenz zur Auflösung in die korrespondierenden Momente des Denkens und Handelns inne (deren Korrespondenz es freilich fundiert); ja erst im offen zutagetretenden Widerspiel dieses Gegensatzes – dem des »wirklichen Bewußtseins« – bekommt es sich zu fassen, d. h. gelangt es zum expliziten »Wissen« von sich (*Gl* § 3,4; wird »begrenzt« und »klar«, heißt es recht fichtisch im »Zusatz« zum § 5,4; vgl. auch § 4,4).

Allerdings ist also zuzugeben, was eine Position vom Typ der Hegelschen hier einwerfen möchte, daß das Gefühl nie anders denn im Zeugnis der Reflexion (oder, wie der Strukturalismus geltend machen würde, nur zeichenvermittelt) *erscheinen* kann.[65]

64 In einem frühen Entwurf zur Dialektik aus dem Jahre 1814 spricht Schleiermacher geradezu davon, daß wir »den transcendenten Grund nur in der relativen Einheit des Denkens und Wollens, nämlich im Gefühl« haben (*Dial J* 151). Der § 49,1 der *Gl* nennt das fromme Selbstbewußtsein »zusammengesetzt« aus absolutem Abhängigkeits- und relativem Freiheitsgefühl. Es besteht demnach selbst in einer Relation.

65 Auf den reflexiv vermittelten, d. h. ›konstruktartigen‹ Charakter von Schleiermachers Theorie des Gefühls hebt Falk Wagners scharfsinnige Analyse wiederholt mit kritischem Nachdruck ab. Er meint, die notwendige Zuhilfenahme des Denkens (der Vermittlung) einerseits, der Freiheit andererseits bringe die behauptete Unmittelbarkeit bzw. Unhintergehbarkeit der Selbstbeziehung um ihre Wahrheit (vgl. F. W., *Schleiermachers Dialektik*, 158, 163 ff., 195 ff., 210 ff., 277/8). Ein strukturell homologer Widerspruch liege in Schleiermachers These, das Abhängigkeitsgefühl könne sich unmittelbar *als* Gefühl des Bestimmtseins vom transzendenten Grunde bestimmen, da doch

Das bedeutet indessen nicht, daß man Reflexion oder Zeichen als des Gefühls Wahrheit bezeichnen dürfte, da vielmehr dieses Wissen als etwas sich ankündigt, das seine Evidenz der vorgängigen »Gewißheit« der Erfahrung des Gefühls verdankt (*Gl* § 4,4): Nicht bringt das Wissen das Gefühl in die ihm eigene Wahrheit, sondern es ist nur unter der nicht umkehrbaren Voraussetzung der Wahrheit des Gefühls *als* thetisches Wissen von sich und von anderem möglich (vgl. *Dial J* 152).
Beschreibt man – in begriffsanalytischer Absicht – die Struktur des unmittelbaren Selbstbewußtseins zunächst nur als unumkehrbare Abhängigkeit der binären Reflexionsbeziehungen von dem »gemeinschaftlichen Grund derselben« (*Gl* § 3,3), so besteht freilich die Gefahr, daß die Einseitigkeit der Formulierung die eigentliche Pointe dieses Arguments verschüttet. Von seinem ersten Auftreten in § 3 der *Glaubenslehre* an trägt der Begriff

einerseits die Nichterkennbarkeit analytisch in seinem Begriff beschlossen liege, das Gefühl andererseits ohne eine wenn auch negative Erkenntnis desselben keine irgend »gesicherte Auskunft« über das Woher seiner Abhängigkeit geben könnte (vgl. bes. 166 und 167).
Diese Einwände tragen unverkennbar die Signatur der Hegelschen Reflexionslogik. Indessen läuft der Hinweis auf die Abhängigkeit des Unmittelbaren von der Reflexion unweigerlich auf eine petitio principii hinaus, sobald man diese Abhängigkeit als eine des Realgrundes beschreibt, wie F. Wagner S. 202 es tut, wobei dem Abhängigkeitsbewußtsein – als ›funktionalem Konstrukt der Reflexion‹ – lediglich die Rolle des Grunds für die Erkenntnis der freien Selbsttätigkeit zufiele (ebd.). Schleiermachers Bescheid, was *in* dem Subjekt zustandekomme und von ihm bezeugt werde (ratio cognoscendi), sei darum noch nicht *von* dem Subjekt (qua ratio essendi) bewirkt (*Gl* § 3,3), verlangt die gerade entgegengesetzte Deutung: Die Reflexion ist nur das negativ Allgemeine, das, *ohne welches* das Gefühl der Abhängigkeit nicht bestünde; nicht aber auch positiv das, *wodurch* es besteht (vgl. Schelling, *WW* I,10, 214) – auf der Differenzierung dieser beiden Kausationsarten scheint mir die semiologische Überlegenheit der Schleiermacherschen Subjekttheorie vor derjenigen Fichtes zu beruhen. Anders gesagt: Die unbestrittene Tatsache, daß die Innerlichkeit des Gefühls sich über die Äußerlichkeit der Reflexion zu vermitteln hat, impliziert nicht die völlig andere, als vermöchte die Reflexion von sich her für die – durch Intervention des Gefühls erwirkte – *Einheit* der Relate einzustehen (vgl. die ausführliche Erörterung des Problems in M. F., *Der unendliche Mangel an Sein*, passim).
Was den zweiten Einwurf betrifft, so wird man die Forderung, das Gefühl müsse den Grund zugleich kennen, um seine Transzendenz mit Recht behaupten zu können, als überspannt abweisen dürfen. Existiert doch das absolute Abhängigkeitsgefühl gerade als Bewußtsein der Unbegründbarkeit der Einheit aus dem Geschehen der Beziehung als solcher: Es weiß sich als Nicht-Real-Grund seiner Einheit. Die Reflexion, die das vorreflektive Gefühl ›ausspricht‹, richtet sich mithin genau auf das Nichtwissen und Nichtkönnen im unmittelbaren Selbstbewußtsein, und nicht etwa auf das in ihm rätselhaft repräsentierte ›transzendente Sein‹. (Wir werden darauf zurückkommen.)

Gefühl den Zusatz der »Bestimmtheit«. Das Auszeichnende des Gefühls, welches, sobald man es nicht mehr nur als höchsten Punkt negativer (dialektischer) Selbstvergewisserung nimmt, als Schauplatz einer transdialektischen Erfahrung sich enthüllt, ist dieses, »daß wir uns unserer selbst als schlechthin abhängig (...) bewußt sind« (*Gl* § 4). Anders gesagt: es ist gerade *die Wahrheit der immediaten Durchsichtigkeit der Freiheit (oder Urhandlung) für sich selbst* – Faktum, das in der Tat nicht aus der negativen Selbstbeziehung der Reflexion erklärt werden könnte –, *daß sie lediglich signifié ist*; daß sie der Kraft, der sie sich verdankt, lediglich (im Wortsinn) in-okuliert ist;[66] kurz, daß sie, wie Schleiermacher selbst sagt, als »die Einheit des denkend wollenden und des wollend denkenden Seins irgendwie, aber gleichviel wie, *bestimmt*« ist (*Dial* O 289, = LI [von mir hervorgehoben, M. F.]). Dies Faktum, das Fichte, wie wir sahen, nicht leugnet, jedoch durch eine abermalige, und zwar bewußte Produktion der Ichheit erklären möchte, wobei er gezwungen ist, die ›Sehe‹ und ihre ›Kraft‹ in dieser und in umgekehrter Reihenfolge auf zwei verschiedene Zeitstellen zu verteilen (es gibt keinen Gegensatz, der nicht als eine Abfolge sich artikulierte) und zugleich in einem unauflöslichen Nu zu versammeln – dies Faktum der Bestimmtheit läßt sich zirkelfrei nur erklären, wenn man die letzten Spuren von Reflexivität auf Kosten des Phantasmas absoluter Selbsturheberschaft auslöscht: *das Gefühl verzichtet in der religiösen Einstellung ausdrücklich darauf, den Grund seiner Bestimmtheit als sich selbst einholen zu wollen.* Nicht länger mehr müht es vergeblich sich ab, seine Seinsweise – als die Bestimmtheit einer im Schnittpunkt zweier Gegensatzpaare aufleuchtenden nur relativen Einheit – auf den Effekt einer Selbst-Bestimmung zurückzuführen, sondern nimmt sie hin als unverfügliches Widerfahrnis einer »transzendenten Bestimmtheit« (*Dial* O 290, = LI), der die umgangssprachliche Konvention den Ausdruck Gott vorbehält.[67] In dem Maße freilich, wie es nicht selbst das ist, was ihm mangelt (Gott), *entdeckt es eine Verneinung in*

66 ein ihr eingesetztes Auge, wie Fichtes späte WL bekanntlich formuliert (vgl. *WW* XI, 18; II, 19; passim).

67 Gott ist nur der ›ausgesprochene‹ Name für die unmittelbarste Reflexion auf das *Woher* des Gefühls (vgl. *Gl* § 4,4). – Zur traditionalen Rückbindung der reflexiven Vorstellung des Abhängigkeitsgefühls ans »Sprachgebiet« derselben (*Gl* 28/9) und damit an die mögliche Intersubjektivität des Gefühls und des Glaubens vgl. F. Wagner, *Schleiermachers Dialektik*, 199 ff.

sich, die der Erkenntnisgrund ist für die Wirkung des Signifikanten.

Der in diesem Bekenntnis ausgesprochene Verzicht läßt, sagten wir, vollkommen von dem reflexionstheoretischen Ansinnen ab, die dem Begriff ›unmittelbares Selbstbewußtsein‹ vom Ort des Anderen aufgeprägte Bedeutung als sich selbst einholen zu wollen. Die semiologische Konsequenz dieser Einsicht zu formulieren wäre daher nichts unangemessener, als die religiöse Erfahrung, von der Schleiermacher handelt, als eine gleichsam von unten, nämlich vom Gegensatz mit Blickrichtung auf die gründende Einheit her[68] gesehene repraesentatio sui[69] zu beschreiben. Mit dieser Formel des Logozentrismus würde ja vorausgesetzt, daß

68 Die Unterscheidung des »von oben herab« und des »von unten herauf« trifft Schleiermacher selbst im letzten Viertel des § 5,3 der *Gl.*

69 Dem scheint zu widersprechen, daß Schleiermacher selbst »das religiöse Gefühl als Repräsentation des transzendenten Grundes« (*Dial* O 289, = LI [im Original gesperrt, M. F.]) – auch als ›Analogon‹ (l. c.) oder als ›Abspiegelung des (absoluten) Seins‹ – bezeichnet. Diese Formulierungen, die, soviel ich sehe, nur in der *Dialektik* von 1822 auftauchen und schon darum nicht zu sehr strapaziert werden sollten, verdienen durchaus den Vorbehalt, den F. Wagner (*Schleiermachers Dialektik*, 151 ff.) ihnen gegenüber anmeldet, daß nämlich, um ein Analogieverhältnis mit Grund behaupten zu können, eine Kenntnis des Gemeinsamen von Analogat und Analogisierendem vorausgesetzt werde, die nicht erst mit der Transzendenz des Grundes, sondern schon mit der behaupteten Unmittelbarkeit des Gefühls im Widerstreit liege.
Dieser Widerspruch läßt sich allerdings leicht auflösen, wenn man sich vor Augen führt, daß Schleiermacher nicht der erste ist, der das *Ereignis der Repräsentation ohne gegebenes Repräsentat* zu denken versuchte: der romantische Allegoriebegriff tat bereits einen Schritt in diese Richtung (vgl. M. F., *Der Begriff ›Zeit‹ in der deutschen Romantik*, 28 ff., passim). Trotz der unangemessenen terminologischen Einkleidung (ein prinzipiell ›nicht Gegebenes‹ [vgl. *Gl* § 4,4] kann nicht re-präsentiert werden) ist Schleiermachers Gedanke nicht unverständlich: Eine Reflexion aufs Gefühl zeigt dem Bewußtsein, daß es die in seiner ›relativen Einheit‹ sich manifestierende gründende Einheit mit den ihm eignenden Mitteln nicht zu erklären vermöchte. Da ihm gleichwohl die Idee einer solchen totalen »Aufhebung der Gegensätze« vorschwebt, darf es mit gewissem Vorbehalt die noch »im Gegensatz begriffene« eigene Identität und ihre in der Sehnsucht erfahrene Ergänzungsbedürftigkeit als Analogon derjenigen des transzendenten Grundes sich vorstellen: Die Unbegreiflichkeit einigen Zusammenhalts im Auseinanderstreben wird als solche reflektiert. Das ist umso unverfänglicher, als Schleiermacher die fortdauernde ›Inadäquatheit‹ des Gefühls an das, was ihm von anderwärtsher zubestimmt wird (anders gesagt, die Differenz »*unseres* Bewußtseins«, innerhalb dessen wir »uns selbst (...) ein Bedingendes und Bedingtes« sind, vom absoluten »Sein«), ausdrücklich hervorhebt (*Dial* O 289/90, = LI und 295/6) und jede Symbolisierung des Anderen für »Corruption« (*Gl* § 4,4) erklärt (vgl. auch Fr. Schleiermacher, *Entwürfe zu einem System der Sittenlehre* [hinfort im Text zit.: *PhE*], nach den Handschriften Schleiermachers neu (in kritischer Ausgabe) hg. von Otto Braun, Leipzig 1913, 433; 295; 579; passim).

das Abhängigkeitsbewußtsein ein schon früher erworbenes Wissen von Gott lediglich wiederwecke[70] oder ihn doch aus der Struktur des frommen Gefühls mit Notwendigkeit als den in ihr sich Spiegelnden erschließe.

Beides ist nicht der Fall. Denn wäre Gott – wie in den Gottesbeweisen oder den mystischen Unionen – Glied (wenn auch letztes Glied) einer Kausalkette oder Gegenstand einer wenn auch unabweislichen reflexiven Erfahrung: so bliebe er entweder indirekt oder unmittelbar »gegeben«. Als Gegebenheit aber – wie Karl Barth unterstellt[71] – würde Gott sogleich (und an dem Bindenden dieser Dialektik sieht Schleiermacher keinen Weg vorbeiführen) zum immanenten anderen (mit kleinem *a*) des ihn bestimmenden Bewußtseins (also zu einer Reflexionsbestimmung). Er wäre indessen nicht, als den Schleiermacher ihn einführt: *der in der Bestimmtheit des höchsten möglichen Bewußtseins mangelnde selbsteigene Bestimmungsgrund*; »das *in*[72] diesem Selbstbewußtsein [aber, wie wir zitierten, nicht auch *von* ihm] mit gesetzte *Woher* unseres empfänglichen und selbsttätigen Daseins« insgesamt (*Gl* § 4,4); der im être-signifié sich entziehende (*fading*) Signifikant, in dessen Nichtung oder Eklipsis *Lacan* den Ursprung aller Verdrängung sieht. Er, der sich nicht vorschreiben lassen möchte, diesen Vorgang entweder religiös oder nicht-religiös zu deuten (»Wir haben für keine letzte Wahrheit einzustehen, insbesondere weder für noch gegen irgendeine Religion« [*E* 818, *S II* 195]), sagt im Seminar über *Die vier Grundbegriffe der Psychoanalyse* einmal, die wahre Formel des Atheismus sei nicht das »*Gott ist tot*« – selbst mit dieser Formel vergewissere sich das Subjekt der Leere seines Grabes am Ort derselben Reflexion, durch die der Gläubige dem Auferstandenen begegnet –, sondern die: »*Gott ist unbewußt*« (Dieu est inconscient).[73]

70 »Nächst dem ist zu bemerken, daß unser Satz der Meinung entgegentreten will, als ob dieses Abhängigkeitsgefühl durch irgend ein vorheriges Wissen um Gott bedingt sei« (*Gl* § 4,4).

71 Karl Barth, *Die protestantische Theologie im 19. Jahrhundert*, Zürich 1947, 418/9. Schleiermachers eigene Worte sind, daß »jedes irgendwie Gegebensein Gottes völlig ausgeschlossen (bleibe), weil alles äußerlich Gegebene immer auch als Gegenstand einer wenn auch noch so geringen Gegenwirkung [sc.: des Bewußtseins oder der Freiheit] gegeben sein muß« (*Gl* § 4,4 gegen Ende).

72 Kursivierung von mir.

73 Lacan, *Le Séminaire* XI, 58 (ähnlich 29). Vgl. 12/3: Es gibt, sagt er, »sans doute quelque affinité entre la recherche qui cherche et le registre religieux«. (...) »Par ce versant, nous voyons, tout à moins, un couloir de

Für den Gott, von dem im 4. § der *Glaubenslehre* die Rede ist, gilt dies jedenfalls dann, wenn man mit dem Titel Bewußtsein jenes Übergreifen der Subjektivität über die Realität meint, durch welches die ›machthabenden Begriffe‹ der Hegelschen *Logik* ihren totalen Verfügungsanspruch über das ihnen andere (Substantielle) geltend machen.[74] Gegenüber diesem logozentrischen Traum einer Selbstberührung des Inneren in seinem Signifikanten ist Schleiermachers Einspruch mehr als nur immanente Korrektur der Zirkularität im Gedanken suisuffizienter Reflexion: er offenbart einen Paradigma-Wechsel, der virulent noch ist in der semiologischen Kritik des Repräsentationismus, von der wir zu zeigen versuchten, daß sie durch die Preisgabe der Subjektkategorie übers Ziel hinausschießt und ihre hermeneutische Intelligibilität einbüßt. *Schleiermacher geht nicht so weit: Er läßt das Subjekt seine Krise reflektieren, ohne es abdanken zu lassen.* An der Faktizität unverfüglicher Selbstvermittlung, sagt er, »bricht sich (seine) Macht« (*Gl* S. 27, Marginalglosse zum § 4,3). Sie bricht sich, ohne damit als das, was sie ist, vernichtet zu werden. Denn sie bricht sich ja nicht an einer durch die religiöse Metanoia rätselhaft erstarkten Widerständigkeit der Dinge, sondern an der selbstlosen Bestimmtheit ihres eigenen Seins, er-

communication entra la psychanalyse et le registre religieux« (näher ausgeführt l. c. 237 f. und in *Le Séminaire* XX, 65: »l'Autre (...) (est) une façon (du) bon vieux Dieu«.). Vgl. ferner die erhellenden Passagen des Vortrags *La science et la vérité* (*E* 871/2 ff., *S II* 251 ff.), in denen Lacan die »strukturelle Nähe« der psychoanalytischen Erfahrung zu der des religiösen Bewußtseins untersucht. »Die Rolle, die die Offenbarung in der Religion spielt«, sagt er dort, sei in der Sprache der Psychoanalyse wiederzugeben »als eine Verneinung (dénégation) der Wahrheit als Ursache, d. h. daß sie demjenigen, welches dem Subjekt Grund gibt, verweigert (dénie), sich als ihrer teilhaftig anzusehen.« Das religiöse Subjekt bringt das »Opfer« seines selbsteigenen Verfügens über die Wahrheit seiner signification, indem es Gott »die Bürde der Ursache überläßt«. Man kennt die berühmten Worte aus Sartres *EN*, 708: »L'homme se perd en tant qu'homme pourque Dieu naisse« (sehr ähnlich Fichte in der *WL* 1804, *WW* X, 147). Vgl. die glänzende Analyse der Beziehung discours de l'Autre – moi in den beiden ersten Bänden des *Idiot de la famille*, Paris 1971: »La croyance est l'Autre en moi« (166 und 1818, im Kontext).

74 Zur Interpretation der Hegelschen *Logik* als einer Theorie übergreifender Macht der Vernunft auf die Realität vgl. die eindrucksvollen Arbeiten von Michael Theunissen, *Krise der Macht. Thesen zur Theorie des dialektischen Widerspruchs*, in: *Hegel-Jahrbuch* 1974, 164-195, und ders., *Begriff und Realität*, in: *Denken im Schatten des Nihilismus* (FS für W. Weischedel), Darmstadt 1975, 164-195, bes. 189 ff. – Die Formulierung des Übergreifens und der Ermächtigung des Begriffs über das ihm Andere findet sich in Hegels *Logik* Bd. 2 (ed. Lasson), 242. Theunissen gibt eine Reihe weiterer Belege.

fahren in dem »Bewußtsein, daß unsere ganze Selbsttätigkeit ebenso von anderwärtsher ist, wie dasjenige ganz von uns her sein müßte, in bezug worauf wir ein schlechthinniges Freiheitsgefühl haben sollten. Ohne alles Freiheitsgefühl aber wäre ein schlechthinniges Abhängigkeitsgefühl nicht möglich«. Diese Schlußsätze des § 4,3 zeigen die ganze Unangemessenheit einer Kritik vom Typ der Hegelschen:[75] Schleiermacher argumentiert nicht aus der Parteinahme für eine fast ›untermenschliche‹ Demut (vgl. *Gl* § 4,4 und *Dial* O 295), sondern entschieden aus dem »Interesse der menschlichen Freiheit« (*Gl* § 55,3), wenn er darauf besteht, daß das absolute Abhängigkeitsgefühl[76] »ohne jene

75 Hegel hatte in seiner Vorrede zu Hinrichs *Die Religion in innerem Verhältnisse zur Wissenschaft* (*SW* 20,19) geäußert, wenn Abhängigkeitsgefühl zum Kriterium der Frömmigkeit erhoben werde, sei »der Hund der beste Christ«. Diese Kritik, deren Expressivität Spuren einer durch Schleiermacher empfangenen Kränkung abtragen zu wollen scheint (vorausgegangen war der Streit, von dem Ilting in der Vorrede zum ersten Band seiner *Rechtsphilosophie*-Edition handelt), hat, obwohl er »schlechthinnige Abhängigkeit« mit »partieller Abhängigkeit« verwechselt (Marginalglosse Schleiermachers zum Hauptsatz des § 5 *Gl*), weitgehend Schule gemacht. (Vgl. zum Thema W. Schultz, *Die Grundprinzipien der Religionsphilosophie Hegels und der Theologie Schleiermachers. Ein Vergleich*, Berlin 1937 und Richard B. Brandt, *The Philosophy of Schleiermacher. The Development of His Theory of Scientific and Religious Knowledge*, New York 1968, 322-325.) Wolfgang Janke, der mit dem Titel ›Das Gefühl schlechthinniger Abhängigkeit‹ immerhin ein ganzes Kapitel seines Fichtebuchs (*Fichte. Sein und Reflexion – Grundlagen der kritischen Vernunft*, Berlin 1970) überschreibt, um die Bedeutung der Formel an Fichte zu illustrieren, meint, Schleiermacher habe »das Sich-in-Gott-Empfinden unter Aufgabe von Reflexion und Freiheit durch ein Eingehen auf die absolute Indifferenz des Seins und des Denkens (abgestützt)« (l. c. 286) – Formulierung, durch die er zugleich einen Begriff von der wirkungsgeschichtlichen Macht eines Vorurteils und von der schlechten Philologie vermittelt, deren sich die Fachphilosophie in bezug auf Schleiermacher schuldig gemacht hat (Nicolai Hartmann – um nur ihn zu nennen – war ihm, obwohl vorsichtiger formulierend, vorausgegangen, vgl. *Die Philosophie des deutschen Idealismus*, Bd. 1, Berlin und Leipzig 1923, 239).

76 »Absolut« und »schlechthinnig« (ein Ausdruck, den er aus F. Delbrücks *Erörterungen einiger Hauptstücke in Dr. F. Schleiermachers christlicher Glaubenslehre*, Bonn 1827, 47, 50, 64 und passim entlehnt hat, vgl. *Gl* § 4), verwendet Schleiermacher synonym (vgl. seine Marginalglosse zum Hauptsatz des § 4, S. 23).

Eine Beeinflussung Schleiermachers durch Fichtes »Gefühl der Abhängigkeit und Bedingtheit« aus der *WL* 1801 (*WW* II, 62) hat E. Hirsch in seiner *Geschichte der neueren evangelischen Theologie im Zusammenhang mit den allgemeinen Bewegungen des europäischen Denkens*, Bd. 4, Gütersloh ^{2}1960, 564, erwogen. An eine unmittelbare Anregung mag man kaum denken, da die *WL* von 1801 erst 1845/6 – also nach Schleiermachers Tod – durch Fichtes Sohn publiziert wurde. Leichter denkbar und nicht unwahrscheinlich ist eine Beeinflussung durch Novalis, der Jahre vor Fichte das *Gefühl von Abhängigkeit* in seinen nachgelassenen philosophischen Notizen wiederholt, und zwar in

gar nicht bestehen könnte« (*Gl* § 49,1, vgl. auch den *Zusatz*).[77] Das Geprägtsein vom signifiant de l'Autre bedeutet nicht ihre Abdankung, sondern ihre Institution, die nur um den Preis einer petitio principio als ihr eigenes Werk sich denken ließe. Die Freiheit kann ihren Bestand nicht sich selbst verdanken (ihr dies zumuten hieße, ein Seiendes in einem néant fundieren zu wollen); aber das bedeutet nicht schon, daß sie durch ihr Sich-Vorausgesetztsein inhaltlich gebunden wäre: sie ist ihrem Sein nach abhängig, frei indes in Richtung auf ihr Wesen (das Wesen setzt das Sein in eben dem Maße voraus, wie es nur vor dem leeren Hintergrunde des néant sich als Positivität profilieren kann), und in dieser Spanne wird eine semiologisch reflektierte Hermeneutik das Subjekt zu rehabilitieren haben.

Aufgrund dieser Differenzierung des Real- und des Idealgrundes vermag das Selbstbewußtsein die vom Linienzug seiner eigenen Struktur ausgesparte Leere als Chiffre der Ohnmacht seiner ›unendlichen Macht‹ zu lesen.[78] Ohne seine Freiheit in Abrede zu stellen, interpretiert es die intermittierende Spur einer ihm vom Ort des Anderen aus zugesprochenen Bestimmung als den unauslöschlichen Mangel an von ihm selbst verursachter Signifikanz. Das genau ist der Befund, den die »Analyse des Selbstbewußtseins in Beziehung auf das Mitgesetztsein eines Anderen«[79] (hand-

einem durchaus vergleichbaren Sinne, thematisiert hatte (vgl. Novalis *Schriften* Bd. 2, 126, Nr. 32; 259, Nr. 508 u. passim). Ebenso wahrscheinlich ist eine Übernahme des Gefühls-Begriffs Friedrich Schlegels (vgl. zum Gefühlsbegriff bei Novalis und Fr. Schlegel meine Arbeit über *Das Problem ›Zeit‹ in der deutschen Romantik*, 19, 154, 163 ff. sowie 63 f., 144 ff. in den zugehörigen Kontexten). – Zum Thema des »systematischen Zusammenhangs zwischen Fichte und Schleiermacher« vgl. die Erörterung bei F. Wagner, *Schleiermachers Dialektik*, 146 ff., der allerdings auf die späte *WL* nur beiläufig verweist (l. c. 171) – vielleicht insofern zu Recht, als Schleiermacher sie nicht gekannt haben wird (immerhin hat er *Die Bestimmung des Menschen* rezensiert).

77 Vgl. Falk Wagner, l. c. 197/8 und 202

78 Diese – selbst *insignifikante* – Leere wird sich als Grund der Möglichkeit für das Subjekt erweisen, sich auf *Bedeutungen* hin zu überschreiten. Sie ist Grund für des Subjekts Weltoffenheit überhaupt (»das Geöffnetsein des Ich gegen die Gesamtheit des Außer-uns«, wie Schleiermacher in den Vorlesungen über *Psychologie*, hg. von L. George, Berlin 1862 [= *SW* III/6, 77], einmal sagt). Ebenso *Dial J* 491.

79 Vgl. Schleiermachers Marginalglosse zum § 8 der ersten Auflage der *Glaubenslehre* von 1821 (im 2. Bd. der kritischen Ausgabe, S. 500): »Glaube ist besonders die im Selbstbewußtsein gesetzte Gewißheit von dem Mitgesetzten.« – Die Bedeutung dieses ›Anderen‹ (als eines Schlüsselbegriffs für das gesamte Werk Schleiermachers) stellt die auch sonst beachtenswerte und vielseitige Arbeit von Bruno Laist, *Das Problem der Abhängigkeit in Schleiermachers Anthropologie und Bildungslehre*, Ratingen 1965, heraus (zur Religionsphilosophie vgl. vor allem 71 ff.).

schr. Zusatz zum § 4 der *Gl*, S. 24) erbracht hat. Gott ist tatsächlich unbewußt: das indiziert mit hinreichender Deutlichkeit der ihm gleichgeltende Ausdruck »transzendenter Grund« (im Innersten des Bewußtseins vollzieht sich ein Umschlag des Transzendentalen ins Transzendente: eine wirkliche Subversion des subjektphilosophischen Paradigmas der Neuzeit). Er ist unbewußt auch in dem Sinne, daß das am Phantasma autonomer Selbstbegründung scheiternde Subjekt in diesem Ausdruck die Erfahrung einer Reflexion auf sein eigenes Nichtwissen und Nichtkönnen niederlegt: ›Gott‹ ist Resultat einer Reflexion auf dies doppelte ›Nicht‹ im Herzen des Bewußtseins.[80] Er ist nicht das Resultat irgendeiner spekulären Beziehung, sondern die in der ›relation duelle‹ vergeblich ersehnte »Ergänzung der fehlenden Einheit«, das »Komplement« eines konstitutiven »Mangels« im Innern jedes, selbst des höchsten Selbstbewußtseins (*Dial* O 290 [= LI] und 295/6). Er ist das ganz Andere jener spekulativen Alterität des Sich-im-anderen-Erkennens (als die ihn der Hegelianismus bis zu Gadamer reflektiert), nämlich das gänzlich »außer uns gesetzte Wesen« (*Gl* § 14,1), das nur einer radikalen Verausgabung unserer Existenz[81] als ihr scheiterndes Fundament aufscheint und sie zwingt, die Grenzen ihres Verstehens einzubekennen.

Die Illusion eines ›unendlichen Bewußtseins‹ und der Ort der Dialektik

Die relativ ausführliche Untersuchung von Schleiermachers Theorie des unmittelbaren Selbstbewußtseins entsprang nicht zunächst einem philosophiehistorischen oder erkenntniskritischen Interesse. Sie sollte einen Begriff von Subjektivität freilegen, der gleichzeitig den Erfordernissen der hermeneutischen Auslegung Rechnung trägt und der semiologischen Herausforderung standhält. Es lag nahe, auf der Suche nach einem solchen Begriff

80 Diese Denkfigur habe ich schon früher im Werk des Novalis und Schellings aufgewiesen. Vgl. *Die Philosophie des sogenannten »magischen Idealismus«*, in: *Euphorion* 63 (1969), 90 ff., bes. 97 f. und: *Der unendliche Mangel an Sein* (...), 123-130, passim.

81 Wenn Schleiermacher im Sendschreiben an Lücke vom frommen Gefühl als von einem »unmittelbaren Existentialverhältnis« (*SW* I/2, 586) zum Anderen seiner selbst spricht, so antizipiert er geradezu Sartres Bestimmung der »existence« als »relation immédiate (...) avec l'Autre que soi« (*Critique de la raison dialectique*, Paris 1960, 95).

Schleiermacher zu befragen, da kein Autor in der Geschichte hermeneutischer Theorie so wie er Subjekt- und Sprachphilosophie, Dialektik, Hermeneutik und praktische Interpretationslehre in einem kontinuierlichen Gesamt von Argumenten umgreift.

Zwar wird man nicht leugnen wollen, daß die Selbstbewußtseinstheorie der *Dialektik* und *Glaubenslehre* trotz ihrer Konvergenz mit der Lacanschen Psychoanalyse »vorsemiotisch«[82] in der Subjekt-Objekt-Relation verharrt und das mitgesetzte Andere noch nicht als traditionsvermittelten Symbolzusammenhang in Anschlag bringt (was auf dem gebotenen Abstraktionsniveau auch – noch – nicht leicht möglich wäre). Gleichwohl kann man schon jetzt aussprechen, daß diese Theorie Gründe gegen einen Geistbegriff vorführt, demzufolge das Selbst am Ende des zu ihm führenden Weges als Herr seines Bestehens sich enthülle und auf dieser Stufe als eine – dem Vermögen nach – unendliche Versammlung des Seienden in der vollen Präsenz eines absoluten Wissens angetroffen werde. Das unmittelbare Selbstbewußtsein, von dem Schleiermacher spricht, unterstellt nicht, wie Gadamer ihm vorwirft,[83] ein ›unendliches Bewußtsein‹ zu sein, das die Zeit zu überfliegen, die Fessel der Individuation abzustreifen und im Punkt des Archimedes situiert zu sein glaubt, sondern bekennt sich als »allgemeines Endlichkeitsbewußtsein« (*Gl* § 8,2), d. h. als Bewußtsein einer hinsichtlich des Seins-überhaupt schlechthinnigen und hinsichtlich seines »Seins in der Welt« (*Gl* § 4,2) relativen[84] Abhängigkeit. In dieser Einsicht gipfelt also Schleiermachers Version einer Phänomenologie des Geistes. Und zwar handelt sich's um eine Einsicht, die nicht auf der Stufe eines vom Wissen nur noch nicht zugeeigneten Glaubens, sondern im »Vollendungspunkt des Selbstbewußtseins« selbst erreicht wird (*Gl* § 5,3): das höchste mögliche Bewußtsein des Menschen ist das Bewußtsein einer unüberschreitbaren Grenze, an der es fühlt, von Anderem als es selbst ist, ja vom Anderen der Selbstheit überhaupt in Regie genommen zu sein.

82 Im Sinne der Kritik von K.-O. Apel, *Szientismus oder transzendentale Hermeneutik. Zur Frage nach dem Subjekt der Zeicheninterpretation in der Semiotik des Pragmatismus.* In: *Transformation der Philosophie*, Bd. II, Frankfurt/Main 1973, 199 ff.
83 *WuM* 324/5
84 Schleiermacher sagt auch: ›partiellen‹, ›teilweisigen‹, ›begrenzten‹, ›bezüglichen‹, ›beziehungsweisen‹ oder ›mitgesetzten‹ Abhängigkeit (*Gl* §§ 3-5).

Eine im Sinne der beiden Kanons von Schleiermachers ›grammatischer Interpretation‹ verfahrende Textanalyse hätte hier zunächst zu zeigen, in welchem Maße – neben anderen zeitgeschichtlichen Determinanten – das Strukturgesamt des sogenannten idealistischen Philosophierens die Sprache der Schleiermacherschen Theorie vorgab, sie beförderte oder von ihrem Weg abbrachte und mit welchem Argument, durch welchen Gestus, welche Umakzentuierungen Schleiermachers Einsatz von ihm abzweigte. Dabei würde sich – grob vereinfacht – herausstellen, daß Schleiermacher wie Fichte und Hegel auf die Möglichkeit einer Selbstbegründung von Subjektivität reflektiert, daß sein philosophischer Diskurs von einer ganz bestimmten Fragestellung im Rahmen der Geschichte der Ontotheologie geprägt ist und daß noch seine Kritik überall die Spuren der Handschrift des Kritisierten trägt. Man entdeckt sie leicht in der Terminologie, im unkritischen Transport von für ausgemacht geltenden Grundsätzen, in den Automatismen quasi-synonymer Begriffsketten (absolutes Selbstbewußtsein – reines Sichsetzen – kein Bezug auf Zeit usw.). Insofern ist es gar keine Frage, daß Schleiermacher den im Gefühl manifesten Übergang von Wollen und Denken – wie Fichte, Schelling oder Hegel – von derjenigen ›Zeitform‹ streng abhebt, in welcher dieses wechselseitige Ineinanderübergehen im ›wirklichen Bewußtsein‹ sich ereignet (*Dial* O 286 f., 291 f. und bes. *Gl* § 5,3/5,4).

Aber an alledem hat man nur einen Beleg für das, was Schleiermacher mit den Idealisten verbindet. Man hat gerade nicht den Widerspruch erklärt, in den ein Denken geraten mußte, das eine dem theoretischen Standard der Zeit inkommensurable Erfahrung des Selbstbewußtseins in Sätzen einer Grammatik der ›pensée de survol‹ vorträgt. Und man hört nicht den ganz eigenen Nachdruck, vernimmt nicht das bis zur Ratlosigkeit Offene in jener Frage, die als solche sehr gut auch ins Genre der frühidealistischen Systeme paßt: »Wie aber verhält sich das Zeitlose zum Zeitlichen im unmittelbaren Selbstbewußtsein?« (*Dial* O 292).[85] Dies Problem stellt sich in dieser Form, seitdem Kant die transzendentale Einheit der Apperzeption als ein Außerzeitliches

85 In E. Brunners und F. Flückigers Tradition haben vor allem die Arbeiten von W. Schultz die Ansicht verfochten, Schleiermacher behandle »die Zeit ... (als) etwas Unwertiges, das überwunden werden muß.« In seiner Glaubenslehre gelte: »Je mehr die Zeit überwunden wird, um so höher die Frömmigkeit« (!) (W. Sch., *Schleiermacher und der Protestantismus*, Hamburg 1957, 60).

dazu ausersah, dem Fluß des sinnlich Mannigfaltigen von außen her seine wandellose Identität aufzuprägen, – und es stellt sich schon bei Kant, wie nicht nur die Lehre vom Schematismus und die geheimnisvollen Interventionen der Einbildungskraft zeigen, in Gestalt einer Denknotwendigkeit zugleich und einer Aporie.[86] Einer Denknotwendigkeit dann, wenn man sich davon überzeugt, daß die zeitliche Kontinuität, wie sie dem inneren Sinn gegeben ist, von sich aus für die in ihr sich manifestierende Einheit nicht einstehen könnte (Einheit kann kein Produkt der differenzierenden Zeit sein); doch ebenso einer Aporie: wie soll ein seinem Wesen nach Ewiges einem Zeitlichen sich mitteilen, ohne daß entweder die zeitliche différance aufgehoben oder das Außerzeitliche rückhaltlos verzeitlicht würde?

Dieses Problem, das Schleiermachers Geschichts- und Sprachtheorie (wie wir in Einzelheiten sehen werden) von Grund auf bewegt, reflektiert sich auch in der Dialektik und der Religionsphilosophie. Obwohl wir, sagt er, nicht umhin können zuzugestehen, daß wir im unmittelbaren Selbstbewußtsein das Gefühl »auf zeitlose Weise haben« (*Dial* O 291) – hätten wir es nämlich zeitlicherweise, so müßten wir die in ihm sich offenbarende Einheit uns voraussetzen, und das hieße: nicht als uns selbst setzen –, so »leugnen wir (doch) nicht, daß das unmittelbare Selbstbewußtsein in der Zeit gegeben ist« (l. c. 292),[87] woraus folgt, daß wir das Zeitlos-Identische, da es gar kein »Korrelat« im wirklichen Bewußtsein hat, seiner ›Unnachweisbarkeit‹ halber nie als solches gewahren können (l. c. 291), sondern stets nur »als in der Selbstthätigkeit des denkend wollenden gesezte Abhängigkeit vom transcendenten Grunde« haben (*Dial J* 474 f.).

Man sieht: die Unverträglichkeit seiner Einsicht in die Ohnmacht der Macht des Subjekts mit der Sprache des Logozentrismus, in der und gegen die er sie zu artikulieren versucht, bedingt eine Serie von Zweideutigkeiten (nicht anders als beim späten Schelling, der die negative und die positive Philosophie kurzerhand

86 In diesem Zwiespalt hat es sich über Schelling bis in die phänomenologischen Analytiken der Zeitlichkeit tradiert. Vgl. vor allem Jean-Paul Sartre, *EN* 177-180, der es in genau der Form wiederaufgreift, in der wir es im Anschluß an die Frühromantiker (vgl. M. F., *Das Problem ›Zeit‹ (...)*, und ders.: *Der unendliche Mangel* (...), 236 ff.) sogleich formulieren werden.

87 »Es ist ein in der Zeit Mitgesetztwerden. Kein Mensch kann die Forderung erfüllen, er solle sein mittelbares Bewußtsein ganz auslöschen, so daß nichts bliebe als das (unmittelbare) Selbstbewußtsein« (*Dial* O 292).

auf zwei Kollegs verteilte, als handele es sich um gleichmögliche Aspekte einer unitären Realität). Darum kann einer mit entsprechenden Vorerwartungen ausgerüsteten Lektüre (und welche Lektüre vermöchte sich heute der Wirkungsgeschichte der Marxschen und der Heideggerschen Metaphysikkritik zu entziehen?) durchaus der Eindruck entstehen, als sei, was Schleiermacher unter dem Titel ›Gefühl‹ thematisiert, selbst schon der Ort zeitloszeitlicher Selbstvermittlung des Identischen mit dem in Nach- und Nebeneinander Differenzierten, wobei der religiöse Aspekt sich in der fakultativen Zutat erschöpfte, sich die Absolutheit des Gefühlten in einer eigenen Anschauung vorzustellen.[88]

88 Der Vorwurf des ›unendlichen Bewußtseins‹ ist nachgerade ein Topos der Schleiermacherliteratur dieses Jahrhunderts geworden. Neben Gadamer, dessen Kritik nur die antiidealistische Reserve der Existenzialontologie konkretisiert, wäre hier vor allem die – trotz ihrer Gegnerschaft mit dem Ansatz derselben deutlich konvergierende – Schleiermacherkritik der sog. dialektischen Theologie zu nennen, die sich ungefähr in der Zeit zwischen Karl Barths Einleitung zum 2. *Römerbrief*-Kommentar (1920) sowie seinem Vortrag auf der Tambacher Tagung und Emil Brunners *Die Mystik und das Wort* (1924; vgl. Barths Replik in: *ZZ* 1924, Heft 8) erstmals heftig artikulierte und von deren Zielrichtung die Arbeit des Barthschülers Felix Flückiger (*Philosophie und Theologie bei Schleiermacher*, Zürich 1947) ein besonders instruktives Resümee liefert. Flückigers These, die nicht nur für das Schleiermacherbild der ersten Jahrhunderthälfte durchaus repräsentativ war, sondern selbst jüngere Arbeiten beeinflußt hat (D. Offermann setzt sich kritisch mit dieser Rezeption auseinander), lautet, im Begriff des Gefühls werde eine nur maßvoller als bei Hegel instrumentierte Reduktion Gottes, des ganz Anderen, auf das als »höhere Synthese« der von ihm befaßten Gegensätze gedeutete Selbstbewußtsein des Menschen vollzogen. Chr. Senft (in seiner von Gadamer, *WuM* 494, beifällig zitierten Arbeit *Wahrhaftigkeit und Wahrheit. Die Theologie des 19. Jahrhunderts zwischen Orthodoxie und Aufklärung*, Tübingen 1956) spricht gar von »einer Theologie ohne Gott«, in der das »Gegenüber von Gott und dem Menschen aufgehoben« werde (38/9), durchaus in Brunners Nachfolge, der Schleiermachers »identitätsphilosophische Mystik« oder »Gefühlsreligion« »das feinste Destillat des Heidentums« genannt hatte (l. c. 386). Ähnlich hatten bereits Karl Barths wiederholt vorgetragene Vorlesungen über *Die protestantische Theologie im 19. Jahrhundert* argumentiert, welche die bei Hegel vollzogene Gleichung der Vernunft mit Gott (l. c. 353) für die konsequenteste Ausformung einer Identitätsphilosophie erklären, von welcher Schleiermachers »Bewußtseinstheologie« (406, 409) nur eine »vorsichtigere Fassung« darstelle (401, 409 ff.): »Im *Gefühl* und – für das allerdings inadäquate, bildhafte Denken und Reden – *aus* dem Gefühl besteht Frieden auch zwischen dem letzten und höchsten Gegensatz, dem Gegensatz zwischen dem unendlichen und darum identischen Sein und Wissen Gottes und unserem endlichen und darum gespaltenen, nicht identischen Sein und Wissen« (405, vgl. 417 f.). »Wir werden uns bei Schleiermacher sehr ernstlich zu fragen haben, ob sein Geheimnis ein anderes ist als eben das Hegels (...)« (378), nämlich dies: »Präsenz Gottes im menschlichen Bewußtsein« (405), »*Vermittlung*« (passim) des Unendlichen mit dem Endlichen, »anthropozentrische« Reduktion des Anderen auf eine Selbstbeziehung des Gefühls.

Aber es gibt eine andere Lektüre, die sich ebenfalls auf den Text Schleiermachers berufen kann und die seinem Widerspruch nicht ausweicht, indem sie ihn im untersuchten Phänomen selbst aufzeigt. Ihr stellt, was Schleiermacher Gefühl nennt, so sich dar, als wolle dieser Titel den Ort der Erfahrung des Scheiterns autonomer Selbstvermittlung bezeichnen, als sei der Begriff der schlechthinnigen Abhängigkeit Resultat einer Reflexion auf den (von der ersten Lektüre verdrängten) konstitutiven »Defekt« im Innern des Subjekts, als dessen »Supplement« der transzendente Grund entworfen wird (*Dial* O 287).[89]

Erst gegen Ende seines Lebens hat Barth in einer humorvollen Bilanz seines Verhältnisses zu Schleiermacher die Möglichkeit erwogen, daß in Schleiermachers Zweifel an der Fähigkeit der Reflexion zu autonomer Selbstbegründung präfiguriert gewesen sein möchte, was er selbst dem absoluten »*Selbstvertrauen*« (l. c. 349 ff.) der Vernunft entgegenhielt (vgl. das Nachwort zu der von ihm veranstalteten kleinen Schleiermacherauswahl im Siebenstern-Taschenbuch, München und Hamburg 1968) – eine Parallele, deren Verkennen bereits Barths ständiges Übergehen der mit Schleiermacher hierin konvergierenden Schellingschen Spätphilosophie und -theologie manifestiert (im Gegensatz zu Paul Tillichs aus dem Nachlaß edierten Vorlesungen über die *Geschichte des christlichen Denkens*, Teil II, *Aspekte des Protestantismus im 19. und 20. Jahrhundert*, Stuttgart 1972, die nachdrücklich auf sie verweisen, vgl. 116-125). Bezeichnenderweise erwähnen Barths Vorlesungen auch den Namen Kierkegaard nur an drei Stellen, und zwar bis auf eine Referenz ganz beiläufig. Was immer man inzwischen von Barths Urteil halten mag, unbestreitbar ist, daß, wie Yorick Spiegel (*Theologie der bürgerlichen Gesellschaft. Sozialphilosophie und Glaubenslehre bei Friedrich Schleiermacher*. München 1968, 17) schreibt, »durch ihn (...) der Bruch mit der Vergangenheit des Denkens so prägnant formuliert ins Bewußtsein gehoben worden (ist), daß jede mögliche Rezeption Schleiermachers erst unter Einschluß oder Widerlegung dieser Kritik möglich ist«. (Das Entsprechende gilt wohl für den Hermeneutiker Schleiermacher in Anschluß an Gadamers Kritik.)
Zu den wirkungsgeschichtlich bedeutsamen Begründern des identitätsphilosophischen Vorurteils gegen Schleiermachers Abhängigkeitslehre gehört auch Schleiermachers getreuester Nachlaßwalter Wilhelm Dilthey, der in ihr kurioserweise nichts als eine »Erhöhung und Steigerung des Lebens in der beständigen Gegenwart des Gefühls und der Anschauung der Gottheit« verheißen findet, »in welchen das Ungestüm des Innern, der Druck von außen beschwichtigt und in das Bewußtsein göttlicher Harmonie aufgehoben werden« (W. D., *Leben Schleiermachers* II, = *Schleiermachers System als Philosophie und Theologie*, *Ges. Schriften*, XIV. Band, Erster Halbband (ed. von M. Redeker), S. 5/6). Leider übertreffen Diltheys Äußerungen zur Glaubenslehre und zur Theorie des abhängigen Selbstbewußtseins (vgl. z. B. 98 ff.) das Niveau des Zitierten nur selten und setzen den Akzent auf jene in ihr angeblich gelehrte Präsenz Gottes im Menschen, wonach Schleiermachers Ansatz in dieser Grundsatzfrage sich auf die lebensphilosophische Modifikation eines idealistischen Spinozismus reduzierte.

89 L. c. 298 spricht Schleiermacher vom Gefühl als von der »supplierenden Einheit« – eine für den von uns thematisierten Widerspruch exemplarische Formulierung (das Gefühl als Supplement oder als Supplementierendes?). Es

Es ist die konsequentere Lektüre, denn sie bringt den Gegenstand der ersten und ihren Mangel zugleich vor den Blick. Sie nennt das Motiv, warum Schleiermacher es bei ihr nicht bewenden lassen durfte. Es ist dies: Wenn der Übergang zeitlich[90] und identisch[91] zumal sein soll, Zeitform und Identität aber miteinander inkompatibel sind, muß man »die Unmöglichkeit (zugeben), im unmittelbaren Selbstbewußtsein den transzendentalen Grund rein darzustellen« (*Dial* O 296). Anders gesagt: Man muß die Funktion des Gefühls – mit deren Ausarbeitung die erste Lektüre sich begnügt – darauf einschränken, in der virtuell-zeitlichen présence-à-soi immer zugleich Metapher der absenten, »der fehlenden Einheit«, nämlich des absoluten ›Sich-selbst-gleich-Seins‹, zu sein (*Dial* O 290 [= LI]; *Gl* § 5,3 und § 5,4).

Ein nicht geringer Teil der gegen Schleiermacher vorgebrachten Kritik läßt sich an der aufgezeigten Diskrepanz sowohl verifizieren wie ihrer Geltung nach einschränken. Denn die Ambiguität des Begriffs ›Gefühl‹, der bald – analog zu Hegel – als pleromatischer Zielpunkt einer Totalisierung, bald in Gestalt des grundlos frommen Bewußtseins als Ausgangspunkt der Glaubenslehre vorgeführt wird,[92] ist Ausdruck einer Grammatik und Lexik des Idealismus aufbrechenden, in ihnen nur um den Preis der Inkonsequenz formulierbaren grundsätzlich neuen Einsicht.[93]

gibt vergleichbare Ausdrücke: »Ergänzung der fehlenden Einheit«, »Komplement«; entsprechend: »unvollständig«, »abstrakt«, »einseitig«, »nicht adäquat«, »Mangel« (l. c. 290, 292; 286, 287, 294, 295/6 u. passim).

90 »In dem Übergang ist die Zeitform gesetzt, in der Identität ist sie negiert« (*Dial* O 286).

91 »Ein Übergang ist nur möglich, wenn zwischen Anfang des einen und Aufhören des anderen Identität beider ist.« »Die Identität liegt eben in diesem Übergang« (*Dial* O 286).

92 »Die meisten Schleiermacher-Interpreten«, sagt F. Wagner mit Recht, »sehen in dem Nebeneinander von unmittelbarem Selbstbewußtsein und Abhängigkeitsgefühl keine Schwierigkeiten; vielmehr werden beide Bestimmungen ohne Rücksicht auf den strukturellen Unterschied identifiziert« (*Schleiermachers Dialektik*, 158; vgl. schon D. Offermann [*Schleiermachers Einleitung* . . ., 47 ff.], die die Verwechslung beider bei Emil Brunner, F. Flückiger, W. Schultz und anderen Theologen aufgezeigt hatte). Vgl. Schleiermacher selbst: »Diejenigen, welche die religiöse Seite des unmittelbaren Selbstbewußtseins über die Funktion der spekulativen Geistestätigkeit stellen wollen, verwechseln zwei ganz verschiedene Tätigkeiten miteinander« (*Dial* O 296). »Es ist ein großer Irrtum, beides zu identifizieren« (l. c. 297).

93 Neu im Sinne des kategorialen *Novum* in Schleiermachers Hermeneutik. An eine zeitliche Abfolge ist nicht gedacht. Wahrscheinlich hat man die Wurzeln der Schleiermacherschen These im Denken der Frühromantik aufzusuchen (Hölderlin und der Homburger Kreis hier eingerechnet) – der Chronologie nach konnte sie freilich nicht vor Fichtes Wissenschaftslehre und in der

Wir behandeln sie nicht, wie der von seiner geschichtslosen Geltung eingenommene Rationalismus es gern sähe, als ein Gebrechen vom Typ eines logischen Fehlers.[94] Wir sehen in der Entdeckung der Abhängigkeit des Selbstbewußtseins von einem nicht adäquat repräsentablen Sein (des être signifié eines gleichwohl nie ganz in Bedeutung auflösbaren, da manquierenden Signifikanten) einen Paradigmawechsel, der das Ende des ontotheologischen Repräsentationismus zwar nicht vollzieht, aber doch vorbereitet. Unsere These ist, daß die im weitesten Sinne existenzialontologische und neomarxistisch-pragmatizistische Hermeneutik Schleiermachers Fundierung der Interpretation – ohne ausdrücklich an sie anzuknüpfen – teils wiederholt, teils semiologisch verkürzt hat. Zunächst aber wollen wir zeigen, wie Schleiermacher seine Entdeckung – als einziger Denker und Philologe im Zeitalter des deutschen Idealismus – semiologisch und kommunikationstheoretisch aufzuladen und in Aufbau und Anlage seiner Dialektik und besonders seiner Hermeneutik zu bewähren suchte.

Die kommunikative Basis des Wissens: Dialektik und Hermeneutik

Wir werden an Schleiermachers *Dialektik* eine Frage stellen, von deren Beantwortung wir uns Aufschluß über seine hermeneutische Konzeption versprechen. Es ist die: Welche (insbesondere semiologischen) Konsequenzen ergeben sich aus der Transzendenz des Wissensgrundes und aus der unverfüglichen Bestimmtheit des Subjekt-Signifikats für eine am spekulativen Ideal strenger Begriffskonstruktion festhaltenden Methodenlehre der diskursiven Vernunft? Als solche nämlich versteht sich die Schleiermachersche Dialektik. Eigener Definition zufolge ist sie die »*Darlegung der Grundsätze für eine kunstgemäße Gesprächsführung im Gebiet des reinen Denkens*« (*Dial* O 5). Erstaunlich an dieser Formu-

Schleiermacher eigenen Zuspitzung nicht ohne Hegels System formuliert werden.

94 Das wäre übrigens schon darum unangebracht, da Zwiespältigkeit noch nicht impliziert, daß keine der beiden Seiten theoretisch konsistent sei. Wir suchten zu zeigen, worin die im klassischen Sinne durchaus strenge Rationalität der Schleiermacherschen Gefühlstheorie, ja ihre Überlegenheit über die Subjekttheorien Fichtes und Hegels besteht. Nun fügen wir lediglich hinzu, woran es gelegen haben mag, daß Schleiermachers Kritiker sie ganz als Ausdruck eines reflexionsphilosophischen Ansatzes lesen konnten, der noch seine Hermeneutik tingiere.

lierung, ja geradezu ein Novum innerhalb des Genres idealistischer Dialektik ist, daß sie sprachlich vermittelte Kommunikation (an solche ist nämlich gedacht) widerstandslos als Vermittlungsinstanz ›reinen Denkens‹ in Anschlag bringt, das doch im klassischen Idealismus dem Verdikt der Nichtempirisierbarkeit unterstand. Anders gesagt: Schleiermachers Dialektik definiert sich schon im Einsatz nicht auf der Basis einer vorsemiotischen Subjekt-Objekt-Beziehung, auch nicht spekulativ-wissenschaftlich als die strukturale Logik der Verhältnisse reiner Begriffe zueinander, sondern auf der metaszientifischen Ebene intersubjektiver Verständigung über die Geltung von Begriffen, deren ›Reinheit‹ mit dem Empirischen ihrer kommunikativen Genesis nicht im Streit zu liegen scheint. Die Dialektik ist ihm das allgemeine Organon, welches das Hin und Her kontroverser Positionen im Hinblick auf intersubjektive Übereinstimmung (›Wahrheit‹) methodisch regelt.[95]

Grundvoraussetzungen dazu sind (neben anderen), daß es einen gemeinsamen Code (»Sprachkreis«) gibt und daß die Gesprächsteilnehmer sich auf eine gemeinsame (nämlich rein kognitive) Erkenntnishaltung[96] einigen konnten. Schleiermacher versammelt beide Aspekte[97] in dem (semiotisch reflektierten) Begriff des

95 Man ist bereits im Paraphrasieren des Programms der *Dialektik* versucht, Verbindungen zu formulieren zum Peirceschen und zum Royceschen Pragmatizismus bzw. zu Apels/Habermas' *Theorie der kommunikativen Kompetenz* (J. H., *Vorbereitende Bemerkungen meiner Theorie der Kommunikativen Kompetenz,* in: J. Habermas/N. Luhmann, *Theorie der Gesellschaft oder Sozialtechnologie – Was leistet die Systemforschung,* Frankfurt/Main 1971, 101-141; ders.: *Was heißt Universalpragmatik?* In: *Sprachpragmatik und Philosophie,* hg. von K.-O. Apel, Frankfurt/Main 1976, 174-272; sowie K.-O. Apels Einführungen zur deutschen Ausgabe von Peirce's *Schriften* [Frankfurt/Main 1967 und 1970] und die Aufsätze im II. Band seiner *Transformation der Philosophie*). Man muß freilich betonen, daß Schleiermachers *Dialektik* keine Universalpragmatik entwirft, d. h. kein kategoriales Gesamt von selbst sprachlich verfaßten Bedingungen dafür, daß Sätze in bestimmten Äußerungen verwendet werden können (vgl. Habermas 1971, 103). Außerdem wäre hinzuzufügen, daß ihr Programm sich nicht in dem »Formalen« erschöpft, eine Methodenlehre zur Produktion von Wissen zu sein: Ebensosehr ist sie »transzendental« und enthüllt die Organisation des Wissens »in seinem Zusammenhange« (*Dial* O 114 ff., 121), unabhängig von dem Interesse des Menschen, sich seiner ›technisch‹ zu bemächtigen. Freilich greifen beide Aspekte ineinander. Die Offenlegung der Struktur des Wissens enthält die Regeln seiner Produktion schon in sich.

96 Und die aus ihr folgende ›Gemeinsamkeit‹ der »dialektischen Regeln« (*Dial* O 13).

97 Beide Aspekte? Wir dürfen es vorderhand unterstellen, solange wir über keinen zureichenden Begriff von Sprache im Denken Schleiermachers verfügen.

»reinen Denkens«. In Abhebung vom *praktisch-geschäftlichen* (welches die Angemessenheit von Mitteln zur Erreichung eines nicht notwendig kognitiv eingeführten äußeren Zwecks strategisch erwägt) und vom *künstlerischen* Denken (welches dem Leitfaden reflektierender Urteilskraft folgend von der Inanspruchnahme von Zwecken freigestellt ist), bezeichnet dieser Ausdruck ein »Denken um des Denkens willen« (*Dial* O 6); d. h. ein Denken, welches – weder extern motiviert noch subjektiv unverbindlich – seine theoretische Produktion zu begrifflichem Zusammenhang, zu einem Zustand der »Unveränderlichkeit und Allgemeinheit« (l. c. 7) steigern möchte.[98] Die Definition ist also abzuwandeln: Der reine Diskurs der Vernunft ist ein »Denken um des Wissens willen« (l. c.), er tendiert auf einen sich selbst präsenten Zustand des »Wissens«, den man in der Sprache der Wissenschaft *objektiv* nennen dürfte, könnte man eine transsubjektive Instanz zur Garantie der Wahrheit von Erkenntnissen aufzeigen.

Der Geltungsgrund für das cartesianische Cogito ist Gott. In modifizierter Form gilt dies auch für die *Wissenschaftslehre* und das *System der philosophischen Wissenschaften*. Für Schleiermachers *Dialektik* gilt es nur nominell. Denn Gott – als die umgangssprachlich schematisierte Reflexion auf das Woher unseres Abhängigkeitsgefühls – ist ihr kein Gegenstand des Wissens (noch der Praxis oder der Kunst), sondern der vom Wissen nie einholbare letztfundierende Wahrheitsgrund der Übereinkünfte, die das diskursive Vermögen aller Menschen zu allen Zeiten erzielt hat. Und als solcher fungiert er im methodisch organisierten Gespräch lediglich als die den Teilnehmern gemeinschaftliche Ausrichtung auf eine solche *Idee von Wahrheit*, in der das *allgemeine Wissen* versammelt ist, das allen besonderen Erkenntnissen – sie fundierend – zugrunde liegt: ihr Prinzip. Man könnte es (mit Habermas und nach Peirce und Royce) das metadiskursive Rechtfertigungskriterium für die Gültigkeit aller in Einzeldiskursen kommunikativ erzielten Erkenntnisse (d. h. Übereinkünfte) bezeichnen. Denn ein Wissen, das mit keinem anderen Wissen mehr im Streit liegt, könnte nur ein höchstes oder unendliches Wissen sein: ein Wissen, in bezug auf welches alle sinnvollen Aussagen als Vorgriffe betrachtet werden können und das mit

98 Das ›reine Denken‹ kommt dem sehr nahe, was Peirce »Ästhetik« nennt. Vgl. Richard J. Bernstein, *Praxis und Handeln*, 65 (ff.).

keiner von ihnen, die untereinander vielleicht noch nicht ausgesöhnt sind, weder zusammenfällt noch unverträglich ist. Man sieht schon an dieser Formulierung, daß das höchste Wissen keine *materielle* Erkenntnis aussprechen dürfte (da wäre es nicht mehr der ultra-spekulative *Grund* unserer Verständigung über mögliche Inhalte, sondern – wie das absolute Wissen Hegels – zugleich Grund und Inhalt unserer Verständigung [*Dial* O 91 ff.]).

Schleiermachers Orientierung an der ursprünglichen Sprachlichkeit des διαλέγεσθαι[99] entspringt nun keineswegs einer im Gebiet der reinen Spekulation als popularistisch zu beurteilenden Herablassung. Es ist vielmehr eine Wesenseigentümlichkeit von Diskursen (d. h. – Habermas zufolge – Veranstaltungen, in denen kognitive Äußerungen begründet werden), daß sie ihre Rationalität nicht monologisch dekretieren, sondern nur kommunikativ – nur gesprächsweise – rechtfertigen können. Keine solipsistisch unternommene ›Anstrengung des Begriffs‹ vermöchte nämlich das Geltungskriterium, das die mehr als individuelle Gültigkeit ihrer Gedankenproduktion garantierte, aus sich selbst zu gewinnen. Bevor sie sich nicht der wechselseitig ausgeübten Kontrolle einer »Denkgemeinschaft« unterwirft (l. c. 10), bleibt ihr Insistieren auf präkommunikativer Gewißheit eine rein subjektive Versicherung. Ein Gespräch entsteht dort, wo die Gewißheit keine Sorge trägt, ihre Geltungsansprüche in der Schwebe zu lassen, bis sie ›in eigentlicher Wechselrede‹ entweder bestätigt oder verworfen werden. Ein Motiv zur Entäußerung des einsam räsonierenden Subjekts an eine Denkgemeinschaft wird man freilich nur dann annehmen, wenn sich zeigt, daß in der flüssigen Folge von Gedankengliedern eine dem Subjekt unversehene »Hemmung« (l. c. 9) auftritt, die die Konsequenz zwischen zwei Gedanken entweder ungewiß macht oder sie nur um den Preis zustande brächte, daß »ein anderes, schon gewiß Gewesenes aufhören müßte, gewiß zu sein« (l. c. 10). Eine solche

99 Das »διαλέγεσθαι«, heißt es in der *PhE*, sei ein »fortgesetztes Vergleichen einzelner Akte des Erkennens durch die Rede, bis ein identisches Wissen herauskommt« (164).

Vgl. zum folgenden die aufschlußreichen Artikel von Friedrich Kaulbach, *Schleiermachers Theorie des Gesprächs* (in: *Die Sammlung*, 14. Jg., März 1959, 3. Heft, 123-132) und *Schleiermachers Idee der Dialektik* (in: *NZsystThRph* 10 (1968), 225-260) sowie Hans-Joachim Rothert, *Die Dialektik Schleiermachers. Überlegungen zu einem immer noch wartenden Buch* (in: *ZThK* 67 (1970), 182-214).

Hemmung *muß* indessen auftreten, da das Denken auch im ›Selbstgespräch‹ nicht aufhört, dialektisch verfaßt zu sein.

Tatsächlich erweist sich der Autismus des ›selbständig Denkens‹ als pure Abstraktion des Selbstgesprächs, das, qua Gespräch, nicht nur einer Kommunikationsgemeinschaft verpflichtet ist (und insofern die Schwelle des Solipsismus faktisch immer schon überschritten hat), sondern auch den »*Zweifel*« kennt und von einem »*Streit*« divergierender Denkmöglichkeiten in Atem gehalten wird.[100] Sein scheinbar nichtkommunikativer Charakter entspringt entweder methodischer Abstraktion oder einer nichtdiskursiven Denkhaltung (etwa der künstlerischen) oder einer sozialpathologischen Deprivation. »Das *eigentliche Gespräch*« der Dialektik (l. c. 9) setzt dagegen voraus, daß die Subjekte einer (in der Richtung auf ein ihre Divergenz überwindendes Wissen[101] einigen) Denkgemeinschaft den letzten narzißtischen Rückhalt aufgeben, der auch dem aufrichtigsten Selbstgespräch (etwa der Meditation) noch eignet, und ihre Überzeugung ins Spiel des dialektischen Streits miteinbringen, in dem allein die Chance zu einer mehr als nur privaten Gewißheit beschlossen liegt.

Was Habermas die dem Diskurs eignende »*Virtualisierung von Geltungsansprüchen*«[102] nennt, entspringt also keineswegs einer mehr oder weniger zumutbaren Bescheidenheit der Gesprächspartner. Sie hat ihren Ursprung nicht allein in der Tatsache, daß kein Subjekt für den Grund seiner Gewißheit einzustehen vermöchte, sondern auch in der Unvermeidlichkeit des Streits als der nicht hintergehbaren Ausgangssituation[103] des nach Wissen su-

100 Zum Selbstgespräch gehört auch die eindimensionale Mitteilung, zu der Gegenrede allenfalls in Gestalt der begleitenden Bejahung erwartet wird (l. c. 9/10).

101 Im »Wissenwollen«, wie Schleiermacher sagt (l. c. 33; 44 und passim) – mit einem Ausdruck, den auch Schellings Münchener Vorlesung 1832/3 über *Grundlegung der Positiven Philosophie* (ed. H. Fuhrmans, Torino 1972) in verwandtem Kontext gebraucht.

102 J. Habermas, *Vorbereitende Bemerkungen* (...), l. c. 117. Natürlich sind auch die Handlungszwänge suspendiert. Dem trägt Schleiermacher durch die Ausschaltung des praktisch-geschäftlichen Denkens aus der Dialektik Rechnung. (Daß der von ihr gesuchte Grund zugleich auch die Gültigkeit von sittlichen Handlungen fundieren soll, wird klar aus seiner uns schon bekannten Definition als Basis der Einheit von Handeln und Denken [Ethik und Logik]. Die *Dialektik* betont ausdrücklich den abstraktiven Charakter des ›reinen Denkens‹ in bezug auf die mitgesetzten Momente des Ästhetischen und des Praktischen [*Dial* O 24 ff.].)

103 Vgl. *Dial* O 13: »Wenn alles reine Denken, só wie der einzelne zuerst in diese Tätigkeit hineintritt, immer schon am Streit beteiligt ist, (...).«

chenden reinen Denkens. In Zusammenwirkung mit der Transzendenz des Wissensgrundes ist dies allerdings ein Umstand, der *die Dialektik zur höchsten Instanz kommunikativer Bewährung von Geltungsansprüchen* erhebt: *Die intersubjektive Verständigung zwischen diskursiv strittigen Positionen im Hinblick auf ihre nie endgültig gewährleistete Überwindung wird zum (allerdings unüberbietbaren) Supplement einer spekulär-authentischen Selbstgegebenheit der Wahrheit.*[104]
Eine in dieser Definition mehr oder weniger selbstverständlich gemachte Voraussetzung des eigentlichen Gesprächs ist ausdrücklicher noch hervorzuheben: Sich auf ein Gespräch einlassen heißt: die Vereinigung (den Konsens) vorläufig widerstreitender Positionen als möglich von vornherein zu unterstellen. Vorhin hoben wir darauf ab, daß das reine Denken in die Suspendierung von Geltungsansprüchen im Hinblick auf einen Zustand des Wissens einwillige. Jetzt wird hinzugefügt, daß die Partner der Kommunikationsgemeinschaft ihr »Entgegenstreben im Denken« auch tatsächlich immer schon von der »Voraussetzung« her angehen, »daß es im Denken, sowohl in dem Akt für sich, als im Fortschreiten von dem einen zum anderen, etwas von jener Verschiedenheit der Einzelwesen nicht Affiziertes gebe, indem (sie) sonst auch nicht einmal das eine Gespräch kunstmäßig, und so, daß es für alle gelten soll, führen könnten« (l. c. 11; vgl. 121). Da ein solcher Vorgriff auf ein »in allen selbiges Denken« (ebd.) sich nicht auf Erfahrung gründen kann – die Erfahrung lehrt nichts anderes als die Instabilität der Übereinkünfte und die Ursprünglichkeit eines Zustandes des Streits (l. c. 12) –, muß er in der Struktur des dialektischen Bewußtseins selbst aufgewiesen

104 Über den sinnkritisch postulierten, wie eine regulative Idee behandelten *Konsensus* als Bürgen für die Objektivität von Erkenntnis vgl. Ch. S. Peirce, *Schriften* I, 245 ff. Peirce kennt – ähnlich wie Schleiermacher – die Idee einer »*Gemeinschaft*, die ohne definitive Grenzen ist (indefinite Community) und das Vermögen zu einem definitiven Wachstum der Erkenntnis besitzt« (l. c. 261). Wie bei Schleiermacher ist sie entworfen in der Absicht, die durch die Abdankung von Kants transhistorischem ›Bewußtsein überhaupt‹ vakant gewordene Stelle eines transzendentalen Konstituens von Objektivität neu – und zwar durch eine empirische Größe – zu besetzen (das Subjekt in zeichenvermittelter Kommunikation mit anderen Subjekten). Vgl. die genannten Arbeiten K.-O. Apels, der die Peircesche Community der junghegelianischen »Gemeinschaft der vernünftigen Iche« oder der Marxschen »Menschheitsklasse« vergleicht (K.-O. Apel, *Der Denkweg von Charles S. Peirce*, Frankfurt/Main 1975, 59), Schleiermachers sehr viel affineren Begriff einer unendlichen Denkgemeinschaft aber nicht erwähnt.

werden: das in den Streit divergierender Gedanken verwickelte Subjekt postuliert schlechthin und zufolge einer in dieser Forderung a priori sich bekundenden Gewißheit die Ausrichtung seiner Suche auf eine dem Streit enthobene Einheit des Wissens. Die Dialektik ist mithin nichts anderes als der »Zwischenraum« zwischen dem bloßen Streben nach Wissen und seiner Vollendung (l. c. 11/12) – einem Begriff, der seiner Undarstellbarkeit halber die Seinsweise einer regulativen Idee hat. Das absolute Wissen existiert als ein von den Gesprächspartnern durch den Akt selbst ihres Dialegesthai kontrafaktisch – nämlich wider das Faktum des Dissenses – in Anspruch genommenes Regulativ.
Solche Logik des Diskurses, wie Schleiermacher sie hier skizziert, ist unverkennbar analog dem, was Habermas unter dem Titel *Konsensustheorie der Wahrheit* vorführt. Beide nehmen ein Konzept von Rationalität in Anspruch, das sich nicht aufs Paradigma der logischen Notwendigkeit reduzieren läßt. Und beide tun dies in Gegenführung zu einem Begriff des Wissens, der unterstellt, ein eigenes Geltungsprinzip reflexiv als sich selbst einholen zu können. Die Transzendenz des Geltungsgrundes (nach Schleiermacher) und die Abhängigkeit jeder ontologisch sich begründenden Korrespondenztheorie der Wahrheit (»wahr ist die Aussage, die die Wirklichkeit richtig wiedergibt«) von der Aussage, die ihr das Prädikat zuspricht (nach Habermas), zwingen dazu, das Kriterium für die Wahrheit von Aussagen als Funktion der Zustimmung von Subjekten zu definieren, die sich in diesem Urteil einig sind. Ich darf, sagt Habermas, p von x nur dann behaupten, »wenn jeder andere Beurteiler mir darin zustimmen würde«[105]. Um dies gegebenenfalls mit Grund beanspruchen zu dürfen, dazu fehlt nun abermals ein vom Urteil der Subjekte unabhängiges Kriterium (Sachverstand, Kompetenz, Aufrichtigkeit und dergleichen sind Eigenschaften, deren Prädikation im Ermessen des urteilenden Subjekts – in seiner eigentümlichen Konzeption von Rationalität, Aufrichtigkeit usw. – gründet), so daß das nach transsubjektiver Fundierung der Wahrheit suchende Subjekt permanent auf sich selbst zurückverwiesen wird: Das Urteil über die Wahrheit oder Echtheit eines im Diskurs erzielten Konsensus vermöchte nur in einem weiteren Konsensus gefällt zu werden (der reflexive Diskurs hätte mithin denselben theoretischen Status wie der erste) – ein Zirkel, aus

105 Jürgen Habermas, *Vorbereitende Bemerkungen* (...), 125; vgl. 129.

dem man nur herausfindet, wenn man statt eines unabhängigen Entscheidungskriteriums die dem Selbstverständnis kommunizierender Subjekte faktisch inhärente Voraussetzung ans Licht bringt, in welcher die Vernünftigkeit der Übereinkunft je schon affirmiert ist, und zwar durch den Akt des Sicheinlassens auf das Gespräch selbst. Der »*Vorgriff auf eine ideale Sprechsituation*«[106], der kontrafaktisch nicht nur die Vernünftigkeit überhaupt von Einigung unterstellt, sondern auch den jeweiligen Begriff von Vernunft festlegt, unter dem der Diskurs antritt, garantiert den Sinn des Gesprächs etwa so wie der jeder verständigen Welt- und Menschenkenntnis Hohn sprechende Glaube an den Sinn des Handelns die sittliche Tat bei Rousseau und Kant.

Die Wahrheit des Konsenses bleibt freilich auch nach dieser Erklärung eine ungesicherte Voraussetzung. Es wird lediglich – und auch darin stimmt Habermas mit Schleiermacher überein – gezeigt, daß diese Voraussetzung nicht unterbleiben kann und daß sie faktisch nicht unterbleibt, wo immer gemeinschaftlich Wahrheit gesucht wird.

Eine im Postulat der idealen Wissenseinheit implizierte weitere Voraussetzung der Dialektik ist *die Selbigkeit des umstrittenen* Gegenstandes. Bei einem auf Wissen abzweckenden Diskurs muß Einigkeit über Ziel *und* Gegenstand des Gespräches herrschen, und der Dissens kann nur in den Positionen der Gesprächspartner gründen (*Dial* O 19 ff.). Wenn das Subjekt X die Proposition »Aa« aufstellt und das Subjekt Y »Bb« behauptet, kann kein Widerspruch, sondern – da die Gegenstände der divergierenden Prädikationen nicht dieselben sind – bloß eine »Verschiedenheit« von Urteilen entstehen. Ein »Widerspruch« könnte nur zwischen Aussagen vom Typ »Ab und A(-b)« auftreten. Aber auch hier geht der Streit nicht um A, sondern um die Berechtigung, ihm b zuzusprechen oder nicht. Paradox könnte man sagen, daß in dem dialektischen Streit die Partner einig nur sind in dem, was sie trennt (hinsichtlich dessen Prädikation sie auseinandergehen).

Wie ist der Streit methodisch aufzulösen? Zunächst ist zu beachten, daß Schleiermacher die dialektische von der formalen (Aussagen-)Logik abgrenzt (l. c. 33 ff.). Während diese den Gegenstand des Urteils gleichsam stehenläßt, verstrickt jene ihn in den Prozeß, der sich zwischen Widerspruch und Aufhebung abspielt.

106 L. c. 136

Sie dementiert das Vorurteil, als bleibe der Sachverhalt, über den Aussagen getan werden, von denselben unabhängig – »an sich« –, was er ist; als veränderten sich lediglich die Meinungen über ihn. Damit enthüllt sie die Unteilbarkeit des ›Allgemeinen-Besonderen‹ – Begriffs, in dem die Sache und die Art ihres Vermeintseins zu einer einigen Realität fusionieren.

Aber widerspricht dies nicht dem Postulat der Selbigkeit des Gegenstandes? Allerdings, sofern man die Methodik der Dialektik mit dem Organon einer Aussagenlogik verwechselt. Die Selbigkeit des Gegenstandes, auf den die widerstreitenden Aussagen der Dialektik sich beziehen, ist indessen kein einzelnes Ding oder einzelner Sachverhalt, sondern die *Wahrheit* (das Sein) von Sachverhalten ganz allgemein. Jedes dialektische Gespräch geht, wie wir sahen, intentionell aufs höchste Wissen, d. h. auf das allen divergierenden Einzelerkenntnissen aller Subjekte gemeinsame (weil sie fundierende), mithin (im Wortsinne) all-gemeine Wissen = A. A oder das »Sein« ist das in allem Einzelwissen (qua Wissen) in Anspruch Genommene.

A nun kann sein: das ganze Sein (A) oder ein »vereinzeltes Sein« (A'); es kann sein Grund von Seiendheit (reines Daß) oder Seiendes (›Gegenstand‹, Resultat eines bestimmten ›Teilungsaktes‹ des ›ganzen Seins‹). Damit sind zwei mögliche Widerspruchstypen vorgegeben. In beiden herrscht Einigkeit über A (das Sein), denn dies wird in jedem Urteil über ein Seiendes vorausgesetzt und interpretiert. Einmal jedoch kann Subjekt X b von A' prädizieren (»im seienden A denke ich b«), während Subjekt Y sagt: »b kann ich nicht in das seiende A denken, ohne daß dieses als solches aufhöre« (l. c. 22).

Es gibt also divergierende Beurteilungen eines identischen Teilungsaktes. Strittig ist nicht A', das ›seiende A‹, sondern b in Beziehung auf A'. Die Prädikationen, sagt Schleiermacher, heben sich in diesem Falle gegenseitig auf (was nur Sinn macht, wenn man – im Gegensatz zum Aussagenkalkül – ein unabhängiges Kriterium für die Eigenschaften von A' leugnet und nur auf die Unverträglichkeit von – in Ermangelung seiner – gleich gültigen Aussagen über A' abhebt). Nimmt man A (das Sein) weg, so hebt sich – nach Schleiermacher – die Aufhebung selbst auf, denn über das Konträre von »b« oder »-b« kann kein Streit entstehen, solange sie nicht in kontradiktorischer Opposition auf ein als identisch Unterstelltes bezogen werden (l. c.)

Im zweiten Falle geht der Streit um den »Teilungsakt selbst« und als solchen. Subjekt X sagt »A'«, während Subjekt Y »-A'« behauptet. Hier besteht nicht Uneinigkeit über die Zusprechbarkeit oder nicht von b zu A', sondern über den Bestand bzw. die Extension dieses bestimmten Seins-Sektors selbst. »Das Aufgehobene«, sagt Schleiermacher, ist hier »irgend eine oder auch jede zwischen beiden selbig gewesene Teilung des Seins, und dies ist das Maximum des Streits«. Auch er kann in dieser Form nur entstehen, wenn ein vom Urteil der Subjekte unabhängiges Kriterium für die Entsprechung oder Nichtentsprechung der Urteile über den Teilungsakt nicht aufgewiesen werden kann. Und zusätzlich gilt für ihn, was auch für den vorigen Fall galt, daß selbst in ihm die Selbigkeit des Seins als solchen vorausgesetzt wird (würde auch dieses bestritten, so löste sich die Unverträglichkeit des sich aufhebenden Widerspruchs in der indifferenten Verschiedenheit einer Behauptung, die nicht ins ›Gebiet‹ des Seins fällt, von einer solchen, die sich in diesem Gebiet situiert [l. c.]).

*

Um die hermeneutische Pointe dieser Widerspruchslogik so pointiert wie möglich hervortreten zu lassen, wollen wir das oben aufgestellte Paradox noch einmal aufgreifen. Wir sagten, im dialektischen Streit sind die Partner (formal) einig nur in dem, was sie (inhaltlich) trennt: der Ausrichtung auf Wahrheit. *Ihr Dissens entspringt lediglich aus der je individuellen Interpretation von A,*[107] *der sprachlich gebundenen,*[108] *d. h. der Nicht-Allgemeingültigkeit* (vgl. l. c. 16). *Es gibt A (Sein) nur in der Interpretation durch X oder Y, d. h. als Sinn von Sein.* Und da die Angemessenheit des Urteils nicht in einer dem Akt des Urteilens transzendenten Messung verbürgt werden kann, kann über sie nur in einem weiteren Urteil entschieden werden, – einem Urteil, für dessen Wahrheit die gleichen dialektischen Voraussetzungen gelten wie für das Beurteilte (die Geschichte liefert die Illustration für die Unendlichkeit der einander überlagernden Prädikationen des Seins). Im Unterschied zum aussagenlogischen Kalkül kann über das Zutreffen von b oder -b (oder auch beider) nicht einfach durch Exklusion entschieden werden.

107 ... »so folgt (...), daß jede hieraus hervorgehende Wahl mit der besonderen Denkgeschichte des Wählenden zusammenhängen muß« (*Dial O* 37; vgl. 28/9).

108 Vgl. l. c. 32 oben und 15/6

Die Unhintergehbarkeit des Streites zwischen Subjekten oder Gruppen oder ganzen ›Sprachkreisen‹ als eine historische Realität deutet auf den Mangel eines transsubjektiven Kriteriums für die ›wahre‹ Prädikation von A. Unter diesen Umständen ist der Sachverhalt von seiner Prädizierung nicht unabhängig und ›Wahrheit‹ also ein Verhältnis, für welches die Mitwirkung von Subjektivität ebenso konstitutiv wie hinderlich ist (konstitutiv, indem es sie andernfalls nicht gäbe; hinderlich, insofern sie eben dadurch strittig und Gegenstand einer historischen Dialektik wird). Es gibt keine analytisch wahren Urteile über A, die nicht in Wirklichkeit auf eine vorgängige Synthesis (eine semantische Institution) zurückverweisen; und jedes derart synthetische Urteil bereichert auf unvorhersehbare Weise das Beurteilte.

Was die Methode des Streites betrifft, wird man also sagen müssen, daß b und -b in Beziehung auf A′ miteinander unverträglich sind, in bezug aufs absolute Wissen aber beide ebensowohl wahr (als positive Prädikationen) wie falsch sind (als einander exkludierende). Die prädizierte Sphäre (A′, der Teilungsakt) erweitert sich ständig mit dem Meinen. Im Durchschauen der Relativität des eigenen Standpunktes (›Reflexion‹) *ist* schon der Durchbruch zur Wahrheit gelungen: nicht zugunsten der Fixierbarkeit einer materialen Aussage – die wäre gerade relativ, indem sie auf einem provisorischen Konsensus beruhte und sogar in Unwahrheit sich verkehrte, sobald sie den Sinn von Sein bereits zu erschöpfen behauptete –, sondern in der Gestalt einer jede Einzelerkenntnis totalisierenden Bewegung auf Wahrheit hin.

Es gibt also – ein Faktum, das die Hermeneutik wird erläutern müssen – einen untilgbaren Bezug der Dialektik auf das semiotische Regelgesamt, in dem die Seinsinterpretation verschiedener Subjekte wie verschiedener Gruppen von Subjekten kodiert ist. Wir wollen dies Regelgesamt vorläufig Grammatik nennen und hier nur anmerken, daß Schleiermacher die intersubjektive Manifestation einer von Subjekten inaugurierten Weltdeutung durch den Ausdruck »Sprachkreis« (*Dial* O 13 ff.) bezeichnet. Infolge ihrer Relativität auf die Grammatik nimmt die Dialektik notwendig teil an den Partikularitäten und Einschränkungen der letzteren (je bestimmten Traditionen, gesellschaftlich oder lebensgeschichtlich geprägten Selbstverständnissen, die sich in der Sprache niederschlagen und zugleich mit ihrem Erwerb als Praktiken verinnerlicht werden). Da »die Eigentümlichkeit einer Sprache«

nicht nur die Gedankenbildung der in ihr sozialisierten Individuen vorgibt, sondern »auch bei der Auffassung jeder anderen mit(wirkt)« (l. c. 15), und die Entwicklung einer jeden »notwendig immer etwas und zwar Unausscheidbares von ihrem Ursprung an sich (trägt)« (l. c. 16), bildet sich – im Unterschied zu den auf methodisch kontrollierter Konvention basierenden Kunstsprachen etwa der mathematischen Wissenschaften (l. c. 15) – ein unausrottbares Potential an Desinformation, das im Akt der Verständigung zwischen Sprachgemeinschaften wie zwischen ›Sprachgenossen‹ eine nicht überwindbare (und durch keine Horizontverschmelzung aufzulösende) Barriere von ›Irrationalität‹ (l. c. passim und *Dial J* 259) zwischen den Sprechern/Hörern aufzieht. Die Inkommensurabilität zwischen verschiedenartig kommunikativ instaurierten Rationalitätskonzepten, d. h. die ihnen eingeschriebene »unaustilgbare Differenz im Denken« (l. c. 15), wird manifest in den wechselseitigen Be-vorurteilungen, mit denen das eine über den Sinn des anderen sein eigenes Selbstverständnis schiebt, das weder wahrer noch falscher ist als das andere und das in Anbetracht der Unnachweisbarkeit eines vom Ausgang ihrer Verständigung unabhängigen Wahrheitskriteriums die Kunstlehre des Diskurses zum Verzicht auf »jeden Anspruch auf Allgemeingültigkeit« der durch sie methodisch vermittelten Erkenntnisse nötigt (l. c. 16 und 18; vgl. *PhE* 167, 175/6).

Man kann an diesen Formulierungen das Ineinandergreifen der beiden für Schleiermachers Theorie konstitutiven Grund-Annahmen besonders gut studieren: Die Macht und Irreduzibilität des Individuellen ist nur die Kehrseite der Transzendenz des Seins gegenüber dem Sinn, durch welchen ein jeder Sprachkreis es zugleich bestimmt und verstellt. Anders gesagt: Das Allgemeine (Identische) existiert nur als Einzelnes; aber es geht in ihm nicht unter; eine unüberschreitbare Barriere trennt es von der Bedeutung, die der Sinn ihm einschreibt, ohne seine Sphäre je zu erschöpfen (kein Einzelnes ist dem Sein adäquat). Das Sein kündigt sich vielmehr in der Tatsache des Streits als die permanente Alternative eines mit keiner Aussage einholbaren *Anderen Sinns* zu jeder individuellen Sinngebung (signification) an.[109]

109 Schleiermachers Ablehnung jeglicher Form einer ihres ›Grundsatzes‹ im vorhinein sicher sich glaubenden Ursprungsphilosophie (»mögen sie (sie) nun Wissenschaftslehre nennen oder Logik oder Metaphysik oder Naturphilosophie oder wie sonst immer« [*Dial* O 28]) ist hierin radikaler noch als die Hegelsche, die, wie Schelling und Feuerbach ihr vorhalten konnten, ihr Resul-

Wir finden hier eine bekannte Einsicht der Strukturalisten vorweggenommen: Das Sein fungiert tatsächlich wie jener Null-Signifikant, von dem Lévi-Strauss bemerkt, daß sein Umfang durch kein Signifikat abgedeckt werden kann,[110] so daß (wie Lacan anfügt) »die Vorstellung eines unaufhörlichen Gleitens des signifié unter dem Signifiant sich aufdrängt« (*E* 502; *S II* 27).
Die Wahrheit des signifié ist eine Funktion der in den Abweichungen des Sprachkreises niedergelegten Erschlossenheit von Sein – als solche grundsätzlich instabil –, »und hier stoßen wir nun auf die Auslegungskunst« oder »Hermeneutik« (*Dial J* 260), welche die »unleugbare Erfahrung« der »Relativität des Denkens« – des unauflösbar Nicht-Allgemeinen jeder Rede – beachtet (l. c. 259). Andererseits werden abweichende individuelle Schematisierungen des Seins nur dann zu einem Konsensus gelangen können, wenn sie der ihrer Relativität eingeschriebenen gemeinsamen Ausrichtung auf die allen Denkenden gemeinsame »Idee des Wissens« (l. c. 260) sich besinnen, die um ihrer Intersubjektivität willen mehr denn privates Denken, nämlich Sprache sein muß: das genau ist der Gesichtspunkt, den die Dialektik repräsentiert. »Auslegungskunst und Uebertragungskunst ist Auflösung der Sprache [des relativ Allgemeinen] in Denken [in individuellen Sinn];[111] Dialektik ist solche Auflösung des Denkens in Sprache, daß vollständige Verständigung dabei ist, indem man dabei immer die höchste Vollkommenheit, die Idee des Wissens im Auge hat. Daraus ist klar, daß beide nur miteinander werden« (*Dial J* 261).

tat nicht wirklich vom Gang der Gesprächsführung abhängig macht, sondern mit dem ersten Schritt antizipiert. Diesen nur zum Schein kommunikativen Entwurf der Rationalitätsdimension, in der sie sich entfaltet, durfte der junge Marx mit Recht den »*falschen* Positivismus Hegels oder seinen nur scheinbaren Kritizismus« nennen (*MEW*, 1. Ergänzungsband, Berlin 1968, 581). – Übrigens hat Nicolai Hartmanns Interpretation der *Dialektik* deren ›natürliche Gegenerschaft‹ zum »Rationalismus der idealistischen Systeme« scharfsichtig herausgearbeitet (*Die Philosophie des deutschen Idealismus*, Bd. 1, 254, vgl. 247 ff.).

110 Claude Lévi-Strauss, *Introduction à l'œuvre de Marcel Mauss*, in: M. M., *Sociologie et Anthropologie*, Paris [3]1966 XLIX/L.

111 Die hier eingesetzten Zuordnungen des Allgemeinen zum Sprachsystem, des Denkens zur individuellen parole werden wir später rechtfertigen.

Der Appell der Reflexion an die Interpretation: ein Vergleich mit den Begründungsversuchen der Hermeneutik durch Gadamer und Ricœur

Das Argument, mit welchem Schleiermacher den Übergang vom Diskurs des reinen Denkens zu dem der Hermeneutik motiviert, hat seine Verbindlichkeit in den – wenngleich semiologisch verkürzten – Reprisen der im weitesten Sinne existenzialontologischen Hermeneutiken unter Beweis gestellt. Diese Behauptung scheint freilich hart, wenn man bedenkt, in welchem Maße die Theoretiker einer Hermeneutik der Faktizität oder des ›Ich bin‹ bemüht sind, ihren Ansatz gegen den Idealismus im allgemeinen und gegen den Schleiermacherschen im besonderen abzuprofilieren.[112] Ihre Kritik am Phantasma suisuffizienter Selbstvermittlung und am Trugbild einer »absoluten Durchsichtigkeit«[113] des Seins für den Blick der Reflexion hat indessen – mit der Ausnahme Sartres – nicht nur keine auch nur einigermaßen überzeugende Theorie des Selbstbewußtseins an die Stelle der destruierten zu setzen vermocht, sondern ist, infolge ihrer einseitigen und nicht unbedenklichen Ausrichtung auf ein ganz bestimmtes Hegelbild, hinter wichtige Einsichten besonders der früh- und der spätidealistischen Spekulation (z. B. hinter den Nachweis der Nichtreflexivität von Selbstbewußtsein) zurückgefallen. Damit

112 Das tut besonders Gadamer, dem man ganz allgemein eine Nivellierung des komplexen Phänomens des Idealismus vorwerfen muß; so etwa, wenn er Schleiermacher, Humboldt und Hegel ohne Unterschied als Theoretiker einer pantheistischen Auflösung des Individuellen im Absoluten behandelt (»Die Kritik an der Reflexionsphilosophie, die Hegel trifft, trifft sie mit«, *WuM* 325). – Wider Willen gibt dies Verdikt freilich dem Individualitätsgedanken genau die Bedeutung, die Gadamers eigener Entwurf zu dementieren trachtet, und fingiert mithin auch hier eine epistemologische Diskontinuität, die so gar nicht besteht. Eine geradezu entgegengesetzte Lektüre Schleiermachers »als (des) Antipoden zur Philosophie des deutschen Idealismus« hat Claus von Bormann unternommen (C. v. B., *Der praktische Ursprung der Kritik*, Stuttgart 1974, 139; vgl. bereits seine auch mit der Schleiermacherkritik sich auseinandersetzende Besprechung des Gadamerschen Werks in der *Phil. Rundschau*, 16. Jg., Heft 2 (August 1969), S. 92-119, *Die Zweideutigkeit der hermeneutischen Erfahrung*. Wiederabgedruckt in *Hermeneutik und Ideologiekritik*, l. c. 83-119); und Lothar Steiger, *Die Hermeneutik als dogmatisches Problem. Eine Auseinandersetzung mit dem transzendentalen Ansatz des theologischen Verstehens*, Gütersloh 1961, verfolgt von theologischer Seite die »bis in Einzelheiten hinein« sich erstreckenden Parallelen des Schleiermacherschen Ansatzes zur Verfahrensweise der existenzialen Theologie (25, passim).

113 Ein Begriff, den Hegel ebenso wie Fichte verwendet (vgl. *Logik*, Bd. II [Theorie-Werkausgabe Bd. 6, Frankfurt/Main 1969, 573]; Vorrede zur *Phänomenologie des Geistes*, 24 und passim; Fichtes *WW* Bd. X, 43 und passim).

hängt zusammen, daß die vom sogenannten Idealismus geleistete Kritik am Theorem eines absoluten und sich durchsichtigen Subjekts – eben an dem, was Gadamer und Ricœur »Reflexionsphilosophie« nennen – gar nicht in ihren Gesichtskreis getreten ist oder – oder wie es bei Heideggers Schellingrezeption auf der Hand zu liegen scheint – ohne Umstände (nämlich ohne ausdrücklichen Vermerk)[114] vereinnahmt worden ist, ohne daß diese Zueignung eine Modifikation der geschichtsphilosophischen These über die Selbstermächtigung der Subjektivität in der abendländischen Metaphysik nach sich gezogen hätte. Es bedarf dieses Hinweises, um die Kontinuität der hermeneutischen Reflexion seit Schleiermacher gegen den Augenschein eines epistemologischen Bruchs, der etwa mit Heidegger eingesetzt hätte, wieder ins Bewußtsein zu heben.

Gadamers Auseinandersetzung mit Schleiermacher gibt ein besonders eindrucksvolles Beispiel von der Macht wirkungsgeschichtlich induzierter Voreingenommenheit gegenüber dem, was er die »Fragwürdigkeit der romantischen Hermeneutik« nennt, und Ricœurs fast vollständiges Übergehen Schleiermachers zeigt ihn einer ähnlichen Tradition verpflichtet. Um so verwunderter müssen wir gestehen, daß wir weder bei ihm noch bei Gadamer ein gegenüber Schleiermacher wirklich neues oder gedanklich strengeres Argument für die Notwendigkeit eines hermeneutischen Einspruchs gegen das vorgeführt finden, was beide – fragwürdig – Reflexionsphilosophie nennen. Wir wollen das belegen.

Zunächst erinnern wir daran, daß Gadamer das prinzipielle Übergriffensein der Subjektivität von dem sie ›beherrschenden‹,[115] ihr Sichwissen überbietenden[116] Spiel des Traditionsgeschehens

114 Diese Behauptung könnte nach Heideggers Äußerungen zu Schelling in seinem Nietzschebuch und in der Vorlesung zur ›Freiheitsschrift‹ unrichtig erscheinen. Tatsächlich verschleiert die dem idealistischen Philosophen Schelling (der den Sinn von Sein gleichwohl als Wille denke und also die Seinsfrage verfehle) gewidmete exegetische Sorgfalt fast alles, was Heidegger dem Erfinder des ›Existenzialsystems‹ verdankt; jenem Schelling, der hundert Jahre vor Heidegger in der Geschichte der neueren Philosophie bereits die Spur einer progressiven, in Hegels *Logik* gipfelnden Verdrängung des positiven Seins zugunsten des néant der Reflexion entdeckt und der die Frage nach dem ›Grund des Daseyns‹ bereits in der nachmals berühmt gewordenen Fassung gestellt hatte (*WW* II, 1, 5 und 7; vgl. l. c. 242 und I,6, 155 und I,7, 56).

115 Gadamer, *Zur Problematik des Selbstverständnisses. Ein hermeneutischer Beitrag zur Frage der ›Entmythologisierung‹*. In: *Einsichten*, FS für G. Krüger, Frankfurt/Main 1962, 80.

116 Gadamer, *WuM* 98/9 (... »unabhängig von dem Bewußtsein der Spielenden«)

– einem selbst-losen Verhältnis, das vor den von ihm befaßten Beziehungsgliedern des Verstehenden und des Verstandenen stets den »Primat« hat[117] – mit der nicht hintergehbaren Endlichkeit der Subjektivität begründete: Ihr Selbstverhältnis artikuliert sich nicht als jene »Durchsichtigkeit seiner selbst, die nach Hegel das absolute Wissen ist und die höchste Weise des Seins ausmacht«,[118] also nicht als das ›Selbstbewußtsein‹ der Idealisten; sondern sie realisiert sich als ein in der Geschichte verzeitlichtes »Selbstverständnis«,[119] das, weil es sein Sein nie adäquat (nämlich niemals in *einem* einigen zeitenthobenen Augenblick) vor sich bringen kann, von dem Geschehen, in das es verstrickt ist, seinen Sinn sukzessiv zu lernen hat, ohne seine Fülle jemals erschöpfen zu können.[120] »Alles Verstehen«, sagt Gadamer, »ist am Ende Sich-verstehen, aber nicht in der Weise eines vorgängigen oder schließlich erreichten Selbstbesitzes. (...) Das Selbst, das wir sind, besitzt sich nicht selbst. Eher könnte man sagen, daß es sich geschieht.«[121]

Die Unverfügbarkeit des Seins für den Begriff, der nach ihm ausholt, um es zu ›übergreifen‹, die schlechthinnige Abhängigkeit der Macht unserer Reflexion von einem in ihr mitgesetzten Anderen, einem nicht spekularisierbaren »extra nos«,[122] zwingt uns, das Gebiet der Reflexion zu überschreiten,[123] um den irre-

117 Gadamer, *Zur Problematik des Selbstverständnisses*, 77

118 L. c. 81

119 Schleiermacher würde sagen: als »das Gefühl eines Eingewurzeltseins in einem größeren Ganzen« (*PhE* 179)

120 Schleiermachers Entwurf der *Dialektik* aus dem Jahre 1811 pflegte diesen Sachverhalt nicht unähnlich so auszudrücken, daß in der Sprache kein das Sein der Welt vollständig repräsentierender Begriff gefunden werde (*Dial J*, 315 f., passim) – eine abermals stark an Peirce erinnernde Formulierung (vgl. R. J. Bernstein, *Praxis und Handeln*, 17 ff.).

121 Gadamer, *Zur Problematik des Selbstverständnisses*, 81. Vgl. ders.: *Rhetorik, Hermeneutik und Ideologiekritik*, in: *Kleine Schriften I*, 127 (wiederabgedruckt in *Hermeneutik und Ideologiekritik*, 78): »Wirkungsgeschichtliches Bewußtsein ist auf unaufhebbare Weise mehr Sein als Bewußtsein.«
Vgl. zum Thema auch Walter Schulz, *Anmerkungen zur Hermeneutik Gadamers*, in: *Hermeneutik und Dialektik*, FS für H.-G. Gadamer, Tübingen 1970, Bd. 2, 305-316, und Hermann Braun, *Zum Verhältnis von Hermeneutik und Ontologie*, l. c. 201-218.

122 Vgl. neben der *Glaubenslehre* auch die *Christliche Sitte* (*SW* I/12, 32): In unserem unmittelbaren Selbstbewußtsein ist »immer etwas außer uns als mitbestimmendes gesetzt«.

123 Daß Gadamer Schleiermachers Vorgängerschaft gerade in bezug auf dieses Theorem nicht anerkennt (ja nicht einmal erwägt), ist um so merkwürdiger, als er die Charakterisierung der Grundzüge einer existenzialontologischen

präsentablen (›transzendenten‹) Grund derselben in der als Geschichte ausgetragenen Bewegung unendlicher Deutung seines Sinns – durch eine Hermeneutik also – wiedereinzuholen. Daß Gadamer keinerlei Hinweis gibt, eben dies sei Schleiermachers Entdeckung gewesen (wenn man sie nicht schon der Frühromantik zusprechen will), verliert wenig von seiner Erstaunlichkeit, wenn man liest, der Begriff des Selbstverständnisses besitze, wie man bei J. G. Hamann lernen könne, eine ursprünglich theologische Prägung: »Er ist bezogen auf die Tatsache, daß wir uns selbst nicht verstehen, es sei denn vor Gott.«[124]

Ähnlich argumentiert Ricœur, dessen Hermeneutik freilich einen ungebrochenen Bezug zum ›Heiligen‹ bewahrt hat und der, wenn nicht auf Schleiermacher,[125] so doch auf Fichte rekurriert, um den Ursprung einer hermeneutischen Selbstkritik sogenannter Reflexionsphilosophie freizulegen. Mit den Überlegungen, die er dem Aporem des ›thetischen Urteils‹ widmet, begegnet er allerdings fast zwangsläufig gewissen Argumenten, die wir von Schleiermacher kennen und in Ricœurs Ableitung als solche nur zu bezeichnen haben werden.

Auch hierfür dürfen wir zunächst an Bekanntes anschließen. Gegenstand der hermeneutischen Arbeit ist für Ricœur das Symbolische, d. h. eine Konfiguration aus Signifikanten, die nicht

Hermeneutik zuweilen in Formulierungen vorträgt, die dicht am Schleiermacherzitat sind, so *WuM* 496: »Das unverfügbare Andere, das extra nos, gehört zum unaufhebbaren Wesen dieses Selbstverständnisses.«

124 Zur *Problematik des Selbstverständnisses*, 82. Der Untertitel des Aufsatzes, aus dem wir zitieren, erklärt diese Referenz, die Gadamer, soviel ich sehe, sonst in dieser Weise nicht wiederholt: *Ein hermeneutischer Beitrag zur Frage der »Entmythologisierung«*. – Vgl. auch Martin Heidegger, *Unterwegs zur Sprache*, Pfullingen 1959, 96: »Ohne diese theologische Herkunft wäre ich nie auf den Weg des Denkens gelangt. (...) Später fand ich den Titel ›Hermeneutik‹ bei Wilhelm Dilthey (...) wieder. Dilthey war die Hermeneutik aus derselben Quelle her vertraut, aus seinem Theologiestudium, insbesondere aus seiner Beschäftigung mit Schleiermacher.«

Wir können in Anbetracht der konstitutiven Funktion der religiösen Erfahrung (des Bewußtseins von der Uneinholbarkeit des Wissensgrundes) für die Begründung der Hermeneutik Doris Offermanns These nicht zustimmen, derzufolge im Kontext der *Dialektik* die Bestimmung des Sich-abhängig-Fühlens »nicht von Belang«, ja »nicht motiviert« sei (*Schleiermachers Einleitung* ..., 81). Sie ist es, die die *Dialektik* von einem System von der Art des Hegelschen unterscheidet und zum Rekurs auf die Hermeneutik zwingt; und *sie* stiftet die Konvergenz zur *Glaubenslehre*, von der man die *Dialektik* in dieser Hinsicht nicht ablösen kann.

125 Der Name – wir deuteten es schon an – begegnet im Kontext seiner Schriften kaum häufiger, als für einen französischen Theoretiker der Hermeneutik unverzichtbar ist.

immediat, sondern auf dem Umweg über eine zweite Signifikantenkette, als deren Metapher sie sich enthüllt, auf das verweist, was sie eigentlich meint (so ist den ›Triebschicksalen‹ der Semantik des Wunsches [désir] in der analytischen Hermeneutik nur über den Text der ›Sinnschicksale‹, nämlich die Semantik der bewußten Rede, beizukommen, indem man die letztere als Metapher der ersten liest; und das entsprechende gilt für die mythisch-religiöse Interpretation). Der Sinn jeder manifesten Rede wird gleichsam von sich selbst übertroffen, insofern er zugleich auf der Ebene der latenten Rede spielt und insofern es nie möglich ist, die Semantik der Rede des Anderen erschöpfend in die Semantik des Selbstbewußtseins einzubringen. So gilt zwar einerseits, daß jedes intentional auf Seiendes ausgerichtete Sprechen als Metapher oder Mythopoiëse einer als solche nie unmittelbar zugänglichen Sprache (der des Wunsches oder der des Heiligen) verstanden werden kann und dann an eine Anstrengung der Reflexion appelliert, zur Entbindung dieses seines latenten Logos beizutragen. Aber das umgekehrte gilt ebenso: denn die Irreduzibilität der vollen Symbolik des discours de l'Autre[126] auf die Sprache der manifesten Bedeutungen und Referenzen als solche verweist den Logos des reflexiven Diskurses von sich her an die Instanz der Interpretation. Es gibt also ein Hin und Her von Verweisungen des Symbols an die Reflexion (manifeste Ebene) und der Reflexion ans Verstehen (latente Ebene).

Diese letzte Konsequenz würde eine als strenge Wissenschaft sich konstituierende Philosophie, wie es die idealistische oder die phänomenologische war, als »etwas Skandalöses«[127] von sich weisen, weil 1. die strenge Allgemeinheit des Geistes in Symbolgestalt an die »irreduzible Besonderheit« bestimmter Sprachen und Kulturen (Schleiermacher würde sagen: an das Irrationale von Sprachkreisen) ausgeliefert würde, weil 2. die Philosophie als Wissenschaft nach der Eindeutigkeit begrifflicher Fixierungen verlangt, während das Symbol undurchsichtig ist und auf zwei

126 Ricœur verwendet diesen Ausdruck nicht – vielleicht deshalb, um nicht Anlaß zu einem Grundsatzreferat über seine Abhängigkeit von Lacan zu geben. Natürlich würde Lacan sich dagegen wehren, daß der Logos der latenten Rede als Sachverhalt beschrieben werde, der die Reflexion zur Arbeit aufrufe (obwohl er zu Freuds Rede von Traum-*gedanken* steht. Es sind dies freilich Gedanken, die auf einer anderen Ebene als der des reflexiven Cogito gedacht werden).

127 Paul Ricœur, *De l'interpretation. Essai sur Freud*, Paris 1965, 49 (deutsch: *Die Interpretation. Ein Versuch über Freud*. Frankfurt 1969, 55).

Ebenen spielt,[128] und weil 3. jede Interpretation »widerrufbar«[127] ist (das zwischen Mythos und Logos geknüpfte Band ist jederzeit auflösbar durch den Sinn, den eine anders gerichtete Deutung von ihm macht): Die Auslegung verschwimmt im Medium des Plurivalenten, ihre Gegenstände sind überdeterminiert.

Um diese Einwürfe, besonders den letzten, abzuwehren, muß man zeigen können, daß *in den Selbstvermittlungsprozeß der Reflexion selbst* die Zweideutigkeit des Symbols sich einschleicht, so daß jene nicht von sich aus über die Fülle ihres eigenen Sinns verfügt, sondern erst über den Bezug auf eine vorgängig geleistete Interpretation zu dem ihr eignenden Selbstverständnis gelangt. Es wäre, mit anderen Worten, das Scheitern der Reflexion an der Forderung, den Grund ihrer eignen Bestimmtheit in sich einzuholen, und die aus ihm sich ergebende Universalität des Symbolischen darzulegen.

Die im *cogito sum* indizierte »réflexion sur soi-même«[129] als Präfiguration von Fichtes selbstbewußter Urhandlung lesend, erläutert Ricœur die in diesem Satz behauptete Koinzidenz von bloßer *Gewißheit* und *Wahrheit* durch Descartes' und Fichtes Absicht, in ihm ein Sein und eine auf dieses Sein sich zurückwendende Tätigkeit, ein Existieren und ein Sicherscheinen der Existenz, aufzuweisen: Die Gewißheit des *cogito sum* (Anschauung) werde durch den und im Vollzug des Aktes selbst zugleich ins Licht seiner Wahrheit (seines Begriffs) gestellt:[130] »Son [sc.:

128 In Wahrheit kehrt ja aber bei Ricœur – wie wir sahen – das entzifferte Symbol zur Eindeutigkeit zurück (oder *soll* wenigstens wieder eindeutig werden). Seine Ambiguität ist nur ein transitorisches Stadium des teleologischen Prozesses seiner Entschlüsselung. Diese tendenzielle Ausweitung des Reflexionsbegriffs bis hin zur Ebene der Semantik des désir scheint uns ein Hauptsymptom der Verhaftetheit der Ricœurschen Hermeneutik im traditionellen Diskurs der Repräsentation. Gerade hier gehen Schelling etwa und die Romantiker (mit Schleiermacher) sichtlich weiter als der Kryptohegelianismus der Ricœurschen Freudinterpretation, der zwischen einer Archäologie des verschütteten und einer Teleologie des wiedergefundenen Sinns einen dialektischen Bogen zu spannen versucht.

129 Ricœur, *De l'interprétation*, 50 (deutsch: 55 und 56)

130 Für Fichte zumindest trifft diese Interpretation nicht zu (er unterschied ausdrücklich das ›Ich als intellektuelle Anschauung‹, die eine bloße *Form* nicht-thetischen Sich-Transzendierens auf Seiendes ist, von dem ›Ich als Idee‹, in welchem Subjekt und Objekt koinzidieren (*WW* I, 515/6). Auch Sartre setzt sich ausdrücklich von der Interpretation Lachièze-Reys und Bergers ab, die das Cogito Descartes' als ›intellektuelle Anschauung‹ nicht in Fichtes, sondern in Spinozas Sinne, also als eine »Wahrheit«, in der Subjekt und Objekt identifiziert seien, verstehen wollen (Sartre, *Conscience de soi et connaissance des soi*, 60). Ricœur scheint Fichtes und Sartres Kritik an den Zirkeln der Reflexionstheorie des Selbstbewußtseins gar nicht zu kennen.

der Wahrheit] autoposition est réflexion. Fichte appelait cette première vérité: le jugement thétique. Tel est notre point de départ philosophique.«[131]

Aber durch diese Beschreibung läßt sich nicht verständlich machen, wieso die unmittelbar ihrer Wahrheit zueilende Reflexion[132] es nötig haben sollte, sich auf das mühsame Vermittlungsgeschäft eines »déchiffrage« (ebd.) zu legen. Ricœur fügt darum korrigierend hinzu, daß sie, wie schon Kant gezeigt habe, in der an Inhalt leeren Evidenz ihres Für-sich-Seins *nicht* zumal Anschauung (›intuition‹) ist, d. h. daß sie als »leerer« Begriff in der Rückwendung auf ihr ›Selbst‹ nicht wirklich auf die intuitive »Evidenz des unmittelbaren Bewußtseins« (wie Fichtes Theorem der intellektuellen Anschauung[133] dies annimmt), sondern auf ein (je verschiedenes) Etwas trifft, dessen sie sich zwar als ihres Anderen, nicht aber als des ihn thematisierenden Aktes – d. h. ihrer selbst – zumal bewußt wird. (Um das zu gewährleisten, dürfte sie sich nicht mit sich *vermitteln* wollen, sondern müßte – wie Fichte es nur behauptet – *unmittelbar* ihren eigenen Reflex mit sich führen.)[134] Kurz, um der *Opazität* des im thetischen Urteil Affirmierten zu entkommen, muß der Akt der ›autoposition‹ die Dichte seiner ›ursprünglichen Existenz‹[135] reflexiv aufspalten und die Auskunft über sein Wesen bei den Objekten einzuholen suchen, die ihm als Folge der Spaltung gegenüberstehen und in denen das Wesen sich zugleich spiegelt und verstellt. Die Subversion des originären Subjekts verwandelt im selben Augenblick

131 *De l'interprétation* 50/1; (dt. 56). Diesen Ausgangspunkt erläutert Ricœur fast wörtlich gleich in *CI* 20 ff., 223 ff., 233 ff., 257 ff., 103 ff., 169 ff., 321 ff.; (dt. *KI I* 26 ff., 126 ff., 137 ff., 167 ff.; *KI II* 11 ff., 93 ff., (97 ff.), 208 ff.

132 Daß Ricœur die Urhandlung als Reflexion verkennt, bezeichnet einen weiteren Mangel, durch den er hinter Fichte selbst, aber auch hinter Schleiermacher zurückbleibt (eine Reflexion könnte nie unmittelbar [!] ihrer Wahrheit sich versichern). Dieser Mangel, der die Aktualität der Schleiermacherschen Grundlegung der Hermeneutik von einer weiteren Seite hervortreten läßt, ist keineswegs beiläufig: er betrifft Ricœurs »philosophischen Ausgangspunkt« und sorgt dafür, daß seine Hermeneutik die These eines Wiedereinholens von verschüttetem Sinn nur um den Preis eines ziemlich groben Zirkels durchhalten kann (eines Zirkels, dem Lacan durch die selbst heikle Konstruktion entgeht, daß er jede Beziehung des discours de l'Autre zu dem der Reflexion abbricht).

133 *De l'interprétation*, 51 (›Intuition intellectuelle‹)

134 Fichte, *WW* II, 33: »Fürsichseyn – absolute Möglichkeit, in jedem Seyn zugleich Reflex desselben zu seyn.« Vgl. *WW* IX, 77.

135 Der ›acte d'exister‹ fungiert als Synonym des im thetischen Urteil affirmierten ›Ich bin‹ Fichtes.

die Objekte in Symbole; denn sie zeigen von nun an immer zugleich mit ihrem eigenen das in ihrem ›Scheinen‹ chiffrierte Sein der absoluten Identität des Subjekts und seines Anderen – Schein des ursprünglichen Seins, der als Reflexionsmedium an den Manifestationen (den Werken, Institutionen, Denkmälern, Vorstellungen usw.) der Subjektivität haftet[136] und sie über das, was sie sind, indirekt belehrt; freilich tut er das nur als metaphorisches Substitut der Identität, als der im Streben nach Wiederaneignung (réappropriation)[137] der unzerstückelten Gänze seiner und seines Gegenwurfs sich selbst interpretierende Wunsch (désir).[138] Fichte zog, wie wir sahen, eine analoge Konsequenz, wenn er die Möglichkeit von Bestimmung an das ›Grundgesetz unserer Endlichkeit‹ band, nach welchem das Sein des Selbst und sein Sicherscheinen sich nur im Gegensatz gegeneinander profilieren können, also aus ihrer im ›thetischen Urteil‹ hypostasierten Identität heraustreten und so der Doppeldeutigkeit einer in der bewußten Rede mitsprechenden Semantik des ›Triebes‹ (désir) sich ausliefern.[139]
Freilich muß man – wenn Ricœur von der Wiederaneignung des verlorenen Selbst als von einer ständigen »Aufgabe« spricht[140] – beachten, daß er von einer Reflexion *aufs Selbst* (réflexion sur *soi-même*) redet und nicht – wie in gewisser Weise Fichte und Schleiermacher – von der Reflexion, die das Selbst (le Soi) *ist.*[141] Das Selbst – nämlich das in der position du soi oder position de l'Ego Affirmierte – bleibt bei ihm – trotz des Titels »unmittelbares Bewußtsein« – prinzipiell unaufgeschlossen.[142]

136 *De l'interprétation*, 51 (dt. 57)
137 *De l'interprétation*, 52
138 L. c. 52 f.; (dt. 58 f.); *CI* 321-325 (*KI II* 208-212. Dieser Passus ist nahezu wortgleich mit dem des Freudessays, die deutsche Übersetzung wesentlich zuverlässiger.)
139 Vgl. *De l'interprétation* 41 (deutsch 46): »Le philosophe formé à l'école de Descartes sait que les choses sont douteuses, qu'elles ne sont pas telles qu'elles apparaissent; mais il ne doute pas que la conscience ne soit telle qu'elle s'apparaît à elle-même; en elle, sens et conscience du sens coincident; depuis Marx, Nietzsche et Freud, nous en doutons. Après le doute sur la chose, nous sommes entrés dans le doute sur la conscience.«
140 »La position du soi n'est pas une donnée, elle est une *tâche*«, sagt er mit Fichte: »elle n'est pas *gegeben*, mais *aufgegeben*« (l. c. 53 [dt. 59] und *CI* 324 [*KI II* 211]).
141 Vgl. *CI* 322 (*KI II* 208); *De l'interprétation* 50/1 (dt. 55/6).
142 »Es gibt«, sagt er, »kein unmittelbares Sichselbstgewahren (il n'y a d'appréhension directe de soi par soi), keine innere Apperzeption; die Aneignung meines Wunsches nach Existenz (désir d'exister) ist auf dem kurzen

Die Reflexion bringt es erst auf dem Umweg über ein semiotisches Medium zur gegenständlichen Präsenz, darin jenes sich als in einem vielfältig ausdeutbaren Symbol zu fassen bekommt. Auf der Eleganz dieser Konstruktion lastet mithin – abermals im Gegensatz zu der Schleiermacherschen – die Hypothek eines ziemlich groben Zirkels: die reichlich verwendete Spiegelmetaphorik und der Selbstwiderspruch im Ausdruck eines nicht bewußten Bewußtseins lassen es schon vermuten. Wie sollte der Wunsch (désir) sich als Streben nach einem verlorenen Selbst interpretieren können, wenn dies Selbst irreflexiv angesetzt wurde; wie soll er in seinem opak gedachten Inneren die Stimme einer *Forderung* vernehmen, die von einer sprachlosen Instanz ihm zugesprochen wird; und wie ginge es an, daß das nichtobjektive Bewußtsein, was es *ist*, ursprünglich von einem Objekt (und sei's einem Zeichen oder Spiegel) erführe?

Man wird das von Fichte her nicht ohne weiteres zu gewinnende Motiv für diesen Zirkel leicht aufspüren, wenn man dem in der Fußnote gegebenen Verweis auf Jean Nabert nachgeht, dem Ricœur – als dem, wie er ihn nennt, »französischen Fortsetzer (succésseur)« Fichtes[143] – eine für seine Hermeneutik besonders aufschlußreiche und wenig beachtete Interpretation gewidmet hat.[144]

Weg über mein Bewußtsein nicht möglich, sie muß vielmehr den langen Weg über die Interpretation der Zeichen beschreiten« (*CI* 196; *KI II* 94). Das würde bedeuten, daß das Reflexivpronomen ›soi‹ nicht geeignet ist, die Seinsweise der ursprünglichen Existenz (des sog. unmittelbaren Bewußtseins) zu charakterisieren. Das bestätigt auch der folgende Passus: »Nous pouvons dire, en un sens un peu paradoxal, qu'une philosophie de la réflexion n'est pas une philosophie de la conscience, si par conscience nous entendons la conscience immédiate de soi-même. La conscience, dirons-nous plus tard, est une tâche, mais elle est une tâche parce qu'elle n'est pas une donnée« (*De l'interprétation* 51; dt. 57). An anderen Stellen setzt er dies unmittelbare Bewußtsein der Anschauung gleich, die ebenfalls bloße Aufgabe für die Reflexion sei (als ›intellektuelle Anschauung‹, l. c.). Nur von der Reflexion gilt also, daß sie nicht Anschauung ist, was deutlich zeigt, daß Ricœur schon im Ansatz den Zirkel der Kantischen *Kritik* in vergröberter Form wiederholt. – Den Tiefstand solcher Unaufmerksamkeit spiegelt die Formulierung, die im »*Je suis, je pense*« zugestandene Relativität der Existenz auf das es bezeugende Denken verweise die »Wahrheit« an die »Reflexion«: »son [der Wahrheit] autoposition est réflexion«; und *diesen* Sachverhalt (»cette première vérité«) habe Fichte ›thetisches Urteil‹ genannt (l. c. 50/1; dt. 56). Wäre das der Fall, hätte die Reflexion die Zuflucht zum Symbol nicht nötig. Tatsächlich bezeichnet Ricœur sonst nur die bare Existenz des Ego durch diesen Titel, den er freilich fahrlässig auch auf das »soi« ausdehnt, was keinen Sinn macht.

143 *De l'interprétation* 52 (dt. 58)

144 Paul Ricœur, *L'acte et le signe selon Jean Nabert*. In: *Études philosophiques*, Paris 1962/3, Nr. 3, 339-349. Wiederabgedruckt in *CI* 211-221.

Nabert, so liest man dort, sei bei seinen frühen Versuchen, eine Ethik zu begründen, auf das ihm merkwürdige Phänomen gestoßen, daß in jeder Objekt- oder Wertkonstitution der stiftende Bewußtseinsakt (der Existenzakt, wie er auch sagt) sich entgleitet, indem er sich zugunsten des von ihm Konstituierten aufgibt. Die Sprache, in der die Welt der Dinge und die der Werte beschrieben werden (das ist die von Verstand und Vernunft erschlossene Vorstellungswelt), kann darum nicht verwendet werden, wenn es gilt, die Struktur des sie begründenden Aktes selbst aufzuklären. Andererseits entbirgt sich die *Wahrheit* eines Sachverhalts allein der Vorstellung (dem Verstandesdenken). Wie aber soll der Akt selbst auf der Ebene der Vorstellung expliziert werden? Nun glaubt Nabert, daß sich im Bereich der sittlichen Phänomene das »Motiv« aufgrund seines Doppelbezugs sowohl auf die Sphäre der Freiheit wie auf das »Gesetz der Vorstellung« als ein Vermittler zwischen dem ursprünglichen Akt und der ihn maskierenden Vorstellung anbiete: Im Text des psychischen Determinismus die nicht-vorstellungsmäßige Spur einer Kausalität aus Freiheit hinterlassend, fungiert es als *Zeichen* für das gründende Wesen des Aktes, der sich in der Materie der Vorstellungssphäre durch einen ihm fremden Sinn zugleich verhüllt und seinen Schein dementiert. Das Motiv ist vermöge seiner »doppelten Natur« ›konvertibel‹ sowohl in die Richtung der Freiheit wie die ihr entgegenstrebende der Wahrheit.[145]
Freilich ist das Motiv Ausdruck einer Nicht-Vollendung, einer Stockung des ursprünglichen Aktes: Nur weil er sich dem Verstand *nicht vollständig* preisgibt, kann auf der Ebene der Vorstellung der Eindruck von Unfreiheit Platz greifen. Anders gesagt: nur weil der ursprüngliche Akt der Setzung des Selbst die Momente der Freiheit und der Wahrheit nicht absolut und mit einem Schlage zusammenhält, kann das *Gesetz der Vorstellung* intervenieren und der gründenden Freiheit durch das Zeichensystem, welches unsere Welterfahrung determiniert, jene Information zurückspiegeln, wonach »unsere ganze Existenz unter dem Zeichen des Determinismus stehe«.

Merkwürdigerweise ist gerade dieser zentrale Artikel der einzige, den die deutsche Übersetzung ausspart.

145 Hier liegt also der Ursprung des Zirkels bei Ricœur: Entäußerung wird als Verifikation des Innerlichen gedacht, ohne daß gezeigt wird, vermöge welches gemeinsamen Maßes die externe Vorstellung sich als entsprechend oder nicht-entsprechend der Innerlichkeit des Aktes reflektieren könne.

Natürlich ist diese Erklärung aus einem Dualismus gleichmöglicher Gesichtspunkte unbefriedigend. Naberts später geschriebene *Elemente für eine Ethik* versuchen, die Komplementarität einer psychologischen und einer ethischen Ansicht desselben Phänomens durch eine sie überspannende Argumentation aus dem Geist Fichtes zu überwinden. Es gibt danach eine der Reflexion selbst eingewebte »Ungleichheit mit sich selbst«, derzufolge die ursprüngliche und totalitäre ›Affirmation der Existenz durch sich selbst‹ – Fichtes ›thetisches Urteil‹ – dem Bewußtsein, das nirgends und zu keiner Zeit vollständige Klarheit über sein Sein zu gewinnen vermag, die Anweisung hinterläßt, ihre Spuren in den ihren Werken aufgeprägten *Zeichen* zu lesen. Deutend und verstehend soll sich das Bewußtsein den Sinn seiner verlorengegangenen und unverfüglich gewordenen Existenz wiederaneignen. In diesem Augenblick wird die Gespaltenheit der Reflexion (ohne daß freilich in dieser neuen Konstruktion der Zirkel vermieden wäre) zu einem gleichzeitig konstitutiven wie regulativen Faktor für das Selbstverständnis des aktiv und kognitiv sich verhaltenden Menschen: es ist ihm in seinem Sein aufgegeben, die absente Präsenz der Ur-Affirmation gegen den Widerstand des Verstandes als ein in der Vorstellungswelt inkarniertes Symbol zu lesen; er soll den Text der einander necessitierenden Vorstellungen gleichsam durchscheinend werden lassen für den in ihm chiffrierten Text der Freiheit. Der Umweg, den *das seine wahre Bedeutung suchende Bewußtsein* über die Deutung der vielfältigen Äußerungen seines Wunsches nach Sein nimmt, ist insofern nur der Ausdruck des Unvermögens der Reflexion, »den gesamten Akt zu produzieren«, d. h. im Sein zumal Zeuge des ganzen Umfangs dieses Seins zu sein. *Die Reflexion muß Interpretation werden.*

»Nun versteht man«, so schließt Ricœur, »daß ›die gesamte Sinnenwelt und alle Wesen, mit denen wir verkehren, uns zuweilen wie ein zu entziffernder Text erscheinen‹. Um eine andere Sprache zu verwenden, die nicht diejenige Naberts ist, zu der aber sein Werk hinführt: Weil die Reflexion kein Sichanschauen des Selbst (intuition de soi par soi) ist, kann sie und soll sie eine Hermeneutik sein.«[146]

146 L. c. 349 (= *CI* 221)

Hermeneutische Sprachtheorie und Poetik

Einen ersten, noch bescheidenen Ertrag hat unsere Relektüre von Texten Schleiermachers erbracht. Zwei Argumente sind sichtbar geworden, mit denen eine am Paradigma der Reflexion orientierte Epistemologie hermeneutisch transformiert werden kann.

Das erste besagt, daß die Subjektivität das ihr eingeschriebene ›Bestimmtsein‹ nicht anders sich zu erklären wisse denn als Effekt einer signifikanten Prägung; ihr eröffne sie sich durch einen Mangel an selbsteigener Signifikanz. Das andere zieht erste Konsequenzen daraus: Der supplementäre und dezentrierte Charakter jedes Sich-zu-sich-Verhaltens zwinge zu dem Eingeständnis, daß die Subjektivität über keine unmittelbare und adäquate Intuition des Seins verfüge und daß die Wahrheit prädikativer Ausdrücke nur durch die Übereinstimmung in ihrem Lichte verständigter Individuen begründet werden könne.

Damit ist das Feld einer universalen hermeneutischen Sprach- und Literaturtheorie vorgezeichnet. Universal, indem sie das transzendentalphilosophische Paradigma der Reflexion/Repräsentation zur Gänze ablöst (Erkenntnis gründet in Verständnis), und ipso facto sprachlich, insofern sie das Wahrheitsgeschehen einer geschichtlichen und mithin empirischen Kommunikation übereignet, sind ihre Grundzüge bislang erst umrißweise, ihre semiologischen Konsequenzen nur in der Form des theoretischen Postulats sichtbar geworden. Ihre Konturen schärfer auszuführen bzw. die konkreten Erfordernisse einer hermeneutischen Sprach- und Literaturtheorie einzulösen, wird der Gegenstand der folgenden Untersuchung sein.

Was kann eine nach Regeln für die methodische Anleitung ihrer Auslegungstätigkeit Ausschau haltende Literaturwissenschaft von ihr erwarten? Durch die aufgewiesene Parallele zu Gadamer und Ricœur ist das Interesse, das sie an einem ebenso berühmten wie unerschlossenen Text der Hermeneutik nehmen könnte, nur unzulänglich motiviert. Zwar war der Einfluß dieser Positionen auf ihr methodologisches Selbstverständnis mächtig, hat aber in ihrer interpretatorischen Praxis nur schwer nachweisbare Spuren hinterlassen. Denn während Diltheys »Analyse des Verstehens« seiner Hermeneutik noch einen »sicheren Ausgangspunkt für die

Regelgebung«[1] zu retten hoffte, haben seine existenzialhermeneutischen Nachfolger, wie Peter Szondi anmerkt, mehr und mehr die Gewohnheit angenommen »de rester sur les sommets d'une philosophie de la compréhension sans redescendre à la pratique terre-à-terre des interprétations et de leur méthodologie«.[2]
Nun ist der Ungeduld des nach methodischer Anleitung suchenden Praktikers nicht schon darum nachzugeben, weil man sie gut verstehen kann und weil sie eine generelle Erfahrung beschreibt. Die Verbindlichkeit des Vorbehalts gegen eine objektivistische Methodik des Verstehens ist vielmehr analytisch eingeschlossen in eben dem Argument, das seine Universalität garantiert (Abwesenheit eines diskursunabhängigen Wahrheitskriteriums; Einheit des Sachverhalts und seiner von Individuen vorgenommenen Prädikation; Unmöglichkeit für ein interpretierendes Subjekt, die Regel der Sinnkonstitution monologisch oder durch authentische Innenschau zu dekretieren usw.).
Während indessen mit dieser Entdeckung der Nutzen einer Lektüre Gadamers oder Ricœurs für die unmittelbare Praxis des Literaturwissenschaftlers fast schon erschöpft ist, errichtet Schleiermacher jenseits der allgemeinen Grundlegung das Gebäude einer positiven ›Kunstlehre des Verstehens‹, welche ›Regeln‹ für eine Auslegung von Texten überhaupt formuliert, ohne (wie wir sehen werden, ist das widerspruchslos möglich) zu verkennen, daß keine von ihnen ›die Sicherheit ihrer Anwendung in sich trägt‹ (*HK* 82). Seine Hermeneutik bietet – und das ist einer der Gründe für die Beachtung, die neben Betti und Szondi auch E. D. Hirsch ihr zollt[3] – einer literarischen Interpretationstheorie auch jenseits des Methodenverdikts (das sie mitbegründet hat), die Hand, indem sie die verbleibenden Möglichkeiten zu einer sowohl allgemeinen wie anwendungsbezogenen Auslegungslehre bis an ihre Grenzen auslotet, ordnet, inventarisiert, auf die Vielfalt der jeweils erfolgversprechendsten Verfahrensweisen hin freilegt, kurz: zu einer durchorganisierten Disziplin versammelt.

1 Wilhelm Dilthey, *Die Entstehung der Hermeneutik*, in: *Gesammelte Schriften*, Stuttgart-Göttingen [4]1960, Bd. 5, 320

2 Peter Szondi, *L'herméneutique de Schleiermacher*, in: *Poétique*, Heft 2, 1970, 142

3 Hirsch nennt Schleiermachers Hermeneutik den »beachtlichsten« unter allen historisch in Erscheinung getretenen Versuchen, »wirklich allgemeine Kanons, die auf alle Texte anwendbar sein sollten, zu formulieren« (*PI* 253). – Wir werden uns sowohl mit Schleiermachers kanonischem Register wie mit Hirschs These im Schlußteil dieser Arbeit auseinandersetzen.

Dabei stellt sich als Vorzug der Schleiermacherschen Position heraus (und in diesem Punkt rückt sie noch stärker von der Existenzialhermeneutik ab), daß sie die strukturalistische These eines Primats des Signifikanten vor dem Signifikat anerkennt (wir werden es in den folgenden Kapiteln zeigen). Zugleich aber verteidigt sie den Anspruch des Subjekts auf Mitwirkung am Sprachgeschehen mit Argumenten, die ihr angesichts des epistemologischen Konflikts zwischen Sinnverstehen und Textstrukturierung eine durch keine andere historische Reprise zu ersetzende Aktualität sichern (das gilt entsprechend für ihre Eignung, den Konflikt zwischen referentieller und symbolischer Zeichenverwendung beizulegen, der zwischen Vertretern engagierter und autonomer Literatur aufgetreten ist).
Aber mit diesen Thesen entfernen wir uns zu weit vom bisher erreichten Stand der Erörterung. Wir müssen ihre Berechtigung in einer Reihe von Schritten prüfen, deren erster in der Geschichte der hermeneutischen Theorie ansetzt. Erst wenn das Motiv für Schleiermachers sprachtheoretische und hermeneutische Ablösung des Paradigmas der Reflexion sichtbar geworden und an den positiven Resultaten seiner Theorie bewährt ist, können wir uns dem praktischen Teil seiner Interpretatorik zuwenden.

Die Begründung des Universalitätsanspruchs der Hermeneutik

Die Geschichte der Hermeneutik vor Schleiermacher kennt im wesentlichen zwei Definitionen ihres Gegenstandes (der Lehre vom richtigen Verständnis der gesprochenen oder geschriebenen Rede des Anderen). Im einen Falle ist die Sprache das Objekt des Verstehens (so etwa, wenn Philon von Alexandrien den Aaron als ἑρμηνεὺς der Rede Mosis[4] oder wenn Platon die Dichter als Hermeneuten der Rede der Götter bezeichnet[5]); im anderen Falle ist sie das Subjekt der Auslegung (so etwa dem Aristoteles zu-

4 Wir verwenden im folgenden den Term ›Rede‹, nach Schleiermacher und mit den Übersetzern von Merleau-Pontys *Vorlesungen* und Ricœurs *CI*, gleichbedeutend mit Saussures ›parole‹: als gesprochenes Wort, das eine bestimmte Intention transportiert, die als solche im System der ›Sprache‹ (›langue‹) allenfalls virtuell vorgesehen war.

5 *Ion*, 534 a (ἑρμηνῆς εἰσιν τῶν θεῶν). Zur Bedeutsamkeit der antiken Tradition für die moderne Hermeneutik vgl. die auch sonst für den Kontext unserer Untersuchung aufschlußreiche Arbeit von Richard E. Palmer, *Hermeneutics, Interpretation Theory in Schleiermacher, Dilthey, Heidegger and Gadamer*, Evanston 1969, 12 ff.

folge, der »das in der Stimme Verlautende [τὰ ἐν τῇ φωνῇ] Zeichen für die in der Seele hervorgerufenen Zustände [παθήματα τῆς ψυχῆς]«[6] nennt, womit die Sprache selbst schon als Interpret der von der Wirklichkeit an die Seele ergangenen Eindrücke fungiert).[7]

Schleiermacher (und ein Teil seiner Nachfolger, obwohl bei ihnen mehr und mehr der zweite Aspekt verlorengeht) versteht die Hermeneutik als Einheit beider Hinsichtnahmen: Sie, deren »wissenschaftlicher Begriff« sie als die »Kunst« kennzeichnet, »die Rede eines andern richtig zu verstehen« (*HL* 7/8), zielt im Interpretieren fremder Rede immer zugleich auch auf das durch die Sprache, in der sie gegeben wird, Interpretierte. Darum ist sie eine stets schon *reflektierte Erkenntnis*: ein, wie Schleiermachers Schüler August Boeckh es nennen wird, »Erkennen des Erkannten«.[8] Schon hier deutet sich eine für Schleiermacher charakteristische Verflechtung zweier Gesichtspunkte ab: Niemand bedient sich der Sprache, ohne ihr im Akt der Rede eine eigentümliche Intention anvertrauen zu wollen; aber niemandes ›Denken‹ entgeht der Engführung des Signifikanten, in welchem von fremden Subjekten erschlossener Sinn auf eine dem Sprecher unverfügbare und folglich auch nicht zu eliminierende Weise schon kodifiziert war.

Nicht identisch mit dieser Zwieschlächtigkeit – obwohl ihr analog – ist eine weitere, von der Antike bis ins Spätmittelalter hineinreichende Unterteilung der Hermeneutik (als einer ars bipartita) in die *grammatische Interpretation* (die entweder die ursprüngliche Bedeutung eines im Lauf der Geschichte fremd gewordenen Textes in der ihm eigenen Lexik und Syntaktik – seinen *sensus litteralis* sive *grammaticus* – authentisch zu rekonstruieren oder aber – im Falle eines kanonisch-dogmatischen Textes – seine Fremdheit durch Verfahren genauer Substitution in die Sprache der Gegenwart zu übersetzen hat) und die *allegorische Interpretation* (die nach Maßgabe einer mehr oder weniger verbindlich instituierten Mythologie die *eigentliche Bedeutung* eines Wor-

6 *De interpretatione* I, 16 a 3.

7 Eine Definition, die noch in Ernst Cassirers *Philosophie der symbolischen Formen*, Weimar 1923/29) fortlebt. Cassirer bezeichnet als Symbol die allgemeine »Vermittlungsfunktion«, durch welche der Geist »eine wie immer geartete ›Sinnerfüllung‹ des Sinnlichen« leiste (Bd. III, 109).

8 *Enzyklopädie und Methodologie der philologischen Wissenschaften*, ed. Ernst Bratuschek, Darmstadt ²1966, 10.

tes, Textes usw. auf seine *uneigentlichen Bedeutungen* hin überschreiten, d. h. die ursprüngliche Bedeutung als Metapher für eine andere Bedeutung lesen darf,[9] die ihr auf der Ebene des Mythos und – später – der poetischen Phantasie des Interpreten zukommt [*sensus spiritualis*]).

Diese Tradition, mit der Schleiermacher sich kritisch auseinandersetzt und die, wie Szondi gezeigt hat,[10] in einer charakteristischen Transformation bei ihm fortlebt, ist zur Profilierung seines eigenen hermeneutischen Ansatzes zweifellos weniger bedeutsam als die Entwicklung der nachreformatorischen Hermeneutik. Luthers berühmtes Wort zur Bibelexegese ›scriptura sui ipsius interpres‹ hatte die beiden über die grammatische Interpretation hinausreichenden Schriftsinne verworfen und als einzige außerlitterale Deutungsinstanz die Inspiration durch den Heiligen Geist gelten lassen wollen.[11] Luther zufolge befindet sich das Verstehen des göttlichen Wortes in einer zirkulären Bewegung, die nicht nur die Bedeutung des einzelnen Wortes, Verses usw. aus dem Geist der ganzen Schrift et vice versa zu bestimmen sucht, sondern auch die Wahrheit der inspirierten kirchlichen Tradition an der interpretativ konstituierten Bedeutung der Schrift und umgekehrt mißt. Indem seine Nachfolger[12] den Akzent bewußt einseitig auf den einen der Pole, zwischen denen das Verstehen oszilliert, setzten und die inspirierte Interpretation in einem transhistorisch invarianten Regelsystem von dogmatischen Verständnisschematen, deren Bedeutung ein für allemal (nämlich ewigerweise) instituiert sei, fixierten, befanden sie sich in einer – freilich unbeabsichtigten – Nähe zu Grundsätzen der philologisch-historischen Interpretation, wie etwa Hugo Grotius oder Spinoza[13] – um nur zwei prominente Namen anzu-

9 Wir vereinfachen. Bekanntlich kann die litterale Bedeutung nach der Origineischen *Lehre vom mehrfachen Schriftsinn* auf verschiedenen Ebenen metaphorisch realisiert werden: auf der psychologischen Ebene als sensus moralis und auf der mystisch-allegorischen als sensus pneumaticus (es gibt andere Einteilungen).

10 Szondi, *L'herméneutique de Schleiermacher*, l. c. 150 f.

11 Vgl. E. Ebeling, *Die Anfänge von Luthers Hermeneutik*, *ZThK* 48 (1951) 172-230; ders.: Artikel *Hermeneutik* in *RGG* III, Tübingen ³1959, 245-258.

12 Z. B. Matthias Flacius Illyricus mit seinem *Clavis Scripturae sacrae* (1567). Vgl. die lateinisch-deutsche Parallelausgabe, die Lutz Geldsetzer von einem Teil der Schrift unter dem Titel *Über den Erkenntnisgrund der Heiligen Schrift* (*De Ratione Cognoscendi Sacras Literas*) 1968 (Düsseldorf) veranstaltet hat.

13 Im 3. Kapitel des *Tractatus theologico-politicus*. Hierzu und zum vorangehenden insgesamt vgl. Gadamer, *WuM* 169 f. (im Kontext: 162-172).

führen – sie vertraten. Ihr zufolge gilt als Kriterium richtiger Interpretation die Vernunftgemäßheit des Interpretierten, und das heißt: die Übereinstimmung des Diskurses der Interpretanden mit der auf ewige Sätze der allgemeinen ratio gegründeten Einsicht des Interpreten. Sätze, die auf Grundsätzen der ewigen Vernunft basieren und als solche Wahrheit für sich beanspruchen können, bedürfen genau genommen nicht der Vermittlung durch Akte des Verstehens: sie verstehen sich kraft paritätischer Teilhabe des Verstehenden und des zu Verstehenden an der gemeinsamen Vernunft ›von selbst‹.[14] Nur was mit der Vernunft im Streit liegt (die res imperceptibiles, etwa die Wunder, von denen das *Neue Testament* erzählt), bedarf des interpretatorischen Umweges über eine *historische* Erklärung, d. h. einer Erklärung des unvernünftigen sensus orationum einer noch unaufgeklärten Menschheit aus der mythengeprägten Denkart ihres Zeitalters – démarche, die impliziert, daß die Geschichte als solche keine Vernunft besitzt. Anders gesagt: nur das *nicht mehr Selbstverständliche* – und d. h. das *nicht Vernunftgemäße* – muß eigens »verstanden«, nämlich der Vernunft durchs Ferment der historischen Explikation aufgeschlossen werden. Der aufklärerische Dogmatismus, der die Relativität des leitenden Rationalitätskonzepts auf den Diskurs einer bestimmten Epoche leugnet und das Nichtverstehen konsequent für die Ausnahme hält, trifft sich mit der orthodox protestantischen Hermeneutik also in der Verbannung der Geschichtlichkeit, indem er die Transhistorizität des Heiligen Geistes durch die Transhistorizität der »natürlichen Vernunft« (mens, ratio, mos geometricus) substituiert.

Genau an diesem Problem (was nicht notwendig heißt: unmittelbar bei den genannten Autoren)[15] setzt Schleiermachers metho-

14 Auf jeden Fall ist nicht die Geschichte das Maß ihrer Wahrheit. Das gilt emphatisch noch für Lessing (vgl. *Über den Beweis des Geistes und der Kraft* [1777]: »*Zufällige Geschichtswahrheiten können der Beweis von notwendigen Vernunftswahrheiten nie werden*« [Lessing, *Werke*, hg. von Kurt Wölfel, III. Band, Ffm. 1967, 309]), im Grunde selbst noch für Ast, dessen Geistbegriff stark vom Ahistorizismus des identitätsphilosophischen Schelling geprägt ist.

15 Unser geschichtlicher Abriß macht natürlich keine Prätentionen auf historiographische Vollständigkeit. Er will lediglich – überpointiert – das problemgeschichtliche Spannungsfeld hermeneutischer Theorie in der Gestalt skizzieren, mit der Schleiermacher sich auseinanderzusetzen hatte. Das bedeutet nicht, daß er der erste gewesen wäre, der sich mit der aufklärerischen Hermeneutik kritisch beschäftigt hätte. Hamann und Herder, Friedrich Schlegel, Friedrich Ast und Friedrich August Wolf (um nur sie zu nennen) waren ihm mit wichtigen Einsichten teils zuvorgekommen, teils liefen ihre Überlegungen den seinen

dische Besinnung ein, der im Bereich der verstehenden Wissenschaften eine Kants ›kopernikanischer Wende‹ im Bereich der analytischen Wissenschaften durchaus vergleichbare Tragweite zukommt[16] und die mit der Radikalisierung von Zweifeln an einer dogmatisch sich selbst affirmierenden Vernunft einerseits, an der Vernünftigkeit durch Sprachüberlieferung faktisch eingespielter Einverständnisse (*Dial J* 550) andererseits erstmals das gesamte Universum dessen, was Descartes' weiter Begriff der cogitatio umspannt hatte, einer kritischen Infragestellung durch

parallel, ohne daß einer dieser Entwürfe mit der umfassenden Neubegründung zu konkurrieren vermöchte, die die Hermeneutik durch ihn erfahren hat. Wir verweisen auf eine Reihe instruktiver Arbeiten, die sich mit Schleiermachers Vorläufern und Weggefährten auseinandersetzen: Die Hermeneutiken J. M. Chladens, G. F. Meiers und Asts sind vorzüglich referiert bei Peter Szondi, *Einführung in die literarische Hermeneutik*, Ffm. 1975, 27-154; die hermeneutischen Ansätze Johann Georg Hamanns, Johann Gottfried Herders, Friedrich Schlegels erörtert eindringlich Klaus Weimar, *Historische Einleitung zur literaturwissenschaftlichen Hermeneutik*, Tübingen 1975, Kapitel IV bis VI (vgl. zu Friedrich Schlegels Bedeutung für Schleiermacher auch den wichtigen und kenntnisreichen Aufsatz von Hermann Patsch, *Friedrich Schlegels »Philosophie der Philologie« und Schleiermachers frühe Entwürfe zur Hermeneutik. Zur Frühgeschichte der romantischen Hermeneutik*, in: *ZThK* 63 (1966), 434-472); und über die Hermeneutiken Friedrich Asts und Friedrich August Wolfs – als solche der unmittelbaren Vorläufer, zum Teil Wegbereiter Schleiermachers (mit denen seine *Akademiereden* von 1829 sich auseinandersetzen) – unterrichtet man sich immer noch am besten bei Joachim Wach, *Das Verstehen. Grundzüge einer Geschichte der hermeneutischen Theorie im 19. Jahrhundert*, Bd. I: *Die grossen Systeme*, Tübingen 1926, 31-82.
Wir erwähnen im Vorbeigehen, daß es neben dem *Grundriß der Philologie*, den *Grundlinien der Grammatik, Hermeneutik und Kritik* von Ast (beide Landshut 1808) und der *Darstellung der Alterthums-Wissenschaft nach Begriff, Umfang und Werth* von Wolf (in: *Museum der Alterthumswissenschaft*, hg. von F. A. Wolf und Ph. Buttmann, Bd. I, Berlin 1807) – sie alle mithin *nach* Schleiermachers *Aphorismen* erschienen und sicherlich nicht einfach als Anknüpfungspunkte seiner eigenen methodischen Innovation zu verrechnen – vor allem Joh. August Ernestis *Institutio Novi Testamenti* (^{2}1765, ^{4}1792), Mori *Super hermeneutica Novi Testamenti acroases academicae* (I *Exegetica* 1797, II *Historia et critica* 1802) sowie C. D. Beckii *Monogrammata philologicae institutionis* (1787/8) und *Commentationes acad. de interpretatione veterum scriptorum* (1791) gewesen sind, auf die Schleiermachers Vorlesungskonzepte sich beziehen. Neben Dilthey (*Die Hermeneutik vor Schleiermacher*, in: *Leben Schleiermachers*, 2. Band: *Schleiermachers System als Philosophie und Theologie*, hg. von Martin Redeker, Berlin 1966, 597 ff.) charakterisiert J. Wach ihre Eigenart immerhin in großen Zügen (l. c. 17 ff., 23 f., 82, passim). Im übrigen ist die umfangreiche Auseinandersetzung mit der Aufklärungshermeneutik in Frederic W. Farrar's *History of Interpretation*, Grand Rapids/Mich. 1961 (Erstauflage 1884) sowie zum Teil Robert M. Grant's *A Short History of the Interpretation of the Bible*, Rev. ed. New York 1963 heranzuziehen.

16 Diltheys Projekt einer *Kritik der historischen Vernunft* nimmt dies für sich geradezu in Anspruch.

den Akt des Verstehens auslieferte:[17] *Das Nicht-Verstehen ist nicht als Ausnahme mehr zu behandeln, sondern muß aus Gründen des Prinzips als Regelfall der Begegnung mit fremdkonsti-*

17 Wenn wir im folgenden global von Schleiermachers Hermeneutik sprechen, beziehen wir uns auf die von Kimmerle und Lücke edierten Texte. Es gibt kein unter diesem Titel von ihrem Autor für den Druck bearbeitetes Manuskript, aus dem wir so etwas wie seine letzte Verfügung ersehen könnten. Es gibt lediglich eine Reihe recht disparater Kollegs, die Schleiermacher in verschiedenen Jahren – offenbar mit einem besonderen und persönlichen Bezug zur Sache – vorgetragen hat (eine handgeschriebene Nachschrift des Kollegs 1826/7 – *Hermeneutices et critices praecepta* – von Sprüngli liegt im Institut für Hermeneutik an der Theologischen Fakultät der Universität Zürich). – Trotz Kimmerles Plädoyer für eine bevorzugte Beachtung der Notizen aus der Zeit zwischen 1805 und 1811, in denen der Akzent durchaus auf der grammatischen Interpretation liege, die Schleiermacher später mehr und mehr zugunsten der psychologischen Interpretation eingeschränkt habe, können wir uns nicht dazu entschließen, auf eine Beiziehung der durch Lücke mitgeteilten, vom Wortlaut der Konzepte oft ganz erheblich sich entfernenden Kollegnachschriften zu verzichten, ohne deren Lektüre der Sinn der Konzepte übrigens oft nicht mit Sicherheit, oft gar nicht zu bestimmen ist. (Den Zustand der Vorlesungskonzepte Schleiermachers und die Eigentümlichkeit seiner fast stets frei gehaltenen Kollegs charakterisiert recht gut H.-J. Birkner, *Schleiermachers Christliche Sittenlehre*, 15 ff.).
Grundsätzlich haben wir Bedenken gegen das Kategorische der These Kimmerles, da gerade die späten Hermeneutikvorlesungen mit ihrer unbestrittenen Akzentverlagerung zugunsten der technisch-psychologischen Interpretation einerseits das gesamte Gebäude der grammatischen Interpretation in ungeschmälertem, ja, was die Erläuterungen betrifft, erweitertem Umfang weitertransportieren, andererseits eine Reihe höchst bedeutsamer Präzisierungen der hermeneutischen Sprachtheorie allererst vortragen.
Übrigens besteht nach dem Urteil von Lückes *Vorrede* Grund zu der Vermutung, daß das Lakonische und Unausgeführte von Schleiermachers handschriftlichen Notizen zum Thema der technischen Interpretation (die in allen Fassungen nach einigen allgemeinen Sätzen abbrechen) nicht auf eine Privilegierung der grammatischen Interpretation, sondern im Gegenteil auf eine besonders souveräne Beherrschung des Themas der ersten schließen läßt (»es scheint«, schreibt Lücke, »daß Schleiermacher in diesem Theile seiner Vorträge auf seinen ersten Entwurf zurückzugehen pflegte« [*HL* IX] – eine Vermutung, die Dilthey durch die allgemeine Beobachtung unterstützt, daß Schleiermacher einmal gefaßten Grundkonzeptionen in der späteren Entwicklung meist treu blieb: vgl. M. Redeker, *Friedrich Schleiermacher. Leben und Werk*, Berlin 1968, 115). In diesem Falle bestünde keine Notwendigkeit zu der Folgerung, Diltheys Akzentuierung des psychologischen Teils der Hermeneutik sei ein Reflex der Lückeschen Edition und spiegle eine ganz bestimmte Phase der Schleiermacherschen Hermeneutikkonzeption wider – eine Konsequenz, die wir übrigens schon darum für wenig überzeugend halten, weil Dilthey einerseits – wie Redekers Edition des 2. Teils seiner großen Schleiermacher-Arbeit zeigt – Schleiermachers frühe Notizen wenigstens zum Teil sehr wohl kannte und sogar beachtete und weil zweitens die letzte Entscheidung eines Autors über den Textstand bzw. Vortrag eines seiner Hauptwerke ein ganz eigenes Gewicht beanspruchen darf. Eine Rehabilitation der – wie immer philologisch ungenügenden – Lücke-Nachschrift ist also an der Zeit: wir werden sie in der Reihe *stw* demnächst neu herausgeben.

tuiertem Sinn angenommen werden (*HK* §§ 15/6, S. 86). Zu solcher Askese zwingt die Vernunft nicht irgendeine methodisch zu übende und bloß provisorisch aufrechtzuerhaltende Skepsis. Sie entspringt vielmehr der dialektischen Erfahrung ursprünglicher Strittigkeit diskursiver Positionen und der Relativität des allgemeinen Wissens auf die Zustimmung durch in seinem Lichte erschlossene Subjektivität, mithin der Einsicht in die Unlösbarkeit des je in Anspruch genommenen Wahrheitskriteriums von dem Selbstverständnis in ihm übereinkommender Individuen.

Die These der *Nicht-Methodisierbarkeit von Wahrheit* oder richtiger: die Erkenntnis der Abhängigkeit jeder Methode von einem Akt hermeneutischer Institution dürfte sich insofern mit gleichem Recht wie auf Gadamer auf Schleiermacher berufen. Beide argumentieren mit der Transzendenz des Seins gegenüber der Kenntnis, die das Subjekt je und je über es und über sich gewinnt. Aufgrund dieser ontologischen Unangemessenheit erweist sich – nach Ansicht beider – nicht erst dort, wo das scheinbar fraglose Selbstverständnis eines bestimmten Entwurfs von Vernunft an der Nichtassimilierbarkeit des zu interpretierenden Diskurses zuschanden wird, sondern schlechthin »überall« (*HK* 128; *HL* 9, *Zusatz*), wo fremde Rede mit eigener ins Verhältnis zu setzen ist, hermeneutische Kommunikation als eine Art letzter Instanz jedes Wahrheitsanspruchs. Für Schleiermacher, dem das bare Faktum der »Sprachüberlieferung« nicht schon »die Gewißheit selbst« ist (*Dial J* 550), bedeutet sie überdies ein Problem, dessen Auflösung einer *reflektierten* hermeneutischen Einstellung bedarf und nicht schon einer ›kunstlos‹ geübten Verständigungspraxis in den Schoß fällt.

Die Hermeneutik ist eine universale Disziplin,[18] weil sie nicht allein fremden Sinn an eigenem ausrichtet, sondern das Rationa-

Ohnehin scheint der ganze Streit müßig, wenn man sieht, in wieviel ausgearbeiteterer Form gegenüber der psychologischen die grammatische Interpretation bis hinein in die letzten Hermeneutikvorlesungen Schleiermachers vorliegt, – ein Umstand, auf den schon Joachim Wach, *Das Verstehen*, Bd. I, 138/9, mit Recht aufmerksam machte.

18 Daraus folgt zugleich, daß es keinerlei philologisch-hermeneutische Privilegien etwa des Textes der Heiligen Schrift vor anderen Texten gibt (»Alles weshalb man gewöhnlich glaubt der h[eilige] Geist sei den Auslegungsregeln nicht unterworfen ist nur schiefe Ansicht« [*HK* 55, passim] – eine Position, die Rudolf Bultmann nur wiederholt, wenn er schreibt: »Die Interpretation der biblischen Schriften unterliegt nicht anderen Bedingungen des Verstehens als jede andere Literatur« (*Das Problem der Hermeneutik*, in: R. B., *Glauben und Verstehen. Gesammelte Aufsätze*, 4 Bde. 1952-1965, Bd. II, 231).

litätskonzept – den »Begriff«, der die eigene Interpretation vorgängig leitet – mit ins Geschehen der wechselseitigen Verständigung einbringt und so selbst der Befragung sich aussetzt. In diesem Sinne ist Friedrich Schlegels Wort zu lesen, »das *Verstehen* (habe) einen viel weiteren Umfang als das *Begreifen*«;[19] und ebenso erklärt sich Schleiermachers Option für die letzte der von ihm 1805 aufgezeichneten »zwei entgegengesezten Maximen beim Verstehen. 1.) Ich verstehe alles bis ich auf einen Widerspruch oder Nonsens stoße 2.) ich verstehe nichts was ich nicht als nothwendig einsehe und construiren kann. Das Verstehen nach der lezten Maxime ist eine unendliche Aufgabe« (*HK* 31).

Wir übergehen zunächst weiterreichende theoretische Implikationen dieser Formel – die übrigens in der *Kompendienartigen Darstellung* von 1819 als Unterscheidung einer »laxeren« und einer »strengeren Praxis« des Verstehens aufgenommen und präzisiert wird (*HK* 86/7) – und konzentrieren uns auf die in der 2. Maxime geforderte Universalisierung der hermeneutischen Reflexion: »Die strengere Praxis geht davon aus, daß sich das Mißverstehen von selbst ergiebt und daß Verstehen auf jedem Punkt muß gewollt und gesucht werden« (*HK* 86).

Diese Maxime widerspricht offen der Praxis jener ›speciellen Hermeneutiken‹ (*HK* 79), die davon ausgehen, daß das Verständnis eines fremden Diskurses – wie dies auf je verschiedene Weise Ast und Wolf[20] mit Rücksicht auf gewisse Werke des

Das Zitat kann dienen, Einwänden entgegenzutreten, die den literaturwissenschaftlichen Wert von Schleiermachers Hermeneutik durch ihren Bezug auf das *Neue Testament* geschmälert glauben: in Wahrheit bezeichnet seine Hermeneutik das Ende der sogenannten theologischen Hermeneutik als einer Spezialhermeneutik (vgl. *HK* 93-95). »Die Inspiration als Einflößung der Gesinnung«, sagt er deutlich genug, »hat k[einen] Einfluß mehr auf die Auslegung« (l. c. 159). Gleichzeitig gerät das Unterfangen, die Hermeneutik unter dem Titel ›literaturwissenschaftliche Hermeneutik‹ zu einer Spezialdisziplin zu machen, in Widerspruch zu ihrem Allgemeinheitsanspruch. Darauf hat schon Gerhard Kurz in seiner Rezension von Klaus Weimar, *Historische Einleitung* . . ., in: *GERMANISTIK*, 17. Jahrgang, 1976, Heft 1, 112, hingewiesen.

19 Friedrich Schlegel, *Kritische Ausgabe* [*KA*], hg. von Ernst Behler u. a., München-Paderborn-Wien 1958 ff., Bd. XIX, 331, Nr. 220.

20 Wolf, der die Hermeneutik definiert als »die Wissenschaft von den Regeln, aus denen die Bedeutung der Zeichen erkannt wird« (*Vorlesung über die Enzyklopädie der Alterthumswissenschaft*, hg. von J. D. Gürtler, Bd. 1 der *Vorlesungen über die Alterthumswissenschaft*, Leipzig 1831, 290), nimmt ohnehin an, daß die Regeln mit ihrem jeweiligen Anwendungsbereich variieren, so daß es Spezialregeln gebe für die poetische, historische, juristische usw. Interpretation.

klassischen Altertums oder Ernesti und Beck in ihren hermeneutisch-kritischen Anleitungen zur Lektüre des *Neuen Testaments* voraussetzen – nur dort eigens herzustellen sei, wo von selbst Grenzen der Verständlichkeit (hervorgerufen durch mangelnde Sprachbeherrschung des Interpretierenden, fehlende Informationen über Geschichte und ›Geist‹ der interpretierten Epoche, des Autors, Eigentümlichkeiten der Textart usw.) auftauchen. Der Fehler dieser Spezialhermeneutiken besteht Schleiermacher zufolge darin, daß sie das Verstehen – im Sinne der »laxeren Praxis« der 1. Maxime – für den »Regel«-Fall und das Nichtverstehen für die – mit Mitteln einer philologisch-historischen Hinführung zur Eigenart der Sache auszumerzende – Ausnahme halten, also von der Idee eines prästabilierten Konsensus, einer all-gemeinsamen, zeitlos zwischen Interpret und Interpretand vermittelnden diskursiven ratio ausgehen,[21] auf deren Basis man sich sodann daran machen dürfe, das vom gemeinsamen Weltverständnis Abweichende als ein letzthin nicht Wesentliches, da Partikulares, erklärend aufzuheben. Selbst die Hypostasierung jedes durch »Sprachüberlieferung« eingespielten Verständnisses zur »Gewißheit selbst« (*Dial J* 550) erreichte noch nicht die Forderung eines »kunstmäßigen«, d. h. immer zugleich auch: eines »kritischen Verfahrens« (l. c.). Jene bleibt darin der ›laxeren Praxis‹ der Spezialhermeneutiken verwandt, daß sie das Wesen des Verstehens auf ein unkritisches Einrasten in die Gleise der öffentlichen Ausgelegtheit eines nur durch seine Faktizität ausgewiesenen Kommunikationszusammenhangs reduziert[22] und damit dem Kanon reflexiver Absichtlichkeit zuwiderhandelt, wonach »das Verstehen auf jedem Punkt muß gewollt und gesucht werden« (*HK* 86). Außerdem lieferte die Praxis der Spezialhermeneutiken »immer nur [ein] Aggregat von Observationen und

21 Das tut insbesondere noch Fr. Ast, dessen Hermeneutik eine invariante ahistorische »Einheit des Geistes« annimmt, an der Interpret und Interpretand paritätisch teilhaben und die dafür sorgt, daß wir etwa aus der Antike überlieferte Werke prinzipiell noch verstehen können (vgl. *Grundlinien* . . ., 7; 38/9, passim). Daß Schleiermacher sich von diesem hermeneutischen Idealismus scharf absetzt, hat nicht verhindert, daß die Nachwelt (besonders Gadamer) ihn auf ein solches Konzept festgelegt hat.

22 Vgl. die oben referierte Kritik von Habermas an Gadamer, die, wie man sieht, Schleiermacher insofern zum Vorläufer hat, als dessen Verstehenstheorie »Hermeneutik und Kritik« für untrennbar hielt und den Universalitätsanspruch jener auch auf diese ausdehnte: Die Gefahr der ›laxeren Praxis‹ bannt nur die Allgegenwärtigkeit der reflexiv-kritischen Haltung gegen das zu Verstehende.

genügt(e) keiner wissenschaftlichen Forderung« (*HK* 79). Indem sie nämlich das Partikulare als das Nichtwesentliche und bloß Empirische, ja im Grunde, seiner Abweichung von der allgemeinen Vernunft halber, als das von ihm selbst her Un-sinnige behandelt, kann die Zuverlässigkeit ihrer Erklärung den wissenschaftlichen Status von untereinander nur nicht unverträglichen Sätzen (deren Zusammenhang aber – seit Humes Kritik – so lange mit einem Wahrscheinlichkeitsindex auftreten muß, wie ein verbindlich ihn rechtfertigendes Gesetz nicht formuliert werden kann) nicht überschreiten. Erst eine Erklärung, die die ›Notwendigkeit‹, das ›Gerade-so-und-nicht-Anders‹ der partikularen Modifikationen des Allgemeinen authentisch zu konstruieren vermöchte, dürfte den Anspruch der ›Wissenschaftlichkeit‹ für sich reklamieren.

Wir müssen, solange wir noch damit zu tun haben, den Sinn von Schleiermachers Forderung nach Universalisierung der hermeneutischen Aufgabe plausibel zu machen, dahingestellt sein lassen, ob ein solcher Anspruch einlösbar ist. Als wohlbegründet darf man die Forderung nach einer schlechthin fundamentalen und nicht-kontingenten Interpretationslehre[23] aber schon dann ansehen, wenn man der in der *Dialektik* niedergelegten Einsicht sich erinnert, daß ein Nicht-individuell-gedeutetes-Allgemeines nicht existiert, daß es mithin gar nicht möglich ist, die Singularität von Zeitumständen, Sprachständen, der Genesis von Gedanken usw. als ein Nicht-Wesentliches auszusondern und beiseite zu schaffen.

Das hermeneutische Grundverhältnis (Identität – Individualität)

Schon hier zeichnet sich in Umrissen der einheitliche Gesichtspunkt ab, der sämtliche Hermeneutikentwürfe Schleiermachers zur Kontinuität einer durchorganisierten Theorie verhält und dessen sprachphilosophische Begründung noch einzuholen sein wird.

Wir meinen das streng beachtete *»Ineinander« von Allgemeinem und Einzelnem,* den durchgängigen Gesichtspunkt, von dem her

23 »Die Hermeneutik als Kunst des Verstehens existirt noch nicht allgemein sondern nur mehrere specielle Hermeneutiken« (*HK* 79).

die Singularität des Allgemeinen und die Universalität des Einzelnen als untrennbare Momente eines einigen Ganzen gewahrt werden (*PhE* 97).[24]

Als Vernunftwesen überschreitet der Mensch die »Gränzen der Persönlichkeit« und vermag mit »Anderen« auf der Basis ›absoluter Gemeinschaftlichkeit‹ zu kommunizieren: diese Kommunikation setzt voraus die identische Schematisierung von Gedanken für alle Teilnehmer einer Sprachgemeinschaft und die Möglichkeit ihres »Aeußerlichwerdens (...) unter der organischen Bedingung eines vermittelnden und modificablen Mediums«: der Sprache (*PhE* 97).

Die an dieser Stelle noch durchaus thetisch vorgenommene Rückbindung des allgemeinen Vernunftgebrauchs an die Sprache (l. c.) gibt bereits einen Wink für die Beobachtung, daß Schleiermacher – im Gegensatz zum Vernunftbegriff der Aufklärung einerseits, des Idealismus andererseits – die intersubjektiv anerkannte »Gültigkeit« und allen Denkenden gleiche Bedeutungen zuspielende Grammatik der Vernunft auf den Akt einer kommunikativen Einsetzung zurückverfolgt: Die Vernunft gilt jenseits der Grenzen der Persönlichkeit nicht kraft ihrer überzeitlichen und außersprachlichen Wahrheit, sondern allein aufgrund einer historischen Konvention (die freilich nicht als ein bewußtes Übereinkommen gedacht werden muß). Anders gesagt: Die Vernunft als das allen denkend/sprechenden Wesen Gemeinsame – das Medium, ohne welches Austausch von Gedanken a priori unmöglich wäre – ist nicht von sich her allgemein, sondern lediglich aufgrund einer Institution und als generalisiertes Resultat von historischen Selbstüberschreitungen einzelner Subjekte auf ihre Bedeutung hin.

Gleichursprünglich dem »Vernunftgebrauch (...) mit dem Charakter der Identität« ist nämlich »das Erkennen (...) mit dem Charakter der Eigenthümlichkeit d. h. der Unübertragbarkeit« (l. c. 97).[25] Dieses ist nicht ohne weiteres auflösbar in jenem, so

24 Heinz Kimmerle hat diesen Aspekt im 1. Teil seiner Dissertation *Die Hermeneutik Schleiermachers im Zusammenhang seines spekulativen Denkens* (Diss. Heidelberg 1957, Masch.schr.) sehr klar herausgearbeitet.

25 »Das nennen wir nun«, fährt Schleiermacher fort, »im eigentlichen Sinne Gefühl« (*PhE* 97). Im *Brouillon zur Ethik* von 1805/6, aus dem wir zitieren, bezeichnet dieser Ausdruck also lediglich eine nicht übertragbare »Lebensoperation« und kommt mit dem Gefühlsbegriff aus der Phase der Dialektik und Glaubenslehre nur in der Bedeutung der Unmittelbarkeit, nicht auch der bloßer Privatheit überein. Es gibt aber eine deutliche Kontinuität in dieser

wie es von jenem her keinen direkten Zugang zu diesem gibt (*HK* 71; vgl. 115 f., 119, 166, passim; *Dial* O 380, passim). Als singuläre Zueignung des Allgemeinen steht nämlich das Individuelle stets auch in einem exklusiven Verhältnis nur zu sich, und zwar derart, daß es das »für alle (mit) demselben Gehalt« Schematisierte – die logisch oder grammatisch fixierte *Bedeutung* – mit einem als solchen inkommunikablen *Sinn* verbindet, dessen strenge Privatheit die Mitteilbarkeit nur unter der Bedingung nicht völlig aufhebt, daß ohne Widerspruch eine Möglichkeit von Kommunikation diesseits zugleich und jenseits der Grenzen von Sprache sich aufzeigen läßt. Schleiermacher entdeckt sie im »Sprachgebrauch« (*HK* 70, passim), d. h. in der ›Art und Weise, wie‹ das sprechend sich äußernde Individuum »in der Sprache mit arbeitet« (*HK* 107). In der Eigentümlichkeit der »Sprachbehandlung« (*HK* 108) hat das Äußerlichwerden des Sinns nämlich »nicht den Charakter der Sprache« (*PhE* 98), sofern unter Sprache nur der allgemeine Schematismus gemeinschaftlich geltender Bedeutungen und ihrer Verknüpfungen verstanden wird. »Es geschieht nicht als Erregungsmittel derselben Thätigkeit in Andern; sondern es soll nur erkannt werden« (l. c.), d. h. es soll, wie der Kontext erläutert, aus dem besonderen Arrangement (aus der einzigartigen »Anordnung« [*HK* 108]) der Wörter, aus »Ton, Geberde« und Gestus des Sprechens (*PhE* 98), kurz: aus dem erschlossen werden, was *in* der Sprache selbst zugleich *über* die Sprache *hinaus* geht und ihre Weise wirklich zu sein ausmacht: *Sprache existiert nur als Sprachverwendung.*

Natürlich gilt auch das Umgekehrte: *Sprachverwendung ist nur unter der Voraussetzung eines konstituierten Sprachsystems denkbar.* Doch folgt daraus nicht, daß man den Sinn jedes einzelnen Redeakts durch den Aufweis des allgemeinen Verfahrens, nach welchem er regelmäßig erzeugt ist, zureichend bestimmen könnte. Das Verhältnis beider ist überhaupt nicht als Subsumtion des einen unter das andere zu begreifen. So wie die einzelne Sprachbehandlung die Bedeutungsbreite einer Sprache auf eine in deren Struktur nie vorhersehbare Weise erweitert (und, sobald ihr der

Entwicklung: die späte Kritik an der Reflexionsphilosophie und ihrem absoluten Vernunftbegriff gründet letztlich in der frühen Entdeckung der komparativen ›Irrationalität‹ (l. c. 98) des Einzelnen gegenüber dem Allgemeinen und zwingt im Fortgang zu einer im Gefühlsbegriff der Spätzeit niedergelegten Theorie der Nichteinholbarkeit des absoluten Wissens qua Koinzidenz des Allgemeinen und Einzelnen.

Durchbruch zur kommunikativen Konvention gelingt, selbst ein Element oder eine Regel der Sprache wird), so ist schon die Sprache selbst, der sie ihr Eigentümliches aufprägt, nichts an ihm selbst Positives, sondern ein Institut, das, in sinnstiftenden Operationen gründend, deren Mitteilbarkeit gewährleistet.

Die Abhängigkeit aller vollen und positiven Terme, die dem Netz der allgemeinen Sprachstruktur einverwoben sind, verweist beständig auf die individualisierende Arbeit jener konstitutiven Lücke, die ihnen Profil und differentiellen ›Wert‹ verleiht; mithin auf jenen ›Mangel an Sein‹, den Schleiermacher im Herzen des Selbstbewußtseins entdeckte und der es zwingt, sich auf eine stets durch die Positivitäten des semiotischen Universums vorgegebene Weise zu definieren. Da indessen kein Zeichen ein von seinem Wesen her ›Unübertragbares‹ (individuum ineffabile) adäquat zu repräsentieren vermöchte und der Seinsmangel des Subjekts jede signifikante Präsenz durchquert und von sich selbst spaltet (›différance‹), ist jede Struktur instabil und relativ auf die Handlungen der sie überschreitenden und instituierenden Individualität.

Als universal bestimmt sich die Hermeneutik also nicht darum, weil sie bestreiten möchte, daß innerhalb eines einmal konstituierten Regelsystems der ihm gemäße Gebrauch allgemeingeltender Zeichen und Zeichenverknüpfungen auch ohne ihre ausdrückliche Dazwischenkunft, gleichsam automatisch – worauf sich die ›laxere Praxis‹ verläßt – vonstatten geht[26] (das anerkennt sie vielmehr, wie sich zeigen wird, unter dem Titel der ›grammatischen Interpretation‹). Ihr Anspruch beruft sich auf die Abhängigkeit automatisierter Redeabläufe von Handlungen, in welchen kommunizierende Subjekte interaktiv auf den Sinn von Sein sich entwerfen und ihn im Ensemble der für alle geltenden Bedeutungen und Regeln so festhalten, daß man im Geflecht ihrer Struktur zugleich die Spur einer einzigartigen und unvertretbaren Wahl lesen kann, die von der Fülle der signifikanten Positivitäten in Abzug gebracht werden muß und eben dadurch das bloße Ensemble von Zeichen zu einer gerichteten Totalität: zum

26 Wohl aber hält – wie wir sahen – Schleiermachers Hermeneutik die Hypostasierung einer subjektlosen ›Sprachüberlieferung‹ zum autonomen Wahrheitsgeschehen für einen Fetischismus, der u. a. auf das Moment der ›Kritik‹ Verzicht tut: Die Universalität der hermeneutischen Aufgabe impliziert die intentio obliqua kritischer Reflexion.

Universum einer sprachlich verfaßten Welt-anschauung[27] verhält – einer, wie man hinzufügen muß, nicht ein für allemal gegründeten Totalität, sondern einer permanent sich vollziehenden Totalisierung, die infolge der ontologischen Unangemessenheit jeder Deutung des Seins an das Sein selbst den Untergang des je konstituierten Systems als dessen zukünftiges Schicksal schon in sich trägt.

Die Verortung der ›allgemeinen Hermeneutik‹ im System der Kommunikation (Dialektik, Rhetorik, Grammatik)

Die Grundannahme, auf der Schleiermacher das Gebäude seiner Hermeneutik errichtet, ließ sich nicht ohne Vorgriffe auf seine Sprachtheorie exponieren. Die Vorlesungskonzepte – sowohl der *Erste Entwurf* aus dem Winter 1809/10 wie die *Kompendienartige Darstellung* von 1819 – weisen selbst in diese Richtung. Die Begründung der »Nothwendigkeit einer allgemeinen Hermeneutik« aus dem ›nicht Zureichenden‹ der besonderen Hermeneutiken, die mit der kontingenten Beschaffenheit des Gegenstandes, auf den sie zugeschnitten sind, stehen und fallen, da sie keine unabhängige Theorie des Verstehens überhaupt geben (*HK* 55), macht in allen Konzepten den Anfang. Der *Entwurf* deutet daran anschließend sogleich auf den Doppelaspekt der Hermeneutik als »Verstehen in der Sprache und Verstehen im Sprechenden« (*HK* 56) – ihre »mannigfaltige Oscillation« zwischen dem allgemeinen und dem individuellen Aspekt –, während die *Kompendienartige Darstellung* zunächst die als »sehr schwer« charakterisierte Aufgabe in Angriff nimmt, »der allgemeinen Hermeneutik ihren Ort anzuweisen« (*HK* 80).[28] Das ist insofern sinnvoller, als mit der wechselseitigen Zuordnung und Profilierung der Disziplinen, in deren Beziehungsgeflecht die Hermeneutik situiert ist, von selbst deren kommunikationstheoretische Bestimmung sich ergibt und von nun an nicht länger mehr vage antizipiert werden muß.

27 Schleiermacher sagt: zu einer »eigenthümlichen Ansicht« der Idee von Welt, Kultur usw., die »wieder in das gesamte System der Ideen eingreifen muß« (*PhE* 166/7) – nämlich ins System der Sprache, das ihre Mitteilbarkeit verbürgt.

28 Der *Entwurf* läßt die Einordnung der Hermeneutik ins Gesamt der linguistisch-philologischen Disziplinen der genannten Erörterung erst folgen.

Wir skizzieren zunächst das Netz von Korrelationen, über welches die Hermeneutik in Beziehung zur Dialektik, zur Rhetorik und zur Grammatik gesetzt wird,[29] um sodann die Frage nach der möglichen Logik dieser Zuordnungen zu stellen.

29 Natürlich ist diese Zuordnung als solche traditionell. Bereits in hellenistischer Zeit wurde die Hermeneutik als Kunstlehre der Dichtungsauslegung im Zusammenhang mit den anderen τέχναι λογικαί, darunter eben auch der Grammatik, Rhetorik, Dialektik ausgebildet, ohne daß diese rein nominelle Übereinstimmung einen Wink auf deren Funktion im System der Schleiermacherschen Hermeneutik lieferte (vgl. den genannten Artikel G. Ebelings in *RGG).*
Schleiermacher nennt außerdem die Logik, die Philologie und die Kritik. Die Beziehung zu den ersten beiden hat nur historisches oder kritisches Interesse.
Was die *Logik* betrifft, so nutzt Schleiermacher den Hinweis auf Aristoteles, der die Hermeneutik »als Anhang zur Logik« – des Organons formal richtigen Denkens –, und zwar als »angewandte (...) Logik«, behandelt habe, zu einem Seitenhieb gegen die heutige Philosophie, welcher an Rücksichtnahme auf Anwendung und Verstehen umso weniger gelegen sei, als sie die Allgemeingültigkeit und Selbstverständlichkeit ihrer Sätze als »nothwendig« glaube unterstellen zu dürfen (*HK* 80).
Die Referenz auf die *Philologie* ist ebenso kritisch: Sie sei »auch etwas positives durch unsere Geschichte geworden«, und ihre Behandlungsweise der Hermeneutik habe daher den Status eines »Aggregats von Observationen« (l. c.).
Der Begriff des Positiven ist zweideutig bei Schleiermacher, wie H.-J. Birkner (*Schleiermachers Christliche Sittenlehre,* 50/1) gezeigt hat. Bald bezeichnet er eine »unentbehrliche Praxis«, die sich nicht streng aus »der Idee der Wissenschaft« begründen kann, die »Zusammengehörigkeit ihrer Elemente« (ihre Theoriefähigkeit) jedoch durch eine Theorie par provision fordern muß, um zu bestehen (vgl. *Kurze Darstellung des theologischen Studiums,* Krit. Ausgabe von H. Scholz, 1910 [Neudruck 1935], § 1, Anm. sowie *SW* I/13,8 und SW III/1, 580 [ff.]); in diesem Falle wäre die Philologie ›positiv‹, weil ihre Praxis nicht unmittelbar aus der Idee des Wissens ableitbar ist. Einem anderen Wortgebrauch zufolge – den vergleichbare Kontexte nahelegen – ist positiv das konkret geschichtlich Gewordene unter Abstraktion von seinem Gewordensein; und in diesem Falle hätte ihr historisch unreflektierter ›Positivismus‹ die Philologie an einer methodischen Besinnung auf die transzendentalen Grundlagen des Verstehens gehindert, so daß sie die Hermeneutik bloß als empirische Regelsammlung für die philologische Praxis begriffe. Die klassische Philologie verkörpert insofern eine partikulare Position, deren Verbindlichkeit durch Schleiermachers fundamentalhermeneutischen Ansatz gerade dementiert wird.
Wichtiger ist die Beziehung der Hermeneutik auf die *Kritik,* deren Theorie Schleiermacher wiederholt im Anschluß an seine Hermeneutikvorlesung vorgetragen hat und die Lücke im selben Band mitabdruckt. Das kritische Geschäft basiert zwar auch auf hermeneutischen Operationen. Als die Instanz jedoch, die die ›Relation‹ (d. h. den Bericht) des Autors an der (historischen oder objektiven) ›Tatsache‹ mißt und Widersprüche zwischen Gedanke und Rede (Versprechungen) oder zwischen Anspruch und Wirklichkeit aufdeckt oder überwindet, hat sie keinen Ort im Koordinatennetz der im weitesten Sinne kommunikativen Disziplinen. – Zum Verhältnis beider bei Schleiermacher vgl. die erhellende Passage bei Claus von Bormann, *Der praktische Ursprung der Kritik,* 48 ff.

Über *die Relation der Hermeneutik zur Dialektik* sind wir bereits verständigt. Im Kontext der Hermeneutikvorlesung (mit dem Zusatz von 1828) wird sie gerechtfertigt aus dem intentionellen Bezogensein alles Denkens und Sprechens auf Wahrheit (»Wissen«, »richtiges Denken«, »richtiges Sprechen« [*HK* 80 und *HL* 10]). Die Relevanz der Hermeneutik für die Dialektik gründet mit einem Wort darin, daß die Funktion sprachlicher Handlungen, mit denen jene zu tun hat, sich nicht darin erschöpft, auf unverbindliche Weise etwas nur nicht Unverständliches (im übrigen aber rein Subjektives) zu äußern, sondern auch auf Wahrheit, d. h. auf den im Medium des »reinen Denkens« erfolgenden intersubjektiven Konsens – auf das, was der Positivismus gern ›Objektivität‹ nennen würde – abzuzielen. Diese doppelte Referenz auf die Sache selbst und das richtige Denken, die Gadamer dem Subjektivismus der Schleiermacherschen Hermeneutik ganz aberkennen will,[30] hat ihre Grenze in dem Faktum, daß die Sache und der richtige Gedanke nur in den Deutungen von Subjekten existiert; und dieser Bezug verweist die Dialektik auf den langen Umweg über das Verstehen.
Den *Bezug der Hermeneutik auf die Rhetorik* begründet Schleiermacher damit, »daß jeder Akt des Verstehens die Umkehrung eines Aktes des Redens ist« (*HK* 80). Wenn Reden heißt, einen Gedanken (der zunächst nur für das denkende Subjekt da ist) so mitzuteilen, daß er für andere existiert, so hat das Verstehen die Aufgabe, die Äußerlichkeit der Signifikantenkette auf den Gedanken hin zu überschreiten, als dessen semiotisches Vehikel sie fungiert. Beide Operationen sind für das Hin und Wider des Sprachlich-sich-Verständigens offensichtlich gleich relevant.[31]
Den Term Rhetorik übersetzt Schleiermacher scheinbar konven-

Die an zwei Stellen hervorgehobene Beziehung der Hermeneutik auf die »*Philosophie*« (*HK* 80) deckt sich im einen Falle mit der auf die Dialektik (das galt schon früher von der auf die Logik, die ja nur Teildisziplin jener ist) und beruht im zweiten Falle auf einem Schreibfehler (»Philologie *korr. aus* Philosophie« [l. c. Anm. 2]). Möglicherweise basiert das Räsonnieren über die Pertinenz dieser Beziehung auf der Auseinandersetzung mit F. A. Wolf, der bekanntlich grammatische, historische und philosophische Interpretation unterschied (*Vorlesung über die Enzyklopädie* . . ., l. c. 290-295).

30 *WuM* 173/4 gibt zunächst eine wesentlich vorsichtigere Formulierung, von der Gadamer sich jedoch im folgenden (schon 175 u.) immer mehr entfernt, um Schleiermacher endlich zum Opponenten einer auf die Sache und die Wahrheit sich einlassenden Hermeneutik zu stilisieren (vgl. 184, passim).

31 Man sieht, daß Schleiermachers Definition der Hermeneutik (»Nur Kunst des Verstehens, nicht auch der Darlegung des Verständnisses« [*HK* 79, vgl.

tionell mit »Kunst zu reden« (l. c.).[32] Man muß indes sehen, daß in dieser Definition nicht schon ihre Eingrenzung auf eine Disziplin *kunstmäßigen* Redens impliziert ist.[33] Diese abgeleitete Definition vermöchte nur ein ganz bestimmtes Feld möglichen Sprachgebrauchs (eines Begriffs, den Schleiermacher synonym mit ›Rede‹ verwendet) zu bezeichnen. Die Rhetorik als die Verschreibungslehre von sprachlichen Techniken, die anzuwenden sind, um Angesprochene mit einer gewissen Wahrscheinlichkeit zur Herbeiführung eines außer der Sprache liegenden Zwecks zu motivieren,[34] kann nur als ein der *allgemeinen Rhetorik* – nämlich der *Kunstlehre der Sprachverwendung überhaupt* – einbeschriebener Sektor angesehen werden.

Seit Platon und Aristoteles – allgemein: im Traditionsbereich derjenigen episteme, die Wahrheit als Präsenz des Seins in seiner Erscheinung denkt – steht die Rhetorik unter der Anklage, das nur wahr Scheinende (τὸ εἰκός, τὴν δόξαν) und sein Vehikel,

31]) keineswegs – wie Gadamer (*WuM* 173, 291, passim) und Kimmerle (in seiner Diss., 54) meinen – die Rücksicht auf »Darstellung« oder Applikation ausblendet, sondern lediglich aus analytischen Gründen auf die Dualität der Aspekte des Redens und Verstehens hinweist. (Das ist ein Punkt, in welchem Schleiermacher durch E. D. Hirsch Unterstützung erfährt [*PI* 171 ff.], der das »stumme Verstehen« – subtilitas intelligendi – von der verbalen Explikation der »Interpretation« unterscheidet: subtilitas explicandi [Vgl. auch *PI* 309]. Vgl. ferner R. E. Palmer, *Hermeneutics* ... 85/6, der in der Abhebung des Verstehens vom Darstellen »one of his [Schleiermacher's] most significant insights« ausgesprochen findet.)

In Wahrheit gibt es sowenig ein nicht-verstehendes Reden wie ein sprachloses Verstehen bzw. ein Verstehen ohne Bezug auf die zu verstehende Rede, woraus jedoch nicht folgt, daß die Hermeneutik selbst und als solche schon entweder als »ein specieller Theil von der Kunst zu reden« existieren oder diese in sich enthalten müsse (*HK* 79). Nicht die Hermeneutik ist die integrale Einheit, die diese Momente in Beziehung setzt, sondern die Sprache qua Kommunikation.

32 Als ein beliebiges, wenn auch wegen seines Einflusses repräsentatives Beispiel für diese Konvention läßt sich der Titel des Lehrbuchs von Bernard Lamy, *La Rhétorique, ou L'art de parler*, anführen. Vgl. zum Thema H. Lausberg, *Handbuch der literarischen Rhetorik, Eine Grundlegung der Literaturwissenschaft*, 2 Bde., München 1960, den Artikel *Rhetorik* von Walter Jens, in: W. Mohr/W. Kohlschmidt (Hg.), Merker/Stammler, *Reallexikon der deutschen Literaturgeschichte*, 2. Aufl., Bd. 3, Berlin/New York, 432-450 sowie Jacques Dubois et alii, *Allgemeine Rhetorik*, München 1974.

33 Das verkennt Gadamer durchaus (*WuM* 176/7), wenn er unterstellt, hier werde »das Reden (...) rein als Kunst, d. h. unter Absehung von allem Zweck- und Sachbezug als Ausdruck einer bildnerischen Produktivität gedacht« (wobei er den Kontext der *Ästhetik* dem der *Hermeneutik* überstülpt).

34 Vgl. Schleiermachers *Vorlesungen über die Ästhetik*, hg. von Carl Lommatzsch, Berlin 1842 (= *SW* III/7), 2.

den Appell an den Sinnenschein des Einleuchtenden oder die bloße Überredung, dem vorzuziehen, welches ein auf authentischer Anschauung (ἰδέα) des wirklich Seienden (τοῦ ὄντως ὄντος) gegründetes Überzeugtsein[35] hervorbringt. Noch Hegel weist sie (allerdings mit einem noch näher zu bezeichnenden Vorbehalt) dem Reich der Äußerlichkeit zu, da sie – anders als die Poesie – den Zweck, um den ihr zu tun ist, nicht ins Zeichen, das auf ihn verweist, einhole, um es zum Ort einer die konkrete Einheit der Idee symbolisierenden Selbstreflexion zu machen, sondern die ästhetische Reflexion auf den Ausdruck selbst nur als »Mittel« zur Herbeiführung eines »außerhalb der Kunst liegenden Interesses« einsetze.[36] Freilich ist durch diese Charakterisierung die Rhetorik nicht einfach auf die semiotische Funktion der Bezeichnung reduziert. Der (prosaischen) Bezeichnung, sagt Hegel, komme es gar nicht auf eine ästhetische Selbstreflexion, »sondern auf die Bedeutung als solche [an], welche sie sich zum Inhalt nimmt, wodurch das Vorstellen zu einem bloßen Mittel wird, den Inhalt zum Bewußtsein zu bringen«. Der rhetorische Ausdruck dagegen reflektiere das Zeichen nicht allein im Hinblick auf »Richtigkeit, (...) deutliche Bestimmtheit und klare Verständlichkeit«,[37] sondern reserviere ein gewisses Interesse für sich selbst,[38] d. h. auf die Ausdrucksweise als solche. Darin ähnelt er der poetischen Sprachverwendung, die die ästhetische Selbstreflexion des Zeichens allerdings ganz und gar »theoretisch zum Zweck gemacht« hat,[39] während die rhetorische Reflexion dem Redenden einerseits nur als Mittel dient, den Angesprochenen »zu dieser oder jener Überzeugung zu bringen oder zu bestimmten Entschlüssen, Tätigkeiten usf. zu veranlassen«,[40] andererseits ihm ermöglicht, neben der reinen (›prosaischen‹) Bedeutung auch die Absicht, Gesinnung, Empfindungsweise, Haltung usw. seines Sprechakts in der Äußerung sichtbar werden zu lassen.

Was im Horizont der Präsenzmetaphysik als Makel erscheint, muß als unhintergehbare Realität anerkannt werden, sobald die

35 Vgl. die Rettung des Rhetorischen in H. G. Gadamers Aufsatz *Rhetorik, Hermeneutik und Ideologiekritik. Metakritische Erörterungen zu ›Wahrheit und Methode‹*, in: *Kleine Schriften*, Bd. 1, Tübingen 1967, 113-130.

36 G. W. F. Hegel, *Ästhetik*, hg. von F. Bassenge, Berlin 1955, 895 (vgl. den Kontext der Diskussion um Poesie und Prosa).

37 L. c. 906

38 L. c. 904/5

39 L. c. 902

40 L. c. 895

hermeneutische Einsicht in die Singularität des Allgemeinen – ob Idee oder absolute Selbstreflexion – ratifiziert ist: es gibt die wahre Bedeutung grundsätzlich nur in der Art und Weise ihres rhetorischen Vermeintseins. Die absolute Einheit des Inneren und des Äußeren, die die Poesie nach Hegel symbolisiert, existiert ebenso wie die ›Richtigkeit‹ des prosaischen Zeichens nur im Licht eines einzelnen Entwurfs, durch welchen das Subjekt in einem seine Bedeutung erfindet und ein stets inadäquates (insofern auch äußerliches) Symbol des Seins stiftet. Jede Symbolisierung ist gefärbt vom Gefühl der Subjektivität des Symbolisierenden, und die allgemeine Wahrheit, in deren Schwefelsäurebad die absolut sich wähnende Vernunft die Tinktur des individuellen Ausdrucks auflösen möchte, ist selbst ein Resultat diskursiver Übereinkünfte zwischen Subjekten (individuiertes Allgemeines).
Die Verbindlichkeit dieser Einschränkung des klassischen Repräsentationismus vorausgesetzt, erwirbt die Rhetorik – als allgemeine Kunstlehre der parole – eine mit der Hermeneutik schritthaltende Ausdehnung. Was Hegel unter den Titeln ›Bild‹ (Metapher) und ›Bedeutung‹ analytisch trennte, enthüllt sich als Dualität von Aspekten einer an sich einigen Realität: Jedes Zeichen bezeichnet nicht zunächst sich, sondern einen außer ihm situierten Sachverhalt. Es tut das indessen nie so, daß es sich – wie es die schulmäßige Definition des Zeichens suggeriert – über dem Geschehen der signification schlechterdings überflüssig machte. Die signitive Transzendenz[41] läßt den überschrittenen Signifikanten nie bloß als das Äußerliche zurück, sondern empfängt von ihm eine ›instituierte Spur‹ (Derrida): seine Richtung, seinen Wert, seine Bestimmtheit – mit einem Wort: seine Seinsweise als Bedeutung. Sie empfängt sie außerdem stets nur zugleich mit der Art und Weise, wie die Bedeutung im pragmatischen Kontext der jeweiligen Sprachverwendung interpretiert wird. Darum ist das Zeichen nicht neutral und transparent, sondern mehr oder weniger stark verdunkelt durch die unauflösbare Materialität des Signifikanten, von dessen sowohl individueller wie historischer Fracht[42] nur die künstlichen Sprachen mit selbst fragwürdigem Recht glauben abstrahieren zu dürfen.

41 »Le dépassement qui est la signification«. Jean-Paul Sartre, in: *Que peut la littérature* (Intervention à un débat), ed. par Yves Buin, Paris 1965, 112.

42 Vgl. Sartre, *L'Idiot de la famille. Gustave Flaubert de 1821 à 1857*, 3 Bde., Paris 1971/2, Bd. 3, 52: »(...) chaque lexème reste *en moi*

Tatsächlich kann man von »einer reflexiven Verdoppelung des Sprechens« (un redoublement réflexif du langage) reden,[43] insofern damit gemeint ist, daß im Gestus des signitiven Übersichhinausgehens jedes Zeichen zugleich, wenn auch nicht notwendig thematisch, auf sich selbst achthat (geradeso wie die Intentionalität des Bewußtseins das Selbstbewußtsein nicht hindert). Das Extrem solcher »réflexions critiques des mots sur eux-mêmes«[44] – Formulierung, in welcher das Adjektiv im Sinne der Kritik qua ästhetisch-reflektierender Urteilskraft zu lesen ist – ist zweifellos, wie Hegel sagt, die *Poesie*:[45] In ihr ist die nach außen strebende Bezeichnungsfunktion so weit ins Innere zurückgetrieben, daß gesagt werden kann, in ihr erscheine der Signifikant »für sich der Betrachtung wert« und »theoretisch zum Zweck gemacht und gebildet«.[46]

Aber sicherlich ist die poetische Sprachverwendung nur das Extrem eines Grundcharakters jeder Rede: sie ist stets Zeichen und selbst bezeichnet (»sie ist nicht einfach ein Zeichen, sondern eins, das sich verdoppelt«[47]). Oder – wie Tzvetan Todorov es ausdrückt –: »die Sprache kann nicht vollständig verschwinden und zu einem reinen Vermittler von Bedeutung werden; desgleichen kann sie ihren Aussagevorgang nicht gänzlich verschleiern; die Intervention des Sprechenden kann minimal, aber niemals gleich Null sein.«[48]

Wer den Aspekt der Bedeutung gegenüber dem der Selbstreferenz

extérieur à moi dans la mesure où il s'enrichit à mes yeux de mille interprétations qui m'échappent.«

43 *Que peut la littérature*, 111

44 L. c. 112

45 Das sagt auch Sartre: »et c'est le problème des mots renvoyant aux mots, et de réflexions critiques des mots sur eux-mêmes, que l'on nous a présenté tout à l'heure comme étant la littérature.
Dans ce cas-là l'ordre littéraire est rigoureusement défini; si le langage est devenu son propre objet (...), l'œuvre littéraire a en effet une réalité absolue« (l. c. 112). – Sartre bezieht sich teils unmittelbar, teils indirekt auf Mallarmés »Le langage se réfléchissant« (*Œuvres complètes*, Pléiade, 851).

46 Hegel, *Ästhetik*, 902 und 905. Diese Interpretation steht fest auf dem Boden der Seinsauslegung als Sich-gegenwärtigsein. Ihr zufolge ist das nach draußen verweisende Zeichen im Grunde nur ein sich selbst als solches noch nicht durchschauendes Symbol (insofern die Wahrheit des Draußen das Drinnen ist). Vgl. die ausgezeichnete Analyse von Jacques Derrida, *Le puits et la pyramide. Introduction à la semiologie de Hegel*, in: *Marges* ..., 79-127.

47 Sartre, *Que peut la littérature*, 117.

48 T. Todorov, *Poetik*, in: F. Wahl et alii, *Einführung in den Strukturalismus*, l. c. 116. Vgl. 122 sowie die gesamten Kapitel über *Die Register des Sprechens*, 114-123, und *Die Erzählvisionen*, 123 ff.

qua Sinn[49] unterdrückt und das Wort in der Selbstverhaftetheit des Imaginären einschließen möchte, ist nicht minder im Unrecht wie der Positivist, der den Signifikanten auf ein an ihm selbst unwesentliches Vehikel der Bedeutung reduziert. Während der Nachweis möglicher Sachreferenz – intersubjektiver Allgemeinheit der Bedeutung – Sache der Dialektik ist, betrachtet die Rhetorik Sprachäußerungen unter dem Gesichtspunkt, inwiefern in der eigentümlichen Wahl der Wörter, der Art ihrer Verkettung, kurz ihrem »Styl« (*HK* 108), die Singularität des sprechenden Subjekts sich manifestiert: sein Gefühl, seine Absicht, seine Geschichte usw. – all das, was sich nicht über Bedeutungen mitteilen läßt, weil es nicht allgemein (nicht kodiert und nicht kodifizierbar) ist.

Um einen zusammenfassenden Ausdruck zu geben: Die Rhetorik reflektiert – und zwar ebenso, nur in umgekehrter Richtung wie die Hermeneutik – des Subjekts ›être également signifié‹ in jedem ›dépassement signifiant‹.[50] Sie bereichert die manifeste und universelle Bedeutung seiner message durch das einzigartige Wie ihrer individuellen Interpretation und erschüttert so das Fundament jenes ›Semantismus‹, der, indem er die rhetorische Komponente in jeder Redeäußerung mißachtet, das Idol einer von aller Subjektivität entblößten Welt der lauteren Signifikate[51] aufrichtet – Idol, dessen Tod in der ersten radikalen hermeneutischen Besinnung beschlossen ist.

49 Die Zusprechung des Terms ›Sinn‹ für die Selbstbeziehung des Zeichens rechtfertigt auch Todorov, l. c. 115: »Der Sinn oder, wie wir in Zukunft sagen werden, die Literalität ist die Fähigkeit des Zeichens, an sich selbst und nicht als ein Verweis auf etwas anderes erfaßt zu werden.«

50 Sartre, *Que peut la littérature*, 117/8: »En somme, la réflexion sur soi de langage, est tout simplement la rhétorique. (...) si le langage est – dans la rhétorique, et dans la plupart des grandes œuvres (...) – également signifié, il n'est pas simplement un signe, mais il est un signe qui se redouble; il signifie quand même quelque chose; et c'est ça qu'on a oublié« (en disant: »L'œuvre est sa propre fin, sa propre leçon« [110]).

51 Vgl. Schleiermachers Kritik an den »gewöhnlichen Formeln der Transcendental-Philosophie, die ein allgemeines objectives Wissen abstrahirt von aller Individualität sezen will«, und an »der allgemeinen Sprachlehre« (*PhE* 175 und 176).

›Die‹ Sprache, darin besteht ihre von Schleiermacher herausgehobene funktionale Analogie zum »Geld« (*PhE* 115), ist die reine Verkehrsform des Gedankens unter Absehen von seiner Fundierung in konstitutiven Handlungen der Subjektivität. Es gründet darin die Gefahr ihrer Fetischisierung, die Marx der Hegelschen *Logik* (als dem »*Geld* des Geistes«) vorwerfen konnte, indem er nachwies, daß in ihr die Qualität des Besonderen aufs Allgemeine als auf seine Wahrheit reduziert werde (*MEW*, 1. Ergänzungsband, 571).

Wir haben schließlich *die dritte Beziehung* zu betrachten, *in der Schleiermacher die Hermeneutik erörtert*: ihre »Zusammengehörigkeit« mit der *Grammatik.* Sie beruhe darauf, »daß jede Rede nur unter der Voraussetzung des Verständnisses der Sprache gefaßt wird. – Beide haben es mit der Sprache zu thun« (*HL* 10/11). Eine »Grammatik« beherrschen, heißt nämlich, »Kenntniß der Sprache« zu besitzen (*HL* 11), zu dem einer Sprachgemeinschaft identischen trésor du signifiant Zugang zu haben, aus dessen Elementen die Zeichenketten der umgangssprachlichen Rede nach intersubjektiv instituierten Regeln aufgebaut werden. Eine *vorläufige und weitgefaßte Definition der Grammatik* könnte lauten, *sie sei das System der die Menge aller Sprachverwendungen einer historisch-gegebenen Sprache von ihrem morphonologischen Aufbau bis in ihre Bedeutungsschemate (Semantik) und Verknüpfungspläne (Syntaktik)*[52] *hinein formal bestimmenden Regeln.* Schleiermacher würde hinzufügen, daß durch sie Laut und Bedeutung[53] – oder wie er auch sagt: der organische und intellektuelle Aspekt des Zeichens – auf eine eindeutige Art und Weise in Beziehung gesetzt sein müssen[54] und daß diese komplexe Beziehung als ein von allen Teilnehmern einer Sprachgemeinschaft verinnerlichtes Institut erst die Möglichkeit dafür bereitstelle, daß Individuen ihre Gedanken einan-

52 Diese Züge faßt Schleiermacher unter dem Titel des »logischen Gebrauchs« der Sprache zusammen (*Ästhetik, SW* III/7, 635 ff.), insofern sie diejenige »Seite« der Sprache betreffen, die durch streng allgemeine Regularitätsbeziehungen charakterisiert und gegen das Individuelle »irrational« ist (ihren nomologisch beschreibbaren Charakter).

53 Vgl. *Erziehungslehre, SW* III/9, Berlin 1849, 298 f.

54 In Chomskys Worten: daß in ihr nicht nur die Menge aller Oberflächen- und Tiefenstrukturen aufeinander bezogen, sondern deren Verkoppelung wiederum einer semantischen und phonetischen Interpretation eindeutig zugeordnet sein müssen. Vgl. Noam Chomsky, *Sprache und Geist*, Ffm. 1973, 54 und derselbe, *On the Notion »Rule of Grammar«* (in: Jerry A. Fodor/Jerrold J. Katz (eds.), *The Structure of Langage*, Englewood Cliffs/New Jersey 1964, 119-136. Seine Definition der Grammatik: »By a *grammar of the language* L I will mean a device of some sort (that is, a set of rules) that provides, at least, a complete specification of an infinite set of grammatical sentences of *L* and their structural descriptions« (l. c. 119/20). Ebenso ders., *Current Issues in Linguistic Theory*, Haag 1964, 7 f.: »Die Grammatik ist ein Verfahren, das die unendliche Menge der wohlgeformten Sätze begrenzt und jedem dieser Sätze eine oder mehrere Struktur-Beschreibungen zuordnet.«
Chomsky, der sich selbst auf die romantische Grammatik-Theorie beruft, verharmlost ihren epistemologischen Bruch mit den rationalistischen Universalgrammatiken zu einer Ausarbeitung und Differenzierung derselben (*Sprache und Geist*, 52 u. passim). Diese Abweichung kommt allerdings in unserem gegenwärtigen Kontext noch nicht hinreichend deutlich zum Vorschein.

der *mitteilen* (aufeinander *übertragen*) können. Denn die Mitteilung eines anderen richtig verstehen (wie es Schleiermachers Definition der Hermeneutik vorschreibt), heißt, sie nach Maßgabe eines intersubjektiv anerkannten Codes zu entschlüsseln, sie mithin auf ein allgemeingeltendes »System« zu beziehen, in dessen *»vereinbarter Spur* (*trace instituée*)«[55] die strenge Ordnung verzeichnet ist, die über alle notwendigen Distinktionen und alle zulässigen Kombinationen zwischen Elementen sowie über deren syntagmatische Verknüpfung in eindeutiger Zuordnung zu den Bedeutungen auf eine für alle Sprecher verbindliche Weise entscheidet.[56]

Das ist in der Tat der Gesichtspunkt Schleiermachers: die Struktur von Sprache läßt sich nur im Hinblick auf ihre soziale und kommunikative Bedeutung explizieren. Ohne zu vergessen, daß die gegebene Definition seinen Begriff von Grammatik nicht zureichend erfaßt, kann man absehen, daß keine andere die von der Dialektik anvisierte Universalität des Wissens zu gewährleisten vermöchte. Die »Forderung der Gemeingültigkeit, der Identität in allen,« läßt sich mit Sinn nur erheben, wenn dem zugleich systematisch und dialogisch verfaßten Wissen ein »System der Bezeichnung des Wissens« zur Seite steht, das die identische Übertragung von Bedeutungen sicherstellt, nämlich die »Sprache«: »Ohne Sprache gäbe es kein Wissen und ohne Wissen keine Sprache« (*PhE* 161).

Über diese These Schleiermachers – insbesondere über seine philologisch wie sachlich nicht unangefochtene[57] Behauptung einer

55 Jacques Derrida, *Grammatologie*, 81.

56 Genau dies nennt Derrida »Urschrift, Bewegung der différance, irreduzible Ursynthese, die in ein und derselben Möglichkeit zugleich die Temporalisation, das Verhältnis zum Anderen und die Sprache eröffnet« (l. c. 105). Vgl. Roman Jakobson und Morris Halle, *Grundlagen der Sprache*, Berlin 1960, 5.

57 Sie wird angefochten z. B. von Falk Wagner (*Schl.s Dialektik*) und in gewisser Weise von H. Kimmerle, der in Schleiermachers Spätwerk eine Revokation dieser Identität findet (was nicht ausschließt, daß er ihr hinsichtlich des *Brouillons zur Ethik* von 1805/6 und der an sie anschließenden Entwürfe eine vorzügliche Bestätigung geliefert hat [vgl. seine Diss., 30 ff.]). Gadamers Akzentuierung des Psychologischen verallgemeinert diese These auf Schleiermachers gesamtes Denken, etwas moderierter in seinem Aufsatz über *Das Problem der Sprache in Schleiermachers Hermeneutik*, in: *Kleine Schriften*, Bd. I, Tübingen 1967, 129-140, in welchem er Schleiermacher trotz wichtiger Einsichten in ihre Allgemeinheit »die Individualisierung« der Sprache vorwirft. Tatsächlich kritisiert er, wenn er auf der irreduziblen Sprachgebundenheit des Denkens insistiert, Schleiermacher mit Schleiermacher – wie so oft in *WuM*.

durchgängigen Identität von Denken und Sprechen[58] – ist eine Reihe wichtiger Beobachtungen zusammengetragen worden, in deren Resümee oft das Bedauern anklingt, daß noch immer kein überzeugender Versuch vorliege, Schleiermachers Theorie der Sprache im Zusammenhang darzustellen.[59] Daß dies nicht geschehen ist, gründet vor allem in der wirkungsgeschichtlichen Autorität eines nachgerade klassisch gewordenen Verdikts gegen das idealistische Denken, dessen logozentrische Sprachbehandlung man aufgrund eines ebenso fest sedimentierten wie weitgehend fiktiven Interpretationsschemas von vornherein, nämlich noch vor der geduldigen Lektüre der einschlägigen Texte, für ausgemacht hielt. Diesem rezeptionsgeschichtlichen Vorurteil korrespondierte ein ebenso hinderliches Selbstmißverständnis der modernen Linguistik, die ihr Anknüpfen an die Saussuresche (angebliche) Revolution der Sprachwissenschaft für einerlei hielt mit einem Treueid auf den Synchronismus/Ahistorizismus und mit der Pflicht zur Abwendung von der idealistisch-romantischen Sprachtheorie.[60] Erst die jüngste, vor allem durch den Neo-Marxismus, die Existenzialhermeneutik und den Pragmatizismus

Diese Thesen sind in der Tat philologisch nicht haltbar. Klaus Weimar, *Einführung* ..., 117/8, hat neuerdings mit Nachdruck darauf hingewiesen und allgemein vermerkt, »mit einiger Überspitzung« lasse sich die Rezeption von Schleiermachers Hermeneutik als »Illustration eines ihrer Kernsätze« anführen, wonach »sich das Mißverstehen von selbst ergiebt und das Verstehen auf jedem Punkt muß gewollt und gesucht werden«. Die Gefahr der Universalisierung des wirkungsgeschichtlichen Moments – wir sagten es bereits – liegt in der Suspendierung der Kritik.

58 Die nützliche, etwas oberflächliche Untersuchung Siegfried J. Schmidts über *Sprache und Denken als sprachphilosophisches Problem von Locke bis Wittgenstein*, Den Haag 1968, übergeht Schleiermachers Theorie mit Stillschweigen.

59 So B. Laist, *Das Problem der Abhängigkeit* ..., 191, allerdings mit Hinblick auf eine bildungsanthropologische Einordnung von Schleiermachers Theorie der »Sprachbildung«, und Joachim Wach, *Das Verstehen*, Bd. I, 132: »In der Geschichte der Sprachwissenschaft fehlt der Name *Schleiermachers*. Mit Unrecht, wie mir scheint.«

60 Ein Kollektivtitel, der womöglich Herder, Adelung, Humboldt, Bopp, Grimm und Schleicher als Vertreter einer in großen Zügen gemeinsamen Theorie hinstellt. Tatsächlich geht es heute (und ging es für Saussure) darum, wesentliche Entdeckungen etwa Schleiermachers oder Humboldts gegen die Nachwirkungen der sogenannten historischen Grammatik wieder zur Geltung zu bringen. – Vgl. Oswald Ducrot, *Le structuralisme en linguistique*, in: F. Wahl et alii, *Qu'est-ce que le structuralisme*, Paris 1968, 20 ff. (-34). (Die deutsche Übersetzung *Einführung in den Strukturalismus*, aus der wir gelegentlich zitierten, weist besonders in diesem Aufsatz große Mängel auf, die zum Rückgriff aufs französische Original zwingen.) Wir beziehen uns im folgenden zuweilen auf die bemerkenswerte Saussureinterpretation Ducrots.

induzierte Selbstreflexion hat die Linguistik die klassische Tradition, in der auch Saussures Ansatz gründet, wiedergewinnen lassen und damit die Möglichkeit eröffnet, einige Texte sogenannter idealistischer Sprachtheorie als Präfigurationen oder Anagramme des Saussureschen Diskurses zu lesen.[61]
Tatsächlich wird man die argumentative Potenz von Schleiermachers These der Einheit von Denken und Sprechen am wirkungsvollsten erproben, wenn man ihr gestattet, sich an Saussures Theorie zu profilieren.
Ein geeigneter Ausgangspunkt für eine solche Konvergenz-Probe bietet sich in der Beobachtung, daß Saussure im *Cours de linguistique générale* einer Grundannahme der rationalistischen Universalgrammatiker entgegentritt. Ihr zufolge spiegeln die empirischen Sprachen mehr oder weniger adäquat die unveränderlichen Urteils-Synthesen einer zeitlosen Ordnung des Denkens (Logik) in der Verknüpfung von (grammatischen) Propositionen[62] wider, und zwar so, daß deren Wörteranordnung streng dem Arrangement der ›Ideen‹ des Urteils entspricht.
Nun kann man zeigen, daß Schleiermacher ein solches »Unternehmen, die Sprache ähnlich dem mathematischen Calculus zu behandeln«, »höchst verkehrt« nennt (*PhE* 165).[63] Aber es bedürfte

61 Diese Perspektive in exemplarischer Aufarbeitung der Rezeptionsgeschichte der Bally/Sechehaye'schen Version des *Cours* und in präziser Neuinterpretation des authentischen Textes Saussures eröffnet zu haben, ist wesentlich das Verdienst der hervorragenden Arbeit Ludwig Jägers, *Zu einer historischen Rekonstruktion der authentischen Sprach-Idee F. de Saussures*, Diss. Düsseldorf 1975 – Vgl. ders.: *F. de Saussures historisch-hermeneutische Idee der Sprache. Ein Plädoyer für die Rekonstruktion des Saussureschen Denkens in seiner authentischen Gestalt*, in: *LuD* 27 (1976), 210-244.

62 Wir verwenden diesen Begriff im folgenden nicht mit der Strenge der Aussagenlogiker im Sinne von Sätzen, die Tatsachen wiedergeben und mithin eine verifizierbare oder falsifizierbare Assertion voraussetzen, sondern analog zu seiner Verwendung bei einigen französischen Linguisten, die darunter die gleichsam pragmatisch uninterpretierte *Bedeutung* von Syntagmen/Sätzen verstehen. (Die durch einen Interpretanten qualifizierte Proposition heiße ›der Sinn eines Syntagmas/Satzes‹.) – Dem entspricht bei Schleiermacher die Unterscheidung der »wechselnden«, situativen Verwendung von Ausdrücken-in-Kontexten von ihrem »logischen Gehalt« (*Ästhetik*, *SW* III/7, 641) – Unterscheidung, der wir noch öfter begegnen werden.

63 Schleiermachers Akademierede vom 7. Juli 1831 über die ›Characteristica universalis‹ des Leibniz führt dies, allerdings in einer gegen ihren Urheber respektvollen Weise, näher aus (*SW* III/1, Berlin 1835, 138-149; vgl. bes. 140/1: »[. . .] wir haben es leicht zu sagen, es habe nur im Rausch mathematischer Begeisterung geschehen können, daß er die Grenzscheidung zwischen beiden Gebieten [sc.: der Mathematik und der Sprache] übersehen« usw.).

der Zitatangabe gar nicht, da man die theoretische Praxis der rationalen Grammatik leicht als das sprachphilosophische Pedant der rationalistischen Hermeneutik durchschaut und schon daran ermessen kann, wie unverträglich jene mit den vorgetragenen Grundsätzen der Schleiermacherschen Interpretationslehre sein muß. Denn die Ordnung des Logischen ist nach Schleiermacher das dialektische Institut einer bestimmten historischen ›Denkgemeinschaft‹ und als solches nicht unabhängig von einer höherstufigen Individualität und der von ihr besorgten Seins-Interpretation: Die Universalität des Logischen ist nur die Abstraktion aus einer kommunikativen Übereinkunft und insofern an Sprache gebunden. Man muß die These, wonach die Grammatik eine bloße und äußerliche Kopie der Logik sei, gerade umkehren: Die Ordnung der Gedanken ist an der Organisation der Zeichen einer Sprache (ihren syntaktosemantischen Strukturen, Aussagetypen, Satzbauplänen, genrespezifischen Verwendungskonventionen usw.) ablesbar und könnte nirgendwo anders aufgewiesen werden.

Genau das hat Saussure im Sinn, wenn er das vom Signifikanten suspendierte reine Denken einer »Nebelwolke« oder einer »amorphen Masse« vergleicht, die es von sich her zu keinerlei Distinktionen und damit auch nicht zu »klaren« Bestimmungen brächte (»[...] comme déjà toute claire, définie«[64]). »Ohne Worte«, sagt Schleiermacher mit der gleichen Intention, »ist der Gedanke noch nicht fertig und klar« (*HL* 11), verschwebt vielmehr in »leeren träumerischen Versuchen«.[65] Denn Klarheit, Realität,[66] Bestimmtheit wird einem Begriff (concept, signifié) – und zwar auf dem Umweg über den ihm gleichsam synchronisierten Signifikanten – allein von einem System streng geregelter Differenzen

64 Ferdinand de Saussure, *Cours de linguistique générale*. Edition critique par Rudolf Engler, tome 1, fascicule 1-3. Wiesbaden 1968, 253.

65 Eine Formulierung aus dem *Entwurf eines Systems der Sittenlehre*, in: *SW* III/5, Berlin 1835, 147. Vgl. 459. Vgl. auch Saussure (l. c.): »la pensée, de sa nature chaotique, est forcée de ce préciser parce qu'elle est décomposée«, und bereits Herder, *Ideen zur Philosophie der Geschichte der Menschheit* (1784/5), in: J. G. Herder, *Sprachphilosophie*, 173: »Die lebhafteste Anschauung bleibt dunkles Gefühl, bis die Seele ein Merkmal findet und es durchs Wort (...) dem Verstande (...) einverleibet«, sowie W. von Humboldt: »Die intellectuelle Tätigkeit (... ist genötigt), eine Verbindung mit dem Sprachlaute einzugehen; das Denken kann sonst nicht zur Deutlichkeit gelangen, die Vorstellung nicht zum Begriff werden« (*Über die Verschiedenheit des menschlichen Sprachbaues und ihren Einfluß* ..., in: A. Flitner/K. Giel (Hg.), *Schriften zur Sprachphilosophie*, = *Werke* Bd. III, Darmstadt 1963, 426.

66 Sprache ist »die Art und Weise des Gedankens, wirklich zu sein« (*HL* 11)

bzw. Oppositionen her zugespielt (»Alles was B[egriff] ist vom Gegensaz« [*HK* 39]) und könnte niemals der gleichsam monadische Charakter eines ›positiven Terms‹ sein. Auch das scheint Schleiermacher recht gut zu sehen, wenn er – in bemerkenswerter Weise Saussures berühmtes Diktum antizipierend, die langue sei weder eine ›Nomenklatur‹ noch eine »Substanz, sondern eine Form«[67] – feststellt, »die Sprache (sei) nicht nur ein Complexus einzelner Vorstellungen, sondern auch ein System von der Verwandtschaft [d. h. der Relation] der Vorstellungen. Denn durch die Form der Wörter sind sie in Verbindung gebracht« (*HL* 12). Unter ›Form der Wörter‹ versteht Schleiermacher zwar zunächst den typischen Zuschnitt und die eigentümliche verknüpfungsstiftende Beschaffenheit ihrer Moneme/Morpheme (er denkt besonders an die Flexions- und grammatikalischen Morpheme, die »Vor- und Endsylben«, deren jede »eine eigenthümliche Bedeutung (Modification)« induziere [l. c.]); sodann aber grundsätzlich den differentiellen oder ›funktionalen‹ Charakter der Sprach-›Elemente‹ (›Wörter‹, ›Sätze‹ und höherstufigen ›Combinationen‹), die über die strenge Definitheit ihrer ›Form‹, also über ein »System (des) bestimmten Unterscheidens der bedeutenden Einheiten«[68] (!) sich ausprofilieren (*PhE* 162). Das differen-

67 Saussure, *Cours* . . ., Edition critique, 253/4 und 276. Weitere Belegstellen und eine kritische Interpretation des Kontextes dieser Bemerkung liefert Ludwig Jäger, *Zu einer historischen Rekonstruktion* . . ., 111 ff.

68 Dies Prinzip, das wir mit Derrida ›différance‹ nennen, hat eine historisch kurzsichtige Sprachwissenschaft als revolutionäre Entdeckung Saussures (»enfin Saussure vint«) hinzustellen vermocht. Tatsächlich ist es – wie schon unser Hinweis auf Fichtes Gleichung von Bestimmung und Distinktion zeigen konnte – idealistisches Gemeingut, das nicht nur Schelling (vgl. z. B. *WW* I, 6, 194 ff.), Hegel (vgl. die gesamte *Logik*, bes. die Logik des Daseins [= Theorie-Werkausgabe, Bd. 5, 115 ff.]), die romantischen Theoretiker und Solger explizit verwenden, sondern dessen Vorbild sich, wo nicht viel früher, in der methodischen Organisation von Spinozas *Ethik* aufweisen ließe (›omnis determinatio est negatio‹) – ein Umstand, der das lebhafte Interesse einiger Strukturalisten, besonders Althussers, an Spinoza erklärt (vgl. Louis Althusser/Etienne Balibar, *Das Kapital lesen*, Reinbek 1972, 51, 134 f., 252 ff. u. passim). – In vollem Bewußtsein auf die Sprache angewandt hat es bereits die Akademievorlesung Wilhelm von Humboldts aus dem Jahre 1820, *Über das vergleichende Sprachstudium in Beziehung auf die verschiedenen Epochen der Sprachentwicklung*: Die Sprache teilt »darin die Natur alles Organischen, daß jedes in ihr nur durch das andre und alles nur durch die eine, das Ganze durchdringende Kraft besteht« – ein Satz, dessen Implikationen Humboldt anschließend detailliert entfaltet (in: *WW* [ed. Leitzmann], Bd. IV, 4). – Schleiermacher selbst bemerkt, daß man – der dabei vorliegenden Abstraktion eingedenk – »die Sprache« ›deduktiv‹ behandeln und »in Ansehung ihres logischen Gehaltes (. . .) klassifizieren (könne); so bildet man Gegensätze und

tielle System, welches die Elemente als »etwas feststehendes (...), sich immer gleiches« fixiert, bildet die Grundlage für ihre »Verknüpfung« oder »Combination« (»Die Sprache besteht aus der Verknüpfung fest gewordener Elemente«).[69]

An anderer Stelle erläutert Schleiermacher seine sprachtheoretisch hermeneutische Maxime, alles Einzelne aus dem Ganzen zu verstehen, mit der erstaunlichen Formulierung: »Alle Vorstellungen, die in einem Complexus *durch Gegensäze* verbunden sind bilden ein Ganzes« (*HL* 103; von mir hervorgehoben [M. F.]). Eine einzelne Vorstellung läßt sich nämlich dann und nur dann realisieren, wenn die Totalität der Sprache ihr – durch signifikante ›différance‹ – »schon ihre Bezeichnung« zugespielt hat, und »ein anderer neuer Gedanke könnte nicht mitgetheilt werden, wenn nicht auf schon in der Sprache bestehende Bezeichnungen bezogen« (*HL* 12).

Mit einem Wort: Selbst ein ›System von Ideen‹ – ein Organisationsgesamt logisch verknüpfter Kategorien und stabiler Bedeutungen – vermöchte sich nur in einer Relationalstruktur, in einem ›System von Zeichen‹ (*PhE* 305; *Dial* O 372 ff.), kurz: in einem System vom Typ einer Sprache zu artikulieren und besäße ohne dies den Status einer rein subjektiven Möglichkeit.[70]

Es wäre nutzlos, die im Algorithmus $\frac{\text{Signifiant}}{\text{signifié}}$ verzeichnete Wechseldependenz von Laut und Bedeutung (deren arbiträr gestiftete Kontinuität ihrerseits nur als Funktion eines Systems von Differenzen und Kombinationen besteht) mit dem Einwand unterlaufen zu wollen, daß der dem Gedanken synchronisierte Signifikant nicht notwendig die materielle Seinsart eines Lautes haben müsse und folglich durchaus als Element einer apriorischen

bezeichnet Ähnlichkeiten und Verwandtschaften« (*Dial* O 380); und er erörtert das hermeneutische Verfahren der ›Bestimmung durch Gegensaz‹ (»eine Bildungsform der Vorstellungen durch Entgegensetzung aus einem Gemeinsamen«) ausführlich im Kontext der ›grammatischen Interpretation‹ (*HL* 102 [ff.]).

69 *Ästhetik*, *SW* III/7, 640 f.

70 Darum ist es hermeneutisch unangemessen, von den Zeichen, wie E. Betti es tut, als von »Objektivationen des Geistes« zu sprechen (*HaMG*, 6, passim). Der Geist ist nicht Inaugurator der Zeichenorganisation, sondern ist ihr vielmehr einbeschrieben; er ist eine semiologische Funktion. Aus Sorge, »einem groben materialistischen Vorurteil« zu verfallen (l. c. 8), bemüht Betti sich um Anschluß an das abendländisch-logozentrische Vorurteil. Daß er selbst sich u. a. in Schleiermachers Tradition sieht, hat nicht unerheblich zur wirkungsgeschichtlichen Entstellung des Schleiermacherschen Ansatzes beigetragen.

Semantik oder eines transzendentalen Kategorienapparates – kurz: im Sinne einer gleichsam virtuellen oder ›inneren Sprache‹[71] – sich verstehen lasse. Abgesehen davon, daß auch eine rein ideelle Sprache, um nicht nur imaginär (oder, wie Schleiermacher sagt, in der Selbstbezüglichkeit des Gefühls) zu bestehen, sondern tatsächlich zu funktionieren, um ihrer möglichen Wahrheit willen auf Realität referieren können und also einem System von Schematen der Erfahrung zugeordnet sein müßte (womit sie bereits hinreichend als ein Gesamt von Symbolen[72] ausgewiesen wäre), impliziert schon der Begriff der inneren Sprache den eines kompletten Signifikantensystems; und die angestrebte Unterscheidung von Sprechen und Denken reduziert sich auf die kontingente Differenz einer lauten von einer stummen Äußerungsweise. Die systematische Organisation unserer Erkenntnisse in »verständlichen Symbolen« (*PhE* 128) schließt a priori den Begriff der »Sprache« ein, da die Fixation von noch so ideellen Signifikaten nicht als Werk einer souverän synthetisierenden Innerlichkeit gedacht werden kann, sondern nur über deren rigide Entäußerung an eine Struktur differentieller Wechselbestimmung von materiellen Signifikanten zu verwirklichen ist. Die Sprache entrinnt auch als ›innere‹ nicht dem, was Lacan die ›Engführung des Signifikanten‹, was Schleiermacher das »natürliche und nothwendige Äußerlichwerden des rein Inneren« nennt (*PhE* 311): also auch nicht dem Einbruch des Empirischen und der Geschichte.

Im Sprachewerden des Gedankens ereignet sich tatsächlich so etwas wie eine Subversion des Subjekts, das sein Inneres in einer verständigen und verständlichen Weise nur zu fassen bekommt, wenn er sich den Segmentierungen der symbolischen Ordnung überantwortet, deren relative Eigengesetzlichkeit das »zuerst in einem persönlichen Bewußtsein erzeugte« Wissen als intersub-

71 Abermals ein auf Herders Vorbild verweisender Gedanke: »Was heißt Denken? Innerlich sprechen« (in: *Sprachphilosophie*, l. c. 189).

72 Unter Symbolisierung versteht Schleiermacher die intersubjektive Vermittlung der Wirklichkeit (›Natur‹) mit Akten der Vernunft (›Erkenntnissen‹). Grundsätzlich kann solche Vermittlung sowohl im Bereich der *Symbolisierung* wie der *Organisation* vor sich gehen und in beiden wieder unter dem Gesichtspunkt überwiegender Identität oder überwiegender Individualität erfolgen. Nur die identische Symbolisierung produziert ein kohärentes Zeichensystem vom Typ einer Sprache, während die individuelle Symbolisierung Phänomene wie Rede und künstlerischen Ausdruck fundiert (*PhE* 88/9 ff., 128; vgl. 263 ff., 432 ff., 586 ff. und passim). Vgl. Humboldt, *WW* VII, 153; V, 374; VI, 151 und 179.

jektiv schematisierte Rede exteriorisiert (*PhE* 269). Es wäre freilich unangemessen, die List der Sprache gegenüber dem Narzißmus des reinen Gefühls[73] als einen Raub oder als eine Usurpation zu beschreiben. Abgesehen davon, daß »im isolirten Aneignen (...) der reinmenschliche Charakter verloren(geht) unter der Form der Gewaltthätigkeit, d. h. des Nicht-Anerkennens der Persönlichkeit außer sich« (l. c.), würde die reine Innerlichkeit des Gedankens in einem pathologischen Selbstmißverständnis sich befinden, wollte sie als souveränen Konstituenten eines zwar vorsprachlichen, aber gleichwohl allgemein verbindlichen Wissens sich ansehen. Denn »wenn man etwas für ein Wissen hält, was noch nicht zur Klarheit und Bewußtheit des inneren *Sprechens* gekommen ist, so ist es entweder noch verwirrt oder, wenn auch die innere Dignität gleich ist, so verliert es doch den objectiven Charakter, das Subjective nimmt überhand: es tritt in das Gebiet des Gefühls« (*PhE* 165; kursiviert von mir [M. F.]).[74]

Die Pointe dieser erstaunlichen These ist, daß, sofern nur überhaupt gedacht wird (d. h. sofern nur überhaupt distinkte Bedeutungen kohärent verknüpft werden), die ›Gesamtheit einer Sprache‹ (*HL* 11) vorausgesetzt ist, durch welche von vornherein eine identische Schematisierung der Welterfahrung einer Sprechergemeinschaft, folglich Kommunikation als soziale Funktion schlechthin gewährleistet ist.[75] Ob laut oder innerlich ge-

73 der ›captation de soi par soi imaginaire‹ – einer Vorstellung, der besonders auch Charles S. Peirce entgegengetreten ist. Die von der Sprache geleistete Interpretation von Welt ist wesenhaft ›dialogisch‹ und ›sozial‹ (Peirce, *Schriften*, II, 400). Vgl. Richard E. Bernstein, *Praxis und Handeln*, 24, 61.

74 Was nicht bedeuten soll, daß ihm daselbst die Einigelung in die Sphäre reiner Innerlichkeit gelungen wäre. Dergleichen gelingt – zufolge der Prämisse Schleiermacherschen Philosophierens, wonach »jede Einwirkung nach innen, die ein Gefühl wird, (...) auch durch organische Nothwendigkeit wieder nach außen (treibt)« (*PhE* 98) – grundsätzlich nie (allein dieser Umstand erlaubte uns, von einem ›pathologischen Selbstmißverständnis‹ zu sprechen), da »jedes Vernunftgefühl im Einzelnen eingehüllt (ist) in eine organische Operation und (...) auch durch eine solche wieder äußerlich« (was nicht heißt: »Sprache«) wird und umgekehrt (l. c.). Das ist die Folge jener als solche irrepräsentablen Einheit des Inneren und des Äußeren, die sich in der Ambiguität aller Phänomene zugleich manifestiert und entzieht.

75 Sehr schön bringt Schleiermacher dies Ausgerichtetsein auf »Communication« in dem Passus über »darstellendes Handeln« in der *Christlichen Sitte* zum Ausdruck: »Alles darstellende Handeln, sofern es nichts anderes ist, als das in Erscheinung treten eines innerlichen Zustandes, geht auf Gemeinschaft aus« (*SW* I/12, hg. von L. Jonas, Berlin ²1884, 510 im Kontext). Ebenso in der *Psychologie*, hg. von L. George, Berlin 1862, 146, 162, 503.

sprochen wird, ist für die definitorische Abgrenzung des Denkens vom Sprechen grundsätzlich irrelevant.[76] Denn »Mittheilung« setzt lediglich voraus, daß der Angesprochene Laute und Lautfolgen als Realisationen derselben Zeichen und Zeichensequenzen identifizieren kann, als die sie vom Sprecher gemeint waren. Darauf zielt jene grammatische »Forderung der Gemeingültigkeit, der Identität in allen« (*PhE* 161), die in einem »allgemeinen Schematismus« der symbolischen und interaktiven Weltkonstitution ihr Organ hat (*PhE* 265/6). In ihm dominiert »der Charakter der Identität«, während das inkommunikable Individuelle (das »Unübertragbare«), welches in der rhetorischen Sprachbehandlung indirekt sich andeutet, zurücktritt (l. c. und 301 ff.). Nur die Grammatik (nicht die Rhetorik) erklärt mithin die mögliche Ausrichtung sprechend-denkender[77] Wesen auf einen dialektischen

76 »Das Aussprechen der Worte«, erklärt Schleiermacher, »bezieht sich bloß auf die Gegenwart eines andern, und ist insofern zufällig« (*HL* 11). Denn »das Denken (ist selbst schon) ein inneres Sprechen« (*HL* 12) und verfügt damit über alle Voraussetzungen, die erfordert werden, um Kommunikation zu ermöglichen. Vgl. auch die *Erziehungslehre* von 1826 (*SW* III/9, Berlin 1849, 126): »Es giebt kein Denken ohne Worte; denken und reden ist eines und dasselbe. Wird nicht laut geredet, dann innerlich. Ehe das Denken Rede wird, ist es bloß ein denken wollen aber nicht denken.«
Es würde den Rahmen dieser Untersuchung sprengen, wollten wir die wichtigen Einwände diskutieren, die Jean Piaget gegen die These vorgebracht hat, die Sprache sei ein unbedingt notwendiges und zureichendes Fundament des operationellen Denkens. Soweit sich dieser Einwand kritisch gegen Saussure richtet, ist zu vermuten, daß Piaget dessen Theorie der Sprache – wie Bally/Sechehaye sie tradierten – einer zu restriktiven Lektüre unterzog, indem er sie, wie Hans G. Furth (*Intelligenz und Erkennen. Die Grundlagen der genetischen Erkenntnistheorie Piagets,* Ffm. 1972) charakteristisch sich ausdrückt, auf ein »fertiges Produkt« reduziert glaubt, dessen »Organisation (Saussure) in einer statischen, klassifikatorischen Weise unabhängig vom Bedeutungskontext« und ohne Interesse an ihrer »Entwicklung« studiert habe (l. c. 159). Diese Vorstellung ist gründlich widerlegt durch die Editionen Rudolf Englers und durch die zitierten Arbeiten Ludwig Jägers. In welchem Maße sie ungeeignet ist, Schleiermachers dialektischen Sprachbegriff zu charakterisieren, wird der Fortgang der Untersuchung hinreichend deutlich zeigen.

77 »Betrachten wir nun *das Denken im Akte der Mittheilung durch die Sprache, welche eben die Vermittlung für die Gemeinschaftlichkeit des Denkens ist,* so hat dieß keine andere Tendenz als das Wissen als ein allen gemeinsames hervorzubringen. So ergiebt sich das gemeinsame Verhältniß der Grammatik und Hermeneutik zur Dialektik, als der Wissenschaft von der Einheit des Wissens« (*HL* 11, Hervorhebung von mir [M. F.]). – Vgl. auch Schleiermachers »Erläuterung« zu den §§ 5 und 6 der *Kompendienartigen Darstellung*: »Das Verhältniß der grammat[ischen] und psychol[ogischen] Interpret[ation] zu der dialektischen und rhetorischen Richtung«, welches in ihrem genauen Parallelismus besteht.

Konsensus im ›Wissen‹ und definiert auf diese Weise ihren Wert in der viergliedrigen Synthesis der Beziehungen zwischen Hermeneutik, Dialektik, Rhetorik und Grammatik.

Wir sind nun imstande, die bislang aufgeschobene Frage nach der distributiven Logik dieser Zuordnungen aufzugreifen. Offenbar handelt sich's um Relationen zwischen verschiedenen Funktionen kommunikativen Sprechens. Jede kommunikativ-sprachliche Äußerung weist strukturell – bei grober Durchsicht – mindestens drei Aspekte auf: sie referiert auf etwas (Entität, die Saussure als ›chose réelle‹ bezeichnet); sie transportiert eine vom ›Gefühl‹ des Sprechers interpretierte Nachricht (message) an den Hörer (vermutlich in einer Einkleidung, die ihn zu überzeugen hofft und an seinem mutmaßlichen Verständnishorizont sich ausrichtet); und sie realisiert schließlich in jeder Äußerung einen allgemeinen Code, dessen Regeln beide Kommunikanten um der möglichen Intersubjektivität der zwischen ihnen ausgetauschten Rede willen sich unterwerfen müssen.
Man kann diese Gesichtspunkte, wie Roman Jakobson es nach Bühler getan hat,[78] auf drei Ebenen eines Schemas übertragen, das die Sprache/Kommunikation in der ganzen Mannigfaltigkeit ihrer Funktionen vorstellt. Die erste Zeile verzeichnet die referentielle Funktion (die Hinsichtnahme auf die Sache des Diskurses); die zweite Zeile – gemäß der Dreizahl ihrer Glieder: adresser, message, adressee – die ›emotive Funktion‹ (die Hinsichtnahme auf die eigentümliche Gefühlslage des Sprechers), die ›poetische‹ (oder, weiter gefaßt: rhetorische) Funktion (insofern unter ästhetischen Gesichtspunkten auf die Motiviertheit der gewählten Zeichen als solche reflektiert wird) und die ›konative‹ (adhortative oder interrogative) Funktion (insofern auf die Rezeptionseinstellung des Angesprochenen geachtet wird); in die dritte Zeile wäre schließlich einzutragen, was Jakobson die ›metasprachliche Funktion‹ nennt, die Hinsichtnahme auf die mögliche Identität oder Nichtidentität des Verständigungsmediums zwischen den Kommunikanten.
Es ist nicht schwer, auf diesen drei Ebenen[79] die Trias von Ge-

78 Roman Jakobson, *Linguistics and Poetics*, in: T. A. Sebeok (ed.), *Style in Language*, Cambridge/Mass. 1960, 353 (im Kontext).
79 Bei Jakobson sind es – genau genommen – vier, da er den »contact« (»a physical channel and psychological connection between the adresser and the adressee«) miteinbezieht (l. c.) – Gesichtspunkt, dem übrigens auch

sichtspunkten wiederzufinden, unter denen Schleiermacher die Hermeneutik auf ihr Verhältnis zu den Teildisziplinen der Kommunikationstheorie befragte. Die – der Allgemeinheit des Code koextensive – Identität der von den kommunizierenden Partnern geteilten Sachreferenz wird von der *Dialektik* gerechtfertigt (referenzsemantische bzw. logische Dimension). Die individuelle Färbung der Sprachverwendung und die Abhängigkeit der jeweils realisierten Bedeutung (signifié) von der im Arrangement der Signifikanten sich manifestierenden Intention des Sprechers/Hörers ist Gegenstand der *Rhetorik,* während die *Grammatik* die Möglichkeit von Mitteilung durch identische Syntax und Semantik überhaupt fundiert (durch die Gemeinschaftlichkeit des ›Entzifferungsschlüssels‹).[80]

In diesem Augenblick stoßen wir freilich auf Grenzen des Jakobsonschen Schemas, dessen undialektische Separierung von Schichten und Funktionen nur sehr ungenügenden Raum läßt für eine Erörterung der Möglichkeit ihrer wechselseitigen Durchdringung.[81] Die Impermeabilität der skizzierten Sektionen scheint zu suggerieren, als ergebe sich – rebus sic stantibus – das Verstehen sprachlicher Äußerungen gleichsam von selbst, nämlich aus der reinen Äußerlichkeitsbeziehung zwischen fixen Instanzen, und als sei die Hermeneutik allenfalls ein an sich entbehrlicher Name für den Rahmen, in dem diese Beziehungen verzeichnet sind.

Tatsächlich ist die Interferenz von Dialektik, Rhetorik und Grammatik instabil. So sicher es ist, daß intersubjektiv anerkannte Aussagen über das Wesen der ›chose réelle‹ die Gemeinschaftlichkeit von Syntax und Semantik voraussetzen, so gewiß ist auch, daß die Sprache kein neutrales Medium ist, das als lauteres Zeichensystem zugunsten der Sachen, wie sie an sich selber sind, sich aufopferte. Was denn die Sache sei, darüber kann aufgrund der Transzendenz eines außersubjektiven Wahrheitskriteriums

Schleiermacher Rücksicht trägt, wenn er »die Hermeneutik (...) auch in der Physik« »wurzeln« läßt, wobei er allerdings anmerkt, daß diese sowie die »Ethik« (als »die Wissenschaft der Geschichte«) im Grunde in der Dialektik begriffen seien (*HL* 11). – Wir können in diesem Zusammenhang davon absehen.

80 Der Trias Logik–Grammatik–Rhetorik werden wir in der Peirceschen Kategorienlehre wiederbegegnen.

81 Tatsächlich tastet Jakobson die Wohlgeschiedenheit der Instanzen und Funktionen nirgends an. Das Phänomen ihrer Durchdringung faßt er äußerlich-quantitativ als eines ihrer Mischung. Eine Interaktion von Objektkonstitution und Sprachverwendung erwägt er gar nicht und bekundet von dieser Seite überhaupt ein ziemlich restringiertes Problembewußtsein.

nur von einer Subjektgemeinschaft befunden werden. Darum mag immer ausgemacht sein, daß die Grammatik – ganz unabhängig vom persönlichen Ermessen der Sprechenden – ein System distinkter Bezeichnungen (concepts, signifiés) zur Verfügung stellt, die der ›chose réelle‹ streng zubemessen sind. Über die grammatisch kodifizierte Angemessenheit der Signifikate an die Sache ist immer schon auf der rhetorischen Ebene vorentschieden worden.[82] Signifikate sind Institute, und ihre Allgemeinverbindlichkeit läßt sich zurückverfolgen auf Akte kommunikativen Sichüberschreitens auf den Sinn von Sein, die ipso facto grammatikalisch universalisiert werden. Unstreitig setzt jede Rede, wie Schleiermacher notiert, eine gegebene Sprache voraus. Aber »man kann dies (...) auch umkehren, nicht nur für die absolut erste Rede sondern auch für den ganzen Verlauf, *weil die Sprache wird durch das Reden*« (*HK* 81, Hervorhebung von mir [M. F.]). Diese Reflexion zwingt nicht nur zur Einbeziehung der Hermeneutik in eine linguistische Theorie, sie definiert sie zugleich als Werkzeug der Kritik. Die »Positivitäten« konstituierter und ›archivarisierter‹ Diskurse, von denen Michel Foucault gern spricht,[83] sind ›positiv‹ nur in dem Maße, wie sie in ihre jeweilige Bedeutungsstruktur gleichsam hinein-›poniert‹ wurden, d. h. im Sinnentwurf interagierender und ihre Interaktion symbolisch vermittelnder Subjekte ihren Seinsgrund haben.

Das unauflösliche »Ineinandersein dieser beiden Momente«, der konstituierten Sprache und der konstituierenden Rede sowie der konstituierenden Sprache und der konstituierten Rede, in deren Integrationsdifferential Schleiermacher »das Verstehen« verortet (*HK* 81), zwingt zu einer *Modifikation der oben gegebenen Definition von Grammatik* (die wir darum auch nur als eine vorläufige einführten). *Die Grammatik* ist für Schleiermacher nicht nur das morphonologisch-syntaktisch-semantische System,

82 Diese Einsicht steht – in ganz anderer terminologischer Zurüstung freilich – im Mittelpunkt von Wittgensteins *Philosophischen Untersuchungen.* Die Abbild-Theorie jener transzendentalen Semantik, die die Entsprechung von Tatsache/Sachverhalt und Satz über die »logische Form« gesichert glaubte, wird durch eine Theorie ersetzt, die die Bedeutung eines Ausdrucks auf seine intersubjektiv geregelte Anwendung-in-Situation reduziert (die relative Allgemeingültigkeit konventional gestifteter Sprachspielgrammatiken ersetzt hier gleichsam die außersubjektive und transhistorische, den Tatsachen durch prästabilierte Harmonie a priori zubestimmte Universalität einer logischen Semantik/Syntax).

83 Michel Foucault, *Archäologie des Wissens,* Ffm. 1973, 182 im Kontext.

das die Sprachverwendung einer bestimmten langue formal[84] (Schleiermacher sagt: logisch) regelt. Sie *ist zumal ein ›allgemeiner Schematismus‹, in welchem eine Sprachgemeinschaft die sie als Gemeinschaft definierende Weltansicht* (d. h. die als unmittelbarer Reflex ihrer Praxis sich einspielende Erschlossenheit des Seienden als solchen und im allgemeinen) *kodifiziert;*[85] *und das allein zufolge der Korrespondenz von Denken* (welches Schleiermacher als das unmittelbare Sichselbsterhellen des Handelns versteht[86]) *und Sprechen* (durch welches das Selbstverständnis einer bestimmten Praxis kommunikabel wird).[87]

In seinen Vorlesungen zur *Erziehungslehre* hat Schleiermacher wiederholt darauf hingewiesen, daß das Spracherlernen des Kindes eine Transformation gesellschaftlich vorgelebter Interaktions-»Spiele« in Symbolen bewerkstellige: ausgehend von dem »pantomimischen Spiel« zwischen Mutter und Kind, das in den

84 ›Formal‹ im Sinne dessen, was Saussure und Hjelmslev die »Form« einer Sprache nennen: die reine unsinnliche Organisation ihrer Differenzen und Verknüpfungen ohne Rücksicht auf den Ausdrucksaspekt als solchen (»Substanz«).

85 Diesen Gesichtspunkt, der heute fast nur in der Humboldtschen Formulierung zitiert wird, berücksichtigt auch die Sprachdefinition André Martinets: »Eine Sprache ist ein Kommunikationsmittel, nach dem der Mensch, in jeder Gemeinschaft auf andere Weise, seine Erfahrung nach Einheiten analysiert« usf. (*Grundzüge der Allgemeinen Sprachwissenschaft*, Stuttgart ²1967, 28; im Original gesperrt [M. F.]). Sie konvergiert weitgehend (ohne allerdings die Spontaneität des Subjektes vergleichbar stark zu betonen) mit der *Grammatik*definition des Neo-Humboldtianismus und des ›linguistischen Relativismus‹, wie etwa Benjamin L. Whorf sie gibt: »Man fand, daß das linguistische System (mit anderen Worten, die Grammatik) jeder Sprache nicht nur ein reproduktives Instrument zum Ausdruck von Gedanken ist, sondern vielmehr selbst die Gedanken formt, Schema und Anleitung für die geistige Aktivität des Individuums ist. (. . .) Die Formulierung von Gedanken ist kein unabhängiger Vorgang, der im alten Sinne des Wortes rational ist, sondern er ist beeinflußt von der jeweiligen Grammatik. Er ist daher für verschiedene Grammatiken mehr oder weniger verschieden« (*Sprache, Denken, Wirklichkeit. Beiträge zur Metalinguistik und Sprachphilosophie*, Reinbek 1971, 12 und passim).

86 Vgl. *Dial* O 70: »Es giebt kein Handeln, womit kein Wissen verbunden wäre.«

87 »Das Denken (. . .) wird nur vermittelst der Sprache verrichtet, und alles gedachte hat seinen natürlichen Ort nur in *der* Sprache worin es gedacht ist. (. . .) Denn jede Sprache ist eine eigenthümliche Weise des Denkens. (. . .) In der Sprache ist also (. . .) ein eigenthümliches Leben, das Innehaben und Fortpflanzen gemeinsamer Erkenntniß« (*Erziehungslehre*, *SW* III/9, 703). – Diese scheinbar an Humboldt angelehnte Formulierung aus dem WS 1820/21 steht übrigens durchaus im Verhältnis der Kontinuität zu früheren Wendungen Schleiermachers, etwa der von der »Einheit der eigenthümlichen Anschauungsweise (eines) sprechenden Volkes« aus der Zeit zwischen 1809 und 1811 (*HK* 63).

»ersten Sprachspielen« reflexiv verinnert wird, werden nach und nach alle Bereiche des »Gemeinschaftlichen« und »Politischen« symbolisch zugeeignet.[88] Die Pointe dieser Annahme ist, daß die Regeln der Sprachkompetenz nicht als isolierte Regeln lediglich zur Konstitution von Sprachzeichen, sondern als symbolische Umsetzungen typischer Handlungs- und Interaktionsformen der Umwelt des Sprechenden internalisiert werden.

Zwar ist die Grammatik einer Sprache eine transzendentale (formale und fundamentale) Voraussetzung möglicher Rede (und damit auch ihrer Inversion: des Verstehens). Aber da sie zugleich empirisch ist, insofern ein System distinkter Bedeutungen sich nur über ein System materieller Signifikanten zu realisieren vermag und diese die Spur einer historischen Institution in sich tragen, muß sie selbst als Werk der primär gesellschaftlichen Umwelt und letztlich der Geschichte, kurz als ein – wie Friedrich Schlegel in einer für sein Zeitalter erstaunlichen Intuition es nennt – »Historisch Transcendentales«[89] beschrieben werden. »Jede Rede«, sagt Schleiermacher, »kann ferner nur verstanden werden durch die Kenntniß des geschichtlichen Gesammtlebens, wozu sie gehört, oder durch die Kenntniß der sie angehenden Geschichte« (*HL* 11) – freilich nicht in dem Sinne, als stelle die Historie lediglich wünschenswerte Zusatzinformationen bereit, die der Grammatik als solcher entgehen würden, sondern insofern diese Informationen dem Korpus einer Sprache selbst als die sie definierende und individualisierende Markierung eingeprägt sind.

Jede Sprache induziert eine eigentümliche Art, »Welt«[90] zu

88 Schleiermachers *Pädagogische Schriften*, hg. von E. Weniger und Th. Schulze, Düsseldorf 1957, Bd. I, 21. Wittgenstein führt seinen Begriff des »Sprachspiels« fast genau ebenso ein (vgl. *PhU* § 7).

89 *KA* XVIII, 101, Nr. 863. Vgl. Jochen Hörisch, *Die fröhliche Wissenschaft der Poesie. Der Universalitätsanspruch von Dichtung in der frühromantischen Poetologie*, Ffm. 1976, 22 im Kontext.

90 Sichtlich antizipiert Schleiermachers »Welt«-Begriff den der Phänomenologen. Welt ist ihm die aus der bestimmenden Handlung aufs Sein entspringende Vermittlung beider für unser Erkennen: die Modifikation des »gesammten Außeruns« durch unsere »Selbstthätigkeit«, wodurch jenes »mit uns selbst zusammen als Eines, das heißt als *Welt*« gesetzt wird. Anders gesagt: Welt ist das Sein selbst, insofern es durch Subjektivität erschlossen, als eine ›bestimmte‹ Totalität von ihr zugeeignet und sie selbst dieser bestimmten Totalität als einem Sinnganzen eingefügt ist, um sich reluzent von ihm her zu verstehen (»Diese [synthetische] Bestimmtheit [... ist es], wodurch das ganze Sein eine *Welt* wird, denn in dieser Bestimmtheit liegt auch schon das Verhältniß der Subordination des Besondern zu dem Allgemeinen und der Coordi-

sehen. In ihr ist die Gesamtheit der Interpretationen aufgehoben, die eine bestimmte Gesellschaft in einem bestimmten historischen Kontext über ihr praktisches Verhältnis zum Sein und zum anderen liefert. Und da grundsätzlich keine Interpretation die ›Eigentümlichkeit‹ des Interpretierenden ausschalten kann (weil – mit anderen Worten – Sprachen niemals neutrale, sondern prinzipiell *individuelle Allgemeinheiten* sind), partizipiert jede Rede an der allgemeinen Nicht-Allgemeinheit des ›Sprachkreises‹, dem sie zugehört (der »nationellen Individualität« [*PhE* 175] einerseits, den sprachlichen »Relativitäten zwischen verschiedenen Gesellschaftsclassen« andererseits [*Dial J* 232]), sowie an den unvermeidlichen Desinformationen, die in ihnen als Stilen-im-großen aufbewahrt sind. »Die Sprache muß nicht als ein Allgemeines fluctuiren sondern als ein bestimmtes zwischen beiden [sc.: dem Allgemeinen und dem Eigentümlichen] fixirt werden. – Auch die einer bestimmten Zeit eigenen Aberrationen gehören zum gemeinschaftlichen« (*HK* 34).

Es ist diese Konzeption von Sprache, der in unseren Tagen auf fast allen Gebieten humanwissenschaftlicher Theoriebildung der Durchbruch gelang. Unter den als Vorläufer dieser Entwicklung anerkannten Namen pflegt derjenige Schleiermachers nicht aufzutauchen. Dabei war er es, der als einer der ersten[91] den Schnittpunkt des Transzendentalen und des Empirischen im Begriff der Sprache aufwies, die einerseits als ein quasi-transzendentaler Be-

nation des Einzelnen zu dem andern« – Gesichtspunkt, dessen interpretationstheoretische Konsequenzen die grammatische Textanalyse entfalten wird).
Den Ausdruck »Sein in der Welt« oder »Zusammensein mit der Welt« findet man häufig in Schleiermachers Werk, und zwar in einem Heidegger und den Phänomenologen eng verwandten Sinne (*Gl* § 4,2 und *Ästhetik*, *SW* III/7, 226).

91 Ungefähr gleichzeitig mit Wilhelm von Humboldt, der seine sprachphilosophischen Studien freilich erst in den Jahren nach 1820 ausarbeitete und publizierte (so daß Schleiermachers frühe Entwürfe, aus denen wir zitierten, sich auf sie nicht beziehen konnten. Das gilt auch noch für die Konzepte der *Kompendienartigen Darstellung* von 1819, die Schleiermacher seinen Vorlesungen bis zum Schluß zugrunde legte – ein Gesichtspunkt, der Joachim Wach bewog, die »hermeneutischen Lehren W. v. Humboldts« [*Das Verstehen*, Bd. I, 227 ff.] erst nach den Schleiermacherschen vorzutragen). Was die Zeit nach 1820 betrifft, so ist sicher, daß Schleiermacher Impulse durch Humboldt empfangen hat (vgl. z. B. *SW* III/9, 497), wobei umgekehrt nicht auszuschließen ist, daß auch Humboldt über einzelne Publikationen, kursierende Kollegnachschriften, vielleicht auch durch unmittelbares Gespräch von Schleiermachers Sprachtheorie Kenntnis hatte, deren Autor, wie man weiß, er sehr schätzte. – Natürlich kann man gewisse Konvergenzen durch die gemeinsame Abhängigkeit von Herder erklären.

zugsrahmen für das gesellschaftliche Selbstverständnis von Subjekten fungiert, andererseits selbst ein in Handlungen sozialisierter Subjekte gründendes historisches Institut ist und als solches als Objekt empirischer wissenschaftlicher Untersuchungen sich darbietet.[92] Denn sowenig die lebendige Rede (Performanz) diesseits identischer Schematisierung durch die Sprache mitteilbar wäre, sowenig vermöchte die Sprache, als bares »Vermögen« (Kompetenz) gedacht, »wirklich (zu) existiren«, ohne damit zugleich »sich (zu) individualisiren« (*PhE* 100). Eine Rücksichtnahme auf diese »zwiefache Beziehung« (*HK* 80), durch welche man die »Aufhebung des Gegensazes zwischen Speculation und empirischem Wissen« vollzieht[93] – »denn es giebt keine Anschauung der Ideen als im realen Wissen« (*PhE* 170) –, hat den hermeneutisch reflektierten Humanwissenschaften hinfort erlaubt, zwischen der Skylla von Positionen, die den Anteil des Subjekts zugunsten einer entweder objektivistischen oder seinsgeschichtlichen Analyse des ›Weltlaufs‹, der ›Sache selbst‹, ›gesellschaftlicher Positivitäten‹ usw. tilgen wollten, und der Charybdis eines Transzendentalismus, der die Potenz von Subjektivität ohne Rücksicht auf deren historische Bestimmtheit und Empirizität generalisierte, sicher hindurchzusteuern. Noch Habermas' Eingedenken der »empirischen Bedingungen, unter denen transzendentale Regeln sich formieren und die konstitutive Ordnung einer Lebenswelt festlegen«,[94] benutzt den Schleiermacherschen Diskurs und ist sachlich dem verpflichtet, was als Vorschlag zu einer dialektischen Vermittlung der gleichermaßen unaufgebbaren

92 Wir erinnern an das oben gegebene Zitat, in welchem Schleiermacher den undialektischen Versuch verurteilt, eine »allgemeine Sprachlehre« analog zu den »Formeln der Transcendental-Philosophie, die ein allgemeines objectives Wissen abstrahirt von aller Individualität sezen will«, zu etablieren (*PhE* 175). – Kimmerles Diss. erklärt Schleiermachers Verortung des hermeneutischen Selbstverständnisses in einem nicht seinerseits für sich durchsichtigen empirischen Geschichtsprozeß für einen »Rückfall hinter die Wahrheit der kantischen Erkenntniskritik« (l. c. 52), womit er freilich die Aktualität Schleiermachers im Kontext einer Marx voraussetzenden Geschichtstheorie wider Willen ins hellste Licht stellt.

93 Vgl. *Dial* O 381: »Es giebt auf keinem Gebiet ein vollkommenes Wissen als zugleich mit der lebendig aufgefaßten Geschichte desselben [im Original gesperrt (M. F.)]. (...) Hier haben wir zugleich in größtem Maßstab die Auflösung des Streits zwischen dem empirischen Wissen und dem Apriori«, und *HL* 260: Es »ist klar, daß in der Hermeneutik ein mächtiges Motiv liegt für die Verbindung des Spekulativen mit dem Empirischen und Geschichtlichen.«

94 Jürgen Habermas, *Zur Logik der Sozialwissenschaften*, 219

Wahrheiten des Transzendentalismus und des Historismus in artikulierter Form erstmals im Werk dieses ›romantischen Theoretikers‹ sich ankündigte: der *Konzeption der Wahrheit als eines individuell Allgemeinen.*

Die Einheit der Bedeutung und der Schematismus der Sprache

»Alles vorauszusezende in der Hermeneutik«, so lautet eine berühmte Notiz Schleiermachers aus dem Jahr 1805, »ist nur Sprache [,] und alles zu findende, wohin auch die anderen objectiven und subjectiven Voraussezungen gehören [,] muß aus der Sprache gefunden werden« (*HK* 38).[95]
Die Frage, die es im folgenden zu erörtern gilt, richtet sich auf die mögliche Dynamik dieses Sprachkonzepts, durch welches die im skizzierten Korrelationsquadrat erstarrte hermeneutische Dialektik von »Sprachgebrauch« und »Sprachgesez« (*HK* 39) tatsächlich in Fluß kommt. Anders gefragt: welche Konzeption von Sprache und Rede fundiert deren Aufeinanderverwiesensein konkret als eine dialektische, d. h. eine solche Beziehung, in der das Einzelne nicht nur eine in gewissen Grenzen konditionierbare Manifestation der fixen »Structur«, sondern diese ebensosehr eine den jeweils letzten Zustand des Sprachsystems übertreffende und erweiternde Wirkung von Operationen ihrer Teile ist; derart, daß das Verhältnis beider, da es weder als Subsumtion noch als Tätigkeit des Übergreifens charakterisiert werden kann, instabil und unabsehbaren Transformationen geöffnet ist?
Ein wichtiges Motiv für den Universalitätsanspruch der Hermeneutik lieferte der Nachweis, daß keine mögliche Sprachäußerung (Ebene der ›Technik‹/Pragmatik) auf der Basis einer rein ›grammatikalischen‹ Rekonstruktion bereits *ihren Sinn* preisgibt, d. h. *verstanden* wird: »Sie ist auch als Modification der Sprache nicht verstanden wenn sie nicht als Thatsache des Geistes [des Denkens] verstanden ist ([späterer Zusatz:] weil in diesem der Grund von allem Einfluß des Einzelnen auf die Sprache liegt welche selbst durch das Reden wird)« (*HK* 81). Zu einer *hermeneutischen Operation* wird die Rekonstruktion einer grammatischen Sequenz und der in ihr verketteten Bedeutungselemente »erst mit der Be-

95 Vgl. *HK* 56: »Grammat[isch] jedes weil doch am Ende alles vorauszusezende und alles zu findende Sprache ist.«

stimmung des Sinns« derselben, die zwar nur »vermittelst jener Elemente« und unter Voraussetzung einer vorangegangenen »Wort- und Sacherklärung« zustandekommt (*HK* 154), die strenge Allgemeinheit von Syntax und Semantik aber stets nur in einem für die Individualität des Sprechenden transparenten Arrangement der Wörter, nämlich in der Singularität des Sprachgebrauchs, zu fassen bekommt. Mit einem Wort: die strenge Universalität von Syntax (dessen, was Schleiermacher »das formelle Element, die Structur« nennt [*HK* 60, passim]) und Semantik (dessen, was Schleiermacher bald das »materielle Element«, bald die »Bedeutung« nennt [*HK* 60, 65, passim]) existiert nur als der in einem gegebenen Kontext sich modifizierende *Sinn* einer Proposition und wird als abstraktes Paradigma der Grammatik gar nicht in den Blick gebracht. Es bleibt zwar dabei, daß »jeder Mensch auf der einen Seite ein Ort (ist) in welchem sich eine gegebene Sprache auf eine eigenthümliche Weise gestaltet« und daß »seine Rede (...) nur zu verstehen ist aus der Totalität der Sprache« (*HK* 81). Andererseits aber vermöchte die lautere grammatikalische Kompetenz als solche noch keinen verständlichen Sinn zu generieren, da sie selbst ›nur durch das Reden wird‹. So wenig es also die Rede von sich her zur Mitteilung brächte (zur ›Fixirung des Gedankens‹ in distinkten Zeichen [*HK* 80]), so wenig vermöchte die Sprache als solche bereits sinnvolle Äußerungen zu tun – ihr dies abzuverlangen, hieße sie wie einen Fetisch zu behandeln –, und eben darum situiert Schleiermacher »das Verstehen (...) nur im Ineinandersein dieser beiden Momente« (*HK* 81).

Bezeichnen wir das sprachtheoretische Problem, das sich aus dieser Dialektik ergibt, so genau wie möglich. Einerseits verlangt die Struktur der Grammatik die streng differentielle Profilation und damit die bestimmteste Distinktion ihrer »Begriffe« und Verknüpfungsformen. Andererseits läßt sich das System von einheitlichen Bestimmungen nur als Funktion der im Sprachgebrauch operierenden Sinnerschließungen definieren und nicht als eine Totalität zeitlos gültiger, d. h. ein für allemal fixierter Begriffe – nach Art rationalistischer Universalgrammatiken oder einer transzendentalen Semantik kantischer ›Grundsätze‹.[96] Einerseits also besteht das »wesentliche« darin, daß nur »mit der Sprache

96 Vgl. zu diesem Thema die wichtige Untersuchung von Wolfram Hogrebe über *Kant und das Problem der transzendentalen Semantik*, Freiburg/München 1974.

der Begriff eintritt«[97] (grammatischer Aspekt); andererseits läßt sich die Grenze der Extension des Begriffs nur in Relation auf das im Sprachgebrauch sich bewährende Selbstverständnis einer historischen Interaktionsgemeinschaft ziehen und muß mithin als veränderbar gedacht werden (rhetorisch/technischer Aspekt).

Schleiermacher geht dies Problem an, indem er den *theoretischen Status der Einheit von grammatischen Regeln wie von Bedeutungen* befragt, wobei er unter dem Titel »Einheit der Bedeutung« in der Tat beides, das »materielle« (semantische) wie das »formelle Element, die Structur« (Syntax) befaßt (*HK* 60). Mit Rücksicht auf Kommunikabilität muß identische Schematisierung gefordert werden – und die Rede von der Einheit der Bedeutung eines Satzes oder eines Ausdrucks hat alsdann den Sinn, daß diese nur in den Grenzen besteht, in denen die Paraphrasierung durch einen anderen Satz oder Ausdruck analytisch bleibt, d. h. ihren Wahrheitswert nicht verändert.[98] Mit Rücksicht auf ihre ›Geschichtlichkeit‹, das Transitorische alles Synchronen, die Möglichkeit von »Zuwachs i. e. Aneignung des fremden« muß die »Klarheit und Bestimmtheit der Einheit der Worte« zugleich als etwas »Vorläufiges« und Nichtidentisches charakterisiert werden (*HK* 57 und 62). In welchem Begriff gehen beide Forderungen widerspruchslos zusammen?

Daß es unmöglich sei, »vom Standpunkt der Logik des Begriffs« auszugehen (*HK* 58), folgt schon aus der Opposition gegen den Transzendentalismus als ahistorische Abstraktion. Als Alternative bietet sich allein der Ausgang von der »Anschauung« als dem Bestimmungsgrund »jeder Wortsphäre« (l. c.), insofern die Anschauung im Medium der Zeit sich entfaltet und das vom Identitätszwang der Kategorie freigestellte Bewußtsein einer ›nicht a priori construiblen Eigenthümlichkeit‹ gestattet (*HK* 114/5). Die Sprachbildung ist also vorrangig Sache der Anschauung. Und doch läßt der gelungene Nachweis, daß die leere Universalität des Begriffs die Individualität der Rede und des Stils nicht zu erreichen vermag (*HK* 115 und passim), noch keineswegs den Bestimmungsgrund für die relative Insichgeschlossen-

97 *Erziehungslehre* 1813/4, *SW* III/9, 640 (»Begriff« im Sinne des Saussureschen »concept«, als die in der Begegnung des für sich amorphen Denkens mit der für sich ebenso amorphen Lautmasse durch ein System der différance ausgekernte Menge von distinkten Synthesen. Vgl. Saussure, *Cours*, Edition critique 252, 397, 181 ff.).

98 Vgl. Dan Sperber, *Über Symbolik*, Ffm. 1975, 24 im Kontext.

heit und Stabilität der Bedeutung sehen. Die Einheit des Worts ist keine schlechthin, sondern nur in gewissen Grenzen »verrückbare Anschauung«,[99] die mithin der Regie des Begriffs nie ganz enträt (*HK* 47, 92, 57 ff.; *Dial* O 31). Schleiermacher nennt den Spielraum, welcher der ›Einheit der Bedeutung‹ zwischen der strengen Identität des Begriffs und der Variabilität seiner je eigentümlichen Kombinationen und Anwendungen in der Rede (Anschauung) gezogen ist, in kantischer Tradition »*Schema*«. Bekanntlich war Kant überzeugt, mit dem Theorem eines transzendentalen Schematismus – worunter er die Vermittlung der (sinnlichen) Erscheinung mit dem reinen Verstandesbegriff durch ein beiden Gliedern des Gegensatzes ›gleichartiges‹ Medium verstand (*KrV* A 138, B 177) – einen Grundkonflikt seines Ansatzes gütlich beizulegen: die mögliche Unvereinbarkeit eines Außer- und Überzeitlichen (Attribute, die er zur Sicherstellung der apriorischen Universalität des reinen Begriffs und ihres Synthetisierungsprinzips in Anspruch nehmen muß) mit der insgesamt durch die Form der Zeit charakterisierten Anschauung. Gewiß vermeidet Kant, den Widerspruch (dessen Existenz er um der Realität von Erkenntnis willen leugnen muß) durch das schrille Oppositionspaar Ewigkeit–Zeit schärfer als tunlich zu bezeichnen (den Grund für diese Vorsicht versteht man, wenn man weiß, daß er just einen der Opponenten, nämlich die transzendentale *Zeit*bestimmung für die Verknüpfungsmission ausersehen hat,[100] da sie durch ihre strenge Allgemeinheit mit der lauteren Kategorie bzw. dem reinen Selbstbewußtsein, als reine Anschauungsform zugleich mit der Sinnlichkeit übereinkomme). Ebenso gewiß aber ist, daß das Schematismuskapitel der genannten Aporie eher ausweicht, indem es auf jene »verborgene Kunst in den Tiefen der menschlichen Seele« deutet (*KrV* A 141,

99 Diese Definition des Schemas ähnelt auffällig der Wittgensteinschen Definition des Sprachspiels. Es sei »ein Begriff mit verschwommenen Rändern« (*Philosophische Untersuchungen*, § 71).

100 *KrV* 138/9. Wir vereinfachen etwas: Die Sphäre des Sinnlichen kongruiert keineswegs mit der Zeitform (der z. B. die Empfänglichkeit abgeht), und die »transzendentale Zeitbestimmung« ist nicht einerlei mit der wirklichen Zeit (sie beruht nach Kant »auf einer Regel a priori«, die nicht der Zeit als solcher, sondern ihrer schematisierten – d. h. mit Verstand gleichsam kopulierten – reinen Form zugehört, von der man nicht seinerseits sagen kann, sie sei zeitlich [vgl. A 143/4, B 219, B 225 ff.]). Aber diese theoretisch wünschenswerten Präzisionen tragen zur Lösung der Aporie, wie Ewigkeit und Zeit sollten zusammengehen können, nicht bei, sondern formulieren sie nur subtiler.

B 181), durch deren rätselvolle Intervention die Einbildungskraft zur Anschauung der Regel soll gelangen können, nach welcher kategorial bestimmte Gegenständlichkeit-überhaupt – also ein Zeitlich-Unzeitliches – konstituiert wird (*KrV* A 142, B 181).

Vor Heideggers wirkungsmächtiger Interpretation des Schematismuskapitels[101] haben schon Friedrich Schlegel und Novalis[102] darauf aufmerksam gemacht, daß der Rekurs auf die reine Zeit einer Logik folgt, deren Implikationen Kant selbst nicht durchschaut: Der Nachweis, daß die temporale Einbildungskraft Begriff und Erscheinung zu vermitteln vermag, schließt die Erkenntnis ein, daß extratemporale Faktoren nicht im Spiel gewesen sein können. Die relative Universalität der Kategorie, die gewiß nicht ohne weiteres aus dem Unbestand des Sinnlichen abzuleiten ist, muß also anders begründet werden. Für Schleiermacher folgt dies zwingend aus der Einsicht, daß das unmittelbare Selbstbewußtsein – Ermöglichungsgrund der in den schematisierten Kategorien manifestierten reinen Synthesen – die Sphäre der Zeit nicht überschreitet, da ihm die absolute Wahrheit des transzendenten Grundes abgeht.

Damit ist aber der Glaube an ein unabhängig vom Wandel der Zeit geltendes System allgemeiner Signifikate als eine transzendentale Fiktion überführt. Und das zu seiner Stützung herangezogene Schematismus-Theorem wird an die geschichtliche Erfahrung verwiesen, um dort den Beweis seiner Allgemeingültigkeit anzutreten.

Natürlich kann eine Theorie, die ihre Grenzen überschreitet, wenn sie transhistorische Universalien sinnlichen Vorstellungen adäquat einzubilden verheißt, immer noch als produktiv sich erweisen, wenn man von ihr lediglich verlangt, daß sie eine Beziehung zwischen in der Zeit konstituierten Universalien und deren aktueller Anwendung-in-Situation aufkläre. Eine solche Aufgabe stellt sich für das Feld der Sprache. Daß sich, was Kant als empirischen Schematismus beschreibt (nämlich die Anschauung der Methode, nach welcher die Einbildungskraft einen nichtewigen – also auch nicht ein für alle Zeit bestimmten – Begriff

101 Martin Heidegger, *Kant und das Problem der Metaphysik*, Frankfurt/Main ^{3}1956.

102 Vgl. M. Frank, *Das Problem ›Zeit‹ in der deutschen Romantik*, 21, 59 ff., 71 ff., 193 ff. und passim.

verbildlicht), zur Erklärung »des ganzen Mechanismus der Sprache« eigne, hat früh schon Schelling[103] ausgesprochen, obwohl erst Schleiermacher sich bemüht hat, den Anspruch dieser Notiz systematisch einzulösen.[104]

Kant selbst hatte in diese Richtung gewiesen, wenn er den Schematen die Aufgabe zudachte, Begriffe mit »*Bedeutung*« – d. h. mit Intentionalität oder »Beziehung auf Objekte« – auszustatten (*KrV* A 145/6, B 185). Freilich tat er das nur im Hinblick auf die reinen (gleichsam sub aeternitatis specie profilierten) Verstandesbegriffe, deren Schematen er die adäquate Repräsentation der Regel zutraute, nach der kategorial bestimmte Objektivität-überhaupt konstituiert wird, während er die Determination eines empirischen Begriffs auf charakteristische Weise problematisierte. Empirische Begriffe basieren nämlich – bekannter Definition gemäß – auf der Einheit der Handlung, die verschiedene Vorstellungen unter einer gemeinschaftlichen versammelt. Da der Gesichtspunkt, unter dem diese Zentrierung des Anschauungsmaterials geschieht, demselben äußerlich ist[105] und keiner a priori verbindlichen Regel folgt (*KrV* A 78, B 103), wird man keine vollkommene Zusammenstimmung dieser Synthese mit allen einzelnen Individuen, die in ihr befaßt sind, erwarten (wie dies bei reinen Begriffen oder Grundsätzen mit Bezug auf Gegenständlichkeit der Fall ist): Die imaginative Vergegenwärtigung keiner einzigen seiner Erscheinungsformen vermöchte dem Begriff selbst je ganz und gar zu entsprechen – wie z. B., was *das* Dreieck sei, von keiner möglichen Anschauung

103 Im *System des transcendentalen Idealismus* aus dem Jahr 1800 (*WW* I,3 509). Vgl. ebenso *WW* I,5, 408: »In der Sprache bedienen wir uns auch zur Bezeichnung des Besonderen doch immer nur der allgemeinen Bezeichnungen; insofern ist selbst die Sprache nichts anderes als ein fortgesetztes Schematisiren.« – Schon in Herders *Metakritik zur KrV* (1799) ist, wenn auch in wenig diskursiver Form, die Rede von einem »Metaschematismus tönender Gedankenbilder«, durch welchen die inneren »Typen« des (sinnlich affizierten) Denkens zu distinkten »Charakteren« der »Artikulationen der Sprache« gemünzt werden (in: J. G. Herder, *Sprachphilosophie*, 206).

104 In gewisser Weise ist er (sieht man von Sartre und Merleau-Ponty ab) bis heute mit diesem Versuch allein geblieben. Die moderne Hermeneutik vollends hat gar kein Kapital aus seinem genialen Erklärungsangebot gezogen.
Vgl. zum Thema den Aufsatz von Karl Pohl, *Die Bedeutung der Sprache für den Erkenntnisakt in der »Dialektik« Friedrich Schleiermachers*, in: *Kant-Studien*, Band 46, Heft 4 (1954/5), 302-332, der »die Lehre vom Schema« als »einen Höhepunkt der Schleiermacherschen Erkenntnislehre« (l. c. 328) heraushebt.

105 Da, mit anderen Worten, das Sinnliche den Begriff, der es in der Einheit eines Bewußtseins versammelt, nicht bereits in sich enthält noch in ihm impliziert ist.

(sie stelle es spitz-, recht- oder stumpfwinklig, groß oder klein usw. vor) »adäquat« abgebildet wird (*KrV* A 140/1, B 180). Hinge nun (wie die Sprachtheoretiker lange Zeit glaubten) der richtige Gebrauch von Zeichen davon ab, daß die Sprechenden vor jeder Äußerung die Angemessenheit des Denotats an seinen unveränderlichen Begriff (signifié) beurteilen (was in jedem einzelnen Fall ein negatives Resultat nach sich zöge), oder davon, daß sie zuvor die gesamte Fülle aller ›Bilder‹ seiner Erscheinungsarten durchlaufen (was wegen der Unendlichkeit der Aufgabe zu keinem Ende führte),[106] so könnten in keiner Proposition Bedeutungen mit Sicherheit verwandt werden.

Die Erklärung des Begriffs ›Einheit der Bedeutung‹ muß also anders gegeben werden. Die Bedeutung eines Worts oder einer Verkettung von Wörtern verstehen, heißt: über ein Richtmaß verfügen, das die intersubjektive Anerkennung eines individuellen Sachverhalts, ungeachtet seiner prinzipiellen Unvergleichbarkeit als eines ›individual‹ (im Sinne Strawsons) sowie der Unübertragbarkeit seiner spezifischen Erschlossenheit durch ein einzelnes Subjekt, als eines zugleich bestimmten und identischen gewährleistet.

Ein universeller *Begriff* käme nicht in Frage (ihm könnte das Individuelle nie entsprechen). Ebensowenig kann es sich um eine *einzelne Anschauung* handeln (sie wäre nicht übertragbar). In Frage kommt allein die von der Anschauung her gewahrte »Einheit in der Bestimmung der Sinnlichkeit« (*KrV* A 140, B 179) als solche. Das geforderte Richtmaß bietet sich den Teilnehmern einer bestimmten Sprache mithin in der *Intuition der Regel,*[107] *nach welcher die Vorstellung eines solchen Gegenstandes/Sachverhalts hervorgebracht werden kann* – und zwar so hervorgebracht, daß die seine Identität fixierenden Grenzen im Hinblick auf neue Erschließungsinitiativen von seiten der Subjekte[108] und damit auf neue Verwendungsmöglichkeiten des Ausdrucks prinzipiell ›verschiebbar‹ bleiben. Das Schema wird ja ›nur angeschaut‹, es ist

106 Vgl. zur Kritik der Theorie, wonach der Besitz der Sprachfähigkeit an die Verfügbarkeit geistiger Bilder gebunden sei, die bei Gelegenheit der Laute assoziiert werden, u. a. Maurice Merleau-Ponty, *Phénoménologie de la perception,* Paris 1945, 203 ff.

107 »Anschauung der Regel«, sagt wörtlich Schelling (*WW* I,3, 508). Kant spricht von einer »Vorstellung von einem allgemeinen Verfahren der Einbildungskraft« (*KrV* A 140, B 179 u.).

108 In Kants Sprache: im Hinblick auf eine andere Synthesis der Einbildungskraft

»nicht Begriff«.[109] »La généralité du sens«, sagt Merleau-Ponty, »aussi bien que celle du vocable n'est pas la généralité du concept, mais celle du monde comme typique«.[110] Die Mitte haltend zwischen der durchgängigen Bestimmtheit des Begriffs und der Singularität des Angeschauten, deckt sie sich nicht mit einer »von allen Seiten bestimmten Vorstellung«,[109] sondern ist flexibel für die Assimilation ans Individuelle. Das Schema versieht die Sprachteilnehmer einer Sprache L mit einer lediglich intuitiven Gewißheit, daß sie in einem gegebenen Kontext der Rede einen bestimmten Ausdruck verwenden können oder auch nicht, ohne daß die Sicherheit solcher Verwendung zu dem Schluß berechtigte, dem Autor der Rede sei immer auch in voller Präsenz der Begriff verfügbar, dessen partikulare Applikation er soeben vollbringt:[111] Eine zusätzliche Reflexion der Regel oder des Begriffs ist nicht die notwendige Voraussetzung für die richtige Verwendung von Bedeutungen.[112]

Während Schelling, der die Rolle der Anschauung für die Bedeutungskonstitution so stark betont, als Idealist gleichwohl ihre – im Sprechakt bloß nicht operante – Entsprechung an den Begriff voraussetzt (das Schema entspricht dem Begriff grundsätzlich, es ist nur nicht sein Werk), geht Schleiermacher in gewisser Weise über die Grenzlinie des Idealismus hinaus. Da ihm »die Selbständigkeit des reinen Denkens (...) an den Besitz der Sprache gebunden« ist (*Dial* O 32), denkt er nicht daran, das im Schema realisierte »Festhalten der Wahrnehmung (... in) allgemeinen, auf mannigfache Weise verschiebbaren Bildern« durch eine gleichsam authentische Begriffskonstruktion zu überbieten (*Dial* O 31). Ihm ist das Schema nicht bloß die innerlich (obgleich sinnlich) intuierte Regel der bedeutungsmäßigen Konstruktion eines Gegenstandes oder Sachverhalts solcherart, daß durch sie die Sache dem letztlich transintuitiven Begriff kommensurabel

109 Schelling, *WW* I,3, 508

110 *Phénoménologie de la perception*, 462

111 Darum empfiehlt Schleiermacher die Beachtung der »Hauptregel von vorne herein immer das skeptische Verfahren anzuwenden ohne jemals die Voraussezung, daß es zwischen uns ein identisches Denken giebt, fallen zu lassen« (*Dial J* 260).

112 Darauf macht – nach Wittgenstein – besonders Gilbert Ryle, *Der Begriff des Geistes*, Stuttgart 1969, 30 ff., passim, aufmerksam, ohne freilich zu sehen, daß der von ihm zum Opponenten seines Sprachgebrauch-Theorems stilisierte Kant eine solche »Absurdität« gar nicht zu behaupten gezwungen ist, sondern Ansätze für eine Bedeutungstheorie in Ryles eigenem Sinne vorbereitet hat. Vgl. auch die genannte Arbeit von Wolfram Hogrebe.

gemacht würde. Er betrachtet den Begriff vielmehr selbst als Funktion eines integralen Prozesses, in welchem der intellektuelle und der organische Aspekt mitsamt allen ihren Teilaspekten sich durchdringen und nur abstraktiv aussondern lassen.

Wir erläutern dies: Intellektuelle und organische Funktion sind ihrem Wesen nach eines und dasselbe, nur mit verschiedenen Übergewichten gesetzt.[113] Die Struktur ihrer Geschiedenheit wiederholt sich in der Infrastruktur einer jeden von ihnen zumal mit der jeweils zurücktretenden Eigenschaft des Korrelats. Beide existieren als Beziehung eines Identischen auf eine Differenz, beide haben – nur unter genau entgegengesetzten Prädominanzen – einen mehr intellektuellen und einen mehr organischen Pol. – Dies Gesetz, das wir früher ›Verflechtung‹ nannten (Merleau-Ponty sagt: ›l'entrelacs‹[114]) gilt auch »in bezug auf die Begriffsbildung« (*Dial* O 356). Es gibt Subjekts- und Prädikatsbegriffe[115] (jene überwiegend die intellektuelle, diese mehr die organische Komponente zur Geltung bringend), und es gibt überdies allgemeine und besondere Begriffe, deren Unterschied instabil ist und nur in der nach unten wie nach oben beliebig verlängerbaren Relation beider aufeinander besteht (woraus schon folgt, daß es *den* schlechthin allgemeinen Begriff – Hegels ›Idee‹ –, der als unabhängiges Absolutum aus dem Prozeß selbst ausscherte, nicht gibt [l. c. 342 f.]). Das vom Begriff in seiner Hinwendung zur organischen Funktion intendierte einzelne Anschauungsdatum erscheint vermöge seiner analogen Zwieschlächtigkeit als überwiegend Einzelnes, insofern ein singulärer Zustand des Dings, oder als mehr Allgemeines, insofern es in seiner Veränderlichkeit wahrgenommen wird (als Singulum, insofern es in Hinsicht auf den Subjekts-, als Veränderliches, insofern es in Richtung auf

113 »Intellektuelle und organische Funktion sind wesentlich verbunden. Das Denken als Maximum der intellektuellen Funktion (ist) nur ein wirkliches Denken, wenn noch ein Minimum der organischen Funktion darin ist« (*Dial* O 357; vgl. l. c. 138/9 ff.). Vgl. die schon auszugsweise angeführte Formulierung aus der *Erziehungslehre* (*SW* III/9, 126): »Es fragt sich nur, ob es etwas geistiges giebt das wir wahrnehmen können, ohne daß es zugleich leibliches ist? Gewiß nicht. Wenn wir auch das *rein geistigste* nehmen, die Gesinnung und das Denken: so können wir doch keins von beiden anders als leiblich wahrnehmen. Das Denken nehmen wir durch die Sprache wahr; die Gesinnung durch ihre eigenthümliche Aeußerung, sei sie Rede als Zeugniß, oder That als Beweis der Gesinnung. Beides ist leiblich.«

114 *Le visible et l'invisible,* Texte établi par Claude Lefort, Paris 1964, 172 (ff.).

115 Schleiermacher privilegiert keineswegs, wie man sieht, die Frage nach der Bedeutung singulärer Termini, die auf einzelne Gegenstände verweisen; seine Theorie der Begriffsbildung umgreift ausdrücklich *alle* kategorematischen Ausdrücke, auch die Prädikate, die offenbar nicht auf eigne Gegenstände referieren, sondern im assertorischen Urteil den Subjektbegriff qualifizieren. Unter dieser (sprachanalytisch relevanten) Perspektive hat man seine *Dialektik* noch gar nicht befragt.

den Prädikatsbegriff gesetzt ist). Das unlösbare Ineinander von komparativer Einzelnheit und komparativer Allgemeinheit (Terme, deren jeder den anderen als lediglich ›zurücktretend‹ einschließt) nötigt dazu, beider Differenz durch den Ausdruck ihres jeweiligen Dominierens zu bezeichnen, als »Beharrlichkeit im Verändern« und »Veränderlichkeit im Beharren: d. h. das wirkliche Setzen eines Einzelnen als Bestimmten und die Hineinbildung einer allgemeinen Gestaltung in den Sinn, die einem bestimmten Ort im System der Begriffe entspricht, ist ein und dasselbe Moment« (*Dial* O 357; im Original gesperrt [M. F.]).
Mit dieser vierfachen Synthesis ist Schleiermacher über die kantische Aporie, ein rein Intellektuelles ohne jede Spur von Sinnlichkeit einem Sinnlichen ohne jede Spur von Intelligenz kommensurabel machen zu müssen, grundsätzlich hinaus: in Wirklichkeit gibt es die Abstrakta Begriff und Anschauung (›Urteil‹) nur als Aspekte einer einigen und homogenen Realität, die als »Prozeß« (l. c. 364) zu denken ist und als deren Repräsentat im vorliegenden Kontext das (sprachliche) Schema fungiert[116] – eine Behauptung, in welcher impliziert ist, daß die Schematisierung weder als das souveräne Werk einer autonomen (und von der Anschauung unabhängigen) Vernunft noch als Tat eines unartikulierten Sinns zu fassen ist: »Jede Bestimmung (...) ist nur eine richtige, inwiefern das wirkliche Setzen eines Einzelnen als Bestimmten und die Hineinbildung einer allgemeinen Gestaltung in den Sinn (...) ein und derselbe Moment ist« (*Dial* O 358).[117]
Diese Selbigkeit des Moments bringt sich am Schema dadurch zur Geltung, daß die mitteilbare Bestimmung eines Seienden weder durch den Partikularitätszwang der Anschauung noch durch das Identitätsgebot des Begriffs festgelegt ist, sondern zwischen beiden sich einspielt (darin bewährt sich die dialektische Interaktion von Subjekt- und Prädikatbegriffen, die – als für sich unselbständige Bedeutungsmomente – in der integralen Bedeutung des am Satzmodell – als dem semantischen Minimum – orientierten Schemas aufgehoben sind): der Begriff korrigiert die kontingente Individualisierung, auf die der Sinn sich versteifen möchte, und läßt das Einzelne in seiner Bewegung (Veränderlichkeit) sich kontinuieren. Die Anschauung sorgt umgekehrt

116 »(...) daß (...) kein wirkliches Denken ohne diese Identität beider Funktionen zustande kommt und daß dies nichts anderes sein kann als das Hineinbilden der allgemeinen Bilder in den Sinn (...)« (*Dial* O 360).
117 Noch Sartre spricht von einem »schème conceptuel et verbal, tout à la fois« (*L'Idiot de la famille*, Bd. 1, 21). Wir werden über seine Sprachtheorie noch zu handeln haben.

dafür, daß das Wahrgenommene nicht in einen leeren Allgemeinbegriff aufgelöst wird, indem sie auf der jedesmaligen Einzigartigkeit seiner unendlich vielen Abschattungen besteht. »So muß in mir die Vorstellung von einem sich immer Gleichbleibenden in der [singulären] Gestalt und von einer Menge Gestalten in der [allgemeinen] Bewegung entstehen« (l. c.), und zwar dergestalt, daß beide einander korrigieren und zugleich neben sich dulden (nicht etwa aufheben).[118] Die Pointe dieser Formulierung, soweit sie den Zusammenhang dieser Erörterung betrifft, ist, *daß der Begriff* seine (aus der Anschauung rekrutierten und vom Urteil zuerkannten) Prädikate nicht ein für allemal in sich vereinnahmt, sondern durch Veränderungen auf seiten der organischen Funktion *in seiner Substanz modifikabel bleibt, daß er* – mit einem Wort – *definiert ist als relativ auf die über ihn gefällten und grundsätzlich unabschließbaren Urteile.* Die Bedeutungs-Einheit verschiebt sich mithin nach Maßgabe interpretativer Beurteilungen durch Individuen (ihr »Wesen ist eine schwebende Einheit zwischen Allgemeinem und Besonderem« [*Dial* O 342]) und erreicht niemals die Seinsweise einer die Interpretation abschüttelnden oder von außen kommandierenden letztfungierenden Idee.

Ohnehin ist die Rede von *der* Sprache eine reine Abstraktion. Schleiermacher spricht von der »unleugbaren Erfahrung«, daß jede Sprache in sich mannigfach individuiert sei, d. h. in »eine Menge excentrischer Kreise (zerfällt), die sich einander theilweise ausschließen« (*Dial J* 259/60). Den Sprachspielen Wittgensteins ähnlich, läßt sich ihre ›relative Irrationalität gegeneinander‹ bei gleichzeitiger ›Familienähnlichkeit‹ (*Phil. Untersuchungen* §§ 66/7) – d. h. bei gleichzeitiger Beziehung auf das »Gesammtgebiet der Sprache« – nie ganz auflösen. Die Regel, die die korrekte Anwendung eines Begriffes vorschreibt, unterliegt darum selbst einer hermeneutischen Divination (*Dial J* 259 und 260), die über seinen gesamtgrammatischen Wert hinaus immer noch zu entscheiden hat, ob »man das Zeichen dem Gebiet gemäß gebraucht (hat), dem es entnommen ist, oder anders als es innerhalb desselben gebraucht wird« (l. c. 260). Die in jedem Sprechakt implizierte »Voraussezung, daß es zwischen uns ein identisches Denken giebt« (l. c.), könnte sich nie auf so etwas wie

118 »Die einzelne Gestalt muß unter beiden Gesichtspunkten aufgefaßt werden« (*Dial* O 359).

eine intellektuale Anschauung der *Idee von Sprache* stützen. Man könnte dieselbe eher als den unerreichbaren Grenzwert charakterisieren, dem sich das durch Subgrammatiken vom Typ besonderer und lokaler Sprachspiele *und* deren individuelle Anverwandlung doppelt beschränkte reine Denken asymptotisch entgegenarbeitet und der – infolge eines unüberbrückbaren Abstandes – selbst nur als eine Allgemeinheit relativer Ordnung verwirklicht werden könnte: als Sprache, insofern Sprache ein System von Zeichen (organisch affizierten Gedanken) ist, in dessen gemeinschaftlicher Organisation das allgemeinste »Bild« des Seienden als solchen und im ganzen (»Welt«) repräsentiert und auf ein Gesamt von Techniken und Interaktionsformen bezogen ist, durch die eine Gesellschaft ihre praktische Synthesis vollzieht.

Doch ist die organische (individualisierende) Gebundenheit des Begriffs nur die eine Seite des Schemas. Die andere läßt eine ständig (»nach und nach«) sich vollziehende Totalisierung entspringen, die jeden Einzelaspekt auf ein besonderes Bild, jedes individuelle Bild auf ein Bild der Art, kurz jeden relativ besonderen auf einen relativ allgemeineren Begriff kontinuierlich bezieht und endlich den Grenzwert des Beziehungsgesamts der überschrittenen Begriffe oder die »Idee der Welt« erreicht (*Dial* O 359-361). Ihr korrespondiert die ›Sprache als allgemeines Beziehungssystem‹ (*Dial* O 372 ff.), das die ›identisch konstruierten Vorstellungen‹ der Menschen (die ›allgemeinen Bilder‹ oder Schemate) in einer Relationalstruktur vom Typ eines synchronisierten parasemischen Sinnzusammenhangs kodifiziert. »Das Entstehen der Sprache hängt an diesem Schematisierungsprozeß und ist in ihm hinlänglich begründet« (*Dial* O 373).

Da freilich auch der universellste aller Begriffe, der Begriff der Welt, nicht absolut ist, sondern nur durch Abstraktion aus der schematischen Konstruktion derselben sich ergibt, bleibt er von ihr abhängig und ist mithin »die in der Sprache niedergelegte identische Konstruktion des Denkens (...) keine vollständige Gewähr für die Richtigkeit desselben« (l. c. 374). Selbst die identische Konstruktion wird nicht von jenseits der lebendigen Kommunikation verbürgt (»Alle Mitteilung über äußere Gegenstände ist beständiges Fortsetzen der Probe, ob alle Menschen identisch konstruieren« [l. c. 373]). Kurz, die Sprache ist ein bloß individuelles Allgemeines. Sie besteht als universeller Code nur aufgrund prinzipiell instabiler Übereinkünfte ihrer Sprecher.[119]

Unterliegen Sachverhalte oder Teile von Sachverhalten einer neuen Interpretation, so wird sich dies Novum, sofern ihm der Durchbruch zur Grammatik gelingt, in einer Transformation der Semantik und der Syntaktik (des ›formellen Elements‹) widerspiegeln. Schleiermacher hat diese Möglichkeit für den Sprecher, »in der Sprache mit(zu)arbeiten«, »Neues (...) in ihr (hervorzubringen), da jede noch nicht gemachte Verbindung eines Subjects mit einem Prädicat etwas neues ist« (*HK* 107, 135 und passim), immer wieder hervorgehoben und damit antizipiert, was Saussure im *Cours*, besonders aber in seinen Nachlaßnotizen, als »analogische« oder »parasemische Transformation« zu charakterisieren pflegt und in einer »activité créatrice« der Sprecher gründen läßt, die in »unaufhörlichen, täglichen Schöpfungen in der Sprache« sich niederschlage.[120]

Sartre hat sich ihm in dieser Hinsicht enger angeschlossen als seine vermeintlich orthodoxen strukturalistischen Schüler: »Parler n'est rien d'autre qu'adapter et approfondir une conduite déjà parlante, c'est-à-dire par elle-même expressive. Et cela signifie: repondre et corriger les babillages immédiats en vivant mieux la passion qui les produit (...). [La parole est] une invention silencieuse (...) créatrice; il faut chercher: le langage dit seulement qu'on peut tout inventer en lui, que l'expression est toujours possible, fût-elle indirecte, parce que la totalité verbale, au lieu de se réduire, comme on croit, au nombre fini des mots qu'on trouve dans le dictionnaire, se compose des différenciations infinies – entre eux, en chacun d'eux – qui, seules, les

119 »Nun aber giebt es keine allgemeine Sprache, also auch keine allgemeine Gleichheit der Konstruktion. (...) Alle Bestrebungen, zu einer allgemeinen Sprache zu gelangen, sind mißlungen; denn die Verständigung über die allgemeine Sprache selbst ist den einzelnen Sprachen unterworfen. Wir haben schon früher auf diese Begrenzung durch die Sprache aufmerksam gemacht, so daß wir sagen, die Identität der Konstruktion des Denkens ist nichts Allgemeines, sondern in Grenzen eingeschlossen. In der Sprache zeigt sich schon die Relativität des Wissens; die Grenzen sind verschieden nach der Verschiedenheit oder Verwandtschaft der einzelnen Sprachen« (*Dial* O 374/5). Frühere Äußerungen zum Thema, auf die Schleiermacher anspielt, finden sich l. c. 169, 314, 379 und passim.

120 Zitiert nach der Diss. von Ludwig Jäger, 166 ff., der die in diesem Zusammenhang relevanten Fragmente vorführt und erstmals durch eine kohärente Interpretation in ihren wahren (wirkungsgeschichtlich verstellten) Kontext einbringt.

actualisent. Cela veut dire que l'invention caractérise la parole.«[121]

Wo immer konkrete Sinnerschließung einen im Repertoire (der Sprache) nicht vorgesehenen Sprachgebrauch erfindet und mit Hilfe kontextueller Fügungen auffällig zu machen versteht, wird er – sobald er kommunikativ sich durchsetzt – die Grenzen der Schemata verändern; und dadurch gibt es »auch im Ganzen (...) in der Sprache Veränderungen des Gebrauchs derselben«[122] (*Dial* O 374), die – mit Saussure zu sprechen – von der systematisch nicht konditionierbaren »liberté individuelle«[123] der Sprecher Zeugnis ablegen.

Eines der Paradoxe des Pragmatizismus und noch der Wittgensteinschen Spätphilosophie scheint so gelöst: Das Individuelle ist stets ein unsichtbarer Zug inmitten des Allgemeinsprachlichen selbst,[124] der von innen her die Ränder der Schemata zur ›Unschärfe‹ verhält, weil er sie durch die semantisch-pragmatischen Interpretationsangebote, die er der etablierten Sprechkonvention offeriert, ständig in Bewegung versetzt und jedesmal dann faktisch überschreitet, wenn (wie es immerfort geschieht) sein Angebot wenigstens einen mit-verstehenden Interessenten hat werben können. Ein Sinn, dessen Verwendungsregel wenigstens

121 *L'Idiot de la famille*, Bd. 1, 38/9. Sartre geht, wie wir sehen werden, mit Schleiermacher davon aus, daß die kleinste Sinneinheit der Satz ist. Ein bestimmtes Gefühl z. B. »reclame (...) qu'il [sc.: le langage] soit créateur: qu'il la [sc.: mon affection] saisisse dans une unité synthétique et que par là même, dans le même moment, il *invente* la désignation par phrase de cette unité« (l. c. 39).

122 Diese Dialektik von langue und parole, von semiologischem und semantisch-pragmatischem Modell, von Struktur und Ereignis im Schnittpunkt des gesprochenen Worts analysieren vorzüglich die schon zitierten Arbeiten Ricœurs (*CI* 80 ff., 233 ff.; *KI* 101 ff., 137 ff.). Vgl. auch M. Merleau-Ponty, *Le problème de la parole*, in: *Résumés de Cours. Collège de France 1952-1960*, Paris 1968, 33-42; ders.: *La prose du monde* (ed. Claude Lefort), Paris 1969, IV, 13/14, 16 ff., passim; sowie Umberto Eco, *Sémantique de la métaphore*, in: *Tel Quel* 55 (1973), 25 ff. (-46).

123 *Cours de linguistique générale*, Paris ^{3}1967 (Payot), 172/3.

124 Vgl. zum Individualitätsproblem bei Peirce Richard J. Bernstein, *Praxis und Handeln*, 70/1. Die Rigidität, mit welcher Peirce das individuelle Selbst für eine bloße »Negation« des allein des Seins würdigen »Allgemeinen« erklärt, gibt wider Willen der Wahrheit die Ehre: das Unübertragbare ist genau jenes ›Nichts‹, auf dessen Grunde das Positive sich als das, was es ist, abhebt.

Zur Individualitätsproblematik bei Wittgenstein vgl. die interessante Erörterung bei Gilles-Gaston Granger, *Essai d'une philosophie du style*, Paris 1968, 204 ff.

zwei Sprecher beherrschen, hat aufgehört, privat zu sein. Ihm ist der Möglichkeit nach der Durchbruch ins Repertoire eines allgemeinen Schematismus gelungen: Effekt jener konstitutiven Lücke zwischen den Signifikanten, von der Lacan und Derrida zeigten, daß ohne sie, die selbst insignifikant (›unübertragbar‹) bleibt, kein Zeichen zu bedeuten vermöchte. Unversehens stellt sich eine geheime Verbindung her zwischen der Negativität und Nichtübertragbarkeit des Individuellen und der Insignifikanz jenes manque-à-être inmitten des trésor du signifiant – Verbindung, deren Gesetz Schleiermachers Hermeneutik in immer neuen Ansätzen und Fragestellungen umwirbt.

Sprachstruktur und Praxis – ein Vergleich mit der existenzial-phänomenologischen Sprachtheorie

Die Parallelen zu existenzial-phänomenologischen Auffassungen über das Verhältnis von Sprachgesetz und Sprachgebrauch, auf welche die vorangegangenen Erörterungen zuweilen vorblickten, reichen weiter. Es ist umso sinnvoller, sie in den Kontext einer hermeneutischen Sprachtheorie einzubringen, als sie weder von der offiziellen Linguistik noch von der hermeneutischen Diskussion in der BRD aufgenommen worden sind und ihre Unbekanntheit in keinem vernünftigen Verhältnis steht zu der Produktivität, die eine semiologisch reflektierte Interpretationstheorie sich von ihnen versprechen dürfte. Es ist denkbar, daß die ausgebliebene Besinnung auf die dialektischen Sprachtheorien Sartres und Merleau-Pontys es vor allem gewesen ist, welche die hermeneutische Literaturtheorie der Perspektive beraubt hat, unter der ein Rückgriff auf Schleiermacher hätte lohnend erscheinen können.

Sartre zählt die Sprache zum Komplex des »pratico-inerte«. Der ohne Künstelei schwer ins Deutsche übertragbare Term kennzeichnet ein Moment innerhalb der dialektischen Beziehung von En-soi (Indifferenz, Materie, ›inertie‹) und den auf es gerichteten Praktiken der Mitglieder eines Kollektivs (Pour-soi, Pour-autrui): Die aneinander sich abarbeitenden, kon- und divergierenden Aktivitäten von Subjekten einer Gesellschaft, deren jedes ein individuelles Verinnerungszentrum aller anderen und des

Ganzen ist, sind gleichwohl in einer die Vielheit ihrer zerstreuten Entwürfe von außen synthetisierenden Einheit befaßt, insofern das Ensemble derselben und die zwischen ihnen sich einstellenden gesellschaftlichen Beziehungen der durch sie formierten Materie als ebensoviele Züge sich einschreiben und auf diese Weise, nämlich durch Vermittlung der äußeren Einheit der Materie, eine Struktur vom Typ eines allgemeinen Bewandtniszusammenhangs[125] konstituieren, von dem her jedes Individuum des betreffenden Kollektivs zunächst reluzent sich muß ankündigen lassen, was es ist und was es vermittels ihrem Zweck schon zubestimmten Werkzeugen, Institutionen, Rollenzwängen tun wird: »Je me trouve dans un monde déjà signifiant et qui me réfléchit des significations que je n'y ai pas mises« (*EN* 592). Der erste Akt des Sich-Orientierens in einer von menschlichen Zwekken durchquerten Welt hat also zur Voraussetzung die Verinnerung ihres parasemischen oder ihres Sinn-Zusammenhangs. Ein jedes Individuum wird die soziale Realität nur in dem Maße internalisieren, wie es der Konvention eines den Mitgliedern eines Kollektivs identischen Zeichengebrauchs und der in-differentiierenden Serialität ihres Schematismus sich unterwirft. Es ist als Produkt eines sprachlich manifestierten Ensembles gesellschaftlicher Praktiken nicht zunächst dieser bestimmte einzelne, sondern *irgendwer* (quelconque [*EN* 593]). Irgendwer sein heißt: ein *anderer* zu sein als der, der in exklusiver Weise ›ich‹ zu sich sagt. Das ist die Kehrseite der Kommunikabilität der Sprache: für jeden Sprecher erscheint sie als das Werk der anderen. Insofern verweist die Sprachfähigkeit (langage) ipso facto auf die ursprüngliche Anwesenheit anderer in der Welt: keiner erlebt sich als Stifter jenes Bewandtniszusammenhangs, in dessen Licht er und die anderen die gemeinsame Welt vermöge der Kollektivteilhabe an den bedeutungserschließenden Verfahrensweisen sich

125 Sartres Analyse stützt sich natürlich auf die in Heideggers Daseinsanalytik gelieferte phänomenologische Deskription des Bewandtniszusammenhangs (*SuZ*, 66 ff., bes. 83 ff.) und spielt in einzelnen Formulierungen deutlich darauf an. Ebenso manifest ist die Anspielung an Marx' These, daß »in der gesellschaftlichen Produktion ihres Lebens (...) die Menschen bestimmte, von ihrem Willen unabhängige Verhältnisse ein(gehen), die einer Entwicklungsstufe ihrer materiellen Produktivkräfte entsprechen« und daß »die Gesamtheit dieser Produktionsverhältnisse (...) die ökonomische Struktur dieser Gesellschaft (bilde), die reale Basis (...), welcher bestimmte gesellschaftliche Bewußtseinsformen entsprechen« (Vorwort zur *Kritik der politischen Ökonomie*, Berlin 1971, 15).

zueignen (*EN* 594).[126] »L'autre, en moi, fait mon langage qui est ma façon d'être en l'autre.«[127]

Wenn es nicht möglich ist, mein In-der-Welt- und In-Gesellschaft-Sein diesseits der Kategorien und Bedeutungen zu definieren, die mir jenseits meiner Willkür vom extraindividuellen ordre symbolique zugespielt wurden, dann wird es auch kein Verstehen des Selbst geben, welches, was dieses Selbst sei, nicht zuvor vom »parole de l'Autre«[128] hat lernen müssen. Das Sichverstehen (insofern das Individuum sein Wissen von sich nur in transindividuell konstituierten Bedeutungen vor sich hinstellen kann) ist, mit einem Wort, eine Funktion der Sprache und könnte – statt des ›grand Autre‹ – in keinem Falle das spekuläre ›moi‹ als Ursache haben: Das Selbst bestimmt sich durch den Gebrauch sehr elementarer und allgemeiner Techniken, durch die es den anderen und sich selbst als anderem die Zugehörigkeit zur gemeinsamen Welt demonstriert – einer Welt, die, als Korrelat eines universalen Bezeichnungssystems, *allen das gleiche Gesicht zeigt* (*le visage qu'il offre à tout le monde* [*EN* 594]).

So weit erstreckt sich die Macht des pratico-inerte: »Der Einzelne ist«, wie Schleiermacher es ausdrückt, »in seinem Denken durch die (gemeinsame) Sprache bedingt und kann nur die Gedanken denken, welche in seiner Sprache schon ihre Bezeichnung haben« (*HL* 12). Der parasemische Zusammenhang oktroyiert sich dem Sprechenden als ein seine vorsprachliche Intention (das, was Schleiermacher sein Gefühl nennt) rigoros subvertierendes und quasi autonomes System, das freilich selbst nicht neutral ist, sondern die Einheit der Handlung widerspiegelt, durch die eine Gesellschaft sich als Totalität hervorbringt.[129]

126 »La structure ne s'impose à nous que dans la mesure où elle est faite par d'autres« (*Jean-Paul Sartre répond*, l. c. 89) et que chacun de nous »est *autre que soi* par et pour les autres (. . .). Ainsi le langage, étrange mode de liaison, m'unit *comme autre* à l'autre *en tant qu'autre* dans la mesure même où il nous unit comme *les mêmes*, c'est-à-dire comme sujets communiquant intentionnellement« (*L'écrivain est-il un intellectuel?* [= 3. Teil der Vortragsreihe *Les Intellectuels*], in: *Situations VIII*, Paris 1972, 447/8; dt. *Mai '68 und die Folgen*, Bd. 2, Reinbek 1975, 59).

127 *L'Idiot de la famille*, Bd. 1, 22

128 *L'Idiot de la famille*, Bd. 1/2, 24, 1818 (»discours de l'Autre«), passim. Die Anspielung an Lacan geschieht bewußt, obwohl Sartre in einem Interview behauptet, ihn nicht sehr gut zu kennen (*Sur »L'Idiot de la famille«*, in: *Situations* X, Paris 1976, 99/100, 110).

129 »A un premier niveau, le langage se présente, en effet, comme système autonome, qui reflète l'unification sociale« (*Jean-Paul Sartre répond*, l. c. 88/9).

Hier klingt nun deutlich eine Restriktion an, durch welche die Grenze bezeichnet ist, innerhalb deren die Abstraktion der Sprache als einer synthèse autre que le sujet parlant sich hält. Sprechen können (savoir parler) heißt nicht einfach, die Gebote einer anonymen und schlechthin allgemeinen Konvention befolgen, sondern ein selbst schon nach Nationalitäts-, Dialekt-, Gruppenzugehörigkeiten und Ideolekten aufgefächertes, zunehmend stärker individualisiertes Repertoire verwenden, das die undifferenzierte Universalität des discours (de l')Autre zwar nicht aufhebt, aber doch in Beziehung auf Handlungen definiert, durch welche Subjekte ihre Aneignung von Welt in unterschiedenen Graden von Allgemeinheit ausdrücken und sich dabei erstmals als Kollaborateure der Struktur in und bei der Konstitution von Bedeutung sehen lassen.

Die Alterität und Unverfügbarkeit der Sprache hat also zwei Aspekte. Ich verfüge in dem Maße nicht über sie, wie die Signifikanten meiner Intention gegenüber nicht neutral sich verhalten wie Gläser, die ungehindert deren Licht durchdringen lassen, sondern es mit einem mir prinzipiell undurchsichtigen Sinn trüben, den die Zeichen im Laufe der Geschichte durch fremde Institutionen angesetzt haben: der Signifikant ist niemals transparentes Zeichen, sondern signifiant signifié: durch sein ›historisches Gedächtnis‹ hinterrücks selbst gezeichnetes Zeichen. (»Sa matérialité indéstructible lui vient (...) de la rigidité figée du vestige.«)[130] Aber es ist nicht nur die geschichtliche Fracht, die mir die Verfügung über die Sprache partiell entzieht. Sie entgleitet mir zugleich in dem Maße, wie die anderen (und ich als anderer) es sind, die über ihre Werte bestimmen[131], und wie diese Werte sich im Gesamt einer differentiellen Ordnung konstituieren.[132] Gleichwohl verfüge ich auch über sie, denn ich kann den Zeichen befehlen, mir als Werkzeug zur Bezeichnung dessen, was ich sagen will, gebötig zu sein, ich kann mich durch sie und in ihnen individualisieren als ein autre que l'autre.[133]

130 *L'Idiot de la famille*, Bd. 3, 52

131 Sartre, *L'écrivain est-il un intellectuel?*, 435; (dt. 51). Vgl. *L'Idiot* (...), l. c.: Jeder Text ist undurchdringlich »de son rapport multiple – pour chaque lecteur – aux autres. (...) En ce sens l'écrit laisse appercevoir à travers lui la Société comme un des éléments de sa dualité essentielle.«

132 *L'Idiot de la famille*, Bd. 1, 623: »Le mot à lui seul est idée toute faite puisqu'il se définit en dehors de nous, par ses différences avec d'autres mots dans l'ensemble verbal.«

133 Vgl. ebd.

Aber erstreckt sich dieser Anteil des Subjekts auf mehr als darauf, daß ohne seine Mitwirkung eine Welt von ihm nicht gewählter Bezeichnungen und Regeln, nach welchen diese grammatisch korrekt zu verknüpfen sind, in einem Zustand reiner Virtualität verharren müßte? Tatsächlich ist es angebracht, den Chosismus einiger Vertreter des Ultra-Strukturalismus mit der *einfachen Tatsache* zu konfrontieren, *daß die Sprache (langue) nicht selbst spricht (parle).*[134] Jede ihrer konkreten Manifestationen überschreitet die Schwelle der strukturalen Virtualität und unterstellt sie vom System her unvorhersehbaren Entscheidungen der Sprecher, welche die Sequenz ihrer Reden in dieser oder jener Wortwahl, in dieser oder jener Zeichenkombination, in dieser oder jener Intonation/Technik usw., in Hauptsätzen oder in hypotaxereichen Perioden, kurz auf tausend verschiedene Weisen vortragen können. Bedenkt man überdies, daß nicht das Wort, sondern der Satz (phrase) das semantische Minimum darstellt,[135] daß vermöge seiner kombinatorischen Freiheit der Sprechende die grammatisch vorgegebene Einheit der Bedeutung kontextual modifizieren,[136] ja in nie im voraus absehbaren Grenzen verschieben und der Individualität seines Gefühls gefügig machen kann – bis hin zu den Extremen des »mot familial avec ses déformations particulières« (*EN* 597) einerseits, der poetischen parole andererseits –, so wird man zugeben, daß die Regularität des Grammatischen in dem Maße, wie sie die Rede determiniert, in letzter Instanz doch nichts anderes ist als ein totalisierter Reflex kreativer Produktionen, die zuerst auf der Ebene der Rede entstanden sind.

Nicht nur in dem Sinne, daß – wie Schleiermacher sagt – jeder Sprecher Neues in der Sprache hervorbringt, »da jede noch nicht gemachte Verbindung eines Subjects mit einem Prädicat etwas neues ist« (*HK* 107) – zuweilen so sehr, daß »die Sprache mit ihrer

134 »On voudrait nous faire croire que la pensée c'est seulement du langage, comme si le langage lui-même n'était pas *parlé*« (*Jean-Paul Sartre répond,* 88). »On a fait du langage *une langage qui se parle toute seule*« (*EN* 599).

135 »La structure élémentaire du langage, c'est la *phrase*« (*EN* 597). Vgl. Schleiermacher: »Saz als Einheit ist auch das kleinste für das Verstehen und Nichtverstehen« (*HK* 160; vgl. 41/2, 47, 91).

136 Auch Sartre läßt, wie Schleiermacher, die Individualität im Kombinatorischen des Stils sich manifestieren. Dem Satz eigne »un moment du libre choix de moi-même«, der sich in der »*assemblage* de mots« niederschlage (*EN* 598). Darin erschöpft sich die Freiheit noch nicht. »Il faut que les mots aient été rassemblés et présentés par une libre rapprochement signifiant« (*EN* 600).

bestimmenden Kraft verschwindet und (...) nur als Organ des Menschen, im Dienste s[eine]r Individualität (erscheint)« (*HK* 113) –, sondern in dem noch weiterreichenden Sinne, daß jede konkrete Rede eine Transzendenz ist, die das im Spiegel seines Designators erschlossene Designat aufgrund einer in ihrer Sprachbehandlung sich niederschlagenden hermeneutischen Operation in die Bedeutung allererst einsetzt, in der Lexik und Syntax sie – sobald sie kommunikative Anerkennung gefunden hat – wie ein situationsunabhängiges Gesetz kodifizieren werden.[137] Man kann, mit Merleau-Ponty, eine »*parole parlante*« von einer »*parole parlée*« unterscheiden. Die Menge der vorgebrachten Wörter und Syntagmen verfallen zum disponiblen Bestand von Syntax und Vokabular einer Sprachgemeinschaft, sie sind »le dépôt et la sédimentation des actes de *parole* [parlante] dans lesquels le sens informulé non seulement trouve le moyen de se traduire au déhors, mais acquiert l'existence pour soi-même, et est véritablement créé comme sens«.[138]

Die Sprache spricht also nicht von allein, wie Heidegger in *Unterwegs zur Sprache* will und wie viele Strukturalisten vor und nach ihm behauptet haben. Gleichwohl stützt sich jede lebendige Rede, um ihrer möglichen ›Wahrheit‹ (Intersubjektivität) willen, auf eine je schon konstituierte Struktur und unterwirft ihre Artikulation einem System strenger Vorschriften, die über Zulässigkeit oder Unzulässigkeit des Sprachgebrauchs immerhin ex negativo verfügen. Indessen verbietet eine Analyse der Seinsart von Sprachstruktur, sie als eine ›Sache ohne den Menschen‹, als einen ›sich selbst betreibenden Mechanismus‹ oder allenfalls als Analogon eines Naturorganismus zu beschreiben. Im Gegensatz zu natürlichen Gesetzmäßigkeiten, deren Einheit äußerlich geknüpft ist und nirgends die Spur einer reflektiven Selbstbeziehung erkennen läßt, sind *Strukturen* nämlich *interne Synthesen*: Handlungen, deren Einheit selbstreferentiell ist.

137 »S'il en est ainsi, ni les mots, ni la syntaxe, ni ›les phrases toutes faites‹ ne préexistent à l'usage qu'on en fait. L'unité verbale étant la phrase signifiante, celle-ci est un acte constructif qui ne se conçoit que par une transcendance qui dépasse et néantise le donné vers une fin« (*EN* 597).
»(...) les mots (...) ne sont que les traces du passage des phrases (...). La phrase est un projet qui ne peut s'interpréter qu'à partir de la néantisation d'un donné (celui-là même qu'on veut *désigner*) à partir d'une fin posée (la *désignation*, qui elle-même suppose d'autres fins par rapport auxquelles elle n'est qu'un moyen)« (*EN* 598).

138 M. Merleau-Ponty, *Phénoménologie de la perception*, 229

Das Geflecht von Oppositionen, innerhalb dessen jedes Element (in seinem Wesen) durch ein anderes bestimmt ist, in dem es keinen von Natur aus positiven Term, sondern nur diakritische Profilationen und Differenzen gibt und in dem der Gebrauch auch nur eines Elements die Totalität des Systems beschwört[139] – dies Geflecht durchzieht, selbst nicht signifikant, die *Spur*[140] einer Handlung, vermöge deren seine Einheit als eine parasemische Totalität überhaupt besteht.[141] Und da jede Sprache das En-soi eigentümlich »schematisiert« (*EN* 601) und ihr Struktur-Netz nur die Einheit der Bewegung festhält, die die Häkelnadel der parole parlante auf den Faden der ›Urspur‹ ausführt, so daß das ganze Gewebe sich auflösen müßte, sobald man den Faden aus den Maschen zieht,[142] läßt sich mit Sinn sagen, daß die Gesetze der Sprache im Innern eines freien Entwurfs der Rede sich bilden (»c'est en parlant que je fais le grammaire« [*EN* 599])[143] und daß sie von der unter systematischen Gesichtspunkten veranstalteten Recherche des Linguisten als Resultat einer abstraktiven Reflexion (*EN* 600) auf das entdeckt werden, was Merleau-

139 »Le mot n'est qu'une spécification qui se manifeste sur fond de langage. C'est pour cela que chaque vocable est *tout* le Langage actualisé. La spécification est totalisation« (Sartre, *Critique de la raison dialectique* [hinfort zit.: *CRD*], Tome I, *Théorie des ensembles pratiques,* Paris 1960, 181; deutsch *Kritik der dialektischen Vernunft. Theorie der gesellschaftlichen Praxis,* Reinbek 1967, 103).

140 Die Metapher der ›*Spur*‹ geht, soviel ich sehe, auf W. von Humboldt zurück: »Die intellectuelle Thätigkeit, durchaus geistig, durchaus innerlich und *gewissermaßen spurlos vorübergehend,* wird durch den Laut der Rede äusserlich und wahrnehmbar für die Sinne. Sie und die Sprache sind daher Eins und unzertrennlich voneinander« (*Über die Verschiedenheit des menschlichen Sprachbaus* . . ., in: *Schriften zur Sprachphilosophie,* (ed. Flietner/Giel), l. c. 426 [von mir hervorgehoben, M. F.]).

141 *EN* 599/600; *Jean-Paul Sartre répond,* 88/9; *L'Anthropologie* (in: *Situations IX,* Paris 1972), 86 (deutsch in: *Mai '68 und die Folgen,* Bd. 2, 80).

142 Sartre gebraucht ein anderes Bild: »Supprimez cette unité synthétique et le bloc ›langage‹ s'effrite; chaque mot retourne à sa solitude et perd en même temps son unité en s'écartelant entre diverses significations incommunicables« (*EN* 599).

143 »La ›phrase‹ comme événement contient en elle-même la loi de son organisation et c'est à l'intérieur du libre projet de *désigner* que des relations légales entre les mots peuvent surgir. Il ne saurait, en effet, y avoir de lois de la parole avant qu'on parle. (. . .) Loin qu'ils [sc.: les schémas legaux] président à la constitution de la phrase et qu'ils soient le moule dans lequel il se coule, ils n'existent que dans et par cette phrase. En ce sens, la phrase apparaît comme libre invention de ses lois« (*EN* 600). Vgl. Schleiermachers Bestimmung, daß »die Sprache selbst wird durch das Reden« (*HK* 81).

Ponty die »inkarnierte Logik«[144] der parole nennt.[145] Mit einem Wort: die Opposition langue–parole beruht auf einer Abstraktion; es handelt sich um Momente einer einigen Realität. Die Rede ist die werdende, die sich konstituierende Totalität[146] (anders gesagt: die Einheit der totalisierenden Handlung, die den Faden der Struktur verwebt), während die Sprache die in jener implizit operierende Logik durch eine Art »coupe transversale sur la diachronie«[147] als inert gewordenen ordre du signifiant freilegt und sehen läßt.

Nun muß man freilich beachten, daß »die« Rede so wenig *existiert* wie die Sprache, denn es gibt nichts, das eine totalisierte Rede vom System einer Sprache unterschiede. Tatsächlich ist zu wenig erklärt, wenn man die inerte Sprachstruktur mit dem Hinweis auf die synthetische Praxis, die sie als inkarnierte Logik organisiert und am Leben erhält, auf die parole reduziert – gar so, als sei der konkrete Sinnentwurf frei und erscheine nur für die anderen als nach bestimmten Gesetzen formiert (*EN* 600). Zumindest bedient sich diese These des frühen Sartre einer idealtypischen Konstruktion, die davon abstrahiert, daß es Millionen und Abermillionen von situationsspezifischen und völlig diskreten Redeakten gibt, während man ohne auffälligen Widersinn von *einem* subjektlosen »allgemeinen Sprachschema« (»schème linguistique en générale«) sprechen kann (*EN* 601).[148]

Auch Schleiermacher behauptet, daß die Sprache als Schema »des gemeinsamen Bewußtseins (...) das Resultat der Erfahrung aller einzelnen«[149] darstelle. Aber wie hat man sich (wenn es kein Zurück zum Fetisch einer sich autonom strukturierenden Struktur gibt) die Konstitution der Einheit des gemein-

144 Maurice Merleau-Ponty, *Sur la phénoménologie du langage,* 110

145 Vgl. Sartre, *L'Idiot de la famille,* Bd. 3, 100: »(...) la langue est une abstraction par rapport au langage qui, lui, n'existe qu'en tant qu'on le parle, bien qu'il faille le parler comme il est.«

146 Das, was Sartre in vergleichbaren Kontexten »totalité en cours«, »totalité se faisante«, »totalité totalisante« nennt – im Gegensatz zur totalisierten oder »detotalisierten« Totalität (= Struktur). Vgl. *L'Anthropologie,* 91 (dt. 83).

147 Merleau-Ponty, *Sur la phénoménologie du langage,* 109

148 Wie man es in bezug auf den Strukturalismus Lévi-Strauss' getan hat, wenn man ihn einen Transzendentalismus ohne Subjekt nannte. Sartre freilich fügt dem oben gegebenen Zitat hinzu: »Mais ces schèmes, loin de préexister à la phrase concrète, sont affectés par eux-mêmes d'*unselbständigkeit* et n'existent jamais qu'incarnés et soutenus dans leur incarnation même par une liberté« (*EN* 601).

149 Die *christliche Sitte, SW* 1/12, 699 (im Original gesperrt).

schaftlichen Sprachschemas auf der Basis der irreduziblen Mannigfaltigkeit von einzelnen Redeakten und Redeakten einzelner konkret vorzustellen? Gibt es überhaupt eine Möglichkeit, die Einheit der strukturierenden Handlung (die ›Spur‹) von der irreduziblen Zerstreuung der individuellen Handlungen her aufzubauen?

Die Hypothese, daß dies möglich sei, darf sich vorab auf frühere Beobachtungen stützen: z. B. auf die geheime Verbindung, die sich zwischen dem ›Unübertragbaren‹ des Individuellen und der konstitutiven ›Lücke‹ im Herzen der Struktur andeutete. Außerdem kommt überhaupt nur das einzelne Subjekt als ein Zentrum selbstbewußter Verinnerung des Allgemeinen (das sich, wenn nicht über das Subjekt vermittelt, gar nicht zu sich verhielte) in Betracht, wenn es darum geht, der dialektischen Vernunft einen Ansatzpunkt zu vindizieren. Aber das einzelne Selbstbewußtsein (als Quell jeder Intelligibilität) ist weder weltlos (es ist verkörpert in einem »être matériel«, genauer: in einem »organisme animal créant des ensembles matériels à partir de ses besoins«[150]) noch einsam: es kommt zu sich in einer von anderen Individuen bewohnten Welt, die als ebensolche materiell Seiende die gemeinsame Materie instrumentalisieren und mit Spuren ihrer je eigentümlichen Praktiken überziehen. Die Inkommensurabilität (›Unübertragbarkeit‹) individueller Sinnstiftungen besteht also nur für den Einzelnen; hinter ihrem Rücken und auf eine keinem einzigen von ihnen durchsichtige Weise formiert sich das Ensemble ihrer teils kooperativen, teils antagonistischen Tätigkeiten zu einem der Materie eingeschriebenen Netz von Beziehungen. Sartre – wir sagten es – nennt diesen selbst Materie gewordenen Widerhall materieller Tätigkeiten, diese inerte Umwendung der Praxis aller in Beziehung auf jeden einzelnen,[151] das Feld des pratico-inerte. Im Akt der Entäußerung an die semiotische Ordnung des pratico-inerte erleidet das Selbstgefühl des handelnd-sprechenden Individuums tatsächlich jenen Umsturz, jene Entfremdung, die Lacan als Subversion des Subjekts beschreibt: Die Durchsichtigkeit der individuellen Intention trübt und entfremdet sich im Raster des auf Konventionsbasis in Um-

150 Sartre, *L'Anthropologie*, 93 (dt. 84). Vgl. *PhE* 98

151 »activité de l'homme (...) reflétée par le pratico-inerte, activité de l'homme retournée« (*L'Anthropologie*, 85; dt. 79 [falsch übersetzt]).

lauf gebrachten und Tauschwert gewordenen Sinns.[152] Sartre beschreibt diese »altération« als ein Strukturmoment des individuellen Entwurfs, insofern er in einer vom Mangel beherrschten Wirklichkeit (die die Gesamtmaterie als *einiges* Feld der Knappheit für alle zu verinnern und zu entdecken zwingt) und mit anderen Individuen zugleich auftaucht, deren jedes für den anderen überzählig und ein anderes ist.

Zweifellos gibt es eine gewisse Selbständigkeit dieser für die Interaktion fundamentalen Alterität gegenüber der selbstbewußten Praxis des Individuums (was Sartre Lacan zugesteht[153]). Die Struktur – als inertes Produkt der komplexen Logik der sie konstituierenden diskreten Praktiken – übertrifft notwendig die Kenntnis, die die Individuen unmittelbar von sich besitzen. Und insofern diese Logik als Sprache sich reflektiert/symbolisiert, gilt entsprechend, daß die Wörter »vom Tod der Menschen leben«, da ja die Menschen ihre Beziehungen zueinander durch die tote Äußerlichkeit der in den Wörtern aufbewahrten gesellschaftlichen Imperative hindurch erleben. Jedem einzelnen entgeht fortwährend der Sinn des Satzes, den er formt, insofern über seine wahre und unabhängige Bedeutung nicht in seinem allein, sondern im Diskurs der anderen mit entschieden wird (*CRD* 180; dt. 103). – Aber ebenso wahr ist, daß die als solche inkommunikable Praxis des einzelnen es ist, durch welche die Struktur in jedem Sprechakt wieder ins Leben zurückgeholt wird. Die Sprache lebt ganz allein aus dem ständigen Wechsel ihrer Verinnerung durch die Sprechenden und der Rückentäußerung neu konstituierten[154] oder auch nur erhaltenen und tradierten Sinns an die Struktur.

Wir begegnen auch hier – in wenig verändertem Kontext – der These Lacans und Derridas wieder, wonach ein *Mangel an signifiant* es ist, der den vollen Termen einer taxonomischen Ord-

152 Hierin gründet die schon verzeichnete Analogie von Sprache und Geld (vgl. *PhE* 115), auf die auch Sartre hinweist: »Il n'est pas douteux qu'on pourrait étudier le langage de la même façon que la monnaie: comme matérialité circulante, inerte, unifiant des dispersions: c'est, en partie, en reste, ce que fait la philologie« (*CRD* 180; dt. 103).

153 *L'Anthropologie*, 97 (dt. 87): »Pour moi, Lacan a clarifié l'inconscient en tant que discours qui sépare á travers le langage ou, si l'on préfère, en tant que contre-finalité de la parole: des ensembles verbaux se structurent comme ensemble pratico-inerte à travers l'acte de parler. Ces ensembles expriment ou constituent des intentions qui me déterminent sans être miennes.«

154 »Jeder Tag und jeder Sprecher verändert *für alle* die Bedeutungen« der Sprache (*CRD* 180; dt. 103).

nung zu bedeuten und ihr selbst zu funktionieren gestattet. »L'épaisse matérialité de la ›bouchée intelligible‹«, sagt Sartre, »s'accompagne d'une absence, d'un néant qui n'est autre que la signification.« Und: »Le silence est lui-même un acte verbal, un trou creusé dans le langage et qui, en tant que tel, ne peut être maintenu que comme une nomination virtuelle dont le sens est défini par la totalité du Verbe«[155] – »Leere« (carence du langage), die allaugenblicklich zum Einfallstor wird für die Operationen, die der einzelne Sinn auf die parole parlée ausführt. Darin aber gründet die einzelne Intelligibilität der Sprachstruktur: ihre Einheit besteht nur in dem auf sie gerichteten Blick, der – unsichtbare »Falte im System der Wörter«[156] – die »einheitliche *Praxis*, die sie am Leben erhält«, als solche entdeckt.[157] Aber es gründet darin, wenigstens der Möglichkeit nach, zugleich *die Intelligibilität der Struktur für alle*: Jeder Sprechende bezeugt den anderen die Einheit, die ihnen entgeht, und läßt sich auf der Basis durchgängiger Wechselseitigkeit von anderen als Element in einer Ordnung erschließen, deren synthetische Einheit ihm selbst als bloßem Moment ebenso entgeht. Solche Einvernahme der Serialität entfremdeten Mitseins (in der allein die Materie, nicht das Bewußtsein der einzelnen, die Einheit ihrer Praxis manifestiert) in ein für alle durch den Blick jedes anderen aufs Ganze bestehendes Miteinander setzt freilich eine Sozialisationsform voraus, welche Sartre als *Gruppe* bezeichnet.[158]

Sie bietet die einzige Chance für vergesellschaftlichte Subjekte, den Sinn ihres Gemeinsam-zur-Welt-Seins als ein zugleich subjektives und objektives Ereignis zu kennen. Und damit bietet sie *die einzige Chance für eine Selbstreflexion der Struktur.* Die durchgängige Reziprozität macht jedes einzelne Mitglied einer in ihrem praktischen Ziel vereinigten Gruppe zu einem *Subjekt-Objekt.* Objekt ist es als Teil einer Totalität, die seine Stellung zum Ganzen von außen her sowohl determiniert wie bezeugt und die es als eine ihm fortwährend entgleitende Tat der Ande-

155 *L'Idiot de la famille*, Bd. 1, 619 und 41
156 L. c. 619
157 Sartre, *L'Anthropologie*, 86 (dt. 80). – Unter dieser Voraussetzung muß Sartre Lacans rigider Trennung von langue-Autre und parole-moi widersprechen: »La conduite verbale ne peut se définir en aucun cas comme passage d'une ordre à l'autre.« – »La guirlande en spirale des mots, il faut y voir *moi dans l'Autre*« (*L'Idiot de la famille*, Bd. 1, 38, 22).
158 Den Übergang von der serialisierten zur Gruppen-Sprache charakterisiert sehr anschaulich *L'Idiot de la famille*, Bd. 3, 53 (im Kontext).

ren erleidet; aber es ist ebenso Subjekt, insofern es die Anderen – als »*tiers à intégrer*« – durch sein Zeugnis als objektive Totalität bestätigt und die in ihr inkarnierte Logik gemeinschaftlicher Praxis als Gesetz seines eigenen Handelns erfährt. Hier fungiert die Sprache tatsächlich als Reflexionsmedium, das die Teile mit dem Ganzen vermittelt und die Durchsichtigkeit des allgemeinen Schemas bis in die Sprachverwendungen hinein gewährleistet und umkehrt.

Allerdings ist die Gruppe ein instabiles System. Spontan vereinigt durch eine von außen induzierte Bedrohung aller, die sie motiviert, ihre Serialität zu durchbrechen und die sie objektiv synthetisierende Praxis auch subjektiv zu ihrer eigenen zu machen, müssen sich die Mitglieder der Gruppe vor dem Zerfall zu schützen suchen, indem sie ihren Freiheiten durch eine frei gewählte Anziehung von materieller Trägheit (inertie) – Eid (serment) auf das gemeinsame Statut, Akzeptierung von Sanktionen und Terror usw. – einen Permanenzstatus sichern, d. h. sich organisieren. Zweck der Organisation – als einer bewußt betriebenen und nicht heteronom erlittenen Tat-Sache – ist die Einwirkung der Gruppe auf sich selbst: die Reflexion des Ganzen in den und durch die Teile; gleichzeitig infiziert sie die allgemeine Durchsichtigkeit der Gruppenpraxis mit einer gewissen Trübheit, insofern jeder einzelne, indem er von einem organischen in ein vergesellschaftetes Individuum (individu commun)[159] sich verwandelt, seine Praxis, sein Verhältnis zu den anderen und zum Ganzen nicht mehr unmittelbar als die Praxis aller realisiert, sondern nurmehr als eine Verteilung je bestimmter *Funktionen* innerhalb eines übergreifenden und zusehends weniger transparenten Schematismus bezeugen oder selbst erleben kann (*CRD* 459 ff.; dt. 472 ff.).

Dennoch gibt es das *Statut*, das jedes Mitglied der ›groupe statutaire‹ wie eine Spielregel reflexiv beherrschen kann und das dafür sorgt, daß jede einzelne funktionale Geste als ›statutarisch‹ korrekt oder inkorrekt von ihm »dechiffriert« werden kann (*CRD* 482; dt. 503). Diese absichtlich (unter Verzicht auf persönliche Freiheit) akzeptierte Gesellschaftsregel bietet den Individuen die auf keine andere Weise herstellbare Gewähr, daß die Handlung der Struktur (ihrer irreduziblen Äußerlichkeit und

159 Traugott König übersetzt wörtlich, aber wenig erhellend: »gemeinsames Individuum«.

Allgemeinheit unerachtet) nur der Rahmen ist, in welchem sie selbst handeln und den sie durch ihre Handlungen beständig affirmieren. Es ist ein freies Einstimmen und Einschwingen in das gemeinsame Ziel der inert gewordenen Gruppe, und die Freiheit bewährt sich inmitten der Struktur gerade dadurch, daß sie dysfunktional und kontrafinal sich entwickelnde und zu Störfaktoren, die den Primärprozeß zu überlagern drohen, sich ausweitende »sekundäre Wechselseitigkeitsreaktionen« ins System der durchgängig funktionalen und zielorientierten Reziprozitäten wieder einholt und so der freien Synthesis aufs neue unterstellt, durch welche die Gruppe sich Einheit als Totalität verleiht (*CRD* 484; dt. 507).

Wir können Sartres Theorie der statutarischen Gruppe hier nicht weiter verfolgen. Es war indes notwendig zu sehen, daß sie die Möglichkeit der Selbstreflexion von parasemischen Zusammenhängen an bestimmte politische Praktiken bzw. an bestimmte Sozialformen bindet und keineswegs für eine Wesensnotwendigkeit der Struktur erklärt. Ebensowenig könnte man behaupten, daß sie die Materialität der Struktur wie eine leere Tafel behandelt, der die gesellschaftliche Praxis in souveräner »écriture« ihre ipso facto äußerlich reproduzierte Markierung aufprägte. Die Einheit einer Gruppenpraxis brächte es von sich her zu keinerlei objektiver Signifikanz. Denn die Seinsart des Pour-soi gleicht einer »amorphen Nebelwolke«, wie Saussure schreibt; sie ist nicht schon per se distinkt. Ohne der Materialität des Signifikanten zu begegnen (d. h. ohne einem inerten und anorganischen Gewebe von Relationen und Differenzen sich einzuschreiben – ›état de sérialité‹ –)[160], müßte das Selbstbewußtsein in der Gestaltlosigkeit des nur auf sich bezogenen Gefühls verkümmern, d. h. es könnte sich nicht als ein für andere Mitteilbares objektivieren. Sich selbst gewiß, wäre es doch außerhalb der Wahrheit (die ohne Allgemeinheit nicht prädiziert werden kann) und müßte darauf verzichten, seine Durchsichtigkeit auch auf der Ebene des Mitseins mit anderen zu realisieren. Einmal an die Struktur entäußert, ist das vertraute Antlitz des Selbst zwar gegen das des Anderen (individu commun) vertauscht. Doch gewinnt das Gefühl, was es als Einzelsubjekt aufgegeben hat, auf der Ebene der unentfremdeten Gruppenstruktur wieder, die als

160 Vgl. *L'Idiot de la famille*, Bd. 3, 53 f.

selbstreflexives Schema seine Intelligibilität als intersubjektive fundiert.

Diese *Mittlerrolle der Struktur*, die auf der einen Seite als eine Totalität *aktiv* gedachter Signifikanten das Selbstverständnis und die Praktiken von jenseits des Wollens und Bewußtseins ihrer Subjekte determiniert[161] und andererseits doch nichts anderes ist als der *passivierte* Niederschlag einer totalisierenden Synthesis, die im Individuum ihren unvertretbaren Grund hat, – sie allein erklärt die Zwiespältigkeit ihres wissenschaftstheoretischen Status, in welchem Transzendentalität und Empirie zusammentreffen: Eine »étude analytique et rigoureuse«, die stets möglich ist, vermag sie wie eine Sache-ohne-den Menschen zu beschreiben; gleichzeitig wird nur eine hermeneutische Dialektik sie als Ausdruck einer »intégration vivante à la *praxis* unitaire« entdecken und auf ihren im analytischen Moment nie implizierbaren Interpretanten hin überschreiten (*CRD* 487; dt. 510/1).

Verschiedene Register des Sprechens

a) *Eigentliche und uneigentliche Bedeutung (Metapher, Bild, Poem).* Der schematisierte Sinnzusammenhang reflektiert – so werden wir jene Schleiermacher und Sartre verbindende hermeneutische Sprachkonzeption resümieren – die Einheit der Welt, wie sie unaufhörlich in Frage gestellt wird durch die doppelte Bewegung der individuellen Verinnerlichung der allgemeinen Struktur und der Rückentäußerung neu erschlossenen Sinns an den parasemischen Zusammenhang.[162]

161 Vgl. Claude Lévi-Strauss, *Das wilde Denken*, Ffm. 1973, 154: »Wenn wir behaupten, daß das Begriffsschema die Praktiken lenkt und definiert, so deshalb, weil diese Ideen, der Untersuchungsgegenstand des Ethnologen (...), nicht mit der Praxis verwechselt werden dürfen, die – und zumindest in diesem Punkt stimmen wir mit Sartre überein – für die Wissenschaften vom Menschen die fundamentale Realität bildet. (...) Ohne den unbestreitbaren Primat der Basis der Infrastrukturen infrage stellen zu wollen, glauben wir, daß zwischen Praxis und Praktiken immer ein Vermittler eingeschaltet ist, der das Begriffsschema darstellt, durch dessen Wirken eine Materie und eine Form, die beide jeder unabhängigen Existenz ermangeln, sich zu Strukturen ausbilden, d. h. zu empirischen und zugleich intelligiblen Wesen.«

162 Schleiermachers *Ethik* von 1812/3 findet eine besonders eindrucksvolle Formulierung für dieses nur nach Gesichtspunkten des Überwiegens oder Zurücktretens differenzierbare »Ineinander der Functionen« (*PhE* 272): vgl. *PhE* 270/1!

Auf das hermeneutische Problem bezogen, das diese weitläufige Erörterung motivierte, heißt das, daß die Bedeutung eines Wortes Einheit besitzt, sofern die Identität des Schemas die Individualität des Sinns fundiert. Es macht also Sinn, von einer im Wandel diskreter Kontexte sich durchhaltenden Einheit der (semantischen oder syntaktischen) Bedeutung zu sprechen: mit ihr steht und fällt die Möglichkeit von Kommunikation (*PhE* 265 u., *Dial* O 373).

Dies ist's vor allem, was Schleiermacher sowohl der Lehre vom vielfachen Schriftsinn wie der lexikographischen Diasporisierung der Einheit eines Wortes in ein »Aggregat eines mannigfaltigen lose verbundenen« oder in eine positive »Mannigfaltigkeit der Bedeutungen« wie auch der philologischen Lehre von der Differenz einer eigentlichen und uneigentlichen Bedeutung entgegenhält (*HK* 57 ff., 90 ff.). Vom formellen wie vom materiellen Element gelte, daß seine kontextdependente Variationsbreite »doch *einen* Charakter darstelle« und die relative Stabilität eines »Schemas« besitze (*HK* 57; von mir hervorgehoben [M. F.]). Andererseits ist die Einheit von Wort oder Proposition – wenigstens im Bereich umgangssprachlicher Kommunikation[163] – nie so starr, daß man behaupten dürfte, sie »könne als reine Einheit dargestellt werden« (*HL* 51).[164] Als solche fungiert sie allenfalls im *System* der Sprache (*HK* 60/1), das den Zeichen durch strenge Differenziation ihre »Sprachwerthe«[165] (*HL* 92, passim) zuspielt. In jedem Wort umgangssprachlicher Rede latitiert hingegen »eine Combination einer Mannigfaltigkeit von Beziehungen und Übergängen« (*HL* 51), die das »Fixirte Objective« (*HK* 60) im Verhältnis zu seinen »unmittelbaren Umgebungen«

163 Schleiermacher sagt: »in der lebendigen Rede und Schrift« oder: im Bereich der »lebendigen natürlich wachsenden Sprache« – im Gegensatz zu den »technischen« Sprachen (*HL* 51).

164 Den Unterschied zwischen der »sich immer gleich bleibenden« Fixheit der Bedeutung und dem »Wechselnden, Schwebenden, rein Vorübergehenden der [in konkreter Sprachverwendung symbolisch konnotierten] Gemüthsstimmung« stellt besonders klar die *Ästhetik*-Vorlesung heraus (*SW* III/7, 640/1).

165 Dieser Term antizipiert auf erstaunliche Weise den Wert-Begriff Saussures, wenn er nicht gar über Boeckh, Steinthal und andere Schleiermacherschüler geradezu in dessen Tradition steht. Vgl. Schleiermachers eigene hermeneutische Verfahrensanweisung: »Hat man nun alle *Ausdrücke* beisammen, *die zusammen ein Ganzes bilden*, die aber durch Modificationen, welche sich immer auf einen gewissen *Gegensaz* bringen lassen, verschieden sind, kann man sie (...) auf eine gewisse Weise ordnen und *den Werth derselben zueinander bestimmen*« (*HL* 104 u., von mir hervorgehoben [M. F.]).

(*HK* 65, passim) modifiziert und so ins »Fliessen« bringt, wobei sie den identischen Sprachwert als eine Fülle kontextdependenter »Localwerthe« (*HL* 92, passim) realisiert. In der schematischen Offenheit der Bedeutung für ihre in prinzipiell unvorhersehbaren und indeterminablen Redekontexten freizusetzenden Sinnmöglichkeiten »liegt der Stoff zur Verschiedenheit der Gebrauchsweisen« beschlossen (*HL* 51). Sowenig es nun möglich wäre, im Prozeß der Interpretation die »wesentliche Einheit« der Bedeutung aus der Individualität ihrer kontingenten Verwendung mit einiger Sicherheit zu bestimmen – ich muß stets das ganze Schema kennen, um seinen Sinn zu realisieren –, sowenig kann man sagen, »die wesentliche Einheit komme an sich als solche (...) vor« (*HK* 61). In konkreter Rede ist die relative ›Allgemeinheit‹ der Bedeutung grundsätzlich mit der relativen ›Besonderheit‹ des Wort-›Gebrauchs‹ tingiert (»mit einem Zufälligen vermischt« [l. c.]).

Mit einem Wort: Syntaktik[166] und Semantik (Schleiermacher umgreift beide im Begriff der Grammatik) existieren nur als Funktion der Technik/Rhetorik und umgekehrt. So enthüllt sich die »wahre *vollkommene Einheit des Wortes*« als regulative Idee, deren Verwirklichung dem gleichkäme, was Schleiermacher »seine Erklärung« nennt: der Reduktion des Schemas auf einen unabhängigen Begriff dieser Einheit. Eine solche kann nicht gefunden werden; einerseits darum, weil wir die Entwicklung toter Sprachen nicht voll überblicken, lebende aber noch im Fluß sich befinden; andererseits deshalb, weil, was die Einheit der Bedeutung *ist* (die »Bestimmtheit« des Worts), »nicht aus sich selbst hervor(geht), sondern aus seinen Umgebungen«,[167] und wir seine allgemeine Gebrauchsregel im gegebenen rhetorischen Zusammenhang »nur mit diesen zusammenbringen (dürfen), um jedesmal das rechte zu finden« (*HK* 92).

Was eine solche Erklärung der Dialektik von Schema und kontextvariantem Sinn für Poetik und Rhetorik zu leisten vermag,

166 Daß Schleiermacher auch in bezug auf das »formelle Element« den »Grundsaz der Einheit der Bedeutung« bestätigt findet, die Schranke zwischen Semantik und Syntax also in gewissem Sinne einreißt (*HK* 61, 93), erklärt sich, wenn man beachtet, daß er die Syntaktik als lineare Kombination von Flexions- und syntaktischen Monemen (»Partikeln«) begreift, d. h. als eine Kette von einander kontextual determinierenden Semen. Wir werden im Zusammenhang der ›grammatischen Interpretation‹ darauf zurückkommen.

167 Vgl. *HK* 47: »So wie das Wort durch die Beugungen von den Umgebungen afficirt wird, so auch seine Bedeutung.«

sucht Schleiermacher durch seine *Theorie der Metapher und des bildlichen Ausdrucks*[168] zu bewähren (*HK* 59f., 91f.; *HL* 105 ff.). Die ›gewöhnliche Ansicht‹ von einer ursprünglichen Gespaltenheit der Implikationen eines Wortes in selbständige, nur äußerlich verbundene Bedeutungsatome sucht das Abweichende des ›gemeinhin bildlich‹ genannten Sprachgebrauchs durch die Erklärung in den Griff zu bekommen, das gleiche Wort, das umgangssprachlich seine ›eigentliche‹ Bedeutung entfalte, existiere auf einer zweiten Ebene in einer anderen, der ›uneigentlichen‹ Bedeutung, von der man übrigens nicht sieht, wie sie mit der ersten anders denn durch Homonymie zusammenhängen soll.[169] Diese Erklärung bemüht sich, auf der grammatischen Ebene allein zu lösen, was nur durch ein Zusammenwirken der Grammatik mit der Rhetorik (bzw. Poetik) überhaupt besteht.[170] Das in der Metapher über-tragende Wort (etwa *coma* in *coma arborum* oder *tela* in *tela solis*) existiert nicht als Gleichlaut zweier

168 Dies ist gleichsam die übergeordnete Gattung, zu der auch Gleichnis und Allegorie und die Metapher lediglich als »engstes Darstellungsmittel« gehören (*HL* 105).

169 Eine solche Voraussetzung bringt z. B. – um ein modernes Beispiel anzuführen – die Metapherntheorie der *Sémantique structurale* von A. J. Greimas (Paris 1966, vgl. 50 ff.) in Verlegenheit. Greimas ist zu der Annahme gezwungen, jede semantische Realisation eines Lexems in einem bestimmten Syntagma bzw. Text beziehe sich auf einen invarianten »noyau sémique« zurück, der sich kontextspezifisch in kontrastive Seme aufspalten lasse. So enthalte das Lexem *Löwe* in der Metapher »Dieser Kerl ist ein Löwe« u. a. die kontrastierenden kontextuellen Seme ›menschliche‹ und ›tierische Eigenschaft‹ als reale semische Varianten in sich; als sei, mit anderen Worten, der metaphorische Sinn des Nomens ›Löwe‹ in Verbindung mit dem durch den Kontext induzierten Sem ›Mensch‹ ein existentes und lexikographisch zu verzeichnendes semisches Implikat dieses Wortes (im Sinn von: stark, mutig, königlich, stolz usw.) – eine Annahme, die zu allerlei absurden Konsequenzen führt.
Zur Kritik vgl. Jonathan Culler, *Structuralist Poetics. Structuralism, Linguistics and the Study of Literature*, London 1975, 78/9, 85 ff. Diese Kritik erscheint uns in vielen Einzelheiten als ein glänzender Beleg für die Aktualität des Schleiermacherschen Ansatzes, mit der er sachlich über weite Strecken konvergiert. – Vgl. zum Thema der Metapher die vorzügliche Zusammenfassung von Gerhard Kurz, in: ders. und Th. Pelster, *Metapher. Theorie und Unterrichtsmodell*, Düsseldorf 1976, 7-98.

170 »Daß man was zur technischen Interpretation gehört mit dem verwechselt was zur grammatischen gehört. Hieher die meisten Metaphern die als Epexegese stehen wie coma arborum, tela solis, wo die übertragenen Worte ganz ihre eigentlichste Bedeutung behalten und ihre Wirkung nur durch eine Ideencombination thun auf welche der Schriftsteller rechnet« (*HK* 59).
Zum Ineinandergreifen der metaphorischen und metonymischen Funktion (die Schleiermacher explizite in Anspruch nimmt, jedoch nur im Sinne der synekdochischen Relation Allgemeines-Besondere [*HK* 92, 7. u.]) vgl. R. Jakobson, *Essais de linguistique générale*, Paris 1963, 61 ff.

distinkter Bedeutungen (*coma* heißt *Haar*, und nicht *Laub*; *tela* heißt *Pfeile*, und nicht zumal *Strahlen*), sondern als einiges Schema (grammatische Ebene), das seine gleichnishafte Qualität erst aufgrund seiner Einbettung in einem entstellenden Kontext (rhetorische Ebene) entfalten kann. Die paradigmatisch selegierte Einheit der Bedeutung bleibt also auch im metaphorischen Sprachgebrauch intakt, ihr »unmittelbarer Sprachwerth« wird aber durch die kontextuelle Kombination mit einer anderen gleichsam met-onymisiert und so zur Freigabe einer Implikation getrieben, die nur einlöst, wer die klassematisch entstellte Bedeutung der ersten Ebene gegen eine auf einer parabolisch sie überlagernden zweiten Ebene lozierte andere Bedeutung eintauscht – Operation, durch welche der ›fremde Inhalt des Sprachelements‹ in der ursprünglichen Zusammenstellung wieder in seinen üblichen klassematischen Zusammenhang eingebracht wird (*HL* 105). Genau dies ist der Akt der Über-tragung (meta-phorá), welcher zwischen Signifikanten vermittelt, die auf ›zwei parallelen Reihen‹ (*HK* 92, 84)[171] in jeweils unterschiedener Weise verkettet zu denken sind. Vom Gleichnis oder von der Allegorie läßt sich sagen, daß sie auf zwei Sinnebenen zugleich spielen, ihre ursprüngliche Bedeutung aber ohne manifesten Widersinn auf ihrer eigenen Ebene beibehalten können, wobei mit der übertragenen metonymisch »nur gerechnet werden« soll. Die Metapher (und ganz allgemein »der bildliche Ausdruck, wo der Inhalt des Sprachelements ein fremdes ist, wenn wir es im unmittelbaren Sprachwerth nehmen«[172] [*HL* 105]) kontaminiert hingegen die »Parallelen Gedankenreihen« derart, daß ich ihren Sinn dann und nur dann realisiere, wenn ich die meine Erwartungshaltung befremdende Zusammenstellung um jene ungesagte

171 Man darf hier in der Tat von einer gewissen Vorwegnahme der Jakobsonschen Theorie des »parallélisme« (*Essais* ..., l. c. 62, 66 sowie ders.: *Grammatical Parallelism and its Russian Facet*, in: *Language* XLII (1966) 2, 399-429) durch Schleiermacher sprechen. Vgl. *HL* 107. Häufig spricht Schleiermacher von »*Vergleichung*«, vom »allgemeinen Typus (...) der Vergleichung«, vom »Vergleichungspunkt« usw. (*HL* 105/6; 107/8; passim).

172 Was im Gleichnis offensichtlich nicht der Fall ist: ein Gleichnis und eine Allegorie kann man lesen, ohne ihre uneigentliche Intention zu realisieren, ebenso wie dem unempfindlichen Gesprächspartner die Ironie entgehen kann, mit der ich jenseits der manifesten message, die ich an ihn richte, den Umstehenden zu verstehen geben möchte, was ich eigentlich von ihm denke: Jede Rede hat die Möglichkeit, anderes zu meinen als sie grammatisch (im Sinne Schleiermachers) sagt, und sie tut es fortwährend. Daher die stete Möglichkeit, das Verständnis eines Autors reflexiv zu überbieten.

Implikation bereichere, die der fremde Inhalt von seinem Substitut geborgt hat.[173]
Auch und gerade hier bleibt also die ursprüngliche Bedeutung gleichsam stehen: der metaphorisierte Signifikant soll nur assoziiert/konnotiert, der Sinn der Phrasis aber durchaus auf der Ebene des bildlichen Ausdrucks selbst eingelöst werden.
Offenbar folgt bei der Kombination *coma arborum* die Auswahl des die Fügung entstellenden Sprachwerts *coma* nicht zunächst dem Kriterium seiner optimalen Eignung als Designators für ein bestimmtes Objekt, sondern eher dem von der individuellen Synthesis des Sprechakts vorgegebenen *Kriterium optimaler Manifestation von Sinn.* Roman Jakobson hat diese Entdeckung nur präzisiert, wenn er, was er die poetische (wir zögen vor zu sagen: die rhetorische) Funktion der Sprache nennt, wie folgt definiert: »Die Auswahl (selection) [= paradigmatische Ebene] geschieht auf Grund von Äquivalenz, von Ähnlichkeit und Unähnlichkeit, Synonymität und Antonymität, während die Kombination [= syntagmatische Ebene], das Arrangement der Wortfolge (sequence), auf Kontiguität beruht. *Die poetische Funktion projiziert das Äquivalenzprinzip von der Achse der Auswahl auf die Achse der Kombination.*«[174]
Schon die Exposition des Begriffs Rhetorik gab Anlaß, das Zurücktreten der referentiellen Funktion hinter der Selbstreflexion des Zeichens zu beobachten. Die Rhetorik thematisiert den Sprachgebrauch nicht vorrangig unter dem Gesichtspunkt des Code oder des ihm inskribierten Systems der Denotate, sondern insofern, als in ihm das Individuum paradox als ein Unsägliches (»ἄρρητόν«) sich ausspricht. Anders gesagt: sie reflektiert die nicht auf Mitteilung zu reduzierende,[175] also inkommunikable

173 »Habituell« oder »solenn« gewordene Metaphern, d. h. solche, die, ohne ihren ursprünglichen Sprachwert noch sehen zu lassen, ins lexikalische Repertoire eingegangen sind (z. B. ›Seestern‹), scheiden aus der Betrachtung aus, da an ihnen keinerlei Interaktion von grammatischer und technischer Sprachverwendung mehr nachgewiesen werden kann (*HK* 92, *HL* 105 [ff.]).

174 Roman Jakobson, *Linguistics and Poetics,* 358. Vgl. ders.: *Poesie und Sprachstruktur,* Zürich 1970, bes. 20; *Questions de poétique,* Paris 1973, passim.
Zu »Jakobson's Poetic Analyses« vgl. die kritische Interpretation durch J. Culler, *Structuralist Poetics,* 55-74.

175 »Das Erkennen mit dem vorherrschenden Charakter der Subjectivität = Unübertragbarkeit« (*PhE* 176). »Das Anhaften des Besondern als Eigenthümlichen an der in Natur seienden Vernunft wird für die Totalität der Personen repräsentiert durch die *Unübertragbarkeit von einer auf die andere*« (*PhE* 265, Kursivierung von mir [M. F.]).

Individualität des Sprechens, das als performatorisches Ereignis ohnehin kein Faktum der Sprache (langue) ist und nur im »*Combinatorischen*«[176] der Wortverkettung sich manifestiert (Kombination in diesem Sinne ist nicht zu verwechseln mit der syntaktischen Regel, die in ihr wirkt). Dem Interpreten des *Sinns* einer fremden parole ergeht es stets ein wenig wie Siegfried beim Gesang des Waldvogels: Ihm ist, als wolle die bloße ›Weise‹, deren ›Worte‹ ihm entgehen, ihm etwas zu sagen und zu verstehen geben (II,2).

Nun ist, wie sich einmal mehr zeigt, das Individualisieren der Sprache nicht etwa ein Aspekt, den die grammatische Interpretation arbeitsteilig der rhetorisch-technischen überlassen dürfte. Vielmehr *existiert* der universale Schematismus nur in der Singularität der Rede:[177] in der stilistischen Combination des Individuums (*PhE* 100), d. h. in der nur ihm eigenen Art, seine unübertragbare Vision der Dinge in einer den »logischen Gehalt der Sprache«[178] transzendierenden Rede zur Anschauung zu bringen. Geschieht solche Formierung von Sinn unter vorherrschend ästhetischen Gesichtspunkten, so geht die rhetorische unmerklich in die poetische Funktion des Sprechens über: in ihr hat sich die Zeichenverwendung so sehr vom referenzsemantischen bzw. kommunikatorischen Diktat »fest stehender, sich immer gleich« bleibender[179] und »logisch«[180] verknüpfter Bedeutungen emanzipiert, daß sich die Zeichen nach Kriterien ästhetisch reflektierender Urteilskraft auf sich selbst zurückbiegen. Die am Standard ›richtiger‹ Objektbeziehung (Dialektik)[181] und se-

176 Damit ist ein Basistheorem der sogenannten ›technischen Interpretation‹ berührt, das Schleiermacher auch sonst häufig vorträgt. Vgl. z. B. *PhE* 168: »Das Wesen der Individualität ist (...) in eigenthümlicher Combinationsweise zu suchen, mit Berücksichtigung dessen, daß jedes Erkennen schon an sich eine Combination ist.« (Die Individualität präsentiert sich, mit anderen Worten, als eine nicht auf Syntagmatik reduzierbare Zusammenstellung von Signifikanten). Vgl. l. c. 172: »Die Sprache (individualisirt sich) im Einzelnen und *das Individuelle besteht im Combinatorischen der Sprache.*«

177 »Die Sprache muß sich individualisiren. Sonst kann sie nur als Vermögen gedacht werden, aber nicht wirklich existiren« (*PhE* 100).

178 *Ästhetik, SW* III/7, 641, passim. Vgl. l. c. 643: »daß nämlich die Sprache im logischen Gebiete niemals das Einzelne giebt, sondern gegen dies schlechthin irrational ist«, und l. c. 635.

179 L. c. 640

180 L. c. 639

181 Vgl. l. c. 632: Die Poesie hat »allerdings mit der Sprache zu thun, aber nicht in sofern sie die äußere Hinstellung ist derjenigen geistigen Funktion, die sich auf das wirkliche Sein bezieht« (= referenzsemantische Funktion).

mantisch-syntaktischer Korrektheit (Grammatik)[182] orientierte paradigmatische Selektion tritt in den Hintergrund (was nicht heißt, daß sie aufgehoben wird) und überläßt das Urteil über die Angemessenheit der gewählten Signifikanten der Vor-sicht des Gefühls auf den in der extra-grammatikalischen »Combination« sich einspielenden Sinn.

Kant würde sagen, daß im ästhetischen Urteil nicht über die objektive Angemessenheit des sinnlichen Eindrucks an empirische oder reine Begriffe, sondern über die ›subjektive Zweckmäßigkeit‹ desselben in bezug auf einen (vom Gefühl in reflektierender Bewegung beurteilten) Zustand der Einhelligkeit oder ›idealen Proportion‹ von Sinnlichkeit und Vernunft befunden werde: der Geschmack läßt sich das Kriterium für sein Urteil nicht vom Begriff vorgeben, sondern stützt seine Entscheidung auf das vom Sinn durchwaltete *Gefühl* der Angemessenheit des Unübertragbaren ans Identische.

Der Dichter hat also im Medium der Sprache etwas zu geben, »was sich eigentlich nicht durch die Sprache geben läßt, denn die Sprache giebt immer nur das Allgemeine«.[183] Will er »das Wechselnde, Schwebende, rein Vorübergehende der Gemüthsstimmung«,[184] das vom Verschwinden Bedrohte, kurz: »ein vollkommenes einzelnes«[183] zur Anschauung bringen, so muß er sie zu einer Leistung ›zwingen‹, zu der sie ursprünglich gar nicht eingerichtet ist: »Die Sprache besteht aus der Combination fest gewordener Elemente, sie kann also auch eigentlich das in sich wechselnde nicht darstellen, der Dichter zwingt sie aber dazu auf indirecte Weise [nämlich »durch die Art, wie er diese in einander flicht«,] und das ist eben seine Meisterschaft.«[185] Ähnlich sagt es Sartre in bezug auf die Dichtung Flauberts: Sie suche die Furie des Verschwindens in der imaginären Totalisierung des Werks zu bannen, indem sie sie *als* dies nie vollendbare Gleiten des Seins ins Nichtsein in Worten festhält oder indem sie das ›Nichtsein des Seins‹ im ›Sein des Nichtseins‹ spiegelt, um ihm »eine vollkommene jedoch imaginäre Unzeitlichkeit (zu) verleihen«.[186]

Im Grunde gibt die poetische Sprachverwendung nur die sin-

182 am »logischen Gebrauch«, wie Schleiermacher in diesem Kontext zu sagen pflegt
183 L. c. 638
184 L. c. 640
185 L. c. 641 (der Zusatz in eckigen Klammern l. c. 638)
186 *L'Idiot de la famille*, Bd. 3, 22

nenfälligste Illustration für die novatorischen und produktiven Potenzen der individuellen Rede, ihre ständige Fähigkeit, den ›logischen Gehalt‹ der konstituierten Sprache neu zu interpretieren[187] und an seine Abhängigkeit von der konstitutiven Insignifikanz des Individuellen zu gemahnen. Noch Merleau-Ponty hält dies für die eigentliche Funktion des poetischen »langage parlant« (d. h. des Sprechens, wie es sich – im Gegensatz zum Repertoire gewordenen »langage parlé« – in actu vollzieht).[188] Die sprechende Rede im Text eines Dichters (z. B. Stendhals) ist die Operation, »par laquelle un certain arrangement des signes et des significations déjà disponibles en vient à altérer, puis à transfigurer chacun d'eux et finalement à sécréter une signification neuve, à établir dans l'esprit du lecteur, comme un instrument désormais disponible, le langage de Stendhal.«[189]

Auf diese Weise entwirft die literarische Rede das Bild einer Welt, in welcher die kodifizierte Bedeutung (und der durch sie vermittelte ›Bezug aufs Sein‹) ganz und gar unter der Botmäßigkeit des einzelnen Sinns stehen oder, wie Sartre sagt, ein Bild »der Welt, wie sie wäre, wenn die menschliche Freiheit sie ergriffen hätte«[190]. Diese Idee vollendeten Ausgleichs des Allgemeinen und des Individuellen, die dem Selbstbewußtsein des endlichen Daseins kontrafaktisch als absoluter Wert vorschwebt und von den Skansionen der différance allaugenblicklich dekomponiert wird, vermöchte allein dem Symbolismus der Kunst zum »Bild« sich zu fügen.[191] Im *Bild* gibt die unübertragbare und exklusive Innerlichkeit des Gefühls ihre ›Irrationalität gegen das Ver-

187 »(...) so wäre demnach die Poesie eine Erweiterung und neue Schöpfung in der Sprache. Allein (...) die Möglichkeit dazu wohnt schon der Sprache ursprünglich ein, aber freilich ist es immer nur das Poetische, woran es zum Vorschein kommt, sei es rein oder an einem andern« (*Ästhetik*, l. c. 643). Die »freie Produktivität in der Sprache« ist grundsätzlich eine Funktion des »Eigenthümlichen«, des nicht-bedeutungshaften Elements der Sprache (l. c. 645).

188 *La prose du monde*, 17

189 L. c. 20

190 *Clarté*-Interview vom März/April 1964 (dt. in *Kursbuch* 1 (1964), 140). In *L'écrivain est-il un intellectuel?*, 445 (dt. 58), nennt Sartre das Kunstwerk eine Aufforderung »à saisir librement son propre être-dans-le-monde comme s'il était le produit de sa liberté«. Es gibt sehr ähnliche Wendungen in *Qu'est-ce que la littérature? (Situations II*, Paris 1948, 106, passim; dt. *Was ist Literatur*, Reinbek 1958, 37, passim), in *Que peut la littérature?*, 122/3, im *Idiot de la famille*, z. B. Bd. 3, 21 passim und an anderen Stellen.

191 Vgl. *Ästhetik*, l. c. 645 ff.

stehen[192], d. h. gegen das Denken und Sprechen‹ (*PhE* 98) auf und kann sich die Exteriorität der ›logischen Seite‹ des Zeichens als vollkommene Dar-stellung ihrer selbst anschauen, während sich im Bereich der nicht-poetischen Rede die Intentionalität des Subjekts immer am Widerstand der unabhängig von ihm instituierten Bedeutungen abzuarbeiten hat und nur zum Teil verwirklichen kann.[193] Darin besteht die wesentliche *Differenz des Bildes vom Schema*: Während das Schema eine »Darstellung« leistet, »in welcher das Besondere durch das Allgemeine angeschaut wird«,[194] liefert das Bild eine einzelne Anschauung der als solche undarstellbaren und mithin unaussprechlichen Idee einer Koinzidenz von Kommunikation und Unübertragbarkeit, von Bedeutung und Nicht-Bedeutung.

Sartres Poetik steht dieser Auffassung nicht fern: »Wenn Schreiben«, sagt er, »in der *Kommunikation* besteht, erscheint das literarische Objekt als ein Kommunizieren-*jenseits-der-Sprache* und -durch-das-nicht-bedeutende-Schweigen (par le silence non signifiant), in das es sich auf Geheiß der Wörter wieder gehüllt hat (qui s'est renfermé par les mots), obwohl es ursprünglich durch sie hervorgebracht worden ist.«[195]

Nichts anderes als die ›schlechthinnige Einzelnheit‹ des Bildes ist es, was die Möglichkeiten der Sprache überfordert[196] und den Versuch zum Scheitern bringt, die poetisch formierte Rede vom ordre du signifiant her – als ein linguistisches Faktum – abzuleiten.[197] Die Poesie wiederholt nur im Bereich des Imaginären – »symbolisch« – jene Erfahrung von Heteronomie, durch die sich

192 Der *Brouillon zur Ethik* von 1805/6, aus dem wir zitieren, verwendet ›Verstehen‹ oft noch als Synonym zu ›Begreifen‹, ›Wissen‹ usw.

193 Besonders drastisch illustriert Schleiermacher diese Macht des Objektiven (»die leitende Gewalt der schon feststehenden Form«: Sprachgenre, Grammatik) über den Aussagewillen des Subjekts in der *Akademierede* vom 12. 8. 1829 (*HK* 136).

194 Schelling, *Philosophie der Kunst*, *WW* I,5, 407

195 *L'écrivain est-il un intellectuel?*, 437 (dt. 52)

196 »Die Richtung auf das Poetische führt auf das Bild.« Das Bild aber ist als »ein schlechthin einzelnes bestimmt«, damit ipso facto als »etwas, (...) wogegen die Sprache irrational ist« (*Ästhetik*, l. c. 645, 646, 647). – In der *PhE* deutet Schleiermacher auf dies Im-Sprechen-ungesagt-Bleiben des Bildes durch die Wendung, »daß (...) die höchste Kunst die Sprache zum Element hat und diese doch nicht das Aeußerlichwerden des Gefühls ist« (*PhE* 99; vgl. den Kontext des Zitats).

197 Vgl. Sartre (l. c. 437; dt. 52): »L'artisan (...) produit un certain objet verbal par un travail sur la matérialité des mots, en prenant pour moyen des significations et le non-signifiant pour fin.«

das unmittelbare Selbstbewußtsein vom transzendenten Grunde gespalten weiß: darin besteht ihre Konvergenz mit der Religion (*PhE* 99/100). Als einzelne Metapher der »reinen Identität des Einzelnen mit der Totalität«[198] supplementiert sie den nicht zu behebenden Mangel an selbsteigener Signifikanz, der die Subjektivität als einen manque-à-être definierte. Diesen Schein von ›Mangellosigkeit‹[199] zu verbreiten, darin besteht ihre relative Macht.

Wenn Lacan darauf besteht, daß die Sprache den unbewußten désir nicht direkt bezeichnen[200] könne, so formuliert er denselben Sachverhalt umgekehrt als Manifestation der relativen Ohnmacht des Subjekts angesichts des transsubjektiven ordre symbolique. Daß das Objekt jenseits dessen, was es über sich *sagen* (communiquer) kann, im Kombinatorischen »bildlich« sich zur Geltung bringt, ist jedoch gar kein Faktum des ordre du signifiant und unter Hinweis auf ihn nicht in Zweifel zu ziehen. Der Symbolismus der Poesie vermag jenen im désir de l'Autre manquierenden Signifikanten S diesseits reflexiv verfügbarer Intentionen zu manifestieren: als das im Sagen präsente und zugleich absente ἄρρητόν, das den Signifikanten des transzendenten Grundes durch die individuelle Allgemeinheit der Rede metaphorisiert und damit in »freier Produktivität«[201] das artikulative Äquivalent für den désir erfindet.[202]

Der Symbolismus der Poesie löst auf der Ebene des universellen Bedeutens den ihm von der ihm unsichtbar parallel geführten Ebene zubestimmten einzelnen Sinn ein.[203] Und da er infolge

198 *Ästhetik*, l. c. 646

199 L. c. 241-243 (über Schellings Erklärung, das Schöne »sei das mangellose Dasein«)

200 Was Schleiermacher auch nicht behauptet: »Hier ist also in Beziehung auf die Sprache (. . .) etwas auf indirecte Weise zu leisten, was sie geradezu nicht zu leisten vermöchte« (l. c. 640).

201 L. c. 626, 642 ff.

202 Jean-Paul Sartre, *L'écrivain et sa langue*, in: *Situations IX*, Paris 1972, 63 (dt. in: *Der Intellektuelle und die Revolution*, Neuwied und Berlin 1971, 105): »dans la poésie, on en donne l'équivalent par l'utilisation des mots en tant qu'ils ne sont pas articulés pour eux-mêmes, mais en tant que l'inarticulable se joue dans leur réalité même (. . .). L'articulation n'est pas faite pour exprimer le désir, mais le désir se glisse dans cette articulation.«

203 Vgl. G.-G. Granger, *Essai d'une philosophie du style*, 8: »La création esthétique en tant que travail est de ce point de vue l'une des tentatives humaines pour surmonter l'impossibilité d'une saisie théorique de l'individuel.«

seiner Irrationalität gegen das allgemeine Schema nie vollkommen sich begreifen läßt – die in ihm enthaltene »Unendlichkeit (...) bezieht sich eben auch auf die Individualität« (*PhE* 99), und deren Wesen ist »Unübertragbarkeit« (l. c. 100) –, erweist sich die Ästhetik und im engeren Sinne die Poetik als ein Sonderfall der allgemeinen Hermeneutik, deren Gegenstand nicht das Universelle und nicht das Einzelne, sondern die vom einzelnen Sinn modifizierte allgemeine Bedeutung ist.

b) *Designatorische und symbolisierende Zeichenverwendung.* Zumal seit Sartres Essay *Qu'est-ce que la littérature?* aus dem Jahre 1948[204] und Adornos Replik von 1962 *Engagement und künstlerische Autonomie*[205] – aber das sind nur akademisch-literarische Epiphänomene einer breit geführten Kontroverse – wurde erneut als Alternative diskutiert, was Schleiermachers sinnkritische Semiotik als dialektische Einheit zusammendachte: die Beziehung der designatorischen[206] und der symbolischen Funktion der Rede.

204 in: *Situations II*, 55-330; (dt. *Was ist Literatur?*, Reinbek [6]1964. Die Übersetzung ist zwar elegant, aber nicht sehr zuverlässig, besonders dort nicht, wo es darum geht, bestimmte Ausdrücke als kodifizierte Terme der Sartreschen Phänomenologie und der philosophischen Semantik überhaupt (wieder) zu erkennen. So wird ›intellektuelle Anschauung‹ durch »rationelle Intuition« (29), ›bildhaft vorstellendes Bewußtsein‹ [conscience imageante] durch »abbildendes Bewußtsein« (38) wiedergegeben usw.).
205 Unter dem Titel *Engagement* wiederabgedruckt in: *Noten zur Literatur, Schriften* Bd. 11, hg. von Rolf Tiedemann, Ffm. 1974, 409 ff. Adorno selbst versucht freilich bereits die Abstraktheit der Alternative aufzudecken, die das Engagement von der autonomen Kunst abspalten möchte. Darin kommt er dem späten Sartre entgegen, der ähnlich argumentierte, wenn auch weniger bange vor der Berührung mit dem ›recht handfest Subjektiven‹ und Aktionistischen, das Adorno an seiner Ästhetik erschreckt [*Ästhetische Theorie* aus dem Nachlaß hg. von Gretel Adorno und Rolf Tiedemann, Ffm. 1970, 517; vgl. 197 u.]).
Wir wollen hier keine historische Debatte referieren, sondern ein hermeneutisches Problem erörtern, das sich mit ihr nur zum Teil berührt.
206 Wir werden den Begriff Designation hier und im folgenden – mit Sartre – synonym mit ›Bezeichnung‹ verwenden und darunter die Beziehung von Zeichen(ketten) auf real intendierte und über bestimmte Eigenschaften identifizierte oder unter gewissen Hinsichtnahmen erschlossene Gegenstände/Sachverhalte verstehen, ohne zu unterscheiden, ob die Zeichen auf einzelne Gegenstände/Sachverhalte oder auf Klassen solcher referieren. – Die Ausfaltung dieser Aspekte in die Begriffs-Trias Designation (klassifikatorische Referenz), Denotation (individualisierende Referenz) und Signifikation (Bezeichnung über bestimmte Eigenschaften/Hinsichten) findet sich u. a. bei Harold W. Scheffer und Floyd G. Lounsbury, *A Study of Structural Semantics. The Siriono Kinship System*, Englewood Cliffs 1971, 3 f.

Der frühe Sartre scheint einen von der Gattungsgeschichte längst überwundenen Gegensatz wieder aufleben zu lassen, wenn er die prosaische Transzendenz des Zeichens, das sich an die bezeichnete Sache verschwendet und ihr gegenüber unwesentlich weiß, kurz: die Designation, von derjenigen Sprachverwendung abgrenzt, die er symbolisch-poetisch nennt und in welcher die Wörter die Sache nicht mehr bezeichnen, sondern sind;[207] hier ist der Signifikant nicht Mittel, sondern Zweck: sein materielles Sein ist von seiner Bedeutsamkeit nicht abzuspalten.

Diese Unterscheidung verweist (außer auf einen Kontext spezifisch französischer Tradition) zurück auf eine für die Poetik der deutschen Romantik charakteristische Unterscheidung von *Allegorie* (ein besonderes materielles Gebilde bedeutet ein Allgemeines, ohne es an ihm selbst zu vergegenwärtigen, darum »die Sprache«, nach Friedrich Schlegel, »ursprünglich gedacht, identisch mit der Allegorie ist«)[208] und *Symbol*, d. h. einer »Darstellung mit *völliger Indifferenz*, so nämlich, daß das Allgemeine ganz das Besondere, das Besondere zugleich ganz das Allgemeine *ist*, nicht es bedeutet«.[209]

Während die Zeichen der Prosa »polyvalente verbale Schemate« darstellen, die, ohne daß der Sachverhalt der Aussage berührt wird, »peuvent s'exprimer de cent manières différentes c'est-à-dire avec d'autres mots«[210] – einfach darum, weil sie angesichts des Sachverhalts, den sie benennen, selbst nicht wesentlich sind (sie bringen ihr eigenes Sein der Sache zum Opfer[211]) –, sind Symbole unvertretbar: der Sachverhalt der symbolischen Aussage überdauert den Austausch der Signifikanten keinen Augenblick, denn »die Bedeutung ist hier zugleich das Seyn selbst, übergegangen in den Gegenstand, mit ihm eins.«[212]

Wo jenseits der Gedichtszeilen, die von ihnen sprechen, gäbe es auch jene »Ewigkeiten (...), / Davon der Horizont wie Feuer

207 *Qu'est-ce que la littérature*, 61 f. (dt. 9 f.)

208 *KA* II, 348; vgl. Herder: »(...) Die Sprache (ist) Allegorie, denn jederzeit drückt in ihr die Seele ein Andres durch ein Andres aus« (in: *Sprachphilosophie*, l. c. 208).

209 F. W. J. Schelling, *Philosophie der Kunst*, *WW* I,5, 411 (vgl. zur Differenz Allegorie-Schema-Symbol l. c. 407 und 409/10)

210 Sartre, *L'écrivain est-il un intellectuel?* 446 (dt. 58)

211 L. c.

212 Schelling, *WW* I,5, 411. Vgl. Sartre. *L'Idiot de la famille*, Bd. 3, 187: »Le style doit être pour (les Artistes du symbolisme) le point de vue de l'absolu, le hasard exlu du langage. Qu'un paragraphe, qu'une phrase, qu'un mot soient remplaçables, tout est perdu: l'œuvre ne ›prend‹ pas.«

raucht« (Heym, *Ophelia*), jene »unglaublichen Floriden, die den Blumen die Augen von Panthern in Menschenhaut mischen« (d'incroyables Florides/Mêlant aux fleurs des yeux de panthères aux paux/D'hommes) oder gar jenen »éveil jaune et bleu des phosphores chanteurs« (Rimbaud, *Bateau ivre*)? Wo jenseits der Zeichenkette des Brentanoschen Gedichts käme »Wahrheit mutternackt gelaufen«, und in welcher möglichen Welt hätte man »ein Gold« zu suchen, das »hinstirbt, entlang vielleicht dem Dekor von gegen eine Nixe Feuer schleudernden Einhörnern« (un or / Agonise selon peut-être le décor / Des licornes ruant du feu contre une nixe) (Mallarmé, *Ses purs ongles . . .*)?
Diesen Beispielen ist gemein, daß sich der designierte Sachverhalt – wenn man überhaupt problematisch von einem solchen sprechen will – keinen Augenblick lang von den Zeichen abheben ließe, die ihn evozieren. Es handelt sich um Aussageweisen, die weder der Ökonomie des richtigen Schlusses oder des Irrtums gehorchen (insofern beide Ökonomien danach trachten, ein Maximum an Tatsachen durch ein Minimum von Hypothesen zu erklären, und sich der Möglichkeit einer Verifikation/Falsifikation ausliefern) noch mit Hilfe eines semiotischen Codes[213] entschlüsselt werden können (insofern eine Code ein differentielles System von einander stabil zugeordneten Paaren signifiant/signifié begreift). Damit hängt zusammen, daß die angeführten Beispiele, selbst wenn man ihre Kontexte berücksichtigen wollte, keine Paraphrasierung durch andere und der Absicht nach gleichbedeutende Ausdrücke vertragen, ohne daß dadurch der Sachverhalt ein anderer würde bzw. – wenn man diese Metabasis eis allo genos wagt – ohne daß dadurch ihr Wahrheitswert berührt würde.[214]
Eine unvertretbare, d. h. eine solche Bedeutung, die weder indifferent gegen den Wahrheitswert der Kontexte, in denen sie steht,

213 Ein Generaltitel, unter dem auch Strukturen wie die Grammatik/Regel eines Sprachspiels begriffen gedacht werden sollen. Es ist nützlich, diese Verbindung in Erinnerung zu behalten, denn wir werden uns später mit Theorien auseinanderzusetzen haben, die ›Verständnis‹ nur da für gegeben ansehen, wo eine Interpret und Interpretand nomologisch/konventionell/traditionell vermittelnde Bekanntschaft mit den Spielregeln des betreffenden Diskurses unterstellt werden kann. – Wir halten dies für eine nur negative Voraussetzung.

214 Vgl. die ausgezeichnete Analyse im I. Kapitel von Dan Sperbers Studie *Über Symbolik*, die diese Kriterien nicht-semiotischer Zeichenverwendung sehr präzise herausgearbeitet hat.

noch analytisch paraphrasierbar[215] ist, nennt Sartre *Sinn.* Der Sinn eines Ausdrucks widerspricht keineswegs seiner Bedeutung – er durchquert, überhöht, ja überwältigt sie (wohlbemerkt: ohne sie zu tilgen)[216] und verhält sie – gleichsam in einer anderen Welt als in der der Designation – zum Symbol.[217] Als Symbol ist die

215 Eine Beziehung der Analytizität zwischen Ausdrücken/Aussagen läßt sich behaupten, wenn ein Kriterium zur Verfügung steht, das die Identifizierbarkeit ihrer Bedeutungen – ihre mögliche Bedeutungsgleichheit – gewährleistet (Aussagenlogik: Tautologie/Widerspruch, Implikation/Exklusion usw.). – Wir vermeiden bewußt eine Entscheidung der Frage, ob der Gegenstand eines prädikativen Ausdrucks sein Sachverhalt (Husserl) oder sein Wahrheitswert ist (Frege); ebenso derjenigen, ob es geboten ist, Gegenstand/Sachverhalt und Bedeutung zu unterscheiden (vgl. die äußerst scharfsinnige Diskussion dieser Problematik in E. Tugendhat, *Vorlesungen zur Einführung in die sprachanalytische Philosophie*, bes. 9. und 10. Vorlesung). Ohnehin ist klar, daß, was Sartre ›Sinn‹ nennt, sich nicht mit Husserls ›Bedeutung‹ und Freges ›Sinn‹ deckt.

216 Roland Barthes gebraucht eine ähnliche Metapher: der Sinn (er sagt: die Konnotation) »wuchert entlang« der Ordnungsfolge, denen die Sätze unterworfen sind, und bildet von ihr her, durch Korrelation mit »dem materiellen Text äußeren Sinngebungen, (...) so etwas wie Nebelschwaden von Signifikaten« (*S/Z*, Ffm. 1976, 13).

217 Jürgen Trabant hat den interessanten Versuch unternommen, die Seinsweise dessen, was Sartre symbole/image nennt, in den systematischen Zusammenhang der Linguistik einzubringen und in Termen einer an Louis Hjelmslev sich inspirierenden »konnotativen Semiotik« zu reformulieren (J. T., *Literatur als Zeichen und Engagement*, in: *Sprache im technischen Zeitalter*, Heft 46 [1973] 225-247). Danach können sprachliche Gebilde, sofern sie als Kunstwerke gelesen werden, jenseits ihrer manifesten »Denotation« einen ästhetischen Inhalt ›konnotieren‹ – Zuordnung, die freilich nicht durch den linguistischen Code vorgeschrieben, sondern ›motiviert‹ ist; derart, daß, wer die Konnotation herstellt, eine vom Code nicht vorgesehene interpretative »Improvisation« (D. Sperber) vollbringt. Die Entdeckung der konnotativen/symbolischen Beziehung ist selbst ein symbolischer Akt. In der Terminologie Trabants, die vom literarischen Kunstwerk – der Nichtkonformität seiner beiden Ebenen halber – mit Hjelmslev als von einem »Zeichen«, nicht von einem »Symbol« spricht: Sein Wortlaut »ist ein signifiant zu einem Inhalt, den der Leser erfinden muß« (l. c. 230; vgl. l. c. 232: »da der Text seinen Sinn nicht sagt, muß dieser von dem, der den Text liest, geschaffen werden«).

Die Vierschichtigkeit (Ausdruck/Inhalt, Form/Substanz), in welcher die Glossematik das Zeichen zerlegt, sucht Trabant auch im konnotativ/ästhetischen Zeichen nachzuweisen: Als *Inhaltssubstanz* bezeichnet er die Geschichte der es überlagernden Deutungen, als *Inhaltsform* die »leere« und als solche relativ invariante Intuition seiner Sinneinheit; als *Ausdruckssubstanz* seine materiale textuelle Basis (sowohl ihren denotativ-semiotischen Aspekt wie die ihn überlagernden stilistischen konnotativen Elemente), als *Ausdrucksform* die ihn formierenden Kunstmittel (Reim, Rhythmus, rhetorisch-poetische Behandlung: Literarizität). Endlich muß das ästhetische konnotative Sprachgebilde auf beiden Ebenen (Ausdruck und Inhalt) als dialektische Interaktion von Sprachstruktur (langue) und individueller Sprachverwendung (parole) betrachtet werden: das vollendete (Schrift gewordene) Kunstwerk hebt die sinnliche Individualität der Rede in der Allgemeinheit der textualen Grammatik auf: in der Struktur besteht sie nur virtuell: als ein Appell an die konnota-

Sache (bzw. die Bedeutung, in der sie qualifiziert ist) auf eine individuelle und unübertragbare Weise dem ›Gefühl‹ erschlossen, ist das opake Sein der Durchsichtigkeit des Bewußtseins vermittelt, ohne daß die seinem Sinn implizite Interpretation innerhalb eines Systems vom gleichsam meta-symbolisch einander zugeordneten Paaren message/interpretation kodifiziert und ihm abzugewinnen wäre. Sartre spricht von einem bildhaften Bewußtsein (*image*, in anderem Zusammenhang ebenso: *symbole*), und Schelling bemerkt, der Reiz solcher Bilder (die, wohlbemerkt, Bewußtseinsformen sind) beruhe »eben darauf, daß sie, indem sie bloß *sind*, ohne alle Bedeutung – in sich absolut –, doch zugleich immer die Bedeutung durchschimmern lassen«.[218]
Darin freilich gründet die wesenhafte Mehrdeutigkeit aller Bilder: Indem sie die Durchsichtigkeit des auf die Welt sich überschreitenden Bewußtseins durch die Dunkelheit der Dinge trüben, transparente Bedeutungen gleichsam selbst in Dinge verwandeln[219] oder auch als »ein gewolltes, sorgfältig ausgebreitetes ›Geräusch‹ [= Rauschen im Kanal] (...) in den fiktiven Dialog von Autor und Leser eindring(en)«,[220] überlagern sie ihre bezeichnende Transzendenz und hindern ihre Kommunikabilität. »Eine Vorstellung«, sagt Dan Sperber, »ist genau in dem Maße symbolisch, in dem sie nicht vollständig erklärbar, d. h. bezeichnungsfähig [also auch nicht mitteilbar] ist.«[221] Und Roland Barthes nennt den polysemischen Effekt der konnotativen Überdeterminierung eine Instanz der »Gegen-Kommunikation (die Literatur ist eine intentionale Kakographie)«.[220]

tive Kompetenz (Freiheit) des Lesers; erst die phonische ›Aufführung‹ (Ausdruckssubstanz) und die intentionale ›Aktualisierung‹ (Ausdrucksform) befreien sie wieder zu ihrer situativ-konkreten Wirklichkeit in der Interpretation (Inhaltssubstanz) und entbinden ihren in der Struktur gefesselten stummen und einigen Sinn (Inhaltsform).
Die Anwendung dieser Kategorien auf Sartres Literaturtheorie scheint mir durchaus geglückt, ohne daß ich freilich sehe, inwiefern die glossematische Transkription Sartres eigene Theoriesprache zu präzisieren vermocht hätte (offenbar zieht die Linguistik größeren Vorteil aus dem Gespräch als Sartre). Außerdem bleibt bei Trabant die Emphase unerklärt, mit der Sartre auf der außerlinguistischen Referenz besteht, die das Zeichen vom Bild/Symbol trennt. Dadurch nimmt seine Analyse wie ein Versuch sich aus, eine frühe Position Sartres durch eine spätere und abweichend konzipierte, zu der Sartre in der Folge gelangte, zu interpretieren. Tatsächlich arbeitet aber Trabant nur auf der Textbasis von *Qu'est-ce que la littérature*.

218 Schelling, *WW* I,5, 411
219 *Qu'est-ce que la littérature?*, 63 ff. (dt. 10 ff.)
220 R. Barthes, *S/Z*, 13
221 *Über Symbolik*, 161

Ein Träumer erzählt z. B., ihm sei eine Kutsche erschienen, die der kategorische Imperativ *war*. Das Bild einer empirischen Vorstellung wird hier auf der Ebene eines Räsonnements über die kantische Ethik produziert und fusioniert mit ihr zu einer imaginären (wie immer absurden) sinnlich-intellektuellen Einheit,[222] die von der Anschauung ihre unaufschöpfliche Abschattungsmannigfaltigkeit, vom begrifflichen Element ihre Einheitlichkeit bewahrt und also – ähnlich Kants »ästhetischer Idee« – (trotz ihrer ›gläsernen Durchsichtigkeit‹ als Bewußtsein) eine nie zu Ende analysierbare Unendlichkeit von Aspekten versammelt.[223] Der Grund dafür ist, daß der Begriff (signifié), der das imaginäre Objekt (signifiant) interpretiert, ihm nicht durch so etwas wie einen Code gleichsam synchronisiert, mithin nicht für die Mitteilung vorgesehen ist und darum von der Fülle des Sinns überwältigt wird.

Wie auf den Kinderzeichnungen von Figuren mit zwei Gesichtern macht es keinen Widerspruch, daß das Bild eines und zugleich ein ganz anderes bezeichnet. Picasso träumte davon, eine Streichholzschachtel zu machen, die, indem sie ganz Fledermaus wäre, doch zugleich ganz Streichholzschachtel bliebe.[224] Und Chlebnikov hat das Bild einer ›flügelschlagenden Heuschrecke‹ (Krylyškúja ... kuznéčik) entworfen, die, indem sie »ihres Wanstes Korb mit vielen Gräsern und Glauben (füllt)«, – über eine Reihe poetischer Kunstgriffe wie Paronomasien, Metonymien, inhaltliche Äquivalenzen und echte oder fiktive etymologischen Kontiguitäten – zugleich als das (Trojanische) Pferd sich enthüllt (konjók: [Heu-]Pferdchen), in dessen hohlem Inneren (kúzov) ränkesinnende Eindringlinge (kuznéc, kózni, kovát', kujú, kovárny: lauter durch die Konnotation des ›listig Anschläge Schmieden‹ sphärisch[225] sinnverbundene Zeichen)

222 Sartre, *L'imaginaire. Psychologie phénoménologique de l'imagination*, Paris 1940, 64

223 L. c. 121/2; vgl. 97 und 128 (»Die Funktion des Bildes ist *symbolisch;* es ist symbolisch seinem Wesen nach«; denn es findet den es interpretierenden Begriff immer auf präreflexiver Ebene *in* der Sache selbst: der Begriff *ist* hier seine Anschauung). Vgl. auch *Qu'est-ce que la littérature?*, 96 (dt. 29 [falsch übersetzt]): »Dieses absolute Produzieren von Qualitäten, die sich zufolge der Subjektivität, die sie hervorruft, unter unseren Augen in undurchdringliche Objektivitäten verwandeln, vergliche ich gern mit jener ›intellektuellen Anschauung‹, die Kant der göttlichen Vernunft vorbehalten hat.«

224 Vgl. *Qu'est-ce que la littérature?*, 66 (dt. 12/3)

225 Wir bedienen uns hier eines sehr nützlichen Begriffs, mit dem Paul Schilder (*Über Gedankenentwicklung*, in: *Zeitschrift für die gesamte Neurologie*

heimlich sich aufhalten – ungefähr so wie der Signifikant uškúj (Piratenschiff) anagrammatisch in dem anderen: krýlyško (Flügelchen) eingeschlossen ist.[226]

Und Enzensberger läßt die sphärische Einheit eines Sinns über die Differenzen verschiedener Bedeutungen die Oberhand gewinnen, indem er durch die Kunstmittel der Wiederkehr des Gleichen in verschiedenen Zusammenstellungen sowie durch Effekte der Paronomasie und Metonymie den Eindruck verdichtet, daß eine Gitarre zugleich Subjekt und Medium des Saitenspiels, zugleich »verwundert« und (wie die »zerbrochenen/verwunderten Hände« die auf ihren »vergessenen Griffen ruhn«) verwundet ist (»im zerbrochenen Holz«, »im verwunderten Holz«) (*Schläferung*).

Die symbolischen Objekte sind eben nicht individuiert: sie sind wesensmäßig vieldeutig, denn ihre Bestimmung folgt nicht der differentiellen Logik distinkter Zeichensysteme.[227] Darum kann eine und dieselbe Signifikantenkette zwei oder mehrere inkompatible Sachverhalte bezeichnen, zwischen dennoch gleichwohl nicht alternativ zu entscheiden ist, da sie in der imaginären Einheit des Gesamtsinns sehr gut zusammenbestehen. Die vielfältige Interpretierbarkeit ist ein konstitutives Merkmal der Semantik von symbolischen Ausdrücken.

Das hat Konsequenzen für den Akt der Auslegung: die Interpretation eines Bildes/Symbols ist weder eine Erklärung noch eine Entschlüsselung, sondern selbst ein symbolisches Exercitium, gleichsam die »Improvisation« eines dem Signifikanten nicht durch prästabilisierte Harmonie zubemessenen Signifikats, mithin eine durch und durch motivierte Tätigkeit, die die Synthesis von Ausdruck und Inhalt, Sinn und Bedeutung erst erfindet.[228]

Sartre sieht darin eine Gefahr. Er warnt die Schriftsteller vor der Falle, die der poetische Absolutismus des sich genügenden Symbols der appellativen und kommunikativen Funktion der Rede auf-

und Psychiatrie, Berlin, 59 [1921], 250-263) die affektiv einheitliche Interpretation disparater Begriffe/Bedeutungen bezeichnet und den Ernst Kretschmer (*Medizinische Psychologie*, Leipzig 1939, 97-107) bereits erfolgreich zur Aufschlüsselung konnotativ stark überdeterminierter und »stimmungsvoller« Verse benutzt hat.

226 Vgl. Roman Jakobson, *Unbewußte sprachliche Gestaltung in der Dichtung*, in: *LiLi*, Jahrgang 1, Heft 1/2 (1971), 101-112

227 Vgl. Sartre, *L'imaginaire*, 171, 119 (ff.)

228 Dan Sperber, *Über Symbolik*, 161. Vgl. Sartre, *Qu'est-ce que la littérature?*, 110, 311, passim (dt. 39, 171 u.; ferner: 43, 52, 57, 97, 140, 153)

stellt, und legt ihm die Prosa ans Herz. Das Wort der Prosa ziele auf die prädikativ charakterisierte Sache (ohne sie, wie das Symbol, im Prädikat gleichsam aufzusaugen) und enthülle sie einer anderen Freiheit unter dem Aspekt ihrer Veränderbarkeit (nämlich ihrer Relativität auf das prädizierende, das bedeutungsverleihende und handelnde Subjekt). Mehrdeutige Ausdrücke sind offenbar nicht geeignet, den Leser auf die Beschaffenheiten bestimmter Sachverhalte aufmerksam zu machen. Grundsätzlicher: sie zwecken nicht ab auf Intersubjektivität und Kommunikation.

Man versteht Sartres Sorge sofort, wenn man Werkästhetiken des L'Art pour L'Art, des Nouveau Roman, des ›Telquelisme‹ oder theoretische Reflexionen von Vertretern der konkreten oder der sprachdeterministischen Poesie liest (um nur sie zu nennen). »Es scheint«, schreibt etwa Helmut Heissenbüttel, »heute etwas in Vergessenheit geraten zu sein, daß Literatur (...) mit nichts anderem als mit Sprache zu tun hat.«[229] Ähnlich hält Peter Handke sich etwas darauf zugute festzustellen, daß die Literatur »keine Bedeutung über sich hinaus« habe, sondern rein »formal« sei.[230] Und Janvier versichert in seinem Buch über Literaturkritik: »L'œuvre est sa propre fin, sa propre leçon«[231]. Hier verkehrt sich das phänomenologisch unbestrittene Merkmal der Mehrbödigkeit des poetischen Symbols, in dem die Sache und ihre Bedeutung zusammengehen, in den Fetisch dinggewordener Zeichen (»chosisme du signifiant«, sagt Sartre)[232], die ihre Bedeutung nicht in eine höhere Einheit mit- und einbringen, sondern schlicht hinter sich lassen oder in sich absorbieren.

Ist dies eine Wesensnotwendigkeit poetischer Rede? Nehmen wir

229 H. Heissenbüttel, *Voraussetzungen*, in: *Mein Gedicht ist mein Messer. Lyriker zu ihren Gedichten* (hg. von Hans Bender), München 1961, 89.

230 *Die Literatur ist romantisch*, in: P. H., *Ich bin ein Bewohner des Elfenbeinturms*, Ffm. ³1975, 43/4.

231 Zit. *Que peut la littérature?*, l. c. 110. – Wenn Tzvetan Todorov in seiner strukturalen *Poetik* von dieser Ansicht abrückt (l. c. 105), um das literarische Werk »als die Manifestation von ›etwas anderem‹« (107), nämlich einer allgemeinen Struktur (›Literarizität‹), wiederaufzurichten (108), so ist das ein mit der linken Hand gegebenes Zugeständnis, welches die rechte sogleich wieder zurücknimmt: »Dieses andere«, heißt es nämlich, »ist dennoch nicht mehr eine heterogene Struktur, sondern die Struktur der literarischen Rede selbst. Der einzelne Text ist nur ein Beispiel, das es erlaubt, [nicht etwa außertextuelle Zusammenhänge in den Blick zu bringen, sondern] die Eigentümlichkeiten der Literalität zu beschreiben« (109).

232 *L'Idiot de la famille*, Bd. 3, 100

an, wir hätten uns zu dem Verdacht zu äußern, der Begriff einer engagierten Dichtung enthalte eine unbemerkte contradictio in adjecto, und würden aufgefordert, unsere Entscheidung an Beispielen aus Gedichten Enzensbergers als eines – nach verbreiteter Ansicht – engagierten Lyrikers zu entwickeln.
Zunächst stellen wir fest, daß Enzensberger – wie Sartre – daran erinnert, daß die Sprache das »Material des Gedichteschreibers« sei, aber doch nicht mehr als sein Material, das ihm dazu dient, »von etwas« und »für jemanden« zu reden: »Mindestens müssen sie [die Gedichte] damit rechnen, andern vor Augen oder zu Ohren zu kommen. Es gibt kein Sprechen, das ein absolutes Sprechen wäre.«[233]
Andererseits hat Enzensberger sehr genau registriert, daß die »Befreiung von der eingeschränkten konkreten Bedeutung nach allen Seiten«, die Pluridimensionalität der »Bedeutungsmöglichkeiten«, die Suspendierung der »Mitteilungs«-Funktion, die Aufhebung des eingespielten »Gegenstandsbezugs« usw. eine der Hauptleistungen symbolischer Sprachverwendung ist.[234] Wie kann man das eine beachten, ohne gegen das andere zu verstoßen?
Es gibt z. B. das Kunstmittel der ›Entstellung‹, durch welches eine im parasemischen Zusammenhang einer Sprachgemeinschaft eingespielte klassematische Fügung aufgebrochen und die Wörter neu komponiert werden. Mit diesem Mittel arbeiten viele Gedichte Enzensbergers, z. B. *Bildzeitung*.[235] »Markenstecher Uhrenkleber«, »Manitypistin Stenoküre«, »Sozialvieh Stimmenpartner«: lauter Kombinationen dem Sprachspiel, darin sie ursprünglich fungierten, entwendeter und ihm konträr montierter Bedeutungseinheiten, die im Medium des Gedichts den Plakatton der Bewußtseinsindustrie seiner Lüge überführen; lauter Verheißungen: »du wirst reich«, »du wirst schön«, »du wirst stark sein«, die durch das Zwiespältige des Kontextes, in dem sie auftreten, metonymisch entstellt werden (oft durch die rhetorischen Kunstgriffe der apò koinoû, der Alliteration, der Enallagé, des asyndetischen Paradoxes: »auch du/ wirst langsam eingehen/ an Lohnstreifen und Lügen/ reich, stark erniedrigt durch Muste-

233 Hans Magnus Enzensberger, *Scherenschleifer und Poeten*, in: *Mein Gedicht ist mein Messer*, 144-148. Vgl. auch ders.: *Poesie und Politik*, in: *Einzelheiten*, Ffm. 1962, 345-353 (bes. 352/3).
234 H. M. Enzensberger, *Brentanos Poetik*, München 1973 (dtv), 28 (ff.), 77, 118, 31
235 in: H. M. Enzensberger: *Gedichte 1955-1970*, Ffm. 1971, 14/5

rungen und Malz/kaffee, schön besudelt mit Straf/zetteln, Schweiß,/atomarem Dreck« usw.) Gemeinsam – wir wollen nicht tiefer ins Detail gehen – ist diesen Zitaten die gerade aufgrund poetischer Demarchen – also durch symbolischen Sprachgebrauch –, wenn auch nur imaginär geleistete *Entlarvung der Sinneinheit scheinbar oppositiver Bedeutungen.* In *Bildzeitung* ist es die durchgängige Einheit eines konnotierten, in zahlreiche untereinander unverträgliche Bedeutungen gleichermaßen verwandlungsfähigen Sinns, der das ganze semiotische Syndrom von Privatheit, Freizeitspiel, Berufsarbeit, sexueller Aggression, Dummheit, Ausbeutung, Komplizenschaft mit dem Unterdrükkungsapparat, Tod, anonymen Verheißungen, Imperativen usw. ›sphärisch‹ auf die Einheit der es strukturierenden Handlung hin entblößt. Kurz: durch einen artifiziell kontrollierten Einsatz läßt sich mit der zur Zweideutigkeit reduzierten Polysemie poetischer Zeichen durchaus so etwas wie die Enthüllung von Sachverhalten im Hinblick auf eine bestimmte bedeutungsverleihende Initiative betreiben.

Ein zweites Beispiel zeigt das womöglich noch drastischer, indem es – abermals durchs Mittel der Entstellung – die Konvergenz eingespielten Sprachgebrauchs und eingespielter Weltauslegung selbst zum Thema macht (das Gedicht *Wortbildungslehre*[236]). Mit Ausnahme der einzeiligen Schlußstrophe handelt es sich um sechs metrisch gleich gebaute (dreihebig trochäische) Vierzeiler. Den Reim ersetzt die Wiederkehr einer begrenzten Menge gleicher, aber je anders zusammengefügter Wort-Komposita, die durch eine lautlich nicht manifeste grammatikalische Entstellung in Prädikat- und Subjektbegriffe zerlegt wurden (»toten Hemden«, »blinden Hunde«, »kranken Kasse«, »wunden Wäscher«, »waisen Häuser«, »irren Wärter«, »fremden Heime(n)«, »toten Lieder« usw.), und zwar so, daß das Subjekt der von den Eigenschaftswörtern jeweils charakterisierten Veranstaltung in eine Eigenschaft sich verwandelt, die nun umgekehrt das Veranstaltende bestimmt. Dabei handelt es sich um lauter Ausdrücke aus der Bedeutungssphäre öffentlich verwalteten Leids; und liest man die prädikativen Ausdrücke als Komposita, so scheint die Unmittelbarkeit und Individualität dieses Leids ebenso vollständig in Institution, Ritus und Sozialversicherungssystem eingebannt zu sein, wie die Eigenschaftswörter, die den defizitären

236 L. c. 46

Zustand bezeichnen, von den Substantiven gleichsam absorbiert und ihrer virulenten Gefährlichkeit beraubt sind.
Der Kunstgriff der ›Entstellung‹ verhindert jedoch diese Beruhigung. Die Kránkenkassen sind kranke Kássen, die Irrenwärter irr, die Blindenhunde selbst blind usw. Der prätendierte und im Rahmen öffentlicher Ausgelegtheit gleichsam durch die Lückenlosigkeit eines semiotischen Systems produzierte Sieg der Institution über ihr Objekt verkehrt sich in die Übermacht des Verwalteten. Wenigstens im imaginär organisierten Universum des Gedichts macht der Subjekt gewordene Mangel sich nicht nur geltend (indem er die Konvention der Sprechregelung unter Beibehaltung aller seiner Signifikanten subvertiert), er überflutet die Institution (im doppelten Sinn: als soziale Einrichtung und als Code) und erzwingt über die phonisch unauffällige Veränderung der Intonation eine Neuformulierung der Regel des Sprachgebrauchs (am deutlichsten in der Schlußzeile: »toten Toten« läßt sich unter Verwendung des konstituierten Codes beim besten Willen nicht mehr als Kompositum lesen; an der sinnlosen Tautologie dieses Ausdrucks scheitert die Ökonomie der Bedeutung).
Auch hier beobachten wir also, wie durch einen disziplinierten Einsatz des poetischen Mittels der Entstellung durchaus so etwas wie ein designatorischer Effekt erreicht werden kann und wie die Freistellung des polyvalenten Sinns aus distinkten Bedeutungen und generischen Bindungen geradezu eine allgemeine sprachphilosophische Wahrheit manifestiert: Die sogenannten festen Bedeutungen (durch welche eine Gesellschaft die zwischen ihren Mitgliedern stattfindende und sie als Einheit definierende Kommunikation vermittelt) sind keineswegs dauernder als Erz; sie sind umwittert von grundsätzlich nicht regulierbaren Sinnbezügen (Konnotationen), aus denen sie als instabile und abhängige Fixationen hervorgehen. Sie sind und bleiben metonymisch aufgeladen durch die unausgesetzte Berührung mit den symbolisch sie entstellenden Umgebungen.[237]

237 Enzensbergers Dissertation (*Brentanos Poetik*) hat auf dies der poetischen Entstellung eignende Vermögen, die konventionalisierten Bedeutungsgrenzen und Gegenstandbezüge zu alterieren und sie in einen vom Sinn bestimmten Raum neuer und offener Bezüge zu stellen, mehrfach hingedeutet. Gerade »die Mehrdeutigkeit, die damit gegeben ist« und die der Distinktheit des Zeichens sichtlich im Wege ist, würdigt er als »eine der wichtigsten Leistungen der Entstellung« (l. c. 31); denn die prätendierte Positivität eines gegebenen und in einem System funktionierenden Zeichens exemplarisch fraglich werden zu lassen und an seinen Ursprung in den sinnverleihenden Akten

Wir begegnen hier einer sprachlichen Wirkung, die aus dem zweiten Typ systematischer Anordnung von Zeichen hervorgeht: aus ihrer linearen *Kombination*, durch welche – im Gegensatz zur paradigmatischen *Selektion* in der Vertikalen – jede Zeichenkette als Kontext die von ihr umgriffenen kleineren Einheiten in eben dem Maße determiniert, wie sie selbst von höherstufigen Kontexten (und letztlich von der Einheit des Textes/Diskurses) bestimmt wird.[238] Wie jener die rhetorische Figur der *Metapher* (Substitution durch Ähnlichkeit verbundener Zeichen der paradigmatischen Ordnung), so entspricht der kombinatorischen Bestimmung die rhetorische Figur der *Metonymie*:[239] der Bezugnahme zwischen Termen durch symbolische, logische, räumlich-zeitliche usw. Kontiguitäten und ganz allgemein: der Modifikation der schematischen Einheit von Bedeutungen durch die rhetorische Kette, innerhalb deren ihr Sprachwert einen seine Determiniertheit durch den Code überschreitenden Sinn (als Lokalwert) ›ansetzt‹. Der Sprachwert realisiert sich jedoch in den metonymischen Beziehungen nicht nur als je einzelner Lokalwert; er zieht, wie Lacan sagt, im Verlauf seiner metonymischen Verwendungen endlich ›alle symbolischen Kontexte an sich‹, in denen der Diskurs eines Autors oder einer Zeit ihn einbettet (*E* 504; *S II* 28). Auf diese Weise unterminiert die Metonymie (und das berechtigt Enzensberger, eine ihrer Funktionen als ›Ent-stellung‹ zu charakterisieren) permanent die kodifizierte Einheit des vom Sprachspiel einer Gesellschaft konstituierten Schematismus. »Ce que cette structure de chaîne signifiante découvre«, notiert Lacan, »c'est la possibilité que j'ai, justement dans la mesure où sa langue m'est commune avec d'autres sujets, c'est à dire où cette langue existe [nämlich als Kommunikation ermöglichender Schematismus], de m'en servir pour signifier *tout autre chose* que ce qu'elle dit« (*E* 505; *S II* 29). Das rhetorische Potential der konstituierten Sprache läßt sich, mit anderen Worten, jenseits der Generationsregeln und eines fixen lexischen Repertoires, welche sie den Sprachteilnehmern unverfügbar vorgibt, ständig metonymisch dazu ausbeuten, sie zu grundsätzlich unabsehbaren semantischen Effekten zu zwin-

der Subjektivität zu gemahnen, das gerade könnte eine wichtige Leistung poetischen Sprachgebrauchs sein (vgl. l. c. 68/9, 77, 117/8 passim).

238 Vgl. Roman Jakobson/Morris Halle, *Grundlagen der Sprache*, 51 ff.

239 Dieselben, *Essais de linguistique générale*, 61 ff. (= »Les pôles métaphorique et métonymique«)

gen. Genau darin aber gründet die Möglichkeit, die poetische Sprachfunktion ideologiekritisch einzusetzen. Die Metonymie entstellt (versteht sich: imaginär) zugleich mit der kodifizierten Bedeutung die sie fundierende und rechtfertigende Lebensform, indem sie sie im Akt der Dekomposition an ihre Abhängigkeit von der Aktion des Sinns, d. h. von jenem manque-à-être erinnert, der sich zwischen der Masse der etablierten Signifikanten höhlt und ihnen überhaupt gestattet, die betreffende Interaktionsform zu artikulieren. Auf diese Weise entbirgt die Dichtung exemplarisch die Genesis unseres symbolvermittelten Realitätsbewußtseins:[240] Zwar zeigen die Zeichen die Sachverhalte, wie sie sind. Doch beginnt der Irrtum des Realismus mit der Annahme, es lasse sich ein unparteiisches Zeichen von der Wirklichkeit geben: »Comment serait-ce possible, puisque (. . .) à elle seule, la nomination est déjà modification de l'objet? Et comment l'écrivain, qui se veut essentiel à l'univers pourrait-il vouloir l'être aux injustices que cet univers renferme?«[241]
Nun handelt sich's bei der Metonymie um eine nicht-designatorische Redeweise, von der man gleichwohl sieht, daß sie der Forderung nach Realitätsenthüllung nicht nur nicht im Wege, sondern geradezu förderlich ist, indem sie das ihr inhärente realistische Vorurteil[242] zerstört und so das Zeichen an seine historische Tiefe erinnert: Die Zeichen appellieren an fremde Freiheit immer nur in dem Maße, wie ihr enthüllender Verweis auf die Sache (Designation) von der (symbolischen) Wahl Rechenschaft ablegt, die das geschichtlich situierte Subjekt angesichts ihrer vollzieht, indem es zugleich die ganze Grammatik mitbeschwört, auf deren Fundus seine Rede erwächst. Es gibt also einen Aspekt am Wortzeichen, der in jedem Akt der Bezeichnung sich verbirgt (darin

240 Ich suchte dies bereits am Beispiel der Dichtung und der Poetik Tiecks – als eines Paradigmas romantischer Literaturtheorie und -praxis – zu zeigen: *Das Problem ›Zeit‹ in der deutschen Romantik*, 323-325, passim.

241 Sartre, *Qu'est-ce que la littérature?*, 110 (dt. 39; vgl. 43, 52, 57, 97, 140, 153, 171)

242 Sartre hat jenen »literarischen Positivismus«, dem *Qu'est-ce que la littérature?* noch ziemlich nahesteht und der so tut, als seien die Zeichen unmittelbar – nämlich ohne *als* Zeichen auffällig zu werden – idealen Sachverhalten zugeordnet, als relativiere sich nicht vielmehr die Bezeichnungsfunktion am grammatisch vorgegebenen Verständnishorizont einer Zeit, später – in Merleau-Pontys Nachfolge – selbst sehr scharf kritisiert. Vgl. u. a. *L'écrivain et sa langue*, 49 ff. (dt. 92 ff.)
»Literarischen Positivismus« warf übrigens – mit vergleichbarer Konnotation – auch Peter Laemmle Handke vor: *Über Peter Handke*, hg. von Michael Scharang, Frankfurt/Main ²1973, 195-204.

genau gründet der Schein von Durchsichtigkeit des Zeichens) und auf die historische Dimension des Signifikanten verweist. »Ce qu'on oublie trop c'est que le mot est une matière ouvrée, c'est-à-dire historiquement produite et refaite par moi«.[243] Das Zeichen ist, mit einem Wort, immer schon auf eine dem Sprecher nie ganz durchsichtige Weise metonymisch vorinterpretiert, also immer zugleich Symbol eines Eingedenkens aller ›Gewalttätigkeiten und Zeremonien‹, welche ihm die Geschichte als signifikante Spuren seiner Zeitlichkeit aufgeprägt hat.

Wir können jetzt die Entscheidung, zu der wir uns weiter oben aufgefordert dachten, fällen: Sowenig das Symbol aufhört, bezeichnend auf Sachverhalte zu verweisen, sowenig entkommt die referentielle Funktion dem Symbolismus, der das Designat in der historischen Tiefe des Signifikanten reflektiert. Der Gegensatz, in welchem der Streit zwischen einer autonom symbolistischen und einer engagiert designatorischen Zeichenverwendung gründet, erweist sich mithin als eine Abstraktion.

Wir sollten dies Urteil zur Vorsicht an einem symbolischen Text erproben, der nach Ansicht seines Schöpfers schlechthin autonom, also gleichermaßen von der Wurzel seiner historischen Situation wie von jeglicher Referenz abgeschnitten ist. Z. B. am *Bateau ivre*.[244]

Rimbauds eigene Semiologie ist über diesen Punkt hinreichend deutlich: »ICH (JE) ist ein Anderes. Wenn das Metall als Trompete erwacht, dann ist nicht ihm das anzurechnen. Für mich ist die Sache ausgemacht: ich bin beim Aufblühen meines Gedankens zugegen: ich schaue ihm zu, ich höre ihn: ich mache einen Strich mit dem Bogen: schon regt sich die Symphonie in der Tiefe oder kommt mit einem Satz auf die Bühne.«[245] Mit anderen Worten:

243 *L'écrivain et sa langue*, l. c. 53 (dt. 95/6) – Dies A-tergo-Geprägtsein der signitiven Transzendenz durch einen Sinn, der ihre Bedeutungsfunktion überbordet, ist es gerade, was das Zeichen natürlicher Sprachen daran hindert, sich den technisch instituierten Semiologien gleichzustellen: »Le mot du langage commun est à la fois *trop riche* (il déborde de loin le concept par son ancienneté traditionelle, par l'ensemble de violences et de cérémonies qui constitue sa ›mémoire‹, son ›passé vivant‹) et *trop pauvre* (il est défini par rapport à l'ensemble de la langue comme détermination fixe de celle-ci et non comme possibilité souple d'exprimer le neuf)« (*L'écrivain est-il un intellectuel?*, 434 (dt. 50).

244 Wir belegen Zitate aus dem Gedicht durch Strophen- und Zeilenzahl (z. B. 20,2 = 20. Strophe, Vers 2).

245 Arthur Rimbaud, *Œuvres complètes* (Pléiade), Paris 1954, Brief an Paul Demeny, Charleville, 15 mai 1871, 270. Die folgenden Zitate entstammen, sofern nichts anderes vermerkt ist, diesem Brief, bes. den Seiten 270-272.

man muß in bezug auf die Sprache der Poesie jeden Anspruch auf selbsteigene Urheberschaft als Illusion fahrenlassen. Die Semiose, die übrigens viel mehr »ein langes, grenzenloses und wohlüberlegtes *Verwirren (dérèglement) aller Sinne*« denn ein zielorientierter und der ›économie du signifiant‹ verpflichteter Sinn-Entwurf sein soll, ähnelt weit weniger einem Akt als einem Widerfahrnis (»forme ... de souffrance«. »Auteur, créateur, poète, cet homme n'a jamais existé!«). Die signitive Transzendenz und Distinktheit der Zeichen spielt ohnehin keine Rolle; denn es geht nicht um Kommunikation, sondern darum, »im *Unbekannten* anzukommen (arriver à l'inconnu)«, eine Sprache jenseits der ›tödlich versteinerten‹ Lexik und Grammatik zu finden (»trouver ... un langage universel«), die unmittelbar ›von Seele zu Seele‹ spricht, bestehend aus Wörtern, die nicht auf Ideen zeigen, sondern *sind* (»toute parole étant idée«), und deren begriffliche Transparenz sich in dem Maße trübt, wie sie sinnliche Elemente absorbiert (»cette langue ... résumant [nicht etwa: désignant] tout, parfums, sons, couleurs, ... l'âme universelle«). Kurz: die neue Sprache will die Mitteilung hinter sich lassen, sie favorisiert »das Schweigen, die Nächte, das Unaussprechliche (l'inexprimable)«[246], die »Reinheit«,[247] das »Nichts (néant)«,[248] das »Unmögliche«,[249] den »élan insensé et infini aux splendeurs invisibles«[250] etc. Der Dichter ist nicht Virtuose des Worts, er ist »maître du silence«.[251] Er verweigert – jedenfalls in dessen symbolischem Niederschlag: der Sprache – dem Utilitarismus der bürgerlichen Gesellschaft jede Mitwirkung, die einem Handlangerdienst ähnlich sehen könnte (»travailler maintenant, jamais, jamais; je suis en grève«).[252] Statt dessen wählt er – poète maudit – die passionierte Nutzlosigkeit und, wenn es sein muß, das »Verbrechen« (vgl. *Délires I*). Mit dem ersten Satz, den er vorbringt, irrealisiert er sich (»décidément, nous sommes hors du monde;« [...] »évader de la réalité«).[253] Die

246 Arthur Rimbaud, *Sämtliche Gedichte*, französisch mit deutscher Übertragung von Walther Küchler, Heidelberg 1946, 292/3

247 L. c. 270/1

248 L. c. 310/1

249 L. c. 306 (ff.)

250 L. c. 250/1

251 L. c. 214/5

252 A Georges Izambart, Charleville, 13 mai 1871 (*Œuvres complètes*, 268)

253 *Sämtliche Gedichte*, 280/1 und 286/7

Symbole, durch die er das Wirkliche entweder vereinnahmt oder ersetzt, z. B. eine Uhr, die nicht schlägt; eine Schlucht mit einem Nest voll weißer Tiere; eine Kathedrale, die versinkt, und einen See, der aufsteigt; Flechten aus gelbem Gold, gesät über den Achat, Mahagonipfeiler, eine smaragdene Domkuppel tragend, Sträuße aus weißem Atlas und schlanke Gerten aus Rubinen, welche die Wasserrose umrahmen; eine Flagge von blutigem Fleisch über der Seide der Meere und den Blumen des Nordpols: »es gibt sie nicht (ils/elles n'existent pas)«.[254]
Einen solchen Aufbruch ins Irreale, ja womöglich die systematische Entdichtung des Stoffs der Wirklichkeit ins Gas einer hermetischen Bilderwelt führt Rimbauds *Bateau ivre* vor. Dies »trunkne Schiff« (Symbol zugleich einer poetischen Innerlichkeit (›Ich‹), mit der es unversehens verschmilzt: »L'eau verte pénétra ma caque de sapin« [5,2]; »moi, bateau perdu« [18,1]) löst sich mit den ersten Versen aus jedem Bezug auf eine raumzeitliche Wirklichkeit, um ihr (trotz aufkeimender, aber unerfüllbarer Sehnsucht nach »Europas alten Wehrmauern« [21,4], ja nach dem Tod [23,4]) nie mehr zu begegnen. Eigentlich handelt sich's weniger um einen selbstgewählten Aufbruch als um ein auf Gewalttat gegründetes Widerfahrnis (»Rothäute hatten [die Treidler] nackt an farbige Pfähle genagelt und schreiend zum Ziel ihrer Messerwürfe gemacht« [1,3/4]), und in dessen Folge lassen die Fluten das von jedem Halt zum festen Land befreite Schiff treiben, wohin es will. (Wohlbemerkt: nicht *es* läßt *sich*, die *Fluten* lassen *es* treiben [2,4]. Die Anfangsverse bleiben merkwürdig unentschlossen zwischen dem Passiv und dem Aktiv. Von der 8. Strophe an beschränkt sich das Pronomen »Je« darauf, Verben willenlosen Zuschauens, Sichfügens, Aufgebens – je sais, j'ai vu, j'ai rêvé, j'ai suivi, je ne puis plus bzw.: moi, bateau perdu [...], jeté [...], libre, fumant, monté, qui porte, [...] qui courais [...], qui tremblais [...] usf. – als grammatisches Subjekt zu dienen. Die Handlung ist nicht Effekt einer Aktion des Subjekts. Sie verfällt zum anonymen Geschehnis, dem das Bewußtsein nur folgt [im doppelten Sinne]. Rimbaud hatte das als eine grundsätzliche Wahrheit schon im Brief vom 13. Mai an seinen Lehrer Izambart vertreten: »C'est faux de dire: Je pense. On devrait dire: On me pense.«[255])

254 L. c. 210/1, 192-194 und 186/7
255 *Œuvres complètes*, 268

Aber es geht nicht um irgendeine reale, vielleicht historische Desituierung, die einem »mit flandrischem Korn und englischen Baumwollstoffen beladenen« Frachter (2,2) widerfahren wäre und über die sich wie über einen unabhängigen Sachverhalt berichten ließe. Das Gedicht als eine symbolische Handlung *ist* selbst nichts anderes als eine im Medium der Sprache erfolgende Irrealisierung des ›hasard‹, des ›guignon‹ (Mallarmé) und ganz allgemein: des Koordinatenschnittpunkts von Raum und Zeit, aus denen es als imaginäre Nichtung seiner Situation auftaucht.

Man muß das an seiner Sprachbehandlung nachweisen. Z. B. an seinem beständig wechselnden Rhythmus, der – nervös, hektisch, getrieben, irregulär, oft an der Grenze des Wohlklangs – nur bei stark schwebender Betonung den sechshebigen Jambus heraushören läßt. Eine ähnliche Intention aufs »dérèglement« ist verantwortlich für Wahl und Anordnung der Phoneme. Die Modulation der Vokale ist extrem mannigfaltig (es gibt schrille Kontraste zwischen aneinandergrenzenden hellen und mehr dunklen Silben, deren wirres Funkeln nur selten sich harmonisiert), und unter den Konsonanten überwiegen entschieden die stimmlosen Reibelaute, Plosive und Affrikaten, die einen Nimbus des Unversehenen, Heftigen, oft Gewaltsamen evozieren (d'astres et lactescent, rousseurs, frissons, phosphores chanteurs, vachéries hystériques, pussent forcer le muffle aux Océans poussifs usw.). Regelrechte ›syntaktische Chocs‹ sind relativ selten; statt dessen gibt es lange (parataktisch gebundene, nur gelegentlich durch übersichtliche Nebensätze unterbrochene) Satzketten – meist in der ostinaten Form: ›Ich sah (weiß, erfuhr . . .) etwas (als etwas)‹, oft anaphorisch aneinandergereiht –, deren Bedeutung gleichwohl durch unabsehbare Prädikativ- und Partizipialkonstruktionen verzögert und manchmal ganz in die Schwebe gebracht wird (6/7; 12; 16,1-17,2; 18,1-21,4; passim): Satzsubjekte sind nicht sicher identifizierbar, das bestimmende Verbum geht verloren, die Sinnorientierung bleibt ungewiß, die Konnotation überwältigt ihr Zeichensubstrat.

Tempus ist durchgängig das Präteritum: meist das Imperfekt, bei erlebter Rede auch das passé composé (6 ff.). Offenbar handelt sich's um ein vorzeiten ausgelöstes und immer noch nicht abgeschlossenes Ereignis (»Et, dès lors, je me suis baigné dans le poème« . . . [5,1]), um ein ›Es-war-und-ist‹. Die Handlung scheint in sich zu kreisen, die Zeit steht und verhält jede mögliche Zukunft zum Futur-Perfekt eines ›Wird-schon-gewesen-sein‹. Zwischen der anfänglichen ›Reglosigkeit der Fluten‹ (1,1), der ›Unbekümmertheit‹ des Dahintreibenden (2,1), dem aufkommenden ›Überdruß‹ (16,1), den »blauen Unbeweglichkeiten« (21,3) und dem »Ich kann nicht mehr« (25,1) der Schlußstrophe scheint kein wirklicher Fortschritt zu vermitteln, es sei denn er bestünde in einem Sicherkennen der Ausweglosigkeit dieses imaginären Universums.

Dem entspricht die willkürliche Anordnung und Austauschbarkeit vieler der Mittelstrophen – Kompositionsprinzip, das eine Ablehnung des teleologischen Deutungsschemas impliziert: die imaginäre Folge emanzipiert sich mit einem Schlag von den für die raum-zeitliche Erfahrungswirklichkeit konstitutiven Diktaten der Kausalität, der Identität, der Irreversibilität und der Eindeutigkeit. Die Zeitangaben sind, in Ermangelung eines unabhängigen Orientierungspunkts, unbestimmt[256] (l'autre hiver [3], dix nuits [4], fileur éternel [21], des mois pleins [11], par instants [15], quelque fois [8], parfois [6; 16], lorsque [17]) und die wenigen logisch gliedernden Adverbialbestimmungen und Konjunktionen sind fast durchweg Merkzeichen oder Scharniere der imaginären Syntax des Gedichts (Dès lors [6], Or [18], Mais [23]).

Solche Unbestimmtheit wird verstärkt durch die gezielte Verletzung des Satzes vom Widerspruch (»éveil jaune et bleu« [10,4], »délires ... lents« [7,1/2], »nuit ... aux neiges éblouies« [10,1], »les azurs verts« [6,3]); das Kunstmittel der Wiederkehr des Gleichen, des Ähnlichen oder des durch Metonymie Verbundenen in je anderen Zusammenstellungen oder der konnotativen Identifikation von Termen über gemeinsam ihnen zugesprochene Prädikate (wir nennen nur drei solcher Reihen von durch Ähnlichkeit verbundenen Ausdrücken: lent [lentement, lenteur], douce [doux], léger; vacheries, troupeaux, lactescent; mer, flot, fleuves, courir [courants], sillage, ressacs, marées, balloter, roulis; viel größer ist die Zahl der identisch wiederholten oder der über sphärisch vergleichbare Kontexte geglichenen Wörter); der Pluralisierung von Namen, die auf einzelne Lokalitäten, historische Ereignisse referieren, ja überhaupt von singularia tanta (Océans [11], Phosphores [12], neiges [12], Les Florides [12], des Béhémots et des Maelstroms [21], parapets [21], Monitors

256 im selben Maße wie die Ortsangaben phantastisch sind

et Hanses [18], pôles et zones [16], de bonaces [13], juillets [20], cieux [14], des immobilités [21] usw.).

Der Sinn vieler Adjektive ist entgrenzend, übersteigernd (ungeheuer, unerhört [10], enorm [13], unendlich [25], ewig [4], unsäglich [15], unergründlich [22], mystisch [9]; exalté, ivre, délirant, hideux, horrible, très antique, hystérique usw. [passim]) – Prädikationen, durch welche die zugehörigen singulären Termini ins Inkommensurable ent-stellt werden.

Mit alledem sind Voraussetzungen für die Synthese von Bildern gegeben, in welchen entweder sinnliche Konkreta auf abstrakte Begriffe bezogen oder Subjekt-Termini durch Prädikate charakterisiert werden, denen sie in keiner möglichen Erfahrung unterstellt bzw. zugeordnet sein könnten und für deren Verknüpfung jeder rational ausweisbare Beziehungs- und Unterscheidungsgrund fehlt (darum spricht man in bezug auf sie gern von ›absoluten Bildern‹). Beispiele der ersten Art sind: »die Sonne tief gefleckt von mystischen Schrecken« (9,1), »mit langen violetten Erstarrungen« (9,2), »dem gelben und blauen Aufwecken singender Phosphore« (10,4), »die Bläuen ... gären die bitteren Röten der Liebe« (7); den zweiten Typ absurder Prädikationen – solcher zwischen konkreten Ausdrücken – illustrieren Wendungen wie: »Ich stieß ... an die unglaublichen Floriden, die den Blumen die Augen von Panthern in Menschenhaut mischen« (12,1/2); »Sonnen aus Silber« (14,1); »singende Fische« (15,2); »Zuweilen hob das Meer seine Schattenblumen mit gelben Saugnäpfen zu mir hoch« (16,1/3); »im Haargeflecht kleiner Buchten« (18,1); »Ich, der ich den wie eine Wand rot erglühenden Himmel durchstieß, der ... Sonnenflechten und Rotze von Azur trägt« (19); »[Ich,] der ich von elektrischen Halbmonden befleckt, (als) tolles Brett dahinschoß, von schwarzen Seepferden geleitet, wenn die Julis (les Juillets) mit Keulenschlägen die Himmel, ultramarin mit brennenden Trichtern, zum Einsturz bringen« (21), und andere mehr. (Es gibt auch gemischte Formen: konkreten Namen und singulären Termen werden gleichzeitig abstrakte und konkrete Prädikate zugesprochen: »[Ich,] fast Insel, auf meinen Schiffsborden hin und her schüttelnd die Zänkereien und Kote von schrillenden Vögeln mit blondgelben Augen« [17,1/2].)

Komplexe prädikative Ausdrücke solcherart setzen, da sie jedes Zeichenverhältnis zu wirklichen Sachen verneinen, zwei Identifikationen voraus: zum einen muß das Substrat, auf das sie sich beziehen, einem Bannkreis absoluter Innerlichkeit einbeschrieben sein (das ist gewährleistet durch die Fusionierung des ›Ich‹ mit dem Schiff und letzten Endes mit der ganzen Bilderwelt des Gedichtes, wodurch jede Brücke zur Realität, sogar zum Tod, abgebrochen ist); zum anderen kann sich die Quasi-Realität des Bildes vor der absoluten Auflösung in Nichts nur schützen, indem sie sich mit der Materie des Signifikanten identifiziert und als eine nicht-referentielle Sprache-für-sich setzt.

Die in der symbolischen Transformation des Zeichens implizierte »*Option aufs Irreale*«[257] ist also der Absicht nach zugleich eine Aufkündigung der Kommunikation.[258] Denn nur durch Bezug auf Schemate möglicher Erfahrung vermögen Zeichen etwas mitzuteilen, und die imaginären Identifikationen sind gerade nicht schematisiert; sie appellieren unmittelbar an die symbolische Phantasie des Lesers/Hörers, nicht an seine semiologische Kompetenz.

Aber läßt sich dieser ›chosisme du signifiant‹ als Alternativposition gegen eine designatorisch konzipierte Literatur durchhalten? Tatsächlich kann ja die Negation eines differentiell distinguierten und auf Schemate der Erfahrung bezogenen Zeichens nie so weit gehen, mit der vollständigen Vernichtung des Reellen (um seiner Realität willen) auch die Realität ihrer eigenen Seinsweise als Symbol, d. h. ihren Bezug auf ein signifikantes Substrat, aufzuheben. »La contradiction vient ici de ce que la Négation ne pourrait trouver sa plénitude que si elle existait *en acte* c'est-à-dire que si elle s'incarnait dans une *praxis* de destruction et de ce que, dans le même temps, sa condamnation du réel fait de l'irréel pur la valeur fondamentale et par là l'oblige à se donner elle-même comme non réalisée,«[259] mithin als ein auf der Basis von Seiendem (den Zeichen und bezeichneten Sachverhalten) erst zu Verwirklichendes. (Auf diese Weise findet übrigens die aus dem Bereich des Symbolischen verbannte Teleologie unversehens wieder Eingang, sei's auch nur als das mit Stillschweigen übergangene Motiv für die Irrealisierung als solche).[260]

Das Zeichen (und die ihm eignende Intentionalität) ist und

257 Sartre, *L'Idiot de la famille*, Bd. 3, 142 (passim)

258 Insofern (wir erinnern an Roland Barthes) die Konnotation als ›Kontra-Kommunikation‹ das mitteilbare Zeichen überwältigt.

259 Sartre, l. c. 180

260 L. c. 165 ff.

bleibt die Basis des Symbols. Rimbauds leidenschaftlicher Protest gegen die Designation kann nicht vermeiden, diese Tatsache nur desto eindrucksvoller zu befestigen. Die unzerstörbare (gerade im Akt ihrer Negation bezeugte und in Anspruch genommene) Materialität des Zeichens – Materialität nicht notwendig im Sinne des Saussureschen ›matériel du signe‹, sondern als praktisch-inerte Vermittlung divergierender individueller Sinnentwürfe in der intersubjektiven Einheit eines objektiven Geistes[261] – verweist auf den wesenhaften Doppelcharakter jeder literarischen Produktion:[262] einerseits »*soziales Objekt*«, in dessen parasemischer Organisation die Spur (*vestige*) vergangener und traditionalisierter Symbolisierungen und Semiosen aufbewahrt ist,[263] ist sie andererseits ein Instrument individueller Symbolisierungen und Zeichenstiftungen (zu denen man auch die Intention zählen muß, die Designation zu verweigern) – von signifikanten Prägungen also, die ins System rückgebunden werden und es – auf dem Niveau der intersubjektiven Struktur selbst – bereichern. »La littérature étant duelle, on ne peut supprimer l'un des termes sans que l'autre disparaisse.«[264]

Auch ein absolut sich setzender Symbolismus besteht nur aufgrund dieses Gesetzes. Leugnet er's, so liegt der Fehler in seiner Theorie, nicht notwendig im Kunstwerk selbst. Der symbolische Text hört auch nach der Transformation der Zeichen nicht auf, aus Zeichen verwoben zu sein, die einem bestimmten Sprachgebiet entborgt sind und das in ihm kodifizierte historische Gedächtnis als Tradition mit sich schleppen.[265]

261 Sartre, l. c. 47
262 L. c. 50, 52, 56, 151 (passim)
263 L. c. 52
264 L. c. 151
265 »L'Artiste se retrouve alors devant cette contradiction essentielle: l'œuvre est le produit d'un travail sur les mots; ceux-ci, en tant qu'éléments du langage, sont déterminés à la fois par une histoire – qui, pour rigoureuse qu'elle puisse être, apparaît en eux comme un hasard – et par les relations structurelles qui les définissent les uns en fonction des autres, ensemble complexe où la nécessité naît de la contingence et la contingence de la nécessité. En outre l'écrivain, en tant qu'il se veut orfèvre, n'est point au-dessus du langage ni au-dehors: il est *dedans* et ses relations avec le discours sont l'expression même, au niveau linguistique, de sa facticité: sa parole raconte son histoire même s'il prétend en user pour d'autres fins. Non point seulement en tant que ses rapports aux mots, en général sont déterminés par les conditionnements familiaux et par ses premières options fondamentales mais aussi en tant que le matériel verbal dont il dispose est défini par sa situation sociale, nationale, géographique, etc. Par là, il redevient hasard plongé

Mit anderen Worten: auch in der (wie immer in Abrede gestellten) Intention auf absolute Negation des Seienden im allgemeinen und ihres Zeitalters im besonderen (kurz: des Zufalls, der Situation, aus dem sie auftaucht) hört die symbolistische Dichtung nicht auf, bestimmte Negation zu sein. Sie folgt darin dem Wesenszug aller Diskurse: gesellschaftliche Realität zu manifestieren und auf bestimmte Weise (niemals aber schlechthin) zu negieren. »Jeder Gedanke«, sagt Mallarmé, »ist ein Würfelwurf (émet un Coup de Dés).«[266] Aber niemals wird ein Würfelwurf den Zufall aufheben (»Un Coup de Dés jamais n'abolira le hasard«).

In der Tat erweist sich die Rimbaudsche Symbolik – ihrer Option aufs Schweigen, auf die Kontra-Kommunikation zum Trotz – einer allgemeinen literarischen Praxis verpflichtet, mit der sie im stillen kommuniziert und an deren Diskurs sie teilhat.

An einem Einzelzug wird es besonders deutlich: Man beobachtet etwa mit dem Beginn der Romantik das Aufblühen und die Ausbreitung eines bestimmten Motivs: des Ausbruchs aus limitierten Verhältnissen, häufiger durch ein wunderbares Ereignis als durch eigene Tat in Gang gebracht (Tiecks und Hardenbergs Märchen); der unendlichen Flußfahrt ohne Ziel und Wiederkehr, bald, wie bei Eichendorff, bejubelt (»Fahre zu, ich mag nicht fragen, / Wo die Fahrt zu Ende geht«), bald, wie in Brentanos *Auf dem Rhein* – erst recht gilt dies für die zahlreichen Ophelien-Gedichte der Symbolisten und der Expressionisten – mit Schauder vorgeführt. (Der Fischerknabe – übrigens bereits wie bei Rimbaud mit dem poetischen Ich und dem Kahn identifiziert – treibt nach der Verflüchtigung des Bildes seiner Liebsten ziel- und zeitlos, schlummernd, ohne am Geräusch der ›brausenden Meereswellen‹ oder der »grosse(n) Schiffe«, die »in stiller Nacht einher(fahren)«, aufzuwachen, »weiter, weiter / Bis in die See hinein«. Von nun an irrealisiert sich das Geschehen völlig.)[267] Kafkas *Jäger Gracchus*, der, ähnlich dem ›trunkenen Schiff‹, durch eine Art Katastrophe (»Unglück«) aus allen empirischen Bin-

dans un niveau où la contingence et la nécessité s'opposent, passent l'une dans l'autre ou se conditionnent mutuellement. Et, du coup, l'entreprise d'écrire retrouve le statut de l'action« (l. c. 190).

266 Stéphane Mallarmé, *Sämtliche Gedichte*, Französisch-deutsch, Heidelberg 1974, 175 (195). Im Zusammenhang: 157 ff. (177 ff.)

267 Vgl. die ausgezeichnete Interpretation des Gedichts durch Emil Staiger, *Die Zeit als Einbildungskraft des Dichters*, Zürich ³1963, 23-106.

dungen gerissen, nicht tot, nicht lebendig, in zeitloser Fahrt durch die »irdischen Gewässer« treibt, ohne einem Ziel zuzustreben, ist nur eines neben anderen modernen Beispielen für die Ausbreitung dieses Motivs.

Dem Gegenstand (der unendlichen Zeitigung, der Ziellosigkeit, der Grundlosigkeit, dem Scheitern[268]) korrespondiert formal ein Wandel in der Bildlichkeit: die Metapher wird autonom, die Sprache zusehends irrealer, und das einfach darum, weil zwischen dem transzendenten Absoluten und irgendeinem intentionell auf es bezogenen Zeichen keine Abbild- oder Repräsentationsbeziehung vermitteln kann: ein irrealer Sachverhalt läßt sich nicht bezeichnen, sondern allenfalls frei symbolisieren. Er existiert dann freilich nur in dem Maße, wie der Signifikant, der ihn fundiert, existiert: als ein imaginär Seiendes.

Diese Entwicklung geht ihrerseits einem Paradigmenwechsel parallel, der sich zwischen der Aufklärung und der Romantik vollzogen hat und in dessen Folge der für das 18. Jahrhundert verbindliche literarische Imperativ, *alles zu sagen* (zu enthüllen, zu erklären, zu kritisieren, kurz: vor den Richterstuhl der Vernunft zu bringen) in den anderen sich verkehrt, *das All auszusprechen,*[269] das Undarstellbare selbst zum alleinigen Gegenstand der Dichtung zu machen, d. h. die bestimmte Negation zur Negation des Bestimmten um seiner Bestimmtheit willen zu entgrenzen. Diese Option auf das All oder das Nichts kann, wie Sartre gezeigt hat, den Charakter einer ›objektiven Neurose‹ annehmen, sofern sie die Realität nicht mehr als ein Feld anerkennt, an dem sie sich durch Akte einzelner Nichtungen abarbeitet, sondern als solche verleugnet. Selbst dann freilich besteht der Irrtum eher in der zugehörigen ästhetischen Theorie als in der Dichtung selbst, die (indem sie das Grauen vor der frühkapitalistischen Universalisierung und Autonomisierung des Nützlichkeits- und Verwendbarkeitskultes, des an die Stelle des ›Naturwerts‹ der vielfältig differenzierten Materie getretenen ›Tauschwertes‹, der Desorganisierung qua Mechanisierung, der Verselbständigung des

268 Das Motiv des Scheiterns hat, soviel ich sehe, zuerst Sartre als Wesensmerkmal der romantischen, nicht erst der bürgerlich-symbolistischen Dichtung, erkannt; vgl. *L'Idiot de la famille*, Bd. 3, 121, 127.

269 Vgl. Sartre, l. c. 116 ff., der diesen Paradigmen- und Funktionswechsel glänzend analysiert und bis in die feinsten sozio-kulturellen und ökonomischen Filiationen und Motivationen hinein verfolgt hat; ferner M. Frank, *Das Problem ›Zeit‹ in der deutschen Romantik*, bes. 83 ff., 222 ff., passim.

›Maschinenwesens‹, des Mordes an der Seele usw. in Bildern exotischer Kristallgärten, menschlicher ›Automaten‹, des ›kalten Herzens‹, der ›Winterreise‹ des ›im Eissee erstarrten Schwans‹, der ›gescheiterten Hoffnung‹, einer invertierten Moral des Frevels, der Unfruchtbarkeit usw. beschwört) nicht aufhört, eine gezielte Negation ihrer Zeit im Medium des Imaginären zu leisten. Die Dialektik des Zeichens als signifiant signifié,[270] d. h. als eines im teleologischen Akt der Bezeichnung hinterrücks und durch seine Geschichte selbst Gezeichneten, erweist sich als unhintergehbar.

270 Im Sinne Sartres: »Le signifiant *est* signifié, toujours, et, par conséquent, il y a un certain rapport d'être intime entre le signifié que la signification manque et le signifiant qui est signifié en même temps par sa signification« (signifié qua Denotat, signifiant qua Zeichen), *L'écrivain et sa langue*, l. c. 50/1 (dt. 93).

Die Überwindung des Konflikts zwischen strukturaler Textanalyse und sinnverstehender Interpretation

Noch ist die im Bereich hermeneutischer Sprachtheorie und Poetik vielfach bewährte Dialektik von Sprache-als-System und Sprache-als-Akt methodisch zu ratifizieren: An welche Verfahren der Textbehandlung sieht eine literaturwissenschaftliche Hermeneutik sich verwiesen, die dem analytischen Aspekt der Struktur Rechnung tragen will, ohne einerseits zu verkennen, daß er als Moment im synthetischen Prozeß der dialektischen Vernunft aufgehoben ist, und ohne andererseits über die Tatsache sich hinwegzusetzen, daß es keinen Sinn geben kann, der sich nicht einer streng äußerlichen Ordnung vom Typ eines Textes eingeschrieben fände?

»Je fais la langue et elle me fait.«[1]

Die konkrete interpretatorische Praxis wird dieser »zwiefachen Beziehung«, die zwischen den »einander völlig gleich (stehenden)«[2] Aspekten des Verstehens – »intellection«, strukturale Analyse der »ossature inerte«[3] einerseits, »compréhension« der lebendigen generativen Arbeit des Sinnentwurfs andererseits[4] – vermittelt, am ehesten gerecht werden, wenn sie in der Grammatik eines Diskurses die Spur einer irreduziblen Individualität und in seinem Stil die Grammatik des Zeitalters – in allen Filiationen, auf den verschiedenen Niveaus – aufweist (*HK* 80 und 81). Die Interpretation eines spezifisch literarischen Diskurses wird insbesondere seiner Doppelbezüglichkeit auf die Formationsregel

1 Jean Paul Sartre, *L'Anthropologie*, l. c. 90 (dt. 82/3)

2 Mit diesem Zusatz tritt Schleiermacher der Ansicht entgegen, als könne man »die grammatische Interpretation die niedere und die psycholog[ische] die höhere nennen« (*HK* 81) – eine Ansicht, die sich, ohne damit zu Recht auf Schleiermacher sich berufen zu dürfen, in der Wirkungsgeschichte bekanntlich durchgesetzt hat.

3 *CRD* 486 (f.) (dt. 510/1)

4 Sartre, *L'Anthropologie*, 91 (dt. 82/3). »Il y a le moment de l'intellection qui est le moment de l'étude linguistique, moment analytique qui est la raison dialectique se faisant inerte, l'analyse n'est que la raison dialectique au degré zéro. La compréhension c'est, après l'étude du modèle, de voir le modèle en marche à travers l'Historie. Le moment de la compréhension totale serait le moment où l'on comprendrait le groupe historique par son langage et le langage par son groupe historique.«

des objektiven Geistes, d. h. das kulturelle System qua ›pratico-inerte‹, *und* die Singularität des auktorialen Subjekts, d. h. dem Umstand Rechnung tragen, daß die Produktion jedes Werks ein zugleich singuläres und universelles Faktum darstellt: »singulier par le sujet; universel par les recettes utilisées« (d. h. die »Regeln« der epochenspezifischen literarisch-kulturellen Kompetenz).[5]

Obwohl Schleiermacher die »absolute Lösung« dieser Aufgabe darin erblickt, daß »jede Seite für sich so behandelt wird, daß die Behandlung der andern keine Aenderung im Resultat hervorbringt«, indem jede die andere »ersezt« (*HK* 81), rechtfertigt er die Aufgabenteilung in eine (überwiegend) *grammatische* und eine (überwiegend) *psychologische Interpretation* aus dem jeweiligen Vorherrschen des Gesichtspunkts, unter dem sich die interpretatorische Aufgabe angehen läßt: Ich kann jede Rede auf wenigstens zwei Momente hin untersuchen wollen, inwiefern sie nämlich der »Totalität der Sprache« verpflichtet und von ihr »bedingt« ist oder inwiefern sie diese Totalität auf eigentümliche Weise »modificirt« (*HK* 80 und 81).[6] In beiden Fällen wird der Diskurs als ›signifiant signifié‹ (geschichtlich-rhetorisch modifizierte Sprache) betrachtet: nur das eine Mal mit dem Akzent auf der Frage, inwiefern »der Verfasser ihr [der Sprache] Product ist und unter ihrer Potenz steht« (*HK* 107), das andere Mal mit dem Erkenntnisinteresse, in welchem Maße die Sprache unter dem »Einfluß des Einzelnen« (*HK* 81) sich befindet.[7]

Die Abstraktionen einer subjektlosen Sprache und einer objektiven Interpretation

Weit entfernt, mit dieser Einteilung in romantischer Anarchie einer die harte Begriffsarbeit strukturalen Erklärens abschüttelnden Einfühlungshermeneutik den Weg zu bahnen, hat Schleiermacher der Literaturwissenschaft – als ein ›genetischer Struk-

5 Sartre, *L'Idiot de la famille*, Bd. 3, 52, 55/6, 58/9 (ff.)

6 »(...) so besteht auch alles Verstehen auf den zwei Momenten die Rede zu verstehen als herausgenommen aus der Sprache, und sie zu verstehen als Thatsache im Denkenden« (*HK* 80; S. 81 bringt eine Reihe noch dezidierterer Formulierungen).

7 Vgl. *HK* 83: »Wenn beide Seiten überall anzuwenden sind so sind sie es doch immer in verschiedenem Verhältniß.«

turalist‹ avant la lettre – die Abstraktheit der Alternative vorgeführt, noch bevor sie in einem Streit der Schulen als solche sich mißverstand. Dilthey, der den grammatischen Aspekt nicht übersah, verpflichtete – vermeintlich in Schleiermachers Nachfolge – das Verstehen gleichwohl auf die Freilegung des Lebensmomentes, das sich im Text ausdrücke; und obwohl er auch die Macht der Geschichte gewiß nicht verkannte, reduzierte er sie weitgehend auf den Prozeß kultureller Überlieferung, die von den Wurzeln der sie formierenden Wirkkräfte so gut wie abgeschnitten war. (Ein solch restriktiv geisteswissenschaftlicher Sprachbegriff prägt noch weite Teile der existenzialontologischen Hermeneutik und der neueren Sprachtheorie überhaupt: gegen diese wirkungsgeschichtliche Verkürzung hat der weite Grammatikbegriff Schleiermachers – Grammatik als das semiotische Medium, durch welches eine historische Synthesis ihre Mitteilbarkeit organisiert – von vornherein einen schweren Stand.)

Bedauerlicherweise gibt es keine strukturalistische Schleiermacherrezeption.[8] Gadamers Mißtrauen gegen die metaphysische Ermächtigung des Subjekts konvergiert aber sichtlich mit strukturalistischen Überzeugungen. Er, der der Sprache in der Tat zumutet, sich selbst zu sprechen (um ihre Bestimmtheit als eigentümliche parole nicht der freien Initiative des Individuums, in der er eine reflexionsphilosophische Minderung des Geschehnischarakters alles Verstehens erblickt, zuschreiben zu müssen), beurteilt Schleiermachers »dialektische Umschreibung der hermeneutischen Aufgabe für unsere eigentliche Fragestellung der Rolle, die die Sprache als Sprache für das Verstehen spielt, [als] nicht gerade förderlich«.[9] Allerdings deutet die Begründung, die er diesem Satz vorbehält, entweder auf Mißtrauen gegen die logische Zurechenbarkeit von Schleiermachers eigenen Äußerungen zum Problem der Vermittlung von Sprache und Rede (›Schematismus‹)[9] oder auf eine zu früh abgebrochene Lektüre derselben.

8 Es war gerade Szondis Absicht, durch seine französische Publikation *L'herméneutique de Schleiermacher* in *Poétique* zu einer solchen anzuregen. Eine jüngere Publikation Paul Ricœurs, welche die Dialektik von »explication structurale« und »interprétation« sehr gut herausarbeitet, kennt Schleiermacher dennoch lediglich als einen vor-diltheyschen »témoin de ce déchirement interne du projet herméneutique, il l'avait surmonté par la pratique humaine d'un heureux mariage de la *génialité romantique* et de la *virtuosité philologique*« (*Qu'est-ce qu'un Texte?* in: *Hermeneutik und Dialektik*, Bd. 2, 187).

9 H.-G. Gadamer, *Das Problem der Sprache in Schleiermachers Hermeneutik*, in: *Kleine Schriften*, Bd. I, 133 (vgl. ff.)

Wie anders soll man sich erklären, daß Gadamer aus Schleiermachers Umschreibung von ›Rede‹ durch ›Tatsache im Denkenden‹ glaubt herauslesen zu sollen, sie werde »also gar nicht als Sprache gedacht«,[10] mithin reserviere Schleiermacher der Individualität ein aus der allgemeinen Sprachlichkeit ausscherendes Sonderstatut? Schleiermacher hat im Gegenteil stets (auch und besonders in seinem Spätwerk) betont, daß »es kein Denken giebt ohne Wort« (*HK* 139/40) und daß, was gemeinhin Denken genannt werde, nichts anderes als ein ›inneres Sprechen‹ sei, da selbst der reine Gedanke sich nur in »Bezeichnungen« artikulieren könne, die der Schematismus der Sprache ihm zur Verfügung stellt (*HL* 12).

Läßt sich indessen zeigen, daß das Denken nicht ohne die Sprache zustande kommt, so ist es noch nicht als Werk der Sprache überführt. Deren hegelianisierende Autonomisierung übersieht, daß die Positivität jeder ›batterie signifiante‹ einem Mangel an Signifikanz sich verdankt, der als ein – selbst nicht-seiendes – Differential deren Positivität vermittelt. Schleiermacher suchte diesen Mangel im Unvermögen des Subjekts aufzuweisen, sich als Urheber seines Bestimmtseins zu begründen. Die Spaltung von sich selbst, die es in dieser Enteignung erfährt, ermächtigt seinen Signifikanten stets nur vor der Folie eines Nichts-an-Bedeutung: das ›Unübertragbare‹ ist der Grund der Übertragbarkeit des Zeichens. Gadamers zu stark restringierter Sprachbegriff hat keinen Raum für dieses Theorem; er verdächtigt Schleiermachers Aufmerken auf die Schlüsselfunktion der Individualität der idealistischen Sprachflucht.

Aber auch Stimmen wie die von E. Betti und E. D. Hirsch, die Schleiermacher auf die eine oder andere Weise mit vor den Karren ihres Programms mit dem Titel »objektive Interpretation«[11]

10 L. c. 134. Für Mißtrauen spricht, daß Gadamer Schleiermachers berühmtes Wort: »Alles vorauszusezende in der Hermeneutik ist nur Sprache . . .« usw. (*HK* 38) als einen »Satz von der größten prinzipiellen Tragweite« (l. c. 130) wohl anerkennt, Schleiermacher aber nicht zutraut, ihn entsprechend gemeint zu haben.

11 Daß dieser Titel schon aus geistesgeschichtlichen Gründen nicht in Frage kommt, um etwa Schleiermachers hermeneutische Theorie zu charakterisieren, hat – gegen Dilthey – bereits J. Wach (*Das Verstehen*, Bd. I, 60) geltend gemacht.

Zur Sache vgl. E. D. Hirsch, *PI*, besonders den *Anhang I: Objektive Interpretation*, 263 ff. und E. Betti, *HaMG*, der nach den »erkenntnistheoretischen Bedingungen der Möglichkeit der Objektivität beim Vorgang der Auslegung« (38), nach der vom Sinnentwurf des Auslegers (relativ) unabhängigen »Ob-

spannen möchten (und damit ist – der Absicht nach – ein recht verlockendes Angebot verknüpft), verkennen die Dialektik seines Konzepts und verkürzen die Tragweite seines Ansatzes.
So meint Betti, die Eigenart der »in der hermeneutischen Theorie zum erstenmal vom großen Schleiermacher vorgenommenen und näher untersuchten« technisch-psychologischen Interpretation dadurch zu charakterisieren, daß er als deren Gegenstand die ›idealtypische‹ Darstellung eines »Stils«, verstanden als ein »Erzeugnis der Eigengesetzlichkeit geistiger Mächte«,[12] bezeichnet: Danach hätte Schleiermacher durch diesen Teil seiner Hermeneutik nicht etwa den Nachweis einer »individuellen Freiheit« (Saussure) des Sprechers in bezug auf das Regelgesamt einer Sprache erbracht, sondern den, daß im scheinbar Unübertragbaren und Individuellen eines Stils in Wahrheit – gleichsam hinter dem Rücken der Sprecher – objektive Formgesetze wirken, die vom unveränderlichen Wesen des menschlichen Geistes künden; und die ›technische Interpretation‹ wäre ein Wegbereiter der Diltheyschen Typologie, der Wöfflinschen oder Staigerschen »Grundbegriffe«.[13]
Ähnlich verfährt Hirsch, wenn er – aufgrund seines, wie er es nennt, »bescheidenen und im altmodischen Sinne philologischen Strebens, herauszufinden, was ein Autor gemeint hat« (in Oppo-

jektivität des zu gewinnenden Sinns« (19, vgl. 53 f.) fragt. Beide verstehen darunter, in Anklammerung an die klassische Korrespondenztheorie der Wahrheit, die Anmessung des Interpreten an den unabhängig vom jeweiligen Wie des Vermeintseins sich ausdrückenden ursprünglichen und ›autonomen‹ (Betti) Wortsinn des Autors. »Richtigkeit«, sagt Hirsch, »impliziert eine Entsprechung zwischen Interpretation und durch den Text wiedergegebenem Sinn« (Hirsch, *PI* 260; 147; passim). Betti stellt einen »Kanon der *Sinnadäquanz* des Verstehens« auf, demgemäß »der Interpret bestrebt sein (soll), die eigene lebendige Aktualität in innerste Übereinstimmung mit der Anregung zu bringen, die vom Objekt ausgeht« (*HaMG* 53; l. c. 43 fordert er, »daß das erlangte Verstehen dem zugrunde liegenden Sinne des Textes als Geistes-Objektivation in völlig adäquater Weise entspricht«). – Woher sie das pragmatische Kriterium oder Maß für diese Anmessung beziehen und insbesondere: wie man sich die ›Objektivität‹ eines originären Sinns vor seiner interpretatorischen Aktualisierung vorzustellen habe, verraten beide nicht.

12 *HaMG* 55 und 60 (im Kontext). Charakteristischerweise übersetzt Betti Schleiermachers Ausdruck gern mit »technisch-morphologische Auslegung« (l. c. passim). Vgl. auch ders., *Allgemeine Auslegungslehre als Methodik der Geisteswissenschaften*, Tübingen 1967, 683: »Als Divination überhaupt kann die Einsichtskraft gekennzeichnet werden, die selbst im kleinsten sinnlichen Zeichen die sinnhaltige Form ermittelt« (usw.).

13 *HaMG* 60. Auf die Untauglichkeit einer allgemeinen Kasuistik bzw. normativen oder ontologischen Typologie der Formen zur Charakterisierung des Stilphänomens hat G.-G. Granger hingewiesen (*Essai d'une philosophie du style*, 11).

sition zu der Suche nach der unabhängigen Meinung – semantic autonomy – des Textes) – die hermeneutische Arbeit weitgehend auf den grammatisch-philologischen Aspekt reduziert.[14]
Zu finden ist zwar die mens dicentis (und insofern durchaus – wie es scheint – so etwas wie die subjektive Aussageintention des Interpretanden); doch handelt sich's beim ›authorial meaning‹ nach Hirsch vielmehr um den in den Grenzen seiner authentischen Aussageabsicht (will, intention) streng fixierten, mit sich selbst identischen und insofern sowohl zeitunabhängigen wie gegenüber wirkungsgeschichtlich induzierten Vorurteilen des Interpreten neutralen Wortsinn (Hirsch sagt: verbal meaning, wir nannten das die Bedeutung) des vom Autor unter Verwendung einer bestimmten Grammatik Geäußerten,[15] und zwar unter vollkommener Ausblendung des situativen, des kontextvarianten oder des den *Sinn* der Äußerung samt ihren symbolischen Potenzen individualisierenden Aspekts (dessen also, was Hirsch ›significance‹[16] und seine deutsche Übersetzerin invers zu unserem Wortgebrauch ›Bedeutung‹ nennt),[17] – eines Aspekts, dessen Themati-

14 Darauf hat, mit etwas versetztem Akzent, schon Richard E. Palmer (*Hermeneutics* ..., 62 u.) hingewiesen: »Hermeneutics [Hirsch zufolge] is not concerned with the subjective process of understanding, as in Schleiermacher and Dilthey (...), but with the problem of umpiring between already understood meanings so as to judge among conflicting possible interpretations.« L. c. 63: »Thus the hermeneutical problem is simply defined as the philological problem.« – Das gleiche muß man wohl auch Betti vorhalten, wenn er der Subjektivierung der Hermeneutik durch die Existenzialontologie (Bultmann) mit dem Hinweis auf Max Webers Unterscheidung der wertfrei-objektiven und der wertbeziehend-subjektiven Interpretation glaubt entgegentreten zu können und sich für die alleinige Validität der ersten entscheidet (*HaMG*, 24 ff.). – Im Grunde haben weder Bettis noch Hirschs ›Hermeneutiken‹ Verwendung für das, was bei Schleiermacher ›psychologische Interpretation‹ heißt. – Wir beschränken uns im folgenden auf den Entwurf von Hirsch, da er sprachtheoretisch überschaubarer ist als der stark synkretistische Bettis (dem er übrigens manches verdankt).

15 Hirsch, *PI* 68. Vgl. 183: »Unter ›Verständnis‹ verstehe ich demnach ein Erfassen oder Erschließen des vom Autor intendierten Wortsinns, nicht mehr, nicht weniger.«

16 Term, den man, wie Richard E. Palmer, l. c. 60, gezeigt hat, mit Betti (vgl. *HaMG* 28/9) eher durch ›Bedeutsamkeit‹ wiederzugeben hätte.

17 »Ich habe (...) die Bedeutung [significance] als jedes beliebige Verhältnis, das zwischen dem erschlossenen Wortsinn [verbal meaning] und etwas anderem besteht, definiert« (*PI* 179). Die Freilegung der significance hält Hirsch für einen zusätzlichen Akt, den er als ›Urteil‹ (judgment) bezeichnet und von dem er sagt, daß er das ›Verständnis‹ des ›Sinns‹ (meaning) nicht modifiziere (l. c. 181). Aus analytischen Gründen plädiert er für die ›strenge Trennung‹ beider (l. c. 182).

sierung er arbeitsteilig der Literatur*kritik* (literary criticism) zuweist.[18]

Während die Bedeutsamkeit (significance) einer Äußerung im Laufe der Geschichte variieren könne, da sie eine Funktion der »Historizität aller Interpretationen«[19] sei (und unter ›Interpretation‹ versteht Hirsch jede in einer von der des Autors abweichenden Sprache unternommene Neuformulierung seiner Äußerung),[20] sei der dem ›Verständnis‹ erschlossene meaning[21] »stumm«, zeitlos, identisch wiederholbar und nicht Gegenstand eines hermeneutischen Streits: kontrovers können nur *Interpretationen* sein, da sie in diskreten Diskursen vorgetragen werden und die Sache des *Verständnisses* gleichsam in einer Fülle von verschiedenen, darum aber untereinander nicht notwendig auch unverträglichen Aspekten spiegeln: die Einheit des Verstandenen selbst wird von diesem Konflikt der Interpretationen sowenig zersetzt wie die wesenhafte Einheit des Husserlschen Intentionalobjekts von der Menge der Noemata, in denen es sich darbietet.[22]

Man muß also sehen, daß der Rekurs auf den ›authorial meaning‹, den Aussagewillen des Autors, Hirschs Interesse keineswegs (wie es zunächst den Anschein hatte) auf die Individualität des

18 L. c. 170/1; 175/6; 180; 184 ff. Für sie lassen sich wohl verbindliche Regelns (›Kanons‹) aufstellen, aber nur solche, die ihrer Allgemeingültigkeit halber impraktikabel seien (vgl. das 5. Kapitel: *Probleme der Geltungsprüfung*, l. c. 209 ff.).

19 L. c. 176

20 Darum ist nur die Interpretation »eine Kunst« (l. c. 175). Das seiner Natur nach »stille« Verstehen (l. c. 173, passim) leistet lediglich ein nicht-produktives, vielmehr rein rekonstruktives »Wiedererkennen dessen, was ein Autor meinte« (l. c. 162). – Um die Voraussetzung eines stillen Verstehens ist es übrigens nicht besser bestellt als um die Vorstellung einer »conscience silencieuse«, deren Abstraktheit Merleau-Ponty in der *Phénoménologie de la perception* nachgewiesen hat: »Le cogito tacite n'est *Cogito* que lorsqu'il s'est exprimé lui-même« (l. c. 463, vgl. im Kontext 459 ff.).

21 »Daß die Frage nach der [ich ergänze: intersubjektiv kodifizierten] *Bedeutung* eines Zeichens die Frage ist, wie das Zeichen zu *verstehen* ist« (Ernst Tugendhat, *Vorlesungen zur Einführung in die sprachanalytische Philosophie*, 181; vgl. 138, 143, passim [Hervorhebungen von mir, M. F.]), die Auffassung also, daß das Verstehen nur ein anderer Ausdruck für das knowing-how der Zeichenverwendung ist, charakterisiert den Ansatz auch der analytischen Philosophie. Wir weisen an dieser Stelle nur im Vorbeigehen darauf hin, um möglichen Äquivokationen vorzubeugen (für Schleiermacher beginnt Verstehen im radikalen Sinne erst jenseits der Kenntnis der Verwendungsregel, die allerdings Voraussetzung ist).

22 Nicht von ungefähr beschwört Hirsch »die Intentionalität des Verstehens« als »die Grundlage für die Interpretation als wissenschaftliche Disziplin (*PI* 170; vgl. die ausführliche Auseinandersetzung mit der Bedeutungstheorie des frühen Husserl, l. c. 271 ff.)

Autors als solche lenkt. Dieser Rekurs ist vielmehr durch rein methodologische Erwägungen motiviert: Zum einen könnte einer Zeichenfolge von sich her, d. h. ohne eine sie bestimmende Bedeutungsintention (die des Autors), kein »determinate verbal meaning« zukommen (und daß ein solcher auszumachen sei, ist eben die Grundvoraussetzung ›objektiven Interpretierens‹); zum anderen gäbe es keine objektiven Kriterien für die Gültigkeit (›validity‹) einer Interpretation, wäre die Bedeutung des zu interpretierenden Diskurses nicht identisch mit der Meinung (Bedeutungsintention) des Autors.[23] Offenbar kommt jene die propositionalen Grenzen des meaning (je nachdem) überschreitende oder inskribierende significance gerade nicht als ein möglicher Gegenstand objektiver Rekonstruktion in Frage (diese Bezugnahme würde ja – wegen ihrer Relativität auf einen individuellen und als solcher nicht-bedeutungshaften Standpunkt des Autors – jeder methodisch disziplinierten Identifikation ihrer Bedeutung sich verweigern).

Es entsteht auf diese Weise zwischen Hirschs »theory of immanent meaning« und der von ihm bekämpften »theory of semantic autonomy« eine unbeabsichtigte Konvergenz,[24] die darin gründet, daß er den authorial meaning auf eine semantische ›determinacy‹ verpflichtet, die die Fülle individueller und symbolischer Sinnprojektionen, mit denen der Autor seinen Diskurs entworfen haben mag und die als solche einer Objektivierung entglitten, in eben dem Maße unterbietet, wie das konnotative Gesamt des textual meaning die streng definite Determiniertheit aller von der Grammatik vorgegebenen verbal meanings (Bedeutungen, Propositionen usw.) überbordet: in beiden Fällen entsteht ein mögliches Ungleichgewicht zwischen dem Aussagewillen (qua Selbstverständnis des Autors) und dem Aussagewillen qua grammatikalischer Determiniertheit seiner Äußerung. »There is«, wie Monroe C. Beardsley bemerkt, »in fact, something odd about the notion of ›willing‹ a meaning«.[25] Diese oddity besteht genau

23 Hier liegt offensichtlich, wie R. E. Palmer (*Hermeneutics* ..., 64) gezeigt hat, eine petitio principii vor: »To argue that objectivity would otherwise be impossible is circular, since the possibility of objective and ahistorical knowledge is itself the question.«

24 Vgl. Morse Peckham, *Semantic Autonomy and Immanent Meaning*, in: *Genre* I, 1 (1968), 190-194.

25 *Textual Meaning and Authorial Meaning*, l. c. 172. Vgl. auch George Dickie, *Meaning and Intention*, l. c. 182-189 sowie Hirschs Entgegnung auf

darin, daß der Begriff der autorialen Aussageabsicht bald den privaten Sinnentwurf des Autors (Hirsch erklärt ihn ausdrücklich für ein vor-semiotisches Ereignis), bald seine semiotisch distinkte Gestalt zu meinen scheint. Hirschs »vorläufige Definition« des Wortsinns (»Verbal meaning is whatever someone has willed to convey by a particular sequence of linguistic signs and which can be conveyed [shared] by means of those linguistic signs«)[26] kommt in der Tat mit Saussures Einsicht in Konflikt, daß die Distinktheit einer Bedeutung erst im Auftreffen auf einen seinerseits differentiell bestimmten Signifikanten sich einstellen und dadurch intersubjektiv geteilt werden kann,[27] womit die Dichotomie von (geistigem) Aussagewillen und (materiellem) Zeichen gegenstandslos wird. Zumindest wäre (mit Lacan) daran festzuhalten, daß das vorsprachliche vouloir-dire im Augenblick der ›Inzidenz‹ auf den Signifikanten eine ›Subversion‹ erleidet, die seine Identität zerspaltet und es fortan zu einem semiologischen Faktum macht.

Diese latente Äquivokation im Begriff ›meaning‹ schafft nun die Voraussetzung dafür, daß Hirsch die aus keinem Zeichengefüge zu gewinnende Individualität der ursprünglichen Aussageabsicht gleichwohl wie ein semiotisches und als solches allgemeines Faktum (textual meaning) behandeln und damit die Hermeneutik auf die grammatisch/philologische Interpretation reduzieren kann: Der authorial meaning hat grundsätzlich den Status einer mehr als nur individuellen Intention; er kann über eine der zugrundeliegenden Grammatik konforme Identifikation der betreffenden Zeichen und ein Sicheinstellen auf die Konvention, die ihren Verwendungssinn festlegt, erschlossen werden.

Der Hinweis auf die pragmatische Komponente bringt einen neuen Gesichtspunkt ins Spiel. Er scheint geeignet, einen von Schleiermacher her formulierbaren Einwand abzuwehren, der so lauten könnte: die Dialektik von Allgemeinem und Individuellem macht es faktisch unmöglich, über den verbal meaning einer Äußerung unabhängig von ihrer significance (und zwar

diese (und andere) Kritiken in *Genre* II (1969), 57-62, *The Norms of Interpretation – A Brief Response.*

26 Zit. bei M. C. Beardley, l. c. 170

27 Analog argumentiert Wittgenstein gegen die Möglichkeit von Privatsprachen: Bedeutungen können nur regelgeleitet verwandt werden, und Regeln konstituieren sich grundsätzlich erst in der transmonologischen Interaktion einer ›Lebensform‹: als allgemeine Sprachkonvention (vgl. *PhU* § 248, §§ 243 ff.).

sowohl auf seiten des Autors wie des Interpreten) zu urteilen, da diese den Verwendungssinn jener erst festlegt, die ›Bedeutung‹ mithin im ›Sinn‹ gründet.[28] Die Metapher und ganz allgemein der poetische Sprachgebrauch[29] sind nur extreme Beispiele für die ständige Notwendigkeit, die grammatische durch die pragmatische (›technische‹) Interpretation zu ergänzen, und zwar, insofern der Aussagewille grundsätzlich als ein Mehr oder Weniger der schematisierten Bedeutungen sich geltend macht. Die Eigentümlichkeit dessen, was ein Autor gemeint hat, werde ich erst in dem Augenblick gewahren, da ich seine Äußerung von der Folie des universellen Code, den sie mit allen anderen Äußerungen derselben Sprachgemeinschaft teilt, sich abheben lasse.
Hirsch sucht solches Ausgreifen der significances über die streng eingefaßten Ufer des verbal meaning[30] durch eine bei Wittgenstein borgende Theorie des ›Typs‹ oder ›Genres‹ einer Äußerung einzudämmen. Dabei handelt sich's um syntaktisch-semantisch-pragmatische Einheiten, deren Umfang das Private der Intention übertrifft, aber doch strenger situationsbezogen und individualisiert ist als ›die‹ Grammatik-überhaupt (langue) einer Sprachgemeinschaft. Um den verbal meaning des vom Autor Geäußerten zu erfassen, muß ich also zusätzlich zur linguistischen auch eine ›generische‹ Kompetenz in Anspruch nehmen, d. h. imstande sein, den Typus des gerade vorliegenden Sprachgebrauchs (Genres)

28 Vgl. auch R. E. Palmer, *Hermeneutics* ..., 64: Die von Hirsch behauptete Trennbarkeit von meaning und significance setze den Vollzug eines integralen Verstehensaktes (dessen Ursprünge Hirsch im dunkeln läßt) schon voraus und erweise sich als künstliche Abstraktion »constructed *after* the act of understanding.« (Das gibt Hirsch selbst zu, *PI* 207).

29 Im Grunde der ganze Bereich dessen, was Louis Hjelmslev unter dem etwas fragwürdigen Titel ›konnotative Semiotik‹ befaßt: des Zeichens nicht-denotative, z. B. stilistische, regionale, gesellschaftliche usw. Bedeutsamkeit. Vgl. Jürgen Trabant, *Zur Semiologie des literarischen Kunstwerks. Glossematik und Literaturtheorie*, München 1970.

30 Vgl. M. C. Beardsleys Argumentation gegen Hirsch: »A text can have meanings that its author is not aware of. Therefore, it can have meanings that its author did not intend. Therefore, textual meaning is not identical to authorial meaning«; womit, wie Beardsley hinzufügt, nicht behauptet wird (womit Hirsch dies Argument ad absurdum zu führen versucht), der Autor wisse nicht, was er intendiere, sondern lediglich »that the author does often not know what his *work* means, and, therefore, the work's meaning is not the same thing as his meaning« (l. c. 176). Zu der rationalistisch-reflexionsphilosophischen »innocence«, mit welcher Hirsch das Wort »will« gebraucht (»His position is less advanced than Schopenhauer's«) vgl. auch die Einwände von Morse Peckham, l. c. 192.

richtig einzuschätzen.[31] »Dieses ganze komplexe System von gemeinsamen Erlebnissen,« erklärt Hirsch, »von Zügen des Sprachgebrauchs und Sinnerwartungen, auf die sich der Sprecher verläßt, bilden die generische Konzeption, die seine Äußerung bestimmt. Verständnis kann sich nur vollziehen, wenn der Interpret unter dem gleichen System von Erwartungen vorgeht.«[32] Offenbar glaubt Hirsch, dadurch, daß er das Medium Genre zwischen der Universalität der Grammatik und der Singularität eines bestimmt gerichteten Aussagewillens gleichsam in die Bresche springen läßt, die Möglichkeit einer ganz anderen Deutung der significance von Äußerungen vorzuführen als von der der individualistische Relativismus der technischen Interpretation ausgeht. Die generische Interpretation verheißt nämlich, die scheinbar systemüberschreitende significance einer Äußerung[33] dadurch wieder ins diskursive System des betreffenden Äußerungstyps zurückzuholen, daß sie in ihm als gleichsam festen (und nicht selbst interpretationsabhängigen) Bestand eine endliche Menge von Implikationen aufweist, über deren Assoziierbarkeit im gegebenen Kontext das just gebrauchte Sprachspiel mit der Autorität einer »Faustregel«[34] gebietet und wozu auch die vermeintliche ›significance‹ gehört. Dadurch sind der Unendlichkeit des Deutbaren trotz der pragmatischen Relationen, die die meanings mit bestimmten Situationen unterhalten, Grenzen gezogen;[35] denn was immer die von der Grammatik überhaupt einer Sprache vorgegebene Bedeutung (meaning) eines Zeichens transzendiert und

31 Etwas Ähnliches versucht Betti, wenn er seinen Kanon objektiver Anmessung an die mens dicentis (*HaMG* 14/5) durch einen weiteren ergänzt: den, die Äußerung des Autors in ihren gehörigen Zusammenhang einzuordnen (»*Grundsatz der Ganzheit*«, 15 ff.). Auf diese Weise entsteht der Schein, als habe die Bestimmung des Sinns einer Bedeutung aus ihrem Kontext den gleichen erkenntnistheoretischen Status wie die Sicherstellung der Bedeutung selbst.

32 *PI* 107

33 Den ›besonderen Sinn‹, l. c. 113/4

34 L. c. 123. Natürlich ist eine Faustregel selbst das Produkt einer Konvention, ihre Autorität also selbst von subjektiven Praktiken erborgt, ihre Anwendung dem Ermessen unterworfen. Die Metapher des automatisierten Sprachgebrauchs darf nicht übersehen lassen, daß kein Sprechakt ein unbedingter Reflex, keine Sprache ein Mechanismus ist.

35 Vgl. dazu M. C. Beardsley, l. c. 177. – Hirsch will Schleiermachers Forderung ›etwas als notwendig verstehen‹ (*HK* 31) aus solchem quasi-implikativen Charakter des Enthaltenseins eines besonderen Sinns als eines Einzelzugs im Sinnganzen des zugehörigen Typs erklären. Er nennt das die ›Logik‹ des Genres bzw. der Interpretation; sie verfehlt, wer den betreffenden Einzelzug falsch zuordnet (*PI* 120).

damit den Charakter einer significance anzunehmen scheint, kann nunmehr als ein von der engeren Grammatik des Genres determiniertes Implikat gelesen werden. Die vermeintlich sinnentwerfende Subjektivität erwiese sich als Vollstreckerin der Imperative einer allgemeinen Norm: sie wäre Anwendungsfall eines ›Typs‹. Das Genre wäre, wie Hirsch selbst sagt, »jener Sinn des Ganzen, durch den ein Interpret jeden der Teile des Ganzen in dessen Determiniertheit korrekt verstehen kann«,[36] jener Sprachspiel-»Regel« analog, von der Wittgenstein erklärt, »daß sie alle ihre Folgesätze zum voraus erzeugt« (*PhU* § 238).

Dies Strategem operiert allerdings mit einer petitio principii. Denn abgesehen davon, daß schon das ›richtige‹ Sicheinstellen auf den jeweiligen Typ von Sprachverwendung dem Sprecher wie dem Interpreten eine (wie immer im Gebrauch automatisierte) interpretatorische Leistung abverlangt,[37] die nicht selbst als Fall oder Implikat der Regel des Genre verstanden werden könnte (es sei denn, man dächte das Genre als selbstapplikativ, d. h. eben genau: als Subjekt), gibt es gerade aufgrund seiner die semiotische Allgemeinheit des Code pragmatisch eingrenzenden Besonderheit Zeugnis von der Irreduzibilität des Individuellen (vgl. *Dial J* 259/60, Anm.): das Genre ist eine gleichsam individualisierte Grammatik. Überdies ist das Genre nicht schon von Natur (φύσει) signifikant; der Titel bezeichnet vielmehr »ein System von Konventionen«[38], mithin ein hermeneutisches Institut, das für die sinnkonstituierenden Praktiken interagierender und kommunizierender Individuen transparent bleibt und kein anderes Regel-Statut besitzen kann als das einer aus ihnen abgeleiteten diskursiven Logik.

Es ist überhaupt kein Zufall, daß Hirsch seine Aufmerksamkeit auf das bereits konstituierte Genre beschränkt, für dessen Meisterung (im Sinne eines technischen Regelverhaltens) sich im nachhinein immer leicht so etwas wie eine *generische Kompetenz* fordern läßt – ganz im Unterschied zu Schleiermacher, der zwar die »leitende Gewalt der schon feststehenden [diskursiven] Form«

36 *PI* 113

37 Hirsch spricht selbst von einem ›imaginativen Sprung‹ oder »Erraten« (l. c. 135 ff.; 173; passim), das keineswegs nur dann erfordert wird, wenn (wie Hirsch will) der Interpret mit einem den alten Typus überlagernden neuen Typus zu tun bekommt (dessen Kommunizierbarkeit erst im Begriff ist sich einzuspielen).

38 L. c. 121/2

(sei's ›Gattung‹ oder ›Stilmuster‹) über die von ihr transportierten »Vorstellungen« (*HK* 136 und 108) zugesteht, ja zu beachten auffordert, dessen hermeneutisches Interesse sich aber deutlich auf die Umbruch- und Konstitutionsmomente dieser Formen, d. h. auf die Inventionen und Transformationen der Genres konzentriert: auf das, was er die ›Hervorbringung oder wenigstens Modification von Formen‹ (*HK* 135), die »neue Begriffsbildende Kraft« generischer Novationen nennt, die »aus dem schon vorhandenen (ableiten zu wollen)« er ausdrücklich für »falsch« erklärt[39] (*HK* 83, vgl. 95, passim. Die Vorlesungen über das *Leben Jesu* liefern eine glänzende Illustration dieser zukunftsgerichteten und progressiven interpretatorischen Tendenz).
Hirsch geht es umgekehrt darum, das konservativ konzipierte Verstehen von den unberechenbaren Zugriffen novatorischen oder prospektiven Sinns (der significance) so viel wie möglich freizuhalten, indem er sie als Aktualisierungen einer generischen Kompetenz behandelt, die zirkulär als die Beherrschung genau der Menge von universellen Sprachverwendungstechniken definiert wird, die vonnöten wäre, um den authorial meaning als regelkonforme und genreimmanente diskursive Produktion bestimmen zu können.[40] Der Name der generischen Kompetenz dient hier nur als Deckmantel einer methodischen Verlegenheit: Um die sinnerschließende Produktivität im prädikativen Satz einerseits, in der interpretatorischen Arbeit andererseits nicht als Divination anerkennen zu müssen, schließt man aus ihrem faktischen Gelingen auf das Zugrundeliegen einer universellen Kompetenz, ohne deren Regeln explizit inventarisieren zu können.[41] Im Gegenteil versichert Hirsch immer wieder, daß die Theorie der In-

39 Vgl. Sartre, *L'Idiot de la famille*, Bd. 3, 58/9 ff. (fast wie eine Paraphrase des Passus aus Schleiermachers *1. Akademierede*).

40 Der authorial meaning ist demnach, wie E. San Juan richtig sieht, definiert als eine ausschließlich »*propositionale Funktion*«, in welcher von der individuellen Sprachverwendung gänzlich abstrahiert ist (*Notes toward a Clarification of Organizing Principles and Genre Theory*, in: *Genre* I,1 (1968), 264).

41 Entsprechendes gilt auch für Jonathan Culler's Versuch, das Scheitern der strukturalistischen Versuche, eine wirklich alle Phänomene erklärende Grammatik des Literarischen explizit aufzustellen, durch die alternativ gemeinte Einforderung eines Leertitels wie ›literarische Kompetenz‹ zu überspielen. Dergleichen würde dem Unterfangen ähneln, Kants Aporetik der Geschmacksurteile dadurch Lügen strafen zu wollen, daß man das faktische Vorliegen von Urteilen über Phänomene des Schönen auf das Etikett ›ästhetische Kompetenz‹ bezieht. Diese Kompetenz scheint in der Tat zu bestehen, aber damit ist nichts erklärt und insbesondere nicht der methodologische status quo der *Kritik der Urteilskraft* überwunden.

terpretation in keinem Fall zur Aufstellung »richtiger Interpretationsmethoden« gelangen könne.[42] Gleichwohl erscheint auf diese Weise das Genre (bzw. die es definierende Regelbeherrschung) als ein Allgemeines-ohne-das-Subjekt, nämlich als die quasi-transzendentale Ermöglichungsbedingung jeder ihm/ihr gemäßen Sprachverwendung – ein Allgemeines, das jedoch insofern selbst in Kategorien der klassischen Subjektmetaphysik konzipiert ist, als Hirsch es mit dem *Vermögen der Selbstapplikation* in konkreten Redeverwendungen auszustatten gezwungen ist: *das Sprachspiel ist Subjekt, da es sein eigener Interpretant ist.* Die individuelle Sprachverwendung soll sich – dieser Konzeption zufolge – als bloße Anwendung (wo nicht als Dedukt) einer relativ allgemeinen Konvention enthüllen, die der Grammatik des Sprachspiels selbst inhäriert und dem Psychologismus der sogenannten technischen Interpretation entkommt – allerdings nur unter der stillschweigend eingebrachten Bedingung, daß, was dem sprechenden Subjekt genommen wurde, dem als Subjekt hypostasierten Genre wieder zugeschlagen wird, sowie um den Preis, daß, was die stilistische und propositional nicht aufzurechnende significance eines Textes ausmacht, nicht mehr angegeben werden kann: Die Werke Flauberts, Lecontes de Lisle und der Brüder Goncourt dekonturieren sich in der generischen Identität der die significances ihrer meanings prädeterminierenden diskursiven Formation des sie fundierenden Zeitalters.[43] Eventuelle Differenzen ihrer Diskurse erweisen sich als Verschiedenheiten der Propositionen, die sie vorbringen, und sind je schon eingeholt von der Einheit der Grammatik, vermittels derer sie *als* Propositionen/messages geäußert werden konnten.

Wie man sieht (und unsere Kritik hat diesen Zug bewußt überpointiert), kommen Betti und Hirsch in ihrer Abwehr gegen die Vorstellung einer Mitwirkung des Individuums beim Verstehensprozeß und in der Autonomisierung der Sprache bzw. ihrer quasi anonymen Selbsteingrenzung in »eine Menge excentrischer Kreise, die sich einander theilweise ausschließen« (*Dial J* 259) – in generische Subgrammatiken nämlich –, im Grunde und wider den ersten Augenschein recht genau mit Gadamer, mit Wittgenstein und mit den Strukturalisten überein (ihnen allen ist

42 *PI* 117, Anm. 11; 124, Anm. 17; 178; passim
43 Ein Beispiel, das Sartre gibt (*Sartre par Sartre*, in: *Situations IX*, 114/5)
42 *PI* 117, Anm. 11; 124, Anm. 17; 178; passim

Verstehen nicht Divination eines singulären ›vouloir-dire‹, sondern selbst regel- bzw. traditionsgeleitetes Buchstabieren von »objektiven«[44] Regeln und Traditionen),[45] ohne daß doch die von ihnen erstrebte (und zu solcher methodischen Vereinseitigung den Anlaß liefernde) Rücksicht auf überindividuelle Wahrheit bzw. Gültigkeit hermeneutischer Urteile jemals den Status von »Wahrscheinlichkeitsurteilen« überschritte[46] und damit der Gravitation in Richtung auf ein subjektives Sinnkriterium entkäme, das für die ›validity‹ des jeweils letzten Urteils einzustehen hat.

Wahrscheinlich würde Schleiermacher, auf den sowohl Betti wie Hirsch sich gelegentlich als auf einen wichtigen Vorläufer berufen, die Reduktion des Verstehens auf das Sichanmessen des interpretierenden an den propositionalen Gehalt, das allgemeine Sprachschema oder die Sprachverwendungsregel des interpretierten Diskurses der ›laxeren Praxis‹ (der es nur um »Vermeiden von Mißverstand« geht) zurechnen und das eigentlich produktive Verstehen erst dort beginnen lassen, wo die Positivitäten eines gegebenen Textes auf die konstitutiven Leistungen historischer und diskursiver, aber stets auch individueller Subjektivität hin befragt werden.

Im Grunde geht es um die Entscheidung darüber, ob von Verstehen nur da gesprochen werden dürfe, wo eine intersubjektive

44 Vgl. Gadamers charakteristische Rede von »Phänomenen (...), in denen zwar menschliches Dasein seine Spur hinterlassen hat, die aber in gewissem Sinne ›*objektiv*‹ geworden sind, d. h. nicht im Selbstverständnis menschlicher Existenz aufgehen« (*Einleitung* zum *Seminar Philosophische Hermeneutik*, hg. von H.-G. Gadamer und G. Boehm, Frankfurt/Main 1976, 40 [von mir hervorgehoben, M. F.]).

45 Wir dürfen, was Gadamer Tradition nennt, hier unbedenklich dem Begriff der Regel an die Seite stellen, insofern dieser ein handlungs- und verständnisorientierendes System von geschichtlich gewachsenen und für neue Erfahrungen offenen Konventionen umfaßt, die nicht in der Abgeschlossenheit eines zeitlosen Gesetzes existieren könnten: Jede Tradition als ein Gesamt wohlunterschiedener und durch Beziehungen zueinander definierter Bedeutungen hat die Struktur einer Grammatik und ist in dem Maße ›teilbar‹ (sharable), wie sie kein Faktum des individuellen Sinnverstehens ist (Konsequenz, die schon Schleiermacher gesehen hat: »Das Erkennen unter (der) Form der Tradition beruht auf der Möglichkeit der Übertragung aus einem Bewußtsein auf das andere. (...) Wie die Totalität aller Erkenntnisacte (...) ein System bildet, so müssen auch die Zeichen als jenem entsprechend ein System bilden« [*PhE* 305]): Genau das bezeichnet das tertium comparationis zwischen Wittgensteinianismus/Strukturalismus einerseits und existenzialhermeneutischer Sprachtheorie andererseits.

46 Hirsch, *PI* 221 ff., 228 ff. (passim)

Konvention die Regel vorgibt, an deren Leitfaden die Entschlüsselung fremder Rede sich entlangbewegt,[47] oder ob es – wie Schleiermacher will – im radikalen Sinn erst dort beginnt, wo ein singulärer Entwurf die Einheit des Zeichens (das signifié zu einem signifiant) selbst zu erfinden hat. Daß der Titel ›psychologische Interpretation‹ uns heute (und wohl schon den Zeitgenossen Schleiermachers) sehr wenig geeignet scheint, ein solches Programm zu bezeichnen, entbindet uns nicht von der Notwendigkeit, der von ihm reklamierten Rationalität uns zu stellen.

Die relative Selbständigkeit der strukturalen Analysis: die ›grammatische Interpretation‹

Wahrscheinlich wird man nicht so weit gehen, Betti, Hirsch oder den Strukturalisten grundsätzlich zu bestreiten, daß es – wenn auch um den Preis einer undialektischen Abstraktion[48] – an sich weder unmöglich noch widersinnig sei, jede Verknüpfung von Zeichen (ob Satz oder ganzer Text) unter dem Gesichtspunkt zu befragen, ob und inwieweit sie Manifestation einer homogenen und in verschiedenen Sprechakten gleichbleibenden Struktur (Kompetenz oder Regel) ist.[49] Das materielle und unter syste-

47 Für die streng nomologistische Verständnistheorie bieten besonders gute Illustrationen E. Holensteins Aufsätze *Linguistische Philosophie?* (»Verstehen bedeutet soviel wie die Beherrschung der Beziehungen, in die ein Zeichen eingebettet ist«) und *Die Struktur des Verstehens. Strukturalismus versus Hermeneutik* (»Alle menschlichen Phänomene, auch die affektiver Natur, sind kodiert, d. h. kategorial strukturiert und Regeln unterworfen. Sie sind als solche nicht nur einer glückhaften Einfühlung, sondern prinzipiell auch einem rationalen Begreifen zugänglich«), in: E. H., *Linguistik, Semiotik, Hermeneutik*, 147, 176.

48 Abstrahiert wird nämlich von der Relativität der analysierten Begriffe und Beziehungen auf die synthetische Bewegung, die sie erzeugt und wieder auflöst, nämlich die unmittelbar selbstbewußte *Praxis* vergesellschafteter und kommunizierender Subjekte. – Die Abstraktheit besteht jedoch bei der grammatischen Interpretation nicht notwendig in der Ausblendung der Subjektivität des Interpreten. In dieser Frage kann man auf seiten nicht nur der strukturalistischen Textanalyse, sondern auch des ›Objektivismus‹ Bettis und Hirschs stehen und dem totalitären Relativismus Bultmanns und Gadamers widersprechen: Semantik und Syntaktik eines in einer anderen Sprache (als der des Interpreten) niedergelegten Diskurses lassen sich mit dieser Sprache erlernen und ›explizieren‹; und die Verschiedenartigkeit von Interpretationen desselben – sofern sie nicht inkompatibel miteinander sind – besagt gar nichts gegen ihre ›Gültigkeit‹ (man kann verschiedene richtige Urteile über dieselbe Sache äußern).

49 Darauf hat besonders nachdrücklich Paul Ricœur in seinem vorhin zitierten Aufsatz *Qu'est-ce qu'un Texte?* hingewiesen, vgl. l. c. 188 ff.

matischen Gesichtspunkten zufällige Arrangement der signifikanten Einheiten auf die Einheit der Form hin zu überschreiten, die – selbst nicht-kontingent – das Gesamt der wechselseitigen Beziehungen und Differenzen aller Elemente, das Verhältnis ihrer Über- und Beiordnung auf verschiedenen Niveaus usw. zum *System* verhält – eine solche Aufgabe scheint sich auch ohne eine ausdrückliche Reflexion auf den Anteil des Subjekts (der als bloß heuristisch zu veranschlagen wäre) in Angriff nehmen zu lassen. Selbst wenn man darauf besteht, daß der »schöpferische Act« (*HK* 138), durch welchen das Subjekt seinen Sinn erfindet, der intentio recta der analytischen Wissenschaften sich entzieht[50] und nur einem ›indirekten Erkennen‹, nämlich dem Verstehen, zugänglich wird[51] (Selbstverständnis, Gefühl, ›notion‹)[52], kann man nicht leugnen, daß er, um wirklich zu werden, einem semiologischen System sich einschreiben muß, das als solches durchaus dem ›savoir direct‹ (der ›intellection‹, dem ›concept‹) zugänglich ist,[53] ohne daß seine ebenso streng distributionale wie integratorische Logik über den Weg des Verstehens sich zu vermitteln hätte.[54]

50 Selbstverständlich handelt sich's bei der von manchen Hermeneutikern seit Dilthey den Naturwissenschaften unterstellten ›absoluten Objektivität‹ um eine unzulässige Idealisierung, die sich darüber hinwegsetzt, daß auch die Verifikation wissenschaftlicher Hypothesen einem nie abschließenden Prozeß unterworfen ist, der grundsätzlich nur ›relative‹ Wahrheiten konstituiert.
Während indes die szientifische Forschung methodisch kontrollierte Verfahren anwendet und wesentlich durch die Unausschöpflichkeit ihres (empirischen) Materials (in bezug auf erklärende Modelle) zur Unabschließbarkeit verhalten wird, scheint das Problem der Unendlichkeit in den hermeneutischen Disziplinen in der Struktur selbst ihrer Fragestellung zu gründen: *Die Frage nach dem (nicht etwa Kausalgrund, sondern) Motiv einer Äußerung fremden Sinns ist grundsätzlich selbst motiviert;* und zwar in einem Sinne, der nicht durch den Hinweis auf die Perspektivität jedes Erkennens erläutert oder als eine an der Sache selbst korrigierbare Heuristik von Antizipationen charakterisiert werden kann (das Interpretiertsein der Sache ist hier stets ein Zug der Sache selbst; und zumindest unausweisbar ist die szientistische Unterstellung, das Fürsichsein der Sache lasse als deren identische Reduplikation für das erkennende und als solches unwesentliche [da ganz oder weitgehend durchsichtige] Bewußtsein sich beschreiben).

51 Sartre, *CRD* (*Questions de méthode*) 105 f. (deutsche Übersetzung: *Marxismus und Existentialismus. Versuch einer Methodik*, Reinbek 1964, 135. Hinfort zit.: *ME*).

52 Sartre unterscheidet die strukturale, atemporale und äußerliche Ordnung des ›concept‹ von ihrer gelebten Verinnerung durch das konstitutive Subjekt (›notion‹). Vgl. z. B. *Sur ›L'Idiot de la famille‹*, in: *Situations X*, 95/6.

53 Sartre, *Questions de méthode*, in: *CRD* 105 f. (*ME* 135)

54 Wir folgen mit dieser noch zu erörternden Unterscheidung Emile Benveniste, *Problèmes de linguistique générale*, Paris 1966, 10. Kapitel.

Dies ist der Gesichtspunkt der *Struktur*,[55] den Schleiermachers ›grammatische Interpretation‹ an exponierter Stelle und wohl zum erstenmal in der Geschichte hermeneutischer Sprachtheorie[56] wie folgt erläutert. Die »Structur einer Schrift« oder eines Diskurses überhaupt freilegen heiße, die »systematische« Organisation ihrer Bedeutungs-›Elemente‹ (d. h. der Einheiten von Aussage und Satz als semantischen Minima) durch genaue Verteilung einzelner Wortkomplexe, Propositionen, Stellen nach Gesichtspunkten ihrer »Subordination oder Coordination« in Beziehung aufs Ganze vorzunehmen (*HL* 97). Strukturiert zu sein ist kein generisches Privileg der langue, es charakterisiert ebenso individuellere Allgemeinheiten wie den Diskurs einer Epoche, eines Mythos, einer Gattung, eines Textes,[57] sofern nur deren »Sprachelemente« als diskrete Bedeutungskomplexe durch die Einheit eines Zwecks (dessen, was »der Verfasser im Sinn hatte«) systematisch verbunden, gegeneinander ausdifferenziert und hierarchisch gestaffelt sind. (Dieser Gesichtspunkt war es ja vor allem, der E. D. Hirsch veranlaßte, die Grobeinteilung der Sprache

55 Auf die »außerordentliche Wichtigkeit« und antizipatorische Bedeutung dieses Schleiermacherschen Begriffs für Dilthey (und mittelbar für Husserl) hat schon J. Wach, *Das Verstehen*, Bd. I, 133 f., hingewiesen. – E. Holensteins Ansicht, daß die im Strukturbegriff manifeste Ablösung des Paradigmas kausaler zu dem funktionaler Beziehungsformen auf Dilthey zurückzuführen sei, ist entsprechend zu korrigieren (dieser Paradigmenwechsel ist deutlich schon im Begriff des Sprachsystems bei Schleiermacher). Vgl. E. Holenstein, *Die Struktur des Verstehens. Strukturalismus versus Hermeneutik*, in: E. H., *Linguistik, Semiotik, Hermeneutik*, 182.

56 Wenn auch im Hinblick auf einen viel kleineren Anwendungsbereich (»logische Rede«, »streng wissenschaftlicher Diskurs«), als auf den ihn die strukturale Analysis bezog.

57 Das hat z. B., nach R. Barthes, Paul Ricœur betont: »L'hypothèse de travail de toute analyse structurale de textes est celle-ci: en dépit du fait que l'écriture est du même côté que la parole par rapport à la langue, à savoir du côté du discours, la specifité de l'écriture à la parole effective repose sur des traits structuraux susceptibles d'être traités comme des analogues de la langue dans le discours. Cette hypothèse de travail est parfaitement légitime; elle consiste à dire que sous certaines conditions les grosses unités du langage, c'est-à-dire les unités de degré supérieur à la phrase, offrent des organisations comparables à celles des petites unités du langage, c'est-à-dire les unités de degré inférieur à la phrase, celles précisement qui sont du ressort de la linguistique« (*Qu'est-ce qu'un Texte?*, 190). – Schleiermachers Hermeneutik würde etwa Haupt- und Nebengedanken unter diese höherstufigen und doch struktural differenzierten Elemente eines geschlossenen Textes zählen.
Vgl. auch R. E. Palmer, *Hermeneutics* . . ., 89: »The grammatical interpretation shows the work in relation to language, both in the structure of sentences and in the interacting parts of work, and also to other works of the same literary type.«

[langage] in langue und parole durch Mittelbegriffe wie Typ, Genre, Sprachspiel zu differenzieren, durch diskursive Einheiten also, die sowohl allgemeiner als die individuellen Sprachäußerungen wie auch individueller als die gesamte Grammatik einer Sprache sind;[58] eine ähnliche Überlegung lieferte wohl auch das Motiv für Greimas' Rede von einer »Hierarchie semantischer Isotopien unterschiedlicher ›Tiefe‹«,[59] die den Gesamtsinn eines Textes in gegliederten Einheiten artikulieren. Man muß allerdings sehen, daß auch die Grammatiken ganzer Texte noch Individualisierungen der Grammatik-überhaupt darstellen.) Die Zeichengefüge solcher synchronen (nämlich »mit Einem Schlage« und in einer ›Zusammenschau des Ganzen‹ entstandenen) Systeme ›richtig‹ herauszupräparieren, meint Schleiermacher, hat »freilich eben keine Schwierigkeit weiter« (l. c.) – wenigstens wirft es kein grundsätzliches methodologisches Problem auf. Denn die gelungene Einsicht in den systematischen Aufbau einer bereits konstituierten Struktur (Einsicht, deren Genesis allerdings ein spezifisch hermeneutisches Problem bleibt) liefert im Nu den Schlüssel zur Analyse aller möglichen signifikanten Funktionen des betreffenden Diskurses, derart, daß der Interpret, der diesen Schlüssel erarbeitet hat, immer nur auf solche »Gedanken« des Autors wird treffen können, »welche in seiner Sprache schon ihre Bezeichnung haben« (*HL* 12). Auf diesem Fundus kann die sogenannte grammatische Interpretation relativ exakte und von der Sinnfrage wenig irritierte Aussagen formulieren[60] und sich der Regie einer Reihe von stabilen und durch eine strukturale Logik untereinander verbundenen ›discovery procedures‹ unterwerfen.

Dieser Interpretationstyp betrachtet die Rede mithin als unter der Potenz der Sprache stehend. Wenn hier – genau genommen – auch nur von einem Verhältnis des Vorherrschens gesprochen werden kann, darf der Interpret doch mit Grund eine Kausalität

58 Hirsch, *PI*, 144 (ff.)

59 A. J. Greimas, *Essais de sémiotique poétique*, Paris 1971, 19.

60 Sie kann es freilich nur unter der Bedingung, daß sie sich auf diesen Aspekt der Struktur beschränkt und von der subjektiv-rhetorischen Komponente sowie der »neuen begriffsbildenden Kraft« des »schöpferischen« Sprechens absieht. Sie stellt sich dabei auf den Standpunkt, daß die Bedeutung des Einzelnen im alten mit derselben Bedeutung im neuen System völlig inkommensurabel ist, »denn das Verhältniß des Einzelnen ist in jedem Ganzen ein anderes« (*HL* 97). Die ständige Unterhöhlung des Systems durch die Kreativität seiner Sprecher läßt die »hermeneutische Operation auf die psychologische Seite hinüber(greifen)« (*HL* 100).

der Struktur[61] unterstellen, sofern er sich nur bewußt bleibt, daß er ausschließlich mit dem langage parlé, nicht mit dem langage parlant zu tun hat.

Wir werden den formalen Aufbau von Schleiermachers Vortrag der ›grammatischen Interpretation‹ im folgenden wenigstens skizzieren, um einen Eindruck von der Funktion zu geben, die er diesem wirkungsgeschichtlich so entschieden zu kurz gekommenen (und doch nach allgemeinem Urteil gründlicher als der psychologische ausgearbeiteten) Strang seiner Hermeneutik zudachte. Vorab bedarf es keiner Diskussion darüber, daß der Strukturalismus ein unvergleichlich differenzierteres Instrumentarium zur Lösung dieser Aufgabe bereitgestellt hat (wir werden Teile davon im nächsten Kapitel untersuchen) und daß die Formulierung zahlreicher Regeln, die Schleiermacher gibt, allenfalls dem theoretischen Standard der Sprachwissenschaft seiner Zeit Genüge tut. Vorbildhaft ist nicht so sehr das Detail seiner allerdings oft heute noch wertvollen Beobachtungen als vielmehr die Funktion, die Schleiermacher dem Korpus der grammatischen Kanones innerhalb der hermeneutischen Gesamtaufgabe zugedacht hat.

Das System der grammatischen Interpretation fußt auf zwei basalen Regeln (Kanons), deren erste eine gegebene Rede in ihrem ›ganzen‹, deren zweite sie in ihrem ›unmittelbaren Zusammenhange‹ zu betrachten auffordert, jene den (in einem weiten Sinne) paradigmatischen oder Sprach-, diesen den (im weiten Sinne) syntagmatischen oder Lokalwert einer Bedeutungseinheit zu bestimmen suchend.[62] Diesen Regeln unterstellt sind eine Reihe von Gegensatzpaaren (formell – materiell, qualitativ – quantitativ, mechanisch – organisch), die im Verein mit jenen die Mannig-

61 Ein Ausdruck Althussers, mit welchem er den spezifischen Determinationstyp, der zwischen der Struktur und den durch sie bezogenen Elementen vorliegt (eine Art transitiven Durchwaltens), zu bezeichnen sucht (*Das Kapital lesen*, Reinbek 1972, Bd. 2, 250 ff.) Vgl. zum Thema den Aufsatz von Jacques-Alain Miller, *Action de la structure*, in: *Cahiers pour l'Analyse*, Nr. 9, 1968.

62 Diese Unterscheidung entspricht genau der Jakobsonschen Differenzierung in Selektion (Similarität) und Kombination (Kontiguität) (*Grundlagen der Sprache*, 51 ff.). Wie jener die Metapher entspricht (deren Mechanismus Schleiermacher wirklich unter dem ersten Kanon erläutert), so dieser die Metonymie (die unter dem zweiten Kanon bei Schleiermacher nachzutragen wäre: Ihre Antizipation im Kontext der Metapherntheorie führt zu einer gewissen Dissymmetrie im Aufbau der ›grammatischen Interpretation‹).

faltigkeit möglicher Kombinationen und Gesichtspunkte grammatischer Auslegung erschöpfen.

Die beiden Kanones kommen überein in dem Grundsatz, *nichts einzelnes sei für sich* – unter Ausblendung seiner Funktion und des seinen Ort bestimmenden Ganzen – *verstehbar:* »Alles bedarf näherer Bestimmung und erhält sie erst im Zusammenhange. Jeder Theil der Rede, materieller sowol als formeller ist an sich unbestimmt. Bei einem jeden Wort isolirt denken wir uns einen gewissen Cyclus von Gebrauchsweisen. Eben so bei jeder Sprachform« (*HK* 90).[63] Der *erste Kanon* (K 1) spezifiziert dies Prinzip zu der Anweisung, die Bestimmung einer gegebenen Rede dürfe »nur aus dem dem Verfasser und seinem ursprünglichen Publikum gemeinsamen Sprachgebiet« erfolgen (l. c.). Dieser Kanon scheint »nur ausschließend« zu sein (*HK* 95): Er fixiert die Variationsbreite möglichen »Sprachgebrauchs« auf einer historischen Sprachstufe innerhalb der Grenzen ihrer Bedeutungseinheiten – ihrer Schemate – und letztlich innerhalb der Grenzen der Einheit des Systems – des »Sprachgesezes« (*HK* 39) –; und zwar durch ein Verfahren durchgehender Exklusion des Nichtzugehörigen. Der *zweite Kanon* (K 2) fordert dazu auf, den »Sinn eines jeden Wortes an einer gegebenen Stelle (...) nach seinem Zusammensein mit denen die es umgeben« zu bestimmen (*HK* 95). Hier ist nicht der »ganze Zusammenhang« (HK 42), der die Einheit der Bedeutungen innerhalb eines Systems von Oppositionen ausdifferenziert, Thema, sondern der unmittelbare Kontext des Syntagmas (der Satz), innerhalb dessen das Schema seinen je eigentümlichen »Sinn« (»Localwerth«) freigibt. Dieser Kanon ist nicht parallelisierend-exkludierend, sondern »scheint bestimmend zu sein« (*HK* 95).[64] Man versteht die Vorsicht der Formulierung (»scheint ... zu sein«), wenn man bedenkt, daß »der Unterschied [beider Bestimmungsweisen]

63 Der Gegensatz »Wort« und »Sprachform« deckt sich ungefähr mit dem von Semantik und Syntaktik.

64 Die Opposition ›ausschließend‹–›bestimmend‹ hat ihren Ursprung in einem frühen Aphorismus: »Es giebt zwei Arten von Bestimmung, die Exclusion aus dem ganzen Zusammenhang und die thetische aus dem unmittelbaren« (*HK* 42). Die Methode der Exklusion prüft Wörter unter dem Gesichtspunkt, welche anderen Wörter ohne Bedeutungsverlust an ihre Stelle treten können oder in wievielen Kontexten das Wort die schematische Einheit seiner Denotation noch erkennen läßt, während die thetische Methode umgekehrt die Spannweite von Sinnhorizonten (oder exakter: von Implikationen) fixer Bedeutungen erprobt.

mehr scheinbar als wahr« ist (l. c.),[65] insofern beide einander wechselseitig ergänzen: K 1 sichert die *identische Bedeutung* des Worts in allen Kontexten, K 2 sichert *die jeweils singuläre Implikation* derselben in spezifischen Kontexten. Jede Bestimmung setzt mithin die andere voraus.

Der Kanon der paradigmatischen Bestimmung verlangt im einzelnen die – je nach dem Charakter der Sache und des Genres durch entsprechende Hilfsdisziplinen sich ergänzende – synchronische Eingrenzung von Welt und Sprachgebiet des »Autors«, seines »Publikums« und des zwischen ihnen vermittelnden Diskurses unter historischen (»Zeit«), sozio-kulturellen (»Bildung«), ökonomischen (»Geschäft«) und dialektologischen Rücksichten (»Mundart«). Ferner sind ›Archaismen‹ als Relikte eines früheren Sprachstands im jetzigen aufzuspüren[66] und ›technische Ausdrükke‹ aus dem jeweils gewählten Sprachspiel, der gerade vorliegenden »Gattung«, dem soeben gebrauchten Diskurstyp (Lyrik, Gerichtsrede usw.) oder auch der Absicht des Autors, ein bestimmtes Publikum gezielt anzusprechen, zu erklären (*HK* 91).

Hat eine solche »allgem[eine] Uebersicht« (l. c.) durch eine ›coupure synchronique‹ das Sprachgebiet des Autors[67] – sei's als ein integrales Ganzes, sei's als Schnittpunkt gegenläufiger und ungleichzeitiger Strukturen – im großen korrekt ausgesondert, kann die detailliertere und mühsame Arbeit beginnen, durch Vergleich (»Parallelstellen«) und »Gegensaz« (l. c.) die Einheiten der Bedeutungen des materiellen und des formellen Elements dieser Sprache (kurz: ihre ›logische Seite‹, die Sprachwerte, Regeln und Schemate) aus der Mannigfaltigkeit ihrer ›Gebrauchsweisen‹ (die im System der grammatischen Interpretation natürlich als Bedeutungsimplikationen behandelt werden) zu abstrahieren. Wir

65 Das betont ja auch Roman Jakobson immer wieder: Es gibt je nur ein Vorherrschen (»prépondérance«) des einen Pols über den anderen (*Essais de linguistique générale*, 66, passim). Sie »interagieren« ständig (l. c. 62), besonders in der Sprache der Kunst.

66 Dem Hinweis auf die Notwendigkeit, Archaismen durch diachronische Reflexion auszusondern, korrespondiert Schleiermachers Kritik etymologischer Entstellungen aktueller Wortbedeutungen: Der Nachweis einer ›Urbedeutung‹, die ein Zeichen in einem verschollenen Sprachsystem gehabt hat (das weiß man seit Herder, vgl. *Sprachphilosophie*, 153), hat nicht die geringste Konsequenz für die Bestimmung seiner Bedeutung in einem späteren: »Man muß ja nicht den ersten Gebrauch mit der [jetzigen] Bedeutung verwechseln« (*HK* 47; vgl. 91, 160 und *HL* 97). – Saussure hat diese Kritik gegenüber der historischen Grammatik im gleichen Sinne wiederholt.

67 »einen gewissen Zeitraum von Sprachkenntniß« (*HK* 93)

haben diese Aufgabe im Zusammenhang einer Ableitung der Idee eines allgemeinen Schematismus der Sprache bereits eingehend erörtert und vorgeführt. Hier ist nur nachzutragen, daß Schleiermacher erklärt, es habe mit den »Regeln der Grammatik« »dieselbe Bewandtniß« wie mit der Einheit des Schemas (*HK* 93). Auch die Einheit einer syntaktischen Regel verschiebt sich im Verlauf wechselnder Realisationen ›in gewissen Gränzen‹ (*HK* 92), davon abgesehen, daß »auch die Grammatik bei den Partikeln [nämlich den syntaktischen Monemen] Wörterbuch wird« (*HK* 93) und als ein ›schwieriger‹ Grenzfall der lexikalischen Semantik sich annähert.

Der zweite Kanon formuliert die Konsequenz, welcher der erste durch die Entscheidung sich entgegenarbeitete, daß das lexikalische Paradigma lediglich als eine Abstraktion aus der Fülle seiner kontextvarianten Gebrauchsweisen existiert. Die Einheit der Bedeutung, die K 1 durch Selektion und Exklusion sicherstellt, ist ursprünglich ein Werk der syntagmatischen Bestimmung (der Arbeit der Kontexte). Diese immanente Dialektik führt »von dem ersten [Kanon] auf den zweiten« (*HK* 95). Schließlich ist die Erkenntnis der Einheit des Paradigmas erst das Resultat einer langwierigen Comparation und Differentiation zahlreicher syntagmatischer Vorkommen desselben, als deren schematische Gemeinsamkeit es ausgemittelt wird und denen es seine Bestimmtheit allererst verdankt. Aber »eben so kommt man vom zweiten zum ersten« (l. c.). Denn die ›unmittelbare Umgebung‹ eines Wortes (die syntagmatische Verknüpfung) kann zur vollen Bestimmung seiner Bedeutung nie ausreichen,[68] so daß man zu anderen, zu ›Parallelstellen‹ »Zuflucht nehmen«, also paradigmatisch verfahren muß (*HK* 95/6). Genau genommen könnte die Bedeutung nicht einmal eine einzige ihrer Implikationen (einen ihrer ›Localwerthe‹) zur Bestimmtheit bringen, wenn die ›Sprachwerthe‹ der unmittelbar umgebenden Zeichen nicht bekannt wären, und auch von dieser Seite setzt der Prozeß der sich vollziehenden Bestimmung die bereits abgeschlossene Bestimmung (das Paradigma) voraus. In dieser Dialektik von

68 Keine Bestimmung ist erschöpfend. »Jedes Beiwort schließt nur manche Gebrauchsweisen aus, und nur aus der Totalität aller Ausschließungen entsteht die Bestimmung« (*HK* 96). Dies galt bereits für die paradigmatische Auslese, zu der K 1 auffordert. Schleiermacher sagte darum schon vor ihr, »die Bestimmung des gemeinsamen Gebietes (sei) nur Anfang, und sie müsse während der Auslegung fortgesezt werden und (sei) nur mit ihr zugleich vollendet (*HK* 91).

Ausschließung – Parallele[69] einerseits und aus unmittelbarem Zusammenhang sich vollziehender Bestimmung andererseits ist »die ganze grammatische Interpretation beschlossen« (*HK* 96).
Die beiden Kanones werden sodann in ihrem »weiteren Umfange«, nämlich in ihrer spezifischen Anwendung auf die genannten Gegensatzpaare, vorgeführt. Paradigmatische (a) und syntagmatische (b) Bestimmung kann stattfinden in bezug auf das formelle (A, Syntax)[70] wie auf das materielle Element (B, Lexik),[70] ferner in bezug auf die organische (I) und die mechanische (II) Verknüpfung sowie das qualitative (1) und auf das quantitative (2) Verstehen; und zwar so, daß man »jeden von diesen Gegensäzen zum Haupteintheilungsgrund machen« und die anderen alsdann in Abhängigkeit von ihm formulieren kann (l. c.).
Das ist umso leichter möglich, als die Dialektik zwischen den beiden Arten der Bestimmung sich auf die durcheinander sich vermittelnden Gegensatzpaare erstreckt. So ist A unterteilbar in Operationen der Bestimmung α) durch »die Verbindung der Glieder des einzelnen Sazes« oder β) durch »die Verbindung einzelner Säze in der Periode« (l. c.). Im ersten wie im zweiten Falle verweist die Syntax (A) auf die Lexik (B) und umgekehrt. Denn jedes Syntagma ist zerlegbar in kleinste lexische Einheiten; und es sind innerhalb der Grenzen des Satzes zumal die Prä-, Af-, Suffixe, die Modal- und Flexionsmorpheme, die Präpositionen usw. (das, was Schleiermacher die »formellen Elemente«, enger: die »Partikel« nennt) sowie zusätzlich in der Sätze verbindenden Periode die Konjunktionen, welche die Ketten aufbauen – und bei ihnen handelt sich's um »materielle« Elemente, die man »aus dem Lexikon (lernt)« (*HK* 53/4; 118/9): Eins kann also an die Stelle des anderen treten, Lexik und Grammatik durchdringen einander. Die konjugierende Sätzeverbindung unterteilt Schleiermacher abermals in »organische« (I) und »mechanische« (II) Konjunktionstypen. Eine »innere Verschmelzung« liegt vor, wenn die gewählte Konjunktion (z. B. ›weil‹, ›obwohl‹) die Logik der Verbindung offenlegt. Aber es gibt auch die »äußere

69 Schleiermacher gebraucht den Ausdruck Parallele oft synonym mit dem, was wir Paradigma nannten: Bestimmung, sagt er, kann erfolgen »aus dem unmittelbaren Zusammenhang und aus Parallelen« (*HK* 96). Den Gegensatz beider hat schon Peter Szondi durch den von Paradigma und Syntagma erläutert (*L'Herméneutique de Schleiermacher*, 148). Wir werden ihm bei einem Vergleich mit der strukturalen Textanalyse wiederbegegnen.
70 Diese Gleichungen stellt Schleiermacher selbst her, *HL* 54 oben.

Aneinanderreihung«, die gegen die Logik der Konjunktion indifferente Parataxe. Beider Unterschied ist relativ. Denn »qualitative« (1) Differenzen zwischen innerer und äußerer Konjunktion beruhen lediglich auf einem Vorherrschen oder Zurücktreten der Intensität (einem »quantitativen« [2] Unterschied), d. h. sie reduzieren sich auf die »Emphase« des Gebrauchs der betreffenden Konjunktion. In dem Satz: »Da ich meinem Freund begegne, grüße ich ihn«, ist die Kausalpartikel so gut wie ganz redundant[71] geworden und »hat ihren eigentlichen Gehalt verloren«, sofern jedenfalls das Genre der Begegnung unter Freunden das Grußwort einschließt (I→II und 1→2). Dagegen nähert sich in Sätzen wie »Ich opfere mich für dich auf. Und du läßt mich im Stich« oder »Ich mag dich nicht, und du läufst mir nach« die mechanische Konjunktion der organischen (II→I). Der ›Effekt‹ der Aussparung kann sogar die »Steigerung«, die Emphasierung des adversativen Sinns der Verknüpfung sein (»Der Hut flog mir vom Kopfe,/Ich wendete mich nicht«), und dann schlägt der quantitative Aspekt in den qualitativen um (2→1) (*HK* 96/7; *HL* 117/8).

Durch alle diese Anwendungen wird die Generalthese der grammatischen Interpretation mannigfach illustriert und bewährt, daß nämlich die Bestimmung der Einheit sowohl der syntaktischen Form wie des materiellen Wort-Werts nichts ein für allemal Gegebenes zutage fördert, sondern eine doppelte Funktion des unmittelbaren und des systematischen Kontextes einer Sprache ist. Signifikanten sind eben keine fixen Versinnlichungen invarianter Ideen; sie distinguieren sich im systematischen Gesamt einer streng kombinatorischen und differentiellen Ordnung zu Zeichen, deren Bedeutung abermals relativ ist auf ihren jeweiligen Gebrauch zwischen ›unmittelbaren Umgebungen‹ – einen Gebrauch, den kein Gesetz im vorhinein und für immer determinieren könnte. »(Jedes) Wort«, sagt Schleiermacher, »das in der Sprache gewachsen ist, (...) ist gleich einer Combination einer Mannigfaltigkeit von Beziehungen und Übergängen. Es giebt in der lebendigen Rede und Schrift kein Wort, von dem man sagen könnte, es könne als eine reine Einheit dargestellt werden« (*HL* 51). Und »dieß hängt mit unserem Princip zusammen, daß alles Einzelne nur aus dem Ganzen zu verstehen ist. Alle Vorstellungen die in einem Complexus durch Gegensäze verbunden sind

71 Schleiermacher spricht von einem ›Abundiren‹ (*HK* 96, passim).

bilden ein Ganzes; aber ebenso jeder Complexus von Übergängen [d. h. von – nicht kontradiktorischen – Differenzen innerhalb eines Gemeinsamen]« (*HL* 103).

Eine strengere Formulierung des strukturalistischen Prinzips wird man von einem Zeitgenossen der Romantik kaum erwarten.[72] Dessen Quintessenz ist die These des Primats der bedeutungsstiftenden ›Form‹ vor dem Materiellen des Lauts und dem Substantiellen der Bedeutung. Die Form vermittelt jenseits der in sich geschlossenen Sphären von Lexik und Syntaktik zahlreiche Übergänge beider. Solche Interaktion zeigt sich in der Möglichkeit, formelle Elemente der Oberflächenstruktur eines Syntagmas salva veritate (d. h. ohne Veränderung seines Wahrheitswertes)[73] sowohl durch andere Strukturen wie durch materielle Elemente (etwa die Genetivendung durch die Präposition »von«) zu ersetzen, in der Austauschbarkeit von Konjunktionen durch asyndetische Sequenzen, in der Relativität der Abgrenzung des qualitativen Moments (das Sinn von Sinn, Satz von Satz trennt) vom quantitativen Moment (das den Sprachgestus, die Emphase, die Intonation, alles in einer Rede ›Subintelligierte‹ festlegt).

Die letzte Unterscheidung vermittelt bereits den Übergang zur technisch-psychologischen Interpretation. Die Entscheidung darüber, was »Haupt-«, was »Nebengedanken« eines Diskurses sind, d. h. welche Wortfolgen die Sache, über die gehandelt wird, unmittelbar aussprechen und logisch strukturieren helfen und welche sie mit allerdings oft subjektiven Akzenten bloß ›abundant‹ iterieren, variiert nicht nur mit der je gewählten »Gattung der Rede« (*HK* 106) – sie wird sich etwa beim »streng wissenschaftlichen Vortrag« sehr viel leichter tun als beim lyrischen oder beim Brief-Genre, bei denen relativ »freie Gedankenbewegung« vorherrscht (l. c. und *HL* 95 ff.) –, sondern auch mit dem Talent zu analogischer Selbstübertragung des Interpreten auf den Text, ohne welche die bloße Subjektivität, die in den am wenigsten sachhaltigen Nebengedanken am ehesten sich verrät, als solche gar nicht gewahrt werden könnte. Ob eine Phrasis ironisch oder thetisch, ob sie provokant oder verhalten, ob sie emphatisch oder

72 Schleiermachers Beschreibung liest sich in der Tat wie eine (übrigens nicht unvorteilhafte) Paraphrase der Isotopien-Inventorik nach A. J. Greimas' *Sémantique structurale*.

73 Vgl. die ausgezeichnete Einführung in die Problematik der Referenzsemantik und der Bedeutungstheorie im allgemeinen durch Dieter Wunderlich, *Grundlagen der Linguistik*, Reinbek 1974, 236 ff. (245).

bloß abundant genommen sein will, ist eine ›quantitative‹ Entscheidung, die lediglich aufgrund eines Urteils über den ›technischen‹ Zusammenhang der Redesituation gefällt werden kann. Die Redesituation und der eigentümliche Wortgebrauch sind aber Sache des psychologischen Verstehens, von dem man sieht, daß es nur um den Preis einer positivistischen Verkürzung des Sprachbegriffs von der Hermeneutik sich abspalten ließe.

Ein Vergleich mit der strukturalistischen Textanalyse

Diese Thesen bedürfen einer eingehenden Erörterung. Bevor wir jedoch die Argumente vorstellen, mit denen Schleiermacher sie zu stützen versucht, wollen wir ein wenig gründlicher als bisher auf den Parallelismus eingehen, den das Konzept der ›grammatischen Interpretation‹ zu dem der ›strukturalen Textanalyse‹ hält. Während Schleiermacher die Restitution der gleichsam objektiven Bedeutung, die ein Text innerhalb einer synchronen Sprachgemeinschaft seinen Lesern mitteilte, grundsätzlich für möglich hielt, ohne die hermeneutische Aufgabe damit für erschöpft zu halten, hat der literarische Strukturalismus sich als Alternativprogramm zum ›Semantismus‹ der sinn-verstehenden Literaturinterpretation empfohlen. Über eine gewisse Wegstrecke bewegt sich der Anspruch des Strukturalismus in den Bahnen der grammatischen Interpretation: Bedeutungen konstituieren sich grundsätzlich im Verweisungsgesamt einer relativ geschlossenen Struktur, unter deren Voraussetzung sie »etwas feststehendes, (...) sich immer gleich (Bleibendes)« darstellen[74] (nur eine Transformation der gesamten Struktur vermöchte ihren differentiellen ›Wert‹ zu verändern). Der Sinn kann insofern nicht einfach als Produkt einer extra-systematischen Institution des Subjektes betrachtet werden. Das gilt für alle semantischen Gebilde in dem Maße, wie sie auf Mitteilbarkeit abzwecken (oder Kommunizierbarkeit immerhin zur Voraussetzung haben, ohne sich darin zu erschöpfen).
Diejenigen semantischen Einheiten, mit denen eine nicht ›technisch‹ verfahrende literarische Analyse zu tun haben kann, mögen *Texte* heißen. Im Unterschied zu Grammatiken handelt sich's hier um diskursive Formationen, deren kleinste bedeutungstragende Elemente (›semantische Minima‹) nicht Moneme/Le-

74 Schleiermacher, *Ästhetik*, l. c. 640

xeme, sondern Syntagmen von mindestens Satzgröße sind; der Satz aber ist diejenige Grenz-Einheit, mit deren struktureller Charakterisierung die Linguistik ihr Ziel bereits erreicht hat (jenseits der Ordnung des Satzes gibt es nur abermals Sätze: die rhetorische Wahl, die diese linguistischen Moleküle zu Äußerungsreihen verkettet, steht im Belieben des Autors und ist nicht Gegenstand einer rein sprachwissenschaftlichen Untersuchung). Das bedeutet nicht, daß nicht auch Texte zunächst als Paradigmata einer ihnen zugrunde liegenden (wenn auch nicht linguistischen) Grammatik gelesen werden können und müssen. Sie sind damit nur nicht zureichend bestimmt. Denn was einen Text (qua Text) zur Einheit verhält, ist nicht das System der ihn konstituierenden Zeichen und Verknüpfungsregularitäten, sondern *sein Sinn,* d. h. die integratorische Ordnung, die in dem organischen Zusammenspiel und in der individuellen Anordnung der ihn aufbauenden Sätze am Werk ist.

Dieser Unterschied zwischen dem Sinnganzen eines Textes und dem System einer Sprache kann nun allerdings nicht dadurch charakterisiert werden, daß man sagt, es sei das Gepräge der ›kleinen Einheiten‹, strukturiert zu sein, während dieselbe Bedingung für die ›großen Einheiten‹ nicht gelte. Die Einheit des Sinns in einem Diskurs/Text ist ebenso ein Effekt der diakritischen Beziehungen und Kombinationen zwischen seinen semantischen Elementarbausteinen wie das System einer Sprache die Matrix aller Wechselprofilierungen und Verbindungen zwischen Segmenten diesseits der Satzordnung.[75] Außerdem ist die Ordnung eines Textes ebensowenig mit der Summe der Sätze zu verrechnen, aus denen sie sich aufbaut, wie die Ordnung ›Satz‹ mit der Menge der sie konstituierenden Wörter. Schließlich läßt sich die von E. Benveniste getroffene Unterscheidung diverser linguistischer Ebenen (der phonetischen, phonologischen, grammatikalischen, kontextualen) und der auf bzw. zwischen ihnen vermittelnden Beziehungen (jene heißen *distributional,* diese *integrativ*)[76] grundsätzlich auch auf die Struktur von Texten

75 Vgl. J. Derrida, *Sémiologie et Grammatologie,* in: *Positions,* 45/6; vgl. 38 oben. Vgl. ferner l. c. 62 und 81/2. Das Raster von Texten ordnet sich im Magnetfeld eines allerdings instabilen und ersetzbaren ›transzendentalen Signifikats‹; es wird »ganz und gar von einem Netz aus Differenzen konstituiert«.

76 Benveniste, *Problèmes de lingustique générale,* 122 ff. (124). Vgl. auch die Diskussion dieses Vorschlags bei Paul Ricœur, *La métaphore vive,* 88 ff.

übertragen. (Darauf zielte bereits Schleiermachers Unterscheidung von *Coordination* und *Subordination* der Bedeutungseinheiten in bezug auf die systematische Organisation eines logischen Sinnganzen.) Man kann darum, mit Roland Barthes, eine gewisse *Homologie* zwischen der Ordnung des Satzes und der des Diskurses/Textes unterstellen, und zwar »dans la mesure où une même organisation formelle règle vraisemblablement tous les systèmes sémiotiques, quelles qu'en soient les substances et les dimensions.«[77]

Allerdings bedarf es einer Reihe grundsätzlicher Vorüberlegungen, bevor man daran geht, aus dieser strukturellen Konvergenz von Texten und Sprachen hermeneutische Konsequenzen abzuleiten. Denn zunächst ist die Wahl des Begriffs ›Text‹ selbst nur ein Werk der Ökonomie, insofern er als der kleinste gemeinsame Nenner für eine Menge untereinander ziemlich disparater sprachlicher Gebilde (generische, pragmatische, literarische, poetische usw.) ausersehen wurde; sodann läßt er sich auf verschiedenen Abstraktionsniveaus erörtern: man kann nach generischen Universalien – etwa des Genre ›récit‹ –, nach den Regeln, die literarische oder poetische Kompetenzen definieren usw. forschen *oder* sich auf die Ausarbeitung der semantischen Struktur eines einzelnen Sprachgebildes beschränken (wie Barthes in *S/Z* es versucht hat). Im ersten Falle wird man allenfalls generelle Schemata erarbeiten, unter welche einzelne Texte als Anwendungen (»Beispiele«, sagt T. Todorov) sich subsumieren lassen, ohne daß ihre eigentümliche Semantik entfaltet wäre. Todorov rechtfertigt diesen Schematismus, der sich jeder Äußerung über das »besondere Werk« als solches enthält, ja es ausschließlich »als Manifestation einer weit allgemeineren abstrakten Struktur betrachtet«,[78] durch den Hinweis, daß nur er die ›Wissenschaftlichkeit‹ des Verfahrens garantiere.[79] Im anderen Fall sieht man nicht recht, aufgrund welcher mehr als nur subjektiven ›discovery procedures‹ man eine semantische Analyse soll durchführen können, ohne das Gebiet der technischen Interpretation zu strei-

77 Roland Barthes, *Introduction à l'analyse structurale des récits*, in: *Communications* 8 (1966), 3.

78 *Poetik*, l. c. 108 und 111 u.

79 »Die Einheit der Wissenschaft konstituiert sich nicht durch die Einmaligkeit ihres Gegenstands: es gibt keine ›Wissenschaft der Körper‹, wiewohl die Körper ein einmaliges Objekt sind, sondern nur eine Physik, eine Chemie, eine Geometrie« (l. c. 110).

fen. Das ist natürlich kein Einwand gegen die These einer Homologie zwischen Texten und Grammatiken: das Subjektive des einzelnen Sinns bleibt einem objektiven Gewebe von Relationen einbeschrieben und kann als eine von allen anderen determinierte Einheit, d. h. als *Funktion* bestimmt werden. Nur eröffnet diese Quasi-Objektivität keinen Ausblick auf eine mit ihr Schritt haltende objektive Heuristik, die von dem Entwurfscharakter der Auslegung abzusehen gestattete. Dan Sperber hat es besonders deutlich ausgesprochen: Die strukturale Analysis symbolischer Gebilde folgt keinem unabhängigen Kriterium, sondern ist selbst nur ein bestenfalls wohldurchdachtes Exercitium symbolischen Denkens. »Das strukturale Verfahren, das fälschlich als eine von ihrem Gegenstand unabhängige Methodologie dargestellt wurde, ist in Wahrheit eben diese Heuristik, deren theoretische Tragweite die ihrem Gegenstand spezifische Wirksamkeit vermuten läßt.« Der Apparat, der Symbole organisiert, »ist ein interpretatives und kein generatives System«.[80]

Auf die Textanalyse bezogen: Die Tatsache, daß – im Falle etwa des selbst weit gefaßten Genres Erzählung – kleinste narrative Einheiten postuliert werden müssen, die durch wechselnde Abgrenzung und Zuordnung von und zu ihresgleichen auf verschiedenen Ebenen distinguiert, zu ›Funktionen‹ bestimmt,[81] über eine Syntagmatik verkettet, in handlungskonstituierende Spannungen zwischen Aktanten versetzt und so im Garn der Erzählung verwoben werden – diese Tatsache bewahrt die Textanalyse nicht im mindesten vor dem heuristischen Abenteuer eines methodisch ungesicherten Verständnisprozesses, der – ohne die objektiven Grenzen des von der Struktur Vorgegebenen irgend zu überschreiten – ganz unterschiedliche interpretatorische Realisationen desselben Textes liefern kann, je nachdem, welche der (vermöge ihrer Umkehrbarkeit, Wiederholbarkeit und Re-

80 Dan Sperber, *Über Symbolik*, 89. Vgl. seine Prüfung der »allgemeinen Prinzipien, die dem strukturalen Verfahren zugrunde liegen«, 97 ff. Lévi-Strauss hatte das Verfahren seiner mythologischen Analysen selbst ›mythomorph‹ genannt; vgl. *Das Rohe und das Gekochte*, Frankfurt/Main 1971, 17 und 26.

81 Barthes illustriert die allgemeine Funktionalität dieser Einheiten durch ein Beispiel aus Flauberts *Un cœur simple* (*Introduction* . . ., 6). Die scheinbar beiläufige Bemerkung, daß die Töchter des Unterpräfekten von Pont-l'Evêque einen Papagei besitzen, erweist sich im Verlauf der Erzählung als wichtig für das Leben der Félicité. Die Erwähnung dieses Details »konstituiert also eine Funktion«.

duzierbarkeit) potentiell unendlich vielen Beziehungen er hervorhebt und welche nicht; welche Wahlen er trifft, um das Register der inhaltlichen Einheiten aufzustellen, sie in paradigmatischen Kolumnen anzuordnen oder in ihren metonymischen Relationen zu situieren; und auch, auf welche Grammatik und auf welchen Diskurs (denn jede Interpretation ist dialogisch verfaßt) er Lexik und Syntaktik des zu analysierenden Diskurses abbildet.

Gerade dieser letzte Gesichtspunkt überfordert den strukturalistischen Objektivismus und überführt ihn einer schlecht rationalistischen Voraussezung: der nämlich, als impliziere die Geschlossenheit (clôture) eines Textes ein transzendentales Signifikat, das als der unabhängige Organisationsgrund des ganzen Gebildes wie ein Magnet das Feld aller anderen Signifikate zu einer invarianten Ordnung verhielte. Die Geschichte sehr unterschiedlicher semantischer Übersetzungen, ja schon die ständige Erfahrung der Nicht-Identität zweier Lektüren[82] eines und desselben Textes zeugen für die Fragwürdigkeit dieser Voraussetzung, die die Lektüre und das Verstehen als identische Wiederholungen des Geschriebenen auffaßt (Iteration, in der das Andere als Moment des Selben aufscheint),[83] und für die Unzurückführbarkeit textueller Strukturen auf eine dem Spiel der Funktionen entrückte ›Wahrheit‹, die von außen deren signifikativen Wert ein für allemal festsetzte und zu ihrer ›expression‹, zu ihrer ›représentation‹ verhielte. Die »Polysemie« von Texten ist vielmehr irreduzibel. Es gibt keine Textanalyse, die nicht darin »transformatorisch« verführe, daß sie das ›Fehl‹ eines transzendentalen Signifikats im Akt ihrer Lektüre (Interpretation) ersetzte, d. h. durch die Semantik ihrer eigenen Deutung überlagerte:[84] »Le supplément et la turbulence d'un certain manque fracturent la limite du

82 Vgl. T. Todorov, *Poetik*, l. c. 106

83 Derrida hat die repräsentationistisch-metaphysische Tradition dieses Vorurteils in seinem Montrealer Vortrag von 1971 sehr klar herausgestellt: »Il faut qu'elle [ma ›communication écrite‹] soit répétable – itérable – en l'absence absolue du destinataire ou de l'ensemble empirique déterminable des destinataires. Cette itérabilité – (*iter*, derechef, viendrait de *itara*, *autre* en sanskrit, et tout ce qui suit peut être lu comme l'exploitation de cette logique qui lie la répétition à l'altérité) structure le type d'écriture« (*Signature événement contexte*, in: *Marges* . . ., 375).

84 »en l'inscrivant ou en le *greffant* dans d'autres chaînes« (l. c. 377). Vgl. ferner: *Positions* 61/2, 86, 88, 120, passim; *Die Schrift und die Differenz*, 422 ff. sowie Schleiermachers erstaunlichen Hinweis auf die Logik der Transformationen von Systemen (*HL* 97).

texte, interdisent sa formalisation exhaustive et clôturante ou du moins la taxinomie saturante des ses thèmes, de son signifié, de son vouloir-dire.«[85]

Mit diesem Vorbehalt, der die strukturale Textanalyse an eine nicht teleologisch restringierte Hermeneutik verweist, ist nicht schon ihr Scheitern behauptet. Er fordert lediglich dazu auf, sich klarzumachen, daß sie innerhalb der fließenden Grenzen eines ›texte général‹[86] operiert und daß die nie ganz durch die Einheit eines Prinzips beherrschbare[87] »dissémination« der Signifikanten jede durch Analyse freigelegte Struktur zur Produktion einer »unendlichen Zahl von semantischen Effekten«[88] zwingt. Gleichwohl bewegt sich jede semantische Realisation innerhalb des Verweisungsganzen einer wenigstens relativ geschlossenen Struktur, deren (wie immer vorläufige) Objektivität nicht schon dadurch in Zweifel gezogen ist, daß man im Prozeß ihrer Herstellung den Synergismus einer semantischen Wahl nachweisen kann, der sich aus dem Register eines anderen Diskurses speist.

Solche Einsichten anzuwenden auf die durchgängige Analyse eines einzelnen Textes (Balzacs Erzählung *Sarrasine*), das ist die Absicht des jüngsten von Roland Barthes unterbreiteten Vorschlags zur Methodologie der Textstrukturierung (*S/Z*). Was ihn hermeneutisch attraktiv macht, ist zugleich das, was ihn einer orthodox-ultrastrukturalistischen Tradition entfremdet: der Bruch mit den Vorurteilen des Taxonomismus (wonach elementare Sinneinheiten – in bezug auf die Schrift: »Lexien« – monokausal als Dedukte eines in sich geschlossenen Codes zu behandeln sind) und des Methodologismus (wonach die Analyse nach transsubjektiven discovery procedures vorgeht und irreduzible Polysemien nicht dulden kann). Barthes gibt die metaphysische Vorstellung auf, derzufolge ein Text im Kraftfeld eines transzendentalen Signifikats einheitlich sich organisiert, und begreift ihn als Schnittpunkt kommunizierender Codes (darunter eines hermeneutischen und eines kulturell-referentiellen), deren prinzipiell offene Interaktion von keiner

85 Derrida, *Positions* 62

86 L. c. 88 (oder: einer ›écriture générale‹, *Marges* . . ., 392).

87 Nämlich nie auf ein »présent d'origine simple« reduzierbare (*Positions*, 62).

88 Ebd. Die Interrelation von ›semischen Kernen‹ als in sich geschlossene Struktur zu denken, heißt unweigerlich, einer Restauration des abendländischen Systembegriffs sich zu verpflichten, »dont on pourrait montrer qu'il est toujours ordonné au *telos*, à *l'aletheia* et à *l'ousia*, autant de valeurs rassemblées dans les concepts d'essence ou de *sens*« (Derrida, *Les fins de l'homme*, *Marges* . . ., 161). Der Strukturalismus entgeht dieser abendländischen Tradition durchaus nicht (ebd.).

dem Spiel entzogenen Regel determiniert wird und jedes einzelne Sem zum Keim einer unabsehbaren Pluralität von Sinneffekten werden läßt, deren jeder in einem anderen Gang von konnotativ gestifteten Seitenlinien gleichsam aufgeht. Statt die elementaren semischen Einheiten auf ein bestimmtes Sinnzentrum zu verpflichten, will *S/Z* sie »sternenförmig auflösen«;[89] statt ihre ›dissémination‹ zu reduzieren, will es sie multiplizieren. Jede Lexie soll als Durchkreuzungspunkt je verschieden organisierter »Stimmen«, die ihrerseits je verschiedenen Diskursen als Züge eingeschrieben sind, gelesen werden, ohne daß sich – wie am bestirnten Himmel – die Grenzlinien zu erkennen gäben, die die Mannigfaltigkeit der registrierten Relationen zur Einheit eines letztumspannenden Diskurses verhielten. Ihre von der Analyse zu hebende Bedeutung taucht darum stets wie aus »Nebelschwaden von Signifikaten«[90] auf, deren Dämpfe nie so weit sich verflüchtigen, daß eine ›Schrift ohne Stil‹,[91] ein Denotat ohne Konnotationen[92] oder ein distinktes Sem zutageträte, in das nicht die Intarsien zahlreicher anderer semischer, symbolischer, prohairetischer usw. Sphären eingearbeitet wären.[93]

Bedeutsam an Barthes' Arbeit ist das (freilich von einem Feuerwerk geistvoller Redensarten und funkelnder Metaphern so gut wie möglich verdeckte) Zugeständnis, daß eine streng strukturalistische Analyse einzelner Texte zu viele Sinn-Phänomene nicht in den Blick bringt, um als Alternative gegen eine Texthermeneutik sich durchsetzen zu können (was nicht schon heißt, daß man zu den von ihr in Umlauf gesetzten traditionellen Rezepten zurückzukehren habe). Insbesondere der Einlaß der Konnotation und die Abkehr vom Idol einer methodisch rigorosen Textlinguistik verhindern eine scharfe Abgrenzung des Barthes'schen Verfahrens von semiologisch reflektierten Praktiken einer existenzial-ontologisch begründeten Hermeneutik (etwas Sartres). So bietet *S/Z* – in methodischer Hinsicht – kaum mehr als eine hübsche Anthologie von Einsichten, die man in lesbarerer und strenger konzeptualisierter Form schon bei Derrida nachschlagen konnte. Der interpretatorische Ertrag der Arbeit jedoch überschreitet nirgends den Standard einer hinreichend breit angelegten und interdisziplinär kompetenten texthermeneutischen Auslegung klassischen Stils.

Die Fruchtbarkeit der in einem strengen Sinne strukturalen Textanalyse bewährt sich offenbar auf einem anderen Feld als dem der einzelnen Interpretation: dem der Aufstellung von all-

89 Barthes, *S/Z*, 17
90 L. c. 13
91 L. c. 9
92 L. c. 10 ff.
93 L. c. 195

gemein poetischen oder spezieller von narrativen, dramatischen usw. Grammatiken, kurz von universellen Regularitäten, die die Textur aller durch sie befaßten literarischen Gebilde determinieren. Und auf diesem Sektor gibt es gewisse Affinitäten und Parallelen zu dem, was Schleiermacher ›grammatische Interpretation‹ nennt. Wir wollen sie anhand eines Vergleichs mit Roland Barthes' *Introduction à l'analyse structurale des récits*[94] wenigstens in Umrissen sichtbar werden lassen, wobei wir uns bewußt sind, daß Schleiermachers Anspruch – die universalen Eigenschaften jeder möglichen Rede überhaupt zu erarbeiten – über die Grenzpfähle einer (übrigens ziemlich weitgefaßten)[95] Grammatik des Genre ›récit‹ hinausschreitet.

Am Anfang steht die Überlegung, daß wie jedes diskursive System so auch die Erzählung als ein Netz distributioneller und integrativer Beziehungen zwischen kleinsten inhaltlichen Einheiten angesehen werden muß, die jenem gleichsam einbeschrieben und dadurch als *Funktionen* definiert sind: keine einzige ist, was sie ist, unabhängig von der Beziehung zu allen anderen, keine einzige vermöchte insignifikant zu sein.[96] Nun kann man diese elementaren funktionalen Einheiten, je nachdem ob sie in Beziehungen zwischen Elementen der gleichen oder verschiedener diskursiver Ebenen auftreten, unterteilen in distributionelle oder *Funktionen* im engeren Sinne und in Funktionen integratorischer Natur (*Indices*).[97] Jene beherrschen die Ebene der im weiten Wortsinn *syntagmatischen* (horizontalen), diese die Ebene der im weiten Sinne *paradigmatischen* (vertikalen) Relationen zwischen Erzähleinheiten. Auf jener hat die *Metonymie*, auf dieser die *Metapher* ihren Ort.[98]

Diese Einteilung entspricht recht genau den basalen Regeln, auf

94 Wir hätten statt dessen (um nur sie zu nennen) T. Todorovs *Poetik* zum Vergleich heranziehen können, die in vielen Rücksichten Schleiermachers ›grammatischer Interpretation‹ näherkommt (›Register des Sprechens‹, ›Visionen der Erzählung‹, eigentliche und uneigentliche Bedeutung, die Rolle der Subjektivität im Prozeß der énonciation usw.). Insgesamt schien uns der Schematismus des Barthes'schen Vorschlags aus heuristischen Gründen geeigneter zur Durchführung unseres Vergleichs. (Die in der Abweichung Todorovs und Barthes' manifeste Nicht-Allgemeinheit der strukturalen Methode ist im Augenblick nicht unser Problem.)

95 Barthes selbst illustriert seine Einteilungen häufig durch Beispiele aus dem Bereich des Films (James Bond, *Goldfinger*).

96 *Introduction* . . ., 7

97 L. c. 8/9

98 L. c. 9

denen die ›grammatische Interpretation‹ aufbaut: der Rücksicht auf die doppelte Bestimmbarkeit der Einheit von Bedeutungen aus den vertikalen wie aus den horizontalen ›Umgebungen‹. Auch die folgenden Subdivisionen, die Barthes vorschlägt, halten große Nähe zu den Schleiermacherschen: Funktionen sind abermals unterteilbar in solche, deren Bestand essentiell ist für den Ablauf der Fabel, die Verknüpfung der Aktionen (*fonctions cardinales* ou *noyaux* – nicht unähnlich den ›Hauptgedanken‹ Schleiermachers) und solche, die sich auf eine mehr oder weniger ›kompletive‹, überbrückende, Handlungsabläufe *katalytisch* befördernde und an sich unwesentliche Wirkung beschränken (analog etwa den ›Nebengedanken‹ der ›grammatischen Interpretation‹).[99] Jene stiften *interne* (logische), diese mehr *äußerliche* Beziehungen (so ist es – um ein Beispiel anzuführen – für die Handlung von Tiecks *Ritter Blaubart* [2. Fassung] offenbar wichtig, daß Agnes ihrer Neugier nicht widersteht und die verbotene Kammer betritt; unwichtig aber oder bloß ›kompletiv‹ scheint der Hinweis, daß sie dazu einen Schlüssel gebraucht). Analog läßt sich die zweite (paradigmatische oder integratorische) Klasse von Erzähleinheiten unterteilen in *Indices* sensu stricto und in *Informationen*,[100] d. h. in ›Parameter‹, die als durch die Handlung obstinat sich durchhaltende Indikatoren Winke liefern für die Bestimmung des Charakters (der ἕξις) einer bestimmten Person, einer Gefühlslage, Stimmung, Weltanschauung usw., und solche, die lediglich Ort, Zeit und Begleitumstände situieren helfen (so deuten Peter Berners physiognomische Absonderlichkeit, Simons beständiges Grübeln über Zeit und Zukünftigkeit, Antons hausbackene Rationalität auf handlungsdeterminierende Züge, während Annes vor Beginn der dramatischen Entscheidung (V,4) getane Bemerkung »Wie schön die Sonne aufgegangen ist« eine reine Zeitinformation beizutragen scheint). Wichtig ist nun, daß Barthes – wie Schleiermacher – die Möglichkeit des Ineinanderübergehens solcher Funktionen (des Redundanten und des Wesentlichen, des äußerlich Informierenden und des intern Charakterisierenden) hervorhebt:[101] Die Bedeutung der reinen Katalyse ist niemals gleich Null, sie kann

99 L. c. 9. (Vgl. *HL* 89: »Alles ist Hauptgedanke was um sein selbst willen gesagt ist, alles Nebengedanke, was nur zur Erläuterung gesagt wird [...].«)
100 L. c. 10
101 L. c. 10 und 11

sich sogar wider den ersten Augenschein als essentiell (kardinal) erweisen (der goldene Schlüssel, mit dem Agnes die verbotene Kammer eröffnet, behält einen blutigen Fleck, d. h. steigert sich zu einem kardinalen Merkmal); und ebenso kann die bloße Information indikatorische Wirkung erlangen (der Sonnenaufgang verheißt die baldige Rettung der zur Schlachtbank gerufenen Agnes durch Simon, dessen Sichsorgen den gleichgültigen Bruder endlich zu einem nächtlichen par-force-Ritt bis zum Morgengrauen – »Sonnenaufgang« – zu bewegen vermochte [V,4]).

Vor eine unglückliche Entscheidung sieht sich die Textstrukturierung beim Übergang zur Aufstellung einer *Syntax der Erzählfunktionen* gestellt.[102] Will sie die Homologie zum taxonomisch-grammatischen Modell weiterhin streng beachten, so muß sie die Beschreibung der äußeren Abfolge der Handlungssequenzen (consécution) zugunsten einer a-temporalen Logik ihrer inneren Konsequenzen aufheben.[103] Lévi-Strauss spricht es besonders deutlich aus: »L'ordre de succession chronologique se résorbe dans une structure matricielle atemporelle.«[104] Tut sie das aber, so ist sie in Gefahr, das Transitorische des Erzählablaufs in einer synchronen Serie von (zu Unrecht so genannten) *Sequenzen*

102 L. c. 11-15

103 Kein Wunder, daß die strukturale Analyse zum Mittel der Polemik greift, wenn sie mit H. James' berühmtem Verdikt gegen die Begriffsgeographie einer Literaturkritik, die den lebendigen Fluß der Erzählung mit einem Netz von Kategorien überspanne, sich auseinandersetzt (vgl. Barthes, l. c.; Todorov, *Poetik*, 111 ff.)

104 Zit. R. Barthes, *Introduction* . . ., 12

105 L. c. 13. Was Barthes *Sequenz* nennt, entspricht ungefähr der relativ geschlossenen semantischen Einheit einer Konvention, eines Sprachspiels (er wählt selbst das Beispiel des Im-Gasthaus-Speisens, wobei die Sequenz aus den Schritten »commander une consommation, la recevoir, la consommer, la payer« bestünde). Genau genommen muß man, wie dies auch Schleiermacher tut, die *innersequentielle Syntax*, die kleinere funktionale Segmente zur Einheit einer geschlossenen Phrasis/Proposition verbindet, von der *Syntax der Sequenzen* untereinander unterscheiden (l. c. 14). In beiden Fällen geht es nicht um das Wie, sondern nur um das Gesetz der Verknüpfung. (Ob man im zweiten Falle – per homologiam – von einer Syntax überhaupt sprechen kann, ist zumindest fragwürdig: Man stemmatisiert eine Erzählung nur insoweit, als sie nicht Erzählung ist. Todorov hat zudem darauf hingewiesen, daß der moderne Roman – z. B. *Ulysses* – die Kausalität der völlig emanzipierten Zeitlichkeit unterwirft – ein Umstand, der die strukturale Analysis ihre Grenzen einzugestehen zwingt. Es ist auch fraglich, ob die Kategorie des ›Wiedererkennens‹ in einer Syntax aufgeführt werden kann [*Poetik* 136 f. und 155 f.].)

(d. h. logischen Folgen kardinaler Merkmale »unis entre eux par une relation de solidarité«)[105] erstarren zu lassen, indem sie sie z. B. in ein stemmatisches Schema einschreibt.[106]
Eine solch rigide Strukturierung hält Schleiermacher nur im Falle der nicht-poetischen Prosa (der »logischen Rede«, insbesondere der »streng wissenschaftlich systematischen Darstellung«) für möglich und angebracht (»Hier ist ein Gedanke die unmittelbare Form des Ganzen, und alles Einzelne integrirender Theil desselben« [*HL* 96]). Steht ein lyrisches, dramatisches oder auch episches Gedicht zur Interpretation an, so ist je und je zu prüfen, in welchem Maße, was Barthes die kardinalen Merkmale, Schleiermacher die Hauptgedanken nennt, durch gattungsspezifische »Darstellungsmittel« und den rhetorischen Fluß der ›Nebengedanken‹ modifiziert wird – Effekte, die von einer nur das Kardinale bedeutungsmäßig (›logisch‹) verknüpfenden textuellen Syntax gerade nicht beachtet werden (*HL* 95 ff.). Schleiermacher deutet auf die Konsequenz, »daß hier die hermeneutische Operation auf die psychologische Seite hinübergreift« (*HL* 100).
Nicht daß in der strukturalen Analyse die Logik dieser stemmatischen Inskription gewalttätig sich durchsetzte, ist zu befürchten (»il s'agit là, bien entendu, d'une hiérarchie qui reste intérieure au niveau fonctionel«[107] – auch Schleiermacher behandelt die syntaktischen Einheiten, so weit wie möglich, als funktionale Schemate in wechselnden Kontexten und auf verschiedenen Integrationsniveaus –), wohl aber, daß um ihretwillen die stilistisch-generische Eigentümlichkeit der Erzählabläufe – das Moment, in dem ihre ›Literarizität‹ (Todorov) gründet – für unwesentlich erklärt werden muß[108] (Traum von einer ›écriture ohne Stil‹).
Dieser Gefahr wäre allerdings nur zugleich mit der Wiedereinführung der systemgefährdenden Kategorie eines auktorial seinen Sinn entwerfenden Subjekts zu entkommen (vgl. *HL* 97), wie die Interventionen der technischen Interpretation im grammatischen Teil bei Schleiermacher das vorschlagen. Subjektivität

106 *Introduction* . . ., 15
107 L. c. 14
108 Das zeigen besonders drastisch die Anwendungen, die Todorov (*Poetik* 141 ff.) von der »narrativen Syntax« auf Novellen Boccaccios macht und die ausschließlich auf der propositionalen Ebene operieren, die Erzählung schematisch auf ihre Informationen/Themate und deren Verkettung reduzierend.

als strukturales Determinat autonomer *Aktionen*[109] zu überführen, ist jedoch gerade die démarche der sogenannten Aktantentheorie: Ihr zufolge kann jede Person im Gesamt einer Erzählung hinreichend präzise als grammatikalisches Subjekt (*Agent*)[110] von Sequenzen bestimmt werden, die nicht etwa den Weisungen einer außerstrukturalen Subjektivität parieren, sondern so etwas wie Individualität und Charakter allererst sich herstellen lassen.[111] Jede Sequenz impliziert (im allgemeinen) wenigstens zwei Personen, sie überantwortet sich damit einer Dualität von Handlungsrichtungen und Perspektiven (»ce qui est *Fraude* pour l'un est *Duperie* pour l'autre«[112]). Ein erschöpfendes grammatisches Inventar der Aktionen hätte den Korpus aller nur denkbaren Konfigurationen und Interaktionen zwischen Aktanten zu verzeichnen und ihn einer Reihe von Regeln zu unterstellen (Todorov nennt zwei: *Ableitungen*, wenn es darum geht, andere als die festgesetzten Beziehungen aufzuklären, und *Handlungen*, wenn es darum zu tun ist, kontextvariante Abwandlungen derselben zu beschreiben).

Dergleichen Operationen erfordern Entscheidungsprozeduren, die nur im Vorlauf auf die den Aktionen übergeordnete und höchste Ebene des récit getroffen werden können: im Vorblick nämlich auf das semantisch-syntaktische Gesamtunternehmen der »narration«.[113] So wie die Aktanten als Charaktere und als interagierende Partner durch die Handlungssequenzen definiert sind, die ihnen zugeschrieben werden bzw. zwischen ihnen vermitteln, so ist auch die Interaktion des Autors und des Lesers (des Paars adresser–adressee der literarischen message) eine Funktion des

109 Barthes, *Introduction* ..., 15-17. (Noch *S/Z* versucht, daran festzuhalten [14 f., passim].)

110 Vgl. *Introduction* ..., 18: »Les catégories grammaticales de la personne (accessibles dans nos pronoms) (...) donneront le clef du niveau actantiel.«

111 »Dès son apparition«, erklärt Barthes, »l'analyse structurale a eu la plus grande répugnance à traiter le personnage comme une essence, fût-ce pour le classer« (l. c. 16). Als ob diese halbherzige Freistellung der Subjektivität, die Barthes auch in der Unberechenbarkeit von Praktiken der personnage wiederfindet, die darauf zielen, etablierte Sprachspiele und semantische Sequenzen zu durchbrechen (»moments de risque«, l. c. 14), nicht dementiert würde durch die Tatsache, daß ihre Aktion der ›geschlossenen Logik‹ einer übergreifenden sequentiellen Struktur einbeschrieben ist. Die strukturelle Determination (oder, wie Althussser sagt, Kausalität) löst hier die essentielle lediglich ab.

112 L. c. 16

113 L. c. 18-22

narrativen Codes. D. h.: donateur und destinataire du récit kommen innerhalb einer strukturalen Analyse selbst nur in Betracht, insofern ihre Subjektivität über Zeichen identifiziert werden kann, die dem semiotischen System der Erzählung selbst eignen.[114] (Ein empirischer Autor ist hier ebenso auszuschließen wie ein außer der Struktur situiertes lesendes Individuum. Der Übergang in den Bereich des Sprachlichen ›subvertiert‹ die Subjektivität des Sprechenden auf die bekannte Weise, das erzählende und das erzählte Ich koinzidieren nicht: Es gibt keinerlei referentielle Beziehung zwischen der psychologischen und der linguistischen Person.) Zwar verfügt der Code des Erzählers sowohl über *personelle* wie über *a-personelle Zeichen*,[115] doch übersetzen diese weder das Verhältnis des auktorialen Subjekts zu den Dingen noch ist das eine oder das andere Zeichen notwendig identisch mit einem Pronomen der 1. bzw. der 3. Person (in der erlebten Rede z. B., aber nicht nur dort, sondern wo immer ein »er/sie« in ein »ich« sich überführen ließe, ist die Erzählhaltung impersonal und verharrt doch im System des Personalen;[116] umgekehrt kann die Lektüre Beziehungen zwischen der Subjektivität einer Figur und seiner Umwelt vermuten – etwa, wie oft in der Dichtung der deutschen Romantik, aufgrund einer Konstruktion mit »es war, als ob« –, die sich nicht einfach in die

114 Was nicht heißt, daß die personale Individualität des Autors nicht doch über einen »rapport signalétique« ins Spiel käme – Rapport, »qui fait de l'auteur un sujet plein et du récit l'expression instrumentale de cette plénitude: ce à quoi ne peut se résoudre l'analyse structurale« (l. c. 20). Gleichwohl gesteht Barthes die Möglichkeit zu, denn andernfalls beschränkte sich die Analyse auf die Identifikation des Autor-Zeichens überhaupt, ohne in ihm die Signatur eines bestimmten Autors lesen zu können. Hinter dem »être de papier«, auf das Barthes ihn zu reduzieren trachtet, taucht doch so etwas wie ein »auteur matériel« auf – eine methodologische Unentschiedenheit, auf die wir sogleich abheben werden. – Übrigens hat Dieter Wunderlich (*Die Rolle der Pragmatik in der Linguistik*, in: *Der Deutschunterricht*, Jg. 22, Heft 4 [1970]) darauf aufmerksam gemacht, daß es Ausdrucksmittel gibt, die »sich im Rahmen einer von allen möglichen Sprechsituationen abstrahierenden Sprachbeschreibung nicht sinnvoll darstellen« lassen, und dazu insbesondere das »Vorkommen von *ich*« in einer Äußerung gezählt, das wegen seiner Relation zum Sprecher der Äußerung ohne Hilfe einer *pragmatischen* Verwendungsregel uninterpretierbar sei (l. c. 14).

115 Barthes, *Introduction* . . ., 20

116 Eine gute Illustration bietet das Stilmittel der unpersönlichen, aber perspektivischen Erzählform, deren sich Flaubert in der *Madame Bovary* bedient – Stilmittel, das im nachfolgenden Prozeß von dem Staatsanwalt Pinard nicht durchschaut und mit dem Urteil des Erzählers gleichgesetzt wurde. Vgl. H. R. Jauß, *Literaturgeschichte als Provokation*, Frankfurt/Main ²1970, 203-205.

Ichform umschreiben ließen, usw.). Kurz, die Personalität ist eine »formale« Größe, die zugleich mit dem Akt der textualen parole selbst, der sie ins Spiel bringt, auftaucht und wieder verschwindet (»le discours s'identifie à l'acte qui le délivre«; das nähert ihn dem »ordre performatif«[117]).

Dennoch lassen sich aus dem Gewebe eines jeden Textes Zeichen herauslösen, von denen man zeigen kann, daß sie zugleich in semiologischen Zusammenhängen weit größeren Umfangs fungieren, als durch die Grenzen des Textes eingefaßt werden können, ja daß dieser oft erst aus jenen seine letzte Sinnbestimmtheit empfängt. Barthes spricht von der »situation de récit«,[118] von seinem Verwurzeltsein in sozialen, ökonomischen, ideologischen Zeichensystemen, die er – wie immer unabsichtlich – reflektiert und die überdies noch durch die Sicht (vision) der auktorialen parole vermittelt sind. Zwar betont Barthes, daß die strukturale Analyse beim Text halt macht, doch kommt er nicht umhin zuzugestehen, daß, wo nicht ein empirisches, so doch ein innerdiskursives Repräsentationsverhältnis zwischen dem, was Schleiermacher Geschichte und Sprachgebiet eines Autors nennt, und seinem Text besteht (daß der Referent hier eine selbst schon symbolisch ›subvertierte‹ Realität ist, ändert grundsätzlich nichts am referentiellen Charakter dieser Beziehung).

Dieser latente Repräsentationismus,[119] der sich sehr gut mit einer Reflexionstheorie Hegelschen Typs verträgt (des Wesens ›Scheinen‹ re-präsentiert – statt ihm heterogen zu sein – das Sein als aufgehobenes) kann sich so scharf gegen einen »ordre mimétique«[120] nicht abgrenzen, wie ihm lieb wäre: Unweigerlich bedient sich der narrative Diskurs, insofern er nur überhaupt spricht, der Lexik und Grammatik des Diskurses seiner Epoche, dem er eingeschrieben ist, als dessen abermalige *Funktion* er sich mithin erweist und den eine strukturale Interpretation im Ge-

117 Barthes, *Introduction* . . ., 21

118 L. c. 22, ein Term, in dem man unschwer die Entlehnung aus dem existentialontologischen Diskurs erkennt.

119 Er ist besonders gut bei T. Todorov nachweisbar, dessen *Poetik* das Werk als »Ausdruck für ›etwas‹«, z. B. als »Manifestation« einer Struktur – und sei's der Struktur der ›Literalität‹ im allgemeinen – faßt. »Der einzelne Text ist nur ein Beispiel, das es erlaubt, die Eigentümlichkeit der Literalität zu beschreiben« (l. c. 108 f.).

120 R. Barthes, *Introduction* . . ., 26

webe des Textes selbst zugleich mit der in ihm kodifizierten Weltansicht nachzuweisen hat,[121] will sie es nicht dabei bewenden lassen, eine unbefragte diskursive »*Positivität*«[122] nur zu konstatieren.

Angemessener berücksichtigt scheint Schleiermachers Forderung, die Rede des Autors auf das gesamte Sprachgebiet desselben zu beziehen, in den Vorschlägen zur Textstrukturierung, die Julia Kristeva unterbreitet hat.[123] Dort wird der reale Kommunikationszusammenhang, an dem ein »literarisches Objekt« teilhat, auf die seinen Sinn und seine Struktur vorgängig konstituierende und formierende »*signifikante Praxis*«[124] hin befragt: die Struktur als eine Positivität unabhängig von der sie produzierenden Praxis zu denken, hieße für J. Kristeva, sie wie die fetischisierte Ware zu behandeln. Zwar soll sich's hier um eine »*trans-linguistische*« Praxis handeln, die sich jedoch nicht – wie das die phänomenologischen Sprachtheorien tun – auf die lebendige Rede reduzieren lasse. Der Code, auf dessen Basis so etwas wie ein »*échange de sens*«, ein Austauschen sinnvoller Rede, überhaupt möglich ist, wird selbst als Resultat einer transitiven »structuration« gedacht.[125] Trans-linguistisch ist die signifikante Praxis aber auch dadurch, daß sie die von der Linguistik privilegisierte kommunikative Rede im Schnittpunkt verschiedener, darunter auch nicht-sprachlicher Zeichensysteme (›Texte‹, sagt Kristeva) situiert: z. B. biologischer, ökonomischer, soziokultureller, aber auch biographischer und generischer Codes. Der literarische Text (im engeren Sinne) ist so eine »permutation de textes, une inter-textualité: dans l'espace d'un texte plusieurs énoncés pris à d'autres textes se croisent et se neutra-

121 Solche Überlegungen sind Barthes nicht etwa unbekannt. Noch in *Le degré zéro de l'écriture* (Paris 1953) hatte er geschrieben: »L'écriture (...) est toujours enracinée dans un au-delà du langage« (l. c. 32). Und in *S/Z* ist bekanntlich ein »kultureller« oder »Referenz-Code«, der den Text auf den Diskurs seiner Zeit bezieht, einbezogen (l. c. 23, passim). Vgl. auch Julia Kristevas instruktiven Barthes-Essay *Comment parler à la littérature,* in: *Tel Quel* 47 (1971), 27-49.

122 Michel Foucault, *Archäologie des Wissens,* passim.

123 In welchem Maße sie selbst sich der Barthes'schen Literaturtheorie – besonders der Transitivität seines Begriffs ›écriture‹ – nahe weiß, zeigt der eben zitierte Essay *Comment parler à la littérature.*

124 Julia Kristeva, *Problèmes de la structuration du texte.* In: *Théorie d'ensemble,* Paris 1968 (*Tel Quel*), 297 f.

125 L. c. 299

lisent«.[126] Die einzelne Schrift fungiert im diskursiven System ihrer Zeit als »Ideologem«.[127]

Kristeva betont, hier handle es sich nicht etwa um ein fakultatives interpretatorisches Verfahren, das einer Textanalyse Barthes'schen Stils post festum sich anfügen lasse: »L'acception d'un texte comme un idéologème détermine la démarche même d'une sémiologie qui, en étudiant le texte comme une intertextualité, le pense ainsi dans (le texte de) la société et l'histoire. L'idéologème d'un texte est le foyer dans lequel la rationalité connaissante saisit la transformation des énoncés (auquels le texte est irréductible) en un tout (le texte), de même que les insertions de cette totalité dans le texte historique et social.«[128]

In den Begriffen Intertextualität/Ideologem ist also eine (allerdings vielfältig facettierte) semiologische Referenz auf Realität und Praxis noch zu erkennen (darin gründet der fortwährend »expressive« Charakter von Texten, von welchem Kristeva andernorts als von der »opération d'inscription du réel a-symbolisé dans le tissu de l'écriture«[129] spricht). Dennoch ist es keine absolute oder unitäre Realität, die in der Struktur eines literarischen Textes sich manifestiert, sondern eine »Kombinatorik« von Sequenzen, die – als sogenannte »transforms« – anderen Texten entnommen sind und als deren »*Transformationen*« »relativ« auf sie bleiben.[130] Dies Merkmal verbindet Kristevas mit Derridas Text-Begriff und nähert beide dem historisch-genetischen Zug der Schleiermacherschen Hermeneutik.

Dennoch bleibt ein großer Unterschied. Weder Derrida noch Kristeva denken dem lebendigen und praktischen *Subjekt der Rede* irgendeine Rolle im Prozeß der Strukturierung zu (die semiotische Praxis geht niemals auf in einer »parole communicative visant l'information directe«[131]). Unaufgeklärt bleibt im

126 L. c. 299. Vgl. 311: »La méthode transformationelle nous mène donc à situer la structure littéraire dans l'ensemble social considéré comme un ensemble textuel. Nous appellerons *intertextualité* cette interaction textuelle qui se produit à l'intérieur d'un seul texte.«

127 L. c. 312 [»Nous appellerons *idéologème* la fonction commune qui rattache une structure concrète (disons le roman) aux autres structures (disons le discours de la science) dans un espace intertextuel. On définira l'idéologème à travers ses rapports avec les autres textes.«]

128 L. c. 312

129 J. K., *Comment parler à la littérature*, 28

130 J. Kristeva, *Problèmes de la structuration du texte*, 315/6.

131 L. c. 299. Es scheint, als habe J. Kristeva in späteren Arbeiten (z. B. in *Comment parler à la littérature*) den Subjektbegriff als irreduzibles und

Grunde bei ihnen wie bei Barthes das So-und-nicht-anders der Oberflächengestalt des »in Umlauf gebrachten Sinns«, wie er jenseits der universellen semiotischen Arbeit, die ihn produziert (»travail pré-sens«)[132], der konkreten Interpretation sich darbietet. Unaufgeklärt bleiben infolge dieser methodischen Abstraktion (die zur Unwahrheit wird, wenn sie sich nicht als solche durchschaut) alle Spuren der Arbeit des Sinns (travail du sens), d. h. alle Stilphänomene und Symbole einer nicht-regulierten Individualität.

Die ›positive Formel‹ der Hermeneutik

Einer solchen Abstraktion macht sich die »positive Formel«, die Schleiermacher für die hermeneutische Arbeit aufstellt, nicht schuldig, denn sie ergänzt den Objektivismus einer regelgeleiteten grammatischen Interpretation durch das subjektive Moment der Auslegung. ›Positiv‹ heißt die Formel in Abhebung gegen ihre bloß negative Variante, mit welcher das ›kunstlos‹ betriebene Verstehen kritisiert wird (*HK* 85/6). Die positive Formel, aus der alle hermeneutischen Regeln abzuleiten sind, besagt, die Auslegungskunst bestehe in dem »geschichtlichen und divinatorischen objectiven und subjectiven Nachconstruiren der gegebenen Rede« (*HK* 87). Wir werden uns dem Begriff der Regel zu gegebener Zeit zuwenden und zunächst die ›Formel‹ selbst zu erläutern versuchen. Die in ihr implizierte Vierfalt von Zusammenstellungen verschiedener Aspekte spiegelt die Tatsache wider, daß keiner von ihnen anders denn in einer Synthese mit einem anderen auftreten könnte – wodurch der Autonomie sowohl der grammatischen wie der psychologischen Interpretation widersprochen ist – und daß seine Eigenart nur durch ein Vorherrschen über sein Korrelat sich herauszuheben vermöchte. Diese Prädominanz kann sich wiederum unter zwei Gesichtspunkten realisieren: die

dialektisches Moment einer – im Hegelschen Sinne – höheren Einheit (»ni objectif ni subjectif mais les deux à la fois«) gewürdigt – eine Wendung, die nicht von ungefähr zum frühen Barthes zurück – und zum »sartrisme« hinführt (vgl. l. c. bes. 30-33, 36/7, 41). Allerdings wird auch dort daran festgehalten, daß Subjektivität sich »in letzter Instanz« nicht auf der Ebene der »Kommunikation Ich-Du« realisiere, sondern chosistisch in einer ›Bewegung der Sache selbst‹ (l. c. 31). Vgl. auch *Matière, sens, dialectique*, in: *Tel Quel* 44 (1971), 17-34.

132 J. Kristeva, *La sémiologie comme science critique*, l. c. 88.

in Richtung auf das Subjektive (P[arole]) oder Objektive (L[angue]) überwiegenden Synthesen können jeweils unter dem Exponenten der Geschichte (L′) oder dem der Divination (P′) stehen und umgekehrt. (Wir werden den Charakter des jeweiligen Verhältnisses durch Kursivsetzung bzw. exponentiales Hochstellen der Symbole L, L′, P, P′ formal indizieren.)

Objektiv geschichtlich $(\mathrm{P} - L')^{\mathrm{L}}$ wird die Rede als pure Manifestation einer historisch gegebenen Grammatik betrachtet, und zwar insofern, als die Grammatik als allgemeines Schema der Interaktion die kollektive und praktische Interpretation in sich aufbewahrt, die eine bestimmte Gruppe bzw. Gesellschaft zu einer bestimmten Zeit über das Verhältnis ihrer Mitglieder zueinander und zur gemeinsamen Welt entworfen hat (Ideologem). – Schleiermacher gibt in seinen *Vorlesungen über das Leben Jesu* eine gute Illustration des allgemeinen hermeneutischen Satzes, daß »man (...) keinen Einzelnen aus seiner Zeit, Alter und Volk herausreißen (könne)«.[133] Christus, heißt es dort, »konnte sich (...) nicht anders als in der Sprache ausdrükken die ihm angeboren und anerzogen war, und auf der seine Gemeinschaft mit anderen Menschen beruhte. (...) In dieser Beziehung (...) stand er unter der Potenz seiner Volksthümlichkeit, deren Ausdruck die Sprache, und allerdings auch seines Zeitalters: und wenn er eine Wirksamkeit ausüben sollte in dieser Beziehung, so konnte er es nur mittelst der gangbaren Vorstellungen, deren er sich bedienen mußte.«[134]

Wir werden den Rückgang von einem gegebenen Text auf die fundierende Grammatik künftig durch das Attribut *objektiv regressiv* kennzeichnen, wobei wir zunächst außer acht lassen, daß jeder Diskurs ein Schnittpunkt intertextueller Transformationen ist.

Objektiv prophetisch (oder *divinatorisch*)[135] $(\mathrm{L} - P')^{\mathrm{L}}$ wird die Rede betrachtet, insofern sie das grammatische Repertoire L semantisch/syntaktisch alteriert, wie dies am Diskurs Christi nachzuweisen ist: Stellte die »ihm angeborene und anerzogene Sprache« auch die conditio sine qua non für die Formulierung einer »absoluten Gotteserkenntniß« dar, so war sie doch nicht

133 *SW* I/6 (hg. von K. A. Rütenik, Berlin 1864), 7
134 L. c. 13/4
135 Schleiermacher verwendet die Ausdrücke hier synonym. In der Formel selbst steht »divinatorische« als Korrektur über »profetische« (*HK* 87).

schon die ratio per quam derselben. Es bedurfte einer freien semantischen Transformation ihres Weltbildes, »sonst wäre Christus gar nicht nöthig gewesen, sondern die Gotteserkenntniß hätte sich von selbst mittelst der Sprache weiter verbreitet.«[136] Noch deutlicher: »Im Gesammtleben könnte es keine Entwikkelung geben, in keiner Beziehung, wenn es nicht unter der Potenz des Einzelnen stünde. (...) Fördert (...) der Einzelne das Gesammtleben durch Resultate, die vorher nicht da waren aber hernach ein Gemeingut werden, so steht das Ganze unter der Potenz des einzelnen Lebens.«[137]

Wir werden diesen Aspekt *objektiv progressiv* nennen, insofern die individuelle Sprachverwendung nicht nur ein Ereignis im Subjekt darstellt, sondern den Code selbst ›objektiv‹ durch neuen – in ihm nicht schon vorgesehenen – Sinn bereichert. Freilich: jede Innovation ist relativ auf das von ihr überschrittene Sprachsystem, und »absolut neu ist keine neuerfundene Form« (*HL* 155; vgl. *HK* 161, Z. 9/11).[138]

Subjektiv geschichtlich $(L' - P)^P$ wird die Rede betrachtet, wenn man sie aus dem Lebenszusammenhang des redenden Individuums zu verstehen sucht: aus der nun nicht mehr nur objektiv-geschichtlichen, sondern individual-historischen Totalität des Sprechers. Die *subjektiv-regressive* Deutung verfolgt die Rede[139] auf den »Keimentschluß« (*HK* 165, *HL* 160, 163, 168), d. h. auf den alle Einzelmotivationen des Individuums teleologisch orientierenden Daseinsentwurf zurück,[140] der freilich selbst wieder im Motivationszusammenhang steht mit dem objektiven (›gemeinsamen‹) Geist der Epoche und der Gruppe (»der Einzelne wird nur in und durch das gemeinsame Leben, und es ist das ein festes, nicht zu alterirendes Verhältniß, und jeder einzelne Mensch ist in seiner Entwikkelung schon zugleich ein Resultat von dem

136 *SW* I/6, 13. Vgl. 7: »Das Verhältniß des Einzelnen zum Gesammtleben ist ein doppeltes: er dominirt, oder er folgt, Christus absolut dominirend, aber doch in seiner Receptivität auch unter der Potenz, weil er sonst weder menschlich hätte entwickelt werden können noch auch menschlich wirken.«

137 *Leben Jesu*, 11

138 Vgl. l. c.: »Unter denen, die solchen dominirenden Einfluß auf das Gesammtleben üben, kann es aber keinen geben, der, indem er in der einen Beziehung dominirt, nicht in einer anderen Beziehung unter der Potenz des Gesammtlebens stünde.«

139 von der Schleiermacher im Wortsinne als von einer »Thatsache im Gemüth« des Sprechers handelt (*HK* 87, passim). Jede Sprachverwendung ist ein das System überschreitender *Akt* der Subjektivität.

140 Schleiermacher spricht auch vom »Grundgedanken« (*HL* 159, 162).

gemeinsamen Leben«[141]). Auf diese Weise entsteht eine Reihe von Wechselbeeinflussungen zwischen der Universalität der Epoche und der des Lebenszusammenhanges.

Wir merken im Vorbeigehen an, daß Schleiermacher das *psychologische* und das *technische* Moment in dieser Definition nicht ausdrücklich differenziert. Im Vorgriff auf seine im WS 1832/33 vorgetragenen Äußerungen über den »relativen Gegensaz des rein Psychologischen und Technischen« (*HK* 163/4, *HL* 152-4) können wir sagen, daß die *psychologische Deutung* eine gegebene Rede von ihrem »Anfangspunkt«, nämlich »aus der Gesamtheit der Lebensmomente« zu verstehen sucht, indem sie in den Zirkel von Folgerungen aus der individuellen Kombinationsweise des Verfassers auf sein gesamtes Vorstellungsmaterial und umgekehrt sich verwickelt, um den aktuellen ›Impuls‹ seiner Äußerung in der Totalität seines Lebensverständnisses aufzusuchen. Der *technischen Interpretation* ist es dagegen darum zu tun, die gegebene Rede in ihrem »Endpunkt« zu betrachten, sie »auf ein bestimmtes Denken«, auf einen aktuellen Redekontext und auf eine ›vorbedachte‹ Äußerungsabsicht zurückzuführen, wobei sie sich dem Zirkel von »*Meditation*« und »*Composition*« ausliefert: die Meditation besorgt die Reflexion auf die ›freie Tat‹, den ›Entschluß‹, die ›Selbstbestimmung‹ des Verfassers bei einer bestimmten situativen Äußerungsintention (= »genetische Realisirung«), während die Composition die Ausformung dieses Entwurfs in einem bestimmten (generischen und stilistischen) Arrangement der Zeichen vollzieht (= »objektive Realisirung«).

Subjektiv prophetisch (L – *P'*)^{P} wird die Rede betrachtet, sobald man sie nicht mehr nur von ihrer Vergangenheit, sondern von der durch sie eröffneten Zukunft her versteht, d. h. sobald man realisiert, daß ihre »Kombination unter der Potenz eines bestimmten Zieles« erfolgt ist (*HL* 150). »Eine Art von Profetie« wird erfordert, um »das Innere des Menschen mit einem solchen klaren Bewußtsein aufzufassen und darzustellen, daß man auch mit einer gewissen Sicherheit sich denselben Menschen denken könnte unter andern Koeffizienten, d. h. unter andern einwirkenden Umständen und Kräften«.[142]

141 *Leben Jesu*, *SW* I/6, 8. Vgl. *HK* 119: »Die National und Säcular Individualität ist die Basis der persönlichen. (...) Der Schriftsteller ist also nur aus s[eine]m Zeitalter zu verstehen.«

142 *Leben Jesu*, *SW* I/6, 7/8. »Unter andern Koeffizienten«, das bedeutet nicht »unter einem andern Volk, oder in einem andern Zeitalter, (...) weil

Die *subjektiv progressive* Deutung entdeckt den konstituierenden Entwurf also im Lichte seines Kontinuität stiftenden Sinns oder Zwecks (qua ›objektive Realisirung‹ des ›Keimentschlusses‹) und errät (›ahndet‹) außerdem, inwiefern der hermeneutische Vorgriff des Autors auf seinen ›Grundgedanken‹ zurückwirken mag. Da sie sich, um den freien Akt der Rede als solchen zu erfassen, vom Ensemble kodifizierter Daten (grammatischer ebenso wie biographischer) – dem Feld alles Signifikanten – lösen muß, hat sie selbst einen *freien Akt* zu vollbringen, zu dem der Text des Autors sie zwar motiviert und gleichsam auffordert, ohne ihr indessen eine bestimmte – strukturell vorgezeichnete – Verfahrensweise an die Hand geben zu können. Insofern tut »die Klarheit, mit welcher ein andrer mich auffaßt und erkennt (...), meiner Freiheit keinen Eintrag«[143] – denn diese Klarheit ist nicht das Ergebnis des deduktiven Nachvollzugs einer strukturalen Kausalität, sondern einer nicht unter Regeln zu bringenden schöpferischen Initiative des Interpreten.[144] Hier entsteht also ein methodologisches Vakuum, das sich durch keine Positivität auffüllen läßt und die hermeneutische Aufgabe zu einer »unendlichen« verhält (*HK* 88, 82, passim). Wir werden im Zusammenhang einer Erörterung der Probleme der technischen Interpretation und des Stils darauf zurückkommen.

Ein Vergleich mit der ›regressiv-progressiven Methode‹ der Flaubertinterpretation Sartres

Zunächst aber wollen wir die besondere Aktualität der ›positiven Formel‹ Schleiermachers durch einen Vergleich mit der ›regressiv-progressiven Methode‹ auffällig zu machen suchen, die Sartre im Vorspann zur *Kritik der dialektischen Vernunft* unter dem Titel *Questions de méthode*[145] entwickelt und in seiner gewaltigen Flaubertinterpretation (*L'Idiot de la famille.*

der einzelne Mensch (alsdann) nicht derselbige geworden wäre« (8). Es geht um die Divination der Einheit des Sinns selbst im Wechsel der Bedeutungen.

143 L. c. 9

144 Es handelt sich hier um eine Klarheit ganz anderer Ordnung als der des ›clare et distincte percipere‹ Descartes'.

145 Wir erinnern daran, daß wir auf die deutsche Übersetzung dieses Werks unter der Sigle *ME* verweisen, da sie nicht – wie im französischen Original – der *CRD* selbst vorangestellt ist.

Gustave Flaubert de 1821 à 1857)[146] auf einen Dichter, seine Dichtung und seine Epoche anzuwenden versucht hat. Für die literaturwissenschaftliche Hermeneutik besitzt dieser Versuch ein Interesse, das ihm kein anderes in der Geschichte hermeneutischer Theoriebildung hervorgetretenes Werk streitig macht. Einerseits darum, weil es nicht nur, wie Szondi es Gadamer vorwerfen konnte, auf den Gipfeln einer rein ontologischen Grundlegungsarbeit sich aufhält,[147] sondern das Ensemble der Wissenschaften einbezieht, die uns Kenntnisse über die réalité humaine liefern können; sodann, weil es darüber hinaus auf die Felder einer intentionell keinem Detail und keiner Nuance ausweichenden Interpretationsarbeit herabsteigt, der man statt Anwendungsscheu vielmehr hat vorwerfen können, ein systematisches ›Delirium der Überinterpretation‹ zu riskieren. Im Kontrast zu dieser vorbildlosen und anspruchsvollen Doppelung hermeneutischer Theorie mit durchgeführter Interpretation mag Schleiermachers Entwurf (der immerhin auch, z. B. in den *Vorlesungen über das Leben Jesu* [1832], erfolgreich aufs Feld der Anwendung sich vorwagte) dürftig erscheinen. Man wird dennoch nicht übersehen, daß das von Sartre vertiefte und in großem Maßstab zur Geltung gebrachte Verfahren mit keinem zweiten in Grundzügen so genau zusammengeht wie mit der ›objektiv-subjektiven, geschichtlich-divinatorischen Methode‹, die zuerst Schleiermacher ausgebildet und die die moderne Hermeneutik teils voreilig verworfen, teils ungenügend oder einseitig rezipiert hat.

Wir werden uns angesichts des Gedankenreichtums und der abundanten Materialfülle des Sartreschen Werks darauf beschränken, diese bestimmte Konvergenz näher zu bezeichnen. Unser Anknüpfungspunkt ist die Dialektik von Struktur und Praxis, von Universellem und Individuellem, die wir als den gemeinschaftlichen Motor sowohl der Schleiermacherschen wie der Sartreschen Sprachtheorie nachzuweisen versuchten.

Das Allgemeine – d. h. das Gesamt all dessen, das einer reflexiv-objektiven oder thetischen Erkenntnis (ob Anthropologie oder Semiologie) sich darbietet – enthält danach das Einzelne (in dem spezifischen Sinn, in dem Sartre den Term verwendet)

146 Der 4. Band, der u. a. eine phänomenologische und strukturale Analyse der *Madame Bovary* enthalten sollte, wird nach Sartres Erkrankung wohl nicht mehr erscheinen können.

147 Auch hier freilich steht Sartres Werk in jeder Hinsicht auf der Höhe zeitgenössischer Theorie.

keineswegs wie ein Subsumt in sich: das Individuelle ist die unsichtbare und stets bewegliche Grenze des Allgemeinen, die selbst nichtsignifikante Möglichkeit für die Signifikanz alles im Netz der Struktur Verwobenen. *Es ist das relative Nichtsein (qua Nicht-Bestimmtsein und Nicht-Artikuliertsein) des Subjekts (sujet véritable), von dem her den Objekten und ihren Repräsentanten das Sein qua Bestimmtsein widerfährt.* Insofern gibt es eine nicht reduzierbare Abhängigkeit des Allgemeinen vom Einzelnen. Andererseits drängt das Einzelne in dem Maße, wie es nicht *ist,* nach dem Sein: es *ist* nur, als was es sich dem Allgemeinen einschreibt, d. h. als bestimmt durch das System von Bedeutungen, denen es durch seinen Entzug zum Sein verhilft. Unter diesem Aspekt ist es durchaus eine Funktion des Objektiven. Jede ›Nichtung‹ (néantisation) wird sich als eine Veränderung im Bereich des Objektiven selbst reflektieren, und die *Praxis* ist ihrem Wesen nach nichts anderes als »ein Übergang des Objektiven zum Objektiven durch Verinnerung; der Entwurf, der sich als subjektive Überschreitung der Objektivität auf [eine neue] Objektivität hin zwischen den objektiven Möglichkeiten des Milieus und den objektiven Strukturen des Feldes von Möglichem erstreckt, stellt *an ihm selbst* die bewegende Einheit der Subjektivität und Objektivität, dieser Grundmomente der Aktivität, dar. Das Subjektive erscheint mithin als notwendiges Moment des objektiven Geschehens.«[148]
Diese (von Schleiermacher her bekannte) Doppelbezüglichkeit jeder ›Seinserschlossenheit‹ sowohl auf ein objektives Gesamt von relativ subjekt-unabhängig und als inerte (materiell vermittelte) Totalität tradierten Bedeutungen[149] *wie* auf die individuelle Art und Weise, in der Subjekte diesen Zusammenhang verinnernd überschreiten (ihn teils konservierend, teils alterierend),[150] muß sich im Verfahren der Interpretation widerspiegeln.[151] (Weder wird die Absorption des Subjekts im Anonymat

148 *CRD* 66 (*ME* 79)
149 Sartre nennt dieses System mit Hegel den *objektiven Geist* (vgl. *L'Idiot de la famille*, Bd. 3, 41 ff.). – Wir haben weiter oben gezeigt, daß besagte Unabhängigkeit wirklich nur relativ ist: Bedeutungen verweisen grundsätzlich auf subjektive Institutionen; nur entgleiten sie dem Individuum in dem Maße, in welchem *andere* es waren, die sie gestiftet haben (»parole« oder »discours de l'Autre«, wie Sartre in Anlehnung an Lacan sagt: l. c. Bd. 1,24; Bd. 2, 1818, passim).
150 L. c. Bd. 3, 49
151 »C'est qu'un homme n'est jamais un individu; il vaudrait mieux l'appeler un *universel singulier:* totalisé et, par là même, universalisé par

des ›Traditionsgeschehens‹, noch die Privilegierung der privaten Geschichte des Subjekts durch die Psychoanalyse ein der Dialektik dieser Verflechtung angemessenes Resultat erbringen.) Die ›Situation‹ des Subjekts, seine ›Inskription‹ in einer bestimmten Grammatik, seine ›Insertion‹ in einem Ensemble sozio-ökonomischer und historischer Verhältnisse usw. – all diese Faktoren (deren Studium sich der Verfahren und Erkenntnisse spezifischer Einzelwissenschaften zu bedienen hat) erwerben ihren eigentümlichen Sinn – den die Interpretation zu finden hat – immer erst von ihrer Grenze, von ihrem Nichtsein her: der Rückprall des Möglichen ist es, von dem her das seine Realität überschreitende Subjekt seine Situation erhellt, ohne ihr zu entkommen: Gewordensein und Möglichsein, Kausation und Motivation, Situation und Projekt verhalten sich hier ungefähr wie das Hegelsche ›Vorausgesetztsein‹ zu seiner Aufhebung (im dreifachen Sinne) durch das ›Setzen‹. Man findet in der Innerlichkeit des Subjekts alle Züge der Struktur wieder, über die es sich zu erheben versuchte. Aber dieser Fund »bleibt abstrakt«, solange er sich damit begnügt, lediglich auf das zu deuten, was er vorab schon kannte: das Allgemeine. Es läßt sich mehr finden: der Abstand zwischen zwei synchronen Schnitten der Objektstruktur enthüllt den subjektiven Zusatz, der durch die verinnernde und wieder rückentäußerte Praxis der Struktur auferlegt wurde und sie daran hindert, sich ganz und gar mit dem zu decken, was an ihr überschritten ist.[152] Anders gesagt: in jeder Äußerung menschlicher Subjektivität findet sich der Verweis auf ein Universum von Zeichen, Bedingungen, Bewandtnissen, ›Kollektivinstrumenten‹, zu denen man durch eine *regressive Analyse* zurücksteigen muß.[153] Durch *Differentiierung* muß man von ihm das individuelle Novum sich abheben lassen,[154] das die Transzen-

son époque, il la retotalise en se reproduisant en elle comme singularité. Universel par l'universalité singulière de l'historie humaine, singulier par la singularité universalisante de ses projets, il reclame d'être étudié simultanément par les deux bouts. Il nous faudra trouver une méthode appropriée« (*Préface* zum 1. Bd. des *Idiot de la famille*, 7/8).

152 *CRD* 86 f. (*ME* 108). Wichtig ist die Irreduzibilität des Entwurfs auf die Struktur: »De toute manière, l'action et la vie de l'homme que nous devons étudier ne peuvent pas se réduire à ces significations abstraites, à ces attitudes impersonelles« (*CRD* 88, *ME* 110).

153 Vgl. zum folgenden *CRD* 85/6 ff. (*ME* 107 ff.). Wir belegen Zitate aus *Questions de méthode* einstweilen im laufenden Text nach *CRD*.

154 Ein Akt, der an der Divination des Interpreten seinen Maßstab hat. Wir werden uns diesem Problem ausführlich widmen.

denz des Subjekts ihm zugefügt hat (interprétation différentielle [*CRD* 88]). Es ist, sagt Sartre, die Differenz zwischen den Gemeinsamkeiten (Communs) und der »attitude concrète de la personne étudiée, leur enrichissement, leur type de concrétisation, leurs déviations, etc., qui doivent *avant tout* nous éclairer sur notre objet. Cette différence constitue sa singularité.«[155] Endlich ist das auf diese Weise herausgelöste Datum durch ›singuläre Hypothesen‹ auf den Entwurf in seiner Einzigartigkeit durchsichtig zu machen, der eine neue Synthesis des trésor du signifiant fundiert hat (*progressive Synthese*). All diese Hinsichtnahmen und Verfahren können jeweils einem überwiegenden Interesse an der Struktur (insofern sie es ist, die dem Entwurf als Basis dient und insofern jeder Entwurf sich in einer neuen Anordnung der Struktur objektivieren muß) oder an der Individualität entspringen (insofern sie die Struktur auf singuläre Weise verinnerlicht und von ihr sich abhebt)[156] – wodurch man der Vierfalt von Gesichtspunkten wiederbegegnet, die Schleiermachers ›positive Formel‹ verzeichnet.

Sie entfaltet sich stets auf je zwei einander überlagernden Ebenen:[157] auf der ersten ist das Verhältnis der epochalen Umstände zur Lebenstotalität des Autors (Biographie), auf der zweiten das Verhältnis seines projet fondamental zur Gesamtheit all seiner einzelnen Entwürfe (Dokumente, Lebensbekundungen, Äußerungen, Werke usw.) zu untersuchen. In beiden Fällen liegt der hermeneutische Akzent auf dem Bruch, auf der Differenz, durch welche das Individuum über die vorgegebene Struktur hinausgeht, d. h. auf seinem *Stil.* So wie der »Stil eines Autors« unmittelbar auf eine bestimmte ›conception du monde‹ (»la structure des phrases, des paragraphes, l'usage du substantif, du verbe

155 Die gleiche Unterscheidung hatte Schleiermacher zwischen der ›kunstlosen‹ und der ›strengeren Praxis‹ (›Kunst‹) angebracht: Während jener das Novum »entgeht«, durch das sich das sprechende Subjekt im Stil seiner Äußerung verrät, geht diese »von der Differenz der [allgemeinen] Sprache und der [individuellen] Combinationsweise aus« (*HK* 87, § 16), um in ihr die Spur des Subjektes zu lesen.

156 Schleiermacher nennt das »Hinaufwärtssteigen vom Gegebenen zum Grunde seines Ursprungs« – z. B. von der Rede zur Struktur – eine »spekulative«, die in der Absicht »zu erkennen, warum sie so und nicht anders gegeben sind,« unternommene »Abwärts«-Bewegung vom allgemeinen Begriff zu seinen Konkretisationen eine »technische« Tendenz (*Ästhetik, SW* III, 7, 34).

157 Sartre spricht von Schichten (couches), die sich differentiell aussondern lassen, ohne daß die jeweils höhere (konkretere) auf die tiefere (abstraktere) sich zurückführen ließe: *CRD* 92 und *L'Idiot de la famille*, Bd. 1, 7.

etc., la constitution des paragraphes et les caractéristiques du récit – pour ne citer que ces quelques particularités – traduisent des présuppositions secrètes qu'on peut déterminer *différentiellement*« [*CRD* 90]) und mittelbar auf eine Biographie zurückverweist, so verweist die Biographie ihrerseits auf umfassendere soziale Strukturen der Epoche, von denen sie wiederum durch verstehende Differentiierung[158] abgehoben werden muß, damit hinter der Universalität des Entwicklungsstandes der intellektuellen und materiellen Produktivkräfte, der die Epoche prägenden sozialen Interaktionsweisen in Gesellschaft und Familie usw. das »einzigartige Drama« (*CRD* 91) einer Kindheit oder eines ganzen Lebens sichtbar werden kann. Motiviert von Fragen, die das Werk an das Leben und an die Zeit des Autors stellt, sucht die *regressive Analyse* in ständiger Ausdehnung ihres Fragehorizonts die *Situation* freizulegen, in welcher die Kraftlinien des Universellen und des Einzelnen sich schneiden. Sie wird durch die Biographie hindurch Schritt um Schritt zu den soziohistorischen und endlich universalgeschichtlichen Zusammenhängen vordringen und sich dabei der objektivierenden Hilfsmittel der existentiellen Psychoanalyse, der Soziologie und der Geschichtswissenschaften (um nur sie zu nennen) bedienen. Es entsteht so zwischen den Äußerungen (Dokumenten, Lebensbekundungen, Werken) und den Verhältnissen, auf die jene verweisen (ohne daß es immer zu vollständigen Entsprechungen kommen müßte: das Werk kann seine Motivationen verschweigen oder überdeterminieren, es wird sie in jedem Falle irgendwie interpretieren), eine Art Hin-und-her-Bewegung (»un *va-et-vient*«)[159], die sich über mehrere hierarchisch einander überlagernde Ebenen hindurch erstreckt und annäherungsweise (›approximativ‹) endlich den Gegenstand der Untersuchung »in seiner vollen historischen Tiefe zu erfassen« erlaubt (*CRD* 92).

Wir werden *eine* solche Spiralbewegung innerhalb des vielgliedrig gestaffelten Prozesses einer ›regressiven Analyse‹ durch das Beispiel illustrieren, mit dem Sartre seine große Flaubert-

158 Sartre gebraucht in diesem Zusammenhang das Verbum »deviner« (*CRD* 91). Vgl. *L'Idiot de la famille*, Bd. 1, 658.

159 Wir werden im nächsten Kapitel sehen, daß es sich um Strukturen des hermeneutischen Zirkels handelt. Die Individualität des Textes verweist über die Biographie, die familiale Interaktion und das unmittelbare soziale Milieu auf die historische Totalität, und diese verweist in umgekehrter Richtung auf die Individualität als den Ort ihres konkreten Daseins.

interpretation beginnen läßt.[160] Er wählt als Ausgangsdatum ein biographisches (zuvor auf seine Glaubwürdigkeit geprüftes) Zeugnis aus der Feder der Caroline Commanville (Flauberts Nichte schwesterlicherseits), die berichtet, daß der kleine Gustave sich schwertat beim Lesen- und Schreibenlernen. Nur widerstrebend, nach gescheiterten Anleitungsbemühungen seiner durch die intellektuelle Frühreife des älteren Bruders verwöhnten Mutter, habe er die Fertigkeit erworben – und zwar durch die Vermittlung eines gewissen père Mignot –, etwa gleichzeitig mit seiner vier Jahre jüngeren Schwester, mithin gewiß nicht vor seinem siebten oder achten Lebensjahr. Es gibt flankierende Daten: Eltern und Geschwister beobachten eine an Stumpfsinn (hébétude) und geistige Absenz grenzende Wortlosigkeit und Verträumtheit des Kindes (naiveté) sowie eine Leichtgläubigkeit gegenüber selbst absurden Äußerungen anderer, die zumindest einen bedenklichen Mangel an Urteilsfähigkeit besorgen läßt (crédulité, confiance). Ist dieses entwicklungsverzögerte Kind (enfant demeuré) ein Idiot? Man forscht in seinen Zügen nach den Spuren des Blödsinns. Die diagnostische Kompetenz des Vaters (des angesehenen Chirurgen am Hôtel-Dieu zu Rouen) findet einen Namen für jene idiotie continuée: es handelt sich um eine ›Epilepsie‹ – Diagnose, durch die im vorhinein all jene ›Nervenkrisen‹, ›Zufälle‹ und ›Zusammenbrüche‹ definiert sind, die Flauberts Mannesalter skandieren. Und die Mutter, die nie an sein Talent glauben will, wird noch im Verhalten des erwachsenen Schriftstellers die Spuren einer ›nie abgelegten Naivität‹ lesen. So weit reichen die erhaltenen Nachrichten über dies Thema und über diesen Zeitraum. Später gibt es natürlich Äußerungen von Flaubert selbst, z. B. in dem Brief an Mlle Leroyer de Chantepie vom 6. Oktober 1864: »Nur durch strenges Arbeiten komme ich dahin, meine angeborene Melancholie zum Schweigen zu bringen. Aber der alte Bodensatz (fond) taucht immer wieder auf, der alte Grund (fond), den keiner kennt, die tiefe stets verborgene Wunde« – Äußerung, die klar auf die früheste Kindheit verweist (»*angeborene* Melancholie«).

Sartres interpretatorische Hypothese lautet, es sei das in dem schlechten Initialverhältnis zur Sprache konnotierte Trauma

160 Wir geben im folgenden (soweit nicht anders vermerkt) eine stark gestraffte und de-nuancierte Paraphrase der Seiten 13-61 des ersten Bandes von *L'Idiot de la famille*.

(»Wunde«), diese kleine, und doch nie eingeholte Verspätung gewesen, welche über Flauberts Karriere als Schriftsteller entschieden hat. Um sie zureichend zu begründen, muß man damit beginnen, von den Daten vorübergehend sich abzuwenden, um in einer regressiven Bewegung die universellen Voraussetzungen[161] aufzusuchen, die das Motiv zu der eigentümlichen Ant-wort geliefert haben könnten, welche in der anfänglichen Sprachnot des kleinen Gustave enthalten ist.

Die erste regressive Analyse, die hinter die reine (»phänomenologische«) Deskription der malaise linguistique zurückfragt, entdeckt in Gustaves Vertrauensseligkeit ein Ausblenden der kritischen und korrektiven Instanz eigenen Erfahrens: Die Wörter, die man ihm sagt, haben ihre referentielle Transzendenz eingebüßt: sie *sind* selbst die Dinge, auf die sie zeigen. Nicht der Sinn, die verbale Materialität fasziniert ihn – Merkmal, das sich in seinen Dichtungen und in seiner Dichtungstheorie wiederfinden läßt.

Die zweite regressive Bewegung befragt die rein linguistische Dimension: die ›mauvaise insertion de l'enfant dans l'univers linguistique‹ manifestiert nicht allein ein Verhältnis zur Sprache, sondern durch es hindurch ein gestörtes Verhältnis zur sozialen Welt im allgemeinen, zur Familie insbesondere; das gläubige Hinnehmen der parole de l'Autre bekundet die Unterwerfung unter das übermächtige Subjekt dieser Rede: den Vater als den Autor von nicht durch Erfahrungen des angesprochenen Kindes kontrollierbaren Äußerungen, den Sprechenden als unbedingte und fremde Autorität.

Eine sprachtheoretische Reflexion muß, um das Eigentümliche der Flaubertschen Sprachhaltung differentiell hervortreten zu lassen, den abstrakten und privativen Charakter dieser Idee von Sprache als einem jeder synthetischen Initiative des Sprechers entgleitenden ›Sprachgeschehen‹ aufdecken. Die Rede ist nie ein autonomes Widerfahrnis oder ein anonymer Zuspruch von seiten des Anderen. Zwar impliziert die Einbettung in ein sprachliches Universum eine gewisse Subversion oder Alteration der sprechenden Subjekte: aber in jedem Akt der Rede findet eine wenigstens

161 Sie bilden zunächst ein nur »partikulares System« (Einfügung in die ›familiale Interaktion‹ der Flauberts), das erst in einem weiteren Schritt durch das Gesamt der sozio-historischen Verhältnisse und der sie unmittelbar reflektierenden Ideologien der Epoche ergänzt werden kann (diese Aufgabe stellt sich der 3. Band des *Idiot de la famille*).

partielle Wiederaneignung der Sprache durch den Sprechenden statt – Dimension, die Flaubert verschlossen zu bleiben scheint. Er macht auf halbem Wege halt: er nimmt die ihm zuteil gewordenen Worte für das Ausgedrückte selbst (also auch die durch sie mitgeteilte Autorität für die Autorität der Wörter selbst); er denkt nicht daran, sie seiner Transzendenz dienstbar zu machen; er vertraut der in den Wörtern manifestierten, nicht der eigenen Schöpferkraft.

Was seiner Rede fehlt, ist – kurz gesagt – die selbsteigene *Intention.* Sie wird magisch ersetzt durch den Willen des Vaters, der ihm das Wort darreicht (parole de l'Autre, parole donnée, 24).[162] Man beginnt aufgrund dieser Beobachtungen Flauberts Vorliebe für den nicht-referentiellen oder symbolischen Sprachgebrauch, seine Lust an der bedeutungslosen Sonorität der Musik, seine Sehnsucht nach dem ›être la matière‹ zu verstehen: Dies stumme Kind will sein impersonal erlebtes Selbst nicht mitteilen; und seine Verweigerung der Kommunikation impliziert eine Option auf das Inartikulierte (Lacans ›inarticulable‹). Zwischen einem von den Eltern vergötterten und bald als Wunderkind angesehenen erstgeborenen Bruder und einer jüngeren, ebenfalls erwünschten Schwester, die spielend lesen lernt, auf die Welt gekommen und zu wenig geliebt, ist Flauberts Lage hoffnungslos von Anbeginn: die eines schon im Augenblick der Geburt Geschlagenen.

Diese Rückschlüsse orientieren sich noch immer weitgehend an dem Bericht der Caroline Commanville. Um zu zeigen, daß Flaubert seine Situation in einer diese interpretatorische Hypothese bestätigenden Weise erlebt hat, muß man sein Frühwerk heranziehen. In einem Text des Fünfzehnjährigen (*Quidquid volueris*) sind alle Symptome beisammen: Djalioh, Mensch und Affe in einem (Mensch nur in seinem sprachlosen Selbst, das zugleich von der Sehnsucht bewegt wird, sich der Natur gleichzumachen; bête im Blick der Menschen, die ihn als Analphabeten aus ihren Reihen aussondern), tut sich schwer beim Vollbringen des ›biologischen Wunders‹, die Schrift zu erlernen. Er spricht nicht gern und kann nur mit Mühe artikulieren, wird verlacht beim gleichwohl nicht aufgegebenen Violinspiel (deutliche Metapher eines Kindheitserlebnisses, über das Caroline berichtet: der kleine Gustave wird einer Naivität überführt; man verlacht

162 Vgl. die ausführliche Erörterung dieses Zuges l. c. 618 ff.

ihn, aber er kommt nicht hinter seinen Fehler). Die Musik ist hier wie andernorts Symbol für die Verweigerung der Mitteilung, der artikulierten Sprache. Djalioh ist – mit einem Wort – bête, idiot. In seinem unaussprechlichen Inneren toben wilde (»tierische«) Leidenschaftsstürme (die Affektivität ist eine Art *Passion*, ein Widerfahrnis vom Typ eines Naturereignisses) – nach außen hin aber zeichnet der Stumpfsinn, die Leere seine Züge. (Die *Mémoires d'un fou*, in Ich-Form geschrieben, bestätigen über weite Strecken und schon durch den Titel die autobiographische Symbolik dieser Phantasien.[163]) Wieder unterbricht Sartre die Analyse durch eine sprachtheoretische Reflexion: Ist das passionierte Schweigen, das als Natur erlebte (vécu) ›Indisable‹ wirklich die Alternative zur kommunikativen Funktion des Sprechens? Tatsächlich – wir zeigten es früher – ist die denotative Rede ständig unsichtbar durch eine symbolische Schicht von Konnotationen überkodiert, in denen das ›stumme Gefühl‹ – Objekt einer ›Hermeneutik des Schweigens‹[164] – indirekt sich offenbart. Das bedeutet jedoch nicht, daß die beiden Codes voneinander abzutrennen wären. Die symbolischen ›Totalitäten‹ (z. B. Gefühlsekstasen) setzen ein System analytisch differenzierter Bedeutungen voraus (langue), dessen Starrheit sie durch die *synthetische* Arbeit frei gewählter Kontexte auflösen, indem sie die Wortschemata zwingen, einen im lexischen Repertoire noch nicht inventarisierten Sinn freizugeben, der ihm alsdann zugeschlagen werden kann. Auf diese Weise ist das Unsagbare weniger das Andere als vielmehr der Grund des Sagbaren. Es ist, wie Sartre es ausdrückt, »selbst ein verbaler Akt, ein in der Sprache gehöhltes Loch, das, als solches, nicht anders aufrechterhalten werden kann denn als eine virtuelle Benennung, deren Sinn durch die totalité du Verbe festgelegt ist« (41).

Der fünfzehnjährige Gustave bestätigt zunächst das Gegenteil: ihm ist die Sprache unveränderliches Repertoire, analytische Macht sedimentierter Vergangenheit (Kindheit) über die Zukunft. Er hält seine inneren Ekstasen darum für inkommunikabel, weil er kein Vertrauen in die individuelle Freiheit (Saussure) seines Redevermögens hat. »Das Kind hat wahrhaftig die Unverträglichkeit (incompatibilité) der affektiven Synthesen mit

163 Ebenso die *Pest zu Florenz*, die die Phantasie des eifersüchtigen Brudermordes hinzufügt. (l. c. 45)
164 L. c. Bd. 3, 29

den institutionellen Zeichen, die sich darauf beziehen, gefühlt. Das Wort war für ihn zunächst das Werkzeug und Resultat der analytischen Operationen, die die Erwachsenen von außen auf ihn ausübten. Man teilte ihm die Schlußfolgerungen mit, er erkannte sich darin nicht wieder« (40).

Flauberts Passivität ist auch dann in Wahrheit ein synthetischer Akt, wenn dieser sich selbst in Abrede stellt: Die ›mauvaise insertion dans l'univers linguistique‹ bleibt das ›einzigartige Abenteuer‹ eines Kindes, das durch sie hindurch sein Gewordensein erfährt, zueignet und überschreitet. Wie immer entfremdet, regiert das Vécu die im Stil offenbare individuelle Wortwahl und -kombination. Die Sehnsucht nach dem Nichts-an-mitteilbarer-Bedeutung, nach dem Nichtswollen, -fühlen, -begehren reflektiert Flauberts ureigenste Weise, sich angesichts des Von-ungefähr seiner Situation zu wählen (55 ff.). Seine aktive Revolte gegen die Autorität der Erwachsenen besteht in der symbolischen Auslöschung des Sichtbaren – dieser Domäne der parole de l'Autre – selbst (es wird nicht gesehen, sondern imaginiert: »Die Wahrnehmung macht sich zur systematischen Negation jedes realen Inhalts, um zum Leeren, dieser dem Sein und dem Nichts gemeinschaftlichen Kategorie, zu gelangen, zum inneren absentéisme und zur äußeren indifférentiation« [43]) und im Protest gegen die Gewalt der Dinge (*sie* sind verantwortlich, nicht die Praktiken). Flaubert verinnerlicht seine Insuffizienz, seine *objektive* Erniedrigung (familiale Situation), um daraus eine permanente Struktur seiner Subjektivität zu machen.

Sartre nennt diesen Zug die »*passive Aktivität*« Flauberts, um das Paradox dieser frei gewählten ›inertie‹ auffällig zu machen (Paradox, das schon in dem Briefzitat an Mlle Leroyer de Chantepie aufschien: die »tiefe, stets verborgene Wunde« ist zugleich »angeboren« und – als Wunde – erworben, sie ist zugleich Trauma – erlitten – und Strategem – aktiv eingesetzt –). Die Verweigerung des aktiven Bezeichnens, die Vorstellung von der Sprache als einem »double«, das sich selbst spricht, einer fremden Gewalt, die ohne sein Zutun sich vollzieht (Gustave spricht nicht, »il *est parlé*, âme parlée«, 49), und sein Selbst (vécu) nicht ausdrückt, sondern sich unterwirft; die seit Pont l'Evêque wiederholten Zusammenbrüche, Fluchten, ›attaques de nerfs‹; der Stumpfsinn (les hébétudes), die Naivität, die Leichtgläubigkeit; das *Pathos* (die als selbstlose Gewalt erlittene Affektivität) – all diese Züge müssen, sobald ihre phänomenologische Deskription abgeschlossen und ihre Abkunft aus der Situation, der sie antworten, in einer ersten Hypothese einleuchtend gemacht ist, *im Rahmen einer progressiven hermeneutischen Synthesis* (56) wiederaufgenommen und der Einheit der Handlung einbeschrieben werden, durch die Flaubert seine familiäre Entfremdung negiert und sich als dieser eigentümliche und unverwechselbare Schriftsteller mit diesem bestimmten Stil zugleich konstituiert und objektiviert. Das Sichlosreißen von den objektiven Bedingungen seiner Kindheit strebt über eine Reihe ständig umgewandelter Bedeutungsformationen nach einer gleichfalls »objektiven Lösung« der Widersprüche seines Lebens, die wir in seinen Texten lesen können. »Nous avons la série: du conditionnement matériel et social jusqu'à l'œuvre, il s'agit de trouver la *tension* qui va de l'objectivité à l'objectivité, de découvrir la loi d'épanouissement qui dépasse une signification *par* la suivante et qui maintient celle-ci dans celle-là. En vérité, il s'agit d'inventer un mouvement, de le recréer« (*CRD* 92).

Hier also vollzieht die regressive Interpretation ihre erste Umwendung als Öffnung nach vorn: in Richtung auf eine ›synthèse compréhensive‹,[165] die bis zum unüberholbaren Ziel des Lebensentwurfs des Interpretanden vorläuft: bis zu seinem Tod.

Sie muß, da sie von der vorgegebenen Struktur weg- und auf die Art hinblickt, in der das Individuum (z. B. Flaubert) das ›Unverständliche seiner Geworfenheit‹ (ständig sich auseinandersetzend mit den ablenkenden Gewalten der ›Kollektivinstrumente‹) in der ›notion‹ seines eigentümlichen Selbstverständnisses aufhebt,[166] den Status einer ›Vermutung‹ behalten, für die der Interpret durch seine divinatorische Kompetenz einzustehen hat. Keine Methode verhält die ›compréhension conjecturale‹[165] eines moti-

165 *L'Idiot de la famille*, Bd. 1, 56

166 Es geht hier vor allem darum zu zeigen, daß diese Aufhebung keine Kausalkonsequenz aus der Struktur ist. Das heißt nicht, daß, wer dies zugesteht, ipso facto einer grenzenlosen Autarkie des Subjekts das Wort redet. Sartre macht das durch eine Parabel sehr deutlich: Niemand entkommt den von seiner Epoche/Situation vorgegebenen Bedingungen: »man kann die Holzstämme schneiden, um daraus Spieße zu machen, nicht mehr«. Der Spieß wird immer die Materialität des Holzpfahls bewahren, sie nie hinter sich bringen. Immerhin: »die Veränderungen *müssen verstanden werden*: es handelt sich in der Tat darum, eine neue Totalisierung im Ausgang von den inneren Widersprüchen einer ihr vorangehenden Totalität und von dem Entwurf her, der aus ihnen erwächst, zu reproduzieren« (l. c. 54). – Vor allem geht

vierten interpretatorischen Entwurfs zu einer an unabhängigen Fakten bewährbaren Hypothese über ein Kausalgewebe, in das alle phänomenologisch sichergestellten Daten als Funktionen eingeschlagen wären. Die Wahrheit dieser ›vermutungsweisen Restitution‹ kann nicht bewiesen, ihre Wahrscheinlichkeit nicht gemessen werden:[165] sie ist sowenig ein Determinat der Struktur wie der Entwurf selbst, den sie zu verstehen sucht. Die Rückversicherung bei der Universalität der Grammatik erklärt die Singularität des ›konkreten Sinns‹ nicht zureichend. ›Klares Bewußtsein‹ und ›notwendige Einsicht‹[167] in die ratio per quam dieses einzelnen Sinns kann nur die progressiv-divinatorische Interpretation gewähren.

Verschiedene Anwendungen des hermeneutischen Zirkels

Es ist unmöglich, die dialektische Einheit des Objektiven und des Subjektiven, des Regressiven und des Progressiven mit dem notgedrungen sukzessiven und analytischen Vorgehen der konkreten Interpretationsarbeit zusammenzubringen, ohne eine Reihe zirkulärer Verwicklungen vorauszusehen. Jede hermeneutische Hinsichtnahme – sei's auf ›Sprachschatz‹ und ›Geschichte des Zeitalters eines Verfassers‹ (*HK* 88) oder das, was er aus ihnen macht; sei's auf seinen Lebenszusammenhang oder seine singuläre Äußerung – verkommt zur unwahren Abstraktion, sofern sie sich nicht um ihren komplementären Aspekt ergänzt. *Der hermeneutische Zirkel,*[168] welcher in Kürze besagt, daß das Einzelne nur aus dem Ganzen und das Ganze nur aus dem Einzelnen verstanden werden könne (*HK* 141/2), *entspringt mithin aus der wechselseitigen Abhängigkeit des grammatischen und des psychologischen, des objektiven und des subjektiven Aspekts.* Darin gründet seine Fundamentalität und Universalität[169] – schließlich erschöpft das Zusammenspiel des Grammatischen und des Psycho-

es darum nachzuvollziehen, was »aus Gustave einen von allen anderen von Grund auf verschiedenen Menschen« macht (l. c. Bd. 3, 10).

167 Ausdrücke Schleiermachers, die wir sogleich erörtern werden.

168 der als solcher natürlich keine Entdeckung Schleiermachers ist. Auf ihn geht nur die dialektische Begründung desselben zurück.

169 Er sei, erklärt Schleiermacher zu Beginn der zweiten *Akademierede,* von »solchem Umfang für diese Kunst und so unbestreitbar, daß schon die ersten Operationen nicht ohne Anwendung desselben zustande gebracht werden können, ja daß eine große Menge hermeneutischer Regeln mehr oder weniger auf ihm beruhen« (*HK* 142).

logischen das gesamte Spektrum der ›Auslegungsmethode‹ (*HK* 83, § 13) –, und daraus läßt sich die Gliederung seiner verschiedenen Anwendungsbereiche erschließen. Eher spiral- als kreisförmig zwischen einzelnen Aspekten der beiden Pole sich höher-›potenzierend‹, entfaltet er sich schrittweis auf mehreren »Stufen« (in immer »höheren Bezügen« [*HK* 147 u. 150 o.]), deren unterste das einzelne Lexem, deren höchste der ›Geist eines Zeitalters‹ ist. In dieser Bewegung, die selbst einer strengen Dialektik folgt,[170] lassen sich abermals zwei übergreifende Ebenen unterscheiden: Die erste reflektiert das Verhältnis des Einzelnen und des Ganzen in der Spanne zwischen einzelnem Wort und einzelnem Werk eines Autors (»einzelner Schrift« [*HK* 89, § 23]), die zweite in der Spanne zwischen einzelnem Werk und soziohistorischem Gesamt seines Zeitalters, wobei der Bezug zwischen einzelnem Werk und Totalität der Werke einer bestimmten Zeit (›ganzer Literatur‹ [*HK* 151]) den Übergang vermittelt. Es gibt ebensoviele Anwendungen des Zirkels wie Ebenen von jedesmal an Allgemeinheit die vorige übertreffenden Wechselbeziehungen zwischen

1. Einzelvorkommen eines *Worts* und Zusammenhang des *Satzes*,
2. *Satz* und *Rede*,
3. a) *Rede* und *einzelner Schrift* eines Autors,
   b) *Hauptgedanken* und *Nebengedanken* einer Schrift,
4. a) *Einzelwerk* eines Autors und *›ganzer Literatur‹* eines Zeitalters,[171]
   b) *Einzelwerk* und *Lebenstotalität* eines Autors,
5. *Lebens-* und *Werk-Totalität des Autors* und *›gemeinsamem Geist‹ des Zeitalters.*

(6. *Zeitgeist eines Autors* und *Zeitgeist des Auslegers*).[172]

170 Ihre Logik ist im Grunde bereits aus dem Viereck der ›positiven Formel‹ zu abstrahieren: Jeden Aspekt mit jedem anderen verbindend, erhält man sechs verschiedene mögliche Anwendungen und eine Zweigliedrigkeit dadurch, daß das unterm Exponenten des Grammatischen Gesetzte kontinuierlich dem unterm Exponenten des Psychologischen Gesetzten sich entgegenarbeitet. Der Übergang liegt naturgemäß zwischen $(L - P')^L$ und $(L' - P)^P$, zwischen dem Maximum an Subjektivität im Felde des Objektiven und dem Maximum an Objektivität im Felde des Subjektiven.

171 Durch diesen Zirkel ist die Beziehung von Einzel- und Gesamtwerk eines Autors übergriffen, so wie im 5. Zirkel die ›ganze Literatur‹ impliziert zu denken ist.

172 Bis auf die sechste Zeile hält sich dieses Schema recht genau an den Aufriß, den Schleiermachers zweite *Akademievorlesung* gibt.

Die ersten beiden Anwendungen fordern dazu auf, die Bedeutung eines einzelnen Ausdrucks (Worts oder Redeteils) durch das strukturierte Ganze des ihm nächstübergeordneten »Zusammenhangs« (des Satzes[173] oder der Rede) zu bestimmen. Es geht darum, seinen »Sprachwerth«, dessen *Bedeutungs*profil »doch jedesmals durch (seine) Umgebung etwas anders gewendet« wird (*HK* 143), auf seinen »Localwerth« – d. h. seine Funktion als Konstituent des *Sinns der ganzen Äußerung* – hin zu überschreiten und die auf solche Weise vorläufig gesicherte Bedeutung der ganzen Äußerung durch ein abermaliges Abwägen gegen ›alle ihre Umgebungen‹ (*HK* 57) zugunsten eines auch sie übergreifenden Sinns aufs Spiel zu setzen (und so immer weiter).
Die Spiralen dieses Zirkels lassen sich recht gut mit den einander potenzierenden Ebenen semantischer Kohärenz vergleichen, die A. J. Greimas in seiner *Sémantique structurale*[174] vorführt. Auch bei ihm gibt es so etwas wie einen Vierschritt von der elementaren (Seme in der Synthesis eines Lexems/Semems) über die klassematische Ebene (lexikalische Einheiten im Sinnzusammenhang einer Phrasis) zu den Isotopien (Kohärenzebenen, deren Elemente wiederkehrende Klasseme sind) und endlich zur *totalité de signification*, dem organischen Gesamtsinn des zu interpretierenden Textes. Allerdings hindern der strukturalistische Ansatz und das Bestreben, die semantische Entschlüsselung von Texten durch Aufdeckung methodischer Verfahrensweisen (eines deskriptiven Algorithmus) gleichsam zu automatisieren, Greimas daran, die sinnstiftende Kompetenz des interpretierenden Subjekts gerecht zu veranschlagen und der strukturalen Semantik eine Hermeneutik an die Seite zu stellen, die er doch faktisch ständig in Anspruch nimmt,[175] ohne die Zirkularität seines Verfahrens zu reflektieren, wie es Schleiermacher tut.

173 den, wie wir gezeigt haben, Schleiermacher als semantisches Minimum behandelt (*HK* 160; 41/2; 47; 91: »(. . .) als ein Saz eine untheilbare Einheit ist, und als solche ist auch der Sinn eine Einheit, das Wechselbestimmtsein von Subject und Prädicat durch einander«).

174 L. c. 53 im Kontext

175 S. 93/4 gibt er zu, hierin bestünden die Hauptprobleme semantischer Beschreibung ›in ihrer Anfangsphase‹. Vgl. J. Culler, *Structuralist Poetics*, 92: »Semantic description must provide a representation of the structuring activity of the reader«. – Übrigens widespricht Culler (l. c.) dem Versuch, den Gesamtsinn eines Textes gleichsam induktiv – aus einer »série d'inductions« seiner Elementarbedeutungen – aufzubauen, mit Merleau-Ponty's Hinweis auf die methodische Notwendigkeit, den Einzelsinn umgekehrt durch einen vorgängigen

Wir finden bei diesem ferner in Einzelheiten vorweggenommen, was Lacan als das ›unentwegte Gleiten des Signifikats unter dem Signifikanten‹[176] (*E* 502, *S II* 27) beschreibt: der Sinn faßt zwar *Stand* (*insiste*) auf der Signifikantenkette, gleichwohl hat kein einzelnes Element der Kette festen *Bestand* in der Bedeutung (ne *consiste* pas dans la signification), die ihm die augenblickliche Konstellation und Kombination der Signifikanten zuspielt und als deren Funktion er sich erweist. Die Bedeutungsbildung ist so lange in einem rhetorischen Fluß, in dessen Verlauf sie auf den sie beschließenden Sinn noch wartet und nur durch Vorgriffe sich beziehen kann (l. c.), bis das Gleiten der Signifikanten an einem ›point de capiton‹ vorläufig durch einen terminalen Ausdruck zur Ruhe gebracht wird (l. c. und *E* 805, *S II* 179/80).[177] Natürlich hängt die sinngemäße Arretierung jenes »glissement incessant du signifié« und allgemein: die je letztgeltende »Bestimmung des Sinns« (*HK* 154) einer zeitlich sich entwickelnden rhetorischen Kette von dem im Prozeß der Auslegung erreichten Verständnis des Gesamtsinns des Werks ab (und genau genommen nicht einmal nur von ihm) – ein Umstand, an dem man die Unabschließbarkeit der einzelnen Ebenen des Zirkels recht gut ermessen kann.

Wäre der Zirkel abschließbar, so handelte sich's in der Tat um eine bloße Heuristik von Antizipationen, die sich hernach an den diskursiven Fakten des Textes zu bewahrheiten oder zu falsifi-

Entwurf des ›ganzen Sinns‹ zu bestimmen (*Le visible et l'invisible*, 243), ohne allerdings auf das Problem des hermeneutischen Zirkels zu verweisen. (S. 94/5 spricht er immerhin von »interpretativer Kompetenz«.)

176 Ein Gleiten, das bekanntlich seinen Grund in der Auflockerung hat, die der Subjekt-Signifikant S im trésor du signifiant auslöst, um dessen signifikante Synchronie in jenen »primordinalen Pulsschlag der Zeit« hineinzureißen, dessen Terrain die Diachronie und die Metonymie ist (vgl. *E* 805/6; *S II* 179/181).

177 Der Hinweis auf Lacan ist nicht äußerlich. Schleiermacher gebraucht fast die gleichen Worte, um »den Unterschied zwischen dem unbestimmten, fließenden Gedankengange und dem abgeschlossenen Gedankenkomplexus (zu bezeichnen). Dort ist wie im Flusse ein Unendliches, ein unbestimmtes Übergehen von einem Gedanken zum andern, ohne nothwendige Verbindung. Hier, in der geschlossenen Rede, ist ein bestimmter Zweck, auf den sich alles bezieht, ein Gedanke bestimmt den andern mit Nothwendigkeit, und ist das Ziel erreicht, so hat die Reihe ein Ende« (*HL* 148/9). Schleiermacher ordnet diesem Gegensatz die Dualität des mehr psychologischen und des mehr technischen Gesichtspunktes zu.
Sartre würde hinzufügen, daß auch die Bestimmtheit der geschlossenen Rede relativ bleibt zumindest auf den je erreichten Stand historischer Wahrheit, und daß ›die Wörter ihren letztgeltenden Sinn erst am Ende der Geschichte, in einer idealen Totalisierung, preisgeben‹ (*L'Idiot de la famille*, Bd. 3, 15).

zieren hätten – d. h. es gäbe gar keinen Zirkel – Einwand, mit welchem die analytische Wissenschaftstheorie in diesem Zusammenhang zur Stelle zu sein pflegt.[178] Dieser Einwand unterstellt freilich die analytische Ablösbarkeit der referentiellen Transzendenz jeder literarischen und/oder interpretierenden Rede von der »Vision«, die ihr wie ein »nie ganz abzulegendes Gewand« (Peirce) anhaftet und den subjektiv-mittelbaren Charakter jedes Bedeutens ins Spiel bringt: Die Rede ist nie ganz transparent für die Sache, ja die Sache *ist* eigentlich (weit entfernt, daß ihr Wahrheitswert in der Paraphrase unberührt bliebe) die Art ihres Ausgesprochen- und/oder Ausgelegtwerdens:[179] »Zwei verschiedene Visionen ein und derselben Tatsache machen aus ihr zwei verschiedene Tatsachen.«[180]

Die vom Sinn einer Redeeinheit vorlaufende »Ahndung des Ganzen« (*HK* 145), der an den Details von Wort, Satz, Phrasis sich abarbeitende, korrigierende und totalisierende Entwurf des ›sens total‹ konstituiert den Zirkel der 3. Ebene. Seine Struktur ist vorbildhaft für alle folgenden Anwendungen, die das Schema verzeichnet und in denen es darum zu tun ist, einzelne schon ge-

178 Vgl. Theodor Abel, *The Operation called ›Verstehen‹*, in: Feigl/Brodbeck (eds.), *Readings in the Philosophy of Science*, New York 1953, 677 ff.; Wolfgang Stegmüller, *Probleme und Resultate der Wissenschaftstheorie und Analytischen Philosophie*, Bd. I, *Wissenschaftliche Erklärung und Begründung*, Berlin-Heidelberg 1969, Kap. VI, 360-375; ders.: *Der sogenannte Zirkel des Verstehens*, in: K. Hübner/A. Menne (Hg.), *Natur und Geschichte*, 10. Dt. Kongreß für Philosophie (Kiel 1972), Hamburg 1974, 21-46; sowie neuerdings (mit ausdrücklichem – wenn auch philologisch höchst fragwürdigem – Bezug auf Schleiermacher) Heide Göttner, *Die Logik der Interpretation. Analyse einer literaturwissenschaftlichen Methode unter kritischer Betrachtung der Hermeneutik*, München 1973, 62 ff., bes. 131/2 ff. und Siegfried J. Schmidt, *Literaturwissenschaft als argumentierende Wissenschaft. Zur Grundlegung einer rationalen Literaturwissenschaft*, München 1975, bes. 196 ff. (philologisch in bezug auf Schleiermacher ebenso fragwürdig wie H. Göttner, auf deren Untersuchung Schmidt sich stützt). Zur Kritik von wissenschaftstheoretischer Seite vgl. die folgende Anmerkung.

179 Die Kritik an der szientistischen Überzeugung, die Humanwissenschaften könnten auf transinterpretativ (nämlich explanatorisch) verifizierbare ›*data bruta*‹ rekurrieren, hat eine wichtige Unterstützung durch Charles Taylor erfahren (*Erklärung und Interpretation in den Wissenschaften vom Menschen*, Frankfurt/Main 1975, 154 ff.). Man wird seine Parteinahme für die hermeneutischen Thesen von der Irreduzibilität des Verständniszirkels und von der Unmöglichkeit, die Struktur von Bedeutungen von der Art abzulösen, wie sie verstanden und interpretiert werden, um so höher veranschlagen, als Taylor's sinnkritischer Ansatz selbst in der Tradition der *Philosophy of Science* gründet.

180 T. Todorov, *Poetik*, 124. Es gibt hier auffällige Parallelen zwischen den Argumenten Todorovs und Taylors.

sicherte Bedeutungskomplexe (deren kleinster die Phrasis ist) auf höhere signifikante Einheiten hin zu überschreiten. Man muß sehen, daß auch dies keine bloß heuristische Notwendigkeit ist. Schleiermacher erklärt ausdrücklich, daß das vom Vorverständnis entworfne Ganze nicht »der Gesamtheit der Einzelheiten gleich (sei)« (*HL* 38) und daß die Unvermeidlichkeit von Antizipationen nicht in dem äußerlichen Umstand gründe, daß das menschliche Auffassungsvermögen, als an die Zeit gebunden, nicht im ersten Schritt schon von allen Gliedern der zur durchlaufenden Kette Kenntnis haben könne. Eine derartige Erklärung setzte naiv voraus, es sei möglich, Einzelnes qua Einzelnes unabhängig vom Ganzen zu erkennen, während Schleiermachers Zirkel-»Kanon« besagt, daß »um [auch nur] das erste genau zu verstehen, (...) man schon das Ganze aufgenommen haben (muß)« (l. c.). Mit anderen Worten: Etwas *als* etwas erkennen heißt: seine an sich bedeutungsindifferente Positivität auf ein (in ihm selbst auf keine Weise vorgezeichnetes und an ihm weder zu verifizierendes noch zu widerlegendes) Ziel hin zu überschreiten, in dessen Licht es sich als Bedeutendes allererst erschließt; heißt: eine bestimmte Rede mit dem Schlüssel einer ihr selbst nie abzugewinnenden Frageerwartung (einem Interpretanten) aufzuschließen, die immer schon im Horizont einer parasemischen oder einer Totalität von Sinn fungiert und in der Begegnung mit dem Arrangement der Signifikanten sich spezifiziert.
Es gibt also eine strenge Wechselabhängigkeit der einzelnen Bedeutung und des ganzen Sinns, so daß jedes vollendete Verständnis ›vorläufig‹ und ›unvollkommen‹ bleibt (*HK* 144-146). Der Satz, daß erst am Ende »alles Einzelne sein volles Licht erhält und in reinen und bestimmten Umrissen sich darstellt« (*HK* 144), ist nicht die Kurzform eines am Ideal der vollen Präsenz orientierten Szientismus. Er erläutert die Relativität jeder noch unabgeschlossenen Signifikantenkette in bezug auf ihren jeweils letzten Term (point de capiton) und behauptet mitnichten – wie der Kontext zeigt – die von der Kette unabhängige Wahrheit eines ›Endpunkts‹, in dessen Licht die Bedeutungen ein für allezeit zu einem »vollständigen Verständnis«[181] sich ordneten. Gadamer

181 H.-G. Gadamer, *WuM* 179. Ausdrücklich läßt Schleiermacher die »Unendlichkeit« der hermeneutischen Aufgabe in dem Umstand gründen, »(daß) es ein Unendliches der Vergangenheit und der Zukunft ist, was wir in dem Moment der Rede sehen wollen« (*HK* 88), also in der Temporalität des interpretierten Gegenstandes selbst.

muß die Funktion und den Zusammenhang dieses Schleiermacherzitats ziemlich mutwillig entstellen, um der im Zirkel-Theorem besiegelten »spekulativen Relativierung« »grundsätzliche« Tragweite absprechen und sie auf ein »deskriptives Ordnungs-Schema«[182] reduzieren zu können.

Wir meinen, daß es dieser Kontext ist, in dem auch der Sinn von Schleiermachers hermeneutischer Forderung, etwas ›als nothwendig einzusehen‹ (*HK* 31, 108, 115, passim), sich aufhellt. Im Gegensatz zu der Deutung, die E. D. Hirsch ihr gibt, meint Schleiermacher gerade nicht, daß vom Rede-Typ eines Autors eine quasi ›objektive‹ und methodische Notwendigkeit für sich beanspruchende Demonstration sich geben lasse (ein »Ausdrukk« Wolfs, gegen den er »Protest« glaubt »einlegen« zu müssen [*HK* 131 und 132; vgl. 128, 141]): Die grammatische Interpretation bringe es eben nicht bis zum Verständnis des Eigentümlichen einer Komposition, und was durch sie verstanden werde, sei eben darum noch »nicht (mit) Nothwendigkeit eingesehen« (*HK* 115, ähnlich 108). *Notwendiges Verstehen* oder, wie Schleiermacher in den *Vorlesungen über das Leben Jesu* zu sagen pflegte, »klares Bewußtsein« in der Auffassung eines Menschen[183] hängt vielmehr davon ab, daß man über dem funktionalen Gefüge der Signifikanten den aufs Ganze ausgreifenden Sinnentwurf, in dessen Magnetfeld ihr Stil sich konfiguriert, letzten Endes also sowohl seine Kontinuität wie seine »Genesis nie aus den Augen verlirt« (*HK* 108). Etwas als notwendig einsehen heißt dann gerade nicht, durch Gleichsetzung mit der Sprache (Grammatik) des Urhebers (*HK* 88) in den Besitz derjenigen discovery procedures zu gelangen, aufgrund deren ich seine Äußerung als regelgesteuertes Dedukt eines semiotischen Codes rekonstruieren kann. Es heißt vielmehr, die nicht semiotisch beschreibbaren Eigentümlichkeiten seiner Äußerung (ihren Stil, das Gerade-so-und-nicht-anders der Zeichen-Kombination) als einen gleichwohl nicht-zufälligen Zug der Rede zu erfassen, d. h. ihren nicht-signifikanten Sinn im Vorlauf auf eine gleichfalls unbezeichenbare Totalität zu erraten, in deren Licht die durchgängig symbolische Überdetermination des Sprachgebrauchs in ihrer Kontinuität sichtbar und für den Daseinsentwurf des Autors transparent wird.[183] Im Grunde ist es nichts (nämlich nichts Signifikantes), das das Zeichen vom Symbol trennt. Indessen gäbe es ohne jenes »élément non signifiant«,[184] ohne jenen Null-Signifikanten, vor dessen Leere die Positivität der Terme eines

182 *WuM* 178/9. Vgl. ferner die Abhebung der am Objektivitätsideal »geheimnisvoller Kommunion der Seelen« entworfene Zirkeltheorie Schleiermachers von deren existenzialer und sachbezogener Begründung durch Heidegger (l. c. 275-278).
183 Vgl. *SW* I/6, 8/9, passim
184 Sartre, *L'écrivain est-il un intellectuel?*, 449 (dt. 61)

semiotischen Systems nach Lacan und Derrida sich allererst als solche abzeichnen, keinerlei Bedeutung, insofern, wie Sartre sagt, die Bedeutungen selbst vom Sinn ausgewählt sind und in ihm wurzeln (elles *s'enracinent dans le sens*).[185] Der Sinn ist »die Gegenwart der Totalität im Teil«.[186] Das unübertragbare Nichtsein bestimmt das kommunikable Sein der Bedeutungen: sie, die immer diesseits eines ›point de capiton‹ auftauchen und in bezug auf ihre Grenze ›provisorisch‹ bestimmt bleiben (*HK* 144), erweisen sich als Institute eines die signifikanten Inhalte umhüllenden ›fundamentalen Schweigens‹,[187] das – statt an den Mechanismus der Dekodierung – an eine ›Hermeneutik des Schweigens‹[188] appelliert, die seine teleologische ›Notwendigkeit‹ diviniert.

Die gleiche Zirkelstruktur beherrscht die Beziehung des ›einzelnen Werks‹ zur Totalität der zeitgenössischen Literatur einerseits, zur Lebenstotalität des Autors andererseits (vierte Ebene). Dieser Zirkel manifestiert zum erstenmal explizit die Differenzierung in einen allgemeinen oder generischen und einen psychologischen Aspekt – eine Differenzierung, die sich auf der fünften Ebene in größerem Maßstab wiederholt: der ›Gemeinsame Geist‹ des Zeitalters ist ein Strukturapriori für die Auslegung der Äußerungen des ›besonderen Geistes‹ nur unter der Voraussetzung einer vorab gelungenen ›Divination‹ des Lebensstils von Einzelnen und der ›Abstraktion‹ des ihnen Gemeinschaftlichen (*HK* 152). Vorbereitet war dies bereits durch die – für den Kursus der philologischen Interpretation konstitutive – Unterscheidung von *Haupt-* und *Nebengedanken* eines einzelnen Werks (Ebene 3 b). Unter jenen versteht Schleiermacher, wie wir sahen, die mehr oder weniger zuverlässig ausweisbaren Sachgehalte, Informationen und Propositionen einer Schrift (*HK* 106), unter diesen die von der Konsequenz des ›récit‹[189] am wenigsten determinierten und darum für den ›Keimentschluß‹ des Autors am meisten durchsichtigen Manifestationen grammatisch in-signifikaten Sinns: sie lassen die »Art, wie« die Zeichen kombiniert werden (*HK* 117), indirekt erkennen, und ihre Deutung ist naturgemäß »unerschöpflich« – eine nur annäherungsweise auflösbare Aufgabe (*HK* 146).

185 L. c. 450 (dt. 61)
186 L. c.
187 L. c. 437 (dt. 52). Vgl. *CRD* 107, passim
188 *L'Idiot de la famille*, Bd. 3, 29
189 Schleiermacher spricht gelegentlich von der »Relation« einer Schrift (z. B. *HL* 266, passim).

Die Einordnung einer einzelnen Schrift in das Gesamtwerk eines Autors oder einer Literatur (oder einer idealtypisch entworfenen Biographie in die Semiotik des Lebensstils einer Epoche) ist dagegen eine mit Mitteln der ›Comparation‹ differentiell zu bewältigende Arbeit (*HK* 151 f.), die verfahrensmäßig dem am Leitfaden von Vergleich und Unterscheidung fortschreitenden Herauskernen der Hauptgedanken einer einzelnen Schrift analog ist. Schwieriger ist die Rekonstruktion des Eigentümlichen des Verfassers, der »*Art* (...) seiner Composition« (*HK* 148), ja »seiner ganzen *Art zu sein*« (*HK* 149). Denn hier wird – analog der Divination des Denkstils aufgrund der Nebengedanken – ein Nicht-Allgemeines gesucht: »der besondere Geist des Autors« in seiner relativen Nicht-Identität mit dem »gemeinsamen Geist« der Epoche und ihrer Literatur, den in ihr konventionalisierten Genres, Sprachverwendungsnormen, Inhalten usw. (*HK* 152). Die ›Art, wie‹ ein Autor seine Gedanken stilisiert, läßt sich nicht komparativ bestimmen; es gibt keinen Vergleichspunkt, da der Stil keine Eigenschaft grammatischer Wohlgeformtheit/Korrektheit darstellt. Es gibt, wie wir wissen, kein von der Grammatik her antizipierbares Verständnis von Individualität (*HK* 115, passim). Ebensowenig könnte sie als eine Funktion des Sprachspiels, des Genres, der poetischen Gattung, von Werk-›Formen‹ und ›-Typen‹ (*HK* 138) usw., d. h. intersubjektiv konventionalisierten, gleichsam stärker als die langue-überhaupt individualisierten Regelsystemen beschrieben werden (zwischen denen Komparation und Übertragung sehr wohl denkbar ist und von denen Schleiermacher als von ›Klassen einer Individualität‹ spricht [*HK* 115]). Die radikale ›Unübertragbarkeit‹ des Individuellen vereitelt jede Orientierung an semiotischen Verfahrensweisen und zwingt zu einer grundsätzlichen Reflexion auf das Wesen des Sinn-Verstehens.[190]

Die methodische Unhintergehbarkeit der ›Divination‹ und die Unableitbarkeit des ›Stils‹ (›technische Interpretation‹)

Wir berühren mit dieser Erörterung den methodischen und argumentativen Nerv dessen, was Schleiermacher im zweiten Teil

190 Wir werden das im 6. Zirkel skizzierte Problem im Kontext des folgenden Kapitels erörtern.

seiner Hermeneutikvorlesungen (abweichend von der Terminologie der Einleitungsparagraphen, die nur von der psychologischen Interpretation sprechen) unter dem Titel ›Technische Interpretation‹ vorzutragen pflegte.[191] Das Divinations-Theorem bezeichnet eines der heikelsten Themen seines Denkens und gewiß dasjenige, dessen wirkungsgeschichtliche Berühmtheit in der auffälligsten Disproportion zur Kenntnis seiner ursprünglichen und kontextgemäßen Bedeutung steht.

Gadamer, der nicht zögert, den Begriff ›Divination‹ mit dem nirgends bei Schleiermacher begegnenden, vielmehr der Dilthey- und Husserlschule entborgten Term ›Einfühlung‹[192] zu übersetzen, bringt ihn in Zusammenhang mit Schleiermachers Forderung an den Interpreten, »sich auf der objectiven und subjectiven Seite dem Urheber gleichzu(stellen)« (*HK* 88; vgl. 86) – ein Zusammenhang, in welchem er in keinem der erhaltenen Konzepte Schleiermachers fungiert. (Das Zitat entstammt vielmehr dem Kontext des hermeneutischen Zirkels und verlangt vom Interpreten die »Kenntniß der Sprache«, die den Autor und den »ursprünglichen Leser« zur Einheit einer Kommunikationsgemeinschaft verband, sowie die »Kenntniß seines inneren und äußeren Lebens« (l. c.), wohlbemerkt nur insoweit, als diese Daten »durch die Auslegung selbst«, keineswegs »auf Einmal«, sich gewinnen lassen und insofern ihr Erwerb im Rahmen der allgemein philologischen Grundregeln sich abspielt und durch wissenschaftliche »Hülfsmittel« aller Art ergänzt.[193])

191 Erst die Vorlesung von 1832 scheint von diesem Generaltitel abgegangen zu sein. Lücke, der den zweiten Teil dieses Hermeneutikkollegs »Die psychologische Auslegung« überschreibt, macht auf diese Abweichung in einer Anmerkung ausdrücklich aufmerksam (*HL* 143), indem er freilich hinzufügt, daß diese Seite der Hermeneutik damit »eine wirklich tiefere Begründung und reichere Ausführung« erfahren habe, im Zusammenhang mit welcher Schleiermacher die Aspekte des Technischen und Psychologischen stärker differenziert, jenen indes keineswegs aufgegeben hat.

192 oder auch ›Gefühl‹ – ein Begriff, mit dem Schleiermacher – und auch das nur in seiner frühen Zeit – allenfalls den Gegenstand der Divination, nicht diese selbst bezeichnet hätte. Gadamer definiert das Gefühl (vermeintlich die Divination) als »ein unmittelbares sympathetisches und kongeniales Verstehen« (*WuM* 179), auch dies eine stark von Boeckh, Dilthey, Simmel oder Scheler geprägte Wendung, die keine Entsprechung bei Schleiermacher zu benennen vermöchte. Selbst W. von Humboldt geht sorgloser mit dem Ausdruck des »Sichversetzens« um als Schleiermacher (vgl. *WW* II, 50 f. Zum Postulat der »Assimilation« des Interpreten an die Sache der Interpretation vgl. *WW* IV, 38, passim).

193 »Vorkenntnisse« aller Art sind anzuwenden, um den Diskurs eines Autors intertextuell als Kreuzungspunkt und als Transformation verschieden-

Entscheidend aber ist, daß Gadamer das Divinationstheorem als Beleg für seine These anführt, es sei Schleiermacher mit seiner »spekulativen Relativierung« des Verstehens nicht ernst gewesen: »Die Schranke, die der Vernunft und dem Begreifen hier bleibt, ist nicht in jedem Sinne unübersteigbar. Sie soll durch das *Gefühl*, also ein unmittelbares sympathetisches und kongeniales Verstehen, überschritten werden.«[194] Die Divination maße sich an, den Zeitenabstand durch Identifikation mit dem Autor zu überspringen[195] und situiere sich in einem geschichtsentrückten »unendlichen Bewußtsein«, um von seiner Höhe her die fremde Individualität aufgrund ihrer »pantheistischen Eingeschlossenheit (...) ins Absolute« immediat zu gewahren.[196] Gleichzeitig versuche sie, der Sprachgebundenheit des Denkens zu entkommen und die objektive Rekonstruktion fremder Intention als ein nicht selbst sprachlich verfaßtes (»psychologisches«) Ereignis auszugeben.[197]
Wir prüfen die Berechtigung dieser Einwände am besten, indem wir Schleiermachers Divinations-These in ihrem eigentlichen Kontext erörtern. Der Ausdruck begegnet im Zusammenhang einer Hermeneutik des »Styls«,[198] in dessen »vollkommenem Verstehen« die technische Interpretation ihr »ganzes Ziel« erreichen soll (*HK* 108). Unter Stil versteht Schleiermacher die »Behandlung der Sprache«, und zwar unter dem Gesichtspunkt, inwiefern der Sprecher die ihm »eigenthümliche Art den Gegenstand aufzufassen, (...) in die Anordnung und somit auch in die Sprachbehandlung« einbringt (l. c.). Es handelt sich um eine ›Modification der Sprache‹ und ihres allgemeinen Schematismus durch die als solche unübertragbaren ›Gedanken‹ des Sprechers. Auf den Stil einer in sich geschlossenen Rede kann sich mithin

artiger Texte der sozialen Interaktion seiner Zeit zu erkennen: Vorkenntnisse von seiten der Geschichte, der Lexik und Grammatik, der Dialektologie, der Sozial- und gegebenenfalls einzelner Spezialwissenschaften, durch die Technizismen aufgeklärt werden, der allgemeinen Literatur, Rhetorik, Ästhetik, Gattungslehre, der Psychologie usw. (*HK* 88/9, 91, passim).

194 *WuM* 179

195 L. c. 282

196 L. c. 325 (passim)

197 Diese These, die H. Kimmerle mit Gadamer teilt, wird sehr gut referiert durch R. E. Palmer, *Hermeneutics*, 92 ff.

198 und natürlich im 18. § der allgemeinen Einleitung von 1819, in welchem die ›positive Formel‹ der Hermeneutik aufgestellt und erläutert wird. Ursprünglich stand dort »prophetisch«; Schleiermacher scheint den Ausdruck »divinatorisch« erst später eingesetzt zu haben. Der Lückesche Text schreibt »divinatorische (profetische)« und korrigiert auch im Kommentar den Ausdruck ›profetisch‹ durch ›divinatorisch‹ (*HL* 32).

nur einstellen, wer »Verbindung und Inhalt, eigentlich Object der grammat[ischen] Interpr[etation] (...) lediglich aus dem Combinationsgesez des Menschen[199] (versteht)« (*HK* 113). Darauf, daß Sprachlichkeit im Stil transzendiert würde, findet sich in diesem Passus keine Andeutung.

Allerdings stoßen wir hier einmal mehr – diesmal sogar unter der Anforderung, seinen Geltungsanspruch zu rechtfertigen – auf das Problem der zwiefachen Entschlüsselbarkeit jeder Rede. Sie ist – als Bedeutungszusammenhang – von der einen Seite her für alle Sprecher einer Kommunikationsgemeinschaft identisch schematisiert und universell: darum »eigentlich Object der grammatischen Interpretation«. Andererseits sind die universellen Bedeutungen nicht nur selbst Sedimentationen interaktiv konventionalisierter Sinnstiftungen, die von der individuellen parole ihren Ausgang nehmen; sie werden überdies in jeder aktuellen Sprachverwendung auf eine nicht selbst signifikante Weise »combinirt«, auf eine Weise nämlich, die für die praktische und ›unübertragbare‹ Singularität der ›Vision‹ (Todorov) des sprechenden Individuums Zeugnis ablegt und den inerten parasemischen Zusammenhang der Struktur allaugenblicklich in Fluß bringt. So riskant auf den ersten Blick die Formulierung anmutet: *der Stil einer Äußerung als die Andeutung einer das Schema unsichtbar überlagernden Innerlichkeit ist keine semiologische* (also auch keine linguistische) *Realität.*[200] Der Stil entzieht sich der begrifflichen und der grammatischen Analyse[201] nicht infolge irgendeiner vermeidbaren Unachtsamkeit des Interpreten oder Unzulänglichkeit des Mediums, sondern aus prinzipiellen Gründen.[202] Er ist überhaupt kein Gegenstand irgendeines positiven Wissens,

199 Diese Definition wird für die Stiltheorie bis in unsere Zeit verbindlich bleiben. Stil, schreibt etwa Graham Hough (*Style and Stylistics,* London 1969, 39), »(is) the way (words) are combined in a particular body of writing«.

200 Dieter Wunderlich, *Die Rolle der Pragmatik in der Linguistik,* spricht zu Recht von »paralinguistischen Ausdrucksmitteln« (l. c. 14).

201 »Grammat[isch] kann man keine Individ[ualität] in einem Begriff zusammenfassen (...). Von keinem Styl läßt sich ein B[egriff] geben« (*HK* 115; vgl. 71, 116, 119, 120; *Dial* O 380, passim).
Vgl. Dieter Wunderlich, l. c. 15: »Das Verständnis, das sich mit einer bestimmten Äußerung eines grammatisch vollständigen Satzes verbindet, kann aus der grammatischen Form dieses Satzes oft gar nicht hergeleitet werden.«

202 Auch J. Culler deutet auf diese Inkommensurabilität von Linguistik und Hermeneutik (*Structuralist Poetics,* 31): »Linguistics is not hermeneutic. It does not discover what a sequence means or produce a new interpretation of it but tries to determine the nature of the system underlying the event.«

versteht man darunter ein seiner Einzelnheit beraubtes und als solches überprüfbares Allgemeines[203] (wie es gewissen nomologisch verfahrenden Humanwissenschaften, der Philologie, der Psychologie, der Ethnologie in streng methodischem Zugriff sich darzubieten scheint),[204] sondern er wird »*erlebt*, ohne *erkannt* zu sein«,[205] ja er konstituiert sich im Verlauf der noch nicht äußerlich und mitteilbar gewordenen Anstrengung des Subjekts, sich auf ganz bestimmte Weise in bezug auf eine Bedeutung bzw. die sie beherrschende Regel zu entwerfen.[206]

Dann aber ist »das Eigenthümliche (...) nicht wiederzugeben; es bleibt immer etwas nicht zu beschreibendes darin was nur als Harmonie kann bezeichnet werden« (*HK* 120). Diese Harmonie ist keine Eigenschaft irgendeines oder auch aller Zeichen, sondern so etwas wie die synthetische Einheit ihrer unsichtbaren Skansionen, der Effekt der konstitutiven Leere zwischen den Signifikanten, die, durchs Symbol supplementiert, das Zeichen an seinen verdrängten Ursprung erinnert.

Im Grunde ist also der Stil einer Rede ebensowenig eine Funktion der Semantik[207] (der Bedeutung unabhängig vom Sinn: denn er modifiziert die universelle Bedeutung auf eine im semantischen Repertoire prinzipiell unvorhergesehene Weise) wie der Syntaktik: denn das »Combinationsgesez eines Menschen« – darauf verweist die Metapher der Harmonie – deckt sich keineswegs mit der Äußerlichkeit der syntaktischen Regel, als deren wohlgeformtes Beispiel die einzelne Verkettung von Zeichen sich lesen läßt. Er ist dann aber auch keine Funktion der Pragmatik oder der Poetik, wenn man mit diesen Titeln die Vorstellung von einem geregelten Gesamt von Konventionen verbindet, das situative Redeverwendungen als solche in Kommunikation transparent macht, bzw. das System von poetischen Universalien, dessen Verinnerung eine literarische Kompetenz definiert (lauter Mo-

203 »Ein Schreiben ohne Stil«, wie R. Barthes sagt (*S/Z*, 9).

204 Vgl. Jean-Paul Sartre, *L'écrivain est-il un intellectuel?* 442/3 (dt. 55/6). Seine Methodisierbarkeit hat ihren Seinsgrund gerade in dieser Unabhängigkeit vom Einzelnen: in der rückhaltlosen Generalisierbarkeit.

205 L. c. 453 (dt. 63)

206 Vgl. l. c. 450 (dt. 61)

207 Der Semantik, verstanden als einem »System der Denotation«, von welcher R. Barthes mit Recht sagt, sie tue so, als sei sie »der erste aller Sinngehalte (...). Mit dieser Illusion ist sie schließlich nur die *letzte* unter den Konnotationen (diejenige, die die Lektüre zugleich zu begründen und abzuschließen scheint)« (*S/Z*, 13/4).

delle, die den Stil als regelgeleitetes Verfahren einem generativen Apparat unterstellen möchten). Das Einzelne des Stils offenbart sich inmitten der Universalität der Grammatik bzw. der kommunikativen oder literarischen Kompetenz als ein Umgriffensein der Bedeutungen vom und im Nichtbedeutenden. »Le langage«, sagt Merleau-Ponty, »présuppose (...) un silence (...) qui enveloppe le monde parlant et où les mots d'abord reçoivent configuration et sens.«[208] Dies »konstitutive«, wie Sartre, oder dies »operative Schweigen«, wie Derrida sagt, ist nur eine andere Metapher für jenen signifiant barré, der inmitten des Signifikantenvorrats durch sein Fehlen das Loch höhlt, vor dessen Nichts die vollen Terme ihr Profil gewinnen und auch wieder verlieren können – womit gerade nicht behauptet ist, daß der Sinn unabhängig von den Signifikanten sich einstellte und der Vermittlung durch Zeichen entraten könnte.[209] Er ist vielmehr (wie wir gleich sehen werden) gerade jenes Nichts, das das Zeichen vom Symbol trennt und an eine »herméneutique du silence«[210] appelliert.

Die im Stil einer Rede manifeste Singularität des Allgemeinen leugnen zu wollen hieße zu unterstellen, daß jedes Verständnis in der korrekten Auffassung des ›logischen Gehaltes‹ der Sprache sich erschöpft und daß Verständigung nie bis zur individuellen (außergrammatischen und extragenerischen) »Beseelung«[211] der Sprechintentionen vordringt – eine Abstraktion, durch die man die Mehrzahl sprachlicher Äußerungshandlungen gar nicht erfaßt. Weite Regionen des ›technischen‹, situativen und improvisatorischen Sprechens (sofern man deren Feld nicht im vorhinein nomologisch in universellen Kategorien vermißt, durch die nie ein einzelner Sinn gewahrt werden könnte) und besonders des poetischen Redegebrauchs wären als Dimensionen der Nonsignifikanz ausgeblendet, da ja »die Sprache im logischen Gebiete niemals das Einzelne giebt, sondern gegen dies schlechthin irrational ist.«[212]

Das bedeutet nicht, daß der Blick auf die ›Art, wie‹ Rede kombiniert wird, gar keine Regularitäten entdecken könnte. Wir beobachten z. B. bei einer Lektüre des Novalis eine nicht ganz oder

208 *Phénoménologie de la perception*, 462
209 Vgl. Sartre, *L'écrivain est-il un intellectuel?* 446 (dt. 58); Derrida, *Marges ...*, 112
210 Sartre, *L'Idiot de la famille*, Bd. 3, 29
211 wie Husserl zu sagen pflegt
212 *Ästhetik*, *SW* III/7, 643

gerade noch regelkonforme Nachstellung gewisser Wörter, besonders modaler und temporaler Adverbien (»Etwas zu schreiben und zu heyrathen ist ein Ziel fast meiner Wünsche«. »Es wird vielleicht nur von ihm dann abhängen einen Stoff zu beseelen.« Kant und Fichte »wissen noch nicht mit Leichtigkeit zu experimentieren. (...) Alles so steif, so ängstlich noch.«)[213] Kommt hinzu, daß Novalis, besonders in poetischen Texten, ungern die Logik der Satzverbindungen freilegt; er liebt die asyndetische Parataxe (»Abends ging ich zu Sophieen. Dort war ich unbeschreiblich freudig – aufblitzende Enthusiasmus Momente – Das Grab blies ich wie Staub, vor mir hin – Jahrhunderte waren wie Momente – ihre Nähe war fühlbar – ich glaubte sie solle immer vortreten –«), die Ellipse (»Gute Justen – Ihre Vision – ach! und mein Lied zum vorigen Geburtstag – wie seltsam profetisch zum Schluß.«), die Mischung verschiedener syntaktischer Strukturen (»Ich belausche den Gang der Umstände – Seh ich eine Möglichkeit mich entbehrlich zu machen – stoß ich auf Hindernisse – so sind es mir Winke, den ersten Plan auszuführen.«), den jähen Tempuswechsel (»Mein Entschluß hat recht fest gestanden. Er wird nur noch zuweilen beraisonirt.«), die tendenziell unendliche Aufzählung (»Menschen in Hölen – Auf dem Meere. auf Thronen. auf Reisen. In Hütten. Gärten. Städten. Einsiedeleyen. Inseln. Wäldern. Bergen. Thälern. Bey Menschen. allein. unter Tieren. In Gräbern. Ruinen. Stürmen. warmen Gegenden romantischen –« usw.).[214] Diese Züge lassen sich – und zwar ganz unabhängig von der Erkenntnis, daß der Bedeutungs- bzw. Wahrheitswert dieser Sätze eine paraphrastische Veränderung ihrer Oberflächenstruktur ohne weiteres überstünde – auf die Einheit der ›Vision‹ hin befragen, die jenseits ihrer Signifikanz so etwas wie eine symbolische Kontinuität begründet. Unmittelbarer als die Themen, von denen sie handeln, stellen sie Hardenbergs »eigenthümliche Art den Gegenstand aufzufassen« dar (*HK* 108): Die artifizielle Schwebe, die Musikalität, die Scheu vor begrifflichen Fixierungen, der Zweifel an der Endgültigkeit von Entschließungen, die Erfahrung der Macht der Zeit über das Bewußtsein, die Tendenz aufs Unbestimmte – all diese Züge spiegeln sich in der Kombination der Zeichen als ebensoviele ›Nebengedanken‹ wider, die nach Schleiermachers Auffas-

213 Novalis, *Schriften*, Bd. 4, 188; Bd. 3, 445
214 L. c. Bd. 4, 35/6; 44, 273; 210; Bd. 3, 581/2

sung unmittelbar transparent sind für die ›Art, wie‹ der Sprechende sein singuläres intellektuelles und biographisches Universum organisiert.

Will man die Absurdität vermeiden, diese Merkmale als inexistent aus der Sprache zu expatriieren, so muß man vor allem jene Mystifikation bekämpfen, derzufolge die Sprache – qua allgemeines Bezeichnungssystem – alleiniger und autonomer Urheber des Sprechens ist. Die Sprache wird vielmehr durch Subjekte realisiert, und jede Rede überschreitet die Schwelle jener reinen Virtualität von allgemein Sagbarem, seinen Bestand teils ›erhaltend‹, teils ›Neues in ihm hervorbringend‹[215] (*HK* 107).

Um dies Novum der Rede zugleich mit dem in ihm inkarnierten »Combinationsgesez des Menschen« zu verstehen, muß ich einen methodisch unabsicherbaren (nämlich aus keiner Regel ableitbaren) Sprung wagen, der mich in jene Leere hineinträgt, in der die ›Semiosis‹ ihren Ursprung hat. Ich muß die allgemeinen Schemate des von den anderen bereits konstituierten Sprachsystems entweder wie beim Spracherwerb ursprünglich für mich erfinden[216] (und d. h.: mich bewußt in den Zirkel begeben, die Regel auf eine Verstehenshypothese schon anwenden zu müssen, in deren Entwurf sie sich erst herstellt) oder, wenn ich sie gelernt habe, hinter mir lassen und, »gleichsam in den andern verwandelt«[217] (*HK* 109, § 6), die von seiner Rede eröffnete originale Dimension von Sinn selbst zu entwerfen (oder vielmehr zu »errathen«) suchen: nichts Vorgegebenes erspart mir hier die Notwendigkeit eigener Produktivität.

215 Die Vorlesung von 1832 formuliert: »Hier ist die Sprache die lebendige That des einzelnen, (...) durch die Gewalt der psychologischen Thatsache kommt eine Zusammenstellung von Elementen, die noch nicht zusammengewesen sind, zustande« (*HL* 201).

216 Diesem Gesichtspunkt hat Schleiermacher stets große Aufmerksamkeit gewidmet (vgl. *HK* 40, 140/1, aber auch die Vorlesungen über *Erziehungslehre* und *Psychologie*).

217 Der Ausdruck ist, wie das »gleichsam« hinreichend deutlich machen muß, bildlich. Er behauptet nicht die Möglichkeit einer Identifikation mit dem Autor, die in der Tat mit dem Individualitätsbegriff unverträglich wäre (Individualität impliziert ›Unübertragbarkeit‹). Zitierungen der Formel pflegen diese Einschränkung gerne zu übersehen. – Die Übersetzung, die Richard E. Palmer gibt (um nur ihn anzuführen), zeigt das exemplarisch: »The divinatory [method] is that in which one tranforms oneself into the other person in order to grasp his individuality directly« (*Hermeneutics*, 80). Palmer muß dann freilich ein paar Restriktionen anfügen, um zu erklären, warum Schleiermacher an eine vollständige Zugänglichkeit des anderen Sinns dennoch nicht glaubt. Auch dieser Widerspruch ist beispielhaft besonders für die durch Gadamer inspirierte Schleiermacherlektüre.

Wir begegnen auf diesem Wege ein weiteres Mal dem Symbolischen, von dem man, um es vom ›arbitraire du signe‹ zu unterscheiden, gelegentlich beteuert, es sei *motiviert*. Motiviert heiße (im Anschluß an unsere oben gegebene Definition) ein Signifikant, dessen Interpretation nicht durch einen fixen Code von Paaren signifiant/signifié und auch nicht durch eine gesellschaftlich oder sonstwie instituierte Konvention vorbestimmt ist,[218] sondern in

218 Wie das von einigen mit dem Thema des Verstehens von Handlungen befaßten Sprachwissenschaftlern in Wittgensteins Nachfolge gern dargestellt wird (etwa von Wright): Eine Handlungssequenz *verstehen* hieße alsdann, hinter den gestisch-sprachlichen Signifikanten die Ordnung einer interaktiv gestifteten Übereinkunft zu entdecken, mithin den Signifikanten als Zeichen zu identifizieren.
Man könnte vermuten, daß diese Regularitätsthese in bezug auf das Verstehen besonders auch von Vertretern strukturaler Diskurstheorien vertreten werde. Für Lacan trifft dies in eminentem Maße nicht zu (und dieser Umstand muß denen zu denken geben, die die Regularitätshypothese für die einzig gangbare, da wissenschaftliche Alternative zur Irrationalität des Einfühlens halten). Lacan zeigt, daß alle beide ein am Reflexionsmodell orientiertes Gesprächsideal hochhalten: gerade die Relativität der diskursiven Vernunft auf eine »Akzeptierung des Prinzips einer Regel der Debatte, die eben nicht vonstatten geht ohne ein explizites oder implizites Einvernehmen über das, was man ihren Fundus nennt« – gerade diese Abhängigkeit von einem je und je historisch instituierten »Regelkorpus« (Recht, sogar Logik nennt Lacan unter den Paradigmata desselben) bannt die diskursive Vernunft in den Narzißmus spekulierbarer und »nahezu immer antizipierter Vorverständigungen über den Einsatz« des Gesprächs, das sie führen will (*E* 430/1). – Scheinbar paradox für die Anhänger der Regularitätsthesis ist es gerade die Divination, die dieser Gefahr entgehen könnte (insofern sie nicht einerlei ist mit Einfühlung).
Übrigens hat relativ früh schon H. Gomperz, *Über Sinn und Sinngebilde. Verstehen und Erklären*, Tübingen 1929, das Verstehen als Institution einer nur noch nicht erklärten und durch Erklärung zum ›Gesetz‹ läuterbaren provisorisch unterstellten ›Regel‹ begriffen und damit bloß graduell vom szientifisch-nomologischen Wissen unterschieden: nur prinzipiell auch Erklärbares läßt danach sich verstehen (l. c. 158, 161, passim). Ebenso E. Holenstein, *Linguistik, Semiotik, Hermeneutik*, 176 ff.
Rudi Keller (*Handlungen verstehen*, in: *ZGL* 4[1976] 1, 1-16) macht zwar (mit und nach Gerhard Kurz, *Für einen reflektierteren Umgang mit dem Wörtchen »Kode«*, Düsseldorf 1975 [*Mimeo*, seither gedruckt in: *LuD* 26, 1976, 154-164]) zu Recht darauf aufmerksam, daß das Verstehen von konventionell eingespielten Handlungen nicht als ›Dekodierung‹ beschrieben werden kann. Gleichwohl bindet er den Verstehensbegriff an die quasi nomologische und nicht nur für notwendig, sondern für zureichend angenommene Voraussetzung einer mehr als nur individuellen Bekanntheit der Relation signifiant/signifié (ich paraphrasiere Kellers These in eigenen Worten): der gelingende Vollzug von Verständnis setzt voraus die Vertrautheit mit einer Art Regel oder Grammatik des betreffenden Ideologems, Mythems, Sprachspiels, Argumentationstyps usw.
In solchem Zusammenhang ist es grundsätzlich irrelevant, ob man das Verstehen von Sätzen als Kenntnis ihrer Verwendungen (wie der späte Witgen-

einer (nicht unter Regeln zu bringenden) Wahl des Symbolisanten gründet, die eine singuläre Beziehung zwischen dem Zeichen und dem von ihm Bezeichneten ursprünglich herstellt. (Diese Wahl muß nicht in Widerspruch mit der grammatikalischen Bedeutung stehen. Sie wird sie vielmehr unsichtbar durchqueren und dem Signifikanten zu einer Überdetermination verhelfen, die seinen Sinn auf zwei Ebenen zugleich spielen läßt.)
Wiederholt sich die Wahl, die das Symbol stiftet, notwendig in seiner Interpretation durch einen anderen oder läßt sich von ihr mit Sinn sagen, sie leiste eine selbst para-symbolische und methodisch kontrollierbare Dekodierung? Letzteres würde voraussetzen, daß nach seiner Stiftung das Symbol den Charakter eines Zeichens annehme. Statt dessen bleibt aber der Übergang vom signifiant zum signifié auch in der interpretativen Reproduktion motiviert. Der Interpretierende muß ein selbst symbolisches Exercitium vollbringen. Darum ist die Deutung prinzipiell kein Faktum, das im Rahmen einer Semiologie begründet werden könnte.[219] Kein grammatischer Apparat steht hier zur Verfügung, der ›die‹ gültige Interpretation des Symbols »unabhängig von jeglichem äußeren Input«[220] anhand gegebener Axiome und unter Anwendung von Regeln zu generieren erlaubte. Mit einem Wort: *die Interpretation ist kein generativer, sondern ein interpretatorischer Akt eigener Ordnung.*[221] Die Pointe dieser scheinbaren

stein) oder als Wissen von den Bedingungen, unter denen sie wahr/falsch sind (wie Frege, Carnap, Tarski), definiert: die Vorstellung eines extraregulären Verstehens wäre beiden Positionen zufolge – und auch nach der Handlungstheorie, die es gar nicht vorrangig mit dem Verstehen assertorischer Sätze zu tun hat – eine contradictio in adjecto.
Nicht ausreichend diskutiert sind in diesem Modell Konsequenzen aus dem Umstand, daß die Identifikation einer Regel als Regel in Situation nicht abermals regelgesteuert gedacht werden kann (außer um den Preis eines Regresses). Man könnte dies Problem aus heuristischen Gründen ausklammern wollen, läuft dann aber Gefahr, die Instabilität des Regelstatus und mithin die allaugenblickliche Interpretationsbedürftigkeit des in ihr aufbewahrten Imperativs zu unterschätzen. Auch dann noch, wenn man die Bekanntheit der Regel – als die Bekanntheit ihrer Geltung bis zu diesem Augenblick – unterstellen darf, wird so etwas wie eine unableitbare und novatorische kognitive Initiative in Anspruch genommen, in welcher der Möglichkeit nach immer schon eine – von diesem Augenblick der Sprachverwendung an geltende – Transformation der konstituierten Norm beschlossen liegt (kurz: die Pragmasemantik des richtigen Sprachgebrauchs steht allaugenblicklich in Frage).
Eine solche kognitive Initiative ist es, von der Schleiermacher unter dem Titel ›Divination‹ handelt.

219 Dan Sperber, *Über Symbolik*, 87 ff.
220 L. c. 120
221 L. c. 121

Tautologie ist, *daß Interpretationen sich motivieren, aber nicht necessitieren lassen.* Es bedarf hier, um Sartres Wendung noch einmal zu wiederholen, statt »einer strengen Konstruktion nach Regeln« einer »Hermeneutik des Schweigens«.[222]
Daran ist gegenüber analytischen Reduktionsversuchen[223] zu erinnern. Zwischen Verursachung (gleichgültig, ob man sie aristotelisch als Wirkursache [causa efficiens], als Zweck [causa finalis] oder in einem weiten Sinne als jede funktionale Korrelation von Variablen [Regularitätsthese][224] definiert) und Motivation besteht ein wichtiger Unterschied. Die Differenz von »causation« und »motivation« (*EN* 63) verweist mittelbar auf das die Sprache umhüllende Schweigen, welches der symbolische Sprachgebrauch

222 *L'Idiot de la famille*, Bd. 3, 29. Einer Hermeneutik des *Schweigens* deshalb, weil sie das irreflexive, nicht-positionale und unmittelbare Selbstverständnis einer noch nicht verbalisierten Praxis zu divinieren hat (»une certaine compréhension directe et totalisante mais sans mot«).

223 Z. B. Heide Göttners (*Die Logik der Interpretation*), die kurzerhand das Motivverstehen und das kausale Erklären als Verfahrensweisen gleichsetzt, die »eine Warum-Frage beantworten wollen« (98). Sie übersieht, daß Kausationen von Motivationen grundlegend dadurch sich unterscheiden, daß ihre Effekte auch ohne Vermittlung einer Interpretation des ›Antecedens‹ zustandekommen, während motivierte Handlungen ihren Grund oder ihre Prämisse dadurch gleichsam erst herstellen, daß sie sich von ihnen motivieren lassen. Göttner unterliegt dem verbreiteten Irrtum von Statistikern, die aus dem Vorliegen von Fakten auf deren nirgends bewiesene Notwendigkeit zurückschließen. Ihre Apelkritik gerät so zu einem Schulbeispiel behavioristischer Argumentation.
Vgl. die ausgezeichnete Diskussion der Kausations/Intentionalitäts-Problematik bei Richard J. Bernstein, *Praxis und Handeln*, 148 ff. sowie bei Charles Taylor, *The Explanation of Behaviour*, New York 1964 und ders.: *Relations between Cause and Action*, in: *Proceedings of the Seventh Inter-American Congress of Philosophy*, Quebec 1967, bes. 246 ff.

224 Vgl. Niklas Luhmann, *Funktion und Kausalität*, in: N. L., *Soziologische Aufklärung. Aufsätze zur Theorie sozialer Systeme*, Bd. 1, Opladen 1970 (^{4}1974), 9-30. Kausalität in diesem weiten Sinne wird betrachtet »als ein besonderer Anwendungsfall funktionaler Kategorien«, und »als funktional gilt eine Leistung, sofern sie der Erhaltung einer komplex strukturierten Einheit, eines Systems dient« (l. c. 10). Die Stabilität von Systemen dieser Art bewährt sich wesentlich durch ihre Abstraktheit, d. h. durch ihre Unempfindlichkeit gegen die Individualität ihrer empirischen Realisationen, die sich als funktional äquivalente und im Rahmen des Schemas ersetzbare Möglichkeiten (Variable) einer streng allgemeinen Ordnung eingeschrieben finden, die die Bedeutung einer jeden nur ungefähr festlegt. Die Ersetzbarkeit, Vergleichbarkeit und Mehrdeutigkeit solcher Funktionen ist es gerade, gegen die Schleiermacher die para-systematische Singularität motivierter Individualität divinatorisch abhebt (übrigens deutet sich der Paradigmenwechsel von der Kausal- zur Funktionalerklärung in seinen Begriffen des »Sprachsystems« und der »Structur« – wohl erstmals in der Geschichte der Humanwissenschaften – bereits an).

metaphorisiert.[225] Das Nichts der ›différance‹ ist allerdings (wie wir sahen) nur ein beschränkter – semiologisch interpretierter – Aspekt der *Freiheit*, insofern *nichts* es ist, das das freie Selbstbewußtsein (présence-à-soi immédiate) an sein eigenes oder das Sein der Dinge oder ihrer Repräsentanten (Zeichen) bindet oder von der Realisation seiner Entschließungen trennt.[226] Der nichtsubstantielle Abstand, den die sich zeitigende Freiheit ständig zwischen ihren in die Zukunft vorlaufenden Entwurf und das Seiende als Inbegriff des Vergangenen einlegt, reicht aus zu verhindern, daß sie sich je als Werk von funktionalen Zusammenhängen zwischen Dingen oder Zeichen (qua symbolischen Dingen) begreifen kann. »Cela implique donc pour la conscience la possibilité permanente de faire une rupture avec son propre passé, de s'en arracher pour pouvoir le considérer à la lumière d'un non-être et pour lui conférer la signification qu'*il a* à partir du projet d'un sens qu'*il n'a pas*. En aucun cas et d'aucune manière, le passé par lui-même ne peut produire *un acte*, c'est-à-dire la position d'une fin qui se retourne sur lui pour l'éclairer« (*EN* 511).

Handlungen sind prinzipiell nicht necessitierbar,[227] sondern können nur motiviert, d. h. durch Vermittlung eines Interpretanten ausgelöst und verstanden werden: das Aufgebot einer Ursache, die die Handlung im nachhinein *erklären* soll, wiederholt nur auf höherer Ebene die Interpretation, die die Handlung selbst schon von ihrer eigenen Situation im Vorblick auf ein bestimmtes mögliches Noch-nicht (non-être) gegeben hatte, insofern das Pour-soi der Grund dessen, was es ist, nur sich voraus (devant soi) und über das Sein hinaus (par delà l'être) sein kann: es ist von Natur »un creux toujours futur« (*EN* 172). Wer Situation und zweckgerichtete Handlung als eine Abfolge von stimulus

225 Vgl. J. Derrida, *La mythologie blanche. La métaphore dans le texte philosophique*, in: *Marges* ..., 247-324.

226 Vgl. Sartres glänzende Analyse des Nichts, der Motivation und der Kausalität in *EN* 58 ff., 207/8 ff., 508 ff. Soviel ich sehe, hat besagten Unterschied zuerst Schopenhauer mit einiger Präzision herausgearbeitet. (Vgl. *Die Welt als Wille und Vorstellung*, Bd. I, 2. Buch, § 23 [= *Sämtliche Werke*, hg. von W. Löhneysen, Darmstadt [2]1973, Bd. I, bes. 176 ff.] sowie die Preisschrift über die *Freiheit des Willens*, Kap. *Grundprobleme der Ethik*, *SW* Bd. III, 30-44.)

227 Also auch nicht »erklärbar«, wenn ›erklären‹ heißt, eine lückenlose Anamnese von Ursachen für Handlungen herzustellen. Darauf hat schon Schelling ausdrücklich hingewiesen (*WW* I,3, 541/2), von dem wir in diesem Kontext auch den Ausdruck ›Necessitation‹ übernehmen.

und response beschreibt, unterstellt ohne weiteres eine Kontinuität von An-sich-Sein, die ohne Lücke (sans faille [*EN* 515]) bis ins Bewußtsein hinüberreichte und es sich gleich machte. (Motiv und Bewußtsein wären dann gleichsam homogene Sachverhalte, zwischen denen eine äußerliche Regularitätsbeziehung bestünde – eine Vorstellung, wie sie besonders die epische Dichtung evoziert: Die liebende Erwärmung bringt Siebenkäsens ›redlichen, an lauter eiskalten Tagen angerinnendes Blut wieder zum laufen‹; der ›Essig von Lenettes Unwillen wird, wie anderer, durch ein Frostwetter verdichtet‹; die aufflammende Liebesleidenschaft erzeugt ein Bedürfnis nach der Geliebten; der Haß verrückt die Sinne und führt die Hand usw. Man muß freilich sehen, daß diese magische Kausalität, die eine inerte Beziehung zwischen Bewußtseinszuständen simuliert, die Seinsweise des Imaginären hat: sie ist einem symbolischen Universum eingeschrieben und kein Charakter des thetischen Bewußtseins.)

Dennoch bliebe die Kausalerklärung ohne Alternative, wenn sich zeigen ließe, daß der stimulus ein positiv Seiendes und nicht vielmehr ein Konstrukt von der Seinsart des Pour-soi ist. Das will jedoch gerade nicht gelingen: Denn um als stimulus wirken (d. h. diesen bestimmten response auslösen) zu können, mußte die Ausgangssituation zunächst als Motiv interpretiert werden (être éprouvé comme tel [*EN* 512]). Konstituiert sie sich aber erst *im Lichte ihres Nichtseins* als Motiv, dann läßt sich dieses nicht einfach mehr auf ein positives Sein zurückführen (es ist selbst eine »négatité«). Das Motiv hat, mit anderen Worten, Folgen nur unter der Bedingung, daß eine bestimmte *Intention* es aus dem Funktionsgesamt des Seienden in Richtung auf dessen Nichtsein heraushebt und zum Antecedens im Zirkel ihrer teleologischen Selbstbestimmung werden läßt: »C'est seulement parce que j'échappe à l'en-soi en me néantisant vers mes possibilités que cet en-soi peut prendre valeur de motif ou de mobile. Motifs et mobiles n'ont de sens qu'à l'intérieur d'un ensemble pro-jeté qui est justement un ensemble de non-existants« (*EN* 512/3). Motiv, Handlung und Ziel (fin) sind also mit der Freiheit zur Struktureinheit ›synthetische Nichtung des An-sich-Seins im Hinblick auf sein zukünftiges Wesen‹ verbunden, und keines dieser Momente entrinnt der Seinsart eines néant d'être.[228]

228 Die Dialektik, durch die das En-soi-Moment der Motiv gewordenen Situation mit dem Pour-soi-Moment seiner teleologischen Nichtung zusammenbe-

Charles Taylor hat darum vorgeschlagen, von menschlichen Aktivitäten, die nicht durch Dinge, sondern durch Zielvorstellungen in bezug auf Dinge ausgelöst werden, ›intentionale‹[229], d. h. solche Beschreibungen zu liefern, die sich nicht ausschließlich am Bereich des physisch/semiologisch Beobachtbaren orientieren, sondern an den unsichtbaren Normen und Zwecken, die den äußeren Bewegungsablauf als ein sinnhaftes Tun definieren (»teleologische Erklärung«).[230] Es ist demnach nicht möglich, den motivierten Sinn auf dem Wege der Ableitung aus einer an sich bestehenden Ordnung von Dingen oder Zeichen zu entdecken. Nur ein methodologisch nicht abzusichernder Sprung trägt über jene ›Lücke‹, die die Nomologie von ihrer Interpretation durch ein Subjekt abspaltet. Und die rekonstruktive Interpretation des Sinns einer konkreten Zeichenanwendung (die Deutung der Singularität eines Stils) hat notwendig diesen ›divinatorischen‹ Sprung nachzuvollziehen, der sich dem Verstehen als Überschreitung der Grenzlinie darstellt, die die Seinsweise des Zeichens von der des Symbols trennt.[231] Durch ›Nichts‹ nämlich ist das identisch Schematisierte und Kodifizierte der ›unübertragbaren‹ (*PhE* 97 f.), der noch ›unvergleichlichen‹, der noch schlechthin

steht, verhindert einen *Dualismus* zwischen Erklären und Verstehen: Es gibt kein Handeln ohne objektive Situation, keine Situation (*als* Situation) ohne ein sie überschreitendes und definierendes Handeln (»Certes, le motif est objectif: c'est l'état de choses contemporain (... Mais) cet état de choses ne peut se révéler qu'à un pour-soi, puisque, en général, le pour-soi est l'être par lequel ›il y a‹ un monde« [*EN* 524]).

229 *The Explanation of Behaviour*, 58

230 L. c. 9. Die Anwendung teleologischer Erklärungen nur auf den moralischen Bereich scheint freilich von Sartre her als zu eng.

231 Es handelt sich hier um eine ontologische Differenz. Das übersehen jene Versuche, die Literaturwissenschaft im Sinne der neueren ›Argumentationstheorie‹ als »empirische« und »rationale Wissenschaft« zu begründen, wobei Begriffen wie »Erleben, Einfühlen etc.« im extraszientifischen Bereich der »naiven Rezeption literarischer Texte« eine Art Reservat eingeräumt wird, in dem sie als vom Aussterben bedrohte Arten Wildwuchs treiben dürfen (vgl. Siegfried J. Schmidt, *Literaturwissenschaft als argumentierende Wissenschaft*, 73) – als ob es sich beim Problem der ›Divination‹ um eine Heuristik von nur noch nicht dem Begriff unterworfenen Antizipationen handelte und als ob der stilistische Entwurf sich als Dedukt eines universellen »Argumentationsschemas« ableiten ließe! Der Unterstellung einer funktionalen Homogenitätsbeziehung zwischen Schema und Anwendung entspricht im Plädoyer dieser Theoretiker die einseitige Favorisierung der Logik von Begründungs-Prozeduren interpretatorischer Urteile in Analogie zu analytischen Verfahrensweisen – ohne eine vorherige Reflexion auf die Konstitution des literarischen Gebildes bzw. auf die phänomenologische Genesis von Verständnis als solchem (Versäumnis, das Palmer auch der Hermeneutik E. D. Hirschs nachweisen konnte).

›neuen‹ Combinationsweise eigentümlicher Sprachverwendung vermittelt: es gibt nichts, das die Bedeutung einer Äußerung von ihrem Stil trennte; aber es gibt auch nichts, das einen kontinuierlichen Übergang zwischen beiden stiftete.

Das genau ist der logische Kontext des Divinationstheorems. Schleiermacher beansprucht für den Satz, daß »von keinem Styl (...) sich ein Begriff geben (läßt)« (*HK* 115), das Zugeständnis seiner analytischen Wahrheit.[232] Aus ihm folge zwingend, daß vollständiges Verstehen des Stils (Ziel der technischen Interpretation) nicht auf dem Wege der »Comparation« (*HK* 109, § 6) erreicht werden könnte, versteht man unter »comparativer Methode« die differentiierende und vergleichende Absonderung des Besonderen aus dem Allgemeinen, das zum Verständnis jenes natürlich gleichwohl unabdingbar vorausgesetzt wird.[233] Jedes Aus- und Eingrenzen von Bedeutungen geschieht im durchgängig homogenen Medium des ›trésor du signifiant déjà constitué‹, es führt zu solchen ›Einzelnen‹, die durch strenge und eindeutige Relationen zu anderen längst fixiert, universalisiert, systematisiert, kurz: in die Einheit einer Struktur verwoben sind. Die Auswahl des Besonderen durch Vergleichung hat mit der Kausalerklärung gemeinsam, daß sie nie das ›Unvergleichliche‹, das Freie an ihm entdecken wird, den »schöpferischen Act« als solchen, wie er »zuerst« ans Licht tritt (*HK* 138). Ja die Comparation wird *als* Singularität nur das auskernen können, was die »Divination« zuvor als Einzigartiges inventorisch erschlossen hat. (Hier kündet zum erstenmal die Ansicht sich an, daß es keine Lektüre gibt, die nicht selbst Produktion wäre.)

Schleiermacher deutet den infiniten Regreß, in den die Comparation ohne Unterstützung der Divination als der ›unmittelbaren

232 Schleiermachers Satz bietet nur eine andere Formulierung der Feststellung Sartres »qu'on ne peut pas dire autrement qu'en style certaines choses du type ›indisable‹« (*Situations X*, 93).

233 Nicht nur in dem vertrauten Sinne, daß die parole die langue zur Voraussetzung hat, sondern auch insofern »jeder Mensch außer dem daß er selbst ein eigenthümlicher ist eine Empfänglichkeit für alle anderen hat« (*HK* 109). Das ist ein Implikat seiner Seinsweise als eines nicht bloß Individuellen, sondern individuell Allgemeinen, und es folgt analytisch aus seiner Freiheit. Novalis nannte den Menschen eine »*synthetische Person*«, d. h. »eine Person, die mehrere Personen zugleich ist« (*Schriften*, Bd. 3, 250, Nr. 63): »*Pluralism* ist unser innerstes Wesen« (l. c. 571, Nr. 107), und »das ächte Dividuum ist auch das ächte Individuum« (l. c. 451, Nr. 952). Weitere Zitate in M. Frank, *Das Problem ›Zeit‹* (...), 225/6 (auch zu Fr. Schlegel, vgl. 90/1 und 224/5).

Auffassung des Individuellen‹ (*HK* 109, § 6) sich verlaufen müßte, durch ein – im handschriftlichen Konzept – etwas verkürztes Argument an: »Wie (...) kommt die comparative [Methode] dazu den [erg.: individuellen] Gegenstand unter ein allgemeines zu sezen? Offenbar entweder wieder durch Comparation und dann ginge es ins unendliche zurück, oder durch Divination« (l. c.).

Gewährte der divinatorische Entwurf von Sinn nicht die Kenntnis der Einheit des Unvergleichlichen (l. c.), die komparativ-nomologische Methode könnte es dem Vergleich und der profilierenden Abgrenzung gegen Ähnliches und Verschiedenes gar nicht erst aussetzen.[234] Gleichwohl dürfen beide »nicht voneinander getrennt werden. Denn die Divination erhält ihre Sicherheit erst durch die bestätigende Vergleichung, weil sie ohne diese immer fanatisch sein kann« (l. c.). Am Paradigma der Divination wiederholt sich natürlicherweise, was wir früher im Rahmen einer Strukturanalyse des ›Gefühls‹ feststellten: Es ist die reflexiv uneinholbare Ermöglichungsbedingung für unsere – quasi komparative – Kenntnis der Einheit in der Selbstbeziehung, aber es ›klärt‹ sich erst in der Explizität der Reflexion. (Die Reflexion ›bezeugt‹ die Irreflexivität des Gefühls, aber das Gefühl verhilft der Reflexion zur Anamnese des Selbst in ihrer ausdrücklichen, nämlich differente Momente durchlaufenden und im Vergleich aufeinander beziehenden Bewegung.) Auf das Verhältnis der Divination zur Comparation übertragen, *werden wir sagen, daß die Divination die nicht-signifikante Ermöglichungsbedingung jedes Bedeutens einholt* (und als solche von der Bedeutungsseite her uneinholbar ist), *daß sie aber der Gefahr des Irrationalismus* (›Fanatismus‹) *ausgesetzt ist, solange sie sich nicht durch Comparation differentiiert und einer distinkten Bedeutung einschreibt.*

Diese Gefahr einzugrenzen, gibt Schleiermacher eine Reihe von Empfehlungen (›Kanons‹) zur Selbstkontrolle der interpretatorischen Arbeit (*HK* 108/9; §§ 5 und 7). Um die Sphäre des nur durch Divination Bestimmbaren so eng wie möglich durch quasi-objektive Daten einzugrenzen, muß man vor dem Anfang der technischen Auslegung sicherzustellen suchen, in welchem Ausmaß der vermeintlich singuläre Stil des Autors bereits Applikation eines tradierten »Musters« ist, inwieweit die vermeintliche Eigen-

234 »Die comparative [Methode] aber gewährt keine Einheit« im Sinne von Einzelnheit (*HK* 109).

tümlichkeit seiner Komposition nur die immanenten (konventionalisierten) Regeln einer »Gattung« einhält und »für wen« (für welchen »Wirkungskreis«) (da »der Stoff allein (...) keine Art der Ausführung [bedingt]«) der Diskurs des Autors bestimmt ist. Die »ursprüngliche Addresse« (*HK* 159) hängt unmittelbar zusammen mit dem »Zweck des Werks«, und eine Rekonstruktion der ursprünglichen Kommunikationssituation[235] läßt die Instanz erschließen, durch welche »zugleich die Ausführung bedingt« ist. Unumgänglich für die Interpretation ist endlich auch die Anstrengung, Vorkenntnisse über des Autors »eigenthümliche Art und Weise« zu erwerben. Schleiermacher gesteht, daß sie »sehr mühsam« sich gestalte, da die Biographie und die Psychologie, ob von dritter Hand oder vom Autor selbst unternommen, immer »mit Urtheil vermischt« sind und ihre Gültigkeit im konkreten Prozeß der Auslegung erst unter Beweis zu stellen haben. Immerhin gewähren diese »Vorkenntnisse« im Verein mit den anderen »eine vorläufige Vorstellung davon worin das Eigenthümliche vorzüglich zu suchen sei« und fungieren mithin positiv als Material vorgreifender Erwartungen an den Text, negativ als relative Allgemeinheiten, auf deren Basis das Unvergleichliche des Stils fremder Rede differentiell, aber doch letzthin unmittelbar »errathen« werden muß (*HK* 132).

Nun heißt Erraten nicht notwendig Erkennen.[236] Nirgendwo behauptet Schleiermacher, daß die Divination den Zeitenabstand zwischen dem Interpreten und dem Interpretanden einebne, noch gibt er vor, über das Richtmaß zu verfügen, welches das Verstehen fremden Sinns als objektives Wissen fundiert.

Was das erste betrifft, so ist an seine These zu erinnern, daß »die Eigenthümlichkeit einer Sprache (...) auch bei der Auffassung jeder anderen mit(wirkt)« und deren Verständnis überlagert (*Dial* O 15), daß es keine ›allgemeine‹ Sprache gibt (l. c. 16, passim) und daß die Kommunikation »zwischen (...) verschiedenen Sprachorganisationen (...), mögen sie gleichzeitig sein oder auf-

235 An anderm Ort läßt Schleiermacher die »einfache Thatsache des Verstehens« ihren Ausgang nehmen »aus der Natur der Sprache und aus den Grundbedingungen des Verhältnisses zwischen dem Redenden und Vernehmenden« (*HK* 156). – Vgl. ferner *HK* 120: »Auch muß man freilich Rücksicht darauf nehmen in wie fern der Gegenstand Veranlassung giebt oder nicht an ein bestimmtes Publicum zu denken« – ein von der sog. Rezeptionsästhetik unserer Tage wieder stärker akzentuierter Gesichtspunkt.

236 Vgl. Sartre, *L'Idiot de la famille*, Bd. 1, 56 (deviner, compréhension conjecturale.)

einander folgen« – der Gesichtspunkt des Zeitabstands ist hier ausdrücklich einbezogen! (l. c. 16) –, eine »unaustilgbare Differenz im Denken« der Kommunikanten, ja eine relative ›Irrationalität‹ ihrer sprachlich vermittelten Verstehenshorizonte induziere (l. c. 15).[237] Wenn der Satz gilt, daß jede Initiative, das Weltbild einer Sprache zugunsten des Weltbilds einer anderen zu überschreiten, »immer etwas und zwar Unausscheidbares von ihrem Ursprung an sich (trägt)« (l. c. 16), so ist nicht zu verstehen, warum diese Restriktion für den Akt der Divination nicht gelten sollte, den Schleiermacher doch ausdrücklich als relativ auf die Comparation und somit auf das zugehörige Sprachsystem definiert hat: Nie könnte das nicht-bedeutungshafte Element einer Proposition (ihr Sinn) von der Sprache, in der sie geäußert wird, sich ablösen und auf ein fremdes Sprachsystem sich beziehen; denn die Abweichung des Sinns von der Bedeutung und die ›liberté individuelle‹ des Sprechers ist nur relativ und fungiert im Inneren eines universellen, jedoch flexiblen Schematismus, der den produktiven Akt, der ihn in Frage stellt, stets aufs neue in sich zurückholt (die Veränderlichkeit der Grenzen durch die Freiheit des Subjekts impliziert nicht die Grenzenlosigkeit seiner Freiheit).

Was das zweite anbelangt, so behauptet Schleiermacher nicht nur nicht, daß die Divination die Hermeneutik als positive Wissenschaft fundiere – »wir verzichten auf eine solche Allgemeingültigkeit« (l. c.) –; er sagt das Gegenteil: Das Ziel der technischen Interpretation (vollkommenes Verstehen des Stils) »ist nur durch Annäherung zu erreichen (...). Individuelle Anschauung ist nicht nur niemals erschöpft, sondern auch immer noch [der] Berichtigung fähig« (*HK* 108). Und er betont – was Gadamer für seine eigene, fremden stets im eigenen und eigenen stets im Sinn des Weltlaufs aufhebende Hermeneutik *so* gewiß nicht gelten lassen würde –, daß »das Nichtverstehen sich niemals gänzlich auflösen will« (*HK* 141): einfach darum, weil die Individualität ihr Geheimnis nie ganz preisgibt, auch nicht sich selbst, und weil das Verstehen niemals neutralen, d. h. nicht-individualisierten Allgemeinheiten begegnen kann.

Kann man Schleiermachers Divinationstheorem überhaupt als Paradigma idealistischen oder allenfalls historistischen Methodendenkens lesen? Und trifft zu, daß es von dem frommen Wunsch

237 Vgl. *Dial J* 259, § 203

der Reflexion motiviert ist, die Alterität des ihr Anderen: sei es des fremden Individuums oder des fremden Zeitalters, als Moment ihrer selbst zu überführen? Wir glauben im Gegenteil, daß es die unauflösliche Fremdheit des Anderen radikaler zur Geltung bringt als die existenzial-ontologische Hermeneutik.

Schleiermacher redet – wir zeigten es – nie anders denn metaphorisch von einer Verwandlung des Interpreten in den Interpretanden; und er präzisiert, »die Divination (werde ...) aufgeregt durch Vergleichung mit sich selbst« (*HK* 109). Deutlicher sind die Formulierungen der 1832er Vorlesung, die den Ausdruck Divination gar nicht mehr verwenden.[238] Die »Beobachtung« dessen, was den ›inneren Impuls‹ einer fremden Rede manifestiert, »hat ihren Halt in der Selbstbeobachtung« (*HL* 205), sie ist auf analogische Konstruktionen angewiesen (*HL* 189/90). Heißt das, den Sinnentwurf einer mir fremden und undurchsichtigen Individualität auf Möglichkeiten meines eigenen situierten Selbsterlebens zu reduzieren?[239] Man muß Schleiermachers Formulierung genauer ansehen: analogische Konstruktion[240] – das liegt analytisch in diesem Begriff – kann nie sicher sein, daß ihr eigenes dem Selbstgefühl des Autors gleich sei. Ähnlich Husserls ›analogischer Appräsentation‹, die eine »verähnlichende Apperzeption, aber darum keineswegs ein Analogieschluß« ist[241] und die das andere Subjekt durch ›Übertragung‹ zwar konstituiert, nicht jedoch macht oder hervorbringt,[242] ist sie weit davon entfernt, den Anderen aufs eigene Ich zu reduzieren. Gerade der Umstand, daß ich den Sinn der Rede des Anderen auf der Basis der Selbstbeobachtung entwerfen muß und darum nicht unmittelbar, sondern nur über eine vermutete Analogie gewahren kann (ich bin gezwungen, ihren mutmaßlichen Sinn ohne Möglichkeit eines Vergleichs – eben divinatorisch – selbst hervorzubringen), bewahrt mich als Interpreten vor dem vermessenen Anspruch, die Grenze

238 Schleiermacher spricht von dem ›Nachkonstruieren der Meditation des Schriftstellers‹ (*HL* 215, passim).

239 Selbst wenn man sich davon überzeugen ließe, daß Schleiermacher so weit geht, kann man ihm nicht – wie Gadamer tut – zugleich vorwerfen, vom historistischen »Willen« beseelt gewesen zu sein, »das (eigene) Selbst auszulöschen« (Ranke), d. h. das Ideal vollendeter historischer Objektivität angestrebt zu haben.

240 Vgl. zu diesem Begriff auch W. von Humboldt, *WW* IV, 47

241 Vgl. Husserl, *Cartesianische Meditationen*, § 50 (*Husserliana*, Bd. I, Haag [2]1963, 138 ff.)

242 Vgl. ders., *Formale und transzendentale Logik*, § 99

irreduzibler Mittelbarkeit zwischen dem Anderen und mir einreißen und ihm dem eigenen Selbst assimilieren zu können:[243] »Die Andersheit des Fremden«, sagt Derrida, »ist (...) durch einen doppelten Unbestimmtheitsgrad irreduzibel. Der Fremde ist unendlich anders, weil keine Anreicherung der Abschattungen[244] mir wesensgemäß das subjektive Antlitz seiner Erlebnisse von *seiner Seite* her, wie sie von ihm erlebt werden, zu geben vermag. Nie wird mir dieses Erlebte in seiner Authentizität[245] so gegeben sein wie das Ganze dessen, was mir *eigenes*, was meine Authentizität[245] ist. Diese Transzendenz des Nicht-Eigenen ist nicht mehr die des durch partielle Entwürfe unerreichbaren Ganzen: Transzendenz des Unendlichen, nicht aber der Totalität.«[246]

Die Utopie eines vollkommenen Verstehens des Anderen wird also durch das bloß Analogische der Divination gerade zerstört. Schleiermacher betont, daß vollkommenes Verstehen »ganz [nur] auf der Seite der grammatischen Interpretation« (*HL* 205) denkbar sei, denn hier verhält (ob unmittelbar gegeben oder durch Erlernen einer fremden Sprache erworben) ein gemeinschaftlicher Schematismus die Emittenten und die Empfänger von Nachrichten zur identischen Konstruktion der Signifikate. Im Bereich der psychologisch-technischen Interpretation dagegen ist das Erraten des fremden Impulses ein individuelles Abenteuer. Die Gefahr irrezugehen steigert sich hier sogar in dem Maße, wie »bei dem Verstehenwollen die Richtung auf unsere eigenen Gedanken vorherrscht«, d. h. wie wir den Diskurs des Anderen »als Mittel« gebrauchen, ihm unsere eigenen situativ motivierten Sinnentwürfe anzudienen (*HL* 205). Dem ›Gesetz des Herzens‹ zu folgen und einen ›Fanatismus‹ der Einfühlung zu betreiben, kann sicher nicht als interpretative Maxime gelten, insofern sie den Grundsatz der grammatischen Auslegung (relative Gemeinschaft in der Konstruktion der Bedeutungen zwischen Interpret und Interpretand) unzulässig über die Grenzen des Allgemeinen ausdehnt und auch im Bereich der ›Unübertragbarkeit‹ unterstellt. Nicht zur Einvernahme fremder Singularität, sondern zur schöpferi-

243 Vgl. zu diesem gesamten Komplex Derridas Verteidigung des Husserlschen Appräsentations-Theorems gegen den Vorwurf, den Anderen als Funktion der Ichheit zu betrachten (*SuD*, 186 ff.).

244 Die deutschen Übersetzer schreiben »Profile«.

245 Die deutschen Übersetzer schreiben »Echtheit«.

246 L. c. 189

schen Konjektur fordert der Kanon der Divination auf. Niemand garantiert mir die Richtigkeit meiner Hypothese (*wäre* sie richtig, so gäbe es dennoch keine dem Dialog mit dem Text entrückte Instanz, die das bezeugte). Nur soviel steht fest, daß eine nicht-schöpferische Auslegung auch nicht einmal die Chance streift, das »Combinationsgesez des Menschen« zu erraten. Es bleibt dabei, daß das ›Verständnis allemal gehemmt‹ ist (*Dial* O 17). Es ist eine Erfahrung von Ohnmacht, die das Subjekt dennoch an seine einzige Macht erinnnert: seinem Sein nach abhängig von der Objektstruktur und doch durch die semiologische ›différance‹ seinem Wesen nach von ihr gespalten, weiß es sich in dem Maße, wie ihm die absolute Wahrheit entgeht, als Idealgrund jeder historisch wirksamen Signifikanz. Das Sein, welches das Nichts von sich ausschließt, erfährt im Moment der ›Eklipsis‹ (Lacan) reaktiv das Schicksal der Verzeitlichung.

›Individuell gelebte Erfahrung‹ und ›Empathie‹ – ein Vergleich mit den Stiltheorien Grangers und Sartres

Zwar hat die Einfühlungshermeneutik, die sich auf Schleiermacher berief, den methodischen Sinn seiner Divinations-Theorie eher verstellt als tradiert. Dennoch ist die Sache, die dieser Titel beschwören sollte, der modernen Sprachphilosophie nicht unbekannt. Es gibt wenigstens zwei Positionen, die sie im gleichen Kontext diskutieren wie Schleiermacher: diejenige Gilles-Gaston Grangers und die Hermeneutik Sartres.

Grangers *Essai d'une philosophie du style* geht wie Schleiermacher von der Hypothese aus, daß jede menschliche Praxis (activité pratique, travail) an zwei Ordnungen teilhat (structuration und application bzw. connaissance/conceptualisation und expérience individuelle vécue),[247] die weder voneinander zu trennen noch aufeinander zu reduzieren sind. Zwar verlangt die Allgemeinheit wissenschaftlicher Erkenntnis, von der Individualität einzelner Wahrnehmungen abzusehen; und das Individuelle kann umgekehrt nur durch seine Opposition gegen die Strukturen definiert werden. Das bedeutet jedoch nicht, daß sich die Redundanzen und Überdeterminationen, welche die Sprache der gelebten Erfahrung auszeichnen, je anderswo als inmitten des Gitters der

247 L. c. 7

Struktur selbst zu offenbaren vermöchten oder daß die praktisch angewandten wissenschaftlichen Strukturen sich nicht ipso facto individualisierten. Es gibt also einerseits so etwas wie ein Aufgehobensein des Individuellen in der Struktur, andererseits eine »insertion des structures dans une pratique individuée«.[248] Die Vermittlung beider durch die Anwendung leistet der *Stil »défini comme modalité d'intégration de l'individuel dans un processus concret* [de la structure] *qui est travail*, et qui se présente nécessairement dans toutes les formes de la pratique.«[249] Wenn es, mit anderen Worten, wahr ist, daß es keine anwendungsunabhängige, d. h. rein spekulative Wissenschaft gibt und jede Struktur im Verlauf einer Praxis sich konstituiert, »erscheint das Individuelle von Anfang an als die negative Seite der Strukturen«.[250]

Zunächst in dem Sinne, daß die Zeichen (representamens) einer *Grammatica speculativa* (Peirce), um unter einer bestimmten Hinsicht auf Objekte referieren zu können, eines *Kommentars oder einer Interpretation* bedürfen, die sich nicht als Ergebnis einer einfachen Deduktion aus jener begreifen läßt. Deduktionen lassen sich grundsätzlich nur im homogenen Feld der Struktur selbst (dessen, was Peirce *idea* oder *object* nennt) und nicht des angewandten Zeichens (des interpretierten representamen) geben.[251] Peirce sucht diesem Umstand dadurch Rechnung zu tragen, daß er – ähnlich wie Schleiermacher – der *reinen Grammatik*[252] eine *Rhetorik* zur Seite stellt[253], die die Verkettung der Interpretanten mit den ursprünglichen Zeichen im Rahmen einer bestimmten situationsbezogenen Praxis regelt und auf diese Weise, wie Granger sagt, ›individuiert‹.[254] Diese nicht deduzible Individualisierung, die eine kanonische Struktur auf eine gelebte

248 L. c. 12
249 L. c. 8
250 L. c. 13. »Le succès universel de l'entreprise scientifique serait même apparemment, la mort du style.«
251 L. c. 114-116
252 Man muß freilich sehen, daß Peirce das Feld alles Gesetzmäßigen dialektisch an die sich selbst kontrollierenden, gleichsam zur réalité par provision erklärten ›Verhaltensgewohnheiten‹ der Forschergemeinschaft bindet, also keineswegs einer strukturalen Autonomie von zeit- und subjektunabhängigen Nomologien das Wort redet. Vgl. Richard J. Bernstein, *Praxis und Handeln*, 57 ff.
253 L. c. 116
254 Vgl. Granger, *Essai* . . ., 203, passim

Erfahrung bezieht, ist das Werk eines *Stils*,[255] von dem zu fragen ist, ob ihn – trotz seiner Unzugänglichkeit von seiten der Struktur – gleichwohl so etwas wie eine latente Strukturierung anderer Ordnung präge. Dergleichen läßt sich nur im Bereich der natürlichen Sprachen erwägen, da die Kunstsprachen etwa der symbolischen Logik oder Mathematik über keinen von ihrem ›Objekt‹ (im Sinne Peirce's) verschiedenen Interpretanten verfügen und, falls man die Regeln der wechselseitigen Verbindung zwischen den Zeichen Syntax nennen will, auf eine semantisch uninterpretierte strukturale Syntax beschränkt bleiben.[256] Bedeutungen (significations) kann eine formale Struktur erst durch die in ihr selbst nicht vorgezeichnete oder enthaltene Anwendung auf eine expérience vécue erwerben und wird sodann von dieser ihre Interpretanten zu beziehen haben. Beide Hinsichtnahmen sind – wenigstens im Bereich der Humanwissenschaften – stets zusammen zu vollziehen. Jedes »ensemble de faits humains se caractérise par un aspect symbolique, c'est-à-dire renvoie à une organisation structurale à découvrir, d'une part, et à une suite d'interprétants, d'autre part.«[257]

Wird die Spannung zwischen beiden Momenten durch die klassischen Oppositionsformeln Kausalerklärung/Verstehen oder Tiefenstruktur/Oberflächenstrukturen angemessen interpretiert? Dann nicht, antwortet Granger, wenn man mit ihnen glaubt, zwei selbständige oder einander gar ausschließende Bewußtseinseinstellungen zur Objektivität zu benennen (kohärente und wirksame Erkenntnis der reinen Syntax von Elementen unter Ausblendung der gelebten Erfahrung einerseits – der Titel Kausalität ist ohnehin ein schiefer Ausdruck für diesen Funktionalismus –, Rekonstruktion oder Verinnerung einer Struktur im Hinblick auf ihren reinen Innenaspekt unter Ausblendung der verinnerten Struktur als solcher andererseits). In Wahrheit gibt es nur zugleich die Kodetermination in einer abstrakten Syntax (dem Objektverweis bei Peirce entsprechend) *und* die semantische

255 Offenbar knüpft Granger mit solchen Überlegungen an die Arbeiten von Charles Bally (*Traité de stylistique française*, Paris ³1951; *Le langage et la vie*, Genève 1951) und Marcel Cressot (*Le style et les techniques: précis d'analyse stylistique*, Paris 1947) an, die die evokativ-expressiven Ressourcen/Qualitäten der in Situation verwendeten Rede (einschließlich der poetischen) eingehend untersucht haben.

256 Granger, *Essai* ..., 117

257 L. c. 119

Evokation der Aspekte einer Gesamterfahrung, die den Interpretanten eines identischen Autors entspricht: [258] eines greift über auf das andere. Ähnlich verhält sich's mit dem anderen Oppositionspaar: die Oberflächenstruktur wird gewöhnlich begriffen als bewußte Inszenierung eines Systems materieller Verbindungen, die nicht vom Bewußtsein gesteuert sind. Faßt man, wie es in den Anfängen der Transformationsgrammatik üblich war, dies Verhältnis als das einer reinen *Deduktion*, so degeneriert man die Peirce'sche ›Semiosis‹ auf eine zweistellige Relation, die im Bereich der Humanwissenschaften nichts erklärt. Aber man kann die Beziehung Tiefenstruktur-Oberflächenstrukturen auch als eine solche des strukturalen ›Objektes‹ zu seinen je individuell von der gelebten Erfahrung ins Spiel gebrachten Interpretanten begreifen und wird das Schema dann »dialektisieren«[259] müssen: Einerseits verändert und totalisiert sich das Feld der (sprachlich) objektivierten Erfahrung unaufhörlich und läßt, was eben noch gelebte Erfahrung war, selbst zur Struktur werden; andererseits überschreitet und modifiziert die semantische Interpretation ständig die totalisierte Erfahrung und zwingt sie zu Transformationen ihrer objektiven Bestimmtheit.[260]

Dieser Dialektik wird das linguistische Prinzip der Autonomie der Sprache ebensowenig gerecht wie die kommunikationstheoretische Beschränkung auf den Aspekt der Informations-Übermittlung als solche: Beiden muß die unübertragbare und eigentümliche – im Stil konnotierte – Erfahrung der Sprechenden durch die Maschen fallen. Da diese inkommunikablen *résidus*, diese Redundanzen der codage nur indirekt an die gelebte Erfahrung des Rezipienten appellieren können – »sous une forme qui ne peut être objective«[261] –, sind sie auf eine »trans-strukturale« Kompetenz des Adressaten angewiesen. Nicht mit Hilfe der Regeln einer langue zu entschlüsseln, können sie nur auf ein »approximatives« Verständnis hoffen.[262] Nicht von ungefähr greift Granger zu einer Metapher: es handelt sich beim Verstehen

258 L. c. 120
259 L. c. 121
260 Ebd.
261 L. c. 122
262 L. c. 124. Es kann, sagt Granger fast in Schleiermachers eigenen Worten, kein vollständiges Erkennen des Individuellen geben. Es handelt sich bei dieser Vorstellung um ein *»idéal spéculativement inaccessible«* (l. c. 303).

des Stils um ein ›*Schachspiel ohne Schachbrett*‹.[263] Es kann nur gelingen, wenn die nirgendwo zuvor schon kodierten Regeln des stilistischen »surcode«[264] auf der Basis eines einzigen Zuges vom Partner ›diviniert‹ werden – »*deviner* ne signifiant nullement ici reconnaître consciemment et sous forme explicite, mais se montrer sensible à certaines régularités dont le message est le siège, indépendamment des régularités macroscopiques que commande l'usage ordinaire de la langue.«[265]

Ganz ähnlich wie Granger begreift Sartre den Stil einer Äußerung (z. B. einen Schriftstellersatz) als Effekt einer individualisierenden Überkodierung: »Der Schriftsteller bedient sich der Sprache, um ein zwiefacher Entschlüsselung zugängliches Objekt zu erschaffen (pour produire un objet à double clé), das in seinem Sein und in seinem Zweck Zeugnis ablegt für die einzelne Universalität und für die universalisierende Einzelnheit.«[266] Die Literatur ist eine wirkliche Aktivität (une véritable activité, une activité pratique),[267] eine Arbeit (travail),[268] die einer bereits

263 L. c. 210 (ff.). Man fühlt sich erinnert an eine Metapher Kleists, der das Leben »ein schweres Spiel« nennt, in dem »man beständig und immer von neuem eine Karte ziehen soll und doch nicht weiß, was Trumpf ist« (an Ulrike von Kleist, Berlin, den 5. 2. 1801, in: Heinrich von Kleist, *Sämtliche Werke und Briefe*, hg. von H. Sembdner [= dtv-Gesamtausgabe] Bd. 6, München 1964, 158.)

264 Der Term verrät, daß Granger die Kontinuität des Stils gleichwohl in Abhängigkeit von einem Paar Kompetenz/Performanz (wenn auch eigener Ordnung) zu erklären versucht. Der Mehrfachkodierung der message entspricht eine »appréhension multistructurale« (l. c. 206) auf seiten des Rezipienten. Vgl. die eingehende Diskussion der Erklärungsversuche des Stils und der poetischen Sprache als Mehrfachkodierung im Lichte verschiedener Ansätze (B. Bloch, W. Fucks, A. A. Hill, N. Ruwet, R. Jakobson, N. Chomsky, R. Ohrmann, M. Riffaterre u. a., l. c. 193 ff.). »La thèse générale est que l'objet s'individue lorsque plusieurs structurations concurrentes sont simultanément possibles, – et non pas seulement des structurations de plus en plus fines et pour ainsi dire emboîtées, mais des structurations chevauchantes, superposées (...). L'effet d'individuation naîtrait de cette virtualité de structures multiples« (l. c. 203).

Wir sehen eine gewisse Inkonsequenz in der Bemühung, die Regularität des Stils unter Berufung auf eine nirgends definierte stilistische Kompetenz zu erklären, da einerseits Kompetenz Deduzierbarkeit impliziert und andererseits die von Granger beschworene Alternative zwischen De-kodierung und völlig willkürlicher (»aleatorischer«) Zeicheninterpretation (l. c. 206) die reflektierte Dialektik seines eigenen Ansatzes unterbietet: die Gefahr ist, daß in der Tat die »Statistik« den vakant gewordenen Platz ergreift, um jene »*autre* organisation«, als die Granger den Stil nun bezeichnet, zu vermessen (l. c.).

265 L. c. 211 (-213)

266 Jean-Paul Sartre, *L'écrivain est-il un intellectuel?*, 442 (dt. 55)

267 Sartre, *Que peut la littérature?*, 116

268 Sartre, *Que peut la littérature?*, 115

konstituierten und grammatisch dekodierbaren ›Objekt‹-Struktur ihren Interpretanten erfindet, indem sie sie durch die individuelle Praxis einer ›in Situation‹ gelebten Sinnerschließung überschreitet und anwendet, und das Entsprechende gilt für die Lektüre.[269] Die praktische Überführung der *Bedeutung* (Element des Code) in einen gegebenen Kontext (Sache der Rhetorik)[270] läßt den *Sinn* (die situative Bedeutung) entstehen. »Stil« ist der Name für die im Schnittpunkt beider sich manifestierende ›individuelle Allgemeinheit‹ der Rede.[271] Hier handelt sich's nicht um die Reproduktion einer semiologischen Struktur im verkleinerten Maßstab der Erfahrung: was der Stil hervorbringt, war nicht schon in der Sprache (langue) als solcher enthalten. Es ist das Werk des »élément non signifiant du langage«,[272] das den ordre du signifiant unsichtbar, aber nicht ohne Erfolg überlagert, treibt es doch die etablierten Zeichen und disponiblen Bedeutungen durch eine unmerkliche Ablenkung über ihren bisherigen Sinn hinaus, um selbst möglicherweise ein Element der Sprache zu werden.[273] Auf diese Weise kann die Vereinzelung des Allgemeinen (»intériorisation idiosyncratique de l'extérieur dans et par l'expérience de l'auteur«)[274] zur Universalisierung des Einzelnen führen.[274] Und der Stil ließe sich alsdann dialektisch definieren als die »langue tout entière, prenant sur elle-même, par la médiation de l'écrivain, le point de vue de la singularité«.[275]

Es handelt sich um eine echte Dialektik: Die Signifikanten-Struktur der langue bedarf, um zu funktionieren, des élément non signifiant als Interpretanten; der Interpretant bliebe stumm, schriebe er sich nicht einer Objektstruktur ein, die seine Über-

269 »De fait les synthèses de recomposition [sc: d'un texte] s'opèrent à la fois des règles objectives (...) *et* selon l'*habitus* idiosyncratique d'une intériorisation singulière (...). Il en résulte que l'ouvrage, appréhendé par une individualité formée, c'est-à-dire fermée (au moins partiellement) n'est jamais tout à fait pris pour ce qu'il est (...)« (*L'Idiot de la famille*, Bd. 3, 55).

270 *Que peut la littérature?*, 117 (Wir haben auf die Rolle der Rhetorik in Sartres Sprachtheorie schon hingewiesen.)

271 *L'écrivain ...*, 450 (dt. 61). Vgl. 448/9 (dt. 60)

272 L. c. 449 (dt. 60)

273 Vgl. Merleau-Ponty, *La prose du monde*, 19-22. Merleau-Ponty sagt sogar, daß der Stil nicht nur »neuen Sinn« erzeuge, sondern dem Leser zugleich die »neuen Organe« anbilde, deren er bedarf, um ihn – der noch nicht kodifiziert ist – zu divinieren (Divination als das »Vermögen, sich im Akt der Lektüre zu überschreiten«).

274 *L'Idiot de la famille*, Bd. 3, 33

275 *L'écrivain ...*, 449 (dt. 60)

tragbarkeit garantiert. Aber gerade dies Spiel auf zwei Ebenen zugleich hindert den Prozeß daran, sich unmittelbar durchsichtig zu sein. Die Bedeutung kennt sich immer erst, wenn sie vom Sinn überschritten und interpretiert ist (présence à soi immédiate); aber die individuelle Durchsichtigkeit des Sinns ist sich in dem Maße zugleich entzogen (absent de soi), wie ihr einzelnes Selbstbewußtsein die Tiefe des Universellen nicht auslotet, wie es noch andere als ihre eigenen Entwürfe gibt, die in der fortwährenden »Totalisierung« wirken und das einzelne Bewußtsein selbst übergreifen (»totalisieren«).[276] Dies ständige Widerspiel von absence und présence, das sich im Prozeß der Singularisierung des Allgemeinen und Universalisierung des Einzelnen ereignet, nennt Sartre »le vécu«.[277] Es könnte ebensowenig einem objektiven Wissen sich erschließen (denn es gibt keinen subjektunabhängigen Standpunkt ihm gegenüber) wie einer subjektiven Erkenntnis (denn die Reflexion wird ständig überwältigt vom Reichtum des geschichtlichen Objekts). Es könnte allenfalls durch eine konjekturale Verstehenshypothese diviniert werden.

Flaubert spricht beständig vom Unsagbaren (»*Vous devinerez tout l'indisable*«): »Il voulait parler précisément de cette sorte de compréhension de soi-même qu'on ne peut mettre en mots et qui vous échappe constamment.«[278] Der Begriff des unmittelbaren Sichverstehens löst in Sartres Hermeneutik den bewußtseinstheoretischen der présence non-thétique à soi ab:[279] wie dieser entgeht er dem semiologischen bzw. reflexionsphilosophischen Zirkel der Selbstpräsupposition, allerdings um den Preis, sich niemals einer distanzierten und objektiven Erkenntnis preiszugeben (»cette saisie de l'Autre comme un soi-même à engendrer demeure souvent obscure«[280]). Das semiologische und szientifische Erklären (›concept‹) setzt das unmittelbare Verständnis in genau der gleichen Weise voraus wie die Reflexion das Selbstbewußtsein.

276 *Sartre par Sartre*, in: *Situations IX*, 111/2 (dt. *Sartre über Sartre*, in: Mai 68 und die Folgen, Bd. 2, 96/7)
277 L. c. 111
278 L. c. 112. Vgl. *CRD* 105 (*ME* 134): Der existentialistische Gesichtspunkt hat stets in Erwägung gebracht, »que la réalité humaine, dans la mesure où elle se fait, échappe au savoir direct«. Das bedeutet nicht, daß sie unbewußt sei (vgl. *CRD* 160; dt. 77: »La compréhension n'est autre que la translucidité de la *praxis* à elle-même«).
279 Vgl. *L'Idiot de la famille*, Bd. 1, 148/9; ferner G. Seel, *Sartres Dialektik*, 188 ff.
280 *L'Idiot de la famille*, Bd. 3, 60

Es ist nicht erstaunlich, daß die in solchen Thesen zutage tretende Affinität zu Schleiermachers Bewußtseinstheorie und Hermeneutik Konsequenzen hat für die Bestimmung der Erkenntnishaltung des Interpreten: um die regelüberschreitende, sich nie ganz durchsichtige Transzendenz des individuellen Sinns (in einer ›notion‹) zu bezeichnen, kann ich keine Hypothese machen, die eine Extrapolation vom ›concept‹ der Struktur aus versucht: der Sinn kann nur in unmittelbarer Schöpfung nacherfunden werden. »Die zum Verständnis eines Menschen erforderte Bewußtseinsstellung (attitude) ist die Empathie.«[281] Auf die Stilanalyse angewandt: »Es (...) geht darum (...), das Werk (...) durch einen jedem Buch eigentümlichen Stil und Sinn hindurch zu interpretieren, das an ihm zu *erfassen* (*reconnaître*), was an ihm unvergleichbar ist. In der Bewegung der Sympathie, der Empathie oder der Antipathie situiert sich der Leser in bezug auf einen Menschen, d. h. auf einen (in den Eigenarten des Sprachgebrauchs) unendlich kondensierten Lebensstil: er *versteht* diesen Menschen noch nicht, aber er *fühlt* (*goûte*) und ahnt (devine), daß er dem *Verstehen zugänglich* (*compréhensible*) ist.«[282]

Der artifizielle Status der Hermeneutik: Gibt es und was leisten Regeln der Interpretation?

Wenn es unmöglich ist, die grammatische und die psychologische Seite in der interpretatorischen Praxis streng auseinanderzuhalten, indem das vorherrschend Individuelle doch ein ›Minimum‹ von Allgemeinheit in sich enthält und das ›vorherrschend Objektive‹ doch »immer subjectiv afficirt« bleibt (*HK* 83, § 12), dann läßt sich die Auslegung nie ganz freistellen von der Notwendigkeit, die divinatorische Subjektivität des Interpreten ins Spiel zu bringen. »Das Auslegen«, folgert Schleiermacher, »ist Kunst« (*HK* 82, § 9). Es verlangt eine mit der regelüberschreitenden Produktivität des Autors/Sprechers Schritt haltende Produktivität des Aufnehmenden.

Solange ›Kunst‹ vorläufig als diese systematisch unableitbare, nämlich Regeln überschreitende, konstituierende oder anwenden-

281 *Situations X*, 96 (= *Sur ›L'Idiot de la famille‹*), vgl. 102 f., 115
282 *L'Idiot de la famille*, Bd. 1, 658

de Tätigkeit gefaßt wird,[283] muß man Schleiermachers Folgerung in bezug auf das Divinationstheorem konsequent nennen. Sie erläutert nur den methodischen Status einer Disziplin, die die analogische Konstruktion[284] nicht einmal im Gebiet des grammatischen Verstehens ganz entbehren kann und so dem szientifischen Ideal rigoroser Deduzierbarkeit aus rationalen Hypothesen nicht standhält. Von ihm her wird gerne eingewandt, Schleiermachers Formel propagiere die systematische Entsachlichung der Hermeneutik zugunsten einer nie verbindlich zu machenden divinatorischen Artistik.[285]

Aber auch die existenzialontologische Hermeneutik, obwohl mit Schleiermacher grundsätzlich einig in der Überzeugung der Nichtinstrumentalisierbarkeit von Verstehen, hat Bedenken gegen die Formel vorgebracht. Statt die hermeneutische Ausrichtung auf

283 Klaus Weimar hat unter Verweis auf Erduin Julius Kochs *Encyclopädie aller philologischen Wissenschaften*, Berlin 1793, 1 f., die zeitgenössische Semantik des Schleiermacherschen Kunst-Begriffs wiederherzustellen versucht und die ursprüngliche Bedeutung gegen Boeckhs und Gadamers Übersetzung durch »Congenialität« und »unbewußt-gefühlsmäßige Intuition« restituiert. Danach bezeichnet »Kunst« die »Technik« der Hervorbringung eines bestimmten Gegenstandes nach Maßgabe der ihn konstituierenden Regeln (K. W., *Hist. Einführung zur literarischen Hermeneutik*, 116/7). – Allerdings wird man bei Schleiermacher eine gewisse Transformation zugleich und Problematisierung des Begriffs feststellen, insofern die Regeln, nach denen die Auslegungstechnik verfährt, teils nicht einfach gegeben sind, teils ihre Anwendung nicht eindeutig determinieren (also auch nicht ohne weiteres »erlernbar« sind). Darum ist eine Gleichsetzung von ›Kunst‹ mit ›Wissenschaft‹, wie R. E. Palmer sie nach Gadamer als methodologisches Novum der – wie er sagt – Schleiermacherschen *Science of Linguistic Understanding* herausstellt, sehr fragwürdig (*Hermeneutics* ..., 40; vgl. 33, Anm. 1, 91 ff.). Die Absicht ist, Schleiermachers Hermeneutik einer ganz bestimmten szientifischen Wirkungsgeschichte zuzuschlagen, die sie in Opposition zu Heidegger und Gadamer bringen soll (vgl. l. c. 46, passim).

Übrigens spricht noch Habermas ohne Vorbehalt von der Hermeneutik als der »Kunst, sprachlich kommunizierbaren Sinn zu verstehen« (*Der Universalitätsanspruch* ..., l. c. 120/1, passim). Der Begriff der ›kommunikativen Kompetenz‹ ist kaum mehr als eine moderne Übersetzung des Schleiermacherschen Ausdrucks ›Kunst, die Rede eines anderen richtig zu verstehen‹.

284 Wir sagen absichtlich nicht: Rekonstruktion. Der Ausdruck Rekonstruktion impliziert ›authentische Wiederherstellung eines gewesenen Zustandes‹. In Wahrheit bringt es die Divination, wie wir sahen, nur bis zur konjekturalen Analogie. Sie verfügt über kein Maß, das die authentische der von ihr vorgenommenen Konstruktion kommensurabel machte.

285 Daß die Reduktion des Verstehens auf das ›künstlerische Denken‹ die Rücksicht auf »seinen sachlichen Inhalt« ausblende, hat auch Gadamer kritisiert. Schleiermacher betreibe eine der kantischen Ästhetik analoge Subjektivierung der Hermeneutik, der es stets bevorzugt um die artistische Reproduktion des »individuellen Denkens, [der] freien, nicht durch das Sein gebundenen Kombination« zu tun sei (*WuM* 175/6).

Wahrheit im Prozeß des quasi-objektiven Traditionsgeschehens zu fundieren und das Selbstbewußtsein des historischen Subjekts als dessen unverfügbaren Reflex zu begreifen, reserviere Schleiermachers Hermeneutik – durch eine Übertragung genieästhetischer Kategorien auf den als objektive Rekonstruktion mißkannten Verstehensakt – dem Subjekt der Auslegung eine gewisse Souveränität, mit der es sich virtuos über die Bedingungen seiner epochalen ›insertion‹ (Merleau-Ponty) hinwegsetzen zu können wähne – jenen Naturphilosophen ähnlich, von denen Hegel gesagt hat, sie huldigten der »Vorstellung, daß, wenn auch die jetzigen Individuen sich nicht mehr in diesem Zustande des Paradieses befinden, es doch noch Sonntagskinder gebe, denen Gott die wahrhafte Erkenntnis und Wissenschaft im Schlaf mitteile«.[286]
Für das methodische Selbstverständnis der verstehenden Wissenschaften ist die Entscheidung dieser Frage von grundsätzlicher Bedeutung. Während der literaturwissenschaftliche Positivismus die Hermeneutik zur Einhaltung verbindlicher Regeln verpflichten möchte, warnt die Existenzialontologie sie vor einem Rückfall in den geschichtslosen Subjektivismus der Genieästhetik.
Aber wird die These, das ›richtige Verstehen‹ sei Kunst, tatsächlich zwischen den Mühlsteinen dieser Alternative zerrieben? Wir hatten schon früher Gelegenheit zu beobachten, daß der Positivismus/Objektivismus und die existenzialontologische Hermeneutik trotz ihrer methodischen Unvereinbarkeit in einer charakteristischen Ächtung des Subjektbegriffs konvergieren. Die am Methodenideal strenger Wissenschaftlichkeit orientierten Disziplinen und diejenigen, die das Verstehen im nicht-methodisierbaren Geschehen der Sache selbst fundieren, definieren innovatorische Leistungen von Subjektivität einträchtig als abhängige Funktionen eines Allgemeinen, sei's einer universellen Regel oder der zum Über-Subjekt fetischisierten Sprache. In dem Maße, wie diese Ansätze nur Konsequenzen aus der Einsicht formulieren, daß das Subjekt nicht Herr seines eigenen Bestandes ist, ist ihre Berechtigung nicht zu übersehen. Aber die Tatsache, daß »der Mensch«, wie Schelling sagt, »die Bedingung [seines Existierens]

286 G. W. F. Hegel, *Enzyklopädie*, Bd. II (= *Theorie-Werkausgabe* Bd. 9, Ffm. 1970), 17.
Verständlicher wäre die Assoziation dieser Hegelschen Kritik angesichts einiger Äußerungen August Boeckhs in seiner *Enzyklopädie* ..., 86 ff., 168, 260, passim. (»Das Talent zur Kongenialität« wird z. B. als Naturanlage charakterisiert.)

nie in seine Gewalt bekommt«,[287] impliziert noch nicht, daß er hinsichtlich der *Bestimmung* dessen, was ihm Sein oder Struktur unverfüglich zugewiesen haben, unfrei sei: Vom transzendenten Sein absolut abhängig, entwirft das Subjekt je und je seine ›Weise zu sein‹, und dieser Entwurf läßt sich nicht als Determinat einer Regel, einer strukturalen Kausalität oder eines Sprachgeschehens/Seinsgeschicks begreifen. Jeder Versuch, den Menschen aufs Sein (Struktur) oder auf die Freiheit (Performanz) zu reduzieren, verkürzt die komplexe Dialektik, der die Hermeneutik ständig begegnet: das Sein – bestimmter: die je schon konstituierte Grammatik – erscheint immer nur in der Modifikation, durch die der Entwurf sie überschritten hat, und der Entwurf ist verständlich nur auf der Basis der Totalität von Sprache, deren einzelne Realisation er vollzieht. In keinem Falle reicht die Formulierung der universellen Regel – im weitesten Sinne: der Grammatik – hin, ein Verständnis des Sinns zu gewinnen, durch welchen die freie Rede des Individuums sie zugleich anwendet und sich unsichtbar über sie hinwegsetzt (Bereich der Insignifikanz: Stil, symbolischer Sprachgebrauch).

Aber schränkt die von Schleiermachers ›grammatischer Interpretation‹ aufgezeigte Möglichkeit, alle Einzelbedeutungen eines Textes in einem Netz von »logischen Verwandtschaften« und »Gegensäzen« auf mehreren Integrationsniveaus (»Abstufungen« : »Coordination« – »Subordination«) zu verzeichnen und die »Bildungsform der Vorstellungen« einem »Calcül« zu unterstellen (*HL* 97 f., 101 f.), so daß jeder einzelne Ausdruck als Funktion dieses bestimmten Zeichensystems nachgewiesen werden kann – schränkt dieser Triumph der Methode den Anwendungsbereich von Schleiermachers These, die Auslegung sei Kunst, nicht empfindlich ein?

Zunächst kann man nicht übersehen (und wir haben darauf hingewiesen), daß die Aufstellung einer ›Text-Grammatik‹ ein durch und durch hermeneutisches Exercitium ist, das zu sehr unterschiedlichen Resultaten führen kann (Roland Barthes' *S/Z* bietet eine besonders gute Illustration dieser These). Selbst wenn man die ›wahre‹ Einheit der Grammatik gefunden hätte, aus der ›die Vorstellungen durch Entgegensetzung gebildet‹ werden (*HL* 102), kann man nicht übersehen, daß dieser Fund das Resultat einer künstlichen Herausdestillierung der in ihr inkarnierten semioti-

287 Schelling *WW*, I, 7, 399

schen Logik darstellt, also nur die sinnstiftende Einheit der Handlung nachvollzieht, welche die Menge der Redeakte aufbaut und zu einem System totalisiert: Ein Text ist selbst nichts als ein Stil-im-großen, und seine ›Dekodierung‹ reicht mithin ins Gebiet der technischen Auslegung hinüber.

Sodann – und das wiegt ungleich schwerer – impliziert ein Zeichensystem niemals von sich her eine individuelle Verwendung und allgemein: eine ganz bestimmte Interpretation der von ihm zum System totalisierten ›Semiosen‹. Darauf hat später besonders Charles Sanders Peirce hingewiesen, wenn er die gleichsam horizontale und zweigliedrige Beziehung des Zeichens zu seinem Objekt (Kategorie ›Zweitheit‹) von einer weiteren, gleichsam vertikalen Beziehung gekreuzt werden läßt: der des Zeichens zu seinem Benutzer (›interpretant‹, Kategorie ›Drittheit‹). Das Zeichensystem (die ›Objekt-Struktur‹ nach Peirce) funktioniert auf der situativen Ebene der Performanz nur, wenn ein Interpret oder eine Interpretationsgemeinschaft seinen Verwendungssinn zuvor festlegt, d. h. die Relation der kodierten Zeichen zu ihren Designaten ab origine hervorgebracht hat. Die Forderung einer in der ›Semiosis‹ operanten ›ursprünglichen Einheit‹ von Signifiant (»Wort«) und signifié (»Gedanke«) ist nicht unmotiviert: nur läßt sich »das übereinstimmende, identische (...) als solches äußerlich nie mittheilen«.[288] Man erfährt diesen an sich inkommunikablen (da im Differential aus Signifiant und signifié repräsentierten) ›Gesamtsinn‹, der eine Struktur durchquert, aus seiner systematischen Abstraktion nur unter der Bedingung, daß man das Abbildverhältnis, das zwischen dem Zeichensystem und seiner Welt vermittelt, bewußt machen kann.

Dies nicht haben leisten zu können, sollte sich bekanntlich als die Grundaporie der Grammatik des logischen Atomismus/Positivismus herausstellen, der von seinem Sinnlosigkeitsverdacht nur die logischen Sätze und die vorgeblich wirklichkeitsabbildenden Elementar- oder Protokollsätze ausnahm, Aussagen über das Verhältnis solcher Basissätze zur Wirklichkeit jedoch für ebenso unmöglich erklärte wie Aussagen über das Verhältnis der Sätze und Welt kopulierenden ›logischen Form‹ zu den Verbundenen. Die zwischen der Welt – als Gesamtheit der Tatsachen – und der logischen Syntax – als dem Gesamt der sie strukturierenden Zeichenbeziehungen – vermittelnde Isomorphie (vgl. Wittgen-

288 Schleiermacher, *Die christliche Sitte* (= *SW* I/12), 11

steins *Tractatus* 2.18, passim) kann sich – da sie selbst weder Gegenstand eines logisch-analytischen noch eines synthetisch-empirischen Urteils ist und der logischen Sprache jedes Vermögen von Selbstreflexion aberkannt wird – auf ›mystische‹ Weise nur ›*zeigen*‹ (4.12, 4.121 sowie 6.5222).[289] Anders gesagt: Obwohl Ermöglichungsbedingung von Erfahrung sowohl wie von sprachlicher Verständigung über Tatsachen, kann sie nicht selbst noch als Thema sinnvoller bzw. wahrer Rede gedacht werden. Gleichwohl funktioniert die logische Grammatik nur unter der stillschweigenden, vom logischen Positivisten jedoch strikt geleugneten Voraussetzung, daß eine anonyme Abbildungsvorschrift bekannt ist, die die reine Zeichenstruktur, nach Art eines transzendentalen Schematismus, auf wirkliche Sachverhalte immer schon beziehbar gemacht hat. Sie ist offenbar selbst keine Eigenschaft der Semiotik (weder, wie wir früher sagten, ein Implikat der Semantik noch der Syntax), also auch nicht als Applikat einer autonomen und universellen Regel zu denken, sondern das Werk einer von jenseits der »*Grenzen meiner Sprache*« (l. c. 5.6 und 5.61) unternommenen Zeichenstiftung (›Semiosis‹), die den Anwendungssinn dieses Zeichens bzw. der Regel ursprünglich erfindet und ihnen gegenüber die Rolle des *Interpretanten* übernimmt.

Die Bestimmung des lebendigen Sinns einer Zeichenverwendung in individuell und/oder gesellschaftlich interpretierter Situation ist eine Sache der *Pragmatik* (Schleiermacher würde sagen: der *Technik*). Nicht als ob Peirce daran zweifelte, daß das Universum der Zeichen schon an sich organisiert ist (jeder Signifikant verweist auf ein durch die Beziehung zu anderen Objekten gekennzeichnetes Objekt, das, indem es dadurch aufhört, pures Designat zu sein, in einen Begriff sich verwandelt, der in einer allgemeinen Grammatik sich inventarisiert findet): dies System ist gerade die Bedingung für die Möglichkeit der Distinktheit von Bedeutungen. »Der Pragmatizismus beruht auf der Auffassung, daß es reale Allgemeinheiten gibt, die keine logische Reduktion auf singuläre Elemente zulassen, und daß die Allgemeinheiten die Bedeutung von Begriffen konstituieren.«[290] Das schließt jedoch nicht ein, daß der konkrete Sinn einer Zeichenverwendung

289 Diese Aporie hat, soviel ich sehe, neben K. O. Apel am lichtvollsten Walter Schulz in seinem *Wittgenstein*-Buch (Pfullingen 1967) dargestellt.
290 Richard J. Bernstein, *Praxis und Handeln*, 57

sich durch reine *Deduktion* aus einem Inventar von Zeichen hervorziehen ließe, in welchem er gleichsam virtuell schon enthalten wäre.[291] Die Objektstruktur scheint überlagert zu werden von einer Ordnung ganz anderer Natur. »Toute déduction«, erklärt Gilles-Gaston Granger, »ne peut avoir lieu qu'au niveau de l'›objet‹. Il est lui-même expression symbolique. L'association signe-interprétant, par quelque processus psychologique qu'elle se réalise, ne peut être rendu possible que par la communauté, plus ou moins imparfaite, d'une expérience [vécue], d'une expérience entre le locuteur et le récepteur. Cette expérience (...), tout en enveloppant le savoir-faire lingustique, effectue sa totalisation aux niveaux le plus différents quant à l'abstraction, la richesse sensible, l'ordre ou la confusion, la précision ou l'à-peu-près. Mais c'est toujours une *expérience*, qui ne se réduit jamais parfaitement à l'idée ou objet du signe, dont nous avons dit qu'elle était structure.«[292]

Etwas Ähnliches scheint Schleiermacher im Auge zu haben, wenn er seine These von Kunstcharakter und von der Konstruktivität der Auslegung in bezug auf die »grammatische Seite« mit der Unendlichkeit der Sprache begründet, die in sich nie ›ein endlich bestimmtes‹ (d. h. ein angewandtes Lexem, Semem, Syntagma usw.) schon enthalte, da die deutende Bestimmung eine Funktion der in der Virtualität der Struktur nie ausdrücklich vorgezeichneten Redekontexte, Sprechsituationen, gesellschaftlichen Normen oder wie immer sonst empfohlenen Zeicheninterpretationen ist (*HK* 82, § 6, 1. und 3.). Jede Beziehung zwischen zwei Zeichen (representamen und idea/object) wird – nach Peirce – durch eine potentiell unendliche Folge von Interpretanten gestiftet, die niemals in einem absoluten Wissen sich beschließen könnte. Darum kann es keine »vollkommene Kenntniß der Sprache (geben)« (l. c.), versteht man unter ›Kenntnis‹ den Inbegriff all unserer

291 Peirce würde in diesem Falle von einer ›einfach degenerierten Interpretation‹ reden (einer solchen, die den komplexen Akt der ›Semiosis‹ auf die Indexfunktion des Zeichens reduziert). Übrigens hat – worauf auch G.-G. Granger (*Essai* ..., 116) aufmerksam macht – Peirce selbst die von der semiotischen Struktur des ›Objekts‹ relativ unabhängige Ordnung der Verkettung der Interpretanten mit den ursprünglichen Zeichen einer ›reinen Rhetorik‹ (als drittem Zweig der Semiotik neben ›reiner Grammatik‹ und ›Logik‹) zugewiesen. Dies Modell kommt dem Schleiermacherschen sehr weit entgegen, sieht man davon ab, daß dessen methodologische Reflexion überfordert würde, mäße man sie an dem hohen theoretischen Standard der hier ohnehin stark vereinfachten Kategorienlehre Peirce's.

292 G.-G. Granger, *Essai d'une philosophie du style*, 115

Erfahrung von aktuellen und situativen Realisationen derselben, die prinzipiell offen und unabsehbar ist – im Gegensatz zum nicht-thetischen Bewußtsein einer verinnerten Regel (Kompetenz). Und darum bedarf die ›Einsicht in die Notwendigkeit‹, in das Gerade-so-und-nicht-anders der Zeichenkombination (eines bestimmten Stils, dessen signifikantes Substrat »mit eben solchem Recht vielfältig anders sein« könnte) der technischen Interpretation (»Dies macht die Operation möglich und erhebt sie zu einer künstlerischen« [*HK* 115]).

Diese Überlegungen führen Schleiermacher zu der für seine methodologische Bestimmung des hermeneutischen Statuts ausschlaggebenden These, daß sich zwar relativ allgemeine Regeln abstrahieren lassen, die einen Text strukturieren, und ihnen parallel Regeln, an denen die interpretatorische »Construction« des Textes sich orientiert. Was er bestreitet ist lediglich, daß eine derartige Konstruktion obendrein durch solche »Regeln gegeben werden [könne], welche die Sicherheit ihrer Anwendung in sich trügen« (*HK* 82, § 9),[293] woraus folgt, daß die »hermeneutische Operation auf die psychologische Seite hinübergreift« (*HL* 100). Anders gesagt: die Regel bestimmt von sich her nie eindeutig die Pragmatik einer Rede; es bleibt eine nicht konzeptualisierbare Überdetermination, in welcher ein aufs Allgemeine irredeuzibler Rest von Individualität sich geltend macht. Denn »jede Anschauung eines Individuellen für sich ist unendlich« (*HK* 82).[294]

Es scheint demnach weder nur die mit dem Grad von Allgemeinheit sich steigernde praktische Unbrauchbarkeit einer Auslegungsregel noch auch nur der Umstand zu sein, daß deren Universalität sich nie ganz herstellen lasse, was, wie E. D. Hirsch vermutet, ihre konkrete Verwendbarkeit behindert und es geboten erscheinen läßt, statt von Kanons bescheidener von »Daumenregeln« zu sprechen, die ihren Applikationsbereich nie verbindlich vorgeben.[295] Das ist gewiß richtig und beschreibt die Erfahrung jeder

293 In *HL* 16 sagt Schleiermacher, daß sich die »Anwendung« der Regeln »nicht mechanisiren« lasse.

294 Auch das ist ein Gedanke, der Schleiermachers Hermeneutik aufs engste mit der Anthropologie W. von Humboldts (vgl. *WW* I, 260 ff.; II, 93; III, 138; IV, 54 und 421; V, 29; VI, 175; VII, 24 f.) verbindet.

295 *PI* 252 ff. (Hirsch bezieht sich in diesem Passus geradezu auf Schleiermacher).

Man muß freilich beachten, daß Hirsch den Objektivismus, von dem seine Destruktion des Konzepts einer hermeneutischen Methodenlehre Abstand nimmt, durch die Aufstellung objektiver »Prinzipien der Interpretation« zu-

Textauslegung, die sich bemüht, ihre Verfahrensweise nachträglich auf den Begriff zu bringen. Wichtiger jedoch als die mangelnde Allgemeinheit der als universell ausgegebenen und wichtiger als die leichte Falsifikabilität der zu anwendungsnah formulierten Regeln scheint der Umstand zu sein, daß Regeln der Interpretation selbst eine dem Sprachschema analoge Seinsweise haben, d. h. daß sich ihr Profil mit der Beleuchtung verändert, die aus dem Individuellen der Interpretationen auf sie fällt: Den applikatorischen Imperativ der Regel befolgen heißt demnach, selbst schon eine interpretatorische (divinatorische) Leistung zu vollbringen.

Um die methodologische Konsequenz so präzise wie möglich zu wiederholen: Nicht an der Möglichkeit, je und je Kanons der Interpretation aufzustellen, fehlt es noch an der Möglichkeit, den einzelnen Sinnentwurf (ist er einmal diviniert) als ›Fall‹ einer allgemeinen Diskursregel zu bestimmen. *Es fehlen lediglich Metaregeln, welche die Anwendung dieser hermeneutischen Regeln auf gegebene Rede als Fall unter sich begriffen.*[296] Und in dieser Hinsicht ist die *Kunst der Interpretation* in einer ähnlichen Lage wie die reflektierende Urteilskraft, von der Kant handelt.

Schleiermachers Formulierung (›Regeln, die jedoch nicht die Sicherheit ihrer Anwendung in sich tragen‹) und seine Wahl des Terminus ›Kunst‹ für eine nicht abermals regelbestimmte sondern divinatorische Anwendung der Regel scheinen das selbst anzu-

rückzugewinnen sucht. Diese Prinzipien (die Kriterien bereitstellen sollen für die Geltungsprüfung bereits gefällter Urteile über Texte, insbesondere für den Bezug Genre-Einzeläußerung) befassen allerdings nur etwa das, was Schleiermacher als grammatisches Auslegen bezeichnet (woraus sich die für Hirschs Hermeneutik charakteristische Arbeitsteilung in ›Verstehen‹ und ›Kritik‹ bzw. ›Interpretation‹ ergibt). Aber an Hirschs ›Grundsätzen‹ wiederholt sich nur das Dilemma der Schleiermacherschen ›Kanons‹. Ihr Bestehen, heißt es einmal, »garantiert freilich nicht, daß sie angewandt werden« (l. c. 229), wobei die List dieser Formulierung darin besteht zu unterstellen, daß sie angewandt werden *können*. Als ob nicht die Anwendung bekannter Objektivitätskriterien, um szientifischen Standards zu genügen, abermals durch verbindliche Regeln gesteuert sein müßte, um Objektivität der Interpretation bzw. der Urteilsprüfung zu garantieren – und genau das kann und will auch die Genre-Theorie nicht leisten.

296 Schleiermachers eigene Worte sind, daß die »Anwendung der Regeln (...) selbst nicht wieder unter Regeln zu bringen sei, wie dies der Fall ist bei allem was wir in dem höheren Sinne des Wortes Kunst nennen« (*Ueber Begriff und Eintheilung der philologischen Kritik*, *SW* III/1, Berlin 1835, 402). Vgl. den Kontext, 401 f. sowie *HL* 16: »Das volle Geschäft der Hermeneutik ist als Kunstwerk zu betrachten, aber nicht, als ob die Ausführung in einem Kunstwerk endigte, sondern so daß die Thätigkeit nur den *Charakter* der Kunst an sich trägt, weil mit den Regeln nicht auch die Anwendung gegeben ist, d. i. nicht mechanisirt werden kann.«

deuten. Die Implikationen des Kunstbegriffs seiner Hermeneutikvorlesungen bestätigen diesen Eindruck: Kunst ist Tätigkeit (nicht Produkt), und zwar eine Tätigkeit, die ihre eigene Logik unvorhersehbar selbst hervorbringt (sie läßt sich nicht ›mechanisieren‹); sie ist absichtsvoll,[297] ohne daß ihre Konstruktion eine unabhängig gegebene Regel realisierte (*HK* 82); sie ist nicht-allgemein, insofern sie nicht Dedukt eines objektiven Gesetzes ist, und doch nicht bloß privat, insofern sie den Anspruch auf eine begriffslos sich einstellende Zustimmung einschließt (Diskurse und Interpretationen funktionieren nur kraft solcher Intersubjektivität, was einige Theoretiker veranlaßt, von interpretatorischer bzw. literarischer ›Kompetenz‹ zu sprechen); sie ist nicht durch einen Begriff zu erschöpfen, sondern übertrifft ihn von seiten der Anschauung oder des Individuellen (»denn jede Anschauung eines Individuellen für sich ist unendlich« [*HK* 82]), – was nicht heißt, daß sie als Werk exzentrischer ›Aleatorik‹ verstanden wäre: sie erscheint vielmehr einer Vernunft-Idee gemäß (in welcher Allgemeines und Einzelnes ihren einigen Ursprung hätten), die sich gleichwohl nicht angeben läßt.

Ähnlich verhält sich's bei dem Gegenstand, über den das ästhetische Gefühl urteilt. Während die bestimmende Urteilskraft mit Regeln zu tun hat, die (wie die schematisierten Kategorien oder die sittlichen Grundsätze) a priori die Sicherheit ihrer Anwendung in sich tragen,[298] ist die reflektierende Urteilskraft in der Situation, den Bereich des Sinnlichen zu übertreffen, ohne einer sie begreifenden Regel (sei's reinem Verstandes- oder Vernunftbegriff) zu begegnen, die ihr im Bereich des Intelligiblen Wohnrecht verschaffte. Die Erschlossenheit im Lichte einer uneinholbaren Idee und die ihr verbundene Ent-setzung über das Sinnliche hinaus situieren den Gegenstand des Geschmacksurteils in einem Zwischenbereich, in welchem er durch seinen Sinnüberschuß von weither die Grenzen des Begriffs überflutet und durch seine Re-

297 Im Sinne etwa des ›kunstmäßigen Verstehens‹, das im Gegensatz zur ›laxeren Praxis‹ der ›kunstlosen Auslegung‹ – nicht nur das Mißverständliche, sondern ausdrücklich alles in einer gegebenen Rede Kommunizierte für der Interpretation bedürftig erachtet (*HK* 85/6). – Auch diese Unterscheidung kennt übrigens eine Entsprechung bei Habermas: Kunst des Verstehens bzw. kommunikative Kompetenz ist nicht nur definiert als das Vermögen, reziprok sprachlich kommunizieren zu können, sondern auch als die Kunst, die fremde Rede »im Falle gestörter Kommunikation« allererst »verständlich zu machen« (*Der Universalitätsanspruch* . . ., l. c. 120, passim).

298 Vgl. *KrV* A 135/6 (B 174/5)

flexivität zugleich die der Anschauung übertrifft. Daraus ergeben sich Konsequenzen für den Umfang seiner Geltung: Ohne der sinnlichen Einzelnheit zu entkommen, ist das Geschmacksurteil doch nicht (wie das sinnlich-individuelle Urteil) durch sie motiviert: es sucht den Grund seiner Singularität reflektierend in einem Allgemeinen einzuholen; es strebt danach, sie gleichsam einzubringen als »Fall«, als »Beispiel einer allgemeinen Regel, die man nicht angeben kann« und deren absente Präsenz den Anspruch auf ›Gemeingültigkeit‹ des Urteils auf dem Umweg über »anderer Beitritt« – also durch intersubjektive Anerkennung – zu rechtfertigen zwingt.[299]

Auch die Geschmacksurteile einer Gemeinschaft von ästhetisch Urteilenden scheinen – ihrer Übereinstimmung halber, von der die Geschmäcker und Kunststile der Epochen Zeugnis ablegen – transparent für die allen Urteilenden unbewußte Kausalität einer ästhetischen Tiefensemantik, die der Literatur- oder Kunsthistoriker bestrebt sein wird zu analysieren; und das liefert die Analogie zur Interpretation von Diskursen. Beide haben gemein, daß sie keine universale Regel angeben können, in der das situativ gefällte Urteil als Anwendung a priori eingeschlossen wäre (in welchem Falle Kant von einem *Gesetz* spräche),[300] sondern daß die Intersubjektivität der Interpretanten diese Regel selbst instituieren muß: die Regel ist nichts anderes als die erstarrte Logik einer semantischen und kommunikativen Totalisierung, deren allgemeinste Form die Grammatik ist und die sich bis hin zur einzelnen Rede immer stärker individualisiert, ohne dem Ineinander von Struktur und Sinnentwurf in ihren Extremen (langue und parole) zu entgehen. Immer bedarf die Regel, die die Menge von signifikanten Einheiten eines Textes, Diskurses, Sprachgebiets usw. organisiert, eines Interpretanten oder einer Interpretationsgemeinschaft, die den Verwendungssinn in bezug auf das empirische literarische Objekt festlegen. Auf diese Weise wird der Text, der Diskurs, ja die ganze Sprache durch eine Kette von Interpretanten gleichsam überlagert, die sich ihnen jenseits der relativ invarianten (aber unbestimmten) Objektstruktur unablösbar aufprägt und späteren Interpreten zum wirkungshistorischen Schicksal wird.[301]

299 *KdU* B 20, 26, 62/3, 63/4

300 Zur Differenz von Gesetz und Regel vgl. *KrV* A 100/1; A 112/4; A 125/6; A 127/8, passim

301 Vgl. Paul Ricœur, *Qu'est-ce qu'un Texte?*, l. c. 200

Verstehen als ›gelenktes Schaffen‹: die Produktivität der Rezeption

Einen Text interpretieren heißt also immer auch, den selbst nicht signifikanten Verwendungssinn der in ihm verwobenen Zeichen selbständig zu erfinden, d. h. ihn zum Sprechen zu bringen. So fügt sich die Auslegung dem Ausgelegten auf analoge Weise hinzu wie die Sprachverwendung der Sprache, und es zeichnet sich die *Konsequenz* ab, *daß jedes Verstehen selbst ein Schaffen ist. Nichts anderes meint im Grunde der Satz, das Auslegen sei »Kunst«*. Und nichts anderes motiviert die von Gadamer kritisierte Übertragung genieästhetischer Kategorien auf die Hermeneutik: die individuelle Anwendung der allgemeinen Sprachregel ist eine inventorische, eine freie, eine produktive, eine methodisch nur negativ antizipierbare Handlung. Und weil sie das ist, wird den Sinn dieser Handlung nur erfassen, wer ihn durch eine der Absicht nach rekonstruierende Handlung wiederholt.

Das Verstehen ist, nach einer berühmten Definition, ein »gelenktes Schaffen« (création dirigée).[302] Texte haben weder den Status von Präskripten noch von Erfahrungstatsachen, sondern von Appellen, denen frei entsprochen wird.

Das sah – mit bezug auf das ästhetische Faktum – Schiller bereits sehr deutlich, wenn er an Körner (25. 10. 1794) schreibt: »Das Schöne ist kein Erfahrungsbegriff, sondern vielmehr ein Imperativ.«[303] Und Novalis ist der Gedanke so vertraut wie der Frühromantik insgesamt: Da »Dichten zeugen (ist)«,[304] wird ein Gedicht nur derjenige richtig beurteilen, der »das zu kritisirende Produkt selbst hervorzubringen« fähig ist.[305] Mit einem Wort: »Der wahre Leser muß der erweiterte Autor seyn. Er ist die höhere Instanz, die die Sache von der niedern Instanz schon vorgearbeitet erhält.«[306] Und Schleiermacher spricht ganz allgemein vom Kunstwerk als von »etwas abstracte(m), (das) insofern (...) nichts an und für sich [ist], sondern (...) erst durch die Beziehungen [wird], die der Beschauer hineinlegt.«[307]

302 Jean-Paul Sartre, *Qu'est-ce que la littérature?*, 95 (dt. 29)
303 Ebenso Novalis, *Schriften*, Bd. 3, 413, Nr. 745 und Sartre selbst, l. c. 98 (dt. 31)
304 Novalis, *Schriften*, Bd. 2, 534, Nr. 36. Vgl. Ludwig Tieck: »Ein Kunstwerk ganz verstehen, heißt, es gewissermaßen erschaffen« (*Werke*, hg. von M. Thalmann, Bd. III, München o. J., 54).
305 Novalis, l. c. Nr. 35
306 L. c. 470, Nr. 125
307 *Die christliche Sitte* (= *SW* I/12, 682. Zum additiven Charakter jeder Darstellung, etwa dramatischer Dichtungen, vgl. l. c. 679 (passim).

Eine die Regel (z. B. die Konstitutionsregel eines auszulegenden Textes) anwendend überschreitende Produktivität des Rezipienten leugnen, hieße die Tatsache zu übersehen, *daß Literatur wesentlich Kommunikation ist.*[308] Was der Sinn eines Textes ist, darüber entscheidet nicht der Autor allein, sondern wenigstens ebensosehr sein Partner, der Leser. Zwar ist es der objektivistischen Ideologie, die einige literarische Schulen mit dem Strukturalismus verbindet, bequemer, den Leser als ›Medium‹ zu denken, durch dessen widerstandslose Leitfähigkeit der Stromkreis des verselbständigten »récit se faisant«[309] sich schließen kann. Danach handelte sich's beim Text um ein »autonomes Objekt«, das nicht die Freiheit des Lesers, sondern lediglich sich selbst (in der identischen Reduplikation der Lektüre) zum Zweck hätte – hierin der fetischisierten, nämlich von den Wurzeln wertschaffender Arbeit wie von den Zwecken lebenspraktischer Verwendbarkeit gleichermaßen losgelösten Ware vergleichbar, die sich nach anonymen Wertgesetzen autonom tauscht: »Sa valeur d'usage, ici, est masquée aussi par son prix, c'est-à-dire par une beauté inhumaine.«[310]

Es ist nicht etwa der Verstoß gegen eine Moral (etwa die, den Leser als Zweck zu behandeln), sondern der Widerspruch gegen eine streng erkenntnistheoretische Wahrheit, an der solche Theorieansätze zuschanden werden. Sie läßt sich in zwei Schritten erläutern.

Zunächst muß man aus Sartres Hinweis auf die ebenso triviale wie elementare Tatsache, daß das Wort ein Zeichen ist und als solches über sich hinaus auf Objekte verweist, die Kritik an einem kurzschlüssigen Positivismus der ›signification‹ herauslesen, der

308 Vgl. Sartre, *Que peut la littérature?*, 107 und *L'Idiot de la famille* Bd. 3, 97 (ff.). Auf den kommunikativen Charakter jedes Verstehens von Zeichen als dreistelligen Relationen weist, im Kontext einer Einführung in die Peircesche Interpretanten-Theorie, auch K. O. Apel hin (*Der Denkweg von Charles S. Peirce*, 237/9).
Natürlich setzt die gesamte sog. Rezeptionsästhetik (selbst dort, wo sie sich dieser Tradition und selbst ihrer Nähe zu Sartre nicht bewußt ist), Argumente solchen Typs voraus. Vgl. H. R. Jauß, *Literaturgeschichte als Provokation;* Wolfgang Iser, *Der implizite Leser. Kommunikationsformen des Romans von Bunyan bis Beckett,* München 1972; ders., *Der Akt des Lesens,* München 1976; Rainer Warner (Hg.), *Rezeptionsästhetik,* München 1975; Manfred Naumann et alii, *Gesellschaft, Literatur, Lesen. Literaturrezeption in theoretischer Sicht,* Berlin und Weimar 1975.
309 Sartre, *Que peut la littérature?*, 107
310 L. c. 110/1

davon ausgeht, daß die Bedeutungen in einem von dem Bedeutenden unabhängigen Bezirk determiniert und ihren Denotaten synchronisiert seien. In diesem Falle hätte die Polemik gegen den Fetischismus einer sterilen ›Selbstreflexion des Zeichens‹ nur die Absicht, den Blick von den Irritationen des subjektiven Meinens freizumachen und auf die in jedem vernünftigen Reden angezielten an-sich-seienden Denotate zu richten. – Sartre meint das Gegenteil: Bedeutungen stellen sich erst am Horizont einer Selbstüberschreitung von Subjekten ein. Und ihre designatorische Geltung (ihre Objektivität) hängt von der aktiven Zustimmung anderer Subjekte, also von historisch vermittelten Übereinkünften zwischen Sprachteilnehmern ab, die sich gemeinschaftlich auf die Bedeutung ihrer Welt hin entwerfen. Über den Verwendungssinn von Bedeutungen wird in kommunikativen Prozessen entschieden. So auch im Dialog zwischen Autor und Leser.

Aber es gibt eine zweite und tiefere Begründung (man hat sie oft übersehen oder mißverstanden), die Sartre seiner These vorbehält. Sie argumentiert mit der ontologischen Differenz der Seinstypen von En-soi und Pour-soi und zeigt, daß zwischen ihnen kein prästabilierter Transitus vermittelt.[311] Tatsächlich begegnet man nicht selten einem unter Kunstproduzenten und Ästhetikern verbreiteten Vorurteil, dem Kreationismus. Danach ist der Schöpfer (pour-soi) Seinsgrund seines Werks (also eines être-en-soi). Der Begriff einer seinsautarken Schöpfung ist jedoch widersprüchlich.[312] Auf die eine oder die andere Weise wird das Sein (en-soi), welches das Resultat der Schöpfung sein sollte, immer schon vorausgesetzt. Denn die menschliche Kreativität ist radikal ›unselbständig‹. Sie ist Herr nicht ihres Seins (auf dem sie vielmehr unverfüglich basiert), sondern lediglich des Sinns, in dem sie es erschließt, der Modifikationen, die sie ihm zufügt, kurz: seiner Seins*weise*. Die schöpferische Freiheit ist, wie Sartre in Umkehrung der Hegelschen Reflexionslogik sagt, »nicht wesentlich« in bezug auf das Sein, sondern lediglich in bezug auf den Sinn des von ihr Geschaffenen, dessen unabhängige Realität ihr

311 Das Problem ähnelt demjenigen, das Dan Sperber in seiner *Symbolik* aufgedeckt hat: Symbole sind (um daran nur zu erinnern) Signifikanten, die ihrem Signifikat nicht aufgrund eines fixen Code zugeordnet sind. Ihre Interpretation ist selbst ein symbolischer Akt. – Anders gesagt: alle Texte, die eine symbolische Lektüre verlangen, sind nicht dekodierbar, sondern appellieren an die Freiheit (oder, wie Sperber sagt, an die »geistige Improvisation«) des Lesers (l. c. 9, 31, passim).

312 *EN* 31/2, 123

entgleitet.[313] Der Sinn des Werks, diejenige seiner Eigenschaften, durch die es die Seinsart des être-en-soi hinter sich läßt und sich als être-signifiant – im transitiven Sinne – konstituiert, ist gerade keine vom Subjekt unabhängige Realität und fällt mithin in seinen Bannkreis zurück (ist selbst nur subjektiv). Anders gesagt: das Subjekt enthüllt (dévoile) das Seiende, ohne es hervorzubringen (créer).

Man kann das auch so ausdrücken: das vom Subjekt Erschaffene ist kein Gegenstand irgendeiner möglichen realen »Erfahrung« oder »Wahrnehmung«,[314] denn es existiert überhaupt nicht als vom Subjekt unabhängiges Seiendes. Es hat vielmehr den erkenntnistheoretischen Status einer *Imagination*.[315] Im Zustand des Imaginierens haben wir mit einem ganz anderen Präsenztyp des Intentionalobjektes zu rechnen als bei der Wahrnehmung: »Il est là, mais sans extériorité; (...) on ne saurait l'observer, c'est-à-dire faire des hypothèses et les contrôler. Ce qui manque, précisément, c'est un pouvoir contemplateur de la conscience, une certaine façon de se tenir à distance de ses images, de ses propres pensées et de leur laisser leur déroulement logique.«[316] Das imaginäre Bewußtsein bewohnt gleichsam sein Objekt; ihm fehlt jene Souveränität, die notwendig wäre, um im Akt des Bewußthabens sich zugleich über sich erheben und sein Noema als unabhängiges Objekt betrachten zu können. Es kommt nicht von sich los, ist ein Gefangener nicht der Dinge (die sich ipso facto ›irrealisieren‹), sondern seiner selbst. Es ist von sich selbst »fasziniert«, »juge et partie« zumal.[316]

Mit einem Wort: das bildlich Vorgestellte (image) ist kein echtes Objekt. Es ist auch keine positive Bedeutung, es ist überhaupt nicht real, sondern eine spezifische und lautere Form des nichtpositionalen Bewußtseins (néant). Aber es ist ebensowenig ein echtes (nicht-positionales) Wahrnehmungsbewußtsein, sondern hat lediglich den Status einer »Quasi-Observation«.[317] Darum erfährt – im Gegensatz zur Wahrnehmung von Gegenständen oder zur Einlösung von Bedeutungen (Akten, die sich auf ein transsubjektives oder intersubjektives Seiendes beziehen) – das Bewußtsein

313 *Qu'est-ce que la littérature?*, 90 (dt. 25 f.)
314 L. c. 91 (dt. 26) und *Que peut la littérature?*, 7/8
315 Vgl. *Qu'est-ce que la littérature?*, 93, 109, passim (dt. 28, 38: »imageante« unzutreffend mit »abbildend« übersetzt).
316 Sartre, *L'Imaginaire*, 64
317 L. c. 18 ff.

aus dem von ihm geschaffenen Bilde nichts, das es nicht vorab in die Produktion hätte einfließen lassen: Es ist – abermals im Unterschied zu einem Gegenstand der Erfahrung, der sich dem Bewußtsein in einer ständig neuen und prinzipiell unerschöpflichen Fülle von Aspekten und Abschattungen präsentiert – vollkommen durchsichtig, und der Modus, in dem es gewahrt wird, hält auf eigentümliche Weise die Mitte zwischen Perzeption und Begriff[318] – eine Mitte, in welcher die Sache selbst und ihr Vermeintsein zwar absolut zusammenrücken,[319] ohne indes der Seinsweise eines néant d'être zu entgehen. Man versteht gleichwohl, warum das Bild (image) dem vom Sein abhängigen Bewußtsein als »eine Art Ideal«[320] vorschwebt: Es gaukelt ihm einen Zustand von Realität vor, als dessen Urheber es sich ansehen dürfte: die Vision einer durch menschliche Freiheit in ihrem Sein fundierten Welt.[321] Aber dieser Zustand ist tingiert von der ›Negatität‹ des Subjekts und seiner irrealisierenden Potenz: er *ist* nicht, wenn ›sein‹ heißt, unabhängig vom Bewußtsein bestehen.

Ein wesentlicher Irrtum der klassischen Ästhetiken und Hermeneutiken besteht darin, daß sie das literarische (wie jedes andere) Kunstwerk als Objektivation sei's des Geistes (E. Betti), des Willens (Schopenhauer, Nietzsche), des Lebens (Dilthey), der intellektuellen Anschauung (Schelling), der Idee (Hegel), des Gefühls (Novalis) oder allenfalls der Wirkungsgeschichte (Gadamer) zu fassen suchen. In Wahrheit gibt es keinerlei Übergang vom Imaginären zum Realen.[322] »L'œuvre est radicalement et délibérément imaginaire, de fond en comble, parce que le seul absolu c'est la négation désespérée de l'être; l'œuvre *n'est qu'imaginaire*: même en tant qu'œuvre, elle *n'est pas*, elle n'a pas de statut, elle flotte.«[323] Real oder objektiv – »il ne faut pas se lasser de l'affirmer«[322] - sind die Pinselstriche und ihre Verteilung, die Leinwand, die Körnung, der Firnis, sind Laut, Tonhöhe, Takt und Partitur, sind die Anordnung der Schriftzeichen auf dem Papier und in einem weiten Sinne sogar die Signifikanten-

318 L. c. 122: »(...) Ceci nous montre que l'image, intermédiaire entre le concept et la perception, nous livre l'objet sous son aspect sensible mais d'une façon qu l'empêche par principe d'être perceptible.« Vgl. l. c. 97.

319 Darum ist die Funktion des Bildbewußtseins *symbolisch* (l. c. 128). Der sinnliche Signifikant verweist hier nicht auf den Begriff, er *ist* der Begriff.

320 L. c. 97.

321 *Qu'est-ce que la littérature?*, 106 u. (dt. 37)

322 *L'Imaginaire*, 240

323 *L'Idiot de la famille*, Bd. 3, 181

textur eines Diskurses, insofern seine Elemente im magnetischen Feld einer inert gewordenen diskursiven Logik sich strukturieren. Aber damit werden lauter Eigenschaften benannt, die den Gegenstand gerade nicht zum Objekt ästhetischer oder interpretatorischer Urteile qualifizieren. Verstanden oder ästhetisch beurteilt wird nicht die Materie, das Thema, die Information oder die Signifikantentextur, sondern ihr Sinn, der, gerade weil er nicht in den Wörtern liegt, sondern sie als konstitutives Schweigen umhüllt, ihnen zu bedeuten gestattet und ihrem baren Sein-als-Indices den Interpretanten erfindet.[324]

Sowenig *»das Sein des Geistes ein Knochen«* ist,[325] wie Hegel sagt, sowenig ist der insignifikante und irreale Sinn ein Faktum vom Typ des être-en-soi, d. h. Thema der objektivierenden Erkenntnis.

Aus diesem Grunde steht »in bezug auf sein Werk (...) der Autor immer wie Moses vor dem Gelobten Land«.[326] Er wird das von ihm Ersonnene (ob er's im Kopf behält, ausspricht oder aufschreibt) aus eigener Anstrengung niemals in den Status einer Bedeutung erheben (insofern der Bedeutung die Seinsweise einer ›intersubjektiven Objektivität‹ zukommt). Er wird es zwar von innen und außen kennen, es mit Geist und Seele durchdringen, aber nie wie eine reale, und das heißt »neue Erfahrung« aufnehmen und vor sich stellen können.[327] Ihm entgehen Sein und Bedeutung der im Bannkreis seiner imaginären Selbstbeziehung verhafteten Intentionen: »C'est peu dire qu'elles sont inexprimées: elles sont précisément inexprimable.«[328] Die einzige Chance für den Sinn, die Schwelle seiner insignifikanten und exklusiven Selbstverhaftetheit zu überschreiten, sich durch Integration in den für alle daseienden ordre symbolique – das, was Sartre mit Hegel den ›objektiven Geist‹ nennt[329] – zu verwirklichen, besteht darin, daß eine andere Freiheit sich seiner annimmt, daß sie den von seiner Quasi-Objektivität verschleierten Imperativ verstehend entbindet, daß sie den stummen und unsichtbaren Entwurf des Anderen aus freien Stücken als konkrete Erfahrung und mit-

324 *Qu'est-ce que la littérature?*, 94 (dt. 28). Man sieht an solchen Formulierungen besonders gut Sartres Nähe zu Lacan und Lacans Herkunft von der Phänomenologie.
325 *Phänomenologie des Geistes*, 252
326 *Que peut la littérature?*, 119
327 L. c. und 120
328 *Qu'est-ce que la littérature?*, 95 (dt. 29)
329 *L'Idiot de la famille*, Bd. 3, 41 ff.

hin als Bedeutung erstehen läßt, kurz: daß sie, der in ihm enthaltenen Aufforderung divinatorisch entsprechend, den Sinn selbst erschafft.[330]

Zwar ist dies die einzig denkbare Art und Weise, in der ein Werk der Imagination seinem Schöpfer als *Objekt* zugänglich werden könnte.[331] Aber man muß sehen, daß das Objektwerden der image mentale des Autors in dem Maße, wie dieser Vorgang in einer eigentümlichen Schöpfung des Lesers seinen Ursprung hat, fremdem Sinn sich ausliefert, daß die image sich in der Rezeption unkontrollierbar alteriert, »c'est-à-dire que l'objet qu'il [l'auteur] a fait lui est renvoyé autre qu'il n'a cru le faire, par les lecteurs.«[332]

Das ist die unvermeidliche Konsequenz des appellativen Charakters jeder Rede:[333] Ihren Sinn wird nur entbinden, wer das intersubjektive Schema auf die es interpretierende und dadurch modifizierende – dann aber nicht mehr unter Regeln zu bringende – Intention hin überschreitet, d. h. wer ihren Sinn durch eine ebenso freie und regelüberschreitende interpretatorische *Kunst* nicht etwa erfährt (der Sinn ist nichts, das sich erfahren ließe), sondern unmittelbar errät, ja ihn produziert. *Der Interpret ist viel mehr ein Schöpfer als ein Rekonstrukteur*[334] – fast möchte man das romantische Theorem durch Gadamers vermeintlich romantikkritischen Satz paraphrasieren, das »Verstehen (sei) kein nur reproduktives, sondern stets auch ein produktives Verhalten«[335] –, ja der Leser ist in der Tat »der erweiterte Autor« (Novalis) oder, wie Sartre sagt, »le collaborateur, le créateur même, de l'œuvre d'art au second degré«.[336] Denn nicht der Autor, sondern der Rezipient entscheidet über die Bedeutung des

330 »Un ouvrage de l'esprit n'existe que comme une objectivité intersubjective: c'est la relation conjugée de l'écriture et de la lecture, à travers sa matérialité de chose écrite, qui *l'actualise*« (l. c. 179).

331 *Qu'est-ce que la littérature?*, 107/8 (dt. 37/8)

332 *Que peut la littérature?*, 119. Vgl. *L'Idiot de la famille*, Bd. 3, 50: »chaque lecteur totalise sa lecture *à sa manière* qui est, à la fois, voisine et radicalement distincte de la totalisation qu'une autre lecture, en un autre ville, en un autre quartier tente de réaliser *avec le même livre*.«

333 Vgl. Wolfgang Iser, *Die Appellstruktur der Texte*, in: *Konstanzer Universitätsreden*, hg. von G. Hess, Bd. 28, Konstanz 1972, 33.

334 Das übersieht Gadamer durchaus, wenn er Schleiermachers Divinationstheorem auf szientifischen Rekonstruktionswillen reduziert. Zum Schöpferischen im Verstehensakt vgl. W. von Humboldt, *WW* IV, 35-57 und passim.

335 *WuM* 280

336 *Que peut la littérature?*, 120

Diskurses, insofern jede Lektüre – da sie die Regel selbst erfinden muß, als deren Anwendung sie sich begreifen wird – ein durchaus offenes Kommunikationsgeschehen darstellt, innerhalb dessen die Intention des Autors nicht mehr ist als ein unangewandtes Zeichen, dessen bestimmte Interpretation die Tat seines Lesers sein wird. Auf diese Weise akkumuliert jeder Text (schon in seinem Ursprung polysem durch seinen Doppelbezug auf die gesellschaftliche und die individuelle Bedeutung seiner Zeichen) im Laufe seiner Wirkungsgeschichte die Sinnstiftungen, die Generationen von ›Schöpfern zweiten Grades‹ ihm aufgeprägt haben.[337] In dem Maße, wie es keine positive und authentische Bedeutung unabhängig vom Interpretanten gibt, vergeschichtlicht sich die Bedeutungssubstanz des Textes selbst, so wie sie aus einer Geschichte von Interpretationen Einzelner hervorgegangen ist.[338]

Die Bedeutung des Grundsatzes ›Einen Autor besser verstehen als er sich verstand‹

Erst in diesem Zusammenhang entfaltet jene berühmte und oft wiederholte Bestimmung der interpretatorischen Aufgabe, »die Rede zuerst eben so gut und dann besser zu verstehen als ihr Urheber« (*HK* 87)[339], ihren vollen Sinn. Man hat diese Formel

337 Vgl. Karel Kosik, *Dialektik des Konkreten. Eine Studie zur Problematik des Menschen und der Welt*, Frankfurt/Main 1967, 138 ff. So auch Sartre, *L'Idiot de la famille*, Bd. 3, 50 ff., passim.

338 Sartre, l. c. 52

339 Vgl. *HK* 50, 56, 91, 138. Schleiermacher gibt diese Definition in Anführungsstrichen, vermutlich weil er sie als freies Zitat Friedrich Schlegels kennzeichnen will (vgl. *KA* II, 241, Nr. 401; *KA* XVIII, 63, Nr. 434 und *Literary Notebooks*, 983), der selbst bereits implizit auf Kant/Fichtesche Vorbilder und möglicherweise mündliche Traditionen sich bezieht. Im Grunde klingt die Formel schon bei Chladenius an. Diese Zusammenhänge sind bekannt (vgl. Gadamer, *WuM* 180 ff. und O. F. Bollnow, *Was heißt, einen Schriftsteller besser verstehen, als er sich selbst verstanden hat?* in: O. F. B., *Das Verstehen*, Mainz 1949, 7-33). Übrigens hat T. Todorov Schlegels Wort, wonach der Kritiker den Autor immer zugleich besser und schlechter (»halb so gut«) verstehe, vermutlich ohne Kenntnis der Quelle, in bezug auf die Aufdeckung der »Organisation des Werks« fast in den gleichen Worten bestätigt. Danach lasse der Kritiker ein Werk »den künftigen Leser besser (aber immer auch schlechter) erkennen« als dessen Autor; besser, insofern die Kritik den impliziten Sinn expliziert; schlechter, insofern sie ihn durch Übertragung in ihren eigenen Diskurs zugleich entstellt und insofern »in gewissem Sinn (...) jedes Werk selbst seine beste Beschreibung« ist (*Poetik*, l. c. 107 und 106).
Ähnlich auch Charles Taylor, *Erklärung und Interpretation* ..., 172: »Eine hermeneutische Wissenschaft, welche ihr Ziel erreicht, d. h. mehr Klarheit er-

bisher einseitig auf die hermeneutische Tradition vor und nach Schleiermacher bezogen und nie erwogen, sie in den frühromantischen Kontext des *Begriffs der Kunstkritik* einzubringen, dem sie – nicht nur als freies Zitat Friedrich Schlegels, sondern auch einem Wink zufolge, den Schleiermacher in der ersten Akademierede (*HK* 138) gibt – sichtlich zustrebt. Es heißt dort: »Was ist wol die schönste Frucht von aller ästhetischen Kritik über Kunstwerke der Rede, wenn nicht ein erhöhtes Verständniß von dem inneren Verfahren der Dichter und anderer Künstler der Rede von dem ganzen Hergang der Composition vom ersten Entwurf an bis zur lezten Ausführung. Ja ist überhaupt etwas wahres an der Formel, die höchste Vollkommenheit der Auslegung sei die [,] einen Autor besser zu verstehen als er selbst von sich Rechenschaft geben könne [,] so wird wol nur eben dieses damit gemeint sein können.«

Der literaturkritische Kontext, in dem Schleiermacher seine Formel erläutert, ist eindeutig. Walter Benjamin hat ihm eine (bedenkt man, wie reduziert seine Quellenkenntnis, besonders in bezug auf Friedrich Schlegel, war) wahrhaft divinatorische Theorie geliefert.[340] Novalis' Wort vom Leser als erweitertem Autor, der die Sache von der Wirkungsgeschichte »schon vorgearbeitet« erhalte, gehört ihm ebenso zu wie Friedrich Schlegels Fragment über die »progressive Universalpoesie«, die »Genialität und Kritik« verschmelze,[341] und Schleiermachers These vom produktiven (›Kunst‹-)Charakter der Auslegung.

Die Frühromantik begriff die deutende Kritik des Kunstwerks als steigerndes Fortdichten und Ergänzen, als allegorische Totalisierung dessen, was an ihm, seiner Endlichkeit halber, dem allegorisierten Absolutum, als dessen bloßes ›Reflexionsmedium‹ die Kunst existiert, prinzipiell inadäquat bleibt.[342] »Kritik ist also,

bringt als das unmittelbare Verstehen des Handelnden oder des Beobachters, [muß] uns eine Interpretation bieten, die folglich in wesentlicher Hinsicht nicht mit dem Explicandum übereinstimmt.« (Vgl. l. c. 173: »[...] daß die Interpretation einen klareren Ausdruck dessen bietet, was im Explicandum nur implizit enthalten ist.«)

340 *Der Begriff der Kunstkritik in der deutschen Romantik*, in: W. B. *Gesammelte Schriften*, hg. von Rolf Tiedemann und Hermann Schweppenhäuser, I.1, Ffm. 1974, 7-122.

341 *KA* II, 182 f., Nr. 116 – um nur an die bekannteste Formulierung zu erinnern. Benjamins Arbeit gibt eine Reihe signifikanterer Belege.

342 Benjamin, l. c. 62 ff. und M. Frank, *Das Problem ›Zeit‹ in der deutschen Romantik*, 26 ff., 412 f. (zum Begriff der *allegorischen* »Anspielung aufs Unendliche« vgl. 28 ff.).

ganz im Gegensatz zur heutigen Auffassung ihres Wesens, in ihrer zentralen Absicht nicht Beurteilung, sondern einerseits Vollendung, Ergänzung, Systematisierung des Werkes, andrerseits seine Auflösung im Absoluten. Beide Prozesse fallen (...) zusammen.«[343] Die auslegende Kritik ist selbst Kunst oder richtiger: sie ist die unabschließbare Serie von Interpretanten, durch welche die Selbstreflexion des singulare tantum der Kunst sich vollzieht.[344] Sie realisiert den im einzelnen kritisierten Kunstwerk nur ›latitierenden‹ Sinn, ihn aufs nie vollendbare Ganze beziehend, und trägt so dem – aus der gleichzeitigen Präsenz und Inadäquanz des Absoluten in und gegenüber seiner einzelnen Erscheinung resultierenden – unerschöpflichen Sinnüberschuß des Signifikanten über die Partikularität jedes Signifikats positiv Rechnung. Vollendet wäre ein Werk, wenn es mit einem Schlage in der Totalität seiner Interpretation reflektiert wäre, d. h. nie.[345]

343 Benjamin, l. c. 78

344 Vgl. l. c. 65/6: »Das Subjekt der Reflexion ist im Grunde das Kunstgebilde selbst, und das Experiment [von dem ein Zitat Fr. Schlegels spricht] besteht nicht in der Reflexion *über* ein Gebilde (...), sondern in der Entfaltung der Reflexion (...) *in* einem Gebilde.« Sichtbar berührt sich dieser Gedanke, der jedes Erkennen *von* geschichtlichem Sinn als ein *fortlaufend selbstreflexives* Geschehen der Sache selbst begreift, mit Grundüberzeugungen der Existenzialhermeneutik etwa Rudolf Bultmanns (vgl. *Geschichte und Eschatologie,* Tübingen 1958, 137, passim). Auch Gadamer betont, daß »jede Aktualisierung im Verstehen (...) sich selber als eine geschichtliche Möglichkeit des Verstandenen zu wissen (vermöge). Es liegt in der geschichtlichen Endlichkeit unseres Daseins, daß wir uns dessen bewußt sind, daß nach uns andere immer anders verstehen werden. Gleichwohl ist es für unsere hermeneutische Erfahrung ebenso unzweifelhaft, daß es dasselbe Werk bleibt, dessen Sinnfülle sich im Wandel des Verstehens beweist, wie es dieselbe Geschichte ist, deren Bedeutung sich fortgesetzt weiterbestimmt« (*WuM* 355; vgl. 182, 269, 366, passim).

345 Vgl. Sartre, der der romantischen Idee der Kunstkritik näher steht als irgendein anderer Zeitgenosse »(...) l'Esprit objectif, réalité externe-interne qui (...) a pour origine l'aspect duel de l'écriture se caractérise à la fois comme une somme d'exigences inertes et comme un impératif suprême, issu de partout et qui réclame au lecteur de dissoudre les contradictions dans l'unité d'une totalisation en cours. Je dis: ›en cours‹, parce que l'Esprit objectif se renouvelle: chaque jour il s'enrichit de nouveaux livres, c'est-à-dire de sommations nouvelles. (...) cette perpétuelle addition de matériaux nouveaux a pour effet d'empêcher la totalisation de se fermer sur soi et de se transformer en calme totalité: c'est ce qu'on appellera la vie de l'Esprit objectif, détotalisation matérielle qui s'intériorise en exigence d'être totalisée et qui contredit ce rêve de pierre: la totalité dans l'inertie, par l'apparition constante et dirimante de productions nouvelles. L'Esprit objectif d'une époque [sur le plan de l'écriture], c'est à la fois la somme des ouvrages publiés à la date envisagé et la multiplicité des totalisations par les lecteurs contemporains« (*L'Idiot de la famille,* Bd. 3, 56/7).

Liest man den Komparativ »besser« in der Wendung »einen Autor besser verstehen als er sich selbst verstand« nicht als ein positivistisches Credo, das über die Bedeutung eines Diskurses aus der zeitlichen Distanz kompetenter zu verfügen sich anmaßt, sondern im Sinne der Steigerung[346] seiner Sinnfülle durch die bloße Tatsache der Geschichtlichkeit seiner Lektüren, so hat man den romantischen Kontext im Ansatz wiederhergestellt.

Auch nach dieser philologischen Operation darf man freilich der Deutung, welche die Mehrzahl von Schleiermachers hermeneutischen Nachfolgern der Formel hat zukommen lassen, darin zustimmen, daß eine gute Auslegung »vieles zum Bew[ußtsein] (...) bringen (wird) was ihm [s. c.: dem Autor] unbewußt bleiben kann« (*HK* 88). Das folgt schon aus der Tatsache, daß die vom Diskurs des Autors benutzte Zeichentotalität selbst dann, wenn er von ihr erklärtermaßen ›irrealen‹ Gebrauch macht (d. h. sie symbolisch verwendet, um von der Welt des Realen ganz sich loszulösen), nicht neutral ist; daß ihre Elemente hinterrücks gekennzeichnet sind durch die Menge aller längst nicht mehr gegenwärtigen Interpretanten, welche ihnen die Geschichte aufgeprägt hat, welche die literarischen, rhetorischen und informatorischen Intentionen überborden und über die ein einzelner Sprecher als über die in Traditionen gewachsene transzendental-empirische Ermöglichungsbedingung seines eigenen Diskurses grundsätzlich nicht reflexiv verfügt,[347] die er aber unweigerlich beschwört,

346 In einem frühen Aphorismus erläutert Schleiermacher das »den Schriftsteller besser verstehen als er selbst« ausdrücklich durch den Zusatz: »a) erhöhendes b) berichtigendes« (*HK* 50). Das Verstehen eines poetischen Diskurses leistet also neben seiner philologischen Kritik immer *auch* seine ›Erhöhung‹ (vgl. ebenso die Formulierung der 1. Akademierede, *HK* 138).

347 So etwa wäre die von Schleiermacher selbst gegebene Erläuterung zu paraphrasieren, nicht aber im Sinne Diltheys, der die Notwendigkeit, »den Autor besser zu verstehen, als er sich selbst verstanden hat«, einseitig mit der genialen ›Unbewußtheit seines Schaffens‹ und nicht ebensosehr mit der unbewußten Aufgeladenheit seines Diskurses durch traditionale Interpretanten begründet (*Die Entstehung der Hermeneutik*, 331).
Diltheys Auslegung war es freilich, die Schleiermachers eigene Bestimmung bis heute überlagert hat. Dagegen ist rein philologisch zu betonen, daß Schleiermacher seine Formel sowohl auf den »objektiven« wie auf den »subjektiven« Aspekt jeder Rede (genauer: auf eine »Combination« beider) bezieht (*HK* 50, 56; S. 91 sogar explizit auf den grammatischen Aspekt, das »Sprachgebiet« eines Autors).
Wir erinnern in diesem Zusammenhang an Monroe C. Beardsleys Differenzierung zwischen einem Nicht-wissen des Autors in bezug auf die Bedeutung (meaning) dessen, was *er* meint, und seinem eventuellen Nicht-wissen in bezug auf den Sinn, den sein *Werk* hat (*Genre* I,1, 176/7). Nur das zweite läßt

sobald er Sätze auf der Basis einer gewachsenen Sprache formt. – Natürlich hat gerade die Ideologiekritik ein berechtigtes Interesse daran, die préhistoire des sprachlichen ›Apriori einer Kommunikationsgemeinschaft‹ nach Vermögen ihrer naturwüchsigen Irreflexivität zu entreißen, das »Welt- und Selbstverständnis [eines Autors] reflexiv (zu) überholen«[348]. Mit dieser Möglichkeit steht und fällt die Chance, faktisch eingespielten Konsens am Regulativ gewaltfreier Diskursivität zu messen.

Für K.-O. Apel z. B. gewinnt von hier Schleiermachers Formel, gerade gegenüber Gadamers Szientismusverdacht, ein wirkliches Erkenntnisinteresse. Doch hindert ihn sein gleichwohl stark durch Gadamer geprägtes Schleiermacherbild, die Konvergenz seines und des frühromantischen Begriffs der Reflexion-in-totalisierender-Absicht tiefer zu durchdenken. Es bleibt bei dem unausgewiesenen Verdacht, Schleiermacher gehe es letztlich doch nur darum, des Autors »seelische Erlebnisse nacherlebend (zu) rekonstruieren«.[348]

Wie dem auch sei, Schleiermachers eigene Erläuterung macht klar, daß seine Bestimmung grundsätzlicher Natur ist und nicht einfach ein vordergründig historistisches Besserwissen des Interpreten meint, dem die volle Bedeutung seiner Interpretation (wie jeder menschlichen Unternehmung) zum Teil entgleiten muß. Es geht hier bloß darum, plausibel zu machen, daß und warum sich der Autor – »sofern er selber reflectirend sein eigener Leser wird« – seinem Text gegenüber in keiner seinem Leser gegenüber bevorzugten Position befindet (*HK* 88). »Auf der objectiven Seite hat er auch hier keine anderen Data als wir« (l. c.). Verändern kann sich ohnehin nicht die Struktur, das Signifikantengefüge eines Textes, kurz all das, was an ihm den Status der ›écriture‹ oder der ›Partitur‹ hat. Verändern kann sich in der und durch die Lektüre (bzw. im Akt der Aufführung des Kunstwerks) nur der *Sinn* der Zeichen.

Indessen taugt hier wie früher nicht einmal die positive Invarianz der Struktur als Argument für einen hermeneutischen Perfektionismus. Denn über den Verwendungssinn der Bedeutungsschemata hat einerseits auf eine dem Autor nie ganz durchsichtige

sich gegebenenfalls mit Grund vermuten (das erste führt auf bewußtseinstheoretische Zirkel und Absurditäten), und nur in bezug darauf kann ein Interpret ein ›Besserwissen‹ beanspruchen wollen.

348 Karl-Otto Apel, *Szientistik, Hermeneutik, Ideologiekritik*, in: *Transformation der Philosophie* II, 122

Weise bereits die Geschichte entschieden und wird andererseits in Zukunft allein der indeterminable Entwurf des Lesers entscheiden »qui est au fond celui qui saisira complètement l'objet, celui qui sera le créateur.«[349] Man findet in der Zweigliedrigkeit von Schlegel/Schleiermachers Formel (»die Rede zuerst eben so gut und dann besser zu verstehen als ihr Urheber«) die Ambiguität dieses Prozesses angemessen reflektiert: »Zuerst« ist das Zeichengeflecht eines Diskurses, wie ihn der Autor auf der Basis eines bestimmten geschichtlich-semiotischen Bewandtniszusammenhangs komponiert, zu analysieren. Aber um das tun zu können, muß der Interpret »dann« auch den Sinn des Textes erstehen lassen, und das heißt (da es keine Gewähr dafür gibt, daß er den originalen Sinn ›errät‹), ihn im Lichte eines neuen Sinnentwurfs ursprünglich konstituieren. Damit wird der Text »besser« verstanden, insofern jede Erweiterung seines bisherigen Bedeutungshorizonts als ein ›Zuwachs‹ im Hinblick auf die uneinholbare Sinnfülle des Reflexionsmediums gewertet werden darf.[350] Diese Konsequenz zieht Schleiermacher selbst, denn er fährt fort: »Die Aufgabe ist so gestellt eine unendliche, weil es ein Unendliches der Vergangenheit und der Zukunft ist, was wir in dem Moment der Rede sehen wollen« (*HK* 88),[351] nämlich genau die wirkungsgeschichtliche Totalität ihrer Lektüren, der eine jede asymptotisch sich entgegenarbeitet (auf diese Weise an dem Werk weiter dichtend und es ergänzend), ohne seine Polysemie je zu erschöpfen. Sie erschöpfen hieße, das ontologische Ungleichgewicht zwischen Signifikant und Signifikat aufzuheben, d. h. die unendliche hermeneutische Suche nach Sinn gegen jenen absoluten Begriff einzutauschen, in welchem die Fülle des Sinns mit der

349 Sartre, *Que peut la littérature?*, 120. Sartre fährt fort: »Je veux dire ceci: l'auteur écrit une partition, mais l'exécutant, celui qui réalisera le morceau de concert, c'est le lecteur.«

350 Vgl. H.-G. Gadamers Rede von der ›Fortbestimmung der Bedeutung eines Kunstwerks in seiner Darstellung‹ sowie vom »Seinszuwachs«, den es stiftet (*WuM* 133, 140 f.)

351 Der offene Bezug auf Zukunft ist konstitutiv für so etwas wie Sinn – als sinnkritische Alternative zum ahistorisch gedachten ›Begriff‹ der Reflexionsphilosophie. Vgl. zum Thema den wichtigen Aufsatz von Werner Schultz, *Die unendliche Bewegung in der Hermeneutik Schleiermachers und ihre Auswirkung auf die hermeneutische Situation der Gegenwart*, in: *ZThK* 65 (1968), 23-52. Schultz verteidigt Schleiermacher sowohl gegen die Diltheysche Einfühlungshermeneutik wie gegen Gadamers Vorwurf, die unendliche Bewegung mit der Anmaßung, fremden Geist »ganz und gar zu durchdringen«, preisgegeben oder arretiert zu haben (l. c. 30, 43, passim).

Einheit der Bedeutung zusammenfällt – Begriff, dessen Irrealität die Hermeneutik gerade auf den Plan gerufen und sie mit dem Status einer schlechthin universellen Disziplin begabt hatte.
Auf diese Weise zeugt die These vom Kunstcharakter der interpretatorischen Arbeit, insofern sie unlösbar verbunden ist mit der Anerkennung ihrer Unendlichkeit, besonders eindrücklich für die historische Bedeutung jenes Paradigmenwechsels, der die Macht des idealistischen Subjekts in die Krise trieb.
Die semiologische Deutung der uneinholbaren Verspätung des Bestimmtseins (als ›être-signifié‹) gegenüber dem Sein (als ›signifiant‹) ist ihr erster wirksamer Ausdruck im Bereich der hermeneutisch-philologischen Disziplinen. Das explanatorische Potential dieser Deutung ist groß genug, um noch die Situation gegenwärtiger Text-Theorie zwischen sinnverstehenden und strukturalistischen Ansätzen zu erhellen. Die Rückbesinnung auf ihren Ursprung gibt sogar die Möglichkeit an die Hand, die Abstraktheit der Alternative zu durchschauen.

Bibliographie*

Abel, Th., *The Operation called ›Verstehen‹*. In: Feigl/Brodbeck (eds.), *Readings in the Philosophy of Science*, New York 1953

Adorno, Th. W., *Noten zur Literatur. Schriften* Bd. 11, hg. von Rolf Tiedemann, Frankfurt/Main 1974

– *Ästhetische Theorie. Schriften* Bd. 7. Aus dem Nachlaß hg. von Gretel Adorno und Rolf Tiedemann, Frankfurt/Main 1970

Althusser, Louis/Balibar, Etienne, *Das Kapital lesen*, 2 Bände, Reinbek 1972

Anton, H., *Mythologische Erotik in Kellers ›sieben Legenden‹ und im ›Sinngedicht‹*, Stuttgart 1970

Apel, K.-O./Bubner, R./Borman, C. v./Gadamer, H.-G./Habermas, J. et alii, *Hermeneutik und Ideologiekritik*, Frankfurt/Main 1971

– *Transformation der Philosophie*. Bd I *Sprachanalytik, Semiotik, Hermeneutik;* Bd II *Das Apriori der Kommunikationsgemeinschaft*, Frankfurt/Main 1973

– (Hg.) *Sprachpragmatik und Philosophie* (Beiträge von K.-O. Apel, J. Habermas, S. Kanngießer, H. Schnelle, D. Wunderlich), Frankfurt/Main 1976

– *Der Denkweg von Charles S. Peirce*, Frankfurt/Main 1975

Ast, F., *Grundriß der Philologie*, Landshut 1808

– *Grundlinien der Grammatik, Hermeneutik und Kritik*, Landshut 1808

Bally, Ch., *Traité de stylistique française*, Paris [3]1952

– *Le langage et la vie*, Genève 31951

Barth, K., *Die protestantische Theologie im 19. Jahrhundert*, Zürich 1947

Barthes, R., *Le degré zéro de l'écriture*, Paris 1953

– *Essais critiques*, Paris 1964

– *Critique et vérité*, Paris 1966

– *Introduction à l'analyse structurale des récits*, in: *Communications* 8 (1966), p. 1-27

– *S/Z*, Paris 1970

Beardsley, M. C., *Textual Meaning and Authorial Meaning*, in: *Genre* I,1 (1968), 169-181

Bender, H. (ed.), *Mein Gedicht ist mein Messer. Lyriker zu ihren Gedichten*, München 1961

* Diese Bibliographie verzeichnet nur die für die vorliegende Arbeit wichtigsten Texte und Lektüren. Sammelwerke, aus denen mehr als ein Text zitiert wird, sind nicht aufgelistet. Vorliegende deutsche Übersetzungen zu fremdsprachigen Arbeiten sind in den Anmerkungen genannt und sigliert.

Benjamin, W., *Der Begriff der Kunstkritik in der deutschen Romantik*, in: W. B., *Gesammelte Schriften*, hg. von Rolf Tiedemann und Hermann Schweppenhäuser, I.1, Frankfurt/Main 1974, 7-122
Benveniste, E., *Problèmes de linguistique générale*, Paris 1966
– *La forme et le sens dans le langage*, in: *Langage. Actes du XIII*e *congrès des sociétés de philosophie de la langue française*, Genève-Neuchâtel 1967, 27-40
Betti, E., *Allgemeine Auslegungslehre als Methodik der Geisteswissenschaften*, Tübingen 1967
– *Die Hermeneutik als allgemeine Methodik der Geisteswissenschaften*, Tübingen 1962
Bernstein, R. J., *Praxis und Handeln*, Frankfurt/Main 1975
Birkner, H.-J., *Schleiermachers Christliche Sittenlehre im Zusammenhang seines philosophisch-theologischen Systems*, Berlin 1964
Boeckh, A., *Enzyklopädie und Methodologie der philologischen Wissenschaften*, ed. E. Bratuschek, Darmstadt ²1966
Böhme, J., *Sämtliche Schriften*, Facsimile-Neudruck der Ausgabe von 1730, hg. von Will-Erich Peuckert, Stuttgart 1942 ff.
Bollnow, O. F., *Das Verstehen*, Mainz 1949
Borman, C. von, *Die Zweideutigkeit der hermeneutischen Erfahrung*, in: *Phil. Rundschau*, 16. Jg., Heft 2 (1969), 92-119
– *Der praktische Ursprung der Kritik*, Stuttgart 1974
Brandt, R. B., *The Philosophy of Schleiermacher. The Development of His Theory of Scientific and Religious Knowledge*, New York 1968
Breuer, D., *Einführung in die pragmatische Texttheorie*, München 1974
Brunner, E., Die Mystik und das Wort, Tübingen 1924
Bubner, R., *Phänomenologie, Reflexion und Cartesianische Existenz. Zu Jean-Paul Sartres Begriff des Bewußtseins*, Diss. Heidelberg 1964
– /K. Cramer/R. Wiehl (Hg.), *Hermeneutik und Dialektik*, 2 Bde, Tübingen 1970
Bultmann, R., *Glauben und Verstehen*, 4 Bde, Tübingen 1952-1965
– *Geschichte und Eschatologie*, Tübingen 1958
Cassirer, E., *Philosophie der symbolischen Formen*, 3 Bde, Weimar 1923-1929
– *Structuralism im Modern Linguistics*, in: *Word* 1 (1945), 99-120
Child, A., *Interpretation. A General Theory* (University of California Publications in Philosophy, volume 36), Berkeley and Los Angeles 1965
– *Hermeneutics Again*, in: *Genre*, volume III,1 (1970), 97-110
Chomsky, N., *On the Notion »Rule of Grammar«*, in: Jerry A. Fodor/ Jerrold J. Katz (eds.), *The Structure of Language*, Englewood Cliffs/New Jersey 1964, 119-136
– *Current Issues in Linguistic Theory*, Haag 1974

– *Aspekte der Syntax-Theorie*, Frankfurt/Main 1973
– *Sprache und Geist*, Frankfurt/Main 1973
Cressot, M., *Le style et les techniques: précis d'analyse stylistique*, Paris 1947
Culler, J., *Structuralist Poetics. Structuralism, Linguistics and the Study of Literature*, London 1975
Delbrück, F., *Erörterungen einiger Hauptstücke in Dr. F. Schleiermachers christlicher Glaubenslehre*, Bonn 1827
Derrida, J., *L'écriture et la différence*, Paris 1967 (deutsch: *Die Schrift und die Differenz*, Frankfurt/Main 1972)
– *La voix et le phénomème. Introduction au problème du signe dans la phénoménologie de Husserl*, Paris 1967 (²1972)
– *De la grammatologie*, Paris 1967 (deutsch: *Grammatologie*, Frankfurt/Main 1974)
– *La dissémination*, Paris 1972
– *Positions*, Paris 1972
– *Marges de la philosophie*, Paris 1972
– *L'archéologie du frivole*, Paris 1973 (= Einführungsessay zu Condillac, *Essai sur l'origine des connaissances humaines*)
– *Glas*, Paris 1974
– *Eperons. Les styles des Nietzsche; Sporen. Die Stile Nietzsches*, Venezia 1976
Dickie, G., *Meaning and Intention*, in: *Genre* I,1, (1968), 182-189
Diemer, A., *Elementarkurs Philosophie: Hermeneutik*, Düsseldorf 1977
Dilthey, W., *Die Entstehung der Hermeneutik*, in: *Gesammelte Schriften*, Stuttgart-Göttingen, Bd. 5, 1961 (⁴1964), 317-338
– *Leben Schleiermachers*, 2. Bd *Schleiermachers System als Philosophie und Theologie*, 2 Halbbände, hg. von Martin Redeker, Berlin 1966
Dubois, J., et alii, *Allgemeine Rhetorik*, München 1974
Eco, U., *Sémantique de la métaphore*, in: *Tel Quel* 55 (1973), 25-46
– *Einführung in die Semiotik*, München 1972
Ebeling, G., *Die Anfänge von Luthers Hermeneutik*, in: *ZThK* 48 (1951), 172-230
– *Hermeneutik*, in: *RGG* III, Tübingen ³1959, 245-258
Enzensberger, H. M., *Einzelheiten*, Frankfurt/Main 1962
– *Gedichte 1955-1970*, Frankfurt/Main 1971
– *Brentanos Poetik*, München 1973
Farrar, W., *History of Interpretation*, Grand Rapids/Mich. 1961
Feuerbach, L., *Gesammelte Werke*, hg. von Werner Schuffenhauer, Bd 9, Berlin 1970
Fichte, J. G., *Werke*, hg. von I. H. Fichte, 8 Bde, Berlin 1845/6 (Neudruck Berlin 1971)
– *Nachgelassene Werke*, hg. von I. H. Fichte, 3 Bde, Bonn 1834/5 (Neudruck Berlin 1971, = *Werke* Bde IX-XI)
– *Nachgelassene Schriften*, Bd. 2, hg. von Hans Jacob, Berlin 1937

Flacius, M., *Über den Erkenntnisgrund der Heiligen Schrift (De Ratione Cognoscendi Sacras Literas)*, Lat.-dt.e Parallelausgabe, ed. Lutz Geldsetzer, Düsseldorf 1968
Flückiger, F., *Philosophie und Theologie bei Schleiermacher*, Zürich 1947
Foucault, M., *L'archéologie du savoir*, Paris 1969 (deutsch: *Archäologie des Wissens*, Frankfurt/Main 1973)
Frank, M., *Die Philosophie des sogenannten »magischen Idealismus«*, in: Euphorion 63 (1969), 88-116
– *Das Problem ›Zeit‹ in der deutschen Romantik. Zeitbewußtsein und Bewußtsein von Zeitlichkeit in der frühromantischen Philosophie und in Tiecks Dichtung*, München 1972
– *Der unendliche Mangel an Sein. Schellings Hegelkritik und die Anfänge der Marxschen Dialektik*, Frankfurt/Main 1975
– *Eine fundamental-semiologische Herausforderung der abendländischen Wissenschaft* (J. Derrida), in: *Phil. Rundschau* 23 (1976), Heft 1/2, 1-16
– (zus. mit Kurz, G.), *Ordo inversus. Zu einer Reflexionsfigur bei Novalis, Hölderlin, Kleist und Kafka*, in: *Geist und Zeichen*, FS für Arthur Henkel, Heidelberg 1977, 75-92
Freud, S., *Gesammelte Werke*, London 1942 ff.
Furth, H. G., *Intelligenz und Erkennen. Die Grundlagen der genetischen Erkenntnistheorie Piagets*, Frankfurt/Main 1972
Gadamer, H.-G., *Wahrheit und Methode. Grundzüge einer philosophischen Hermeneutik*, Tübingen 1960 (^{2}1965)
– *Zur Problematik des Selbstverständnisses.* In: *Einsichten*, FS für G. Krüger, Frankfurt/Main 1962, 71-85
– *Kleine Schriften*, III Bände, Tübingen 1967 und 1972
– *Hegels Dialektik. Fünf hermeneutische Studien*, Tübingen 1971
– (zus. mit Boehm, G., eds.), *Seminar: Philosophische Hermeneutik*, Frankfurt/Main 1976
Goeppert, S. und H. C., *Sprache und Psychoanalyse*, Reinbek 1973
Göttner, H., *Die Logik der Interpretation. Analyse einer literaturwissenschaftlichen Methode unter kritischer Betrachtung der Hermeneutik*, München 1973
Gomperz, H., *Über Sinn und Sinngebilde. Erklären und Verstehen*, Tübingen 1929
Granger, G.-G., *Essai d'une philosophie du style*, Paris 1968
Grant, M., *A Short History of the Interpretation of the Bible*, Rev. ed. New York 1963
Greimas, A. J., *Sémantique structurale*, Paris 1966
– *Essais de sémiotique poétique*, Paris 1971
Grewendorf, G., *Argumentation und Interpretation*, Kronberg 1975
Habermas, J., *Zur Logik der Sozialwissenschaften. Materialien*, Frankfurt/Main 1970

– *Vorbereitende Bemerkungen zu einer Theorie der kommunikativen Kompetenz.* In: J. Habermas/N. Luhmann, *Theorie der Gesellschaft oder Sozialtechnologie – Was leistet die Systemforschung,* Frankfurt/Main 1971 (²1974), 101-141

Handke, P., *Ich bin ein Bewohner des Elfenbeinturms,* Frankfurt/Main ³1975

Hardt, M., *Poetik und Semiotik. Das Zeichensystem der Dichtung,* Tübingen 1976

Harth, D., *Propädeutik der Literaturwissenschaft,* München 1973

Hartmann, N., *Die Philosophie des deutschen Idealismus,* Bd. 1, Berlin und Leipzig 1923

Hegel, G. W. F., *Phänomenologie des Geistes,* hg. von Joh. Hoffmeister, Hamburg ⁶1952 (= Phil. Bibl. Band 114)

– *Werke* in zwanzig Bänden. Auf der Grundlage der *Werke* von 1832-1845 neu ediert von Eva Moldenhauer und Karl Markus Michel, Frankfurt/Main 1969-1971 (= Theorie-Werkausgabe)

– *Ästhetik,* hg. von Friedrich Bassenge, Berlin 1955

Heidegger, Martin, *Sein und Zeit,* Tübingen 1927 (¹¹1967)

– *Kant und das Problem der Metaphysik,* Frankfurt/Main ³1956

– *Unterwegs zur Sprache,* Pfullingen 1959

– *Nietzsche,* 2 Bde, Pfullingen 1961

– *Schellings Abhandlung über das Wesen der menschlichen Freiheit,* hg. von Hildegard Feick, Tübingen 1971

Henrich, D., *Fichtes ursprüngliche Einsicht,* Frankfurt/Main 1967 (= Wissenschaft und Gegenwart Heft 34)

Henrichs, N., *Bibliographie der Hermeneutik und ihrer Anwendungsgebiete seit Schleiermacher,* Düsseldorf 1968

Herder, J. G., *Sprachphilosophie.* Ausgewählte Schriften, hg. von E. Heintel, Hamburg 1960 (= *Phil. Bibl* 248)

Hesnard, A., *L'Œuvre de Freud et son importance pour le monde moderne,* Paris 1960

Hirsch, E. D. (Jr.), *Prinzipien der Interpretation,* München 1972 (= *Validity in Interpretation,* Yale University 1967)

– *The Norms of Interpretation – A Brief Response,* in: *Genre* II (1969), 57-62

Hirsch, E., *Geschichte der neueren evangelischen Theologie im Zusammenhang mit der allgemeinen Bewegung des europäischen Denkens,* Bd. 4, Gütersloh ²1960

Hjelmslev, L., *Essais linguistiques,* Kopenhagen 1959

Hörisch, J., *Die fröhliche Wissenschaft der Poesie. Der Universalitätsanspruch von Dichtung in der frühromantischen Poetologie,* Frankfurt/Main 1976

Hogrebe, W., *Kant und das Problem einer transzendentalen Semantik,* Freiburg-München 1974

Hough, G., *Style and Stylistics*, London 1969
Holenstein, E., *Linguistik, Semiotik, Hermeneutik. Plädoyers für eine strukturale Phänomenologie*, Frankfurt/Main 1976
Humboldt, W. von, *Gesammelte Schriften*. Hg. von der Königlich Preußischen Akademie der Wissenschaften (A. Leitzmann), 17 Bde, Berlin 1903-1936 (Neudruck 1968)
– *Schriften zur Sprachphilosophie*. In: A. Flietner/K. Giel (Hg.) *Werke*, Bd III, Darmstadt 1963
Hume, D., *A Treatise of Human Nature*, ed. L. A. Selby-Bigge, Oxfort 1888 ([14]1968)
Husserl, E., *Ideen zu einer reinen Phänomenologie und phänomenologischen Philosophie*, Erstes Buch, hg. von Walter Biemel, Haag 1950 (= *Husserliana* Bd III)
– *Cartesianische Meditationen und Pariser Vorträge*, hg. von S. Strasser, Haag [2]1962 (= *Husserliana* Bd I)
Hyppolite, J., *Existence et dialectique dans la philosophie de Merleau-Ponty*, in: *Les Temps Modernes*, 17e année, no 183, 1961, 228-244
Ingarden, R., *Das literarische Kunstwerk*, Tübigen [4]1972
– *Vom Erkennen des literarischen Kunstwerks*, Tübingen 1968
Iser, W., *Der implizite Leser. Kommunikationsformen des Romans von Bunyan bis Beckett*, München 1972
– *Die Appellstruktur der Texte*. In: *Konstanzer Universitätsreden*, hg. von G. Hess, Bd. 28, Konstanz 1972
– *Der Akt des Lesens*, München 1976
Jäger, L., *Zu einer historischen Rekonstruktion der authentischen Sprach-Idee F. de Saussures*, Diss. Düsseldorf 1975 (demnächst im Druck bei Metzler, Stuttgart)
– *F. de Saussures historisch-hermeneutische Idee der Sprache. Ein Plädoyer für die Rekonstruktion des Saussureschen Denkens in seiner authentischen Gestalt*, in: *LuD* 27 (1976), 210-244
Jakobson, R./Halle, M., *Grundlagen der Sprache*, Berlin 1960
– *Essais de linguistique générale*, Paris 1963
– *Grammatical Parallelism and its Russian Facet*, in: *Language* XLII (1966), 399-429
– *Unbewußte sprachliche Gestaltung in der Dichtung*, in: *LiLi* Jg. 1, Heft 1/2 (1971), 109-112
– *Questions de poétique*, Paris 1973
Jameson, F., *The Prison-House of Language. A Critical Account of Structuralism*, Chicago and London 1972
James, W., *Does ›consciousness‹ exist?* in: *Essays in Radical Empiricism*, 1929
Janke, W., *Fichte. Sein und Reflexion – Grundlagen der kritischen Vernunft*, Berlin 1970
Jauß, H. R., *Literaturgeschichte als Provokation*, Ffm. [2]1970

Jens, W., *Rhetorik.* In: W. Mohr/W. Kohlschmidt (Hg.), Merker/Stammler, *Reallexikon der deutschen Literaturgeschichte*, 2. Aufl., Bd 3, Berlin/New York 1971, 432-450
Kaelin, E. F., *An Existentialist Aesthetic. The Theories of Sartre and Merleau-Ponty.* University of Wisconsin 1962
Kant, I., *Gesammelte Schriften,* hg. von der Königlich Preußischen Akademie der Wissenschaften, Berlin 1910 ff.
Kaulbach, F., *Schleiermachers Theorie des Gesprächs.* In: *Die Sammlung,* 14. Jg. (1959), 3. Heft, 123-132
– *Schleiermachers Idee der Dialektik.* In: *NZsystThRph* 10 (1968) 225-260
Keller, R., *Zur Theorie des metaphorischen Sprachgebrauchs.* In: *Zeitschrift für germanistische Linguistik* 3, 1975, 50-62
– *Handlungen verstehen,* in: *ZGL* 4.1, 1976, 1-16
Kimmerle, H., *Die Hermeneutik Schleiermachers im Zusammenhang seines spekulativen Denkens* (Diss. Heidelberg 1957. Masch.schr.)
Koch, E. J., *Encyclopädie aller philologischen Wissenschaften,* Berlin 1793
Kosik, K., *Die Dialektik des Konkreten. Eine Studie zur Problematik des Menschen und der Welt,* Frankfurt/Main 1973
Kretschmer, E., *Medizinische Psychologie,* Leipzig ⁵1939
Kristeva, J., *La sémiologie: science critique et/ou critique de la science.* In: *Théorie d'ensemble,* Paris 1968, 80-92
– *Problèmes de la structuration du texte,* in: *Théorie d'ensemble,* Paris 1968, 297-316
– (unter dem Namen J. Joyeaux), *Le langage, cet inconnu,* Paris 1969
– *Matière, sens, dialectique.* In: *Tel Quel* 44 (1971), 17-34
– *Comment parler à la littérature.* In: *Tel Quel* 47 (1971), 27-49
Kuhn, Th. S., *Die Struktur wissenschaftlicher Revolutionen,* Frankfurt/Main 1973
Kurz, G., *Warnung vor dem Wörtchen »Kode«.* In: *LuD* 26 (1976), 154-164
– (zus. mit Pelster, Th.), *Metapher. Theorie und Unterrichtsmodell,* Düsseldorf 1976
Kutschera, F. von, *Sprachphilosophie,* München ²1975
Lacan, J., *Ecrits,* Paris 1966
– *Les quatre concepts fondamentaux de la psychanalyse* (= *Le Séminaire,* livre XI), Paris 1973
– *Encore (= Le Séminaire,* livre XX), Paris 1975
– *Maurice Merleau-Ponty.* In: *Les Temps Modernes,* 17e année, no 183, 1961, 245-254
– *›Lituraterre‹.* In: *Littérature* 3 (1971), 3-10
Laist, B., *Das Problem der Abhängigkeit in Schleiermachers Anthropologie und Bildungslehre,* Ratingen 1965

Lang, H., *Die Sprache und das Unbewußte. Jacques Lacans Grundlegung der Psychoanalyse*, Frankfurt/Main 1973
Lausberg, H., *Handbuch der literarischen Rhetorik. Eine Grundlegung der Literaturwissenschaft*, 2 Bde, München 1960
Lefort, C., *L'idée d'être brut et d'esprit sauvage*, in: *Les Temps Modernes*, 17e année, no 183 (1961), 255-286
Leibfried, E., *Kritische Wissenschaft vom Text*, Stuttgart 1970
Lepenies, W./Ritter, H. H. (Hg.), *Orte des wilden Denkens. Zur Anthropologie von Claude Lévi-Strauss*, Frankfurt/Main 1974
Lessing, G. E., *Über den Beweis des Geistes und der Kraft*. In: *Werke*, ed. Kurt Wölfel, Bd. III, Frankfurt/Main 1967, 307-312
Lévi-Strauss, C., *Introduction à l'œuvre de Marcel Mauss*. In: M. M., *Sociologie et Anthropologie*, Paris ³1966, IX-LII
– *Strukturale Anthropologie*, Frankfurt/Main, Bd 1 1969, Bd 2 1975
– *Das wilde Denken*, Frankfurt/Main 1968 (1973)
– *Das Rohe und das Gekochte*, Frankfurt/Main 1971
Link, H., *Abstraktion und Poesie im Werk des Novalis*, Stuttgart 1971
Lipps, H., *Untersuchungen zu einer hermeneutischen Logik*, Frankfurt/Main 1959
Lorenzer, A., *Sprachzerstörung und Rekonstruktion. Vorarbeiten zu einer Metatheorie der Psychoanalyse*, Frankfurt/Main ²1973
– *»Das Spiel der Phantasie«. Anmerkung zu dem Verhältnis von Psychoanalyse, Literaturwissenschaft und Literatur*, in: *Sprache im technischen Zeitalter* 46 (1973), 146-156
Luhmann, N., *Funktion und Kausalität*. In: N. L., *Soziologische Aufklärung. Aufsätze zur Theorie sozialer Systeme*, Bd 1, Opladen 1970
Mallarmé, St., *Œuvres complètes*. Ed. H. Mondor et G. Aubry, Paris ³1965
– *Sämtliche Gedichte*. Französisch-deutsch, Heidelberg 1974
Mann, G., *Das Verhältnis der Schleiermacherschen Dialektik zur Schellingschen Philosophie*, Stuttgart 1914
Marx K./Engels, Fr., *Briefe über ›Das Kapital‹*, Stuttgart 1953
Marx, K., *Der 18. Brumaire de Louis Bonaparte*, ed. H. Marcuse, Frankfurt/Main 1965
– *Kritik der Hegelschen Dialektik und Philosophie überhaupt*, in: Marx/Engels, *Werke*, 1. Ergänzungsband (Schriften von Marx bis 1844), Berlin 1968, 568-588
– *Kritik der politischen Ökonomie*, Berlin 1971
Mecklenburg, N., *Kritisches Interpretieren. Untersuchungen zur Theorie der Literaturkritik*, München 1972
– (zusammen mit Müller, H.), *Erkenntnistheorie und Literaturwissenschaft*, Stuttgart 1974

Merleau-Ponty, M., *Phénoménologie de la perception*, Paris 1945
– *Signes*, Paris 1960
– *Préface* zu A. Hesnard, *L'Œuvre de Freud et son importance pour le monde moderne*, Paris 1960, p. 5-10
– *Le visible et l'invisible*. Texte établi par Claude Lefort Paris 1964
– *Résumés de Cours. Collège de France 1952-1960*, Paris 1968
– *La prose du monde*. Texte établi par Claude Lefort, Paris 1969
Miller, J.-A., *La suture (Elements de la logique du signifiant)*. In: *Cahiers pour l'Analyse*, Nr. 1: *La Vérité* (janvier-février 1966), 39-51
– *Les graphes de Jacques Lacan*. In: *Cahiers pour l'Analyse*, Nr. 2: *Qu'est-ce que la psychanalyse* (mars-avril 1966), 171-177
– *Action de la structure*. In: *Cahiers pour l'Analyse*, Nr. 9 (1968)
Miller, M. E., *Der Übergang. Schleiermachers Theologie des Reiches Gottes im Zusammenhang seines Gesamtdenkens*, Gütersloh 1970
Naumann, M., (et alii), *Gesellschaft, Literatur, Lesen. Literaturrezeption in theoretischer Sicht*, Berlin und Weimar 1975
Novalis, *Schriften*. Die Werke Friedrich von Hardenbergs. Hg. von Paul Kluckhohn und Richard Samuel, 2. Aufl., Stuttgart 1960 ff.
Nüsse, H., *Die Sprachtheorie Friedrich Schlegels*, Heidelberg 1962
Odebrecht, R., *Das Gefüge des religiösen Bewußtseins bei Fr. Schleiermacher*. In: *Blätter für deutsche Philosophie*, Bd. VIII, Berlin 1934/5, 284-301
Offermann, D., *Schleiermachers Einleitung in die Glaubenslehre. Eine Untersuchung der Lehnsätze*, Berlin 1969
Palmer, R. E., *Hermeneutics. Interpretation Theory in Schleiermacher, Dilthey, Heidegger, and Gadamer*, Evanston 1969
Pannenberg, W., *Hermeneutik und Universalgeschichte*, in: *ZThK* 60 (1963), 90 ff.
Patsch, H., *Friedrich Schlegels »Philosophie der Philologie« und Schleiermachers frühe Entwürfe zur Hermeneutik. Zur Frühgeschichte der romantischen Hermeneutik*. In: *ZThK* 63 (1966), 434-472
Peckham, M., *Semantic Autonomy and Immanent Meaning*. In: *Genre* I,1 (1968) 190-194
Peirce, Ch. S., *Schriften*, II Bde, Frankfurt/Main 1967 und 1970
Piaget, J., *Biologie et connaissance. Essai sur les relations entre les régulations organiques et les processus cognitifs*, Paris 1967
Pontalis, J.-B., *Note sur le problème de l'inconscient chez Merleau-Ponty*. In: *Les Temps Modernes*, 17e année, no 183 (1961) 287-303
Pothast, U., *Über einige Fragen der Selbstbeziehung*, Frankfurt/Main 1971
Rau, C., *The Aesthetic Views of Jean-Paul Sartre*. In: *JAAC* 9 (1950/1), 139-147
Redeker, M., *Friedrich Schleiermacher. Leben und Werk*, Berlin 1968

Ricœur, P., *De l'interprétation. Essai sur Freud*, Paris 1965 (deutsch: *Die Interpretation. Ein Versuch über Freud*, Frankfurt/Main 1969)
– *Le conflit des interprétations. Essais d'herméneutique*, Paris 1969
– *La métaphore vive*, Paris 1975
Rimbaud, A., *Œuvres complètes*. Ed. A. Rolland de Renéville et J. Mouquet, Paris [8]1954
– *Sämtliche Gedichte*. Französisch mit deutscher Übersetzung hg. von W. Küchler, Heidelberg 1946
Rothert, H.-J., *Die Dialektik Schleiermachers. Überlegungen zu einem immer noch wartenden Buch*. In: *ZThK* 67 (1970), 182-214
Royce, J., *The Problem of Christianity*. Reprinted, the two volumes in one, by the University of Chicago Press 1968
Ryle, G., *Der Begriff des Geistes*, Stuttgart 1969
Russell, B., *The Analysis of Mind*, 1929
San Juan, E., *Notes toward a Clarification of Organizing Principles and Genre Theory*. In: *Genre* I,1 (1968), 257-268
Sartre, J.-P., *La transcendance de l'ego. Esquisse d'une description phénoménologique*. In: *Recherches philosophiques* 6 (1936/7)
– *L'imaginaire. Psychologie phénoménologique de l'imagination*, Paris 1940
– *L'être et le néant. Essai d'ontologie phénoménologique*, Paris 1943
– *Situations II. Qu'est-ce que la littérature?* Paris 1948
– *Conscience de soi et connaissance de soi*. In: *Bulletin de la Société Française de Philosophie*. Tome 42, Paris 1948, 49-91
– *Critique de la raison dialectique*, précédé de *Questions méthode*. Tome 1. *Théorie des ensembles pratiques*, Paris 1960
– Interview mit Jean-Paul Sartre, *Clarté*, März/April 1964. Wiederabgedruckt in *Kursbuch* 1, 1964, 134-151
– *Que peut la littérature?* (*Intervention à un débat*), ed. par Yves Buin, Paris 1965, 107-127
– *Situations VIII. Autor de 68*, Paris 1972
– *Situations IX. Mélanges*, Paris 1972
– *Situations X. Politique et autobiographie*, Paris 1976
– *L'Idiot de la famille. Gustave Flaubert de 1821 à 1857*, 3 Bde, Paris 1971 und 1972
Saussure, F. de, *Cours de linguistique générale*, publié par Charles Bally et Albert Sechehaye avec collaboration de Albert Riedlinger, Lausanne-Paris 1916 ([6]Paris 1966)
– *Cours de linguistique générale*, édition critique par Rudolf Engler, Notes de F. de Saussure sur la linguistique générale, fascicule 4, Wiesbaden 1974
Schecker, Michael, *Methodologie der Sprachwissenschaft*, Hamburg 1976
Scheffer, H. W./Lounsbury, F. G., *A Study of Structural Semantics. The Siriono Kinship System*, Englewood Cliffs 1971

Schelling, F. W. J., *Sämmtliche Werke*, hg. von K. F. A. Schelling. I. Abt. Bde 1-10; II. Abt. Bde 1-4. Stuttgart 1856-1861
– *Grundlegung der Positiven Philosophie*, hg. von Horst Fuhrmans, Torino 1972
Schlegel, F., *Kritische Ausgabe seiner Schriften*, hg. von Ernst Behler unter Mitwirkung von Jean-Jacques Anstett und Hans Eichner, München-Paderborn-Wien 1958 ff.
– *Literary Notebooks*. Edited with introduction and commentary by Hans Eichner, London 1957
Schilder, P., *Über Gedankenentwicklung*. In: *Zeitschrift für die gesamte Neurologie und Psychiatrie*, Berlin, 59 (1921) 250-263
Schleiermacher, F. D. E., *Sämmtliche Werke*. I. Abt. Bd 1-13 *Zur Theologie*, II. Abt. Bd 1-10 *Predigten*, III. Abt. *Zur Philosophie und vermischte Schriften*. Berlin 1834-64
– *Entwürfe zu einem System der Sittenlehre*, nach den Handschriften neu (kritisch) hg. von Otto Braun, Leipzig 1913
– *Kurze Darstellung des theologischen Studiums*, Krit. Ausgabe von H. Scholz, Leipzig 1910 (Neudruck 1935)
– *Dialektik*. Im Auftrage der Preußischen Akademie der Wissenschaften auf Grund bisher unveröffentlichen Materials hg. von Rudolf Odebrecht, Leipzig 1942 (Neudruck Darmstadt 1976)
– *Der christliche Glaube*, nach den Grundsätzen der evangelischen Kirche im Zusammenhange dargestellt. 7. Aufl. Auf Grund der 2. Auflage und kritischer Prüfung des Textes neu hg. von Martin Redeker. II Bde, Berlin 1960
Schmidt, A., *Geschichte und Struktur. Fragen einer marxistischen Historik*, München 1971
Schmidt, S. J., *Sprache und Denken als sprachphilosophisches Problem von Locke bis Wittgenstein*, Den Haag 1968
– *Literaturwissenschaft als argumentierende Wissenschaft. Zur Grundlegung einer rationalen Literaturwissenschaft*, München 1975
Schmidt-Schweda, D., *Werden und Wirken des Kunstwerks. Untersuchungen zur Kunsttheorie Jean-Paul Sartres*, Meisenheim am Glan 1975 (= *Beihefte zur Zeitschrift für Philosophische Forschung*, Heft 32)
Schopenhauer, A., *Sämtliche Werke*, textkritisch bearbeitet und hg. von Wolfgang Frhr. von Löhneysen, V Bde, Darmstadt 1973
Schreber, D. P., *Denkwürdigkeiten eines Nervenkranken*, Leipzig 1903 (Neudruck, hg. von S. M. Weber, Berlin/Wien 1973)
Schultz, W., *Schleiermachers Theorie des Gefühls und ihre theologische Bedeutung*. In: *ZThK* 53 (1956), 75-103
– *Schleiermacher und der Protestantismus*, Hamburg 1957
– *Die Grundprinzipien der Religionsphilosophie Hegels und der Theologie Schleiermachers. Ein Vergleich*, Berlin 1937
– *Die unendliche Bewegung in der Hermeneutik Schleiermachers und*

ihre Auswirkung auf die hermeneutische Situation der Gegenwart. In: *ZThK* 65 (1968), 23-52
Schulz, W., *Wittgenstein. Die Negation der Philosophie,* Pfullingen 1967
Sebeok, T. A. (ed.), *Style in Language,* Cambridge/Mass. 1960
Seel, G., *Sartres Dialektik. Zur Methode und Begründung seiner Philosophie unter besonderer Berücksichtigung der Subjekts-, Zeit- und Werttheorie,* Bonn 1971
Senft, Chr., *Wahrhaftigkeit und Wahrheit. Die Theologie des 19. Jahrhunderts zwischen Orthodoxie und Aufklärung,* Tübingen 1956
Söring, J., *Literaturgeschichte und Theorie, Ein kategorialer Grundriß,* Stuttgart 1976
Sperber, D., *Über Symbolik,* Frankfurt/Main 1975
Spiegel, Y., *Theologie der bürgerlichen Gesellschaft. Sozialphilosophie und Glaubenslehre bei Friedrich Schleiermacher,* München 1968
Spinoza, B. de, *Opera,* hg. von C. Gebhardt, 4 Bde, Heidelberg 1925
Spitzer, L., *Eine Methode Literatur zu interpretieren,* München 1966
– *Etudes de style,* Paris 1970
Staiger, E., *Die Kunst der Interpretation. Studien zur deutschen Literaturgeschichte,* Zürich ^{4}1963
– *Die Zeit als Einbildungskraft des Dichters. Untersuchungen zu Gedichten von Brentano, Goethe und Keller,* Zürich ^{3}1963
Stegmüller, W., *Probleme und Resultate der Wissenschaftstheorie und Analytischen Philosophie,* Bd I, *Wissenschaftliche Erklärung und Begründung,* Berlin-Heidelberg 1969
– *Der sogenannte Zirkel des Verstehens,* in: K. Hüber/A. Menne (Hg.), *Natur und Geschichte,* 10. Dt. Kongreß für Philosophie (Kiel 1972), Hamburg 1974
Steiger, L., *Die Hermeneutik als dogmatisches Problem. Eine Auseinandersetzung mit dem transzendentalen Ansatz des theologischen Verstehens,* Gütersloh 1961
Strauß, D. F., *Der Christus des Glaubens und der Jesus der Geschichte. Eine Kritik des Schleiermacher'schen Lebens Jesu.* In.: D. F. S., *Gesammelte Schriften,* hg. von Eduard Zeller, 5. Bd., Bonn 1877, 1-136
Strawson, P. F., *Individuals,* London 1959
Strohschneider-Kohrs, I., *Die romantische Ironie in Theorie und Gestaltung,* Tübingen 1960
Süskind, H., *Der Einfluß Schellings auf die Entwicklung von Schleiermachers System,* Tübingen 1909
Szondi, P., *L'herméneutique de Schleiermacher,* in: *Poétique,* Heft 2 (1970), 141-155
– *Einführung in die literarische Hermeneutik* (= Studienausgabe der Vorlesungen Bd 5), Frankfurt/Main 1975

Taylor, Ch., *The Explanation of Behaviour*, New York 1964
– *Erklärung und Interpretation in den Wissenschaften vom Menschen*, Frankfurt/Main 1975 (darin: *Interpretation und die Wissenschaften vom Menschen*, 154-219)
– *Relations between Cause and Action*, in: *Proceedings of the Seventh Inter-American Congress of Philosophy*, Quebec 1967
Theunissen, M., *Krise der Macht. Thesen zur Theorie des dialektischen Widerspruchs*. In: *Hegel-Jahrbuch* 1974, 164-195
– *Begriff und Realität*. In: *Denken im Schatten des Nihilismus* (FS für W. Weischedel), Darmstadt 1975, 164-195
Thimme, W., *Gottesgedanken und schlechthinniges Abhängigkeitsgefühl in Schleiermachers Glaubenslehre*. In: *ZThK* 8 (1927), 365-375
Tillich, P., *Vorlesungen über die Geschichte des christlichen Denkens*, Teil II *Aspekte des Protestantismus im 19. und 20. Jahrhundert* (aus dem Nachlaß hg. und übersetzt von Ingeborg C. Henel), Stuttgart 1972
Todorov, T., *Les études du style. Bibliographie sélective*. In: *Poétique* 1, 1970, 224-232
Toulmin, St., *Human Understanding*, volume I *General Introduction and Part 1* (= *The Collective Use and Evolution of Concepts*), Princeton, New Jersey 1972
Trabant, J., *Zur Semiologie des literarischen Kunstwerks. Glossematik und Literaturtheorie*, München 1970
– *Literatur als Zeichen und Engagement*. In: *Sprache im technischen Zeitalter*, Heft 46 (1973), 225-247
– *Elemente der Semiotik*, München 1976
Turk, H., *Literaturtheorie I. Literaturwissenschaftlicher Teil*, Göttingen 1976
Verstraeten, P., *Esquisse pour une critique de la raison structuraliste*. Unveröffentl. Doktorarbeit (Mikrofilm), Université Libre de Bruxelles 1964
Vietta, S., *Sprache und Sprachreflexion in der modernen Lyrik*, Bad Homburg v. d. H.-Berlin-Zürich 1970
Wach, J., *Das Verstehen. Grundzüge einer Geschichte der hermeneutischen Theorie im 19. Jahrhundert*. Bd I: *Die großen Systeme*, Tübingen 1926
Waelhens, A. de, *Situation de Merleau-Ponty*. In: *Les Temps Modernes*, 17e année no 183 (1961), 377-398
Wagner, F., *Schleiermachers Dialektik. Eine kritische Interpretation*, Gütersloh 1974
Wahl, F./Ducrot, O./Toderov, T., et alii, *Qu'est-ce que le structuralisme?*, Paris 1968
Wahl, J., *Cette pensée ...*, in: *Les Temps Modernes*, 17e année, no 184-185 (1961), 399-436

Warning, R., (Hg.), *Rezeptionsästhetik*, München 1975
Wehrung, G., *Die Dialektik Schleiermachers*, Tübingen 1920
Weimar, K., *Einleitung zur literaturwissenschaftlichen Hermeneutik*, Tübingen 1975
Weinrich, H., *Semantik der Metapher*, in: *Folia Linguistica: Acta Societatis Linguisticae Europaeae*, T. I., 3-17
Wellek, R./Warren, A., *Theorie der Literatur*, Frankfurt/Main 1972
Whorf, B. L., *Sprache, Denken, Wirklichkeit. Beiträge zur Metalinguistik und Sprachphilosophie*, Reinbek [8]1971
Wittgenstein, L., *Tractatus logico-philosophicus*, Frankfurt/Main 1964
– *Philosophische Untersuchungen*, Frankfurt/Main 1971
Wolf, F. A., *Darstellung der Alterthums-Wissenschaft nach Begriff, Umfang und Werth*, in: F. A. Wolf und Ph. Buttman (Hg.), *Museum der Alterthumswissenschaft*, Bd. I, Berlin 1807
– *Vorlesungen über die Enzyklopädie der Alterthumswissenschaft* (= Bd. 1 der von J. D. Gürtler edierten *Vorlesungen über die Alterthumswissenschaft*), Leipzig 1831
Wunderlich, D., *Die Rolle der Pragmatik in der Linguistik*. In: *Der Deutschunterricht*, Jg. 22, Heft 4 (1970), 5-41
– *Grundlagen der Linguistik*, Reinbek 1974

Namenregister*

* Namen von Herausgebern und Briefadressaten sind im allgemeinen nicht aufgeführt; ebensowenig sind die Namen der Bibliographie in diesem Index durch Seitenzahlen nachgewiesen.